메를로 뽕띠의
살의 기호학

메를로 뽕띠의
살의 기호학

장문정 著

한국학술정보㈜

책머리에

박사논문은 공부하는 사람에게는 힘들게 낳은 아이와 같다. 이 글은 대략 5년 전에 씌어졌고 내가 낳은 아이도 5살이 되었다. 나는 아이를 박사학위 논문 이후로 미루어야 했고 그런 만큼 이 글은 나의 첫 아이이기도 하다. 물론 아이가 계속해서 성장하듯이 한 학자의 지적 여정이 변화하게 마련이고 그런 점에서 부족한 이 글을 세상에 내는 마음이 편하지만은 않다. 분량을 고려해서 심사과정에서 떨어져나간 부분들을 복구하고 새롭게 '살의 기호학'이라 이름을 지어 아이를 내보낸다. 그러나 그래도 부족한 빈틈은 독자들의 살들이 얽혀들면서 독자들의 몸에서 채워지리라 믿는다. 나는 메를로-뽕띠의 말처럼 글은 머리로 쓰는 것이 아니라 몸이 쓰는 것임을 절실히 체험했고 그런 만큼 세상에 나온 이 글은 내 몸에서 떨어져나가 다른 사람들과의 관계를 기다리는 한 아이처럼 다른 살과의 결합되어 -오해를 포함하여- 이해될 것이다.

살은 메를로-뽕띠의 철학을 특징짓는 형이상학적인 토대이다. 살은 우리의 일상어법에서 의미되듯이 인간 육체의 일부분을 이르는 것이 아니라, 모든 존재가 창조되고 생성되는 물질로서의 대지와 같은 것이다. 그런 점에서 그의 철학은 일종의 유물론이다. 그러나 그의 유물론은 우리가 통상 생각하는 유물론처럼 물질들의 흐름이나 경제적 순환으로서의 의미보다는 사변적 철학에서 문제가 되는 전통적인 이념들과 쟁점들을 중점적으로 다루고 있다는 점에서, 그것도 부정적이거나 파생적인 위상으로서가 아니라 긍정적인 재정립으로서 다루고 있다는 점에서 섣불리 일반적 유물론으로 단정할 수도 없다.

그에 의하면 살은 더 이상 외부의 힘이나 규범이 작용하는 수동적 대상이 아니라 그 자체가 동력을 가지고 스스로를 다양하게 변형시킬 수 있는 근원적인 물질이다. 살의 휘발적(volatile) 동력학에 의해서 우리 문화의 가치를 창조하고 유지시키는 규범들과 이념들이 파생된다. 이는 명백히 전통철학에서 위계화 시킨 보이는 것에 대한 보이지 않는 것의 우위권, 혹은 육체에 대한 정신의 우위권을 전복시키는 일이며 문화세계를 추동시키는 의미들의 은폐된 기원들, 즉 비가시적인 의미들의 가시적인 토대를 밝히는 일이다.

이러한 발생 문제가 분명히 되었을 때만이 의미들의 움직임, 의미의 논리가 자연스럽게 해명될 수 있다. 그런 점에서 그의 철학은 인문학의 신생 분과학인 협의의 '기호학'의 경계를 넘어서는 넓은 의미의 기호학, 이른바 살의 기호학으로 불릴 수 있다. 살의 기호학은 특정한 문화적, 시간적 규범에 지나지 않은 것을 절대화하는 제국주의적 의미론과 결별하면서 특정한 맥락을 형성하고 있는 현대 구조주의와 기호학의 생산적 결실들을 껴안을 수 있을 만큼 폭넓은 것이다.

이 글은 메를로-뽕띠의 철학적 여정을 드러내는 작업일 뿐만 아니라 그의 작업 스타일과 갑작스런 죽음으로 단절된 여정의 빈틈을 그의 시대의 사상적 동료들을 통해서 메워보려는 시도이기도 하다. 따라서 '살의 기호학'은 그의 시대를 관통하는 현상학, 구조주의, 기호학적 전통들의 상호 침투를 통해서 구성되어 있다. 혹자는 이러한 교차적 구성을 두고 그의 것과 그의 것이 아닌 것의 엄밀한 구획의 필요성을 제기할 수도 있겠지만, 이 글에서 나는 그러한 구획의 문제보다는 그의 키아즘적 사유를 본받아 그와 그를 둘러싼 타자들의 상호 얽힘으로 만들어진 살의 기호학이라는 건축물을 통해서 의미의 기원과 의미 생성의 메카니즘을 이해하는데 관심이 있었다. 메를로-뽕띠도 충분히 동의하리라 믿지만, 앎에서는 그것에 대한 배타적인 소유권의 문제보다는 타자들과의 공유 속에서 이루어지는 창조적이고 생산적인 관계가 더 중요하다고 생각되기 때문이다. 물론 육체로서의 글이 갖는 근원적인 생산 작용과 전혀 다른 범주에서 이 글이 갖는 부족함과 한계는 전적으로 저자의 몫임을 고백한다. 그러나 그것이 없었다면 학자로서 계속해서 매진해야만 하는 앎의 여정도 존재하지 않을 것이다.

마지막으로 이 글을 위해서 세상에 나오기를 기꺼이 미루어준 나의 '두 번째' 아이에게 감사한다. 첫 아이처럼 그 아이는 나에게 육체적 생산의 즐거움뿐만 아니라 그에 대한 한없는 반성과 겸허함을 깨우치게 해주며, 앎이라는 무한한 길을 재촉하고 그 기쁨을 나누어 주는 스승과 같다.

장 문 정

차 례

메를로 – 뽕띠 저서의
약어 표기

PP: *Phénoménologie de la perception*, Gallimard, 1945.

SNS: *Sens et non sens*, Nagel, 1948.

S: *Signes*, Gallimard, 1960.

EP: *Éloge de la philosophie*, Gallimard, 1953.

PM: *La prose du monde*, Gallimard, 1969.

PrP: *The Primacy of Perception*, James M. Edie, Northwestern Univ.
   1964.

CAL: *Consciousness and the Acquisition of Language*, James M. Edie,
   Northwestern Univ. 1973.

OE: *L'Oeil et l'Esprit*, Gallimard, 1964.

VI: *Le visible et l'Invisible*, Gallimard, 1964.

R: *Résumés de cours*, collège de France, 1952-60, Gallimard, 1968.

I. 서 론

이 책에서 다루어지는 현상학이나 구조주의는 메를로-뽕띠(Maurice Merleau-Ponty)의 '살의 기호학'을 바라보는 일종의 두 가지 구심점들로 작용한다. 그가 속해 있는 이질적인 두 계통들을 통해 그의 철학을 바라봄으로써 그의 철학 바깥에서 그의 철학 안으로 들어가고 그의 철학 안에서 그의 철학 바깥으로 나가는 일종의 순환적 태도를 취하는 것이다.1) 메를로-뽕띠 자신이 즐겨 썼던 표현으로 비유하면, 현상학과 구조주의가 바로 '메를로-뽕띠(철학적 인물)'라는 형태를 둘러싸고 있는 이질적인 철학적 배경들이며, 메를로-뽕띠는 그러한 배경들을 통해, 즉 형태-배경 구조 전체 속에서만 드러날 수 있다. 이처럼 우리가 메를로-뽕띠 텍스트의 체계 바깥으로 나가지 않으면서, 동시에 그 안에 나타나 있는 의미 윤곽을 성실히 요약하는 태도를 취하지 않으려는 이유는 그의 애매하면서도 난해한 글쓰기에 기인한다. 수많은 현란하고 돌발적인 어휘들은 그렇다 치더라도, 다양하고 이질적인 학과들이나 영역들, 그리고 개념적 인물들을 이리저리 넘나들면서 예민한 쟁점들을 툭 건드리고 넘어가는가 하면, 조금씩 다른 어휘들과 사례들을 통해서 지루할 정도로 그것을 집요하게 반복하는 그의 특이한 글쓰기 때문에 그의 철학의 윤곽은 좀처럼 분명하게 드러나지 않는다. 어쩌면 그의 언어 현상학이 그러하듯이, 그 스스로가 애매한 파롤을 기꺼이 허용함으로써, 파롤(parol)을 통해서 자신의 주장을 명시적으로 말하려고 했다기보다는 파롤의 틈을 통

---

1) 이러한 독해 방법은 기호학에서는 '상호 텍스트성(intercontextualité)'이라고 불린다. 이는 프랑스의 뗄껠(tel qel) 그룹에 속해 있는 줄리아 크리스테바(Julia Kristeva)가 바흐친(Baktin)의 개념을 받아들여 유통시킨 것이다.

해서 간접적으로 말하려고 했던 것 같다. 그러므로 우리가 그의 애매성을 극복하기 위해서 그의 파롤의 틈을 명시적인 말로 고정하려 하는 것은 본질적으로 메를로-뽕띠 철학을 드러내기 위해 그의 철학을 배신하는 일이 될 뿐이다. 그가 자신의 글쓰기의 스타일을 통해서 몸소 실천하고자 했던 것, 그가 자신의 저서 속에서 말하고자 했던 내용은 바로 우리가 겪는(vécu) 경험의 본질적인 애매성, 즉 파롤의 본질적인 애매성이었기 때문이다.2) 모니카 M. 랭어(Monika M. Langer) 교수는 메를로-뽕띠의 『지각의 현상학』을 충실하게 해설하면서 그의 텍스트의 모호성을 다음처럼 변호했다.

"그러나 그것의 괄목할 업적에도 불구하고 메를로-뽕띠의 그 특별한 텍스트는 수많은 문제점들을 제기한다. 그 문제점들을 검토하기에 앞서, 그러한 검토의 본성에 관한 오해들을 미리 방지하는 것이 필수적이다. 『지각의 현상학』을 표면적으로 읽는 방법이 있다. 말하자면 그러한 방법은 우리들의 편견들을 더욱 더 굳히는데 봉사할 뿐이다. 전형적으로 그러한 접근은 그 저작이 정확한 정의들, 간명한 설명들, 뚜렷한 논박들, 똑바른 논증들, 설득력 있는 증거들, 그리고 애매하지 않은 증명들을 결여하고 있다는 것과, 아울러 그것의 일반적인 모호성을 유감으로 여긴다. 그것이 극단에 이르면, 그러한 '외부적' 독서는 그 텍스트 전체를 불가해한 것으로, 즉 '혼란한 사유'의 광범위한 연습으로 치부해 버리게 된다. 보다 온건한 형태의 그러한 식의 비판은 흥미 있는 부분들을 끄집

---

2) M. Merleau-Ponty, *La structure du comportement*, PUF, 1942, pp. v ~ x
 v 참조. 드 발란스(De Waelhens)는 이 책의 서문에서 메를로-뽕띠를 애매성(ambiguïté)의 철학자로 이름 짓고 있다. vague와 달리 ambiguïté는 막연하다는 의미가 아니라 양가적인 의미, 다중화되는 의미를 가리킨다. 그를 그렇게 칭함으로써 필연적으로 그의 애매한 파롤이 그것과 동등한 의미를 가진 다른 파롤들에 의해서 대체될 수 있음을 암시하고 있는 것이다. 애매성의 개념은 본문에서 구조주의적인 문턱이나 틈, 그리고 메를로-뽕띠의 키아즘 개념에 의해서 여러 차례 반복될 것이다.

어내서 명료한 철학적 용어로 번역하려 한 다음에야, 비로소 그것
들에 대한 보다 면밀한 조사를 행한다. 위의 두 경우 모두 비평가
는 바람직한 철학의 의미와 그 평가의 기준에 관한 수많은 선입견
들을 가지고 일하는 셈이다. 그러한 절차는 근본적으로 무비판적이
며, 『지각의 현상학』의 바로 그 핵심을 완전히 오해하고 있는 것이
다. 메를로－뽕띠의 『지각의 현상학』은 철학에 대한 우리의 전통적
인 개념, 우리의 습관적인 범주들과 기준들, 심지어 우리의 확립된
개념적 틀 자체에 이의를 제기한다. 게다가 그러한 문제제기를 행
하는 과정에서, 『지각의 현상학』은 새로운 담론, 즉 혁신적인 철학
을 발전시켜 나간다. 결과적으로 만일 그 저작이 말하고 있는 바를
정확히 평가하려 한다면, 우리는 그것을 손질하여 옛 구조물에 맞
추려는 유혹에 단호히 저항해야만 한다. 그 저작을 이해하고 평가
하기 위해서는 우리는 우리의 다양한 가정들을 뒤에 남겨두고 우리
자신을 텍스트 자체에 개방해야만 한다.”3)

  랭어 교수는 메를로－뽕띠를 평가하기 앞서 우선 독자들로 하여금
허심탄회하게 메를로－뽕띠의 체계 안에 들어올 것을 제안하고 있으며
근본적으로 필자는 그녀의 제안에 동의한다. 그러나 그의 체계에 익숙
하지 않은 독자들에게, 어쩌면 그의 철학이 의사소통이 불가능한 몽자
나 광자의 말처럼 불가해한 것처럼 여겨질 수도 있는 상황에서, 그의
말을 믿어달라고 요구할 수만은 없을 것이다. 그러므로 우리는 체계
바깥에 있는 독자들을 체계 안으로 끌어들이려고 유혹하는 노력을 병
행할 것인데, 바깥에 있는 독자들이 메를로－뽕띠를 이해하도록 하기
위해서 그를 ‘안과 바깥’의 교차점, 진동으로 만들면서 말이다. 그에게
서 바깥은 안이 되고 안은 바깥이 될 것이다. 처음에 메를로－뽕띠의
텍스트가 안이라면 독자들이 속해 있는 바깥은 무엇인가? 그것마저도

---

3) Monika M. Langer, *Merleau-Ponty's phenomenology of perception: a
   guide and commentary*, Macmillan, 1989, 『메를로－뽕띠의 지각의 현상
   학』, 서우석·임양혁 역, 청하, 1992, 244～246쪽. 강조는 필자.

수많은 상이한 체계들이 서로 얽혀 있는 복잡한 장(場, champs)이 아니던가? 근본적으로 안과 바깥의 순환은 서로 다른 체계들이 충돌하고 얽히면서 새로운 의미를 파생시킬 수 있어야 한다. 마치 게쉬탈트가 형태와 배경의 전이를 통해서 새로운 의미를 파생시키듯이 말이다. 그래서 이러한 작업은 그의 애매성을 통해서 또 다른 애매성을 양산해내고 반복하는데 불과할지 모른다. 그러나 이는 그의 글쓰기의 모호성에 머무르지 않으면서 그의 애매성을 '구성'을 통해서 더 명료하게 드러내는 일이다.4) 필자는 이처럼 메를로-뽕띠를 처음에는 현상학적으로, 그 다음에는 구조주의적으로 '다르게', '반복적으로' 애매하게 만들고 이중화시키는 일이야말로 '살의 기호학'을 이해하고 실천하는 최선의 길이라고 믿는다. 사유와 글쓰기는 무언의 실천을 동반하며, 무언의 실천은 사유와 글쓰기를 동반한다. 아이러니하게도 그의 체계를 배신하고 다르게 반복하는 무언의 실천을 통해서만 그의 사유와 글쓰기가 말해질 수 있다. 그도 그럴 것이 어떤 면에서는 그에게는 그의 체계라고 할 만한 것이 없는데, 정확히 말하자면, 니이체와 마찬가지로 그는 체계를 세우지 않았으며 체계를 세우려는 태도를 거부하는 글쓰기의 스타일을 실천했기 때문이다. 그러므로 동어반복이 아닌 차이와 반복만이 그를 이해할 수 있게 만들고 그를 비판할 수 있게 만든다.

그런 점에서 현상학과 구조주의는 그의 바깥에 있는 하나의 체계들이며 그를 이해하게 만드는 차이와 반복을 양산해내는 일종의 안과 바깥의 교차점들이다. 어쩌면 현상학이나 구조주의는 메를로-뽕띠라는 '안'보다 덜 낯설 것도 없는 하나의 애매한 체계들일지 모르며 그래서 어떤 독자들은 여전히 그러한(현상학과 구조주의) 체계 바깥에

---

4) 필자는 애매성(ambiguïté)과 모호성(vague)의 의미를 구별하고자 하는데, 전자는 메를로-뽕띠의 철학을 특징짓는 긍정적 의미로 쓰여지는 반면, 후자는 부정적인 의미로 쓰여 질 것이다.

서 있을지도 모르겠다. 그렇다면 우리는 먼저 바깥보다 더 바깥에 있는 그러한 독자들을 바깥의 안쪽으로 불러들이려는 노력을 해야 하지 않는가? 이는 메를로-뽕띠라는 한 사람을 이해하기 위해 어쩌면 수많은 안과 바깥의 의사소통의 순환들을 거쳐야 함을 암시한다. 그러나 본 논문은 그러한 순환을 현상학과 구조주의에 한정시키는 작은 기획에 불과하다. 우리는 현상학이라는 애매한 체계를 이해(구체화)하기 위해서 메를로-뽕띠와 데카르트와 후설이 마주치게 하고, 구조주의와 같은 애매한 체계를 구체화시키기 위해서 메를로-뽕띠와 레비-스트로스, 소쉬르, 푸코, 들뢰즈, 니이체, 라깡 등이 마주치게 할 것이다. 메를로-뽕띠 철학은 나와 타자 사이의 의사소통의 문제를 집요하게 다루고 있지만, 이 문제는 당장 그 자신과 독자들의 관계에도 해당된다. 메를로-뽕띠가 '안'이고 '나'라면, 그와 마주치는 그들은 '바깥'이고 '타자들'이다. 반대로 상대적으로 메를로-뽕띠보다 그들에게 익숙한 독자들이라면, 그들이 바로 '나'이며 메를로-뽕띠가 바로 '타자'가 될 것이며, 독자들은 자신에게 익숙한 그들, 즉 '나'를 통해서 메를로-뽕띠라는 '타자'를 이해할 수 있을 것이다.

우리는 이런 반복적 순환 속에서 나와 타자, 안과 바깥의 구별이 사라짐으로써 내가 타자가 되고 타자가 안이 되며 안이 바깥이 되고 바깥이 안이 되는 기묘한 교환을 유도할 것이다. 이를테면 메를로-뽕띠의 생각이 레비-스트로스나 소쉬르를 통해서 말해지고, 레비-스트로스나 소쉬르의 생각이 메를로-뽕띠를 통해서 말해지는 '복화술적'인 체험 말이다. 이처럼 논리적으로 오류에 불과한 기묘한 교환이 거부되지 않고 오히려 권장되어야 하는 이유는 그것이 바로 메를로-뽕띠가 말하고 있는 키아즘(chiasme)의 사유이기 때문이다. 물론 이러한 상호교환이 가능하다는 것은 나와 타자가 본래 동일하다는 사실을 의미하지 않는다. 메를로-뽕띠의 철학과 레비-스트로스, 소쉬르, 들뢰즈, 푸코 등의 철학은 서로 다르다. 그럼에도 불구하고 어떻게 서로가 서로의 편에서 말해줄 수가 있는가? 메를로-뽕띠의 말대로, 그들의 말이 서로 다르다는 것을 초월해 있는 하나의 근원적인(선험적인) 공통성, 그리고 그들이 말하려고 했을지도 모르는 것과 말했던 것의 차이, 혹은 무의식과 의식의 차이를 초월해 있는 하나의 근원적인 공통성이 있어야 할 것이다. 현상학에서 그것은 세계내존재로 표현되어 왔다.

메를로-뽕띠는 그것을 신체(corps)나 살(chair)이라고 말한다. 신체, 살은 산(vécu) 경험이 이루어지는 근원적인 장소(locus)이다. 그것은 데카르트적인 의식과 육체의 구별을 넘어서 있는 존재 중의 존재(Être)이다. 메를로-뽕띠나 데카르트, 후설, 그리고 레비-스트로스나 푸코, 들뢰즈나 소쉬르는 모두 살이라는 바탕 속에서 서로 얽혀 있다. 대략적으로 말해 메를로-뽕띠의 철학 속에서 현상학과 구조주의가 얽혀 있을 수 있다면, 그것은 현상학이나 구조주의가 근본적으로 살들의 유형적 의미에 불과하기 때문이다. 살이 계속해서 움직이는 만큼, 우리의 사유나 이해는 결코 정적인 것이 될 수 없다. 살은 서로 접촉하고 얽혀지면서 하나가 되고 분열함으로써 새로운 체계나 의미를 파생시킨다. 현상학이나 구조주의는 이러한 살의 키아즘을 통해서 파생된 총체적 형상에 불과하며, 그러한 형상을 윤곽 짓는 각각의 살들의 운동이 바로 후설의 철학, 레비-스트로스의 철학, 푸코나 들뢰즈의 철학으로 칭해졌던 것이다. 그러나 그것들 모두가 살인 한에서, 그것들은 다시 부딪치고 얽힘으로써 새로운 체계나 의미를 파생시킬 수 있다. 이를테면 살의 키아즘은 프랑스의 지성사에서 현상학과 구조주의의 사이에 놓여 있는 메를로-뽕띠의 중간자적 위치를 잘 해명해 줄 수 있는 것이다.

그는-계통분류하기를 좋아하는 사람들에 의해서-전기에 현상학자로 분류되어졌고, 후기에는-변변히 완성된 그의 저작이 없었기 때문에-드물게 다루어지지만, 존재론자로 분류되어졌다. 반면 그를 구조주의자로 보는 시각은 이보다 더 드물다. 프랑스 지성사에서 구조주의자들은 철학자들이라기보다는 인류학이나 언어학과 같은 분야에서 작업했던 인문 과학자들이기 때문에, 인류학자도 언어학자도 아닌 그가 구조주의자로 여겨질 수는 없었을 것이다. 그러나 그는 당대에 논의되고 있었던 이러한 구조주의적인 개별 과학들의 창문을 두드리고 그것들과 의사소통하면서 철학적 근본 문제들을 다루는 구체적인 태도를 취했는데, 공공연히 그는 자신의 철학을 통해서도 개별 과학과 철학과의 공존 관계를 강조하였던 바였다. 그에게서 사실의 영역과 본질의 영역은 따로 존재하는 것이 아니었다.5)

그가 학자로서 활동했던 20세기 전반의 유럽의 지성계는 새로운 분과학들이 센세이션을 일으키면서 성립되고 철학이 그 영향을 받아들이면서 이전과 다르게 분절되는 경향이 있었는데, 메를로−뽕띠는 이러한 경향의 최선봉에 있었다고 말할 수 있다. 그는 어떤 철학자들보다 먼저 이러한 새로운 개별 과학의 성과들의 가치를 읽을 줄 알았으며 그것을 적극적으로 자신의 철학적 사유에 끌어들일 줄 알았다. 그러므로 그가 구조주의자가 될 수 있다면, 그가 구조주의로 불리는 인류학이나 언어학과 같은 개별 과학이 작동되는 철학적 바탕을 '철학적'으로 명시하고 발전시켰다는데 있다. 물론 이것은 심리학이나 사회학적 사실들과 긴밀하게 접촉하고 있는 현상학에도 동일하게 적용될 수 있는 일이다. 실제로 메를로−뽕띠의 초기 작품들(『행동의 구조(La structure du comportement)』, 『지각의 현상학(Phénoménologie de la perception)』)은 사회 심리학적 성과들이 없었더라면 불가능한 것이었다.

다만 현상학의 경우는 개별 과학이 먼저 시작한 것이 아니며 오히려 그것과 거리두기하고 그것의 토대를 마련하기 위해 후설이 시작했던 독자적인 시도라는 점에서 구조주의의 경우와 다르다고 말할 수 있다. 구조주의는 현상학이 야심 차게 기획하고 있었던 일종의 토대주의를 배척하면서 시작되었는데, 만일 메를로−뽕띠의 구조주의 철학이

---

5) *Prp.*43~95 참조. 여기서 메를로−뽕띠가 후설을 통해서 현상학과 인문 과학의 관계를 언급한 것은 동일하게 구조주의의 경우에도 해당되는 것이다.

20

구조주의적인 개별 과학의 토대를 근거 짓는 것으로 해석된다면, 그러한 철학은 절대 구조주의가 될 수 없는 것이다. 그런 의미에서 현상학자인 메를로-뽕띠가 암시하고 있었던 구조주의는 현상학적 토대를 부인하는 철학이었다. 이처럼 그를 구조주의자로 보는 시각은 그를 자기 역설에 빠지게 하는 위험한 언급임에 틀림없다.

그러나 이것은 그의 현상학의 특징이기도 하다. 그는 현상학을 하면서도 이러한 현상학적 토대주의에 동의하지 않았다. 바로 이러한 점에서 그의 현상학은—이러한 표현이 가능하다면—현상학의 극단에 자리하고 있는데, 흔히 그의 현상학이 '현상학의 현상학'으로 불리어지는 것6)도 동일한 이유에서일 것이다. 이 극단의 경계에서만 우리는 그의 구조주의를 만날 수 있다.7) 그의 현상학적 정체, 즉 현상학의 현상학이라는 것은 이를테면 최소한 두 개의 서로 다른 현상학이 관련되어 있는 셈인데, 그의 현상학의 특수성을 말하기 위해 그의 현상학에 선행적인 또 하나의 현상학을 전제해야만 하기 때문이다. 메를로-뽕띠의 경우, 전제된 현상은 후설(E. Husserl)의 현상학(그리고 함께 지적 작업을 했

---

6) Pierre Thévenaz, *De Husserl à Merleau-Ponty: Qu'est-ce que la phénoménologie*, Baconnière, 1966, 『현상학이란 무엇인가』, 심민화 역, 문학과 지성사, 1989, 84쪽 참조.
7) 본문에서 자세히 언급되겠지만, 현상학과 구조주의의 '사이'라는 것은 바로 이러한 접촉점을 의미한다. 이 경우, '사이'라는 의미에 포함되는 집합은 다음과 같은데, 첫 번째로 그것은 현상학이기도 하고 구조주의이기도 하며, 두 번째로 반대로 현상학도 아니고 구조주의도 아니기도 하며, 세 번째로 또한 이것들과 다른 제 3의 것을 의미하기도 한다. 우리는 첫 번째와 두 번째의 입장을 이처럼 미묘한 그의 위치를 다루기 위해 취하게 될 것이다. 반면에 세 번째 즉, 제 3의 입장에 서 있다는 것은 우리의 능력을 벗어나는 것일 뿐만 아니라 메를로-뽕띠의 철학을 연구하는 우리의 기획 의도에도 벗어난다—이것은 어떤 점에서 새로운 철학을 의미할 것이다. 새로운 철학사는 이러한 '사이'를 읽음으로써 발전되어 온 셈이리라—.우리는 현상학과 구조주의에 대한 긍정과 부정의 변증법을 통해서 그의 철학에 접근하고자 한다.

던 싸르트르의 현상학)이다. 실제로 그는 후설의 현상학을 중요하게 다루었고 자주 그의 통찰에 힘입은 바를 드러냄으로써 모름지기 그의 계승자임을 자부하기까지 했다. 그러나 우리가 그의 이러한 겸허함을 적극적으로 받아들여서 현상학적 논의를 후설로부터 시작한다 하더라도—메를로-뽕띠를 다루는 대부분의 시도가 그러하다—, 현상학의 현상학을 다루는 우리의 시도에서 부차적인 것에 과도하게 비중을 두는 불균형을 초래해서는 안 된다. 후설의 현상학은 메를로-뽕띠의 현상학에 비해 지나칠 정도로 섬세하게 분절되어 있고 그 체계를 기술하기 위해 창안된 개념어의 양만도 어마어마하기 때문이다.

이 마당에서 고백하건대, 필자는 현상학적 체계 전반에 관한 자신할 만한 이해를 가지고 있지 못할 뿐만 아니라 메를로-뽕띠의 텍스트에서 드러나 있지 않은 그러한 선이해를 필자의 선이해와 동일시할 수 있는 어떤 근거도 가지고 있지 않다. 그러므로 우리의 선이해는 그의 선이해를 독자로서 수동적으로 '읽는' 방식에 의해서가 아니라 작가로서 적극적으로(혹은 창조적으로) '쓰는' 방식에 의해서 구현될 필요가 있다. 이는 바르트(R. Barthes)가 권장하고 있는 바대로, '독자스러운(lisible)' 태도가 아니라 '작가스러운(scriptible)' 태도로 그를 바라보는 것을 의미한다.8) 우리는 그의 선이해를 '쓰는' 시도를 일종의 발생론적인 방식으로 진행하려고 한다. 즉, 그의 현상학을 위해서 후설의 현상학을, 그리고 후설의 현상학을 위해서 데카르트의 성찰에 소급하는 방식으로 말이다. 우리는 전제된 선이해를 최소한으로 줄이기 위해서 현상학자로 분류되지 않지만, 현상학적인 중요한 통찰을 시작했던 데카르트의 성찰에서부터 이러한 '쓰기(écriture)'를 시작하려고 한다. 그리고 이러한 체계 바깥의 사유가 가질 수 있는 불균형을 줄이기 위해서 우리는 메를로-뽕띠의 현상학에 관련되는 개념만을 후설의 현상학에서 선택적으로 다루고 후설의 현상

---

8) Roland Barthes, *S/Z*, Seuil, 1970 참조.

22

학에 관련되는 개념만을 데카르트의 성찰에서 다룸으로써 그 한계를 짓고
자 한다. 모든 정립은, 알뛰세의 말대로, 문제틀(le problématique)을 필요
로 한다.9) 우리는 데카르트의 성찰을 통해서 후설과 메를로-뽕띠의 성
찰 속에서도 동일하게 견지될 수 있는 하나의 뼈대(armature)를 추출하
고 그것을 중심으로 변형적으로 반복하게 될 것이다. 그리하여 Ⅱ장은
이러한 데카르트적 반복을 통해서 메를로-뽕띠가 데카르트의 성찰을
전복시키고 있음을 보여줄 것이다. 특히 메를로-뽕띠 자신의 독특한
'성찰'을 통해서 데카르트주의자들이 신봉하고 있는 투명한 의식이 그들
이 그것을 얻어내기 위해서 배제할 수밖에 없었던 신체에 의해서 해체되
고 있음을 목격하게 될 것이다. 그렇게 의식이나 정신을 통해서 구성되
었던 주체, 사물, 세계가 살들의 조직으로 변모됨으로써, 선험적 주체가
사라지는 현상학의 극단에서 우리는 메를로-뽕띠와 구조주의자들과의
만남을 준비하게 될 것이다.

　예비적 실천으로서의 현상학적 퍼스펙티브는 주로 그의 전기 사상,
즉 『지각의 현상학』(1945)의 논의에 한정되어 기술되는 반면 현상학과
구조주의의 키아즘은 전기의 저작들뿐만 아니라 1952년 꼴레쥬 드 프
랑스(Collège de France)의 취임 이후부터 1961년 그가 갑작스럽게 죽
음을 맞이하기까지의 후기의 저작들에도 광범위하게 조회될 것이다. 그
러나 『지각의 현상학』의 광범위한 문제의식과 다변성에 비해서 변변한
체계적인 저작들을 생산해내지 못했던 이 9년간의 기간은 상대적으로
그가 침묵하고 있었다고 말할 수 있다. 그가 꼴레쥬 드 프랑스의 취임
시기에 게루(M. Gueroult)에게 제출한 시안을 보면, 그는 『지각의 현상
학』에서 천착해 온 지각에 대한 현상학적 연구를 넘어서 타인과의 의사
소통과 진리의 발생을 추적하는 문화적 현상으로 그 연구 영역을 확장
하고 이를 철학적 토대가 엄밀하게 다듬어져 있는 일련의 체계적 저서

---

9) Louis Althusser, *Pour Marx*, Éditons La Découverte, 1986, pp.64~67
　　참조.

들로 저술하려는 야심 찬 계획을 가지고 있었다. 그러나 다수의 소품들
과 강의록들을 통해서 암시될 뿐, 결국 이런 계획은 포기되었고,10) 그
의 죽음으로 완성되지는 못했지만 존재론으로 부를 수 있는 새로운 시
도로 대체되었다.

그의 후기 철학은 그의 의도적인 포기와 갑작스럽게 찾아온 죽음으로
인한 단절들과 단편적 글들의 불충분함 때문에 미궁에 빠져 있다. 그의
후기 작품으로 부를 수 있는 것들은 이 9년 동안 발표했던 논문들을 묶어
낸 『시이뉴(Signes)』(1960)와 그의 최후의 논문인 『눈과 마음(L'oeil et
l'esprit)』(1964), 그리고 꼴레쥬 드 프랑스에서의 단편적인 강의록들, 그리
고 사후 출판된 『보이는 것과 보이지 않는 것(Le visible et l'invisible)』
(1964)과 『세계의 산문(La prose du mond)』(1969)이라는 두 권의 저서
들이다. 처음의 두 권들은 문화적 현상을 구명하기 위한 기획의 일환으
로 주로 언어나 예술에 대한 철학적인 분석을 시도하고 있는 반면, 강의
록은 그 형식의 한계로 말미암아 상이한 쟁점들에 대한 단편적 언급에
그치며, 마지막 두 권들은 앞서 언급되었듯이, 『지각의 현상학』의 속편
으로 기획되어 '진리의 기원'과 '세계의 산문에 대한 서론'이라는 임시
표제로 쓰였다가 생전에 포기된 것이다. 그리므로 이 두 권의 책들은 미
완성적이고 불완전하며, 특히 『보이는 것과 보이지 않는 것』은 그가 후
기의 존재론적 기획을 위해서 그때그때마다 떠오른 아이디어를 기록해
놓은 작업 노트가 포함되어 있다. 이처럼 일관성 있는 기획을 통해서 저
술된 저작들의 부재로 말미암아 우리는 그의 후기 철학의 성격을 명확하
게 드러내기 힘든 것이 사실이며 그 때문에 그의 후기 사상을 특징짓는
시도가 드물었던 것도 사실이다. 우리 역시 이러한 어려움에서 벗어날
수는 없을 것이다.

그러나 우리가 앞에서 언급했듯이, 구조주의 운동이 어떤 철학적 체

---

10) *P.M.* iii ~ v 참조.

계를 통해서 시작된 것이 아니라 개별 과학의 성립과 함께 일어난 지적 운동이라는 사실을 상기해보면, 그의 침묵은 생각처럼 우리의 기획에 그리 큰 방해가 되지 않는다. 그의 불친절한 언급들을 통해서 우리는 희미하게 윤곽 지어지는 구조주의의 별자리(constellation)를 목격할 수 있는데, 이는 이미 『지각의 현상학』에서도 암시되어 있던 바였다. 더욱이 이 시기의 소품들 중에서 언어나 기호, 그리고 예술에 대한 그의 에세이들은 분명하게 구조주의적인 기호학에 고유한 통찰들을 선취하고 있다. 특히 그의 소쉬르론은 언어학 외부에서 그의 영향력이 거의 전무했던 당시에 최초로 제기되었던 기호에 대한 철학적 해석이었다고 할 수 있다. 그가 기호학자로서의 자기 입장을 주장하거나 그러한 학과 내에서 작업하지 않음으로써 그가 사용한 술어들이 명시적으로 기호학 내에서 통용될 술어들이 아니라 하더라도 그는 문화적 세계 내에서의 의사소통의 문제에 골몰한 기호학자(혹은 기호 철학자)였음에 분명하다. 이는 그의 말대로, 그가 현상학에서도 특별히 상호 주관성의 문제에 열중했던 그 자신의 관심의 연장선상에 있었다는 사실을 증명한다. 그러나 안타깝게도 그의 기호학적 시도는 결국 포기되었다. 그가 죽기 전 몇 년 동안의 글들은 전혀 다른 태도, 이를테면 존재론적 태도를 취하고 있는데, 기호학의 한계를 미리 보았기 때문인가? 바로 지금 여기에 현전하는 존재에 대한 직관적 사유는 가능할지라도, 그것을 결코 체계 안에 담아낼 수 없다는 통렬한 깨달음, 즉 무한히 변환할 수밖에 없는 기호학적 체계를 확립한다는 것이 결국 불가능한 일이 아닌가하는 깨달음이 죽음처럼 그를 엄습했던 것이 아닐까? 이러한 중단 이후에 그의 존재론으로의 이행은―결과적으로 그의 죽음이 그것을 그렇게 극적으로 보이게 만들었지만―무와 죽음을 자신의 삶에 적극적으로 끌어들이면서 그것을 준비하는 일이었다. 왜 그가 그것을 포기했는지는 확실하지 않다. 그러나 중요한 것은 이것이 그가 더 이상 구조주의자가 될 수 없다는 사실을 의미하지는 않는다는 사실이다. 우리는 끌로드 르포르

(Claude Lefort)처럼 그의 이러한 포기가 그의 문제의식 자체를 철회하거나 폐기한 것으로 생각하지 않는다.11) 그의 후기 사상을 관통하는 기호학적 시도와 존재론적 시도 사이의 그 단절은 구조주의를 통해서 연결될 수 있다. 게다가 우리는 아이러니하게도 그의 죽음이 가져온 단절을 그가 죽기 전에 매달렸던 존재론적 작업을 통해서가 아니라 그가 간헐적으로 언급하는 것으로 그쳤던 구조주의적 작업을 통해서 메우고자 한다.12) 그의 죽음 뒤에 개화한 구조주의적 철학을 통해서 그를 조명해봄으로써 그의 현대적 유통 가능성을 타진해보는데도 우리의 부수적 목적이 있기 때문이다. 구조주의는 현대 서구의 지성계를 이끌어 가는 구심점이 되었는데, 그는 이 죽음의 단절을 겪고 나서야 바르트(R. Barthes)나 에코(Umberto Eco)와 같은 기호학자나 푸코(M. foucault)나 데리다(J. Derrida), 들뢰즈(G. Deleuze)와 같은 후기-구조주의자들과 만날 수 있다. 비록 후대의 그들이 메를로-뽕띠라는 유령의 흔적을 인정하지 않는다고 하더라도 말이다.

그러나 이 경우에도 우리가 현상학적 퍼스펙티브를 다루게 될 때, 처하게 되는 동일한 난점, 즉 구조주의에 대한 선이해가 문제될 것이다. 이러한 문제는 현상학보다 구조주의에서 더 심각한데, 메를로-뽕띠를 구조주의자로 칭하기 위해서는 구조주의가 무엇인지 희미하게라도 드러내야 하기 때문이다. 그러나 오지아스(J. M. Auzias)가 말하고 있듯이, "구

---

11) *P.M.* XI~XII 참조.
12) 존재론과 구조주의의 단절성은 현상학과 구조주의의 그것만큼 그리 크지 않기 때문에, 그의 존재론적 장은 우리의 구조주의적 장 속에 충분히 포개어질 수 있어야 한다. 그는 존재론적 용어들이나 구조주의적 용어들-나중에야 구조주의적 장에서 유행하게 될 용어들-을 현상학적 용어들과 함께, 계통의 구애 없이 자유롭게 구사하고 있기 때문에, 우리는 그의 이러한 자유분방함이나 애매성을 다치지 않게 하면서 그것들을 구조주의적 체계로 질서 지워야 한다. 즉 그의 현상학적이고 존재론적인 용어들은 구조주의적인 체계 고유의 배치를 통해서 의미의 변환을 거침으로써 상호 호환적으로 구조주의적 체계에서도 통용될 수 있을 것이다.

26

조주의란 사상가들이 없는 사상이다. 그것은 구조들의 사상이다. 왜냐하면 구조들은 인간 과학들을 통해 그 자체들을 현시하기 때문이다. 구조주의는 클로드 레비-스트로스의 사상도 아니요, 미셸 푸코의 사상도 아니다. 구조주의는 자기 자체나 한 신화의 의미나, 한 체계의 의미를 해명하는 감성력이다. 구조주의는 그것의 대상의 현실적 언어를 표현해 주는 방법론 그 자체의 작품인 것이다."13) 구조주의자의 반열에 올라 있는 바르트 자신도 말하고 있듯이, 그것은 하나의 철학적 이념이라기보다는 여러 가지 정신적 조작(opération mentale)이나 활동(actirité)을 이르는 것에 지나지 않는다.14) 그러므로 우리는 곧바로 레비-스트로스나 라깡, 혹은 소쉬르와 같은 한 학자의 특이한 사유를 통해서 구조주의 일반을 예시해주는 문제들을 발견하기 힘들며, 그래서도 안 될 것이다. 구조주의는 한 사람의 사상가에 의해서 완성된 적이 없었고, 후기-구조주의를 통해서 지금까지 계속되고 있는 만큼, 그것에 대한 논의는 개방적이어야 한다. 그러므로 우리는 구조주의를 정의적으로 한정하면서 논의를 시작할 것이 아니라 논의를 진행시키면서 그것의 윤곽을 지우는 방식을 택할 것이다. 소쉬르나 레비-스트로스가 구조주의의 입안자로서 다루어지는데 이견이 없다 하더라도, 그들은 서로 다른 과학의 형식 속에서 실천했기 때문에, 그들의 구조주의적인 쟁점들을 그러한 이질적인 토양에서 떼어내서 추상시키거나 고립시켜 이념의 형태로 추출해서는 안 된다. 다소의 모호성을 허용하는 한이 있더라도 우리는 서로 다른 구조주의자들 간의 대화를 통해서 그것을 간접적으로 드러나게 하는 방식을 취하고자 한다. 여기서 대화란 어떤 의견의 일치나 종합적인 사유를 이끌어내는 방식이 아니라 상이한 의견들이 충돌하고 얽혀들면서 변형되는 키아즘적 사유의

13) Jean-Marie Auzias, *Clefs pour le structuralisme*, Seghers, 1967, p.7, 이광래, 『미셀 푸코: '광기의 역사'에서 '성의 역사'까지』, 민음사, 1989, 30~31쪽 재인용.
14) J. B. Fages, *Comprendre le structuralisme*, 『구조주의란 무엇인가』, 김현 역, 문예 출판사, 1972, 166쪽 참조.

방식을 의미한다.

그러므로 III장은 구조주의와 후기-구조주의의 철학적 원리들의 파편 속에 꾸준히 메를로-뽕띠의 현상학적 구조주의를 묻혀 들임으로써 현상학과 구조주의를 교차로 배치시키는 기술 형식을 취하게 될 것이다. 메를로-뽕띠의 구조주의는 그 자신의 직접적인 언급을 통해서만이 아니라 구조주의자(타자)들의 복화술적인 대리 언급들을 통해서 실현될 것이다. 이러한 교차적인 방식은 구조주의자들의 도움을 받아 메를로-뽕띠의 구조주의를 드러내 줄 수 있을 뿐만 아니라, 거꾸로 메를로-뽕띠의 도움을 받아 각기 파편적으로 흩어져 있는 구조주의자들의 쟁점들을 일관적으로 드러내주는 역할을 수행함으로써 상호 이해의 이점을 가져다준다. 무엇보다 이러한 키아즘적 배치를 통해서 메를로-뽕띠의 구조주의적 사유는 더 이상 그가 남겨놓은 것처럼 그렇게 모호한 것으로 남아 있지 않을 것이다.

IV장 또한 이와 동일한 형식으로 진행될 것이다. 다만 III장이 주로 인류 사회학적인 측면에 치중하여 전개되는 반면, IV장은 언어학이나 기호학을 통해서 앞장에서 제기된 구조주의적 논의를 반복하고 심화시키는 효과를 노리게 될 것이다. 다만 여기서 우리는 기호학적 문제들을 설정할 것인데, 첫 번째는 지시작용이라는 측면에서, 두 번째는 의미작용이라는 측면에서, 세 번째는 현시작용이라는 측면에서 기호의 본질을 탐구하게 될 것이다. 이는 역사적·전통적으로 언어와 기호의 이론에 대한 세 가지 다른 접근법이었다. 물론 이는 메를로-뽕띠뿐만 아니라 기호학자들에게 공통적으로 적용될 수 있는 문제들이라거나, 그들이 그렇게 기호학적 작업을 해왔다는 것을 의미하지는 않는다. 기호학이 상이한 문제의식을 가지고 출발했던 상이한 기호학자들이 속해 있는 하나의 분과 과학을 지칭한다면, 철학은 이러한 개별 과학들 간의 대화를 유도하는데 그 특징이 있다. 이런 점에서 메를로-뽕띠는 상이한 기호학자들이 서로 다른 체계들 속에서 시도했던 것들을 철학적 마당에서 마주

28

치게 하고 얽히게 만듦으로써 기호학 속에서 어떤 일관성과 동형성을 포
착하는-기호학자라기보다는-기호 철학자로 그려질 것이다.

  그러나 우리가 아무리 메를로-뽕띠에게 충실하려고 노력한다고 하더
라도, 우리의 작업이 그의 의도 자체라고 말할 수는 없을 것이다. 본의
아니게 우리가 그의 사유를 변형시키는 작업을 하게 될 수도 있음을 미
리 밝히고자 한다. 메를로-뽕띠 자신도 후설과 소쉬르를 변형적으로 독
해함으로써 그들을 왜곡했다는 비난을 감수해야 했다. 우리는 메를로-뽕
띠에게 충실함으로써, 즉 그의 실천을 모방함으로써 그의 글쓰기가 실천
했던 내용과 형식의 일치를 동일하게 실천하려고 한다는 점에서 우리
가 행할 왜곡에 대한 변명이 될 수 있을지 모르겠다. 변환 배치는 구
조주의의 핵심이다. 그것이 구현하고자 하는 내용이 구조주의인 동시
에 그러한 형식 자체도 구조주의적이라는 점에서, 내용과 형식은 일치
한다. 물론 이는 정당하게 독자인 우리(혹은 저자가 된 우리)에 의해서
메를로-뽕띠의 철학이 자의적으로 창작될 수 있다고 말하려는 것이 아
니다. 그가 신체-주체를 통해서 말한 대로, 우리는 텍스트 속에 참여하
는 익명적인 주체, 익명적인 독자에 지나지 않는다. 우리는 메를로-뽕
띠와 뒤섞여 구별이 되지 않은 형식으로 존재할 것이다. 우리는 기껏
해야 그의 텍스트를 잘 가공하고 분절하고 재배치하는 장인이 될 수
있을 뿐이다.15) 데카르트적이고 현상학적인 선험적 주체와 달리 구조
주의적인 주체는 익명적이고 그래서 잘 드러나지 않는다. 그처럼 초라

15) 메를로-뽕띠의 사유를 따라가는데 있어서 '우리'라고 표현한 것은 그것이
   말 그대로 메를로-뽕띠의 사유 자체가 아니며 그렇다고 해서 필자의 사
   유도 아님을 암시하기 위해서이다. 이처럼 필자와 메를로-뽕띠, 필자와
   독자 사이의 '허구'를 허용하는 문법적 장치 속에서 '우리'는 필자가 메를
   로-뽕띠와 융화되듯이, 독자로 하여금 이 글을 쓰는 필자가 되기를 권유
   하는데, 그렇게 '나와 타자'의 구별 없이, 허구 속에서 서로 융화되어 키
   아즘적으로 얽히는 저자-독자의 융합의 체험을 권유하는 것이다. 그런
   융합 후 에야만 나와 타자의 구별이 생겨나고, 메를로-뽕띠의 비판이 가
   능한 것이 아니겠는가?

한 장인이 변형적(창조적) 생산을 가능하게 한다는 것은 아이러니한 일이 아닌가? 그러므로 본 논문을 통해서 메를로-뽕띠가 구조주의자가 되는 어떤 비약이나 재창조가 가능하다면, 그것은 그의 말대로, 우리가 그렇게 한 것이라기보다는 그의 파롤의 힘, 그의 텍스트의 힘이 그렇게 한 것이다. 즉 그것은 그의 파롤 속에 보이지 않게, 흔적의 형식으로 이미 구조주의가 윤곽 지어져 있었음을 의미하는 것이다. 이는 논의가 진행되면서 자세히 설명될 것이다.

II. 예비적 실천:
현상학적 퍼스펙티브

1. 『성찰』의 패러디 구조

　현상학적 운동의 윤곽을 효과적으로 드러내 줄 수 있는 전망들 가운데 하나는 데카르트의 『성찰』에서부터 시작되는 어떤 사유의 단초들을 따라가는 것이다. 현상학적 운동을 본격적으로 가시화시킨 후설 자신이 그렇게 언급했는데, 『데카르트적 성찰(cartesian meditations)』에서 3세기 전의 데카르트가 자신의 현상학의 형식에 "매우 직접적인 영향을 미쳤다"고 치하한 바 있다.16) 물론 그가 근본적으로 데카르트의 독트린(doctrin)을 거부하는 입장에 있다는 사실을 무시한 채로 이런 언급을 받아들여서는 안된다. 메를로-뽕띠의 경우도 마찬가지이다. 데카르트의 이념들을 긍정적으로 계승하고 그보다 더 열성적으로 후설에게 자신의 현상학적 통찰의 공을 돌리면서도, 동시에 주지주의적인 데카르트의 이념들과 후설의 이념들을 비판하는데 해석적 공을 들이는 그를 발견하기란 어렵지 않다. 그의 주저 『지각의 현상학』은 경험주의와 주지주의로

---

16) Edmund Husserl, *Cartesianische Meditationen und Pariser Vorträge*, Haag Martinus Nijhoff, 1973, S.43.(이하 *CM*이라 약칭함); 에드문트 후설, 『데카르트적 성찰』, 이종훈 역, 철학과 현실사, 1993, 35쪽.(이하 *kCM*이라 약칭함) 그러나 프랑스 독자를 위해서 그의 사유의 이념을 데카르트의 이념에 적용시키면서 진행시킨 이 책은 후에 후설 자신이 그리 만족스럽지 못한 것으로 여겼다는 점에서 데카르트와 후설과의 연결 관계를 필요 이상으로 과장할 수는 없다고 본다.

대별되는 당대의 지배적인 편견들을 물리치면서 현상학적인 사유의 운동을 전개하는 기획 속에 있는데, 특히 3부는 데카르트의 코기토(cogito)를 위시하여 그의 지배적인 이념에 대한 '창조적' 해석을 직접 자신의 사유로 전유하는 태도를 취하고 있다. 또한 그의 데카르트적인 정체를 드러내는 사유의 전초격으로 해석될 수 있는 1부와 2부도 데카르트가 정신과 물체로 연역적으로 정립했던 사유 운동의 두 가지 극을 신체와 지각된 세계라는 변형된 계기들로 읽을 수 있는 부분들이다.17) 본 장을 통해 우리는 데카르트의 『성찰』에서 후설이 말하는 '데카르트적 동기'를 찾아내고 이것들이 후설의 『데카르트적 성찰』에서 어떻게 반복되는지, 그리고 『지각의 현상학』에서 메를로-뽕띠가 어떻게 변형적으로 확장시키는지를 살펴보게 될 것이다.

그러나 이러한 발생론적 구성은 원래의 것과 다른 것, 즉 거짓이 끼어들어갈 소지를 안고 있다. 우리로 하여금 메를로-뽕띠의 텍스트들에서 서로 다른 주체들의 힘이 얽혀 있는 상이한 힘의 계열들을 따라가게 만드는, 우리의 실행의 원동력이 되는 데카르트적 동기는 실존했던 데카르트의 바로 그것이라기보다 하나의 퍼스펙티브(perspective)에 불과하다. 다른 주체들의 해석적 힘을 통해 완성되는 하나의 힘의 계열인 것이다. 그리하여 이어서 개진될 데카르트의 성찰에 대한 내적 탐색은 일차적으로는 데카르트 고유의 이념으로 정착된 것을 다루게 되겠지만, 관점에 따라 후설이라는 주체, 메를로-뽕띠라는 주체가 참여한 원근법적(perspective) 독해가 반영될 것이다. 후설의 '데카르트적

---

17) 그의 주저 『지각의 현상학』 외에도 그의 다른 텍스트들 곳곳에서 산발적으로 데카르트와 그의 이념을 재발견해서 옹호하는 구절들이 있다(*Prp.*46, *S.*165-166, 186-191, *PM.* 35, 131 참조). 그는 자신의 고유의 체계를 확립하기보다는 데카르트를 위시하여 베르그송, 후설, 소쉬르, 말로 등의 언급들을 창조적으로 독해하는 식으로 자신의 철학을 진행시킨다. 이런 겸손한 철학함의 자세는 근본적으로 언어나 표현에 대한 그의 견해와 직결되어 있는데, 이는 Ⅳ장에서 자세히 다룰 것이다.

성찰'도 마찬가지이다. 이는 외관적으로 데카르트의 성찰을 읽는 방식, 그리고 후설의 성찰을 다시 읽는 방식, 그러나 메를로-뽕띠적으로 다르게 읽는 방식을 취하는데, 후설이 데카르트에 대해서 행한 창조적 계승을 포함해서 메를로-뽕띠의 이런 '창조적·생산적 독해'의 과정들은 데카르트라는 원형에 대한 '패러디적 반복(répétition parodique)'이라 부를 만하다. 예술적 기법으로서의 패러디는 그것의 원형을 우습게 반복함으로써 한물간 과거의 것에서 파생되는 새로운 의미를 적극적으로 취하게 되는데, 실제로 메를로-뽕띠가 시종일관 『지각의 현상학』에서 데카르트 『성찰』의 구절을 데카르트의 문맥을 배신하면서 반복함으로써 자신 고유의 반성함을 실천할 때, 우리는 그에 의해 데카르트의 권위가 익살맞게 일그러지는 광경을 목격할 수 있다. 그러나 우리는 어렵지 않게 그것이 없었다면 그의 철학적 반성이 불가능했을 과거의 철학적 전통에 경의를 표하는 그의 인격적 겸손함을 발견할 수 있다. 그에게는 원근법적 왜곡을 야기할 정도로 멀리 떨어져 있으면서 그의 반성에 번뜩이는 통찰의 빛을 준 데카르트라는 기원과, 데카르트보다 훨씬 가까이에서 데카르트와 그 자신과의 거리를 좁혀 준 후설이라는 두 가지 기원의 흔적이 두드러진다. 다만 우리가 다루는 기원적 후설은 데카르트라는 기원을 변형적으로 반복하는 것에 한정될 것인데, 그런 의미에서 우리는 이러한 데카르트와 후설 모두를 '데카르트적 기원'이라 칭할 것이다.

패러디적 반복은 단일하게 통일적 의미를 이끌어내는 것을 어렵게 만드는 글쓰기의 장치이다. 그럼에도 불구하고 우리가 이런 형식을 취하는 이유는 바로 우리가 다루고자 하는 메를로-뽕띠 자신이 이런 불협화음을 허용하는 '창조적 독해'의 과정을 통해 철학했다는 사실에 있다. 그러므로 우리는 메를로-뽕띠의 표현을 빌자면, 데카르트의 "근본적인 선택"을 존중하기를 동일하게 선택하는 것이다. 이는 의심이라는 형식을 통해 머뭇거리는 담론을 시작했던 데카르트의 진정한

34

위대함인데, 데카르트처럼 이런 머뭇거림은 실천적 경험에 의해 확증
됨으로써 일시적으로 극복될 수 있다. 그러나 메를로−뽕띠에 의하면
성찰에서 담론의 선택의 경계에 도사리는 의미는 결코 완전히 포착될
수 없기 때문에 또 다른 담론의 선택을 끌어들이는 또 다른 ‘머뭇거리
기의 반성’을 유발시키게 된다.18) 그리고 이런 사유 실천의 결과 생겨
나는 의미의 과잉을 그는 비난하기는커녕 오히려 권장했다. 그는 자신
의 텍스트에서 데카르트, 후설을 비롯한 여러 ‘주체’들에 대해서 이런
식의 실천을 몸소 행함으로써 창조적 반성 행위 자체를 부추겼다. 그
러면서도 그는 이러한 ‘반성의 권유’를 자기의 가르침으로 말하지 않
았는데, ‘잠재적 지향성’이라는 후설의 교훈으로 그 근거를 명시하고
있기 때문이다.19)

　그리하여 그에 대해 성실하고자 하는 우리의 태도가 이런 방법론을
택하게 했다고 말할 수 있을 것이다. 그러나 여전히 한 가지 의문이
남아있다. 메를로−뽕띠 텍스트의 내적 지형을 따라가(사유하기)는 데
있어서, 왜 하필 데카르트냐는 것이다. 데카르트라는 기원과 마찬가지
로 그에게는 베르그송적 기원, 싸르트르적 흔적, 마르크스적 영향 등
이 깊이 새겨져 있는데도 말이다.20) 우리는 데카르트를 선택했다. 그
것은 단순히 우리의 임의적 선택만은 아니다. 앞서 언급되었듯이, 후
설이 데카르트에 보내는 그와 같은 경의, 그리고 메를로−뽕띠가 17세
기, 특히 데카르트 시대에 보내는, 옛 철학자에 대한 의례적인 존경의

---

18) *S.*165 참조.
19) *Prp.*45∼46 참조.
20) 메를로−뽕띠와 이들 철학자들과의 관련은 여기서 다루지 않겠다. 이러한
　　관련들은 본고의 기획에서 부수적인 중요성을 가진다고 보았기 때문이다.
　　또한 메를로−뽕띠의 텍스트는 그 스타일로 보아 텍스트에 외적인 그들의
　　철학들을 따로 언급하여 조회하지 않고서는 그 영향을 상세히 파악하기가
　　어려운데, 그것은 방대한 작업을 필요로 한다. 이는 후고로 미룰 수밖에
　　없다.

표현을 넘어서는 "위대한 합리주의"라는 진심 어린 수사21)는 그것이
이유 있는 선택이었음을 뒷받침해 준다.

> "그러나 그것(위대한 합리주의)은 (그야말로) 우리에게 위대한 것
> 으로 남아 있으며, 그것을 비난하는 철학들을 있게 만드는 강제적인
> 중간적인 것이라는 점에서 우리에게 절박한 것이다. 그것을 비난하
> 는 철학들은 그것을 되살리게 될 동일한 요구의 이름으로 그것을
> 비난하기 때문이다. 그것이 자연과학을 창조했던 순간에, 동일한 운
> 동으로 자연과학이 존재의 척도이지 않았음을 가르쳐 주었고 그 최
> 고점에서는 존재론적 문제에 대한 의식을 가지고 있었다. 그러므로
> 그것은 지나간 것이 아니다. 위대한 합리주의처럼 우리는 과학의 발
> 의를 제한하거나 악평하려 하지 않고 존재와의 우리 관계의 전체
> 장 속에 지향적인 체계로서 과학을 위치시키려고 한다."(S.191)

후설이 우려했던 20세기의 지적 풍토는 17세기의 유산인 과학주의
의 영향력 속에서 철학의 고유 영역이 개별 과학들의 권역 속으로 사
라져 버리는 분위기에 있었다. 후설이 보기에는 과학들은 일종의 자연
적 편견에 기초되어 있기 때문에 과학의 우세 속에서 철학이 이런 과
학적 태도의 오류에 합류하게 되는 것은 인류 정신사의 심각한 위기
상황이었다. 그는 과학의 토대를 부여해줄 수 있는 엄밀한 철학을 하
기를 원했다. 적어도 전기의 후설은 과학에 대한 철학의 절대적 우위
를 주장했고 현상학은 이런 분위기에서 발생했다. 후설이 데카르트의
성찰에서 본 것은 바로 과학을 껴안으면서도 그것의 꼭두각시가 되지
않는 반성의 당당한 힘이었다. 메를로-뽕띠도 바로 그것이 개별 과학
들의 틈바퀴에서 질식할 지경에 놓인 작금의 철학하기에 대한 의미
있는 교훈을 준다고 보았다. 그럼에도 불구하고 데카르트는 당대의 자
연과학의 전제와 방법론을 적극적으로 수용하여 성찰에 적용함으로써

---

21) S.186~191 참조.

일종의 과학주의를 철학에 본격적으로 유통시킨 주범으로 지목되기도 한다. 비록 메를로-뽕띠는 이런 비난을 완화시켜, 데카르트가 시작한 17세기의 위대한 합리주의가 점차로 화석화되면서 19세기의 경직된 합리주의적 신화, 즉 과학주의로 이월했다고 언급했지만 말이다.22) 데카르트는 아직도 우리가 배워야 하는 의미 있는 통찰을 던져주고 있는 동시에 이제는 우리가 의심해보아야 하는 그의 독단과 편견들을 파생시키고 있는 진원지가 되고 있는 셈이다. 데카르트라는 기원이 놓여 있는 이런 중간적·역설적 위치 때문에 현상학적 퍼스펙티브의 가장 효과적인 모델이 될 수 있다. 우리는 그로부터 파생되는 상이한 갈래길들을 그대로 따라가면서 그런 분기점의 역학 관계를 잘 이해하게 될 것인데, 이런 양가적인 긴장을 견디어넘으로써 더불어 과학에 대한 탄력성 있는 입장을 견지할 수 있을 것이다.

　우리는 성찰의 진행을 명료하게 가시화시키기 위해서 그 과정을 두 가지 계기로 분절적으로 다루기를 제안한다. 이런 계기들은 어떤 고정된 이념들이 아닌 구체적인 실천의 주문으로 이미 데카르트가 『성찰』에서 처음으로 제안한 것이기도 하다; 의심(doute)의 시험과 응시(regard)의 시험. 이것들은 본질적으로 서로 다른 실천을 연속적으로 제안하는 것이라기보다는—후설에 의해서 그것이 좀 더 설득력 있는 용어로 설명되겠지만—동시적인 행위의 서로 다른 계기들에 불과하다. 성찰을 이런 계기들로 분절시킴으로써 반성의 갈래길들을 합법적으로 허용하면서 각 경로의 반성의 결과물을 분명하게 드러내는 장점이 있다.

---

22) S.185 참조.

2. 데카르트적 기원

1) 데카르트의 '성찰'

데카르트의 근본적인 선택은 어떤 일에 머뭇거리기를 철학하기의 형식으로 정착시켰다는데 있다. 성찰이 진척되면서 드러나지만, 이런 선택은 애초에 '결코 의심할 수 없는 확실한 것'을 연역해내는 일종의 전략적인 시험(épreuve)으로 채용되었다. 마지막까지 머뭇거리기를 원하는 사람은 없기 때문에 의심하게 된다는 것은 확실한 진리를 얻기 위한 전 단계로서 취해진 것이다. 그 동안 자타가 확실하다고 인정했던 독사(doxa)들의 권위를 일단 인정하지 않을 것, 그리고 자신의 직접적 경험을 통해 검증받아야만 그것을 받아들인다는 철학하기의 가장 권장할만한 태도가 철학사의 제도적인 전통으로 시작된 것이다. '성찰'의 전략은 크게 두 가지 시험을 거치도록 되어 있다. 첫째는 명증적인 것을 역설이나 회의에 통과시키는 시험이고, 둘째는 명증적인 것을 세계에 통과시키는 시험이다. 전자는 언어적 형식, 즉 사유를 통한 시험이고 후자는 지각적 형식을 통한 시험이다.

첫 번째 시험은 우선 의심의 전형적 형식인, 역설을 끌어들이는 일부터 시작된다. 이 시험의 효과는 가장 의심할 필요가 없다고 여겨지는 사실을 의심하게 될 때 극대화될 것인데, 이를테면 '내가 지금 여기서 책상에 앉아서 이 글을 쓰고 있다는 사실은 확실하다.'에 대해서 '내가 지금 여기서 책상에 앉아서 이 글을 쓰고 있다는 사실은 꿈과 같은 거짓이다.'를 통과시키는 것이다.[23] 그러나 만일 진짜로 우리가 '내가 지

---

23) 데카르트는 전혀 의심할 수 없는 것으로, "이를테면, 내가 불가에 가운을 입고, 손에 이 종이를 든 채로 여기 앉아 있다는 것"으로 들고 있다.

금 여기 있다'는 사실을 의심하게 된다면, 아무런 행동도 할 수 없을 것이다. 그가 말하고 있듯이, 그런 의심은 내가 멀쩡한 정신을 가지고 있지 않을 때만 가능할지도 모른다. 그러므로 역으로 그런 의심이 가능하려면, 나는 꿈을 꾸고 있거나 미쳐있어야 한다. 그래서 그는 이 절차 자체를 역설적으로 만들지 않을, 무효로 만들지 않을 장치를 제시하게 되는데, 우리가 그야말로 제정신이 아닌 경우, 즉 꿈꾸는 자(혹은 광인)라고 가정하는 것이다. 꿈에서 깨어나서 그것이 꿈이었음을 깨닫기 전까지 꿈속의 이미지를 각성시의 현전의 경험처럼 생생하게 느꼈던 적이 한 두 번이 아니다. 그렇다면 이 현전의 경험도 혹시 꿈은 아닐까? 이처럼 충분히 그럼 직한 의심의 기제는 그도 언급했듯이, 우리가 꿈의 상태와 각성 상태를 구별할 만한 확실한 표지를 찾을 수 없다는 점에서 더욱 효과적이다.24)

> 첫 번째 시험1): **나(Je)**는 내(moi)가 책상에 앉아서 이 글을 쓰고
>   있다는 **꿈을 꾼다.**

나는 절대적으로 확실한 것을 얻기 위해 현전의 경험을 꿈으로 의심했다. 아예 "나는 꿈을 꾸고 있다"고 생각해버리자.25) 꿈의 이미지는 밖에서 비롯된 것이 아니라 내 안에서 임의적으로 만들어지기 때문에 책상의 지각이 애매(비결정적)할 수밖에 없었던 것이라고 말이다.

Descartes, *Méditations touchant la première philosophie*, en *Aeuvre philosophiques II*, Éditions de F. Alquié, Dunod, Paris, 1996(이하 *M*으로 약칭함), *p.*405 참조. 우리는 앞에서 제시한 예, "내가 여기 지금, 책상에 앉아 이 글을 쓰고 있다"로 바꾸어 동일한 성찰을 진행시킬 것인데, 성찰에서 거론되는 모든 지각적 사례들을 대표해서 동일하게 이 사례로 단일화시킬 것이다.

24) *M.* 406 참조.

25) "Supposons donc maintenat que nous sommes endormis" *M.* 406~407 참조.

그러나 이렇게 최악의 경우를 가정하면서, 즉 의심의 시험을 작동시켜서 우리가 얻는 것은 무엇인가? 데카르트는 이렇게 말할 것이다. 꿈은 환영일지 모르지만, 그것은 분명히 나에 의해 만들어진 것이기 때문에 '꿈을 꾸는 나', '꿈을 만드는 나'는 확실한 것이라고. 논리적으로도 이는 분명하다. 우리는 꿈을 얘기하고 있지만 '꿈을 꾸는 나'는 '여기, 지금 이 글을 쓰고 있는' 꿈속에서는 나타나 있지 않는 꿈 밖의 존재인 것이다. 몽자는 익명의 자아(moi)이다. 몽자는 꿈을 꾸고 있는 동안에는 스스로 꿈꾸고 있다고 '생각하지 않으며', 광자도 치료되기 전까지 자신이 미쳤다고 '생각하지 않는다'는 사실이 그러하다.26)

첫 번째 시험2): **나(Je)**는 내(moi)가 책상에 앉아서 이 글을 쓰고 있다는 것을 꿈으로 **생각할 수 있다.**

---

26) 성찰의 과정에서 의심의 또 다른 경우, 즉 내가 미친 것은 아닐까 의심해 보는 것은 꿈의 경우처럼 그에게서 자주 언급되지 않는다. 광기는 꿈과 다르게, 곧 깨어나서 정상적인 각성상태를 회복할 수 있다고 기대하기 어려운 하나의 질병이므로, 꿈꾼 후의 각성 과정이 똑같이 광인의 경우에도 일어날 수 있다고 보기 어려운 것이 사실이다. "그러나 그들은 미쳤다. 그리고 내가 그렇게 이상한 행동들을 따라하게 된다면 나 또한 그들만큼이나 미친 것으로 생각될 것이다. 동시에 나는 내가 인간이며 그러므로 나는 잠자는 습관이 있으며 똑같은 사물들을 표상하는 꿈을 꾸기도, 혹은 종종 깨어있는 미친 사람들처럼 별로 그렇게 똑같지 않은 사물들을 그런 것으로 표상하는 꿈을 꾸기도 한다는 사실을 상기해야만 한다."(*M.* 405) 라는 그의 언급은, 그래서 광기를 반성의 과정에서 배제시키겠다는 것인지, 꿈의 경우와 동일하게 시험할 수 있다는 것인지 모호하다. 어찌되었든 우리가 광인의 행위보다 더 이상한 행동을 표상하는 꿈을 꿀 수 있는 인간임을 상기시키는 구절로 미루어 보아 꿈과 광기는 그 지각의 불확실성의 면에서 동일하게 취급되었던 것 같다. 바로 이런 구절에 대한 해석을 놓고서 푸코와 데리다는 광기에 대한 역사가 가능한가, 즉 비로고스를 로고스로 만드는 것이 가능한가에 대한 논쟁을 벌였지만(데리다가 먼저 시작한 이 싸움은 후에 *Écriture et différance,* seuil, 1967, pp.52∼79에 수록되었고 9년 만에 푸코는 *Histoire de la folie,* gallimard, 1972 말미에서 응답했다), 필자는 최소한 그 둘이 공통적으로 데카르트에 대한 비판적 태도를 견지하고 있다는 사실에 대해서만 주목할 것이다.

지독한 의심의 시험을 통과시킨 결과, 나는 그런 의심을 통과시키고 있는, 즉 꿈꾸고 있다고 가정하고 있는 반성하는 나를 깨닫게 되었다. 그러나 내가 지금 이 글을 쓰고 있는 현전의 그 순간에는 결코 이 확실성을 얻을 수 없었다. 마치 몽자가 잠에서 깨어난 후, 꿈을 상기해 냄으로써 그것이 꿈이었음을 알게 되듯이, 현전의 경험을 꿈으로 의심하는 반성의 절차, 즉 현전의 경험을 과거로 만드는 절차 속에서만 확실성을 얻게 되는 것이다. 확실한 것은 바로 이 의심하려는 의지 자체, 즉 비결정적인 것을 결정된 것으로 믿는 오류를 막기 위해서 '명석판명'하지 않은 것을 판단 중지하는 역행적 반성의 힘이다. 첫 번째 시험 자체가 이런 반성의 수행이다. 이런 시험 과정은 '나는(Je) 나(moi)를 생각한다(pense)'와 같은 단순한 형식으로 정리될 수 있는데, 여기서 주체는 서로 같으면서도 다른 두 개의 자아로 분열되어 있다. 데카르트는 성찰에서 이 분열을 통일시키는 쪽으로 진행시키는데, '지금, 여기'의 자아는 인칭적인 초월적 자아의 목적어로 흡수된다. 감각하고 감각되고 있는 신체로서의 나(moi)는 몽자나 광자와 같이 일종의 '사유를 하고 있지 않는 정신적 병신'으로서 사유하는 정신(Je)의 지나간 시간적 계기에 불과하다. 이것은 과거가 지나가 버리듯 사라진다. 생각하는 나는 '여기서 지금' 책상에서 이 글을 쓰는 나를 과거의 것으로 거리두기하면서, 그것에 대해 여러 가지 관념들—그 최악의 경우가 바로 꿈이나 광기의 경우일 것이다—을 구성할 수 있을 정도로 막강한 초월적 주체인 것이다. 이렇게 데카르트는 그 유명한 '코기토 에르고 숨 cogito ergo sum'을 정립시켰다.

두 번째 시험 1): **나(Je)는 내(moi)가 앉아서 이 글을 쓰고 있는 '책상'을 응시한다.**

이제 우리는 이렇게 얻은 막강한 정신을 세계에 통과시키는 두 번째 계기인, 응시의 시험을 작동시킬 것이다. 이것은 첫 번째 시험을 통해서 의심에 빠뜨렸던 세계의 경험, 예를 들어 책상의 지각을 다시 구출하는 과정이 될 것이다. 이 시험은 첫 번째 시험과 동일한 형식이지만 그처럼 다르게 쓰여질 수 있다. 주지주의적인 데카르트의 이념들을 비판하면서 주의 깊게 응시함으로써 그것들이 비결정적임을 발견해낸다면, 응시는 성급하게 비결정적인 것을 결정적인 것으로 판단하도록 유도하는 일상적 지각과 비교해서 뭔가 달라야 한다. 이 시험의 절차에서 요구되는 초월적 주체의 사유 작용은 첫 번째 시험에서처럼 상상, 지각, 회의, 판단과 같은 것27)이 아니라 오직 하나, 주의 깊게 응시하는 것에 한정된다. 이런 응시는 우리의 일상적인 응시와 다르게 취급된다. 데카르트에 의하면, 이것은 변화무쌍한 관념들을 만들어내는 감각적인 지각이 아니라 결정되어 있는 것을 비추는 정신의 봄이다. 즉 "주의라는 행동의 빛은 대상을 분명하게 해주는"(*pp*.36) "장애물이 제거된 의식"을 통해 "꿈도 섞이지 않은 진실한 세계"(*pp*.35)를 비추는 진정한 사유작용인 것이다. 우리에게는 일상적인 경우에 발휘되지 않을지도 모르는 이런 정신의 힘이 내재되어 있다. 두 번째 시험은 이런 정신의 힘을 발휘하는 것을 목적으로 한다.

응시를 날카롭게 만들어 자신 있게 세상 밖으로 나가 보자. 그래서 나는 책상의 지각이 꿈처럼 내 안에서 온 관념이 아니라 밖에서 온 관념이라는 것을 의심하지 않게 되었다. 만일 이 관념들이 밖의 어떤 것을 지시하지 않는데도 내가 그렇게 판단한다면, 그때 나는 '자연의 빛'에 의해서 온전한 사유를 하고 있는 것이 아닐 것이다. 이를테면 나는 미친 자이거나 꿈꾸는 자인 것이다. 그러나 지금의 나는 이 관념들이 혹시 꿈이 아닐까 의심할 수도 있는, 꿈에서 깨어나 반성하는 자이다. 그런 확실한 내가 반성을 통해서 책상의 관념이 꿈이 아니라 밖

---

27) *M.* 430 참조.

에서 비롯되었다는 판단을 내리게 된다면, 그 판단은 옳다. 어찌되었든 이처럼 '책상을 보고 있다'는 나의 판단이 올바른 것이었음을 보증해주는 것은 절대적으로 확실한 반성하는 주체이니 만큼, 그런 확실한 주체가 구성한 책상의 관념은 결코 환영이 아니다. 환영의 지각을 이루는 관념은 그런 확실한 주체(Je)가 아니라 병자나 몽자와 같은 못 믿을 주체가 구성한 것이기 때문이다.

그러나 나의 정신 상태가 정상적이건 병리적이건 모두 같은 주체라는 것을 상기한다면, 꿈이건 밖에서 온 관념이건 모두가 내가 구성한 것이라는 점에서는 동일하다. 만일 내가 꿈을 꾸면서도 그것이 꿈이라는 것을 아는 꿈을 꾼다면, 그 경우에 코기토의 직관, 즉 생각하는 나의 존재는 얻어지지만, 책상의 관념은 여전히 불확실하게 남아 있게 된다. 앞에서 데카르트는 꿈의 관념과 각성시의 관념을 변별시키는 어떤 표지가 관념들 자체 속에는 없다는 사실을 새삼스럽게 인정하면서 반성을 시작하고 있다하더라도, 그의 기획이 성공하기 위해서 그런 표지는 분명히 있어야 한다. 그가 말하는 연장성이 바로 그러한 것이었다. 실제 책상을 지시하는 관념들은 꿈의 그것들과 달리 연장성을 가지고 있다. 주체가 책상의 관념에서 연장성을 발견하는 한, 그것은 확실한 것이다. 연장성은 우리가 앞에서 비결정적이라고 말했던, 비반성적인 관점에 따라서 변하는 지각들인, 크기, 넓이, 깊이의 '원인'이 되는 공통적인 물량감을 통칭한다. 연장성을 가지고 있는 크기, 넓이, 깊이는 이성적인 측량을 통해서 확실하게 결정된다. 다시 말해서 주의를 기울이지 않은 일상적인 태도에서의 책상의 관념들은 비결정적이지만, 주의를 기울여서 응시하는 과학적 태도에서의 책상의 관념들은 결정적인 연장성을 드러낸다. 예를 들어 수평선에 걸려 있는 달은 자오선에 있는 달보다 훨씬 커 보이지만, '주의'를 해서 재보면 동일한 크기인 것과 마찬가지이다. 이는, 그가 보기에 당시의 자연과학의 성과에 의해서 검증 받는 것처럼 보였다.

그러나 그에 의하면 이처럼 측량이 가능한 연장성을 정신이 소유한다 해도 이것은 밖에서 온 것이다. 그러고 보니, 연장이라는 관념은 두 가지 서로 다른 원인에서 비롯된 셈인데, 관념의 원인은 정신에 있는데, 그런 관념의 하나인 연장성의 원인은 정신 외부에 있기 때문이다. 동일한 연장성이 서로 다른 원인을 가지게 된다는 것은 일견 모순처럼 보인다. 그러나 이런 이중성은 원인이 그 결과보다 크거나 같아야 한다는 스콜라적인 인과율의 정의28)에서 해명될 수 있다. 관념은 정신으로부터 결과되었지만, 정신 자체가 아니며, 연장도 물체로부터 결과되었지만, 물체 자체가 아니기 때문이다. 정신이 구성한 동시에 정신 밖에서 비롯한 관념으로서의 연장성은 명석판명하다. 이러한 연장의 관념이 확실한 한에서, 정신의 밖에서 연장을 가진 물체가 있다는 것도 확실한 것이다. 당시 물리학적 관점에 따르면 세계는 이런 정신 밖의 물체들의 집합체이다. 물체들의 확실성은 연장을 통해서만 얻어질 수 있으므로 물체들로 이루어진 세계는 이런 연장들의 연산을 통해서 확실하게 얻어질 수 있다.

두 번째 시험 2): **나는** 창 밖에서 모자를 쓰고 외투를 입고 걸어
가는 타자를 **응시한다.**

그러나 이 세계는 물체들로만 채워 있는 것은 아니다. 나와 같은 형상을 한 수많은 다른 사람들을 단순히 연장들로만 생각할 수는 없는 일이다. 분명히 우리는 일상적 경험에서 나와 비슷한 수많은 사람들이 있음을 잘 알고 있다. 데카르트가 실행한 대로 우리는 당장 고개를 들어 창 밖에서 모자를 쓰고 외투를 입은 채로 걸어가는 사람들을 확인해 볼 수 있다. 그들을 응시해 보자. 나는 그들의 존재를 의심의 여지 없이 받아들이고 있지 않은가? 그러나 일단 이런 경험에 의심의 시험

---

28) *M.* 438 참조.

을 통과시키면서 응시하게 되면 그들은 모자와 외투로 휘감고 있는 어떤 연장적 물체들로만 발견되는데, 그들은 인간이 아니라 자동인형(automatic machines)일지도 모른다. 그렇게 되면 그들의 존재는 나의 존재처럼 확실하게 해명될 수 없다.29) 타자의 증명이 어렵게 된 이상, 그는 이 세상에 오로지 나만이 존재한다는 무서운 결론을 피할 수 없을 것 같다. 그러나 그는 상식을 무너뜨리지 않았다. 그것들은 자아가 없는 자동인형이 아니라 의식을 가지고 있는 나와 같은 인간들이다. 그는 다시 의심 전의 상황으로 되돌아왔는데, 애초부터 데카르트는 우리 일상적 경험의 타당성을 입증하려는 전략적 목적으로 시험을 끌어들였기 때문이다. 다만 그는 이런 유아론에서 벗어나는 방법을 구체적으로 설명하지 못했다. 또 다시 이런 의심에도 굴하지 않는 초월적 자아(Je)의 내적 직관을 등장시키는 것이 최선이었는데, 반성하는, 응시하는 자아의 명증적 판단에 의해서 그들은 영혼을 가진 인간으로 나타난다는 것이다. 코기토의 주체에 되돌아 오면서만 다른 사람의 존재가 회복되는 것이다.

2) 후설의 '데카르트적 성찰'

후설의 '현상학적 환원'은 데카르트의 '성찰'의 의심의 시험과 응시의 시험을 동일하게 실천하는 것이다. 데카르트가 시험들을 의심의 여지가 없는 확실한 것(주체와 대상)을 정립하기 위한 계기로 취했듯이, 후설도 현상학적 환원을 각각 "필증적으로 명증한" 주체성을, 그리고 "충전적으로 명증한" 세계를 얻어내기 위한 계기로 이용하고 있다.30) 명증성(EVidenz)이란 확실한 것으로 여기는 판단 작용을 일컫는 그의 언어적 표현이다.31) 데카르트와 마찬가지로 그도 첫 번째 계기를 통해

---

29) *M.* 427 참조.
30) *CM.* 55, 62; *kCM.* 53, 63.

서 확실한 주체 개념을 얻어냈고 두 번째 계기를 통해서 확실한 대상
과 세계를 얻어냈던 것이다. 데카르트이건 후설이건, 이런 시험들을 통
해서 그들이 자아와 세계의 실존을 거부하는 회의주의에 빠지는 일은
결코 없었다. 세계의 실존을 부인하는 회의의 땅에서는 자라날 수 없
는 과학에 토대를 줄 수 있는 엄밀한 철학이 가능하기 위해서 말이다.

   첫 번째 시험 1): **나는** 내가 책상에 앉아서 이 글을 쓰고 있다는
            사실을 꿈으로 **생각할 수도 있다.**

   나의 성급한 일상적 경험은 내가 책상에 앉아서 이 글을 쓰고 있다
는 것을 확실한 것으로 여긴다. 그러나 그것이 어째서 확실한가? 나의
경험이 확실하다는 것을 부인하는 것이 아니라 그런 경험의 감추어진
근거를 묻는 것, 즉 그 존재 타당성의 물음이 현상학적 반성의 출발점
이다. 그리하여 우리는 일상적인 현전의 경험에 첫 번째로 의심의 시
험을 가동시켰다. 데카르트에서와 마찬가지로, 이런 실행에 의해서 이
런 나의 판단이 꿈일지도 모른다는 가능성이 제기되는데, 꿈의 경험도
그 순간에는 각성시의 경험처럼 확실한 것처럼 여겨지니까 말이다. 그
가 말했듯이, 우리는 "명증적인 것이 그 후에 의심스러운 것이 될 수
있는 가능성, 존재가 가상으로 밝혀질 수 있는 가능성을" 결코 "배제
할 수 없는"것이다.32) 물론 이런 가능성이 이 현전의 경험이 꿈이라고
결정할 근거로 작용될 수 없다. 그것은 꿈일 가능성에 그칠 뿐이다.
그렇다고 해서 이런 후퇴가 나의 꿈, 심지어 현전의 경험이 사실은 명
증적이지 않다고 말하는 것이 아님을 분명히 해야 한다. 오히려 지금
나의 경험이 꿈이라고 하더라도, 그 이미지는 나에게 분명하게 나타날
수도 있기 때문이다. 그렇다면 환원을 통해서 꿈일지도 모른다고 의심

---

31) *CM.* 51~52; *kCM.* 47~48 참조.
32) *CM.* 56; *kCM.* 54.

한다는 것은 무엇을 말하는가?

꿈은 실재의 것이 아니라는 점에서 꿈속의 이미지가 재현하는 대상은 실존하지 않는다. 그래서 꿈이 거짓이라고 말하는 것은 꿈의 이미지가 분명하지 않다는 것이 아니라 그것이 실재가 아니라는 점에 있다. 즉 꿈은 비존재라는 것이다. 그렇기 때문에 내가 책상에 앉아서 이 글을 쓰고 있다는 사실이 꿈일지도 모른다는 가능성은 그런 현전의 명증성이 사실은 그것이 재현하는 대상들의 존재에 관련되지 않는다는 것을 의미한다. 즉 실제로 책상이 있고 이 글이 있기 때문에 내가 이런 경험을 명증적으로 느끼는 것은 아니라는 말이다. 환원의 첫번째 계기에 대해서 그는 "자연적인 존재 신념", "존재 정립"33)의 억제로 표현하고 있는데, 존재 여부를 조회하거나 선언하는 태도를 보류한다는 의미로 "현상학적 판단중지"나 "괄호치기"34)로 칭하기도 했다.

그렇다면 우리는 이런 경험들의 '존재 타당성'을 물어서는 안되는 것인가? 애초에 환원이란 우리의 경험의 근거를 묻는 일이라고 했고, 그 근거란 그것의 존재 타당성을 묻는 일에 다름 아닌데 말이다. 우리가 환원적 반성을 통해서 현전의 경험의 존재 타당성을 묻는다고 할 때, 그런 존재는 후설이 자연적인 존재라고 부르는 것과는 다른 것이다. 사실 그가 판단중지를 제안할 때는 과학에 기초되어 있는 자연주의적 태도를 경계하려는 의도가 강하게 작용하고 있었다. 과학적 이론이 그 이론 밖의 실재들을 가정하고 그것과의 일치를 통해 타당성을 부여받고 있는데 반해서 이런 실재를 우리가 증명할 길이 없다는 것이 문제였다. 그에게는 데카르트의 증명조차도 '불합리한 선험적 실재론'에 이르게 될 오류에 불과했다. 이런 은폐된 오류에 기초되어 있는 과학은 곧 그 타당성을 의심받게 되리라는 것은 불 보듯 뻔한 일이었다. 과학의 타당성을 위해서라도 그는 과학이 근거되어 있는 자연주의

---

33) *CM.* 59, 73; *kCM.* 59, 80.
34) *CM.* 60; *kCM.* 60.

적 오류를 중지시켜야 할 필요가 있었던 것이다.

그러나 후설의 말대로 이런 식으로 존재 언명을 억제하는 것이 학문의 회의주의적 추락을 막는 일차적인 방법이라 하더라도, 데카르트가 말한 대로, 우리가 이런 실재의 존재를 부인해서는 한 발자국도 나아갈 수 없는 것도 사실이다. 실재의 존재가 무너지게 된다면−그것이 가능하다면−, 그것은 학문의 위기보다 더 무서운 회의주의가 찾아올 것이 분명하다. 그러나 이는 후설과는 무관하다. 중지하거나 괄호치는 것은 그 존재를 제거하는 일이 아닌데, 후설은 판단중지를 통해서도 실재의 존재가 상실되지 않는다는 사실을 분명히 했다.35) 나의 현전의 경험이 꿈일 가능성을 배제할 수 없듯이, 그것이 실재를 재현하고 있을 가능성도 배제할 수 없다. 우리는 실재 존재 여부와 관련시키지 않고서 이 경험의 현전성 자체에 몰두하기를 선택한 것이다.

그렇다면, 이런 현전의 경험의 존재 타당성은 어떻게 해명이 되는가? 바로 여기에 데카르트의 위대한 통찰이 섬광처럼 빛난다. 시험을 통과하면서, 나는 이 책상에 앉아서 이 글을 쓰면서, 이것이 꿈일지는 모를지언정 나에게 확실하다는 판단을 내린다. 내가 이 현전의 경험을 확실하다고 판단 내리고 꿈일지도 모른다고 생각하면서, 즉 그렇게 그것을 사유의 대상으로 만들면서, 그렇게 지금을 과거로 만들면서, 나는 바로 지금 그것을 둘러싸고 있는 나의 의식의 박동을 강하게 느끼지 않을 수 없는 것이다. 여기서 이 책상, 이 글에 대한 구체적인 관심은 중요하지 않다. 첫 번째 시험을 통해서 데카르트가 말하려고 했었던 것, 그리고 후설이 말하고 있는 것은 바로 이런 '의심을 실행하는 나'의 환기였던 것이다.

의심을 실행하기 이전의 자아는 책상과 같은 구체적인 물체에 관심을 두고 어떤 행동에 참여하는 자연적인 자아였다. 그러나 시험 이후에 이

---

35) *CM.* 75; *kCM.* 82 참조.

48

모든 것들에 무관심한 방관자적 자아가 분열된다. 이런 자아는 자연적 자아를 포함하여 우리의 경험 전체를 둘러싸고 있는 근원적인 자아로 있다. 다양한 경험을 겪는 가운데 갑자기 그 모든 것을 감싸고 있는 근본 존재에 회귀하게 되는 이런 과정은 순간적으로 우리의 삶 전체의 의미를 깨닫게 되는 하나의 '내적 직관'이다. 후설이 보기에 이런 변화의 계기는 단순히 의심의 실행의 결과라고 말하기에는 너무나 벅찬 체험이었을지 모른다. 이는 현상학적 삶, 즉 엄밀한 학문적 앎의 세계에 들어가는 입사식(initiation)처럼 다루어진 셈이며 종교를 방불케 하는 그의 학문적 체계에서 '순수'하다거나 '선험적(transzendental)'이라는 표현으로 권위 부여되었다.36) cogito ergo sum은 '필증적으로 명증적'이다. 데카르트가 의심의 실행을 통해서 생각하는 자아(ego cogito)가 절대적으로 확실하다고 말한 것과 똑같이 후설도 그렇게 했다. 이는 명증성 중의 명증성, 절대 의심할 수 없는 것이며, 지금은 확실해도 이후에 그렇지 않은 것으로 드러날 수도 있는 그런 종류의 명증성이 아니다.

그러나 이런 어마어마한 자아는 도대체 무엇인가? 선험적 자아는 직접적 삶 속에서 견지되고 있는, 그리고 과거의 다양한 체험들이 농축되어 있는 인격적 자아와 달리 경험적인 구체적 내용들이 소거되어 텅 비어 있는 의식의 형식적 극(Pol)과 같은 것인가? 선험적이라거나 순수하다거나 하는 그의 수사를 지나치게 의식하게 되면 그렇게 오해할 소지도 있을 것이다. 그러나 우리는 환원이라는 현상학적으로 중요한 체험을 통해서 우리가 속해 있는 이 세계와 전혀 다른 세계에 들어가는 것이 아니다. 이 세계에서 우리가 체험했던 소중한 의미 내용들은 '순수' 세계에도 고스란히 남아 있는데, 사실상 변한 것은 아무것도 없다. 후설에 의하면 변한 것은 오직 우리의 태도일 뿐이다. 자연적 태도에서 현상학적 태도로 말이다.

---

36) *CM.* 61; *kCM.* 61~62 참조.

첫 번째 시험 2): **나(Je)**는 내(moi)가 책상에 앉아서 이 글을 쓰고 있다고 **생각한다.**

첫 번째 시험을 다시 통과시켜 보자. 나는 현전의 경험을 반성하면서 그런 경험의 행위자인 나(moi)도 함께 생각하게 되는 셈인데, 바로 이 때 경험적 자아를 감싸는 선험적 자아가 발생한다. 주체의 분열인가? 정상 주체의 경우, 주체가 분열된 상태로는 정상적인 삶이 영위되지 않는다. 정상 주체는 어떤 식으로건 다양한 체험, 그리고 그 체험의 주체들을 통일시켜야만 한다. 광인이나 몽자가 아니라 정상인의 특권으로 데카르트가 강조했던 바로 그 반성의 과정을 통해서 그는 자신의 체험을 의식 대상으로 삼아버림으로써, 혹은 자신의 체험이 꿈이 아닌가 반성해 봄으로써, 혹은 꿈에서 깨어나 자신의 꿈을 상기해 봄으로써, 주체는 그 다양한 체험들을 겪어내고 성장하는 더 큰 주체로 거듭나게 된다. 위의 술어적 표현의 형식으로 보면 더 명확해지는데, 자아는 두 개(Je, moi)로 분열되었지만, 이전의 경험적 자아(moi)는 이후의 선험적 자아(Je)의 목적어로 되면서 주체의 자리(주격)에서 떠나게 된다. 결국 반성을 통해서 상이한 체험들의 주체가 분열된 선험적 주체에 흡수됨으로써, 주체를 이루는 구체적인 인격적 내용들도 고스란히 이전되는 셈이다. 그리고 이런 반성 과정을 통해서 발생된 선험적 자아(Je)는 또 다른 반성의 절차에 의해 경험적 자아(moi)의 위치로 떨어지면서 하나의 통일적인 주체의 형식으로 다시 새롭게 분열된 또 다른 선험적 자아(Je')에 흡수될 것이다. 자아는 이런 식으로 발생의 발생(Je-Je'−Je")을 더하게 된다. 만일 체험이 무한하다면 자아는 라이프니츠가 말하는 일종의 모나드가 될 것이다. 자아는 이렇게 "새롭게 지속하는 특성을 획득"한다. 후설은 자아극에서의 이런 종합을 "선험적 발생"으로 명명했다.37)

---

37) *CM.* 100; *kCM.* 121. 그러나 그가 이런 종합의 보편적 법칙을 밝히지 못한다면, 그가 얘기하는 선험적 주체의 통일은 아직 모호한 채로 남아있게

50

두 번째 시험 1): 나는 내가 앉아서 이 글을 쓰고 있는 '**책상**'을
응시한다.

두 번째 시험은 응시의 시험이다. 그러나 이번 시험 역시 '나는 생
각한다'라는 형식으로 실행된다는 점에서 첫 번째 시험과 동일하며,
현전의 경험의 존재 타당성을 묻고 있다는 점에서도 동일하다. 그러나
첫 번째 시험이 그런 경험을 가능하게 하는 선험적 자아에 초점을 맞
추어서 실행되었던 반면 이번 시험은 이런 자아가 감싸고 있는 경험
들에 초점을 맞추어 실행된다. 이런 동시적인 이중적 시험은 불가피하
다. 후설에 의하면 "의식은 무엇에 관한 의식이어야 하고 의식작용
(noesis)이란 그 의식된 대상(noema)을 자신 속에 지니고 있다는 의식
의 보편적 근본적 특성을 뜻하는 것 이외에 다른 것이 아니"기 때문
이다. 의식의 이런 특성은 지향성(Intentionalität)으로 불린다.[38] 말하
자면 두 번째 시험은 이미 첫 번째 시험을 통해서 발견한 필증적인
선험적 자아의 근본 구조인 지향성에 의해서 정당화되는 셈인데, 이는
자아, 의식의 극이 아니라 의식의 내용을 다루는 환원의 또 다른 측면
인 것이다.

데카르트와 마찬가지로 그의 "주목하는 시선"[39]은 의심하기나 사유
하기가 그러하듯이, 그런 행위의 주체를 환기시키지 않고서는 이루어

될 것이다. 그래서 그는 심리학 측의 도움을 받아 이런 법칙들의 해명을
시도했는데, 연상(Assoziation)이나, 인과관계를 변조시킨 동기 관계
(Motivation)와 같은 개념을 통해서 자아의 체험이 잠재적 의식으로 흘러
들어가 침전되고 그것이 다시 현재와 관련하여 생생하게 복원되는 습득성
(Habitualität)을 내세워서 자아의 동일성을 해명하려 하였다(*CM.* 101,
109~110, 113; *kCM.* 122, 135, 141 참조). 분명 우리는 의심의 시험을
통해서 선험적 주체를 직관의 형태로만 파악했을 뿐이며 그런 점에서 후
설이 말하는 발생적 법칙은 이번 시험의 결과와 무관하다. 우리의 시험은
순간순간의 코기토의 발견들을 유도할 뿐이다.

38) *CM.* 71; *kCM.* 77.
39) *CM.* 60, 78; *kCM.* 60, 87 참조.

질 수 없음을 암시하고 있는 두 번째 계기의 감각적 장치이다. 이를테면 내가 책상과 이 글을 바라보고 있는 '응시의 실행'은 바로 그렇게 행하고 있는 '나'를 빼놓고서는 생각될 수 없다. '지금 내 눈의 응시는 책상과 이 손과 이 글에 향해 있다.' 환원에 의해 이렇게 나는 응시의 두 극을 새삼스럽게 발견한다. 데카르트는 이것을 정신의 청명한 바라봄, 즉 사유의 바람직한 태도로 삼았는데, 말하자면 이렇게 응시하는 육체적 지향을 통해서 사유하는 의식의 지향적 구조가 드러나는 셈이다. 의심의 시험에 오르기 전의 우리의 일상적인 응시는 그런 나를 의식하지 못하고 그 대상에만 몰두하는 데 정신이 팔려 있었던 것이다. 다시 한 번 우리가 환원의 의미, 즉 의식 체험의 존재 타당성을 묻는다면 이는 응시·의식의 구조, 즉 노에시스(Noesis)－노에마(Noema)의 구조 자체에 있다고 말해야 한다. 세계를 해명하기 위해, 데카르트가 연장을 통해 그것이 주체의 관념임을 상기시키듯이, 그도 응시를 통해 선험적 주체에로의 회귀를 끊임없이 상기시켰던 것이다.

그러나 선험적 주체가 필증적으로 명증적이라고 해서 선험적 체험이 필증적으로 명증적인 것은 아니다. 이는 꿈을 꾸는 주체가 있다는 사실이 필증적이라고 해서, 깨어나면 사라질 꿈의 이미지가 필증적이라고 말할 수 없는 것과 마찬가지이다. 그것은 '지금 나의 경험'의 경우에도 마찬가지이다. 나는 이 책상과 이 손을 응시함으로써, 그것들이 확실하게 있다고 생각한다. 그러나 응시하고 생각하는 내가 필증적으로 있다고 해서 이 책상과 이 손이 필증적으로 있는 것은 아니다. 필증적이라 함은 영원히 변하지 않는 진리를 의미하는데, 어쩌면 이 경험은 꿈일 수도 있어서 깨어나면 나는 그것이 거짓이었음을 인정해야 할지도 모르기 때문이다. 아니 우리가 그것을 꿈이라고 의심하지 않는다 하더라도, 응시의 실행을 통해서도 책상의 지각들이 결코 고정되어 있지 않다는 사실을 직접 확인해 볼 수 있다.

책상에 속한 "특정한 나타남의 방식들은 많은 형태로 변화할 수 있

52

는 다양성 속"에 있다. 그리고 이런 "시각적 원근법의 변화"는 오히려 "주목의 시선"에 의해서 명백히 드러나게 되는 것이다.40) 그의 말대로 "선험적 자아의 명증성은 선험적 경험의 주어진 것들의 존재의 명증성과 일치하지 않는다."41) 이런 선험적 체험의 명증성을 그는 충전적 (adäquat)이라고 불렀다.42) 그러나 우리는 응시를 통해서 다양하게 변화하는 책상의 지각들을 겪음에도 불구하고 그것이 책상임을 안다. 말하자면 우리는 그런 변이들 가운데서도 책상이라는 동일성을 충전적·명증적으로 인식한다. 분명히 응시와 같은 의식 작용의 어떤 측면이 이런 종합을 일으켰다고 생각할 수밖에 없는데, 이렇게 두 번째 시험은 책상이라는 동일적 형상(eidos)을 포착해내는 의식작용이라는 점에서 후설에 의해서 '형상적 환원'이나 '본질 직관'으로 불리기도 한다.

이제 본격적으로 책상의 형상이 얻어지는 형상적 환원 즉 응시의 시험을 실행해 보자. 나는 내 앞에 있는 책상을 응시한다. 그때, 책상에 나의 주목의 시선이 당도한 부분, 즉 책상의 보여지는 측면은 편편하고 넓적하되, 내 시선의 방향 때문에 원근법적으로 일그러져 있는 네모난 모양으로 드러난다. 이 네모난 모양 귀퉁이에서 수직으로 지지되는 네 다리들로 책상은 지지될 터이지만, 내가 볼 수 있는 다리는 두 개밖에 안된다. 그렇다고 나는 책상이 풀썩 주저앉을 것이라고 생각하지 않는다. 나는 이미 숨겨진 두 개의 다리가 있음을 알고 있기 때문이다. 물론 나는 반대쪽으로 걸어가서 굳이 이것을 확인해 볼 수도 있을 것이다. 나는 이 딱딱한 네모난 판 위에서 공부도 할 수 있다. 응시하고 있는 이 순간의 내가 공부하고 있는 것은 아니지만, 이제까지 여기서 나는 공부를 해왔기 때문이다. 여기까지 내가 반성을 기술하게 되었을 때, 책상의 형상은 '물건들을 올려놓기에 충분한 넓

40) *CM.* 77~78; *kCM.* 86~87.
41) *CM.* 67; *kCM.* 70.
42) *CM.* 55, 62; *kCM.* 53, 63 참조.

이와 편편한 네모난 판과 그것을 지지해 주는 네 다리로 이루어진 도구'로 포착된다. 나는 이런 동일한 책상을 얻어내기 위해서 응시를 통해 드러난 것과 아직 드러나지 않은 것, 그러나 '함께' 생각된 측면, 예측된 측면까지 고려하여 종합적으로 판단했던 것이다. 그 때의 응시에 따라 보여지는 측면은 매번 다르지만, 보이지 않은 측면까지도 고려되어 구성된 책상의 형상은 그 때마다 결정되어 있으며, 그래서 나는 그것이 어떤 모습으로 보이건 책상임을 의심하지 않게 된다.

　이는 내가 '현실적'으로 책상의 드러난 측면만을 보는 것이 아니라, '잠재적'으로 은폐된 측면까지 보았음을 의미한다. 나의 응시는 지금 내가 응시하고 있는 것, '그 이상'까지 생각한다. 그렇지 않다면 책상의 인지는 불가능했을 것이다. 책상의 보이지 않는 것들은 응시가 닻을 내리는 보이는 것 주위에 지평으로 산포되어 있는데, 우리가 응시하는 한에서 이런 지평은 언제나 존재한다. 그런데 책상을 응시하고 있는 선험적 자아는 이런 보이지 않는 지평을 볼 수 있는 능력을 가졌다. 말하자면 선험적 '의식의 지평적 지향성'이 책상의 동일적 구성을 가능하게 했던 것이다. 종합적인 책상의 구성에 참여된 그것의 잠재적인 내용이 과거의 내 응시에 의해 기억 속에 남았다가 지금 흐릿한 지평의 형태로 변형되어 반복되기 때문에 가능한 것이다.43) 미래란 주체가 과거를 다시 겪으면서 변형시켜 반복하는 것에 불과하다. 그러나 과거의 경험을 현재에 가져오는 일, 즉 과거를 현전시키는 것은 주체의 원근법적 위치에 따라 충분히 변경될 수 있다. 과거의 경험을 현전시키면서 주체의 원근법적 시선이 닿는 것들은 명증적인 것으로서 재조직되고 내 시선에서 멀어지는 것들은 지평으로서 미래에 기투된다. 그런 점에서 책상의 종합은 내적 시간의식의 종합이다.44) 다만, 종합은 언제나 미완성인데, 우리의 응시에 이런 지평이 언제나 따라다

---

43) *CM.* 81~82; *kCM.* 92~93 참조.
44) *CM.* 79~81; *kCM.* 89~91 참조.

니는 한에서, 즉 의식 현상은 끊임없는 흐름인 한에서,45) "의식 대상
은 결코 완성되어 주어진 것으로 표상될 수 없기"46)때문이다. 지평은
또 다른 봄, 또 다른 반성을 유도하기에 반성은 끝없이 계속될 수 있
다. 그리고 반성이 계속되는 한, 책상의 동일성은 데카르트처럼 절대
적인 것으로 결정될 수 없다.

　의식의 본질은 언제나 자기에게 주어져 있는 것 이상으로 향해 있
는 지향성이다. 자기에 머물러 있지 않고 어떤 것에 향해 있는 의식은
시간적으로도 자기를 넘어서 미래적 지평에까지 향해 있다. 그리고 의
식은 자신이 향하고 있었던 이 지평에 언제든지 나아갈 수 있다. 후설
이 말했듯이, "나는 내가 행한 것과 달리 할 수 있고", "의식 삶의 그
때그때의 잠재성을 드러내 밝힐 수 있다." 선험적 주체인 '나는 생각
함(Je pense)'은 사실 사유의 지향성을 고려하여 '나는 할 수 있음(Je
peux, Ich kann)'으로 수정되어야 한다.47) 그러나 여기서 'Je peux'는
'Je pense'와 달리 익명적이라는 사실을 언급하지 않을 수 없다.48) 우
리의 시험을 통과한 선험적 의식은 자신을 명증적으로 의식하고 있다
는 점에서 분명히 인칭적이다. 그러나 잠재적 지평에 향하고 있는
지향적 의식은 그것을 명증적인 것으로 현전시키기 전까지는 자기
가 그것에 향해 있다는 것을 의식하지 못하고 있다. 우리가 일상적
경험을 통해서 구성한 책상의 동일성은 사실은 의식의 은폐된 구성
작용으로 일어났던 것이다. 후설에서 현상학적 환원은 선험적 주체 존
재를 깨닫는 일이었던 만큼, 두 번째 환원은 이런 의식의 숨겨진 역할
을 인칭적으로 '자기 의식하는' 일에까지 확대되어야 한다. 두 번째
시험을 통해서 우리는 주체의 지평적 지향성을 의식하게 되었고 이런

---

45) *CM.* 86; *kCM.* 99 참조.
46) *CM.* 82; *kCM.* 93.
47) *CM.* 82; *kCM.* 93.
48) *CM.* 84; *kCM.* 96 참조.

지향성을 통해 종합하는 구성 작용을 드러냈다. 현상학자로서 그가 자신의 성찰에서 기획한 반성은 이처럼 "자신의 반성하는 시선에 의해 드러내 밝히면서 익명적으로 의식이 활동하고 있는 삶 속으로 파고 들어가고, 다양한 의식의 방식들의 특정한 종합적 경과들과 의식의 방식들의 배후에 여전히 놓여 있는 자아가 자세를 취하는 양상을 드러내 밝히는 일"이었다.49) 그것은 '의식의 끊임없는 흐름을 언어로 기술한다'고 하는 현상학의 이념이었다.50)

  반면 후설은 선험적 의식의 타아에 대한 지향성을 자신의 성찰에서 특별히 거론해야할 필요를 느꼈던 것 같다. "타자들은 독특한 방식으로 신체들에 결부된, 심리 물리적 객체들로서 세계 속에 존재"51)하기

---

49) *CM*. 84~85; *kCM*. 96~97.

50) 그러나 이런 기술을 위해서는 어떤 요령이 있어야 할 듯하다. 각각의 개별적인 현상을 낱낱이 산발적으로 기술한다는 것은 지루하고 지난한 작업이며 그것이 성공한다 해도 무의미한 일이다. 따라서 그것을 표방하는 현상학의 기획이 불가능해 보이는 것은 당연한 일이었다. 현상학적 기술이 성공하지 못한다면 그의 순수 현상학의 이념은 물거품이 되어 버릴 것이다. 그렇기 때문에 "현상학적 분석과 기술에 전적으로 새로운 방법론을 부과"(*CM*. 85; *kCM*. 98)해야 할 필요성을 그도 절감했는데, 현상학적 방법론이 확립될 수 있다면 그것이 모든 학적 연구의 토대가 될 수 있음은 물론이다. 앞에서 그가 주관적 근원에 회귀하여 얻어낸 것은 모든 의식의 내용들이 지향성을 통한 '하나의 구조 유형'에 결합되어 있다는 사실이었다. 그것은 자아(ego)-의식작용(cogito)-의식된 대상(cogitatum)이라는 유형이다. 그가 보기에 이 구조는 결코 의심받지 않을 '선험적 실마리'였으며, 이것을 기점으로 선험적 이론을 구성하는 것이 그의 다음 과제였다. 그는 의식된 대상과 관련하여 형식, 범주를 구성하고, 그 최고에는 영역의 대상으로서의 대상 일반에 대해서 구성했는데, 예를 들어 공간적 사물 일반(res existensa), 즉 연장적 사물, 심리 물리적 존재, 인간, 사회 공동체, 문화 객체, 등등을 영역 구분하여 그것을 위의 유형에 따라 체계적으로 기술하려 했다(*CM*. 88~89; *kCM*. 102~103 참조). 이런 작업은 '선험적 구성'으로 명명되지만, 이런 복잡한 작업은 우리의 두 번째 시험의 범위를 넘어선다.

51) *CM*. 123; *kCM*. 156.

때문이다. 타자들이 존재하는 이 세계는 상호주관적이다. 그러나 언제나 선험적인 자기의식에로 회귀하는 그가 극복해야 할 문제는 유아론이었다. 환원을 통해서 얻어진 선험적 의식의 이런 '혼자 존재함'은 실제적으로 '나 혼자만 살고 있음'을 의미하는 것이 아닌데, 환원을 통해서도 의식 내용이 소거되지 않듯이, 타인들이 속해 있는 세계는 그대로 있기 때문이다. 이처럼 조심스럽게 접근했지만, 그도 확실히 데카르트의 제자답게 해결했다. 타인은 나 자신과 유사한 나의 반영일 뿐이다. 단도직입적으로 말해서 타아는 선험적 자아의 구성물이다. 데카르트가 '자동인형'일지도 모를 타자를 정신의 직관적 판단에 의해서 확증했듯이, 그는 타자에 향해 있는 의식의 지향성을 일종의 감정이입(Einfühlung)을 통해52) 또 다시 선험적 주체의 명증적 구성으로 만들었던 것이다.

　　두 번째 시험 2): **나는 창 밖에서 모자를 쓰고 외투를 입고 걸어
　　　　　　　가는 타자를 응시한다.**

　　나는 창 밖을 통해 응시하고 있는 세계에서 모자를 쓰고 외투를 입고 걸어가는 타자를 발견한다. 그러나 사실 내가 보고 있는 것은 사람 자체가 아니라 부피감이 있는 그의 모자와 외투일 뿐이다. 그가 사람이라면 그는 아마도 신체(Leib)를 가지고 있을 것이다. 나는 신체를 통해 행동하고 생각한다. 그리고 나는 신체를 가지고 행동하는 자아를 반성할 수 있는 자이다. 즉 경험적 자아(moi)를 의식 내용으로 만들 수 있는 선험적 자아(Je)이다. 선험적 의식은 이런 반성된 경험적 자아들을 종합적으로 통일하여 의식 내용으로 포함하고 있다. 이런 의식이 응시를 수행하는 순간, 내 앞에 생생하게 현전하고 있는 외투와 모자 주위에 보이지 않는 지평으로 내 경험적 자아가 둘러싸이게 된다. 책

---

52) *CM.* 124; *kCM.* 157 참조.

상의 동일성이 책상의 음영적 지평들까지 종합해서 구성되듯이, 타아는 타자의 신체를 덮고 있는 것들과 그 음영적 지평인 경험적 자아의 짝짓기 작업에 의해 구성된 것이다. 짝짓기(Paarung)는 그것과 다른 것의 의미를(그것이 양립불가능하지 않은 한에서) 유사하게, 동등하게 만드는 일종의 융합(Verschmelzung)과 같은 것53)으로 선험적 의식의 보편적인 종합 형식이다. 그리하여 저기 창 밖에서 걸어가는 사람은 '자동인형'이 아니라 분명히 나와 같이 생각하는 자임에 틀림없다고 나는 응시와 동시에 판단 내릴 수 있겠다. 물론 이런 판단은 필증적으로 확실한 것은 아니다. 내가 사람으로 확신했던 그것이 매우 그럴듯하게 만들어진 인조인간으로 밝혀질 가능성이 완전히 사라진 것은 아니기 때문이다. 그러나 이런 식으로 타자 응시의 구성 작용이 드러나 밝혀진 한에서, 타자의 존재는 명증적으로 확증된 것이다. 여기서도 이런 타자의 확증이 그것을 확증하는 선험적 자아에 토대되어 있음은 물론이다.

---

53) *CM.* 147; *kCM.* 192 참조.

3. 반복적 실천: 메를로 – 뽕띠의 '데카르트적 성찰'

1) 첫 번째 계기: 의심의 실행(exercise)

① 경험주의와 주지주의 비판

데카르트적 기원은 절대적 객관성에서 절대적 주관성에로 통과되는 변증법적인 주지주의의 체계를 열면서, 견고한 자기의 성(城)을 쌓았다. 『성찰』에서 암시되었듯이, 특히 데카르트는 자신이 몽자나 광인의 혐의를 완전히 벗은 반성하는 이성적인 각성자인 한에서, 그런 철학 체계를 내세울만한 충분한 자격이 있다고 생각했겠지만, 메를로 – 뽕띠의 생각은 달랐다. 그가 자신의 성찰의 통찰을 제대로 발전시키지 못하고 이미 결정된 것에 귀착하는 내재적인 목적론을 순환시키는 닫혀진 체계로 사유하고 있는 만큼, 데카르트는 자신이 꿈을 꾸고 있어도 꿈을 꾸고 있음을 알지 못하는, 미쳤어도 미쳤음을 알지 못하는, 그리하여 그 상태에서 벗어날 수 없는 몽자나 광인과 다를 바가 없다는 것이다. 광인은 반성을 이해할 수 없는 반면에 반성은 자기와 광인을 이해할 수 있다.[54] 이번에는 진짜로 그러한 몽자나 광인이 되지 않기를 바라는 메를로 – 뽕띠의 반성은 그런 꿈과 광인들의 생각을 이해하는 일과도 깊이 관련되어 있다. 병리학과 정신분석학의 출발점이 그러하듯이, 그들을 이해하는 일은 바로 정상인이라고 자부하는 바로 나 자신을 이해하는 효과적인 계기가 되기도 한다. 그렇다면 데카르트와 후설처럼, 광인을 정신을 결핍한 바보라거나 현상학적인 불구자로 성

---

54) *pp.*31 참조.

찰의 논의에서 제외시켜서는 안된다. 진정한 반성은 그들을 배제시키지 않고 그들을 받아들이고 이해하는 과정에서 성취되고 바로 이런 노력 속에 꿈과 광기에서 벗어나는 길이 있을 것이다. 이런 이유로 여기서 그의 의심의 시험에 통과되는 것은, 우리가 앞에서 모델로 삼았던 현전의 경험뿐만 아니라 그런 현전의 경험을 의심하는 데카르트와 후설의 성찰 자체이기도 하다.

우선 우리의 성찰은 데카르트가 그러했듯이, 반성 없이 그것이 확실하다고 전제하고 있는 경험주의자들의 '실재에 대한 믿음'을 의심하는 일부터 시작된다. 그것은 후설처럼 그런 자연주의적인 믿음을 가지고 생활하는 일상적 경험에 대한 판단중지이기도 하다. 실제로 메를로-뽕띠도 『지각의 현상학』에서 의심하고 판단 중지해야 할 믿음을 아무런 반성 없이 주장하고 있는 경험주의적 진영을 비판하는 일부터 자신의 성찰을 시작했다.

첫 번째 시험 1): **나(je)**는 내(moi)가 책상에 앉아서 이 글을 쓰고 있음을 꿈이 아닌가 **의심한다.**

우리는 이런 현전의 경험을 명증적인 것으로 여기면서도 데카르트를 따라 의심의 시험을 작동시켰다. 그러나 앞에서 보았듯이 의심은 이 경험이 어쩌면 꿈일지도 모른다는 환영의 가능성을 남겨둘 뿐, 그것의 명증성을 어쩌지는 못한다. 후설이 말하는 환원의 역할, 즉 자연적 존재 정립의 억제란 그저 현전을 현전으로 내버려두는 것에 불과하다. 즉, 그것이 환영이라 하더라도 그것을 고정시키지도 사라지게도 하지 않는 존재의 긴장을 유지하면서 그것을 아슬아슬한 환영으로 그냥 내버려두는 것이다. 그러나 이런 환원 후에도 그 외부의 실재를 지시하지 못하는 뿌리 없는 비존재로 있을지언정, 그것은 여전히 명증적으로 있다. 그야말로 "데카르트의 경우, 우리 경험의 자격으로 세계 전체가 코기토로 재통합되고, 코기토와 더불어 확실하고, 단지 '~의 사유'라는 표지와 관계되는 한에서, 우리는 방법적 회의라는 것 때문에 손해 볼 것이라곤 아무 것도 없다."(*pp.*ⅲ) 메를로-뽕띠의 성찰에서 환원의 산물로서 실재의 뿌리가 거세된 '환영의 명증성'이 그의 말대로 손해가 아니라면, 도대체 어떤 이득을 얻게 되는가?

일차적으로 자연적인 실재의 존재를 묻지 않기를 요청하는 이런 의심의 실행은, 데카르트와 후설이 그러했듯이, 개별과학에 도사리고 있는 경험주의적 독단을 합법적으로 비판하는 철학의 예비적 절차가 될 것이다. 잘 알려져 있다시피, 경험주의에서 이른바 지각의 명증성은 '세계의 선입견'에 근거되어 있다. 인상(impression)이나 성질(qualité)은 주체의 감각(sensation)을 통해 얻게 되는 것으로서, 대상의 고유성이나 항구성을 드러내는 계기로 작용한다. 전통적 심리학과 생리학과 같은 개별 과학의 이론 체계는 이런 경험주의적 편견을 세련되게 발전시킨 것에 불과하다. 이들 진영에서 감각이란 외부에서 온 어떤 충격을 행동이나 감각 자료를 통해 다시 외부의 대상으로 돌려보내는 일종의 변환기(transmission)의 역할에 그친다. 우리는 이처럼 받은 것을 온 쪽으로 되돌려 보내기만 함으로써 수동적이고 무능한 역할에 그치는 감각 주체를 회절점으로 하는 인식작용의 호(arc)를 그릴 수 있을 터인데, 그래서 그들의 이론 체계는 근본적으로 '반사호(reflective arc) 이론'으로 칭할 수 있다.55) 생리학자나 심리학자들은 우리의 지각과 같은 원심적 현상을 주체의 구심적 조건들에 연결하고, 사물이나 세계를 아리스토텔레스의 '제 3자'처럼, 그런 순환에 영향을 미치기는 하나 그 작용 밖에 있는 불가지론적 실재로 정립한다.56) 그러므로 그들이 할 수 있는 일이란 밖에서 들어오는 자극들과 밖으로 돌려보내는 성질들 사이의 간극을 상수를 이용하여 고정시킴으로써 그런 실재에 근접하게 만드는 일이었다. 그들

---

55) *pp.*14 참조.
56) *pp.*67, 90 참조.

은 "주변적인 조건 속에서 '요소적인' 심적인 기능들을 확실하게 표시하는 방법"(*pp.*16)을 안다고 믿었다. 이런 요소적 심적 기능들의 법칙은 요소적인 사건을 구성하고 통합하는데 소용됨으로써 항구성(constance)의 가설이 만들어진다.57) 이런 요소적 심적 기능의 법칙을 발견하는 것이 이들 과학의 학적 목표가 되어 왔던 것이다.

그러나 이런 과학성은 그릇된 전제 위에 세워져 있다. 왜냐하면 이런 학문이 근거되어 있는 법칙들은 요소적 사건들인 물리적인 하부 구조를 가능하게 하는 선행적인 상위 구조로 있어야 함에도 불구하고 도리어 그런 하부 구조에서 기인된(구성된) "의식의 때늦은(tardive) 상위구조"(*pp.*19)에 불과하기 때문이다. 즉 감각하는 주체의 측에서 감각을 아무리 세련되게 조직했다 해도, 그것은 주체 밖에 이미 전제된 실재를 통해서 조직된 것이라는 점에서, 그리고 주체 밖의 실재는 이런 감각 체계를 통해서 구성된다는 점에서, 순환의 오류를 범하고 있다. 이런 오류는 과학에서 은폐된 채로 있다. 그런 오류를 깨닫지 못하는 경험주의자들의 반성은 이처럼 자기 자신들을 이해하지 못하는 광인들과 마찬가지로 닫혀진 사유 체계 속에 있을 뿐이다.58) 전통 심리학이나 생리학에서처럼 "인간적인 조직체를 물리적 체계로부터 재현하고 그 근거 위에서 실제적인 지각을 재구성하고 과학적 인식의 순환을 닫으려 하는 것, 즉 인식 그 자체를 생산하는 법칙을 드러내면서 주관성의 객관적인 과학을 근거지우려 하는 것"(*pp.*17)이 후설이 우려하는 학의 위기였던 셈이다.

학의 위기는 여기서 그치지 않는다. 경험주의자들의 주장대로 세계의 편견에 근거한 이런 요소적인 인상이나 성질들을 받아들인다 하더라도 그것들만 가지고서는 인식이 성립되지 않기 때문이다. 그들은 어떻게 이런 낱낱의 요소들이 하나의 통일적인 상(image)으로 구성되는

---

57) *pp.*14 참조.
58) *pp.*31 참조.

62

지를 해결해야 했다. 인식 주체의 공통적인 구성의 법칙을 위해서 그들은 주체의 연상(association) 작용을 끌어들이는데, 이는 엄격히 말해 수동적이고 투명한 주체의 역할을 전제한 경험주의의 입장을 넘어서는 것이다. 주지주의자들은 경험주의에서 변환기에 다름 아닌 주체의 왜소한 역할에 반기를 들었다. 이런 상황에서 항구성의 가설을 비판하기 위해 데카르트는 방법적 회의를, 후설은 현상학적 환원을 끌어들인 셈인데, 의심의 시험이 그들에게서 주체의 힘을 강화시키기 위한 방법적 절차였음은 이미 언급되었던 바이다. 데카르트를 위시한 주지주의자들은 절대적 객체라고 하는 경험주의자들의 정립에 대한 반정립으로서 절대적 주체를 맞세웠다. 주지주의자들은 이런 코기토의 정립과 더불어 학의 위기가 진정되었다고 생각했지만, 그것 또한 위기가 될 수 있다. 그들 사이의 변증법적 운동은 연상과 회상의 투사(projection de souvenirs)를 통해 가장 잘 드러난다고 볼 수 있겠다.

우선 경험주의자들이 말하는 연상은 간단히 말해서 유사성의 척도에 따라 선행적 경험을 불러 일으켜서 현전의 경험에 연결시키는 것이다. 연상은 회상의 투사라고 하는 하부 작용을 필요로 한다.59) 회상을 일으키는 동기로서 유사성은 매우 모호한 개념인데, 일찍이 유사성의 딜레마는 아리스토텔레스의 이데아론 비판에서부터 제기되었던 것이기도 하다.60) 유사성은 지각의 구성적인 원리로서 선행적이어야 함에도 불구하고 이런 원리는 과거의 용모(physionomie)에서 획득된 것이다. 그들의 주장대로라면, 바로 그런 과거의 경험에서도 지각이 가능하기 위해서 똑같이 유사성의 원리가 필요할 터인데, 이는 아마도 그 보다 더 과거의 경험에서 획득되어야 할 것이다. 유사성의 원리는 무한한 과거로 소급되어 사라진다. 이런 난점을 해결하기 위해 칸트

---

59) *pp.*21~22 참조.
60) *Metaphisics*, A, 990 b 15-17: K, 1059b8-9, Frederick Copleston, *A History of Philosophy*, vol. 1, The Newman press, 1960, p.295 참조.

(Kant)처럼 "연상될 수 있는 요소들을 조직하여", 선험적 명령의 형식으로 "재생산의 가설"을 구성해낸다 하여도 그 역시 옛 경험들에서 추출된 것이라는 점에서는 마찬가지인 것이다. 메를로-뽕띠의 말대로 "유사성은 이미지들의 순환이나 의식의 상태의 순환을 인도하는 제 3자로 향하는 어떤 힘의 공존 이상이 될 수 없기" 때문이다(*pp.*25~26).

또한 경험주의자들은 이번에는 계속되는 응시로 인해 생기는 낱낱의 요소적 인상들 사이의 공백을 메우기 위해 회상의 투사를 끌어들이게 된다. 현전의 소여는 의미로 부화되기 전까지는 감각적인 카오스(chaos)에 불과하지만, 이런 감각적 소여가 회상을 불러서 자기에 투사시키게 되면, 현전의 의미가 발생된다는 것이다. 그러나 회상의 부름이 이루어지는 순간 그런 회상을 가능하게 했던 감각적인 설치(la mise sensible)는 잊혀진다.61) 과거의 의미는 현전의 감각적인 것(sensible)을 덮어버리고 점령하면서 현전의 의미를 지배한다. 말하자면 과거의 의미는 지금 여기의 의미의 기원이 되는데, 이런 식의 해결은 예전에 플라톤이 시도했던 것이다. 메논의 논쟁적 명제인 배움의 역설을 해결하기 위해서 그가 배움의 '순간'을 기회(occasion)로 이전에 알고 있는 것을 불러일으킨다는 상기론을 주장했듯이 말이다.62) 키에르케고어가 옳게 지적했듯이, 회상의 투사에서와 마찬가지로 과거의 영원이 상기되는 순간, 지각과 배움의 이 순간은 영원 속으로 사라져 버리게 된다.63) 내가 그것을 반성하는 순간, 지금 여기의 것은 존재하지 않는다. 이것이 바로 성찰의 첫 번째 시험이

---

61) *pp.*27 참조.
62) *Meno* 80 e, 81 c~d 참조. 우리가 이미 알고 있다면 굳이 알려고 탐구할 필요가 없고 모른다면 무엇을 탐구해야 할지도 모르게 되므로 인간은 아무 것도 배울 수 없다는 것이 배움의 역설이다. 플라톤이 이 역설을 해결하기 위해 끌어들인 상기론은 영혼불멸이나 윤회의 신화의 도움으로만 설득력이 있다. *pp.*425 참조.
63) Søren Kierkegaard, *Philosophical fragments*, trans. V. Hong & H. Hong, Princeton Univ. 1985, *pp.*51-52 참조.

었다. 내가 지금, 여기서 보고 있는 이 책상은 환영이며, 그런 만큼 그 책상에 앉아 이 글을 쓰고 있는 지금, 여기의 나(moi) 역시 끔찍한 환영이다. 메를로-뽕띠는 순간의 역설을 이렇게 표현했다. "만일 내가 여기 지금 있다면, 나는 여기 지금 없다."(*pp*.382~383). 아무리 생생하다 해도 곧 흔적도 없이 사라져 버리는 우리의 삶은 꿈처럼 허무한 것이다.

회상의 투사는 꿈에서가 아니라 우리의 정상적인 지각에서 일어나는 심리적 기제였다. 그러나 이 기제에 따르면 정상적인 지각과 꿈은 구별되지 않는다. 이는 데카르트가 첫 번째 시험을 통해서 어이없이 명증적인 현전의 경험이라도 꿈으로 의심할 수밖에 없음을 깨달았던 일이기도 하다. 그러니까 우리의 현전의 경험은 심리적 기제에서는 꿈과 별로 다를 바가 없기에, 이런 의심의 시험을 통과해서 꿈으로 좌천시켜도 주지주의자들에게는 손해날 일이 없다는 얘기가 된다. 이렇게 생생해 보여도 현전의 경험은 과거의 것으로 사라져 버릴 존재이다. 그렇다면 '환영의 명증성'이란 '지금, 여기'가 곧 우리 앞에서 사라져 버리고 우리를 기만하게 될 것임을 허심탄회하게 인정하면서 얻게 되는 발가벗겨진 '순수한' 존재를 의미하는가? 플라톤의 신화적 형식을 갱신하여, 데카르트는 성찰의 첫 번째 시험을 통해서 모든 것을 다 환영으로 만들어 버릴 수 있는 자신의 논리적 실력을 유감없이 보여줌으로써 회상을 부르는 심적 작용, 환영을 구성했던 초월적 주체로 성찰의 초점을 이동했다. 데카르트와 같은 주지주의자들이 확신컨데, 환영이 그러하듯이, 우리의 지각은 전적으로 주체가 만들어낸 것이다. 궁극적으로 후설의 선험적 자아도 모든 한계들과 사적인 경험적 사건에서 해방된 나의 경험의 지적이고 동일적인 구조로서, 성찰을 통해서 사건들에서 작용들에로, 사유들에서 나(Je)에로 통과하도록 강요함으로써 얻어진 것이다.64) 이 첫 번째 시험의 데카르트적 결론이었다.

---

64) *pp*.428, 430 footnote 참조.

"데카르트적인 코기토는 다음과 같다. 그것은 사물들에서 사물들의 사유로 되돌아가는 것, 내(Je)가 단지 그것의 공통적인 이름이거나 가설적인 원인에 지나지 않는 심리학적 사건들의 총계에 경험을 환원시키는 것에 지나지 않는다. 그렇게 되면 어떻게 나의 존재가 사물의 존재보다 더 불확실하게 되는지는 오리무중이 된다. 나의 존재는 더 이상 직접적이지 않고 포착 불가능한 순간 속에서만 그러하기 때문에... 코기토의 데카르트적인 교리는 논리적으로 정신의 비시간성의 긍정과 영원한 것에 대한 의식의 허락에 인도한다."(*pp*.426).

그러나 적어도 메를로–뽕띠는 초월적 주체의 배타적 소유로 간주되는 이런 식의 '환영의 명증성'에는 결코 동의하지 않는다. 새로운 성찰은 경험주의를 의심의 시험에 다시 통과시키면서, 그들에게서 망각되거나 은폐된 것을 끄집어내면서 다시 쓰여진다. 분명히 회상을 일으켰던 감각적인 것(le sensible)은 의미를 발생시키면서 그 의미 속에서 잊혀졌기 때문이다. 회상의 투사가 가능하려면 회상의 안내자가 필요하지만, 그 안내자는 상기되는 회상과 분리될 수 없기 때문에 회상이 현전의 의미로 대체되면서 그 아래로 밀려나 보이지 않게 되어 버렸다. '여기 지금'의 감각적인 미장센(mis-en-scene)이 없었다면 정작 의미도 진리도 가능하지 않았을 텐데도 말이다. 그가 말하는 감각적인 미장센은 경험주의자가 말하는 요소적인 감각적 인상들의 혼란스런 덩어리가 아닌데, 그것은 "내재적인 의미들인 소여들의 성운의 솟아오름"(*pp*.30)인 우리의 지각 자체이다. 그러나 만일 우리가 감각적 계기, 이 순간을 사라지게 만들지 않는다면, 현전의 경험은 우리를 속이지 않을 것이다.

"회상의 투사는 이것도 저것도(지각과 환영) 이해할 수 없게 만든다. 왜냐하면 지각된 사물이 감각적인 것과 회상으로 구성되어 있다면, 지각된 사물은 다만 회상의 도움으로 결정되었을 것이고

그리하여 지각된 사물은 회상의 침입을 경계지을 수 있었던 그 자
신 속에서 아무 것도 가지고 있지 않을 것이다. 지각된 사물은 단
지 그것이 항상 가지고 있는 '일어난 것(bougé)'의 그런 후광(halo)
만 가지고 있는 것은 아니며, 흔히 말해지듯이, 지각된 사물은 도
망가면서 언제나 환영의 끝에서 포착되지 않을 것이다. 아 포르티
오리한 환영은 결코 사물이 취하기(prendre)에 의해 끝날 닫혀지고
한정된 측면을 제공하지 않으며 지각 자체가 결핍된 것이 아니기
때문에 환영은 우리를 결코 속이지 않는 것이다."(*pp*.28~29).

과거의 의미로 환원하도록 강요되지 않는 그것은 '지금 여기 그렇
게' 자유롭게 있다. 심지어 "의미가 감각적인 것을 정확하게 덮어씌우
는 특권적인 그 경험을 흉내 내어 가시적으로 분절되고 거기서 발언
되는" 환영마저도 이런 지각적 규준을 함축하고 있기에 결코 속임수
가 아닌 것이다(*pp*.28). 그것은 분명히 거기에 있다. 메를로─뽕띠의
성찰에서는 '내가 여기 지금 책상에 앉아서 이 글을 쓰고 있다는 것'
이 혹시 꿈은 아닐까 의심된다 하더라도, 그것이 꿈이라 하더라도, 그
것은 흔적도 없이 사라지는 속임수가 아니다. 내가 이 책상에 앉아 이
글을 쓰면서 노심초사(勞心焦思)하는 것, 그러한 머뭇거림도 속임수가
아니다. 내가 눈을 들어 창문을 통해 바라보는 도시의 풍광도 결코 속
임수가 아닌 것이다. 엄연히 존재하는 문화적 세계나 인간적 세계가
어떻게 다 거짓이 될 수 있겠는가? 현전의 빛보다는 그림자에 더 익
숙한 동굴의 죄수들인 주지주의자들이 오히려 기만당하고 있다고 말해
야 한다.65) 그리하여 그는 회상의 투사라는 경험주의적·주지주의적 가
설을 폐기하기를 제안했다. 환영은 우리를 기만하지 않으면서 지금 여
기, '그렇게' 있다. 즉 그것의 "확실성은 그것의 감각작용이 분절되고
내 앞에서 전개되는 방식으로 둘러싸여 있다."(*pp*.432). 그것이 메를로
─뽕띠가 자신의 현상학적 환원을 통해서 얻어낸 환영의 명증성이었

---

65) *pp*.52 참조.

다. 다만 환영이나 꿈이라는 표현이 우리에게 강요하는 불안감, 즉 '사라져버린다'는 의미의 데카르트적 성찰의 독해와 혼동하지 않기 위해, 환원의 산물을 '현상'이라는 용어로 바꾸어 부르기를 제안하겠다. 그는 그것이 꿈이건 현실이건, 언제나 명증적인 있음으로 나타나는 '현상'의 적극적 위상을 역설하는 명실 공히 현상학자의 태도로 작업했다. 그는 데카르트의 성찰에 반대해서 감각적인 토대(la couche sensible)를 망각하지 않는 현상에 대한 새로운 성찰을 열었다. 아니 정확히 말하면, 그는 이런 "근원적인 토대로서 환원 불가능한 의미를 이미 수태하고 있는 하나의 전체(ensemble)를 발견하는"(*pp.*29) 반성을 시작했던 것이다. 이것이 후설이 말하는 진정한 현상학적 반성일 것이다. 현상학적 환원은 데카르트의 성찰을 해체하는 감각적 토대가 살아 있는 여기 지금의 현상을 반성하는 이런 '만일'의 入社式이었던 것이다.

이제 앞으로 되돌아가서 처음에 제기되었던 우리의 물음에 대하여, 그의 환원의 산물인 '환영의 명증성'이 어떤 이득을 얻게 되는지를 대답할 수 있다. **그것은 바로 외적 실재에 대한 편견에 근거되어 있는 경험주의와 무소불위(無所不爲)의 주관성에 근거되어 있는 주지주의에 대한 변증법적 비판이었다.** 우리가 회상의 투사와 연상 이론에 대한 반성에서 보았듯이, 바로 거기서 경험주의와 주지주의가 만나 서로 섞인다. 외면적으로 변증법적인 대립관계에 있는 경험주의와 주지주의는 예상외로 혈족처럼 깊은 관계로 있다. 다만 한 쪽은 너무 빈약하고 다른 한 쪽은 너무 풍족하다. 대상과 의식 사이의 내적 연결을 설명할 수 없는 '빈약한' 의식의 경험주의와 달리 주지주의의 의식은 대상의 지적 구조를 꿰뚫을 수 있는 '풍족한' 의식이어서, 어떻게 그런 완전한 의식이 꿈을 꿀 수 있는지, 환영이라는 실수를 하게 되는지 알 수 없을 지경이다.66) 주지주의자들은 그들이 원했던 절대적 주관성을 얻은 후에는, 회의주의에 빠지지 않기 위해 다시 과학의 결정된 보편

68

을 수용하였다. 방법적 의심 후에 교묘하게 경험주의의 결정된 보편을 받아들이는 과정은 주의(attention)와 판단(jugement)을 통해서 잘 드러나는데, 메를로-뽕띠는 이런 허위 개념의 해체를 통해서 경험주의와 주지주의의 강한 연계성을 고발했다.

데카르트의 말대로 주의는 "어떤 것을 창조하는 것이 아니라 지각이나 이념을 솟아나게 하는 자연적 기적이다."(pp.34). 다만 메를로-뽕띠가 생각하기에 그런 지각이나 이념은 외부의 실재라는 초월적 객체에서 기인된 항구적인 인상이나 성질처럼 이미 결정되어 있는 것이 아닐 뿐이다. 데카르트의 성찰에서 중요한 역할을 하는 주의의 행동 자체를 그가 무시한 것은 아니다. 다만 그는 어떻게 지각이 주의를 일깨우는지, 그리고 어떻게 주의가 지각을 발달시키고 풍부하게 하는지를 보여야 한다고 말했는데,67) 이는 '지각되거나 체험될 현상들의 장을 기술하는' 제1차적 반성으로68) 응시의 실행을 통해서 다루게 될 것이다. 그러나 데카르트에게서 "주의는 기절한 사람이 제 정신을 찾아서 자기 자신에게로 돌아오는 능력으로 다루어짐으로써 거꾸로 주의적이지 않고 착란적인 우리의 일상적인 지각은 그저 반-수면 상태"(pp.35)로 되어 버렸다. 그렇게 각성한 의식이 파악한 대상들은 항구적 실체를 드러내는 합법적 자료들로 등록되고 그렇지 못한 의식이 만들어 낸 꿈과 광기, 그리고 일상적인 지각은 성찰의 논의에서 배제되었던 것이다.

판단(jugement) 역시 주의와 함께 결정된 보편을 합법화시키기 위해 동원된 허위 개념이다. 데카르트에 따르면 우리의 일상적인 지각은 "망막 상의 인상들 위에" 회상을 불러들임으로써 지금 여기의 지각을 환영으로 만들어 버리는 "지각의 과잉"을 초래하게 되는데, 판단은 이런 과잉된 지각 속에서 거짓을 가려내고 진리만을 뽑아내는 "결론의

66) pp.36 참조.
67) pp.34 참조.
68) pp.77 참조, Herbert Spiegelberg, 앞의 책, pp.141~142 참조.

논리적인 활동"을 의미했다. 그것은 사물에 어떤 가치를 부여하기 위해 "술어적인 질서로 이루어진 규정"으로 작용한다(*pp.*41~43). 그러나 어떻게 판단이 그렇게 하는지는 알 수 없는데, 애초부터 그토록 유능한 의식이 거짓에 현혹되는 이유도 알 수 없는 것처럼 말이다. 그리하여 판단은 지각 현상을 이해 불가능한 것으로 만들면서 지각의 구성원리로 취임하는데, 거기에서 언어적 술어로 분절되는 판단과 비언어적인 전체(ensemble)로서의 지각의 차이는 없는 셈이다. 지각은 그 안에 결정된 의미를 포함하고 있는 감각적인 전체이며, 언어로 표현 가능한 알맹이인 결정된 보편 외에 나머지는 무의미한 환영에 불과하다.

결국 주의와 판단은 데카르트가 일상적 지각에서 주체의 상태에 따라서 좌지우지되는 비결정적인 이차적 성질들의 뭉치 속에서 항구적 성질들인 연장을 이끌어 낼 때 사용했던 능력이었다. 특히 연장을 항구적인 성질로 다루는 그의 편견은 당시의 물리학적 입장을 따르는 것인데, 우리의 지각에 내재해 있는 연장이라는 사물의 의미만이 과학적 진술과 같은 올바른 기술의 대상이 될 수 있다는 식으로 말이다. 그는 우리가 주의하기만 한다면, 지각하는 것을 곧바로 기술(記述)할 수 있다고 생각했는데, 감각적인 텍스트 속에 내재되어 있는 결정된 의미는 이미 질서지워진 언술의 형태로 존재하기 때문이다.69) 여기서 그가 말하는 판단, 즉 '기호들에 내재하는 의미 작용'이 가능하려면, 감각적 기호와 의미는 결코 분리되어서는 안된다.70) 성찰을 통해서 그는 '결정된 의미가 내재되어 있는 텍스트'를 일차적으로 우리의 지각 세계로 생각하고 있었겠지만, 그것이 언어적 기술로 표현되어 있다는 점에서는 암시적으로는 지각적 세계와 대응되는 언어적 텍스트도 염두에 두고 있었던 것이다.71)

---

69) *pp.*43~44 참조.
70) *pp.*48 참조.
71) 예를 들어 책상의 연장이 외적 물체인 책상 속에 독점적이고 특권적인 성

70

데카르트도 그러했지만, 후설의 현상학은 특히 사유에 대한 언어적 기술 가능성을 강조했다. 엄밀한 학을 지향하는 그로서는 근본적으로 로고스의 세계인 학에서 감각적 토대를 가지고 있지 않다고 여겨지는 환영을 다룰 수는 없는 일이었다. 환영은 존재하지 않기 때문에 언어로 표현할 수 없는 데 비해서, 연장은 감각적 토대가 보장되는 기술적 '진리'를 위한 정당한 학의 대상이 되었다. 그러나 이러한 대상들 속에서 형성되는 과학적 개념들은 현상을 고정하고 실존을 활기 없는 것으로 왜곡시킨다. 그처럼 연장들의 알고리듬을 통해 과학과 철학이 우리의 생활 세계를 창백한 환경으로 기술해 놓고 있음에도 불구하고, 그것들의 특권적 지위가 여전히 고수되는 이유는 경험주의와 주지주의가 공동으로 신봉하고 있는 '지각에 대한 시원적인 신앙' 때문인 것이다.72) 물론 후설은 경험주의적 오류를 격렬하게 비판하는 입장에서 연장을 결정적 보편으로 기술하는 식의 현상학을 하고 있지는 않다. 사실 그의 현상학적 기술의 범위는 연장들의 물리적 세계뿐만 아니라 데카르트가 환영으로 다룰 수밖에 없을 문화적 세계에까지 이르렀다. 메를로-뽕띠의 성찰에 따르면, 환영이 그러하듯이, 문화적 세계는 기술될 수 있고 그럴 수 있을 만한 감각적 토대를 가지고 있다. 창백한 물리적 세계만 존재하는 것이 아니라 우리의 실제 삶을 둘러싸고 있

질로서 내재되어 있는 것은 물론이고 그런 물체에 대한 이름으로서 '책상'이라는 단어 속에도 그것의 합법적 의미로서 내재되어 있는 것이다. 합법적으로는 하나의 단어에 일대일로 하나의 결정된 의미만이 허용되어 있다. 연장 외의 책상의 다른 성질들이 환영을 만들 듯이, '책상'의 단어에 붙는 그와 다른 의미들은 언제 어디서나 통용될 수 있는 고정된 의미가 아닌, 이차적이고 파생적 의미에 불과하다. 그런 의미들은 주체가 만들어 낸 것으로, 연장처럼 감각적 토대를 가지고 있지 않기 때문에, 그런 의미들을 통해서는 진리에 이를 수 없다. 외적 세계에 대한 어떤 정보도 줄 수 없는 이런 의미들의 알고리듬은 그저 주체의 상상력의 유희에 그칠 뿐이기 때문이다. 플라톤 이래로 언어의 유희적 성격은 시적 언어에서 다소간 허용될 뿐, 진리에 이르는 길이 될 수 없었다.

72) *pp.*66 참조.

는 문화적 세계도 명증적으로 존재하기 때문이다.

② 무언의 코기토

코기토의 문제는 이데올로기와 같은 하나의 이념이 되었다. 이념은 현상을 바라보는 하나의 해석틀로 작용하되, 현상 안에 내재되어 있는 것이다. 따라서 메를로−뽕띠의 제안대로, 우리가 현상학적 테마 중 하나인 코기토를 반성해야 한다면, 코기토는 지각 현상에 대한 심리적 기술을 넘어서는 이차적인 구조적 반성을 통해서만 인식될 수 있다.73)

---

73) 메를로−뽕띠는 반성을 우선 우리 눈앞에서 현전하는 현상들을 충실하게 기술하는 일차적 반성과 그런 현상들의 근거를 반성하는 이차적 반성으로 구별했다(*pp.*77, 419 참조). 과학적 이론이 그러하듯이, 현상학적 반성은 현상들의 기술을 통해서 드러나는 특정한 형태나 의미 같은 특징들이 단순히 우연적인 소여로 되지 않을 어떤 보편적인 구조를 발견하는 쪽으로 진행된다. 그렇기 때문에 이차적 반성은 일차적 반성보다 더 근원적이다. 과학적 방법을 지향하는 데카르트적 성찰도 구체적인 경험을 의심하는 반성적 기술을 통해 그런 경험을 가능하게 하는 보편적인 근거로서 코기토를 지목함으로써 개별 경험의 기술을 넘어서 근원적 반성에까지 나아가고 있는 셈이다. 의심의 시험 자체가 현전의 가능한 근거를 묻는 절차라는 점에서 이런 이차적 반성의 계기로 작용되었던 것이다. 물론 데카르트의 반성은 반성 밖에서 그 근거를 찾는 것이기에 잘못된 것으로 비판되어지지만 말이다. 메를로−뽕띠는 현상의 근거를 모색하는 반성을 경험주의적 편견에 빠져 있는 과학적 법칙의 개념과 구별하기 위해 현상의 "내용 속에서 그 형식의 상징적인 프레냥스(pregnance)를 인식"(*pp.*337)하는 일이라고 표현하기도 했는데, '프레냥스(pregnance)'라는 용어는 베르트하이머(Wertheimer)가 사용한 심리학적 용어로서 정신에 강하게 작용하는 것, 절실함을 의미하는 형용사 pregnant의 파생어이며 생물학적으로는 수태를 의미한다. 이런 반성의 절차를 통해 구조주의적 작업을 했던 알뛰세(Louis Althusser)도 자신의 방식을 옹호하며 "기술적 이론이 되돌이킬 수 없는 이론의 시작임은 눈곱만큼도 의심할 여지가 없지만, 이론을 표현한 기술적 형식은 바로 이 모순의 결과로서 기술 형식을 뛰어넘는 이론의 발전을 요구하게 된다."(Louis Althusser, *Lenin and philosophy and other essays*, Monthly ReVIew Press, 1971, 이진수 역, 백의, 1991, 135~136쪽)고 말했던 것이다. 메를로−뽕띠가 말하는 이차적 반성은 근본적으로

이제 우리는 현상의 가능 근거로서 작용하되, 현상 안에 내재되어 있는 어떤 발생적 구조, 즉 프레냥스(pregnance)인 근원적인 코기토를 포착함과 동시에 그것을 명시적으로 드러내 주어야 한다. 이것은 메를로-뽕띠의 스타일을 고려해 볼 때, 지각 속에 은폐되어 있는 세계내존재의 구조를 기술하면서 지평으로 물러서 있어 보이지 않았던 주체를 형태로 두드러지게 현전시키는 방식이 될 것이다. 다만 한 발자국만 잘못 내디뎌도 빠지기 쉬운 데카르트적 코기토의 유혹에 현혹되지 않으면서, "반성이 반성 밖으로 나가지 않고, 반성에서 비반성으로 나아가지 않고, 우리들의 실존의 구조의 변화로 인식"(*pp.*76)될 수만 있다면, 우리는 데카르트가 범한 실수를 반복하지 않고도 정당하게 코기토를 말할 수 있다.

첫 번째 시험 2): **나(je)는 내(moi)가 책상에 앉아서 이 글을 쓰고 있음을 의심하는 시험을 실행한다.**

이제 우리는 그가 주문한 대로, 환원에 철저한, 반성의 반성을 통해 반성의 근거를 마련하는 진짜 시험을 행해 보자. 데카르트적 성찰이 그러했듯이, 나는 현전의 경험을 반성하는 순간, 그렇게 반성하고 있는 나를 깨닫게 된다. 그러나 이러한 자기의식은 '내가 책상에 앉아서 이 글을 쓰고 있다'는 의식을 성취하는 순간에만 가능하다. 즉 "자기의식은 실행 중에 있는 정신의 존재 자체인 것이다."(*pp.*426) 혹은 메를로-뽕띠처럼 다음과 같이 말할 수도 있겠다. 내 앞에는 책상이 있고, 내 손가락이 자판을 두드리면서 쓰여 지는 글이 있다. "나는 이것저것을 보면서, 혹은 최소한 내 주위의 시각적인 둘러쌈을 일깨우면서, 개별적인 사물의 봄(vision)에 의해서만 증명되는 가시적인 세계를 일깨우면서, 내가 그것들을 보고 있다는 것을 확신한다."(*pp.*432). 그

구조주의적 반성이었다.

것은 봄의 실행 자체이다. 봄은 세계의 존재와 나의 존재가 동시적으로 접촉하고 섞여 들어가면서 이루어지는데, 시험의 형식이 그러하듯이, 내가 한 발 물러서서 바라보게 된다면, 나는 내 앞에 놓여 있는 세계를 바라보고 동시에 그것과 접촉하고 있는 나도 함께 바라보게 되는 셈이다.

그러나 사실 여기까지는 데카르트나 후설의 그것과 다를 바가 없다. 그들의 코기토 역시 의심하는 실행이 동반하는 이런 내적 지각에 근거해 있었기 때문이다. 여태까지 우리는 그들이 제안하는 대로, 의심의 '실행'을 통해서 자기의식을 포착할 수 있었다. 문제는 이렇게 얻어낸 자기 직관을 정당화하는 방법이다. 데카르트적 기원은 그것을 언어로 포착하는 과정에서 그것의 진정한 경험이었던 실행의 순간을 넘어서 버렸다. 대상과 나와의 생생한 접촉을 의미하는 구체적 실행 중에만 느껴지는 이런 내적 지각은 실행에서 사유의 영역으로 전환됨과 동시에 이런 접촉이 느슨해지면서 사라져 버리기 마련이다. 바로 여기에 우리의 시험이 언제나 구체적인 '실천'이어야만 했던 이유가 있다.

물론 시험을 실행하는 순간에 우리가 깨닫게 되는 내적 의식의 확실성은 반성을 통해서 정당화되어야 한다. 코기토는 직관에서 시작될지라도, 그것을 반성하는 데까지 나아가야 한다. 메를로-뽕띠의 말대로, 그것은 내가 지각하는 "대상 속에까지 접촉을 생생히 하면서 나의 의심과의 접촉을 취할 때 가능하기"(*pp*.439)때문이다. 이를테면 '내가 책상에 앉아서 이 글을 쓰고 있다'는 현전의 경험이 나와 대상과의 생생한 접촉인 셈인데, 바로 우리는 이런 접촉을 유지하면서도 그것을 의심하는 실천을 통해서만 자기의식을 느낄 수 있었다. 그 때의 의심은 몽자가 자신의 꿈에서 빠져나오듯, 그런 현전의 경험에서 빠져나오는 차원 이동이 아니라, 나와 대상 사이의 접촉을 느슨하게 만들어 나로 하여금 그런 연결을 깨닫게 만드는 절차였다. 그러나 앞에서 보았듯이, 의심의 시험은 여기서 한 발자국만 잘못 내딛어도 데카르트적 오류에 빠지기 십상이다. 그래서 메를로-뽕띠는 의식이 봄에 숨겨져 있는 우리의 사례보다 더 확실하게 자기의식을 발견하는 보조 사례를 제시하는데, 대상과의 생생한 접촉 속에서 이미 명증적인 자기의식을 발견하게 되는 심리적 사실들이다.

> "사랑이란 사랑하는 대상을 의미하는 것이 아니라 사랑한다는 의식이며, 의지는 의욕 한다는 의식이다. 자기의식을 가지지 않는 사랑이나 의지는 사랑하지 않는 사랑일 것이며, 의욕 하지 않는 의지일 것인데, 무의식적 사유가 사유하지 않는 사유인 것처럼 말이다. 의지나 사랑은 그것들의 대상들이 거짓이거나 실재이건, 동일한 것들이며, 그것에 대해 그것들이 사실에 운반되는 대상에의 조회 없이 고려되며 그것들은 진리가 우리에게 도망칠 수 없는 절대적 확실성의 영역을 구성할 것이다. 모든 것은 의식 속에 진리일 것이다."(*pp*.433).

메를로-뽕띠의 권고를 따라, 사춘기 시절에 누구나 겪었음직한 사랑의 감정(sentiment)을 떠올려 보자. '그'가 내 앞에 있을 때는 물론이고, 부재하는 '그/그녀'를 떠올리면서, 가슴속으로 잦아드는 따뜻한 기운을 가진 어떤 느낌에 휩싸이게 될 때, 그 순간 나는 내가 사랑하고 있음을 깨닫는다. 사랑하고 있는 나는 어떤 행동을 하든, 어떤 말을 하든, 사랑하는 '그/그녀'에게 향해 있는 이런 느꺼운 감정 속에 있게 된다. 나는 평상시와 다른 심장의 박동을 가진 따뜻한 나의 입김을 느낀다. 그래서 내가 사랑하고 있다고 말하게 되는 것은 내가 '그/그녀'에게 특정한 행동을 하거나 특정한 말을 해서가 아니라 '이런 나'를 의식하게 되기 때문이다. 메를로-뽕띠의 말대로 사랑은 사랑하는 의식을 의미한다. 즉 사랑의 본질은 바로 나에게 있는 것이지 내가 사랑하고 있는 대상인, '그/그녀'에게 있는 것이 아니다. '그/그녀'는 동년배의 현실적인 남자일 수도 있고, 영화 속에서만 존재하는 가상적인 인물일 수도 있다. '그/그녀'가 현실적으로 존재하건 아니건, 어찌되었건 사랑하는 나는 확실하게 존재하고 있는 것이다. 이처럼 사랑과 같은 심리적 사실(고통, 기쁨, 행복)에서만큼 데카르트적 코기토가 확실하게 인식되는 일도 없을 것이다. 내가 사랑하고 있는 한, 나는 그렇게 가슴이 느껍도록 확실하게 존재하기 때문이다.

　그러나 사춘기 시절의 그토록 명증적인 자기의식은 영원히 변치 않는 것은 아니다. 그 당시 절대적이었던 '사랑하는 의식'은 사춘기를 지나면서 지나가 버리고 심지어 환영으로 되어버리기까지 한다. 데카르트와 후설이 말했던 것처럼, 코기토가 필증적으로 명증적인 것은 아니라는 얘기이다. 그러나 혹시 사람들이 지나가면서 말하듯이, 사춘기 시절의 사랑이란 본래 진짜 사랑이 아니기 때문에 그렇게 된 것은 아닐까? 데카르트가 참된 판단과 그릇된 판단을 구별하듯이, 사랑도 참된 사랑과 그릇된 사랑이 있는데, 어리석게도 나는 그릇된 사랑을 한 것일 뿐이라고 말이다. 그러나 그 사랑이 진정한 사랑이라 하더라도, "진정한 사랑은 내가 변하거나, 사랑 받는 사람이 변할 때 끝"나게 마련이고, 만일 그것이 거짓된 사랑이라면, "거짓된 사랑은 내가 내 자신으로 되돌아 올 때 거짓으로 드러날 것이다." 여기서 거짓된 사랑과 참된 사랑의 차이가 있는가? 참된 사랑의 명증적인 자기의식도 거짓된 사랑의 명증적인 자기의식처럼 종말을 맞이하기는 매 한 가지인데 말이다. 그 차이는, 데카르트적 기원에서 참된 판단과 그릇된 판단의 차이가 그러하듯이, 내성적이다(*pp.*434). 즉 그렇게 믿으면 그런 것이다. 다음과 같은 사실만은 공통적이다. 사랑하는 '그/그녀'는 한 동안 세계와 나와의 관계의 매개자였으며, 그/그녀를 통해서 나는 세계에 참여했지만,74) 이제 그런 관계는 변했다는 것. 어떤 사랑이든 사랑의 의식은 결국 내가 세계내존재임을 확신시켜줄 뿐이고 사랑의 확실성은

---

74) *pp.*433 참조.

근본적으로 모호하게 되어 버린다.

어쩌면 나는 어른이 되어 새로운 사랑에 빠져서, 그런 갱신된 자기의식 속에서 철없는 사춘기의 사랑을 돌이켜 보면서 그때의 사랑이 거짓이었노라고 말할 수도 있다. 또는 환영에서 벗어나서, 내게 일어난 것을 이해하려고 노력하면서, 나는 거기서 사랑과는 분명히 다른 것, 즉 권태나 습관, 신념의 공통성 같은 것을 사랑이라고 믿고 있었다고 반성할 수도 있다.75) 이는 꿈에서 깨어나서 그것이 꿈이었다고 되뇌듯이, 어른이 된 내가 그 때의 사랑을 꿈처럼 회상할 수 있을 것이다. 그렇다면 데카르트가 꿈에서 깨어난 각성자의 의식만을 정당한 것으로 생각했듯이, 우리는 이전의 사랑을 환영이었다고 반성할 수 있는 나중의 의식만이 진짜 명증적인 의식이라고 말해야 하는가? 사춘기 시절의 사랑이 환영이라면, 그 때 명증적 이었던 사랑의 의식은 마치 꿈을 꾸고 있는 몽자가 자신이 꿈을 꾸고 있음을 의식하고, 미쳐 있는 광인도 자신이 미쳤음을 의식하고 있었다고 말해야 할 것이다. 꿈과 광기의 지각이 환영이듯이, 몽자와 광인의 자의식은 환영이라고 말해야 하는가?76) 이 문제는 데카르트의 방법적 의심을 무효화할지도 모를 중요한 물음이다.

우리는 나중에 그것을 꿈이라고 하건, 광기라고 하건, 그 당시의 사랑도 분명 명증적인 자기의식이었다는 사실을 부인할 수 없다. 심지어 데카르트 성찰에서 배제된 광인이나 몽자의 자기의식도 명증적이다. 메를로-뽕띠에 의해서 반성되기 전까지 경험주의자와 주지주의자들이 자신의 논리가 명증적 이라고 생각했듯이 말이다. 그렇다면 지금 내가 확실하게 느끼는 새로운 사랑도 나중에 어쩌면 거짓으로 밝혀질 수도

---

75) *pp*.433~434 참조.
76) 실제로 데카르트적 기원에서 광인과 몽자는 자의식을 가질 수 없는 자들로서 성찰의 논의에서 배제되었고 자신의 꿈에서 깨어난 각성인의 자기의식, 자신의 병에서 완전히 벗어난 정상인의 자기의식만이 성찰에서 다루어졌을 뿐이다.

있을 것이다. 어른이 된 후에도 나는 지금 어쩌면 내가 꿈을 꾸고 있
는 것은 아닐까 고 의심하면서 이것은 분명 꿈이 아니라고 확신하는
내용의 꿈을 꾸고 있을지도 모를 일이다. 사랑은 그것이 섣부른 사랑
이든, 성숙한 사랑이든, 변질될 가능성을 배제할 수 없다. 그런 가능성
만으로도 의식의 필증적 명증성은 해체될 수밖에 없다.

히스테리증 환자(患者)의 사례는 데카르트적 코기토가 처한 이러한
딜레마를 잘 드러내준다. 그는 자기의 사랑의 감정에 대해서 남을 속
이는 자(simualteur)이지만, 사실은 자기 자신도 속이는 자이다. 즉 그
는 자신이 느끼고 있는 감정을 느끼지 못하고 자신이 느끼고 있지 않
는 감정을 느낀다.77) 사실, 병자가 아닌 정상인인 우리도 이런 유의
기만자가 되기 쉽다는 사실을 인정하지 않을 수 없다. 그런데도 그가
명증적으로 느끼는 자기의식은 명백히 거짓이다. 물론 정신 분석에 의
해서 나중에 알려지는 것이겠지만 그는 자기의식을 가지고 있지 않는
것이 아니라 그것을 거짓되게 가지고 있을 뿐이다. 이는 데카르트와
후설을 매우 난감하게 만드는 일이다. 어떻게 우리는 그 같은 거짓된
감정들을 체험하게 되는가? 진정하게 반성을 촉구하는 사람이라면 이
런 딜레마가 초래되는 이유를 물어야 한다.

흔히 우리가 실제적 감정을 감추게 될 때는 우리가 그것과 관련된
'상황의 가치들'에 지배당하고 있을 때이다. 선물을 받으면 기뻐하고
장례식에 가면 슬퍼해야 하기 마련이다. "우리의 자연적 태도는 우리
고유의 감정들을 시험하거나 우리 고유의 쾌락들을 밀착하는데 있는
것이 아니라 환경의 감정적인 범주에 의해서 살아간다는데 있다." 바
로 이 때문에 우리는 인조된 감정들과 상상적인 감정들을 가지게 된
다. 메를로-뽕띠의 말대로, 아무리 우리가 각성한 자라고 하더라도
"매 순간 우리가 우리의 모든 현실성 속에서 우리를 소유할 수 없

---

77) *pp.*435 참조.

다."(*pp*.435). 말하자면 데카르트가 말했던 투명한 선험적 자기의식이라는 것은 우리의 실상(實狀)에 잘 들어맞지 않는 것이다. 그렇다고 해서 프로이트주의자들처럼 우리가 우리 자신의 '분석자'로 자청한 사람들에 의해 비로소 밝혀지게 될 내적인 지각이나 내밀한 의미를 무의식의 주머니에 숨겨 놓고 있다는 얘기는 아니다. 사실, 무의식을 가정한다고 해도, "의식과 무의식의 차이는 없다."(*pp*.436). 그가 알고 있는 그의 의식은 정확히 그 자신의 의식이 아니기에 무의식과 다를 바가 없기 때문이다. 무의식이 기만적인 의식 이면에 있는 진짜 그 자신이라고 말하는 것은 참된 사랑과 거짓된 사랑을 미리 말하는 것만큼이나 어리석다. 그 동안 그런 '분석자'들은 숨겨진 의미나 구조를 찾아서 우리의 온전한 전체 모습을 구성하려고 노력했지만, 그것은 실제의 우리의 삶과 동떨어진 것이었다. 무의식의 분석이 가치 있을 때는 그것이 세계내존재로서 우리의 모습을 성실히 그려내고 있을 때이다. 메를로-뽕띠가 강조하듯이, 우리의 삶과 존재는 구성이 아니라 현상으로 명증적으로 드러나는 것 자체이다.

결국 우리가 히스테리 환자의 기만적 감정을 반성함으로써 알게 된 것은 필증적으로 명증적인 자기의식이 아니라 "세계와의 관계를 확립하는 방식", 즉 "그의 실존적인 의미작용"이었다(*pp*.437). 그런 감정적 현상, "나를 관통하여 그 변증법을 추구하고 내가 발견하게 되는 사랑은 시작부터 무의식 속에 숨겨진 것이 아니며, 더더욱 내 의식 앞에 있는 어떤 것도 아니다. 그것은 사랑에 의해 내가 어떤 것을 향해 나를 방향 전환시킨 운동이며, 나의 사유들과 나의 행위들의 전환이다."(*pp*.436). 메를로-뽕띠가 볼 때, 우리는 신(神)이 아니어서 어쩔 수 없이 상황 속에 있기 때문에, "우리는 둘러싸여 있고 우리는 우리 자신에 대해 투명해질 수 없고, 우리 자신과의 우리의 접촉은 애매한 것으로 되고 만다."(*pp*.437). 우리는 어떤 상황에서 떼어진 투명한 주체로 있을 수 없는 한에서, 그런 존재로 정립되어 있는 의식의 관념은 거짓된 것이다. 신의 관점에서 본다면, 우리는 운명적으로 절대적으로 명증적인 자기의식을 가질 수 없는 몽자나 광인으로 태어난 셈이다. 데카르트가 처음에 알아차렸음에도 불구하고 계속 견지했던, 꿈과 각성의 구별은 그야말로 무의미한 일이었다. 결국 코기토의 확실성은 실존의 확실성이었던 것이다.

  그렇다면 우리를 곤혹스럽게 했던 의식의 확실성의 딜레마는 데카르트적인 의심의 실행 그 자체에서 기인된 것으로 보아야 한다. 사랑에 빠진 자에게 그것이 진짜 사랑인지를 묻는 의심의 시험은 꿈꾸는 자에게 그가 꾸는 꿈이 성적인 상징이라는 것을 의식하고 있는지를 묻는 질문만큼 우스꽝스러운 것이다. 메를로-뽕띠는 "꿈의 잠재적 내용과 성적 의미는 꿈꾸는 자에 현전하지만... 그런 성애(sexualité)가 꿈의 일반적인 분위기라고 하더라도, 그것들은 성적인 것으로서 주제화되지 않기 때문이다. 성적인 것은 그것 주위에 비-성적인 바탕이 있는 한, 그것을 떼어내서 주제화시켜서는 안 된다."고 말했다. 결국 천차만별의 상황 속에 있는 성애와 사랑은 "어디에나 있고 어디에도 없다."(*pp*.437). 그렇다면 의심의 실행의 전형적 사례인, '내가 책상에 앉아서 이 글을 쓰고 있음'을 반성해서 얻어낸 명증적인 자기의식이라는 것도 마찬가지로 어디에나 있고 어디에도 없는 것이다. 그럼에도 불구하고 데카르트가 그것을 묻고 정립했던 이유는 무엇인가? 그렇게 일정한 물음의 실천을 거치면서, 성애이건 사랑이건 의심하는 자아이건 이 모두는 알뛰세의 말대로, 이데올로기들로 작동될 것이 아닌가?78) 이데올로기는 실천의 현전적 경험을 통해 동일하게 반복되고

78) 알뛰세의 이데올로기 정의가 여기에 부합된다. 즉 이데올로기는 가상이기 때문에 존재하지 않지만, 동시에 어디에나 존재한다고 말하고 있기 때문이다. "따라서 이데올로기는 가상의 구조로 생각되고 있으며, 그런 상태는 바로 프로이트 이전의 저자들 사이에서 통용되던 꿈에 대한 이론 상태와 하나도 다를 바 없다."(Louis Althusser, *Lenin and philosophy and other essays*, 154쪽). "역사 전체를 통해 불변의 형태로 동시에 어디에나 존재

재생산됨으로써 진리의 타이틀을 획득하게 마련이다.

그러나 그것이 이데올로기인 한에서, 우리가 데카르트의 오류에 빠지지 않으려고 노력하면서 의심의 시험을 통해서 얻어낸 직관적인 자기의식의 명증성은 잘못된 것인가? 분명히 '실천'을 통해서 우리가 그것을 확실하게 느꼈고, 그것이 메를로-뽕띠가 그토록 강조하는 현상의 명증성인데도 말이다. 혹은 명증적인 것이라고 하더라도 언제고 다시 의심되어야 한다면, 즉 그것이 이제 더 이상 확실하다는 의미를 가질 수 없다면, 명증성이라는 표현을 사용해서는 안 되는 것이 아닐까? 이데올로기는 우리를 수많은 모순에 빠지게 만든다. 이처럼 절대적으로 확실한 주체를 포기한 대가(對價)로 그는 고작 의심의 무한한 순환으로 우리를 안내하고 있는 것이다. 그는 데카르트가 성찰을 시작하려고 했던 바로 그 출발점에 우리를 다시 데려다 놓으면서 성찰 자체를 무효로 만들어 버렸다. 필연적으로 확실성을 얻을 수 없다면 우리는 뭣 하러 반성을 하겠는가? 도대체 그는 무엇 때문에 우리에게 반성을 권유하는가?

"우리는 절대적 의식이냐, 끝없는 의심이냐의 양자택일 앞에 있지 않은가? 우리는 첫 번째 해결을 거부하면서 코기토를 불가능하게 만들지 않았던가? 나의 실존이 소유된다함은 진실이 아니며, 그것이 그 자체로 낯설다는 것은 더더욱 진실이 아니다. 왜냐면 실존은 작용이거나 행위 함이며, 정의상 행위는 내가 노리는 것을 내가 가지는 것, 즉 내가 그렇게 있고자 하는 것에로 내가 속해 있는 것을 격렬하게 통과시키는 것이다. 나는 코기토를 실행시킬 수 있는데, 즉 정말로 의욕 하거나 사랑하거나 믿는다는 확신을 가질 수 있다. 나는 우선 실제적으로 깨어 있고, 사랑하거나 믿는다는 조건에서 그리고 내가 내 고유의 실존을 완성한다는 조건에서 그러하다. 만일 내가 그렇게 하지 않는다면, 어쩔 수 없는 의심

─────────────
한다고 말한 이데올로기 일반을 가리키기 위해서 이데올로기란 간소한 용어를 사용하는 것이 편리하다."(같은 책, 156쪽).

이 세계 위에 확장될 것이다. 즉 내 고유의 사유들 위에 확장될
것이다. 나는 궁극적 목적 없이 나의 기호, 나의 의지, 나의 맹세,
나의 모험들이 진정 나의 것인지를 자문할 것이며, 그것들이 내가
보기에 언제나 거짓되고 비실재적이고 결핍되어 있는지를 자문할
것이다. 그러나 그런 의심 자체는 실행적인 의심으로 있지 않는다
면 의심하는 확실성에 더 이상 도달할 수 없다."(*pp*.438).

분명한 것은 의심을 전파시키는 회의주의자의 태도를 취하고 있다
할지라도, 그는 시종일관 데카르트의 코기토의 형식을 해체시키면서 우
리를 언제나 세계내존재라고 하는 우리의 실존적 구조에 이끌고 있다
는 사실이다. 사랑이건 의심의 행위이건 거기에서 포착된 의식의 명증
성은 언제나 세계내존재의 명증성에 속해 있다. 즉 우리가 세계에 참여
되어 있다는 사실을 잊지 않는 한에서, **의심의 실행을 통해서 얻어낸
코기토의 명증성은 언제나 옳다는 얘기이다.** 의심의 실행 자체는 모
든 실천이 그러하듯이, 내가 속해 있는 세계를 의심하는 것이고, 이
렇게 세계를 의심함으로써 나는 또 다시 그 세계와 관련을 맺게 되
는 것이다. **나는 의식적으로 그런 실천을 실행함으로써 그러한 나의
실존을 확인하게 된다.** 메를로-뽕띠는 "의심하는 사람은 의심하면서
자신이 의심하고 있음을 의심할 수 없다."(*pp*.457)고 말했다. 또 의심
의 실행은 "세계에 우리를 다시 연결시키는 지향적 끈들을 느슨하게
해서 그것을 우리로 하여금 목격하게 하는 것이며, 단지 세계를 낯설고
모순적인 것으로서 드러나게 하기 때문에 세계의 의식이 되는 것이
다."(*pp*.ⅷ). 데카르트가 반성을 통해서 확실성을 보장받듯이, 이런 접
촉을 일깨우는 반성을 통해 우리는 일인칭의 자기 실존을, 우리가 속해
있는 세계의 명증성만큼이나 명증적으로 보장받는다. **반성은 그 위를
상공비행하는 초월적 관조가 아니라 내가 그 속에 들어가는 하나의
실천이므로, 그런 실천에 내접해 있는 자기의식이 현전적으로 드러
나면서 코기토의 명증성은 여전히 유효한 것이 되었다.**

그러나 여기서 중요한 것은 우리의 삶이 그러하듯이, 이런 실천은 결코 끝나지 않는다는 사실이다. 반성은 계속되어야 한다. "만일 내가 나의 의심의 현실성을 검증하길 원한다면, 나는 결코 의심을 끝내지 않을 것인데, 의심하는 나의 사유를, 그런 사유의 사유를 의심하는 식으로 계속해서 의문시해야 한다."(*pp.*439). "환원의 가장 위대한 가르침은 완전한 환원이란 불가능하다는 사실이다."(*pp.*viii). 결국 우리는 데카르트가 반성의 특권적 방법으로 제시했던 의심의 실행, 즉 명증적인 것을 의심해야 하는 새로운 성찰의 출발점에 다시 오게 되었다. 우리가 인정한 명증성은 결코 변하지 않을 필증성을 의미하는 것이 아니었다. 확실하다는 것과 의심스럽다는 것은 화해 불가능한 대립 관계에 있지 않은데, 애초부터 데카르트는 그 둘을 화해시켜 명증성을 이끌어 내려는 종합을 실행하려고 했기 때문이다. 그러나 메를로-뽕띠가 반성의 지독한 옹호자라 하더라도, 이처럼 그가 '언제나' 의심의 실행 앞에 서 있기를 고집한다면, 그는 우리가 우려했던 바대로, 지독한 회의주의자가 될 수밖에 없을 것이다. 그야말로 그는 데카르트나 후설이 몹시 걱정했던 학적 위기를 조장하고 있는 것이다.

그러나 그는 '의심'의 철학자이기도 하지만, 또한 '명증성'의 철학자이기도 하다는 사실을 기억해야 한다. 그는 끝없는 의심 속에서도 반성된 것을 언제나 명증적인 것으로 인정하지 않았던가? 그가 의심했던 것은 세계나 우리 자신의 존재가 아니라 우리의 실존이 **'반드시 그렇게' 존재해야만 하는 사실에 대해서였다. 그는 '반드시 그렇게'는 아니더라도 '그와 다르게' 존재할 수 있는 세계와 나의 존재는 확실하게 인정했던 것이다.** 성찰이 이루어질 때마다 "그때마다 긍정되는 자기 확신은 끝나지 않는데, 본질적으로 세계는 없어서는 안되는 미완성적인 것이기 때문이다." 마찬가지로 내적 지각, 즉 그런 세계와 연결되어 있는 나의 존재도 "무한으로 둘러싸여 있어 결코 도달되지 않을 종합으로, 그것은 긍정되지만 미완성적이다."(*pp.*439). 만일 반대로 우리가 그것을 절대적 진리로 판정하게 된다면, 이는 그것이 거짓일 수 있는 가능성을 영원히 닫아버림으로써, 거짓을 진리로 착각하게 만드는 '악의 정령'의 농간에서 영원히 벗어날 수 없을 것이다. 그러므로 "의식이 진리나 절대적 알레테이아(alétheia)가 아니라는 것은 최소한 의식이 모든 절대적인 거짓을 배제 한다"는 것이기도 하다. 그의 의식 개념은 어쩌면 데카르트의 악의 정령을 물리치는 "의식의 신학"(pp.456)을 새롭게 열고 있는 셈이다. 이렇게 그의 의심은 세계와 나의 완성을 지원함으로써 우리에게서 진리의 의지를 빼앗아 버리기는커녕 오히려 고무시킨다. 그런 의미에서 그는 회의주의자가 아니라 오히려 낙관론자로 불리어야할 참이다.

그러나 성찰의 과정에서 그 중요성에도 불구하고 우리가 망각하고 있었던 문제가 여전히 남아 있다. 이는 반성의 실천과 관련되는 것이다. 실제로 반성한다는 것은, 우리의 반성이 그러했듯이, 말, 관념이나 사건을 취해서 의미를 산출시키는 작업이다. 즉 그것은 여느 실천처럼 구체적 자연적 세계에 직접적으로 참여하는 것이 아니라, 언어의 매개를 통해서 간접적으로 체험하는 것이다. 그렇다면 우리는 이런 간접 체험을 가능하게 하는 언어의 역할에 대해서도 반성했어야 하지 않은가? 우리는 사유의 명증성을 얻어내는 반성을 실행하면서도 그러한 실천이 언어를 매개로 이루어진다는 사실을 굳이 언급하지 않았다. "사유들이 빛으로 태어나는" 현전적 반성이 바로 언어의 명증성에 의해서만 가능한 일이었음에도 불구하고 말이다. 메를로-뽕띠가 데카르트적 코기토에 대해서 명시적으로 지적하면서, "단어들의 의미와 이념들의 연결을 따르면서, 나는 결과적으로 내가 생각하는 한에서 내가 있다는 그런 결론에 도달한다. 그러나 거기에는 파롤(parol)에 대한 코기토가 있다."고 말했다. **파롤의 코기토는 언어를 사용하는 나의 의식을 지칭한다.** 아마 데카르트적 기원은 언어를 의식과 동등하게 다루면서 이런 파롤의 코기토도 함께 해결했다고 생각했을 것이다. "표현을 넘어서 표현과 분리될 수 없는 진리에 도달하는데 있는 그런 확실성, 그리고 표현이 단지 그런 진리의 옷이며 우연적인 표명에 지나지 않는 그런 확실성은 바로 우리에게 설치되어 있는 언어인 것이다."(*pp*.459). 언어 없는 반성은 불가능하기 때문이다.

그러나 "언어의 놀라운 점은 언어가 잊혀지도록 만든다는 것인데," 이는 우리가 데카르트의 책을 읽을 때, 종이 위의 문자들을 보면서도, 우리가 보는 것이 그런 물질적인 문자들이 아니라 비가시적인 데카르트의 이념이라고 생각하는 것과 같다. 회상의 투사이론에서 망각되었던 것도 언어와 같은 이런 감각적 미장센(mis-en-scene)이었다. "표현은 표현된 것 앞에서 지워지고 그런 이유로 표현의 매개적 역할은 인지되지 않은 채 지나간다. 그래서 데카르트는 어디에서도 표현의 매개적인 역할을 언급하지 않았던 것이다."(*pp*.459). 그 동안 언어에 대한 반성은 회상의 투사 이론과 같은 심리적 기제를 통해서 유지되었는데, 말하자면 말하기는 청각적 소리와 같은 기호를 매개로 그런 기호의 이미지들, 즉 의미를 불러일으키는 것이고, 그런 의미들을 사유의 형식적 법칙인 문법 유형에 따라 분절시킴으로써 완성된다는 것이다. 이 과정에서 감각적 기호(signe)는 기호의 의미(signifié)에 환원되고 그런 의미의 연결들인 사유의 명증성은 의식의 명증성에 환원된다. 결과적으로 언어는 의식의 생산물이라는 것이다. 따라서 의식이 말을 어떻게 구성하느냐가 사유의 확실성의 관건이 되었던 것이다. 이렇게 데카르트와 후설은 근본적으로 주체가 말을 올바르게 사용함으로써 진리에 이를 수 있다는 일반적인 언어 상식에서 크게 벗어나지 않았다.

반면에 메를로-뽕띠의 코기토는 로고스, 즉 말로 이루어진 학적 사유의 진정한 기초를 마련하는 이들의 염원을 '새롭게' '전복적으로' 계승하는 기회가 되어야 한다. 파롤의 코기토를 의심의 시험에 통과시키면서 우리는 기호와 의미의 관계를 재발견해야 하는데, 언어의 문제에 접근하기에 손쉬운 방법 중의 하나는 처음 언어를 배우게 되는 어

린아이에게 관심을 가지는 것이다.79) 어린아이의 경우는 데카르트적
성찰에서 배제된 것들 중의 하나로서, 앞에서 배제된 것들이 데카르트
적 성찰을 해체하는 계기로 작용하듯이, 이것도 우리의 언어 상식을
뒤엎는 사례로 작용한다. 데카르트적 기원에 의하면, 아직 언어를 사용
하지 못하는 어린아이는 몽자나 광인처럼 아직 의식을 가지고 있지 않
다. 그러나 중요한 것은 어린아이가 언어 조직의 능력, 즉 문법을 결
핍하고 있다고 해서 의미작용을 하지 못하는 것은 아니라는 사실이다.

유아(幼兒)의 옹알이는 우리에게 통용되는 합법적인 언어 체계를 결
하고 있을 뿐, 모호할지언정 어떤 의미를 가지고 있음이 분명하다. 물
론 데카르트적으로 생각해서, 분절적 언어를 통해 자기의 생각을 분명
히 드러낼 수 없는 이런 어린아이에게 사유의 확실성을 기대할 수 없
고 그렇기 때문에 의식의 확실성도 기대할 수 없을지 모른다. 그러나
옹알거리는 소리 너머로 불확실할지언정, 풍부한 의미가 솟아난다는
사실은 의심의 여지가 없다. 아이에게서 표현된 것은 표현을 압도하고
초과한다. 그렇게 초과하는 의미는 어린아이의 사유인가 아니면 언어
의 사유인가? 데카르트적 기원에 의하면 어린아이는 아직 의식을 가
지고 있지 않으므로 그런 의미의 소유권자가 될 수 없다. 메를로—뽕
띠는 역설적으로 이런 의미의 기원을 차라리 언어에게 돌린다는 의미
에서 그것을 "언어의 힘" 혹은 "언어적 주술"이라고 지칭했다.(*pp*.460).
어린아이의 서투른 말이 세계에 던져지는 순간, 그 말이 세계 속에서
의미를 부여받으면서 바로 이런 주술이 이루어지는 것이다. 그러므로
어린아이의 옹알이의 불확실성은 어린아이가 어머니 뱃속에서부터 이
미 세계내존재라는 사실에 있으며, 이것은 몽자이건 광인이건 심지어

---

79) *pp*.459 참조, 『지각의 현상학』에서는 유아의 언어 획득의 문제가 잠시 다
   루어졌을 뿐이지만, 이는 그의 철학 전체를 드러내줄 수 있는 언어 철학
   을 시작하는 출발점이 되고 있다. 그는 그것을 주제로 여러 편의 강의를
   열기도 했다. 이에 대해서는 IV장에서 자세히 다루게 될 것이다.

성인(成人)이건 다 마찬가지이다. 따라서 성인임에도 불구하고 우리가
여전히 세계내존재인 나한에서, 우리는 언어의 확실성이 아니라 언어의
불확실성 앞에 서 있는 것이다. 아무리 세련된 언어구사법을 체득하고
있다 해도 우리는 여전히 언어의 불확실성에 고통 받을 수밖에 없다.

최고의 이성을 갖추었다고 여겨지는 철학자의 경우를 살펴보자. 플
라톤이 예외로 했던 철인(哲人)조차도 여전히 언어의 불확실성 앞에
놓여 있지는 않은가? 데카르트와 후설은 자신의 파롤을 세계에 던져
놓았고 메를로-뽕띠는 그들의 성찰을 읽음으로써 그들의 파롤이 안내
하는 그런 세계에 참여한다. 그렇게 그의 참여가 더해지는 바람에 데
카르트의 고유 이념으로서의 코기토는 해체되고 그의 새로운 코기토로
수정되었던 것이다. 말하자면 여기서도 데카르트의 텍스트적 표현을
넘어서는 표현된 것의 과잉이 일어났다. 주체가 말하는 그 순간, 파롤
은 주체에서 떠나고 더 이상 그의 것이 아니게 된다. 독해의 정확성,
즉 언어의 확실성은 어린아이, 광인이나 몽자가 아니었던 철학자, 메
를로-뽕띠에게서도 수호되지 못했던 것이다. 그는 자신이 아무리 애
를 써도 언어의 확실성을 배신하는 오역을 선택할 수밖에 없음을 숙
명적으로 인식했던 것이다.

"데카르트를 읽으면서 우리가 획득한 코기토, 그것은 그리하여
말해진 코기토이며 단어들로 놓여졌으며, 단어들 위에 포함되는데,
그것은 동일한 논거로 자기의 목적에 도달하지 않는다. 우리의 실
존의 부분, 개념적으로 우리의 삶을 고정시키고 우리 삶을 의심할
수 없는 것으로서 생각하는데 몰두된 우리 실존의 부분은 고정화
와 사유에서 도망치기 때문이다. 우리는 거기에서부터 언어가 우
리를 둘러싸고 있고 우리는 언어에 의해 데려와진다고 결론 내리
게 되는가? 실재론자가 외적 세계에 의해 결정된다고 믿고, 신학
자가 섭리에 의해 인도하는 것처럼, 그것은 진리의 절반을 잊어버
리는 것이다. 왜냐면 단어들이... 직접적으로 나의 경험을 노리지

않고 익명적이고 일반적인 사유를 토대 짓는다는 것은 진실이지만, 내가 모든 파롤 이전에 나의 고유 삶과 나의 고유 사유와의 접촉 속에 있지 않다면, 그리고 말해진 코기토가 내게서 무언의 코기토와 만나지 않는다면, 나는 그것들에서 어떤 의미도 발견할 수 없으며, 심지어 파생적이고 가짜의 의미도 발견할 수 없는데, 나는 데카르트의 텍스트를 읽을 수 없기 때문이다."(*pp*.460~461).

그가 보기에, 텍스트를 읽는다는 것, 타인의 말을 듣는다는 것은 그런 파롤이 내세우는 이념을 우리가 수동적으로 받아들인다는 것을 의미하지 않는다. 우리는 그런 파롤로 환원될 수 없는 너무나 개별적인 존재이다. 우리의 듣기나 읽기는 세계내존재라는 말 그대로, 그런 파롤에 우리 자신을 '던지'거나 '미끄러뜨리는 일'이며, 우리와 같은 '인간적인 것'과 파롤과 같은 '비인간적인 것'의 만남 그 자체인 것이다. 그런 만남을 통해서 우리는 파롤의 구조, 텍스트의 환경으로 둘러싸이게 되고 그런 구조들로부터 규정받게 되어 있다. 그런 의미에서 우리는 그런 환경을 초월하는 선험적 자아가 아니다. 그럼에도 불구하고 우리는 이런 구조들을 통해 모두 포괄될 수 없는 특별한 존재인데, 우리는 데카르트의 파롤뿐만 아니라 그 어떤 고정적 파롤로도 고정되지 않는다. 표현된 것(의미)이 표현(기호)을 능가해 버리는 언어의 주술은 기호 속에 담겨지지 않는 우리의 특이함 때문에 일어난다. 그렇게 부유하는 의미가 있는 한, 파롤의 명증성은 불가능한 일이다. 언어의 의미가 우리가 속해 있는 "세계와의 교제 속에서, 또한 세계에 거주하는 다른 사람들과의 교제 속에서 솟아오르는" 한에서, 우리는 "언어의 의미를 구성하기는커녕" 오히려 언어의 의미에 속해 있다. 기호의 의미가 기호 주위를 부유(浮游)하고 있듯이, 우리 실존의 유동적 의미가 언어로 고정될 수 없다는 점에서 우리의 존재는 언제나 "세계를 둘러싸는 침묵하는 의식"이며 "무언의 코기토"이다. 우리는 부유하는 기호의 의미에 불과하다. 즉 우리는 감각적 기호인 동일적인 주체로 포착할 수 없음에도

88

불구하고 그렇게 불리어지는데, 메를로-뽕띠는 이러한 딜레마를 의식해서 특히 "격변화 없는 le Je"라고 칭하기도 했다(pp.462).

그러나 문제는 바로 거기에 있다. 표현할 수 없는 것을 표현해야만 한다는 사실. 그 동안 우리는 계속해서 언어를 매개로 하면서 반성하기를 촉구했다. 그러나 매번 우리의 사유가 언어의 그물을 빠져나간다면 어떻게 사유가 진행될 수 있는가? 즉, 무언의 코기토가 필연적으로 명증적 사유를 벗어나는 운명을 가졌다면, 어떻게 우리가 명증적 반성을 한다는 것이며, 주체가 인식되지 않는다면, 어떻게 그것이 실천을 생산하는 힘의 조건으로 지목될 수 있는가? 메를로-뽕띠도 분명하게 이런 모순을 인식했다.80) 우리는 다시 회의주의적 딜레마에 빠져 있다. 우리가 이런 회의적 상황을 받아들이게 된다면, 고대의 어느 회의론자처럼 판단중지를, 침묵을 권유해야할 판인데도, 그는 반대로 사유하기를, 삶을 권장하고 있다. 그런 사유의 힘은 도대체 어디에서 나오는 것일까? 데카르트의 파롤을 (비판적으로) 반성한다는 것은 반대로 그의 파롤을 초과하면서도 그것에 의존한다는 의미이기도 하다. 그러므로 이러한 데카르트적 잔재는 언어를 사용해야하는 메를로-뽕띠의 숙명이었던 셈이다. 이는 메를로-뽕띠 철학의 데카르트적 영향이나 한계를 말하는 것이 아니라, 그에 의해서도 강조되고 있는 우리의 실존적 숙명을 말하고 있는 것이다.

우리는 파롤을 구성하는 힘을 가지고 있지 않다. 오히려 우리는 우리 밖에서 구성되어 있는 파롤을 만나야 하고, 그것을 통해서 결코 완성할 수 없는 표현을 이루어내야 한다. 그것이 그의 세계내존재의 의미인 것이다. 이렇게 지각과 파롤을 통해서 유동(流動)하는 무언의 코기토가 그 후에도 또 다시 "지각적 탐험과 파롤에 의해서 다시 정복된 존재, 고정된 존재, 설명된 존재가 되기를 기다린다."81)함은 분명하

80) pp.463 참조.
81) pp.463.

다. 변증법적으로, 침묵은 파롤을 전제로 했을 때만 침묵이기 때문이
다. 절망이 희망을 기다리듯, 침묵은 언어를 기다린다. 절망이 우리의
숙명이라면 희망도 우리의 숙명이다. 그렇다면 그가 말하는 반성적 사
유의 힘은 확실함을 담보해주는 초월적 주체에게 있는 것이 아니라,
사유의 불확실함 자체에 있다고 말해야 한다. 이런 모순을 인식하는
것 자체가 바로 사유의 힘인 셈이다.

　결국 메를로-뽕띠의 코기토는 이런 모순들을 피하기는커녕 오히려
그것을 적극적으로 안고 있었다고 말해야 한다. 주체는 데카르트가 그
것을 철학적 형식으로 정착시키기 훨씬 이전부터 이데올로기로 작동되
어 왔다.82) 그것은 이미 우리의 언어적 구조로 심어져 있어서 어느 누
가 새삼스럽게 새로 시작할 필요도 없었던 오래된 가정(假定)이며, 데
카르트가 한 일은 그것을 견고한 철학적 의식(儀式)으로 확립하는 일
에 불과했다. 우리가 세계를 초월할 수 없는 것처럼, 메를로-뽕띠도
이러한 이데올로기에서 벗어날 수 없었다. 그런 의미에서 "우리가 살
아 움직이며 우리의 존재를 지니는 곳은 로고스, 즉 이데올로기 안"이
라고 말하는 알뛰세의 지적은 옳다.83) 그가 구조주의적으로 행한 이데
올로기 비판은 현상학자로서 사유하는 메를로-뽕띠의 역설적 상황을
대변해준다. 그가 말하길, 우리는 이데올로기를 분석함으로써 우리 실
존의 구조, 즉 "현실 세계에 대한 인간의 (가상적) 관계"를 드러내줄
수 있는데,84) 이는 사실 현상의 기술에서 실존의 구조에로 반성을 심
화시키는 메를로-뽕띠의 관심과 크게 다르지 않다.

　알뛰세도 여기서 '인간'이라고 하는 주체의 이데올로기를 사용하지

---

82) Louis Althusser, 앞의 책, 154~156쪽. 물론 알뛰세의 말대로, 주체나 인
　　간의 이데올로기는 중세의 신 중심적 세계관에서 벗어나 근대 사회에 들
　　어서 신의 위치에 인간을 가져다 놓으면서 더 분명하게 나타나기 시작했
　　다는 사실은 재론의 여지가 없다.
83) 같은 책, 166쪽.
84) 같은 책, 158쪽.

90

않고서는 이데올로기의 일반적 정의를 내릴 수 없었던 것 같다. 즉 그의 말대로, 우리는 세계와 어떤 관계를 맺기 위해서 주체의 이데올로기를 통하지 않을 수 없는 것이다. 주체의 범주는 모든 이데올로기, 즉 세계와 우리의 관계를 가능하게 하는 근본적인 이데올로기로 작용하는데,85) 이것은 현상학적 성찰에서 코기토가 그토록 중요한 이유를 설명해준다. 주체의 이념은 조직된 세계인 파롤 속에 이미 있는데, 그렇게 "주체는 언제나 이미 주체인 것이다."86) 우리가 상대적으로 불변적 구조로 이루어진 파롤을 통해서 이해하고 표현하는 것처럼, 우리는 어떤 기관이나 체계 없이는 살 수 없는데, 그런 만큼 우리는 이런 구조 속에 내재되어 있는 이데올로기에서 자유로울 수가 없다. 이데올로기는 항상 우리의 구체적 실행을 통해서 재생산되면서 견고하게 유지된다.87) 이데올로기의 순환은 우리의 구체적 실천을 통해서야 가능한 것이다.

우리가 세계에 관여해 들어가는 것이 구체적인 실천이다. 데카르트적 이념을 반성하고 있는 메를로-뽕띠는 이런 이데올로기를 재생산하는 의심의 실행을 거절하기는커녕 오히려 그러한 실행을 강조하였다. 말하자면 그것이 데카르트처럼 반성을 초월하지 않는 한에서, 그는 주체의 범주나 이데올로기를 우리의 실존 자체로 인정했던 것이다. 즉 알뛰세의 말대로, "그가 주체가 없는 과학적인 글을 쓰고 있다고 주장한다 해도, 그가 글을 쓰고 있는 한, 그는 하나의 주체로서 자신의 과학적 담론에서 완전히 벗어나게 됨"88)을 알고 있었던 것이다. 다만 그는 이데올로기를 이데올로기로 알지 못하는 일을 경계했다. 파롤의 코기토는 세계 위에 군림하는 근원적 주체의 인식이라는 이데올로기에

85) 같은 책, 164~165쪽.
86) 같은 책, 167쪽.
87) 같은 책, 160쪽.
88) 같은 책, 165쪽

대한 맹목적인 추종에 불과했다. 따라서 그것에 근거해 있는 반성은 후설이 희망했던 엄밀한 학적 기반을 마련할 수 없는 불충분한 반성이 되었던 것이다. 진정한 반성은, 알뛰세의 표현을 빌자면 "이데올로기로 말한다 해도 이데올로기 내부로부터 이데올로기와의 단절을 시도하고 있는 담론의 밑그림을 그리는"[89]일이다. 메를로-뽕띠의 반성은 철저하게 이런 모순적 상황을 드러내어 인정하는 일이기도 했는데, 그래서 그는 무언의 코기토라거나 격변화 없는 주체라는 표현을 사용할 수밖에 없었다. 그러나 그는 이런 이데올로기를 철학적으로 고정시키는 '의식'이라는 표현을 좋아하지 않았는데, 굳이 그것을 사용해야만 한다면, 그것은 "개별적인 모든 우리 사유들 뒤편에서(derrire) 비존재(non-être)의 환원물인 자기(un soi)가 움푹 파여 들어가는 것"(*pp*.458)과 같은 것이다. 그가 의식의 개념을 두고 구덩이라거나 주름이라는 표현을 즐겨 썼을 때는 그것이 이데올로기적인 언어의 실행을 통해서 사유의 바탕이 움푹 파여 들어가 있는 구덩이나 안으로 접혀 들어가는 주름처럼 두드러지게 느껴질 수 있을지언정, 사실 그런 구덩이나 주름이 바탕에 지나지 않듯이, 그것은 곧 사유 자체일 뿐이지 그것 외부에 있는 어떤 존재가 아님을 의미하는 것이다.

2) 두 번째 계기: 응시(regard)의 실행

① 신체-주체

응시하기 위해서는 일단 나는 나의 시선(oeil)을 어떤 대상에 향하게 해야 한다. 후설은 두 번째 계기를 지향성으로 칭하면서 응시의 시험을 노에시스-노에마 구조로 기술했다. 그러나 그가 여기서 침묵한 것이 있었다. 그는 응시의 신체적(눈) 참여에 대해서는 언급하지 않았는

---

89) 같은 책, 167쪽.

데, 우리가 신체로 존재하고 이런 신체를 통해 실행하게 된다는 사실을 충분히 인정했으면서도 말이다. 메를로-뽕띠는 이처럼 그가 침묵했던 것에서 시작해야 했다. 두 번째 시험의 '응시'는 첫 번째 시험의 '의심'과 달리 행위 하는 주체를 끊임없이 환기시키는 감각적 장치 덕분에 신체의 기여가 드러나는 차별적 절차로 작용하게 될 것이다. 데카르트적 성찰에서 응시의 형식 자체가 응시하는 주체를 일깨웠던 것과 동일하게, 일차적으로 우리는 그런 주체 개념에서 누락되었던 신체에 대한 관심을 일깨움으로써 정당하게 신체적인 대상과 세계에 대한 반성으로 나아갈 수 있다. '대상에 나를 정박'하거나, '대상을 내가 탐험'하거나 '대상 속에 내가 뿌리 박힌다'는 등의 메를로-뽕띠의 현란한 수사90)가 그것을 암시하듯이, 지향성의 원칙에 따라, 봄은 우리가 신체로 있는 한, 신체의 두께를 포함할 수밖에 없기 때문이다. 아쉽게도 후설의 현상학적 반성은 이러한 사실을 드러내지 못했다.

그리하여 그는 '비반성적인 것의 반성'을 위해 일단 심리학과 생리학적 기술에서부터 시작해야할 필요성을 역설했다.91) 이러한 개별 과학을 통해서만이, 그 동안 이상할 정도로 철학에서 무시되어왔던 신체에 대한 반성을 시작할 수 있기 때문이다. 물론 고전 심리학과 기계적 생리학이 현상 자체에 대한 충실한 기술을 초과하는 실재론으로 비약함으로써 이런 반성을 제대로 이루어내지 못했다는 점을 간과할 수는 없다. 그들이 처한 딜레마를 풀 수 있는 길은 철저히 현상학적 태도를 견지하는 심리적 기술일 뿐이다.

두 번째 시험 1): 나는 (내 눈을 통해서) 이 책상을 응시한다.

나는 책상을 응시한다. 내가 신체로 되어 있다는 사실을 충분히 고

---

90) *pp*.81 참조.
91) *pp*.77 참조.

려하면서 책상을 응시하고 있는 것은 내 정신이 아니라 내 눈이라고
가정해 보자. 그러나 '내 신체의 부분인 내 눈이 세계의 부분인 책상을
응시 한다'는 식의 두 번째 시험 자체는 엄밀히 말해서 성립될 수 없
다. 여기에서는 내 응시 이전에 이미 세계와 책상이 외적인 대상들로
전제되어 있는 것은 물론이고, 응시하는 주체인 나의 신체와 눈도 이
와 같은 외적인 대상으로 취급되고 있기 때문이다. 일개 대상이 자기
밖의 대상을 응시하는 셈인데, 그러나 작용을 받아야만 하는 수동적인
대상은 결코 작용을 하는 응시의 주체의 위치에 서 있을 수 없다. 그
러므로 응시의 운동이 가능하기 위해서는 아리스토텔레스가 말했듯이,
제 3자가 작용인으로서 개입되어야 한다. 근본적으로 기계적 생리학자
와 고전 심리학자가 말하는 응시는 "부분 밖의 부분 partes extra
partes"에 근거하고 있기 때문에 응시를 일으키는 "제 3자"로서 의식
이 그들의 반성에 도입될 수밖에 없었다. 진정한 주체인 의식이 내 눈
에 작용하는 한에서, 내 눈이 책상을 응시할 수 있는 것이다. 그들에
따르면, 대상으로서의 신체는 외감성(extéroceptivité)을 통해 수용되는
자극들을 형식화시킴으로써 얻어지는 것이고, 작용인으로서의 의식은
내감성(intéroceptivité)을 통해 내적 기관이 자극에 대한 신체의 반응인
흥분을 뇌에 보내게 됨으로써 얻어지게 되는 자기 신체의 느낌이다
(*pp*.90). 여태까지 우리가 실행한 응시의 시험은 암암리에 이들의 메카
니즘대로 진행되었던 것 같다. 그래서 대상으로서의 책상을 응시하고
있는 것은 사실 나의 신체가 아니라 나의 영혼이며, 나의 신체란 단지
영혼의 도구에 지나지 않는다. 신체란 이 과정에서 지워져도 좋을 그
런 존재에 불과하기 때문에, 데카르트적 성찰에서 봄에서의 신체의 기
여는 언급되지 않았던 것이다. 그래서 두 번째 시험은 '(내 눈을 통해
서) 나는 이 책상을 응시한다.'였다.

그러나 이렇게 지워져도 좋을 신체의 기여가 반대로 절대로 생략될
수 없는 경우가 있다. 여기서 우리는 메를로-뽕띠를 따라서, 데카르

94

트주의자들이 매우 싫어할 병리적 심리현상인 '환지통(幻肢痛)'과 '자
각증결여(anasognosie)'의 사례를 들어보도록 하자.92) 전쟁으로 다리를
절단한 환자(l'amputé)가 내감성에 의해 자기 신체를 느끼는 경우, 빈
번하게 보고 되는 사례들 중 하나가 절단되고 없는 다리에서 총상의
통증을 호소해 오는 것이다. 이른바, 그는 환지통을 느끼는 것인데, 실
제로 절단되고 없는 다리가 외부의 자극에 반응을 일으킬 리가 없고
그런 고통이 뇌에 전달될 리도 없는데 말이다. 전쟁의 부상자는 여전
히 그의 실제 다리를 관통했던 총알의 파편을 느끼고 있지만, 그가 느
끼는 고통의 의식은 거짓된 것이다. 이와 마찬가지로, 코카인에 의해
오른 손의 마비(anesthésie)를 일으키는 환자가 오른 손을 들어보라는
의사의 요구에 왼손으로 반응을 보이는 자각증결여의 경우도 그러하
다. 환지통 환자의 의식은 부재하는 다리를 현전하는 것으로 만들었
고, 자각증결여 환자의 의식은 현전하는 손을 부재하는 것으로 만들었
다. 만일 기계적 생리학에서 말하는 대로, 그가 그의 신체의 의식을
가지고 있다면, 그의 신체가 세계의 중심이 될 것이며, 신체를 수단으
로 하여 세계에 대한 의식을 가지게 될 것이다. 그러나 다리가 절단되
거나 마비된 환자는 더 이상 이전의 온전한 신체를 통해서는 자신을
세계에 연결시킬 수 없을 것이며 마비나 절단 이전에 그와 관계하였
던 세계는 그의 신체의 부재와 더불어 침묵해야 할 것이다. 그런데도
그에게 침묵해야 할 세계가 이처럼 일그러져서 고통으로 말을 걸고
있는 것이다.93)

　기계적 생리학이 해명할 수 없는 이런 병리적 증후들을 해명하기
위해서 정신분석학에서는 어떤 장애를 정신으로 새롭게 극복한다고 하
는 억압(refoulement)이론을 내놓았다. 우리는 흔히 아주 친한 친구의

---

92) 메를로-뽕띠는 Lhermitie가 *L'image de notre corps*를 통해 소개하는 사
　례를 자신의 기획에 맞게 다시 분석한다. *pp*.91~98 참조.
93) *pp*.97 참조.

죽음에 너무 슬퍼한 나머지 그 친구가 죽지 않은 것처럼 행동하는 사람을 볼 수 있는데, 이와 마찬가지로 절단 환자는 자신의 신체적 결손이 증명되는 것을 애써 피하고 있는 것이다. "그는 자신의 다리의 절단을 무시한 만큼, 자신의 결손을 알고 있으며, 그가 자신의 결손을 알고 있는 만큼, 자신의 다리의 절단을 무시한다."(*pp*.97). 억압이론에 따르면, 절단 당한 부상자의 경우, 변화된 그의 개인적 실존은 절단 이전에 자신이 속해 있었던 실천적 영역, 즉 세계내존재를 억압하게 된다는 것이다. 그런 억압의 결과, 현재의 실존을 둘러싸고 있는 세계는 왜곡되어 나타난다. 있지도 않은 다리에서 고통을 느끼는 것처럼 말이다. 그것은 정상 세계에서는 있을 수 없는 일이다. 인격적 실존은 정상적인 세계(다리가 없음)를 억압하여 병리적인 세계(다리가 있음)로 만들어 버린다. 어떻게 일개 개인이(그것도 신체적 결손을 당한 환자가) 견고한 구조로 작용하는 세계를 변화시킬 수 있는가? 이는 데카르트처럼 그가 세계(다리가 있음)를 환영으로서 구성해낼 수 있는 초월적 주체임을 의미하는 것이 아닌데, 그는 세계를 구성한 것이 아니라 이미 있는 세계를 찌그러트려 놓았을 뿐이다. 다만 그는 자신의 "인칭적인 실존 주위에 이미 비인칭적인 것에 가까운 환경"(*pp*.99)으로 둘러싸여 있는 세계내존재이기 때문에 그런 왜곡이 가능했던 것이다. 즉 그는 그 자신도 알지 못하는 사이에 그렇게 세계를 변경시켜 놓았다.

병리적 심리 현상(psychisme)으로서 환지통은 마치 그가 절단된 다리를 통해서 잃어버린 과거를 불러내는 일종의 '회상의 투사'로 보이지만, 그런 과거가 결정된 과거가 아니라 현전의 의미로 수정되고 있다는 점에서 "환영이 아니라 다시 태어나는 지각이며", "과거가 되도록 결정되지 않은 옛 현전이다."(*pp*.101). 중요한 것은 여기서 우리가 환영을 일으키는 감각적 기반 즉, 다리의 절단과 같은 신체의 영향을 무시할 수 없다는 사실이다. 결국 신체적 장애가 야기하는 병리 현상은 세계내존재로서 신체가 떠맡고 있는 역할을 역설적으로 증명해 준다. 여기서

신체는 더 이상 의식의 작용을 받는 수동적 대상이 아니라 거짓이었을
망정 그런 의식을 이끌어내는 능동적인 계기로 역할하고 있다.

   이와 더불어 메를로-뽕띠는 대상으로서의 신체가 감각하는 주체로
되는 매우 미묘한 신체적 경험을 끄집어냈다. 내가 왼손과 오른손을
깍지끼고 있다면, 왼손이 오른손을 잡고 있는 것인가 아니면 오른손이
왼손을 잡고 있는 것인가? 나의 선택에 따라서 왼손이 만지는 주체가
될 수도, 오른 속이 그렇게 될 수도 있다. 동일한 대상들이 어느 순간,
각각 별개의 손(allochirie)이 되어, 가역적(可逆的)으로, 한 손은 만지
는 주체가 다른 한 손은 만져지는 대상으로 변이된다는 사실은 신체를
대상으로서만 처분하는 고전 심리학의 편에서 보면 설명하기 힘든 일
이다. 이처럼 "만지고 만져지는 기능 속에 변화될 수 있는 애매한
(ambiguë) 조직"(*pp*.109)이 바로 신체인 것이다. 신체는 보여지고 만져
지는 동시에 보고 만지는 이중적인 감각작용을 한다. 그리하여 우리는
내 눈과 책상의 시각적 접촉에 대해서도 똑같이 말할 수 있다. 내 신
체나 책상이 동일하게 외적인 대상인 한에서, 내 의식의 명(命)을 받아
내 눈이 책상을 본다고 생각하는 그 순간, 거꾸로 책상이 내 눈을 보
고 있을지도 모른다는 생각을 하게 된다. 내 오른손이 내 왼손에 대해
그러하듯이, 책상도 나에게 주체가 될 수 있다. 그렇다면 책상도 영혼
을 가지고 있는 것이 아닌가? 이것은 궤변이 아닌데, 실제로 이것 역
시 우리가 흔히 경험할 수 있는 심리 현상(psychisme)이기 때문이다.
이는 고전 심리학자들의 메카니즘을 벗어나면서 갑작스럽게 우리에게
솟아오르는 일종의 사건(événement)이다.94) 이런 사건에서 우리는 신

---

94) 메를로-뽕띠의 '사건'에 대한 개념은 다음과 같다. "'개별성'을 가진 사
   실의 심리현상은 더 이상 객관적 시간과 외적인 세계 속에 있는 사건이
   아니라 우리들이 내부에서 접촉하게 되는 사건, 우리들이 그것의 영원한
   완성이나 솟아남인 바의 그런 사건, 계속해서 그런 솟아남과 동시에 그것
   의 과거, 그것의 신체, 그것의 세계를 조직하는 그런 사건(événement)이
   다."(*pp*.113).

체의 두께를 분명하게 느낀다. 이런 '모호한' 사건을 기술하는 '새로운 심리학'을 통해서 이제 우리는 신체 고유의 역할을 발견해야 하는 것이다.

두 번째 시험 1'): **신체적 제스처** 속에서 나는 이 책상을 응시한다.

그렇다면 우리는 다시 책상의 응시로 되돌아와서 응시에 기여하는 신체를 망각하지 않는 새로운 심리학적 기술을 실행해야 한다. 응시의 순간, 전후 관계가 결정되어 있는 고전 심리학의 인과적 설명을 판단 중지하면서 우리는 봄에서 일어나는 사건을 '자동 기술'해야 한다. 우선 나는 응시하는 제스처를 취하는 신체로 있다. 이를테면, 나는 팔과 다리에 힘을 뺀 상태로 뒷목을 고정시키고 눈을 긴장시킴으로써 책상의 응시에 몰두하고 있는데, 이 때 나의 신체는 책상을 앞에 두고 뒤로 물러서 있는 자세를 취하게 된다. 내 시야의 한 가운데에 넓게 퍼져 있는 책상에 비해서 내 신체는 신체의 돌출 부분들이 시야의 가장자리를 불쑥 침범하는 정도에 그칠 뿐이다. 즉 책상과 맞닿아 있는 단단히 힘이 들어간 눈을 중심으로 나의 신체의 각 부분들은 '혜성의 꼬리'처럼 멀어지면서 왜곡된다. 응시하는 나의 신체는 눈을 중심으로 점의 형태로 극화되고 응시되는 책상은 지평처럼 넓게 퍼져 있다. 나의 신체가 점으로 극화되면서 나는 소위 '의식'이 되고, 지평적 책상은 의식의 대상으로 나에게 맞세워지는 것이다. 병리적 심리현상처럼 느껴질지도 모를 이러한 기술은 메를로-뽕띠가 그러했듯이, 게쉬탈트 심리학의 통찰을 받아들여 신체의 상황을 '형태·배경 구조(forme sur fond)'로 기술한 것이다.95) 그는 후설의 노에시스-노에마를 신체성이 지워지지 않은 점·지평 구조로 수정함으로써 세계라는 지평에 속해 있는 점 즉, '신체의 세계내존재'를 부각시키려고 했다.

---

95) *pp.*116~117 참조.

그렇다면 응시하는 나의 존재, 즉 코기토는 이러한 제스처로 존재하는 신체의 고유감각(proprioceptivité)을 의미할 뿐이다. 나는 책상을 응시하는 임무로 극화(極化)된 신체를 내감성을 통해서 의식한다. 이를테면 나는 거울을 보지 않고도, 축 늘어진 사지와 힘이 들어간 뒷목과 긴장된 눈과 같은 각기 다른 신체의 부분들의 위치와 움직임들을 알게 된다. 엄밀히 말해서 코기토는 사유하는 내가 아니라 신체로-있는 나이다. 만일 내가 이런 신체를 느끼지 못해서 수많은 신체의 부분들이 제각기 따로 따로 기능한다면 나는 어떤 행동도 할 수 없을 것이다. 이런 점에서 신체의 손상으로 인한 행동 장애자들은 의식의 결핍자들이 될 텐데, 아마도 그것이 의식적 반성을 주문하는 데카르트의 성찰에서 이들이 제외되었던 이유였을 것이다. 응시의 행위를 중심으로 나의 신체의 수많은 부분들이 서로 엉키지 않고 질서정연하게 조화되고 있다는 것은 정말이지 놀라운 일이다. 심리학자들은 생리적 메카니즘을 통해 그 조화의 비밀을 풀어야만 했던 이것을 '신체도식(le schéma corporel)'이라고 불렀다.96) 메를로-뽕띠는 주지주의의 편견이 배어있는 '의식'이라는 용어를 대신해서 물질적인 기반이 드러나는 '신체도식'과 같은 용어를 더 선호하였는데, 그는 그것을 기계적 생리학자들의 개념과 다르게, 게쉬탈트주의자의 표현을 사용하여, "형태로 있는 나의 자세의 총체적 의식"으로 정의했다. 즉 신체도식은 내 손, 내 팔, 내 머리, 내 신체 전체의 각각의 위치와 그것의 관계를 문제 삼는 것이 아니라 '내 눈이 어디를 향해 있는지를 내가 그것으로 인하여 안다'는 사실을 말하는 것이다. 그러므로 이것이 바탕으로 있는 책상을 향해 형태로 있는 총체적인 신체의 고유 감각인 한에서, 신체도식은 세계내존재임을 망각할 수 없는 나의 의식인 셈이다.97)

이처럼 코기토는 사유하는 이성적 존재를 발견하는 것이 아니라 내가

---

96) *pp.*114~115 참조.
97) *pp.*116~117 참조.

구체적으로 어떤 시공적(時空的) 세계에 있음을 깨닫는 것이다. 응시의 순간, 나는 그와 동시에 나의 신체와 책상 사이에 점·지평 구조로 정향된(orienté) 공간이 솟아 나오는 것을 목격하게 된다. 이는 게쉬탈트 심리학자들의 말대로, 평면적 그림에서 형태·배경 구조가 조직됨으로써 공간의 환영이 생겨나는 것과 동일한 식이다. 메를로─뽕띠는 이런 공간이 신체로부터 파생되었다는 점에서 "신체적 공간(spacialité)"(*pp.*114)이라고 불렀다. 그러나 이처럼 내 신체를 기점으로 일그러지면서 드러나는 원근법적(perspective) 공간은 그 동안 심리학자들에게 일종의 착시현상으로 간주되지 않았던가? 그들에게는 내 눈의 망막 상의 투사로 인해 일그러지기 이전에 '이미' 존재하는 '객관적인 공간'이 있었기 때문이다. 그들에게 신체적 공간은 환영이고 그 속에서 함께 일그러져 있는 책상 역시 환영이다. 만일 무한한 응시들이 가능하다면, 거기에서 얻은 무한한 퍼스펙티브를 종합하여 일그러지지 않은 객관적인 공간과 책상을 얻을 수 있을지 모른다. 그러나 그것은 실제로 불가능한 일이기에, 데카르트는 무한한 응시를 한 순간에 실현하는 지적인 응시(지적 직관)를 고안해냈고, 이를 통해서 그는 지각적 경험과 지평들의 합을 초과하면서 완성되는, 즉 총체성의 개념을 갖는 공간과 대상을 설정했지만, 이와 같은 대상의 절대적 위치는 오히려 '응시하는 나'의 죽음을 의미하는 것이었다.98) 이는 반성 이전의 공간으로, 우리가 첫 번째 시험을 통해서 환원되어야만 하는 공간에 지나지 않는다. 메를로─뽕띠에게 중요한 통찰을 주었던 게쉬탈트 심리학자들조차도 진정한 반성을 빗겨갔는데, 그들은 봄의 형태·배경 구조를 망막의 법칙으로 확립함으로써 자신들이 발견한 신체적 공간을 눈앞에 두고 신체성의 뿌리가 뽑혀지고 균질적 공간으로 구성된, 소위 객관적 공간을 더 신뢰하는 우를 범했던 것이다.99) 신체적 응시를 실행하고 있는 우리에게 진짜로 존재하는 공간은 이처럼 오히려 착

---

98) *pp.*85 참조.
99) *pp.*58~59 참조.

시로 여겨지는 신체적 공간이어야 한다. 나의 신체는 이런 객관적인 공간의 바탕(fond) 위에(sur) 놓여 있는 형태(forme)로서 존재하는 것이 아니다. 메를로-뽕띠가 말하듯이, "내가 신체를 가지고 있지 않다면 나에게 공간은 없기"(*pp*.119)때문이다.

메를로-뽕띠는 '내가 신체를 가지고 있다'는 사실을 좀더 구체적으로 해명하기 위해 신체의 고유운동성(motricité)을 끌어들였다. 신체적 공간을 가능케 한 우리의 두 번째 시험이 응시와 같은 구체적인 행동을 의미하는 것인 이상, 고유운동성의 분석은 응시를 유발하는 신체의 운동을 분석함으로써 세계내존재로서의 우리 자신을 더 입체적으로 반성하도록 만들 것이기 때문이다. 그러나 그가 이런 고유 운동성의 대표적 모델로 끌어들이고 있는 것은 겔프(Gelb)와 골드쉬타인(Goldstein)이 연구했던 심맹환자(les cécités psychiques)의 어눌한 행동이었다. 2차 대전 때, 뇌에 폭탄 파편을 맞은 쉬나이더(Schneider)의 경우가 그러했는데, 후두부의 손상으로 인해 그는 어떤 대상과 접해 있는 자신의 신체의 위치를 지시하지 못했고 그와 상관적으로 자신의 신체와 접촉하는 대상의 위치도 지시하지 못했다. 그런데도 그는 어떤 대상을 잡고 만지는 것과 같은 습관적이고 구체적인 생존활동에는 전혀 구애를 받지 않았는데, 말하자면 신체의 고유운동성을 통해서 그에게 솟아나는 신체적 공간은 직접적인 생존 활동에 익숙한 것으로 한정되어 있었고, 신체도식의 상실로 인해서 그가 활동하는 이런 신체적 공간은 스스로에게 인식되고 있지 못한 상태였다. 정상인은 신체도식을 통해 자신의 신체의 각 부분의 상태를 알고 지시할 수 있기 때문에 신체의 위치는 물론이고 그런 신체에 대해 있는 대상의 위치도 쉽게 지시할 수 있다. 신체 도식은 곧 우리가 어떤 대상과 관련을 맺는 상황을 총체적으로 인식하는 공간 의식인데, 즉 "신체적 공간과 관련되어 그런 공간과의 일종의 상호공존성에 환원되는 장소의 인식이다."(*pp*.122) 만일 우리에게 이런 공간의식이 없다면, 우리는 어떤 구체적인 행위를 하기 이전에 미리 어떤 공간을 상상하고서 그 공간에 준하여 신체를 가늠하여 움직이는 이차적인 행동, 즉 문화적이고 지적인 행동을 할 수 없게 된다. 이처럼 쉬나이더는 공간의식을 선행적으로 가지고 있어야 하는 지시 행위(Zeihen)와 같은 추상적인 운동을 할 수 없었다. 추상적인 제스처도 그러하지만, 언어의 사용, 특히 은유어의 경우만 해도 근본적으로 어떤 공간과 세계에 대한 인식을 전제로 하는데, 그런 공간 인식을 가지지 못했던 쉬나이더로서는 배우처럼 상상적인 공간에서 연기를 하거나 친구들과 정치나 윤리에 대한 대화를 이끌어나갈 수가 없었다.100)

　그런 점에서 쉬나이더와 같은 심맹환자들은 의식을 가지지 못하는 자들이고 성찰에서 제외되어 마땅한 자들이다. 사실 겔프와 골드쉬타인이 병리적인 것에 기울였던 관심마자도 근본적으로 데카르트가 행한 배제보다 더 나을 게 없는 그런 관심이었다. 즉 정상인에게 고유한 의식에 해당하는 기능을 생리학적으로 해명하기 위해 역설적으로 환자가 결핍한 능력을 정상인과 비교하여 드러내 보이는 일, 즉 "차이의 방법"으로 불리어지는 오래된 귀납법을 통해서 "병리적인 것으로부터 정상적인 것을 연역"(pp.125~126)해내기 위해 심맹환자들을 '이용'했을 뿐이다. 그들이 볼 때, "추상적 운동을 가능하게 하는 정상적인 기능은, 운동의 주체가 그런 운동 앞에서 자연적으로 존재하지 않는 것이 실존과 그럴 듯하게 취해질 수 있는 자유로운 공간을 다루는 투사(projection)의 기능"(pp.129)이었다. 이런 투사는 곧 의미작용(signification)의 체계가 되는데, 즉 우리는 이런 기능에 의해서 "주어진 세계를 조직하는 한 단어 속에서 원근법적인 것을 다룰 수 있으며, 힘의 계열들을 세울 수 있고, 지리학적인 환경 위에서 행동의 환경, 주체의 내적인 활동성을 밖으로 표현하는 의미작용의 체계를 구성할 수 있다."(pp.130).

---

100) *pp.*119~122 참조.

102

그러나 그것이 충분히 설득력 있는 설명이라 하더라도 투사적 기능이
라는 명칭이 암시해주듯이, 그것은 근본적으로 환자가 결핍한 것을 심리
적이고 내적인 기능으로 만듦으로써 의식을 추상적인 형식 범주로 다루
어 버리는 일이었다. 우리가 앞에서 이미 경험주의와 주지주의의 공모관
계를 보았듯이, 이런 전통적인 심리학적 분석 태도는 필연적으로 주지주
의적 방법을 끌어들이게 마련이다. 투사이론은 캇시러(Cassirer) 같은 주
지주의자들에 의해서 '상징적 기능'으로 이름을 바꾸어 기술되지만, 그
것은 여전히 의식의 추상적인 형식 범주에 불과하다.101) 그들은 병자와
정상인을 중심으로 하는 이원론을 도식화했는데, 즉 "구체적인 운동은
구심적이며 추상적 운동은 원심적이다. 전자는 존재와 실제적인 것에 관
계하는 반면, 후자는 가능적인 것과 비존재에 관계한다. 또한 전자는 주
어진 바탕에 집착하는 반면, 후자는 자신의 바탕 위에 전개시킨
다."(pp.129). 이런 이분법은 전혀 새로울 것이 없는 육체·정신의 이분법
의 재탕에 불과하며, 그들은 전통적 심리학자들이 그러했듯이, 장애의
기원과 의미를 발견하기보다는 장애자의 차별성을 행동 영역의 차이로
환원해버리는 일에 만족한다. 결국 지적인 가능성의 근거나 조건을 추구
하는 그들에게 의식의 붕괴에 지나지 않는 병리적 현상이 그들의 성찰에
서 진지하게 다루어질 리 없고 병자나 어린아이, 원시인과 같은 열등한
인간이 배제되지 않을 수 없었다. 그들은 이들을 배제함으로써 이들에게
현저한 행동의 물질적인 두께에 대해서도 함구하게 된다.

　그러나 이런 주지주의적인 태도와 단절하면서 메를로-뽕띠는 병자
들을 자신의 반성에 당당하게 끌어들였다. 그는 순수하게 학적(學的)인
동기로 병자이건, 정상인이건, 그들 모두에게 공통적으로 있는 실존의
구조를 드러내려는 목적으로 끌어들였는데, 그의 이러한 태도는 아이러
니하게 주지주의자가 배제한 사례들을 채용함으로써 주지주의자의 성

---

101) *pp.*140~141 참조.

찰을 해체시키는 결과를 가져온다. 실존의 구조는 신체를 떼어내고서는 기술될 수 없는데도 불구하고 정상인의 복잡한 행동에서 흔히 신체는 무시되어왔던 것이다. 따라서 그는 분석자들에 의해 신체의 두께가 지워지기 쉬운 정상인의 추상적 운동을 이해하기 위해서라도 신체적 고유운동성이 그대로 드러나 있는 병자에게 관심을 집중시키는 것이 필수적이었는데, "병 자체가 하나의 완전한 실존의 형식"이기 때문이다. 그러므로 그가 생각하기에, 정상인과 관련해서 병자는 "귀납적인 차이의 방법이 아니라 정확하게 현상들을 읽는데, 의미를 붙잡는데, 주체의 총체적 존재의 양태들이나 변이들로 다루어야 한다."(pp.125).

"정신착란과 환각과 같은 병리적 현상에 반대하여 건전한 인간을 보증하는 것은 그런 병리적 현상의 비판이 아니며, 그것은 병리적 현상의 공간의 구조이다..... 그것은... 객관적인 사유에 의해 폐지되는 것이 아니라 억압되며, 철학적 의식이 그것을 발견한다."(pp.337).

병이란 어떤 특질이나 본질의 결여가 아니라 독립적인 자기-조절(self-regulating) 체계이다. 그렇게 병리적인 것이 바뀐 환경 속에서 자기-보존을 모색하고 있다는 점에서, 그것 역시 정상적인 것과 동일한 구조(세계내존재) 속에 있다고 말할 수 있다. 다만 그것은 정상적인 층위와 다른 층위에서 정립되는 하나의 평형(equilibrium)인 한에서, 정상인의 행위의 의미와 다른 병리적 의미를 통해서 우리는 그러한 다름을 가능하게 하는 동일한 어떤 구조를 추구할 수 있다.102) 그러므로

102) *CAL.* 64 참조. 이러한 메를로-뽕띠의 병리학에 대한 접근은 이전의 존재론적 태도를 거부하고 병을 자율적인 자기 평형으로 규정하고 있다는 점에서 깡귀엠(Georges Canguilhem)의 태도와 상당히 유사한 것이다. 깡귀엠은 자신의 박사논문, 「정상적인 것과 병리적인 것(Le normal et le pathologique)」(1943)에서 전통적인 심리학과 주지주의에서 현저한 존재론적 접근법, 즉 병이란 어떤 요소를 결여한 것에 지나지 않다는 환원의 태도를 비판했다. 정상적인 것과 병리적인 것을 구별하는 기준의 개념은 "정상적

메를로-뽕띠는 초보적인 생존활동에 제한되어 있는 심맹환자의 행동과 문화적이고 상징적인 공간으로 확장되어 있는 정상인의 행동을 가능하게 하는 공통 구조의 구명을 위해서 그들 모두가 신체로 살아간다는 사실, 즉 신체의 고유운동성(motricité)에서 논의를 시작할 수밖에 없었던 것이다. 운동은 이미 확립되어 있는 시간과 공간 내에서 신체가 겪는 어떤 사건이 아니라 신체가 공간과 시간을 파생시키는 그런 계기이다. 운동하고 있는 신체는 "시공을 능동적으로 떠맡으며, 획득된

_____

인간에 대한 과학이라는 생리학의 지식에서, 자신이 경험한 유기체의 경험에서, 어떤 순간에 사회적 환경에서 공통적으로 나타나는 규범의 발현"(Georges Canguilhem, *Le normal et le pathologique*, PUF, 1966, 여인석 옮김, 인간사랑, 1996, 139쪽)에서 기인한다는 것이다. 병리적이라는 의미는 관찰자의 의식에 있는 목적의 관념이 반영되어 나타난 것에 불과하다. 그가 병리적인 것을 바라보는 태도는 근본적으로 메를로-뽕띠의 그것과 일치하는데, 병은 유기체와 환경과의 관계를 통해 바라보아야 한다는 것이다. 즉 병을 통해서 병자는 새롭지만 축소된 환경과의 관계를 시작하게 되고, 이런 과정에서 병자는 환경에 맞게 활동 수준을 감소시키고 새로운 삶의 기준을 설정하게 된다. 삶의 규범은 세계내존재의 의미에 불과한데, 그런 점에서 병리적 상태는 규범의 부재가 아니라 열등한 규범을 의미할 뿐이다. 심지어 질병은 기존의 생존 방식에 대한 위협에 직면하여 생명체가 변화된 상황에 맞는 새로운 생존의 조건을 확립하는 새로운 정상성이라고 말할 수 있다(Georges Canguilhem, *Le normal et le pathologique*, 199~204쪽 참조). 그런 견지에서 병리학과 정신분석학은 이처럼 새로운 정상성의 구조를 드러내기 위해 병리적이라고 불리우는 현상에 들어가는 입구로 다루어져야 하는데, 많은 구조주의자들이 그러했듯이, 메를로-뽕띠도 세계내존재의 구조를 드러내기 위해 주저없이 이러한 입구를 통과해서 현상 자체에 들어갔다. 진정한 과학적 반성이란 "현상들 아래의 귀납의 시험적 방법에 따라 현상이 의존하는 조건을 찾는 것"(*pp*.131)이 아니라 "정상인의 경우 사실들과 산포된 징후 배후에서 주체의 총체적 존재를 재발견하기 위해, 병자의 경우 근본적인 장애를 재발견하기 위해 이런 대기로 미끄러져 나가는 사유이다."(*pp*.140). 규칙이 위반을 통해서 비로소 실체적으로 드러나게 되듯이, 현상의 프레냥스는 위반으로 여겨졌던 이질적이거나 열등한 현상들인 환영, 꿈, 신화, 병리학적인 것들에서 그 모습을 드러내기 때문이다. 그것이 메를로-뽕띠가 데카르트가 배제한 병자의 불완전한 행동에 집착해야 하는 이유인 것이다.

상황들의 진부함 속에서 지워지는 본원적인 의미의 시공을 이해하게
만든다."(*pp*.119). 물론 이런 신체 개념은 우리에게 익숙한, 주어진 시
공 속에 사물로서 존재하는 해부학적인 것이 아니다. 현상학적 반성을
실행하고 있는 우리가 다루고 있는 신체는 언제나 반성 밖으로 나가지
않는 '현상학적 신체'103)이어야 함은 두 말할 필요가 없다.

앞에서도 언급되었듯이, 심맹환자의 운동은 먹기 위해서 음식을 잡
거나 가려워서 긁는 식으로, 환자가 자신의 신체와 관련되어 구체적인
의미나 운동의 문맥을 찾지 못하면 운동을 수행할 수 없는 직접적인
생존활동에 제한되어 있다.104) 즉 그는 '실제적인 접촉'이나 '선명한
연역'에 의해 연결되는 구체적인 운동만 할 수 있다. 그러나 이처럼
물질적 표지를 필요로 하는 그의 무능이 중요한 단서로 작용한다.

> "그는 단지 실제적인 운동이 분할이나 분절을 도입하는 무형의
> 덩어리로서 자신의 신체를 처분할 수 있을 뿐이다. 그는 미리 쓰
> 여진 텍스트 위에 놓이지 않고는 한 단어도 말할 수 없는 연설가
> 처럼 운동을 실행하는 염려의 신체에 의존한다. 병자는 운동 그
> 자체를 찾을 수도 발견할 수도 없다."(*pp*.128).

데카르트적으로 말하자면 심맹환자는 의식이 없는 신체로 존재한다.
그러나 만일 그렇다하더라도 그의 신체는 물리학에서 말하는 죽은 사
물, 즉 스스로 운동을 할 수 없어서 외부에서 주어지는 힘에 의해서만
운동을 할 수 있는 그런 해부학적 신체가 아니다. 그의 신체 자체는
고유운동성을 가지고 있으며, 그렇기 때문에 "그의 신체는 한 세계의
힘(puissance)이다."(*pp*.124). 이런 현상학적 신체의 고유운동성은 '나
는 할 수 있다.(Je peux)'로 표현될 수 있는데, 메를로-뽕띠에 의하면
이것이 바로 후설이 원래 말하고자 했던 지향성이라는 것이다.105) 앞

---

103) *pp*.123 참조.
104) *pp*.127~128 참조.

에서 우리는 세계내존재로서의 코기토를 이끌어냈지만, 그것의 신체성을 언급하지는 못했다. 신체라고 하는 감각적 미장센(mis-en-scene), 그리고 그것과 상관적으로 현상의 감각적 기반을 드러내고자 하는 응시의 시험은 결국 신체의 고유운동성이 어떻게 세계내존재인 우리의 삶을 조직하게 되는지를 드러내는 것이다. 메를로-뽕띠에 의해서 후설이 말한 지향성은 신체의 고유운동성으로 수정되면서 주지주의자들에 의해 지워졌던 의식의 물질적 하부구조를 분명히 드러낼 수 있게된다. 세계라는 견고하고 두터운 층으로 기꺼이 들어가는 것은 그 세계를 상공 비행하는 투명한 의식이 아니라 이처럼 두께 있는 신체였던 것이다. 의식이 항상 자신을 넘어서 다른 것에 향해 있듯이, 신체역시 항상 자신을 넘어서 다른 것으로 나아가려 한다. 신체의 지향적운동 자체가 바로 우리의 삶인 것이다.

그러나 그것이 우리의 초보적 생존의 문제라고 하더라도 심맹환자의 구체적 행동들만 가지고서는 우리의 삶 전부가 해명되는 것은 아니다. 정상인인 우리에게는 분명히 주지주의자들에 의해 이원적으로 도식화되기에 충분한, 이런 구체적인 운동을 넘어서는 추상적인 운동이라 부를 만한 것이 있다. 예를 들어, '팔을 들어 올려 보라'거나 '손으로 사각형이나 원을 그려 보라'거나 하는 요구들에 심맹환자는 응할수 없는데, 이는 환자에게 실제적인 접촉과 같은 가시적 지표 없이 가능적인 것을 고려하기를 요구하는 행동이기 때문이다.106) 가능적인 것은 생생한 상황에서 실제 신체를 떼어놓는 힘을 가지고 있다. 물론 가능적인 것을 고려하는 운동도 신체가 하는 것임에는 틀림없지만, 거기서 신체의 분절과 분할은 가시적으로 드러나 있지 않기 때문에 추상

---

105) "이러한 해명은 우리에게 고유운동성을 원본적인 지향성으로서 이해하게 해준다. 의식은 원본적으로 '나는 생각한다 Je pense'가 아니라 '나는 할 수 있다 Je peux'이다."(*pp.*160).
106) *pp.*127 참조.

적이라고 말하게 된다. 추상적인 운동은 우리를 인간답게 하는 고차적이고 문화적인 활동을 총괄적으로 지칭하는 것으로, 우리는 구체적 환경 속에 개방되어 있을 뿐만 아니라, 이런 운동이 파생시키는 언어적이고 가공적인 상황에도 개방되어 있다.107)

이렇게 구체적 운동과 달리 신체의 고유운동성이 가시적으로 드러나 있지 않은 추상적인 운동을 설명하기 위해 그 동안 생리학자들은 신체와 별도로 그것의 선행적인 상위의 능력으로서 의식의 범주를 설정해왔다. 추상적인 운동은 운동 자체가 목적이 되는 운동이라고 볼 수 있는데, 그러기 위해서 운동하는 주체는 운동에 대한 사유를 이미 가지고 있어야 한다. 만일 우리가 어떤 물건을 잡으려고 손을 들어 올리지 않고 '그냥' 손을 들어 올리려고 한다면, 그 때, 손을 들어 올려도 괜찮을 어떤 공간에 대한 확신이 선행되어야 하고 이런 확신이 바로 운동에 대한 사유인 셈이다. 운동에 대한 사유의 전형으로 우리가 채용했던 것은 물리학적 운동 개념이다. 이를 통하여 우리는 운동하는 주체가 움직일 수 있는 배경인 객관적인 공간을 전제하는 물리학적인 운동 개념을 추상적인 운동을 할 수 있는 근거로서 기정사실로 받아들이게 되었던 것이다. 메를로-뽕띠가 말했듯이, "추상적 운동은 구체적인 운동이 전개되는 가득 찬 세계의 내부에 반성과 주체성의 영역을 움푹 들어가게 하고, 잠재적이거나 인간적인 공간을 물리적인 공간으로 대체해놓고 만다."(*pp.*129). 그러나 물리학이 근거되어 있는 신체의 운동 이전에 객관적으로 실재하는 공간 개념은 현상학적 반성의 범위를 넘어서는 비반성적인 것이다. 환원에 의하면 이러한 공간은 신

---

107) *pp.*126 참조, 전형적인 예로, 배우(comédien)는 아무 것도 없는 무대 위에서도 자기의 몸짓을 통해서 가공적 세계를 만들어낸다. 이런 배우의 행위는 일상적인 몸짓과 다른데, 일상적인 몸짓이 만들어 내는 의미의 세계를 반성하여, 이것을 다시 자신의 몸짓을 통해서 실현하는 과정이기 때문이다. 파롤이나 몸짓을 통해서 배우는 다양한 의미로 가득 찬 세계를 창조해내는 매직(magie)을 부릴 수 있다.

체로부터 파생된 원근법적 공간이 '자유변경'(반성)됨으로써 무한한 응시의 총합으로 구성된 잠재적(Virtuell) 공간으로 판명될 것이다. 후설에 의하면 추상적 운동의 바탕인 객관적인 공간은 이미 실재하는 것이 아니라 구성된 것이다. 정상적인 우리는 구성된 것, 그렇기 때문에 허구적이고 가능적인 공간에 열려 있다. 그러나 이렇게 되면 우리는 신체와 별도로, 자유변경하고 구성을 행하는 주체를 가정하지 않을 수 없는데, 신체는 이런 구성을 행하는 주체가 아니라 구성된 공간에서 운동하는 수동적 주체에 지나지 않기 때문이다. 그렇게 신체를 처분할 수 있는 능력을 갖춘 의식의 범주가 탄생되었던 것이다.

공간에 대한 사유를 가지고 있지 않은 심맹환자는 말하자면 그런 사유를 하는 의식을 가지고 있지 않은 자이다. 즉 신체로 있는 환자는 그렇기 때문에 의식이라고 하는 구성된 관념, 그래서 허구적인 관념을 가지고 있지 않다. 가능적인 관념을 가지고 있지 않다고 해서 그가 어떤 본질적인 능력을 결핍한 것은 아닌데, 가능적인 것(le possible)은 결코 본질적인 것이 아니기 때문이다. 오히려 정상인은 환자와 비교하여 거짓말하는 능력을 더 가지고 있는 셈인데, 이것이 정상인을 정상인답게 만들고 있다는 사실은 아이러니하지 않은가? 물론 그것이 거짓말이라고 해서 한 번 발화된 말이 존재하지 않는 것은 아니듯이, 정상인이 활동하는 무대인 가능적인 공간 역시 존재하지 않는 것은 아니다. 우리의 문화적 세계는 명증적으로(의심의 시험을 통과해서) 존재한다. 바로 그런 점에서 이런 세계를 존재하게 만들 수 없는 쉬나이더는 장애자임에 분명하지만, 그러한 이상한 장애, 즉 '거짓말하는 능력'을 결핍하는 장애의 원인을 지목하기 위해서 총탄으로 손상된 그의 뒷머리의 특정 부분을 의식의 본거지로 만든다는 것은 데카르트의 송과선 이론의 시나리오처럼 우스꽝스러운 일이다. 데카르트가 그것의 해명에 실패했던 신체와 의식의 관계를 올바르게 드러내기 위해 구체적으로 메를로-뽕띠를 따라서 그륀바움(Grünbaum)에 의해서 채용된

예를 따라가 보기로 하자.108)

　만일 주지주의자의 말대로 쉬나이더의 경우, 그가 표상하거나 투사하는 의식작용을 결여한 것이라면, 그는 아예 다른 사람의 행동을 흉내 내는 행위 자체를 할 수 없어야 한다. 모방의 행위 자체가 이런 투사나 표상화의 전형으로 여겨지기 때문이다. 그러나 의사가 자신과 마주 보고 있는 그에게 자신의 행동을 그대로 따라하라는 주문을 할 때, 그는 그것의 흉내가 불완전할지언정, 의사의 행동을 따라할 수 있다. 즉 의사가 오른 손으로 자신의 오른 귀를 만지고 왼 손으로 자신의 코를 만지는 행동을 하면, 환자는 한 손으로 귀와 코를 만지는데, 다만 그는 왼 쪽과 오른 쪽을 구별하지 못했을 뿐이다. 환자가 의식이 없는 신체로 있는 한에서, 그의 흉내는 당연히 의식의 투사가 아니라 신체의 고유운동성에 의해 이루어지는 것이다. 그러나 흉내의 메카니즘을 자세히 살펴보면, 정상인도 사실은 자기의 시각장의 오른 쪽에 나타나는 손이 사실은 자기의 파트너 편에서는 왼 손이라는 사실을 계산하는 의식을 작용시키면서 흉내 내고 있지 않다는 사실을 알 수 있다. 모방은 반사적으로 이루어진다. 즉 "자기의 왼손을 즉각적으로 자신의 파트너(의사)의 왼손으로 동일시하는데, 그의 행동은 즉각적으로 모델(의사)에 집착하게 된다. 주체는 모델 속에 투사되어 실현되지는 않으며 모델과 동일시된다. 조정된 것들의 변화는 그런 실존의 작용 속에 탁월하게 포함되어 있다."(*pp*.165). 이런 동일시는 병자의 흉내가 그러했듯이, 반사적인 '신체의 고유운동적 기능'에 의한 것이다.

　그러나 여기서 병자의 고유운동성과 정상인의 고유운동성은 다르게 작용한다. 병자의 흉내가 불완전한 이유는 신체의 고유운동성의 어떤 차별적 기능이 파괴되었기 때문이다.109) 앞에서 이미 우리는 그것을 총체적 신체에 대한 의식, 즉 신체도식으로 명명한 바 있다. 만일 환

---

108) *pp*.164~165 참조.
109) *pp*.166 참조.

자에게 소뇌의 손상으로 이런 신체도식이 파괴되지 않았다면, 즉 그가 의사의 몸짓을 흉내 내는데 있어서, 각각의 자신의 신체의 부분들이 서로 다르게 움직이면서도 하나의 몸짓으로 통일되어 있는 그런 총체적인 자신의 신체를 그가 인식할 수 있었다면, 그는 오른 손과 왼 손을 구별하면서 의사의 몸짓을 그대로 따라할 수 있었을 것이다. 즉, 왼손과 오른 손을 구별하는 것은 의식의 투사 능력이 아니라 신체의 내감각적 기능에서 기인하는 것이다.

우리는 이미 신체의 운동으로 인해 신체적 공간이 생겨나게 된다는 사실을 앞에서 언급했는데, "신체의 공간성은 자신의 신체 있음의 전개이며, 신체로서 현실화되는 방식"(*pp*.173)이기 때문이다. 그렇다면 이처럼 움직이는 나의 신체를 느낀다는 것은 동시에 이런 신체로부터 펼쳐져 있는 원근법적 공간도 내가 인식할 수 있음을 의미한다. 사실 내가 나의 신체의 운동을 의식한다는 것은 내가 익명적으로 운동하는 내 신체의 부분으로 있지 않고 거기서 나와서 밖에서 보고 돌아와야 가능한 일이다. 이것은 '자기 자신에 머물지 않고 그 이상으로 나아간다'고 했던 후설이 말하는 지향성과 동일한 맥락에 있다. 자기 자신에 머물지 않고 그 이상으로 나아가는 것은 심맹증 환자에서 신체의 고유운동성의 특성이기도 했던 것이다. 그런데 이렇게 밖에 나가서 자기가 나왔던 곳을 바라보고 '다시' 돌아오는 정상인의 고유운동성은 신체의 응시가 부메랑처럼 호를 그리면서 돌아온다는 의미로, 그야말로 지향적 호(intentional arc)라고 부를 수 있다. 심맹환자에게 건재한 고유운동성이 신체의 근원적인 지향성(intentionalité originaire)이라고 한다면, 그가 결핍한 또 다른 고유운동성은 신체와 별개로 작용하는 순수한 의식의 작용이 아니라 신체의 근원적인 지향성의 변이인 '지향적 호'인 셈이다. 결국 "그것은 감각들의 통일, 감각들과 지성의 통일, 감각성과 고유운동의 통일을 만드는 것"(*pp*.158)이기 때문이다.

이처럼 신체의 각 부분들의 지향적 호에 의해서 우리는 원근법적으

로 무한한 방향에서 신체 전체를 볼 수 있다. 즉 지향적 신체의 무한
한 응시를 통해 우리는 한 방향으로 일그러져 있는 원근법적 공간으
로부터 이런 일그러짐을 보정하여 객관적 공간을 구성할 수 있었던
것이다. 우리의 추상적 운동은 이와 같은 신체도식과 상관적으로 일어
나는 공간 인식으로 인해 가능하다. 이른바 객관적 공간은 신체-주체
의 고유운동적 구성으로 존재하는 것이다.

> "정상주체는 단지 실제적인 위치의 체계로서만이 아니라 다른
> 방향 지워짐 속에서 등가적인 위치들의 무한성의 열려진 체계로서
> 조차도 자신의 신체를 가진다. 우리가 신체도식이라고 부르는 것
> 은 바로 등가성의 체계이며 고유운동적인 상이한 과업들이 순간적
> 으로 이전할 수 있는, 직접적으로 주어진 그런 상수이다. 말하자면
> 그것은 단지 나의 신체의 경험만이 아니라, 세계 속에서의 나의
> 신체의 경험이기도 하며, 나의 신체만이 언어적 명령들에 동적인
> 의미를 준다."(*pp*.165).

반면에 이런 지향적 호를 통해서 우리는 "내적인 눈에 의한 것처럼
우리는 스스로를 본다"는 느낌을 가지게 되는데, 이런 과정에서 총체
적 신체의 의식이 "주체라고 하는 절대적인 느낌"(*pp*.175)으로 확신되
는 수가 있다. 이것이 바로 우리가 앞에서 다루었던 코기토인 셈이다.
분명히 우리는 신체도식으로 인해서 신체의 '의식'을 가지게 되었다고
말할 수는 있다. 그러나 거꾸로 우리가 의식을 가지고 있기 때문에 신
체도식이 가능하다고 말할 수는 없다. 의식은 신체의 의식의 자격으로
서만 존재하지 신체를 도구적으로 사용하는 초월적 존재로서는 존재할
수 없다. 그래서 의식이라는 이데올로기는 매번 나의 신체적 실행(의
심의 실행과 응시의 실행과 같은 구체적 행위)을 통해서만 확인되었던
것이다.

결국 우리는 데카르트적 의식을 부정하지 않기 위해서 코기토를 고

유운동적인 신체에 대해 인칭적으로 느끼고 있는 순간적 직관으로 제한할 수밖에 없을 것이다. 그러나 정작 코기토의 본질이었던 신체의 고유운동적 기능은 근본적으로 익명적이기 때문에, 심맹환자는 주지주의자들에 의해 코기토를 결핍한 것처럼 생각될 수밖에 없었을 것이다. 메를로-뽕띠가 말하고 있듯이, 인칭적 의식이 있다 해도, 그런 "의식은 그 배후에 자신의 고랑을 이끌게 만듦으로써 어떤 사물의 의식이라는 척도에서, 그 대상을 생각하기 위해서 절차적으로 구성된 사유의 세계에 지지되어야만 하는 척도에서, 언제나 의식의 중심에는 비인칭화가 있다."(*pp*.159). 사실 우리가 심맹환자가 아니라하더라도, 종종 인칭적 의식을 도난당한 채, 살기가 일쑤인 것이다.110)

> "의식은 신체의 매개에 의한 사물에의 존재이다. 신체가 의식을 함축했을 때, 말하자면 그의 세계에로 의식을 무형화시킬 때 운동이 배워진다. 그리고 자신의 신체를 움직인다는 것은 신체를 가로질러 사물들을 노리는 것이며 어떤 표상화 없이 신체에 시행되는 사물들의 유혹에 신체를 응답하게 하는 것이다."(*pp*.161).

우리가 신체를 매개로 세계에 물음을 묻고 다시 사물들이 신체에 응답하는 방식이 어떤 공통성을 획득할 때, 이른바 그것은 습관적 행동이 된다. 메를로-뽕띠가 예로 들고 있는 행동들, 즉 자동차를 몬다든가 오르간의 건반을 연주하는 것과 같은111) 행동은 전형적으로 정

---

110) 응시의 시험을 사례로 들자면, 내가 책상을 뚫어져라 응시할 때, 보통 나는 내가 책상을 보고 있다고 생각하지만, 어느 순간 불현듯 책상이 나를 보고 있다는 느낌을 가지게 되는데, 이 때 자기의식은 책상의 존재감에 눌려 질식한 상태이다. 말하자면, 나의 응시는 책상이 놓여 있는 밖으로 나갔다가 아직 다시 돌아오지 못한 상태인 것이다. 보통의 경우, 우리는 이처럼 익명적인 신체의 자격으로 운동하게 되는데, 그렇게 우리는 세계에 참여하고 있기 때문이다.

111) *pp*.167 참조.

상인의 '무의식적인' 신체의 행위이다. 처음에 우리의 응시 속에서 자동차나 오르간은 매우 낯설고 두려운 존재로 다가왔겠지만, 이런 도구들을 조작하는 법을 배우게 되면서, 우리는 그것들을 자신의 신체처럼 익숙하게 느끼게 된다. 그리하여 그것들을 응시해도 전과 같은 소름끼치는 물량감을 느끼지 않는데, 우리 몸에 배인 도구들은 우리 신체의 연장(延長)이 되어버린 것이다. 일정 양식을 통해 이런 도구를 사용하게 됨으로써 우리는 그렇지 않았을 때보다 확장되고 이질적인 공간체험을 하게 된다. 우리가 자동차를 몰게 되면서 겪게 되는 공간은 우리가 맨몸으로 걸어가면서 겪게 되는 느린 공간과 달리 빠른 공간으로 재편되며 우리가 오르간 연주를 통해 탄생시키는 공간은 우리가 정서적으로 반응하게 되는 표현적 공간이다. 우리의 손의 고유운동적 실행을 통해 생겨난 신체의 고유 공간이 자동차나 건반의 공간에 통합되는 형식으로, '확장된 신체적 공간'이 유발되었던 것이다.112)

그러나 이런 통합된 신체적 공간은 어떻게 생겨나는가? 문제는 우리에게 한낱 도구적 사물에 불과한 것이 신체에 부가되어짐으로써 신체로 거듭난다는 사실에 있다. 생물학적이고 해부학적인 육체개념을 통해서라면, 우리는 생물학적으로 전혀 다른 성분으로 이루어져 있는 사물을 우리 신체와 동질적인 것으로 만들 수 없었을 것이다. 도구들은 내 몸에 익숙하게 되면서 현상학적 신체로 병합되었던 것이다. 그러나 이질적인 것들을 하나로 통합하는 현상학적 신체는 언제나 일정한 '스타일'로 존재한다.113) 이를테면 자동차를 운전하거나 오르간을 연주하기 위해서 우리는 운전법과 연주법을 몸에 익혀야 한다. 신체도식이 그러하듯이, 모든 형식은 어떤 일반성을 가지고 있기 마련인데, 유사 신체와 우리의 신체 사이의 통합의 형식은 신체가 스스로 깨우쳐야지, 지적으로 가르쳐지는 성질의 것이 아니다. 신체의 각 부분들

---

112) *pp.*169 참조.
113) *pp.*176 참조.

114

의 통합이 우리의 의식적 노력에 의해서 이루어지는 것이 아니듯 말이다.

　언어는 이와 같은 유사 신체 중 가장 중요한데, 우리가 단어를 발화함으로써 부재하는 것을 지금 여기 현전하게 하는 이런 '거짓말'이야말로 실존의 가장 엄청난 확장이기 때문이다. 발음 기관을 통한 신체의 조정, 즉 "단어의 고유운동적인 현전"(*pp*.461)을 통해 현저하게 표현적인 공간이 탄생한다. 그런 의미 공간을 가능케 하는 언어와 우리신체의 통합 형식, 즉 스타일은 언어학의 연구대상으로 일찍부터 주목받아왔다. 체계를 떠나서 언어를 생각할 수는 없기 때문이다. 그렇다고 해서 이러한 앙상한 형식이 의미를 출현시킨다고 말해서는 안 된다. 형식은 의미에 선행적으로 존재하는 것이 아니라 의미에 내재한다. 그런 점에서 "신체야말로 의미작용적 핵"(*pp*.172)이며 신체의 "고유운동성은 의미를 부과하는 근본적인 능력"(*pp*.166)[114]이 된다. 신체가 있어야 신체도식이 가능하고, 고유운동적 신체가 있어야 사물들을 유사신체로 통합시키는 스타일을 가지게 된다. 바로 "우리 신체가 우리 삶에 일반성의 형식을 부여해주고 우리의 개인적 행동들을 안정된 거리로 연장시키고 있는 것이다."(*pp*.171).

　그러나 이러한 신체의 근원성을 데카르트가 말하는 초월적 의식에 대한 유물론적 번역으로 해석해서는 안 된다. 신체는 의미작용을 구성하는 투명한 주체로 존재하지 않지만, 그렇다고 해서 어떤 의미도 응결시키지 않는 무형의 원초적인 물질적 덩어리로 존재하는 것도 아니기 때문이다. 신체는 항상 어떤 제스처를 취하고 있는 물질적 두께로 있다. 그렇기 때문에 신체도식이나 스타일을 떠난 신체는 상상할 수 없는데, 우리의 신체는 언제나 시간과 공간, 즉 의미 속에 있다고 말해야 한다. 신체도식에 의한 우리의 몸짓이 "고유 의미"를 드러낸다고

---

114) Grünbaum의 말을 메를로-뽕띠가 인용한 것임.

한다면, 스타일을 획득한 확장된 신체의 표현적 운동은 "비유적 (figuré) 의미"를 드러내는데(*pp*.171), 신체의 고유 의미라는 것조차도 신체의 두께로 인하여 전혀 투명하지 않은데다가 비유적 의미는 거기에 부가된 신체의 두께만큼이나 더 애매하고 불투명할 것이다. 메를로 -뽕띠가 유사신체와 나의 본래 신체가 통합되는 '일반적인' 원리를 법칙이라는 말 대신, 불확실한 의미 가운데 불확실한 형식처럼 느껴지는 '스타일'이란 용어로 부르게 된 것은 바로 이런 이유에서이다.

세계내존재라고 할 때, 실제적으로 이 '내(au)'는 세계라고 하는 상자로 신체가 둘러싸여 있음을 의미하지 않는다.115) 그것은 스타일과 같이 결정되어 있지 않은 형식으로 세계와 신체가 함께 조직되어 있음을 의미하는 것이다. 형식에 대해서 내용이 그러하듯이, 스타일은 의미를 드러낸다. 우리가 속해 있는 이런 의미의 세계는 문화적 세계이다. 신체가 세계에 우리를 '정박'시키는데, 더욱이 도구들로 확장된 신체는 우리가 정박하게 되는 세계를 문화적 세계로 확장시킨다.116) 문화적 세계 속의 '확장된 신체'는 자신의 고유운동적 능력을 통해 우리의 실존을 변화시킴으로써117) 전형적으로 우리의 세계내존재의 구조를 드러내 준다. 우리는 습관적 행위를 통해서 "운동의 매 순간, 살아 있는 내 신체의 실제적인 부분으로서, 말하자면 세계를 향해서 나의 영원한 운동의 통과점으로서 보는 의도의 현실화를 시험하게 되는 것이다."(*pp*.169). 이것은 세계내존재의 적극적 의미일 것이다.

② 사물과 세계

책상을 응시한다는 것은 우리가 공간 속에 한 점으로 자리 잡고서, 관점적으로 그것을 바라본다는 것을 의미한다. 앞에서 다루었듯이, 책

---

115) *pp*.413 참조.
116) *pp*.171 참조.
117) *pp*.168 참조.

상과 우리를 하나로 재편시키는 이런 체계(système), 즉 감각작용 (sentir)은 물리학적인 세계 개념을 구성해주는 과학의 수치적인 결정들이 아니라, 일그러지고 애매한 봄을 투사하는 차라리 하나의 미적인 스타일에 가깝다. "감각작용은 더 이상 무차별적 질료와 추상적인 계기가 아니라 우리의 존재와의 접촉의 표면들 중 하나이며, 의식의 구조이다."(pp.251). 그래서 후설은 의식이 지향적 구조로 되어 있다고 말했다. 즉, 신체와 세계가 하나의 구조에 마주하면서 속해 있기 때문에 우리는 여태까지 신체 주체를 얘기하면서도 신체적 공간이나 세계를 동시에 거론할 수밖에 없다는 것이다. 그러므로 이런 체계가 의미로 부화되면서 생겨나는 가능한 하나의 이념적 응결이 앞에서 다루었던 신체 주체라고 한다면, 여기서 다루어야 할 또 하나의 이념적 응결은 책상과 같은 사물과 그런 사물이 속해 있는 이 세계일 것이다. 그렇다면 형상적 환원을 통해서 '동일한' 책상을 산출시키는 지각적 법칙, 즉 후설이 말하는 구성의 법칙이 있다면, 그것은 외적 실재의 고유구조가 아니라 바로 신체도식이나 신체적 제스처라고 말해야 할 것이다. 이는 우리가 이제부터 응시의 시험을 통해서 구체적으로 드러내야 할 것이기도 하다.

두 번째 시험 2): 나는 '책상'을 응시한다.

나는 지금 '책상'을 응시한다. 내가 앉아서 항상 공부했던 곳이며 지금도 이 글을 쓰고 있는 곳이다. 지금 그것을 지지하는 책상의 네 다리나 그 전체적 윤곽을 볼 수 없음에도 불구하고, 나는 주저하지 않고 그것이 책상이라고 인식한다. 내가 책상에 바싹 다가앉음으로써 책상 밑에 보이지 않게 숨어 있는 그것이 '내' 다리라는 것을 의심하지 않는 것처럼 말이다. 이는 내가 책상의 전모(全貌)를 볼 수 없음에도 불구하고, 과거에 언젠가 보았지만, '지금 거기'에 보이지 않는 책상의 성질(qualité)들을 '지금 거기'의 책상의 감각적인 표면에 함께 배열하여 고정시키기 때문에 가능한 일이다. 이러한 응시는 지금 여기의 외관(apparence)에 앞선 것으로 주어진 것들을 이 순간을 빌미로 과거에서 불러일으키고 있다는 점에서 '회고적'으로 보일지 모른다. 그러나 응시의 운동은 상기를 통해 순간의 감각적인 '이것'을 과거의 이미지로 대체해버리는 것이 아니라 이러한 잠재적인 대상을 시간·공간적으로 통일하여 현전의 고유한 육적 대상으로 고정시키는 일이다.118)

그러나 우리가 응시의 시험을 통해서 '자연스럽게' 통일적인 책상을 인식하는 과정은 데카르트나 후설이 그러했듯이, 인칭적 주체(Je)를 확인하게 되는 과정이 될 수도 있음을 인정해야겠다. 자의식의 경험은 "시간의 흐름에 따라 불가피하게 해체되거나 통합되는데, 주체의 통일이나 대상의 통일은 실제적 통일이 아니라 경험의 지평에서 일어나는 가정적인 통일이기 때문이다."(pp.254) 이처럼 지향성의 한 극인 주체의 개념이 이데올로기였던 것과 마찬가지로 다른 한 극인 동일적인 책상도 이데올로기적인 실재에 지나지 않는다―물론 그것이 이데올로기라고 해서 그것이 존재하지 않는 것은 아닌데, 다만 그것이 이데올로기로서 존재한다는 것이다―. 데카르트적 성찰에서 응시의 시험은 이러한 책상의 이데올로기, 즉 책상이라는 통일적 이념이 어떻게 가능한지를 드러내기 위해 우리에게 일상적인 자연적 태도에서 반성적 태도로 전환하기를 요청하는 절차였다. 메를로-뽕띠는 이를 '분석적 태도'라고 불렀다.119) 말하자면 환원은 자연적 태도에서 분석적 태도의 단계로 이행하는 것이다.

두 번째 시험 2'): 나(on)는 '커다란 크기의 네모난 형태를 한
갈색의 책상'을 응시한다.

---

118) pp.276~277 참조.
119) pp.262 참조.

다시 나는 내 앞에 있는 '이것'을 뚫어져라 응시한다. 얼마나 뚫어지게 응시했는지, 내가 이것을 지각하는 동안, 나는 나를 지각하는 자로 인식할 수 없을 정도였다. 그렇게 나는 책상에 눈을 고정시킴으로써 동일적 책상으로 된 전체 봄에 침입하여 국부적 봄들을 분리해낸다. 그러나 이렇게 몰두하는 시선은 자연적 태도가 제공했던 책상을 둘러싸는 '전체 광경'을 사라지게 만들었다. 즉 신체도식과 더불어 봄을 지배하는 전체 구조가 과학적 응시와 더불어 깨진 것이다. 그리고 내 눈을 분산시켜서 사건(événement)에 나를 내맡김에 따라 대상 주위에 나의 응시의 진동으로서 각각 다른 특색을 가진 감각 소여들이 느껴진다. 예를 들자면, '이것'은 한편으로 내 상체를 지지하고도 남는 넉넉한 크기로 있고 다른 한편으로 직사각형의 모양으로 있고 다른 한편으로 갈색빛을 띠고 있다. 이것들은 '책상'의 술어로 나열적으로 등록될 '외관적인 감각 성질(qualité)'들이라고 말할 수 있을 것이다. 그러나 이런 감각 성질들은 응시의 관점에 따라서 항상 변하는데, 예를 들어 내 방 밖에 서서 그것을 볼 때, 책상의 크기는 가까이서 보았을 때만큼 크지도 않고, 직사각형의 형태는 눌려지며, 어둑어둑한 저녁 햇살 때문에 회색빛이 돌게 된다.

이런 분석적 응시는 회의적 결과를 낳는 듯이 보이지만, 데카르트적 성찰이 그러했듯이, 우리는 사정이 이러하다고 해서 객관적인 '책상'은 없다고 결론을 내리지는 않는다. 아니, 그렇게 가변적인 외관을 폭로하는 응시를 통해서도 우리는 여전히 **어떤 항구적인 크기나 형태, 색깔을 가지고 있는 '책상'**을 보고 있음을 부인하지 않는다. 데카르트에게 그러했듯이, 응시는 나의 의심을 종식시키기 위한 하나의 합법적 절차였다. "감각 성질은 세계와 나의 봄의 자연적인 교제 속에서 형성되지 않는데, 그것은 나의 응시의 어떤 문제에 대한 응답이며, 자신의 개별성 속에서 알려지도록 애쓰는 이차적, 혹은 비판적인 봄의 결과이며, '순수하게 시각적인 것에의 관심'의 결과이며, 내가 속기를 두려워하거나 봄의 과학적인 연구를 기획하길 원할 때, 내가 실행하는 것이다."(*pp.*261~262).

그러나 그렇게 얻어진 각각의 이질적인 감각성질들이 어떻게 하나의 '책상'으로 종합될 수 있었던 것일까? 마치 감각 성질들의 옆면에 서로 연결될 수 있는 비감각적인 고리가 달려 있는 것처럼 응시된 '책상'은 내 눈앞에서 그 신기한 종합을 이루어 내고 있는 것이다. 데카르트라면 응시를 통해서 이처럼 동일한 책상이 각각의 부분적 봄으로 분산되는 것을 목격하고, 더욱이 분석적 태도를 통해서 획득한 크기나 형태나 색깔과 같은 감각 성질조차도 주변 조건에 따라서 달라지는 가변적인 것이라는 사실을 목격하면서, 책상의 항구성이 무너지는 것을 막기 위해서라도 응시의 시험을 더욱 철저히 실행해야 한다고 생각했을 것이다. 결국 그는 자신이 책상 속에 가라앉으면서 매몰되는 응시의 운동을 멈추고 그렇게 응시하는 자신 쪽으로 반성의 방향을 돌렸던 셈인데, 책상으로부터 그는 그런 책상으로 연결되는 능동성의 의식을 발견하고, 거기서 분석적 태도에서 얻어진 결정된 감각성질들을 '결혼시키는' 합의 작용을 가정하려고 했던 것이다.[120]

그러나 사물의 객관성을 마련하는 데카르트적 성찰을 진행시키는 가운데, 우리가 상기해야 할 것은 데카르트가 이 모든 것의 근거로서 내세운 인칭적 의식이라는 것이 실제로 우리의 이러한 분석적 응시의 바로 그 순간에는 직관되지 않는다는 사실이다. 우리가 실행하는 응시의 시험은 응시하는 인칭적 의식을 되돌아보고 확인하는 방향전환(반성적 호)을 필연적으로 요구하지 않는다. 우리는 가변적인 외관적 성질들을 눈의 대기(大氣)에 진동시키는 응시 자체에 충실해야 하는데, 최소한 우리가 의심에서 벗어나기 위해서 이렇게 대상에 몰두하고 있는 동안에는 데카르트가 확실하다고 선언한 인칭적 의식은 직관되지 않는다.[121] "세계가 감각성질 속에 분쇄되는 바로 그 때, 지각하는 주

---

120) *pp.*275 참조.
121) 이는 근원적 지향성(on)과 지향적 호(je)의 차이일 것이다. 이것들의 본

120

체의 자연적인 통일은 깨어지고 나는 그러한 시각적인 영역의 주체로
서의 나를 무시하게 된다."(*pp.*262). 여기서 응시를 직접 행하는 눈은
정신이 아니라 물질적인 기관이다. 나는 인칭적 의식인 'Je'가 아니라
책상과 동일한 육체로 이루어진 익명적 신체의 'on'으로 있는 것이
다.122) 감각소여들과 맞닿아 있는 것이 이런 익명적 신체인 만큼, 메
를로—뽕띠는 데카르트처럼 감각작용을 관장하는 투명한 의식을 내세
워 책상의 객관성을 구조해낼 수 없었다.

　사실, 응시의 시험을 통해서 우리가 분리해낸 '지각적인 항구성의
의미작용', 즉 크기의 항구성, 형태의 항구성, 색깔의 항구성은 책상의
항구성을 이루는 추상적인 계기에 불과하다. 응시를 통해 책상을 이런
감각적 기술로 언표하기 이전에 이미 크고 작다는 등의 단계적인 크
기의 척도, 동그랗다거나 네모났다거나 하는 다양한 형태의 척도, 일
곱 가지 색의 스펙트럼으로 분절시킨 색깔의 척도 등등은 이미 서로
상이하게 질서 지어진 기술가능(記述可能)한 독립적인 자기 체계로서
존재하고 있었다. 세계는 이러한 다양한 체계들이 그물처럼 얽힌 보편
적 지평으로 있는데, 책상은 이 세계를 구획하는 체계들의 그물 속에
서 하나의 결정점을 이루면서 세계에 속해 있는 사물로서의 자격을
얻게 되었던 것이다. 우리의 봄이 혼란스러운 감각 자료들의 덩어리로
흩어져 있지 않고, 언제나 정연하게 조직되어 있었던 것은 이와 같이
선재하는 세계의 지평이 있었기 때문이다. "체계를 형성하는 대상들의
의미작용, 우리의 전체 모든 지각은 다른 대상들과 관련된 결정작용을
각각의 모든 대상에 할당시키는 논리학으로 생기 있게 된다."(*pp.*361).

　"대상과의 관계에 의해서 내 응시가 질서 지어지는 것은 대상의

질은 동일하지만, 말하자면 의식과 전의식의 차이와 같은 정도의 차이가
있다.
122) *pp.*277 참조.

어떤 외관과 그와 인접한 대상들의 어떤 외관을 의미하는 것이다. 모든 외관들 속에서 대상은 불변의 특성을 견지하고 그 자체가 불변한 것으로 머문다. 그리고 대상이 크기와 대상으로 처할 수 있는 가능한 모든 가치들이 미리 대상과 맥락과의 관계들의 형식으로 울타리 쳐있기 때문에 대상이 되는 것이다."(*pp*.347).

그러나 이런 체계나 지평을 우리 정신이 만들어낸 상상적 분절들로 이해해서는 안 된다. 만일 이것이 의식 주관이 사물을 인식하기 위해 창안한 심적인 형식적 범주로 생각된다면, 인식의 객관성은 인식 주관에 회귀되어 주관적 범주의 보편성으로 대체되고, 세계는 우리의 정신 구조가 밖으로 투사된 관념들의 틀에 지나지 않게 될 것이다. 그렇게 되면 우리는 우리 모두가 공통적으로 만들어 놓은 환영 속에서 살게 될 것이고 필연적으로 우리 모두에게 한결같은 이런 구조들을 우리 모두에게 내재시켜놓았을 절대적인 존재자를 가정할 수밖에 없을 것이다.123) 어찌되었든 이 세상 모든 것을 환영으로 만들어 버리고 그것을 이처럼 정당화함으로써 의심에서 벗어나게 할 데카르트적 '의식'이 이번 우리의 응시의 시험에서 더 이상 작용하지 않는 이상, 책상의 감각 성질들을 항구적으로 고정시키는 것은 바로 익명적 신체─주체인 것이다. 그것은 이러한 추상적인 체계를 품고 지각과 동시에 그런 범주를 투사하는 일 따위는 하지 않는다. 현상학적 신체는 신체들의 운동에 의해서 추상적 체계들을 형성하고 다시 그것을 신체가 습득하는 형식으로 존재하기 때문이다.

예를 들어, 우리의 응시의 운동이 책상을 한 눈에 둘러쌀 수 없다면 그것은 큰 것이며, 반대로 그것을 여유 있게 둘러싼다면 작은 것이다.124) 마찬가지로 직사각형의 모난 형태는 우리의 시선이 눈을 긴장시키는 직선과 눈을 찌르는 듯한 날카로운 모서리를 따라가는 식으로

---

123) *pp*.412 참조.
124) *pp*.350 참조.

우리 눈의 상황 속에서 양식화된 범주이다. 색깔이 우리 신체에 끼치는 영향은 다른 경우보다 비교적 많이 연구되어 있는데, 붉은 색과 노란 색과 같은 장파장의 경우는 응시하는 우리의 눈을 밖으로 잡아끄는 외전작용(abduction)을 일으키고, 단파장인 푸른색과 녹색은 우리의 신체 쪽으로 잡아끄는 내전작용(adduction)을 일으키는데, 반면 책상의 갈색은 우리의 눈을 안심시키는 색깔 체계의 중간 자리를 점하게 된다. 각각의 신체의 고유운동성을 통해서 색깔 체계와 신체와의 관계를 우리가 학습하게 될 때, 우리는 책상의 색깔이 갈색임을 인지하게 되는 것이다.125) 그러나 이와 같은 크기와 형태, 색깔은 그것과 우리 사이의 특정한 거리, 그것을 바라보는 특정한 각도, 그것을 바라볼 때의 특정한 빛의 영향에 따라 우연적으로 나타난 것에 불과한데, 이러한 상황적 조건들이 변하면 책상의 크기나 형태, 색깔은 각각 다르게 나타나게 되기 때문이다. 우리는 주변적인 상황의 변수를 신체적으로 감수하는데, 이를테면 대상의 외관의 변이는 크기, 형태, 색깔과 같은 규범 주위에서 진동하는 신체의 긴장인 것이다. "나와의 관계에 의해 대상이 비스듬하게 질서 지어지는 것은 나에 대한 대상의 영향들의 불평등한 재분배로서, 비평형으로서, 시험되는 것이다."(*pp.*349).126)

이러한 외관의 가변성에도 불구하고 우리는 그것이 동일한 책상이라는 사실을 의심하지 않는데, 어떤 제스처를 취하고 있든 그것이 나의 신체라는 것을 의심하지 않듯이 말이다. 책상의 항구성은 이를테면, 우리가 자발적으로 망막의 두께를 통해서 사물과 우리와의 거리에

---

125) *pp.*242~244 참조.
126) 역설적으로 신체적 통합이 제대로 이루어지지 않는 예외적 사례를 통해서 이와 같은 사실을 확인해볼 수 있는데, 이를 테면, 나의 응시가 구체적 사물이 아니라 허공에 고정될 때, 내게서 가까운 사물들이 이중적인 이미지를 가지게 되는 복시(binoculaire) 현상이 그러하다. 대상의 통일적 지각, 즉 대상의 인식은 내가 그런 대상의 표면에 나의 응시를 정박했을 때야 가능한 일이다(*pp.*266 참조).

반응하고, 시선의 방향을 통해서 사물을 바라보는 각도에 반응하고, 봄 전체를 지배하는 조명에 반응하는 신체적 긴장을 총체적으로 접수하는 신체 도식을 통해서 가능하다. "공동작용적 전체로서의 신체의 통일과 동일성", 즉 "현상학적 신체의 총체성"(*pp*.366)이 바로 책상의 지각을 가능하게 했던 것이다. 그런 의미에서 우리는 분명히 경험주의자들이 말하는 소위 즉자적인 사물이나 지각자와 별도로 사물에 내재하는 고유한 감각 성질은 존재하지 않는다고 말할 수 있겠다. 일찍이 버클리(**Berkely**)가 말한 것처럼, 사물은 그것을 지각하는 사람과 결코 분리될 수 없으며, 사물의 분절은 우리 실존의 분절 자체가 되고 있다.127) 여기서 더 나아가 메를로-뽕띠는 지각자의 신체성을 강조했을 뿐이다.

그러나 이러한 우리 신체와 사물 사이의 분절을 가능하게 하는 공통분모는 사물이나 우리의 실존을 표현하려는 요구와 더불어 기호로 확정되기 마련이다. 분석적 응시를 통해서 우리가 분리해낸 크기, 형태, 색깔은 그런 기호학적 체계들 가운데 하나에 불과한데, "감각소여들의 전개는 그 자체 가르쳐질 언어로서 있으며, 거기서 의미작용은 기호들의 구조 자체에 의해 비밀화 될 것이다. 그런 연유로, 사람들은 말 그대로 우리들의 감각들이 사물들을 묻고 사물들은 감각들에 응답한다고 말할 수 있다."(*pp*.369). 데카르트가 그러했듯이, 책상은 그것을 기호학적으로 지각하는 나로 인해 '확실히' 존재하게 될 것이다.

그러나 나의 시각장 안에 나타나는 것은 나로 인하여 이름을 가지게 되는 책상의 넉넉한 크기, 네모난 형태, 갈색의 색깔만이 아니다. 메를로-뽕띠가 말하길, "나는 대상을 볼 때, 내가 실제적으로 보는 것 너머에 다른 존재가 이미 있다는 것을 시험하게 된다."(*pp*.250). 그러나 여기서 '이미'라는 것은 물리적 시간의 '선(先)'을 의미하지 않는다. 물

---

127) *pp*.370 참조.

론 이미 있다는 것은 내가 보기 전부터 있었음을 의미하지만, 그것 역시 내가 그것을 봄으로써 깨닫게 되는 일이다. 그러므로 '이미 있는 다른 존재'란 어떤 비정립적인 외관을 의미하는 것으로 이해해야 한다. 우리가 언어로 고정할 수 없는 한에서, 그것은 금방 대기 중으로 날아가 버릴 환영과 같은 비존재인데, 그런 의미에서 그것은 지각자인 우리가 그 이름을 부르기 전에는 존재하지 않는 것이나 다름이 없다. 그럼에도 불구하고 메를로-뽕띠가 말하듯이, 우리의 봄에 그것이 존재한다면, 그것은 '이미' 존재하고 있는 것이다. 버클리는 이와 같이 이미 존재하고 있는 '다른 것'을 무시했다. 그는 지각자인 우리가 언어를 통해서 보는 만큼만 존재하는 낯익은 사물을 확인했을 뿐이다. 그에게 감각 성질들은 그런 사물을 구성해내는 낯익은 계기들이었고, 메를로-뽕띠는 이런 소박한 확신에 의문을 제기한 것이다. 버클리의 테마는 우리와 쉽게 화해하는 낯익은 사물의 현전을 설명할 수 있었지만, 사물에 비인간적인 것으로 감추어져 있는 것을 설명하지 못했다.128) 우리의 봄에는 분명히 언표적 존재뿐만 아니라 그것을 둘러싸고 있는 언표되지 않은 존재가 있는데, 그것은 우리가 크기나 형태나 색깔과 같은 척도를 통해 고정시키려 하자마자, 그 체계의 망에서 빠져나가는 그런 존재들이다. 그리하여 우리의 봄에 다른 것이 '언제나 이미' 존재하는 한에서, 책상의 지각은 본질적으로 결정될 수 없다.129)

---

128) *pp.*372 참조.
129) 언어로 표현할 수 없지만, 그처럼 이미 존재하는 타자나 지평은, IV장: 말과 사물의 키아즘에서 '말에 얽혀 있는 사물'로 칭해질 것이다. 즉 사물은 말에 의해 지시되지만, 근본적으로 사물은 말에 의해 포착될 수 없기 때문에, 말과 함께 얽혀 있을 수밖에 없다. 말이 사물을 지시할 수 없다는 '불가능성'은 무지의 심연으로 작용할 것이다. 즉 말이 의식적 실천을 동반하는 반면, 말과 얽혀 있는 사물은 (말하자면) 전의식적이거나 무의식적인 실천을 유발한다고 말할 수 있겠다.

"그러나 사물은 우리를 무시하고 사물은 자기에 의존한다. 만일 우리가 우리의 점령들을 미해결로 두고 사물에 형이상학적이고 무관심적 관심을 지닌다면 사물을 보게 될 것이다. 그리하여 사물은 적대적이며 낯설고, 우리에게 더 이상 대화자가 아니라 굳건하게 침묵하는 타자, 낯선 의식의 친밀함과 같이 내게서 도망치는 익명적 자아(un soi)이다."(*pp.*372).

다른 것은 우리의 일상적이고 익숙한 응시에서는 잘 드러나지 않는다. 그러나 아무리 익숙한 대상이라 하더라도 당장 우리가 빛 한줄기 없는 깜깜한 밤에 마주하게 된다면, 그처럼 분명하게 분절된 대상들은 폐지되고, 우리의 더듬거리는 손에 잡혀지는 무언의 대상들은 전적으로 낯선 존재들로 다시 태어날 것이다.[130] 데카르트는 반성을 빛으로 비유하면서 반성 없는 어둠 속에 있는 몽자나 광인의 경험을 자신의 성찰에서 배제시키는 반면, 메를로-뽕띠는 반대로 이처럼 어둠 속에 있는 몽자, 광인뿐만 아니라 원시인이나 예술가들을 자신의 성찰에 적극적으로 끌어들이고 있음을 기억하자. 빛은 그 자체가 보여 지지 않지만 자기와 다른 것을 보게 해주는 미덕을 가지고 있다. 마찬가지로 반성은 반성하는 자기를 보는 것이 아니라 반성되지 않은 것을 반성하는데 그 가치가 있다.[131] 메를로-뽕띠가 반성하려고 했던 그들의 경험은 어둡지만, 반성의 빛에 의해 애매하나마 그 의미를 드러낼 수 있었다. 그러나 그렇게 드러난 의미는 물리학적 법칙이 제시하는 것과 같은 명시적인 의미가 아니라 언제나 비의미와 함께 하는 애매한 것이었다.

그러나 메를로-뽕띠가 이처럼 낯선 것에 반성의 빛을 비추는 이유는 그것이 바로 우리들 자신이기 때문일 것이다. 소위 우리가 내세우는 객관적 사유의 세계라는 것은 비반성적인 것에서 자양분을 공급받

---

130) *pp.*328 참조.
131) *pp.*357 참조.

고 비반성적인 의식의 삶의 명시화로서 제공되는 셈이다.132) 파롤은 무언의 심연을 동반하게 마련이다. 빛이 필연적으로 그것이 동반하는 그림자를 통해서 드러나게 되듯이, 의미는 비의미를 통해서 비로소 의미가 되며 나는 타자를 통해서 비로소 내가 된다. 소리와 침묵, 의미와 비의미, 나와 타자는 서로 분리될 수 없는 한 몸이었던 것이다. "실제적인 것은 매 순간 다른 것과 분리될 수 없을 뿐만 아니라, 일종의 다른 것과 동질적인 그런 환경에 있다."(pp.373). 그래서 메를로-뽕띠는 의미를 둘러싸는 비의미, 소리를 둘러싸는 침묵, 나를 둘러싸는 타자를 "사물의 견고한 덩어리 속에 가능한 터진 틈"(pp.376)으로 말했다. 이 터진 틈이 그 전체 윤곽을 해체시키기 전까지 사물은 일정 형태를 유지하게 되고 그것이 바로 우리가 응시를 통해서 획득하게 되는 사물의 항구성인 것이다. 사실 감각을 가진다는 것은 이처럼 어떤 일반적인 몽타쥬를 소유하는 것과 같은데, 즉 우리가 시각적으로 주어진 모든 성좌를 가정할 수 있는 가능한 시각적인 관계들의 유형을 소유하는 것이다.133)

결국 메를로-뽕띠에게서 반성한다는 것은 이처럼 세계를 유형화하는(mettre en forme) 어떤 방식(manière)을 발견하는 일이었다.134) 우리는 사물이 단지 가능한 그것의 응결들 가운데 하나일 뿐인 근본적인 구조들을 지니고 있는데, 이러한 구조는 그것이 비추는 전체적 윤곽을 통해 응시의 항구성을 보장해주는 동시에 의미를 둘러싸는 비의미를 거주시키는 이중적 역할을 수행한다. 구조는 그야말로 적대적인 대립자를 한 자리에 화해시킬 수 있는 의사소통적 매듭을 가지고 있는 셈인데, 메를로-뽕띠는 이처럼 의미와 비의미를 한꺼번에 가지고 있는 구조의 놀라운 포용력을 현상학적인 표현을 통해서 "총체적 지

---

132) pp.334 참조.
133) pp.377 참조.
134) pp. x iii 참조.

향(intention total)"이라고 불렸다(*pp.* x ⅲ).

사물이 이러한 구조가 허용하는 응결들 가운데 하나인 한에서, 우리는 사물을 응시함으로써 그러한 사물을 둘러싸고 있는 구조 속으로 들어가게 될 것이다. 동시에 우리는 사물이 구조의 본질로서 자신 안에 가지고 있는 심연을 함께 겪지 않을 수 없을 것이다. 이런 심연은 사물의 의미를 비결정적으로 만들지만 항상 그 이상의 의미에 향하게 하는 지향성의 근원이기도 하다. 이러한 총체적 지향성을 통해서 우리는 항구적으로 결정된 감각 소여들을 넘어서 그 이상으로 존재하는 이상적 통일체로서의 사물의 이념을 가정할 수 있었던 것이다. "열려진 것으로서 현전하는 것, 열려진 결정된 표명들을 넘어 우리를 보내는 것, 언제나 보아야 할 다른 사물을 우리에게 약속하는 것은 사물과 세계에 본질적인 것이다."(*pp.*384). 그렇기 때문에 세계는 이와 같은 구조가 '전체적으로' 구현되어 있는 이념형이다. 그것은 우리 봄에 두드러지게 나와 있는 책상의 형태를 감싸면서 모든 의미에 개방되어 있는 무한한 통일로서 배경처럼 물러서 있는데, 이런 배경들의 비옥함 속에서 사물은 그 의미의 자양분을 공급받았던 셈이다. 의미가 비의미로 인하여 의미로 응결되듯이, 형태가 배경으로 인하여 형태로 부조되듯이, 사물은 세계로 인하여 사물이 될 수 있는 것이다. 그리하여 우리가 이제까지 언급한 사물이 형태라면, 사물의 비의미가 속해 있는 침묵하는 배경은 바로 세계였다.

우리는 이미 단 한 번의 책상의 응시로 하나의 공간을 확립시킨 바 있다. 즉 책상을 응시함으로써 생겨난 신체적 공간이 이른바 세계인 셈인데, 우리가 그 옆의 다른 사물들을 응시한다 해도 그것은 교체되는 것이 아니라 수정되면서 계속적으로 존재하게 된다. "세계는 아직 미지의, 그러나 비난할 수 없는 현전으로서 아이의 첫 번째 지각의 경계에 속해 있으며, 그 다음에 인식이 결정하고 채울 그런 것이다."(*pp.*378). 사실, 내가 사물을 응시한다는 것은 신체가 그것을 상이한 관점에서 응시한다는 것을 전제로 한 것이다. 지각하는 신체가 상이한 관점들을 취할 수 있는 장소 없이는 상이한 관점을 동반한 응시라는 것도 생각할 수 없는데, 그렇게 우리는 사물의 응시를 통해서 자연스럽게 상이한 관점을 수용할 수 있는 무한한 시각장을 가정할 수밖에 없다.135) 이는 물론 신체가 가정한 것이다. 세계는 사물이 그러했듯이, 공동작용적인 전체로서 신체의 통일과 동일성에 토대지어 있는데, 신체의 '전체' 행동이 어떤 전형적 스타일로 상수화 되면서 세계가 확립된다. 이런 전형의 대표적 모델이 바로 자연적 세계이다. 표현적 의미를 획득하는 신체의 고유운동적 스타일이 상수화 되면서 문화적 세계를 발현시키는데 반해서 그런 의미를 획득하지 않은 신체의 고유운동성은 상수화 되면서 자연 세계를 발현시킨다. "자연적 세계는 모든 지평들 중의 지평이며, 모든 스타일 중의 스타일이며, 그것은 나의 경험들에 주어진 통일을 보증하며 우리가 신체의 정의를 발견했던 감각적인 나의 기능들의 선-인칭적인 실존이기도 하다."(*pp*.381).

메를로-뽕띠는 고유운동적 신체와 상관적으로 이와 같은 세계가 정립되는 과정을 후설을 따라 봄의 "지평적 종합"(*pp*.381)으로 기술했다. 지향성에 의해서, 실제의 봄은 나의 시각장이 나에게 실제로 제공해준 것에 한정되어 있지 않은데, 나의 신체가 지속적으로 존재하는 한에서, 내 시각장에 들어왔다 사라지는 다양한 사물들은 서로 연결되어 지속적 통일을 이루게 된다. 내가 책상을 응시함과 동시에, 이 방 옆에 또 다른 방이 있고, 나의 집이 있는 언덕 뒤에 또 다른 풍경이 있음을 알게 되는 것은 경험주의자들이 얘기하듯, 과거를 표상함으로써 일어나는 것이 아니다. "모든 풍경들은 이미 일치하는 연계 속에 거기에 있고 풍경들의 전망들로 열려진 무한성 속에 거기에 있다."(*pp*.380). 우리의 지각장은 자신의 주변을 함께 현전시키는데, 그것이 이렇게 그 너머에까지 연장

---

135) *pp*.380 참조.

되는 다른 모든 풍경들과 공존함으로써 세계를 형성시키는 것이다. 예를 들자면, 우리 눈앞의 봄은 결코 결정적일 수 없는, 우리의 방 너머의 숨겨진 풍경의 모양을 우리에게 알려줄 수 있다. 우리 집 아래에는 아마도 또 다른 집들이 있을 것이고, 그러한 지평 너머에 큰 길이 있을 것이며, 다시 그 너머에 빌딩이 군집해 있는 시내가 있을 것이며 그 너머에는 큰 강이 있을 것이다. 이러한 지평적 종합이 내가 여기서 책상을 응시하면서 정립시키는 세계인 것이다. 그러나 우리가 이 방에서 지각하게 되는 이러한 세계는 어떤 일반적 사물들에 지나지 않으며, 그렇게 멀리 떨어져 있음으로써 우리는 세계의 추상적인 스타일만을 소유할 수 있을 뿐이다.

세계를 관통하는 추상적인 스타일이 허용하는 총체적 지향성 덕분에 우리가 갖게 되는 세계에 대한 믿음은 무한히 완성되는 지평적 종합을 가정해서 형성된 것이다. 그러나 이렇게 형성된 세계는 우리의 또 다른 응시가 야기 시키는 다른 전망들과의 또 다른 지평적 종합을 통해서 수정될 수 있다. 이는 명백히 역설인데[136], 첫 번째 세계는 다른 전망들에 의해 다시 종합될 수 있는 한에서, 결코 무한히 완성된 세계가 아니며, 마찬가지로 두 번째 세계도 여전히 또 다른 전망에 의해서 다시 종합될 여지가 여전히 남아 있는 한에서, 결코 무한히 완성된 세계가 아닌 것이다. 데카르트가 그렇게 의심했듯이, 최악의 경우, 나의 새로운 응시의 수정을 통해 이전에 확실하다고 믿었던 세계는 한낱 환영으로 드러나게 될 수도 있다. 한 순간에 이 세계는 진실했지만, 다른 순간에 이 "세계는 다시 모든 경험들의 모호한 장소가 되면서 세계는 진정한 대상들과 개인적이고 순간적인 환영들을 엉망진창으로 모아놓은 것이 될 것이다."(*pp.*395). 환영은 지각과 분명히 다름에도 불구하고 광인의 경우처럼, 지각을 대신할 수 있는데, 우리의 지각

---

136) *pp.*381 참조.

을 응결시켰던 우리 신체의 동일한 분절적 구조가 바로 환영이나 비의미를 분산시킬 수 있기 때문이다. 봄의 구조 자체가 무한한 가능성을 열어놓음으로써 총체적 완전성과 동시에 수정가능성을 배태하고 있는 셈인데, 이는 이미 구조가 의미와 비의미, 파롤과 침묵, 빛과 그림자와 같이 화해 불가능한 것을 동시에 가지고 있음으로써 야기될 수 있는 모순일 것이다. 세계는 그것이 나중에 환영이 될 여지를 열어놓을 수밖에 없다는 점에서 미완성이지만, 이 순간 내가 현실적인 세계에 속해 있다는 것은 의심의 여지가 없다. 그렇다면 이와 같은 상황에서 메를로-뽕띠의 데카르트적 성찰이 허용할 수 있는 유일한 결론은 그러한 세계가 가능적이든 현실적이든, 실재이든 환영이든 간에, 그것은 확실히 존재한다는 것이다. 이것은 우리가 앞에서 이미 언급했던 사실이기도 하다.

> "지각된 것은 지각의 영원한 가능성에 데려와진다. 가능성과 개연성은 오류에 선결적인 경험을 가정하고 의심의 상황에 상응한다. 일반적으로 지각된 것은 실재이다. 우리는 지각된 것을 단번에 세계로 생각해버린다. 각각의 지각은 그것이 언제나 수많은 환영에 방해받고 지나친다면, 지각을 수정하는 또 다른 지각에 위치를 남겨주기 위해서만 사라질 뿐이다. 각각의 사물은 결국 불확실하게 있는데, 그러나 최소한 사물들이 있다는 것, 말하자면 세계가 있다는 것은 우리에게 확실하다."(*pp*.396).

세계의 현실성과 세계의 미완성 사이에서 발견하게 되는 이와 같은 역설은 편재적 의식과 현전의 장에 참여하는 의식 사이의 역설과 동일한 것이다.137) 앞에서 알뛰세의 이데올로기 분석을 통해서 얻었던 교훈과 마찬가지로, 우리는 "세계의 미완성과 세계의 존재 사이에서, 의식의 참여와 의식의 편재성 사이에, 초월성과 내재성 사이에서 선택

---

137) *pp*.382 참조.

해야 할 것은 없다."(*pp*.383). 그런 양자택일적인 조건 속에서라면 우리 자신도, 사물도, 세계도 어떤 것도 절대적으로 실존할 수 없다. 만일 메를로-뽕띠가 이렇게 모순 자체를 껴안으면서 자신의 성찰에서 애매성을 방임하고 있다면, 그것은 의식이나 존재의 불완전성을 말하기 위해서가 아니라 애매성 자체가 의식이나 실존의 정의 자체이기 때문일 것이다. 그에게서 역설은 아주 오래 전 플라톤에서 부터 그러했듯이, 멈추게 하거나 해결해야할 것이 아니라 지나간 우리의 경험의 조건들에 다시 연결시키면서 겪고 생각해야 하는 것이다.138)

③ 타자의 역설

타자의 존재는 우리가 겪고 마땅히 생각해야 할 전형적인 역설 중 하나이다. 의식의 특징은 대자적으로(pour soi)만 존재한다는 것인데, 나에게 내 자신에 대한 나의 인칭적 응시가 가능한 것과 마찬가지로 타자에게도 그 자신에 대한 그의 인칭적 응시가 가능한 것이다. 그러나 의식은 우리의 시선을 관통해 버리는 투명한 것이기 때문에 우리 '밖'에서 그것이 목격될 수는 없다. 그럼에도 불구하고 데카르트적 성찰이 증명했듯이, 우리는 타자를 응시하면서, 타자의 의식이 존재함을 의심하지 않으며, 타자가 우리와 똑같은 주체로 있음을 의심하지 않는

---

138) *pp*.381 참조, "사람들은 아마도 모순은 철학의 중심에 놓여질 수 없고, 우리의 모든 기술들은 마침내 사유할 수 없어서 아무 것도 말하길 원하지 않는다고 말할지 모른다. 우리가 현상의 이름으로 혹은 현상학적 장의 이름으로 전-논리적이거나 마술적인 경험들의 기반을 재발견하게 이르게 한다면, 그 때만 반대는 타당하다.... 그런 기술들은 우리에게 객관적 사유보다 더 근본적인 반성을 정의하는 기회여야 한다."(*pp*.419). 플라톤은 *Parmenides* 편에서 결국 해결하지 못할 모순을 차례로 소개함으로서, 이런 모순을 겪고 생각하는 철학적 정신을 강조했다. 키에르케고어는 우리의 사유는 필연적으로 이러한 역설에 부딪히게 되지만, 오성을 통해서는 결코 해결할 수 없다고 말한다. 모순이야말로 우리 실존의 본성인 것이다(Søren Kierkegaard, *Philosophical fragments*, *pp*.37~48 참조).

다. 나는 타자를 그렇게 응시할 수 있고, 마찬가지로 타자도 나를 그렇게 응시할 수 있다. 이것이 대자성을 넘어서는 타아(alter ego)의 역설인데, 이것을 후설이 처음으로 지적하고 해결하려고 한다는 점에서 그의 상호주관성의 가치가 있을 것이다. 그러나 이러한 대타성(Pour Autrui)은 결코 의식의 편에서는 설명되지 않는다. 그리하여 후설에 의해서 이러한 역설에서 벗어나기 위해서 비로소 신체성이 언급되기에 이른다. 의식은 내적 눈을 통해 안에서만 우리 스스로에게 보여 지는 반면, 신체는 안에서는 의식으로 느껴지는 동시에 밖에서는 유형적 신체로 남에게 보여 질 수 있다. 대자성과 대타성을 함께 만족시킬 수 있는 것은 신체뿐이다. "우리가 서로에 대해 있다면, 우리는 서로에게 나타나야 하며, 밖을 가지고 있고 가졌어야 하며, 대자의 퍼스펙티브—나에 대한 나의 보기와 타자 자신에 대한 타자의 보기—외에도 대타의 퍼스펙티브—타자에 대한 나의 보기와 나에 대한 타자의 보기—를 가져야 한다."(*pp*. vi ~ vii).

그러나 정작 문제는 이러한 보기들이 서로 일치하지 않는다는 데 있다. 동일한 것에 향해 있음에도 불구하고 내가 보는 내 자신과 타자가 보는 내 자신은 다르며 타자가 보는 타자 자신과 내가 보는 타자는 다르다. 결국 신체를 끌어들여 대타성을 해결하면서 우리는 인식의 불확실성이라는 혹독한 대가(對價)를 치러야 한다. 보는 자에 따라 보기가 달라지는 퍼스펙티비즘에 의하여 "타자가 보는 것은 내가 아니며, 내가 보는 것은 타자가 아니다."(*pp*. vii). 나와 타자의 시선은 운명적으로 겹쳐지지 않고 빗나가게 되어 있다. 그리하여 우리가 타자를 응시하게 될 때, 우리가 보는 타자가 불투명한 신체로 되어 있는 한에서, 우리는 결코 타자를 응시할 수 없다. 이는 또 다른 역설을 야기시킨다. 우리가 타자를 인정하면서 타자의 역설을 해결했다고 생각하는 순간, 나는 그러한 타자를 부정해야하는 또 다른 역설 속에 빠져버리는 것이다.

그러나 메를로-뽕띠에게 이는 전혀 실망스러운 일이 아니다. 만일 우리가 타자를 완전히 이해해서 더 이해할 것이 없다면, 그것은 결코 타자가 아니기 때문이다. 우리의 응시가 불투명하기 때문에 타자는 언제나 나에 의해 공존되는 동시에 부정되는 것이다. 이러한 "나와 타자의 투쟁은 우리가 타자를 생각하려 할 때 시작되는 것이 아니라 사유를 비정립적인 의식에 재통합시키게 될 때, 비반성적인 삶에 통합시키게 될 때, 사라지지 않는다. 내가 타자를 겪으려고 노력하기만 한다면, 그것은 이미 거기에 있는 것이다."(pp.409). 메를로-뽕띠에 의하면 진정한 반성은 "비반성적인 것에 대해 열려진 반성이며 비반성적인 것의 반성적인 취함이다." "그것은 그것의 실존이 내 삶의 지평에 선언되지 않은 타자를 향한 나의 경험의 긴장"인 것이다.(pp.413). 그렇다면 우리의 반성은 필연적으로 타자를 부정할 수밖에 없는 역설을 겪을 수밖에 없는데, 사실 역설은 우리의 반성 이전에 존재하는 것이 아니라 우리의 반성으로 인하여 비로소 존재하게 된다고 말할 수 있겠다. 우리의 반성은 역설을 존재하게 만드는 것이지 결코 역설을 해결하는 일이 아닌 것이다.139)

후설 역시 선험적 의식의 구성이라는 기제를 창안하여 타아의 역설을 해결하려 했지만, 그것은 역설의 해결이 아니라 새로운 역설을 작동시키는 것에 불과했다. 만일 그의 말대로 타자의 존재가 나에게 달

---

139) 메를로-뽕띠의 성찰을 진행시키면서, 우리는 많은 역설을 접해 왔다. 배움(인식)의 역설, 순간(시간)의 역설, 주체의 역설, 세계의 역설, 그리고 타자의 역설. 그 때마다 그는 이런 역설을 해결했다기보다는 어떻게 해서 논리가 이렇게 엉키게 되는지를 드러내 주는 역설의 소개에만 그쳤다. 이는 플라톤이 파르메니데스 편에서 보여준 태도와 일치하지만, 키에르케고어처럼 이런 역설을 통해 인간의 한계를 자각하게 하고 신에로 나아가는 계기로 다룬 것은 아니었다. 메를로-뽕띠는 자신의 종교를 가지고 있었고 신과 종교에 대한 글을 쓰기도 했지만, 유신론적 실존주의자들처럼 주장하지는 않았다. 신은 주체나 세계의 역설처럼 역설로서 우리가 겪고 반성해야 할 것으로 있지 초월적인 존재자로 있는 것이 아니다.

려 있다면, 그것은 타자가 아니라 또 하나의 다른 나에 지나지 않을 것인데, 그것이 내가 구성한 것으로 판명된 이상, 애초에 세계에 타자란 존재하지도 않았다는 얘기가 되기 때문이다. 결국 후설은 나에게서와 마찬가지로 타자에게서 불투명한 신체성을 애써 무시하면서 "외부 없는 타자"(*pp*.402)를 자아로 만들어 버렸다. 그렇게 되면 그에게서 자아이건 타아이건 그것들은 실존의 문제이기보다는 차라리 타당성의 문제로 변질되면서 타아는 명목상 자아의 변종으로 무화되고 말 것이다. 이 경우, 내가 내 자신을 이해한다고 자부하는 한, 내가 타자를 이해하지 못할 이유는 없는 셈이다.[140]

이런 식의 해결은 또 다른 역설을 부르게 되어 있다. "익명의 베일 아래 타자와 가까운 현전성을 시험"하는 문화적 대상의 경우, 우리는 후설 식으로 말해서, '움푹 들어간 구덩이'처럼 존재하는 다른 사람들의 행동의 의미는 나의 내부의 경험에 의해 알 수 있다고 말할 수 있을 것이다. 그러나 "어떻게 1인칭인 Je라는 단어가 복수로 놓여지며, Je의 일반적인 이념을 형성시킬 수 있으며, 내가 나의 Je와 다른 또 다른 Je를 말할 수 있으며, 나는 또 다른 Je가 있다고 알 수 있으며, 원칙적으로 그리고 그 자체의 인식에 의해서 Je의 양식 속에 있는 의식이 2인칭인 Toi의 양식 속에서, 그리하여 익명적인 On의 세계 속에 포착될 수 있는가?" 문화적 대상이 가지고 있는 "인간적 행위의 표시"는 "모래 위의 발자국"이나 "최근에 비운 집"처럼 애매하게 있지만 이미 현전하는 것이다. 그런 유적들이나 풍경들에서는 객관 정신이 살고 있다. 원칙적으로 그런 행위나 사유가 인칭적 주체와 분리될 수 없는 1인칭적 작용임에도 불구하고, "어떻게 그것이 인칭적 주체로부터 떼내어져서 주체의 외부에, 그것의 신체 속에, 그런 주체가 구성되는 환경 속에 가시적으로 될 수 있는지를 아는" 문제가 새롭게 제기되어

---

140) *pp*.ⅵ 참조.

야 하기 때문이다. 메를로-뽕띠는 타자의 경험이 나에 의해서, 나의 경험이 타자에 의해서 취해지는 타자와 나 사이의 인칭적 전이를 "객관적 사유의 역설"이라고 불렀다(*pp*.400~401).

이제 우리가 이러한 역설의 순환에서 벗어나고자 한다면, 우리는 우선 그것이 왜 역설이 되는지를 확인해야 한다. 파리통에 빠진 파리는 거기서 벗어나는 다른 출구를 찾으려다가 더 깊이 빠지게 되지만, 자기가 들어온 길을 발견하기만 한다면 간단히 거기서 빠져나올 수 있다. 역설은 우리로 하여금 거기서 빠져나올 수 있는 반성의 출구를 찾도록 촉구하지만, 역설에서 벗어나게 하는 "더 근본적인 반성과 더 근본적인 로고스"(*pp*.419)는 그야말로 역설에 이르게 된 경위인 것이다. 그것이 메를로-뽕띠가 수많은 역설을 제시해놓기만 하고 해결하려고 들지 않는 이유이다. "만일 인정된 모순이 의식의 바로 그 조건으로서 나타나게 된다면, 모순의 비난은 심각한 것이 아니라고 나는 말하고자 한다."(*Prp*.19). 그러나 그는 이런 질문을 제기함으로써 이미 응답을 한 셈인데, 이런 물음자체야말로 진정한 현상학적 반성이기 때문이다.141) 이제 우리는 데카르트적 성찰을 반복적으로 실행함으로써 그것이 빠지게 되는 타자의 역설을 고스란히 겪을 수밖에 없을 것 같다. 그러나 역설을 해결하려고 노력하는 것이 아니라 역설에 빠지게 되는 과정을 섬세하게 따라가는 것, 역설을 받아들이는 것, 바로 그 심연 속에서 우리는 어느덧 역설에서 벗어나 있게 될 것이다.

두 번째 시험 3): **나는** 창 밖에서 모자를 쓰고 외투를 입고 걸어
가는 타자를 **응시한다.**

무심결에 창밖을 통해서, 나는 모자와 외투를 입고 걸어가는 낯선 사람을 본다. 그 사람의 얼굴은 보이지 않았지만, 나는 그가 사람이라

---

141) *pp*.404, *Prp*.19 참조.

는 것을 의심하지 않는다. 그러나 데카르트적 시험을 작동시켜서 밖의 타자를 뚫어져라 응시하게 되면, 문득, 내가 그렇게 생각했던 것이 의심스러워지기 시작한다. 내가 보고 있는 것은 나처럼 이렇게 사유하고 의심하는 의식을 가진 사람이 아니라 단순히 움직이고 있는 '외투'와 '모자'에 지나지 않았던 것이다. 어쩌면 그것은, 데카르트가 말했듯이, 그런 외관을 한 인조인간이나 환영인지도 모르지 않는가? 그리하여 확실성을 담보하기 위해 기획된 데카르트의 시험을 통해 확실성은커녕 오히려 "나는 자기의 현실성 속에서 내게서 도망치는 의식의 흔적만을"(*pp.*404) 얻게 되었던 것이다. '그것'이 바로 나에게 타자였다. 그것은 차라리 나에 의해 규정되고 판단되기를 거부하는 비결정성의 결정인 셈이다.

그러나 의심스럽다고 해서 그것이 존재하지 않는 것은 아니다. 나는 응시의 시험을 통해서 분명히 타자를 목격했는데, 타자의 부재가 아니라 사라지는 타자의 실존을 목격했던 것이다. 비록 그것이 환영이라고 하더라도 모자와 외투와 같은 물질적 장치가 존재하는 한, 나는 낯선 실존을 실제적으로 만들 수 있었던 것이다. 애초부터 내가 사람이라고 판단하게 만든 것, 즉 타자의 실존을 운반하고 있는 것은 바로 이러한 신체성이다. 현상학적 신체는 생생한 타자의 응시를 가능하게 하는 결정적 계기이다. 그러나 우리는 신체의 역할을 나의 의식을 불러일으키는 유인적 계기로 한정해서는 안 되는데, 그런 의미에서 후설이 구사했던 유추 이론은 설명해야 할 것을 미리 전제하는 우를 범하고 있다.142) 모자와 외투의 지각은 그것과 무관하게 존재했던 나의 의식을 유인하여 타자의 의식으로 둔갑시킨 것이 아니다. 오히려 그러한 지각이 이전에는 존재하지 않았던 의식을 비로소 존재하게 만들었다고 말해야 한다. 이렇게 해서 불러일으켜진 의식은 결코 내 고유의 의식이

---

142) *pp.*404 참조.

아니다. 후설의 말대로 타자의 의식이 내가 구성한 것이라면 어떻게 내게서 도망칠 수 있으며, 그것이 나의 의식이라면, 왜 나는 그것을 타자의 의식이라고 부르겠는가? 설사 그것이 본질적으로 나의 의식의 변종이라고 하더라도, 어떻게 그것이 1인칭에서 다른 인칭으로 변할 수 있는지를 알아야 하지 않겠는가?

이러한 반성의 과제를 앞에 두고서 우리가 확실하게 가지고 있는 것은 다만 모자와 외투와 같은 유사신체일 뿐이다. "방법론적인 타자 인식 속에서 안내적인 실마리를 제공할 수 있는 것"(*pp*.405)은 이것뿐이다. 그러므로 그러한 신체가 내게서 어떤 의식(타자의 의식)을 불러일으킨다면, '어떻게 신체가' 그럴 수 있는지를 밝혀야 한다. 물론 이러한 과정을 단계적으로 추론하기 위해서 후설이 말하고 있듯이, 내가 내 신체도식을 통해서 느끼고 있는 인칭적 의식을 외투와 모자를 계기로 전이(轉移)시킨 것에 지나지 않는다고 말할 수도 있다. 실제로 내가 모자와 외투를 보거나 입어 본 적이 없다면, 그것을 통해서 타자를 추론할 수 없었을 것이기 때문이다. 그러나 그와 유사한 나의 경험을 통해 타자의 흔적에서 그 존재를 추론하게 된다 하더라도, 이러한 비교 과정은 의식의 투사가 아니라 신체적 전이어야 한다. 타자를 응시하는 것이 의식적인 과정이었다면 애초부터 나는 그것을 나의 의식이라고 하지 타자라고 하지 않았을 것이기 때문이다. 최대한 양보해서, 타자의 기원이 나의 의식에 있다고 해도, 이런 의식의 전이과정은 익명적이어야 한다. 이미 있는 것은 나의 고유 신체나 모자나 외투와 같은 신체들이지 인칭적 의식이 아니기 때문이다.

무의식적 모방의 행위가 이러한 전이 과정을 잘 보여 준다. 예를 들어 내가 아기의 손가락을 무는 흉내를 낼 경우, 그 아기는 자기가 무는 것처럼 입을 벌리는데, 이런 사건은 동시적으로 일어나기 때문에 유추 이론에서 말하고 있는 것처럼, 아기는 나의 무는 행위를 자기가 무는 것으로 착각했다고 말할 수는 없다. 차라리 우리는 각각의 다른

138

두 신체 사이에서 일어나는 이런 행위의 상관성을 추적해 보아야 한다. 즉 '깨물려고 하는' 나의 의도와 '입을 벌리는' 아기의 행위와 '깨무는' 나의 행위와 같이 서로 다른 신체들 사이에는 '깨물려는 의도를 가지고 입을 벌려서 깨문다'는 정확한 상관성이 있는데, 특히 아이의 입벌림과 나의 무는 시늉 사이에는 '입을 벌려서 문다'는 행위의 정확한 상관성이 성립된다. 모방 행위에서 이러한 상관성은 각각의 신체에서 따로 추적되는 것이 아니라 두 신체가 함께 통합된 하나의 전체 속에서 추적된다. 말하자면 내가 아기 손가락을 살짝 깨무는 행위는 아기의 손가락에 약간의 압력을 주게 되는데, 이러한 압력을 통해 그와 상관적인 '손가락을 깨무는' 나의 의도가 아기에게 전이되면서 아기의 입이 벌어지게 되는 것이다. "아기는 나의 신체 속에서 자기의 의도를 지각하게 되고 자기의 신체 속에서 나의 의도를 지각한다." 여기서 나의 고유 의도라는 것이 존재하지 않는 것과 마찬가지로 아기의 고유 의도라는 것도 존재하지 않는데, 깨무는 의도는 서로에게 공유된다. 이런 모방 행위야말로 전형적으로 "상호주관적인 의미작용"의 결과인 것이다(*pp*.407~408).143) 물론 나는 아기의 입을 벌리는 행동을 통해서 아기가 깨물려는 의도를 가지고 있다고 말할 수는 있다. 그러나 이

---

143) 타자의 지각이나 상호주관성은 자기의식이 성립하고 난 후라야 그것과 대립적으로 생겨난다고 믿었고, 자기의식이나 주체성이 확고하게 있었다면 일어나지 않았을 모방 행위가 주로 어린아이에게서 일어나기 때문에, 피아제(Piaget)는 타자의 지각과 상호주관적인 세계가 성인에게만 존재한다고 말했다. 이를테면 어린아이는 12살이 되어서야 비로소 코기토를 가질 수 있다는 것이다. 그러나 '야만적 사유'를 하던 아이가 일정 나이에 이르러서 갑자기 상호주관적인 세계를 가지게 된다는 식의 얘기는 부조리한 것이다. 아이는 12살이 되기 이전부터, 일찍부터 타자를 있는 그대로 잘 받아들인다. 아이는 꿈을 믿으며, 원시인들의 '야만적 사유'를 믿는다. 이러한 아이의 천진한 믿음, 모방행위는 타자의 지각이나 상호주관성의 부재가 아니라 오히려 그것의 실천인 것이다(*pp*.407~408 참조). 메를로-뽕띠는 특히 어린아이의 언어 획득의 과정을 통해서 이러한 문제를 천착했는데, 이는 Ⅳ-3에서 자세히 다루게 될 것이다.

러한 아기의 의도 즉, 타자의 의식은 실존하는 것이 아니라 오히려 이런 상관관계에서 추론된 것에 불과하다. 아기에게 실제로 그런 의도를 가지고 있었는지를 물을 수는 없는데, 아기가 그런 의도를 가지고 있지 않았기 때문이 아니라 다만 그것이 무심결에 일어났기 때문이다. 그러므로 현상학적 반성을 하는 우리에게 정말로 중요한 것은 이와 같은 사건을 가능하게 하는 통합된 신체의 내적 체계, 즉 "이런 나의 몸짓과 타자의 몸짓 사이에서, 나의 의도와 나의 몸짓 사이의 상관관계"인 것이다(*pp*.404).

> "나의 의식과 그것을 겪는 나의 신체 사이에서, 그런 현상학적
> 신체와 내가 밖에서 보는 그런 타자의 신체 사이에서 체계의 완수
> 로서 타자를 나타나게 만드는 내적 관계가 실존한다."(*pp*.405).

다시 우리는 타자를 응시하는 시험에 돌아오자. 나는 응시하고 의심하는 의식을 가지고 창밖을 응시하여 내가 지금 입고 있는 옷과 크게 다르지 않은 모자와 외투를 입고 있는 물체를 보고 그것이 나와 같은 의식을 가지고 있는 또 다른 사람임을 깨달았다. 이러한 응시의 과정은 위에서 거론된 모방행위처럼 동시적이고 직관적이다. 결국 우리가 응시의 시험을 통해 얻어낸 타자의 명증성은 내가 내 자신에 대해 투명하지 않다는 사실, 즉 내가 나의 신체와 관계하기 때문에 일어나는 것이다. 나는 신체로 존재한다. 만일 내가 의식으로 존재한다 하더라도 그러한 의식은 신체도식을 통해서만 존재할 수 있다. 데카르트적 성찰이 그러했던 것처럼 내가 나의 시선을 내부로 향하는 신체도식을 통해서 인칭적 의식을 불러일으켰다고 하더라도, 다시 내가 눈을 돌려 창 밖에 있는 저 모자와 외투를 입은 물체를 응시할 때는 이러한 신체도식은 깨어질 수밖에 없다. 대신에 나의 고유의 신체는 응시를 통해서 저기에 있는 모자와 외투와 '함께 조직되어' 새로운 체계를 형성

140

시키게 된다. 모든 체계가 그러하듯이, 체계는 어떤 의미를 응결시킨다. 모자와 외투가 함께 더해진 통합 신체의 구조는 낯선 의식을 불러일으키는데, 이것이 바로 타자의 의식이었던 것이다. 결국 우리가 "신체와 지각된 것들에서 내적 의식의 내재성을 시험"하게 될 때마다 발견하게 되는 이러한 "원초적인 몽타쥬"만이 풀리지 않는 고질적 문제였던 타자의 존재를 해명할 수 있다. 특히 "우리-에 대한-신체, 인간 경험의 신체, 혹은 지각된 신체의 원초적인 현상으로부터 형성"(*pp*.403)되는 이러한 원초적인 몽타쥬는 어떤 도달된 분석적 결정으로 가정되어서는 안 되는, 언어적 정립을 피해서 달아나는 모호한 것이기 때문에, 그 동안 잊혀지거나 무시되었던 것이다. 타자의 의식이 나의 봄에서 도망가는 식으로 존재하게 된 것도 바로 그 때문이다.

이렇게 우리가 창밖의 지각을 통해서 타자를 발견하게 된다면, 그러한 주체를 감싸고 있는 주변의 대상들도 더 이상 나에게만 현전하는 익숙한 것이 아니다. 그것은 미지의 타자, "X에게서 운명지어지기 시작하는 다른 행동에 현전하는"(*pp*.406) 배경적 세계로 나에게서 멀어지는데, 그렇다고 해서 나에게 그러한 세계가 전적으로 낯선 것이라고 말할 수는 없다. 역설적이지만, 타자의 행동은 타자의 것이 아니다. 타자의 행동이 타자의 것이라면, 우리는 결코 타자를 응시하거나 이해할 수 없을 것이기 때문이다. 타자가 그 속으로 미끄러지는 세계는 나의 시선에 대해 열려있는 개방적인 것이다. 그러한 세계는 나의 신체와 타자의 신체와 나와 타자를 둘러싸고 있는 수많은 신체들이 조직된 하나의 체계로서 존재하기 때문에 나의 지각과 타자의 지각 사이에서 공유되고 서로에 의해 능가되는 하나의 세계가 된 것이다. 이러한 개방적인 세계 속에서 나와 타자는 서로 공존하며 배타적이지 않다. 그럼에도 불구하고 그들이 서로 대립적으로 보이는 이유는 "동일한 권리주장들을 가지고 타아가 자아의 모든 변이들을 추구하기 때문이다."(*pp*.409). 그러므로 이러한 타아들로 이루어진 세계는 이 다양한 주장들이 수렴될 수 있는 무한한 가능성의 체계이다.

그러나 이러한 공존과 이해는 자아와 타아의 일치를 의미하지는 않는다. 만일 내가 타자의 얼굴에서 분노를 읽을 수 있다 해도, 내가 느끼는 분노는 타자가 겪는 분노와 같을 수가 없다. 그것은 나의 '내적 경험'에 의한 것이 아니라 "세계내존재의 변이"(*pp.*409)이기 때문에 내가 타자의 상황에 참여한다고 해서, 그러한 상황들이 겹쳐지는 것은 아니다. 사실상, 나와 타자의 고유상황들을 관통하여, 그 속에서 나와 타자가 의사소통하는 공통적인 상황을 잘 구성한다 해도 나와 타자는 주관성의 바탕에서, 각각의 '특이한' 세계를 투사하고 있는 셈이다. 그런 점에서 나와 타자의 투쟁은 언제나 존재했다고 말할 수 있다. 근본적으로 투쟁은 서로를 부정하는 것이지만, 역설적으로 그러기 위해서는 서로의 존재를 인정해야 한다. 나는 타자를 통해서 존재하고 타자는 나를 통해서 존재하게 된다. 동시에 나는 타자를 억압함으로써 존재하려 하고 타자는 나를 억압함으로써 존재하려 한다. "엄밀히 말하면 나는 타자와의 어떤 공통적인 영토를 가지고 있지 않은데, 타자의 세계에 대한 타자의 위치와 나의 세계에 대한 나의 위치는 양자택일을 구성한다. 한 번 타자를 위치시키기만 한다면, 내 위에서 타자의 응시가, 타자의 장 속에 나를 끼워놓으면서, 내게서 내 존재의 일부분을 약탈하기만 한다면, 사람들은 내가 타자와의 관계들을 연결시킴으로써만, 타자에 의해 나를 자유롭게 재인식하게 만들면서만 내 존재를 찾을 수 있을 것임을 잘 이해하게 된다."(*pp.*410). 나와 타자는 이처럼 안과 밖으로 이루어진 한 몸이다. 안과 밖의 끝없는 전이, 나와 타자의 인정과 부정의 끝없는 반복이 우리의 실존인 것이다.

"자아와 타아의 그런 모순과 변증법은 자아와 타아가 그들의 상황에 의해서 정의되기만 한다면 가능하며, 모든 내재성에서 해방되지 않기만 하다면 가능하다. 말하자면 철학이 나에로의 회귀와

142

함께 완수되지 않는다면, 그리고 내가 반성에 의해 내 자신에로의
나의 현전이 아니라 낯선 관망자의 가능성을 발견한다면, 말하자
면, 내가 나의 실존을 시험하는 그 순간에 그리고 반성의 그런 극
단점에 까지 내가 나를 시간에서 나오게 만드는 그런 절대적 밀도
를 결핍하고, 내가 내게서 절대적으로 공유된 존재를 방해하는 일
종의 내적인 연약함을 발견하고, 나를 사람들 가운데 사람들로서,
혹은 최소한 의식들 가운데 의식으로서 타자들의 응시에 폭로한다
면 말이다."(*pp*.ⅶ).

우리의 실존은 나와 타자 모두를 무화시키지 않는다. 오히려 이런
역설과 함께 나와 타자는 모두 존재하게 한다. 이런 실존적 상황이 나
와 타자가 공존하는 역설이 이루어지고 있는 곳이다. 여기에는 각자
의 세계를 투사시키는 근본적인 토대가 있는데, 이런 상황을 통해 연
결되어 있는 여러 신체들의 통합적 체계가 그것이다. 이러한 체계는
고질적 역설까지도 껴안을 수 있을 만큼 무한한 의미를 배태하고 있
는 풍요로운 세계를 허용한다. 그것은 1인칭인 나의 세계를 가능하게
하고, 3인칭인 타자의 세계를 가능하게 하며, 나와 타자의 공통의 세
계인 복수인칭인 우리의 인간 세계를 가능하게 함으로써, 무한한 의미
를 생성시키는 신체적 구조인 것이다. 이렇게 여러 인칭으로 전이될
수 있기 위해서 이것은 근본적으로 전-인칭적 이어야 한다. 앞에서
도, 우리가 계속 강조했던 것은 내 고유의 신체이건, 통합적 신체이건
이러한 체계가 근본적으로 익명적이라는 사실이었다. 사실, 내가 모자
와 외투를 지각하면서 조직하고 있는 체계는 "나와의 관계에 의해서
생겨났지만, 그러한 중심을 이탈하여 머물고 있는"(*pp*.405), 익명적 체
계였기 때문에 나는 거기서 내게 익숙하지 않은 낯선 타자의 존재를
추론하여 목격할 수 있었던 것이다. 반면에 우리는 이런 익명적 신체
를 통해 인칭적 의식을 불러일으킬 수 있는데, 데카르트적 성찰이 이
러한 전유(專有)의 과정을 잘 실현해 주었다. 내 고유 신체의 체계인

신체 도식도 이처럼 익명적인 체계였으나, 나의 시선을 내부로 향하게 하여 내 쪽으로 극화시킴으로써 1인칭적 자의식을 응결시켰던 것이다. 마찬가지로 통합적 신체 체계도 이처럼 내부적 극화를 통해 '의도적으로' 나의 의식으로 전유하면, 후설이 말했던 것처럼, 창 밖에서 걸어가는 저 사람은 또 다른 나의 의식이 될 수 있을 것이다.[144] 결국 이러한 익명적 신체의 안이 나의 인칭적 의식이라면 밖은 타자의 인칭적 의식이 되는 것이다. 그런 점에서 익명적 신체는 안과 밖을 가지고 있다. "만일 지각하는 **Je**가 진짜로 하나의 **Je**라면, 그것은 또 다른 **Je**를 지각할 수 있지만, 만일 지각하는 주체가 익명이라면, 그가 지각하는 다른 것 자체도 또한 익명이다."(*pp*.409).

> "내 신체의 부분들이 전체로 한 체계를 형성시키듯이, 타자의 신체와 나의 신체는 유일한 전체이며, 하나의 유일한 현상, 내 신체가 매순간 그것의 흔적인 익명적 실존의 안과 밖은 더욱이 두 신체에 동시에 거주한다."(*pp*.406).

데카르트적 기원은 '언제나' 자기 쪽에 힘을 주어서 응시하는 실존의 안쪽, 즉 인칭적 의식의 편을 선택하였는데, 이러한 편애의 대가는 타자를 무화시키고 역설로 만듦으로써 유아론에 빠지게 되는 것이다. 유아론에서 벗어나서 타아를 구출하고자 한다면, 우리는 그들이 배제시킨 다른 나머지 선택을 해야만 하는데, 그런 선택을 하기 위해서 우리는 데카르트적 코기토의 명증성을 반납해야 한다. "타자의 코기토는

---

144) 헤겔주의의 경우, 타자의 역설은 양자택일적인 이분법에 의해 매번 자아가 타아에게 승리를 거둠으로써 잠정적으로 해결되지만, 타자의 역설은 또 다시 생겨나게 된다. 그러나 의식이 아무리 많은 타자들, 아무리 많은 사물들과 관련을 맺고 있다 해도, 그것들이 하나의 체계로 통일되어 그것을 나의 것으로 전유시키는 무한한 자기의식화가 모색된다. 헤겔이야말로 "타자의 죽음을 추구하는 의식들의 투쟁"을 통해서 이러한 거대한 통일을 기획했던 것이다(*pp*.408 참조).

모든 가치로부터 나의 고유의 코기토를 빼앗고 나로 하여금 내가 생각할 수 있는 나에 대해 유일한 존재를, 그것이 노려지고 나에 의해 구성되는 그런 존재를 인정하는 고독 속에서 내가 가지고 있는 확신을 상실케 하기"(*pp*.405) 때문이다. 이것이 메를로-뽕띠가 데카르트적 기원에 반대해서 자신의 성찰을 통해서 걸어 온 길이었다.

Ⅲ. 현상학과 구조주의의 키아즘

1. 메를로-뽕띠의 '아이러니'

꼴레쥬 드 프랑스의 취임 연설에서 메를로-뽕띠는 철학자의 역할을 말하기 위해 최초의 철학자, 소크라테스의 일화를 끌어들였다. 그가 보기에 『변명』을 통해서 나타나는 소크라테스의 의연한 태도는 철학하는 후손들에게 계승되어야 할 영원한 교훈으로, 그 자신도 견지했던 것이고 계속 견지해야 할 것이었다. 그의 데카르트적 반복은 소크라테스의 철학하기의 실천인 셈이다. 이를테면 메를로-뽕띠는 데카르트주의를 통해 데카르트주의에 반역한 셈이며, 이런 반역이야말로 철학의 본질이라고 생각했던 것이다. 그가 취임 연설에서 말했듯이, 아테네인 어느 누구보다도 폴리스와 신들에게 복종했던 소크라테스가 불신앙과 반역으로 기소된 이유는 단지 그가 이렇게 '철학했다는 사실' 때문이었다. 그러나 반역의 죄가 있다면, 그것은 그에게 있는 것이 아니라 신탁의 모호성에 있다.145) 신탁이 예언력을 가진다고 믿어지는 근거는 신탁이 허용하는 파롤의 틈인데, 메를로-뽕띠가 작업한 곳도 이와 같은 데카르트적 파롤의 틈이었기 때문이다. 소크라테스가 아테네 시민들처럼 신탁을 믿되, 그들이 믿는 것과 다르게 믿듯이, 메를로-뽕띠는 데카르트를 다르게 읽었다. 그것은 소크라테스나 그가 보기에 죄가 될 수 없는데, 만일 그 죄를 묻는 법이 있다면, 그 법이 바로 죄가 될 수밖에

---

145) *Ep.*43 참조.

146

없다. 그러나 그것이 악법임에도 불구하고 소크라테스는 법정에 서기를 피하지 않았다. 이를테면 소크라테스는 아테네의 악법을 무너뜨리기 위해서 아테네의 법정에 굴복했던 셈이며, 메를로-뽕띠는 현상학을 무너뜨리기 위해서 현상학적 체계 속에 남아 있었던 것이다.

> "크세노폰의 소크라테스는 말한다. 사람들은 평화를 원하면서 전쟁에 복무하는 것처럼, 법률들이 변화하기를 원하면서 법률들에 준수한다. 법률들이 선해서가 아니라 법률들이 질서이기 때문이며, 사람들은 질서를 변화시키기 위해서 질서를 필요로 하기 때문이다. 소크라테스가 도망가기를 거부했을 때, 그는 재판을 재인식해서가 아니라 재판을 더 잘 비난하기 위해서이다."(*Ep*.44).

그러나 이 법정에서 그들이 원하는 대로 기소문의 혐의를 그대로 인정하면서 자비를 구하는 것은 결코 재판을 '잘' 비난하는 일이 될 수 없다. 그의 "저항하는 방식의 복종"(*Ep*.44)이 노리는 것은 자신의 정당성을 주장하면서 스스로를 동정하는 것이 아니라 기소자들을 동정함으로써 그들을 불편하게 만들고 그들 자신을 의심하게 만드는 것이다. 그와 기소자들의 역할은 뒤바뀐다. 재판하는 자는 오히려 소크라테스이다. 이런 일이 가능하다면, 엄숙한 재판 공간을 가르는 벌어진 틈새에서 새어나오는 시끄러운 의미들로 법정은 아수라장이 될 것이다.146) 역할 전복이 바로 아이러니한 웃음을 유발하는 것이다. 피고를 연민할 수 없다면 비웃을 수밖에.147)

소크라테스의 태도, 즉 체계 안에서의 그 체계의 비판이 과연 적절한 비판이 될 수 있을까? 그 비판이 아무리 타당하다고 하더라도 그것이 처해 있는 자리가 비판이 행해지는 곳이라면 비판은 무효로 될 것이기 때문이다. 이처럼 우리의 작업은 데카르트 안에서 데카르트를

---

146) *Ep*.44~46 참조.
147) *Ep*.47 참조.

배신한다는 점에서 아이러니하다. 너무나 오래된 철학자, 데카르트를 중심으로 빙빙 돌고 있는 그의 반복과 그런 서투른 반복을 통해서 재생산된 일그러진 해석, 데카르트의 비판은 한바탕 비웃음을 주게 되지는 않을까? 원(原)데카르트와 일그러진 데카르트 사이의 차이가 해소되지 못하고 생겨난 팽팽한 긴장감은 마침내 비웃음으로 끝을 맺을 것이다. "그렇다면 당신들은 우리와 다른 생각을 가지고 있는 것임에 틀림없구려. 당신들을 비웃게 만든 우리에게 잘못이 있다면, 그 잘못은 다만 우리가 당신들과 다른 생각을 가지고 있다는 것이오. 그러나 다르다는 것이 잘못은 아니지 않소?" 재판정에서 보여준 소크라테스의 피고인답지 않은 오만함은 기소자들에게는 적반하장(賊反荷杖) 그 자체였을 텐데, 결국 그는 재판의 권위에 굴복하여 자신의 죄를 뉘우침으로써 기소자들에 의해 베풀어 질 수도 있었던 연민 대신, 싸늘한 비웃음을 되돌려 받았다. 그리고 그는 그들이 건네 준 독배를 마시고 죽었다. 메를로-뽕띠가 보기에, 이러한 소크라테스의 종말이 아이러니의 '비웃음'을 비극적인 것으로 만들었고, 그러한 비극 속에서 아이러니의 진정한 의미가 상실되었다는 것이다.148) 비극으로 각색된 낭만적 아이러니는 우리의 오만함이 결국 공허한 것이었음을 자인하게 될 때 터져 나오는 탄식, '아아 그렇구나(Es ist so)'의 감정이다.149) 헤겔에 의하면, 이는 단순한 동경에 지나지 않을 추상적 인지가 마침내 부딪히게 될 죽음과도 같은 무상감인데, 참다운 앎을 통해 이러한 비극적 감정은 지양되어야 할 것이었다. 그러나 메를로-뽕띠에 의하면 낭만적 아이러니는 '나쁜 아이러니'인데, "소크라테스의 아이러니는 그런 광란이 아니다."(*Ep.*48). 그것은 자신의 자만을 깨닫는 것이 아니라 타자와의 진정한 관계, 각자가 불가피하게 자기일 뿐이라는 근본적인 사

---

148) *Ep.*47 참조.
149) 빌헬름 프리드리히 헤겔, 『헤겔미학』 I , 두행숙 역, 나남, 1996, 112~117 쪽 참조.

실을 표현하고 있을 뿐이다.150) 신탁의 틈을 통해 실천했던 소크라테스의 '철학'은 공허한 추상적 인식이 아니었으며 필연적으로 절망과 소멸을 겪을 그런 인식이 아니었다. 그는 "무관심한 사물들을 만들고 그것들과 놀이하며 모든 것을 허용하는"(*Ep.*48) 낭만주의적 이상을 가지고 있어서 죽은 것이 아니었다. 그에게 적용되는 비극이 있다면, 차이를 참아내지 못하는 비이성적인 폭력에 의해 그가 희생되었다는 사실에 있다. 이는 아이러니의 본질과는 다른 역사적 사건에 의해 초래된 것이다. 그러므로 이런 비극이 주는 교훈이 있다면, 위대한 철학자를 죽음에 이르게 했던 부당한 힘의 행사를 통해서 소크라테스와 기소인들 사이에 오가는 차이와 비웃음을 가라앉히고 양자를 동일하게 만들어서는 안된다는 것이다; 동일자의 철학에 대한 경고.151) 우리가 서로의 차이를 인정하는 긴장을 견딜 수만 있다면, 소크라테스가 당한 비극은 일어나지 않을 것이기 때문이다. 그러나 소크라테스가 죽음을 선택함으로써 후대에 그의 이름을 살해하기를 기도했던 위정자들의 계산을 뒤엎었다는 점에서 그의 일화는 아이러니하게도 비극이 아니다. 그는 자신의 아이러니를 성취하였다. 그러나 문제는 아이러니한 웃음이 어떻게 소크라테스를 법정에 세운 악법을 변화시킬 수 있는가 하는 점에 있을 것이다.

우리가 처음에 들어선 곳은 하나의 현상학적 장(champs)이었다. 물론 거기에는 현상학자로 불리어질 수 없는 데카르트를 현상학자로 만들었던 후설의 공모가 있었다. 메를로-뽕띠는 현상학자의 대부, 후설을 배신하면서 그러한 현상학적 장을 어지럽혔다. 그가 현상학자로서 현상학을 하기 위해서 현상학의 장에 서 있었다고 하더라도 이러한 아이러니

---

150) *Ep.*47 참조.
151) 소크라테스를 죽음으로 이끌었던 이런 동일자의 철학을 처음으로 연 것이 바로 소크라테스 자신이었다고 해석되고 있는 상황을 생각해볼 때, 이 역시도 아이러니한 일이 아닐 수 없다.

가 일어나는 순간 그 자신도 원하지 않았을지도 모를 현상학의 해체를 진행시켰던 것이다.152) 이를테면, 데카르트의 초월적 주체, 후설의 선험적 주체는 낯설고 익명적인 신체 주체에 의해 양위되었다. 또한 그토록 견고하게 구성되었던 사물과 세계는 환영적인 이념으로 희미해지면서 현상학자는 '무지개를 좇는 순진한 소년'이 되었다. 반면 그들이 유령처럼 부재하는 것으로 알았던 지금 여기의 현전은 확고한 물질적 기반을 가지게 되었던 것이다. 메를로-뽕띠가 행한 반복으로 인해 성찰의 형식은 더욱 공고해진 반면, 성찰의 결과물들은 상당히 변질되었다. 우리가 실천한 반복은 변형적 반복(répétition métamorphique)인 것이다. 이러한 변형은 웃음을 유발하고 이 웃음은 현상학적 영토(terrain)를 쪼개는 균열을 일으킨다. 이는 소크라테스가 대화 상대자로 하여금 자기 부인에 이르게 할 집요한 물음을 던질 때마다, 대화상대자로 하여금 겪지 않을 수 없게 만들었던 무지의 심연이기도 하다.

　　"『변명』에서 우울하게 그가 말하길, '내가 어떤 이를 무지하다고 설득할 때마다, 참석자들은 그가 알지 못하는 모든 것을 내가 안다고 생각한다.' 소크라테스는 그들 보다 더 잘 아는 것이 아닌데, 단지 절대적 지식은 없다는 것만을, 그런 빈틈(lacune)에 의해서 우리는 진리에 열려 있다는 것만을 안다."(*Ep*.47).

---

152) 메를로-뽕띠는 자신의 작업을 포함해서 데카르트 철학의 이런 변환들이 필연적이라고 주장했다(*PM*. 129~133 참조). "우리는 총체적 개인 속에서 우리가 헛되이 그의 사유 속에서 찾았던 데카르트의 그런 고유함을 찾는 것이 아니라 차라리 분명히 해답을 포함하고 있지 않은 수수께끼 속에서만 그것을 발견할 뿐이다. 300년 전에 끝난 그런 삶이 데카르트의 무덤 속에서 매장되지 않게 되고, 우리 모두에게 읽혀져야 하는 상징과 텍스트로 남겨지게 되고, 저기서 '하나의 경계처럼 무장해체된 채로, 정복되지 않은 채로' 머물게 된다는 것, 그것은 바로 그런 삶이 이미 의미작용이라는 것이며, 그런 의미에서 그런 삶이 변형(métamorphose)으로 불리운다는 것이다."(*PM*. 137).

메를로-뽕띠는 우리가 소크라테스에 대해서 알고 있듯이, 그가 문답법에서 음흉하게 무지의 가장을 하고 있었던 것이 아니라고 말한다. 플라톤의 대화록 가운데서 소크라테스가 그런 무지의 침묵 속에서 빛을 발견하고 길을 안내하는 경우도 있지만, 대화의 합의점을 찾지 못하고 미완에 그친 경우도 많다는 사실이 이러한 해석을 뒷받침해준다. 『파르메니데스』, 『소피스트』, 『테아테토스』의 경우, 아예 소크라테스는 등장하지 않거나 조연의 역할에 그치면서 상이한 의견들의 충돌과 역설을 소개하는 듯한 형식을 취하는데, 이는 그것을 읽는 이가 빠지게 될 모순의 심연이 그런 대화록의 주제인 듯이 느껴질 정도이다. 메를로-뽕띠는 자신이 서 있는 영토(terrain) 마저도 위태롭게 만드는 이러한 아이러니를 진정한 철학함의 자세로 삼고 있다. 그는 현상학을 이루는 체계의 가장자리까지 내몰려서 무지의 심연에 빠지기를 권고하고 있다. 그러나 무지의 자각 후에도 대화는 계속되듯이, 그가 무지의 심연에 빠진다 하더라도 언제나 앎은 계속된다. 우리가 심연 속을 들여다볼 수만 있다면, 그 심연 속에는 미래에 가서야 온전하게 형태(figure)로 응결될 또 다른 영토가 보이지 않게 자리 잡고 있는 것이다. 이처럼 빈틈에서 드러날 이전과 단절된 영토는 그것이 이 영토를 무너뜨리는 균열에서 이루어진 이상, 이전과 동일할 수는 없을 것이다. 소크라테스는 바로 이런 식의 파괴를 노리면서, '질서를 변화시키기 위해서 질서를 필요로 했'던 것이고, 이런 파괴 후에 찾아올 이전과 다른 질서를 확신했던 것이다. 그러나 그렇게 다시 태어난 그는 이전의 그가 아닌데, 아예 그들은 별개의 주체들이어야 한다. 심연을 통과하면서 그는 또 다른 법정, 또 다른 체계와 제도들 속에 있을 것이다. 그는 한 동안 그 속에 머물면서, 그것을 공고히 하는 동시에 그것을 야금야금 해체하게 될 반복적 실천을 명하고 있는 것이다.

그러나 그러한 치명적인 빈틈이 일찍이 후설이 잠재적 지향성이라고 불렀던 것에 지나지 않는다면 어떻게 되는가? 아직 발현되지 않은 그러한 세계는 의식의 잠재적 지향성에 향해 있는데, 말하자면 결국 미래에 의식하게 될 것, 이른바 전의식이라고 부르는 영역에 놓여 있는 것이다. 이것들은 의식의 울타리 안에 있다. 현상학의 가장 큰 특징은 바로 이와 같은 의식철학이라는 데 있음을 주목하자. 그리하여 메를로-뽕띠의 경우, 선험적 주체가 신체 주체로 유물론화 되었을 뿐, 의당 그의 작업은 현상학으로 불리어진다고 말할 수도 있다. 실제로 그를 유명하게 했던 『지각의 현상학』의 현상학적 장으로 말미암아 대외적으로 그는 여전한 현상학자였다. 확실히 전기의 메를로-뽕띠는 틈과 잠재적 지향성을 구별하지 않고 이 모두를 '철학자의 그늘'로 칭하기도 했다. 만일 현상학적 장의 '그늘'이 단지 잠재적 지향성을 의미하는 것이라면, 현상학의 장은 여전히 건재할 것이며, 메를로-뽕띠는 현상학의 가능성을 극단까지 밀고 간 '현상학자'임에 틀림없을 것이다. 체계나 장은 그것이 공인하는 용어들을 유통시키기 마련인데, 『지각의 현상학』을 가능하게 하는 용어들을 보더라도 그는 분명히 현상학자였다. 그 경우, '또 다른' 소크라테스의 말처럼, 무지의 심연은 무지의 가장이거나 불멸의 영혼의 일시적 망각에 지나지 않게 되는데, 이 레테의 강을 건너서 인간은 자신의 참 영혼을 찾게 될 것이다. 이는 진정한 자기 회복이지 다른 사람으로 거듭남이 아니다.153) 현상학은 이와 같은 동일적인 의식-혹은 의식의 대체물로서의 신체-의 영원한 흐름을 견지하고자 한다.

 그러나 그늘과 틈은 '지금 여기에' 보이지 않는 것이라는 점에서는 공통적이지만, 서로 다른 것이다. 이를테면 그늘은 현전의 형태를 둘러싸고 있는 지평이나 배경으로 있지만, 틈은 그늘의 가장자리, 즉 이 현

---

153) 이러한 대결은 키에르케고어가 『철학적 단편』을 통해서 소크라테스와 안티클리마쿠스의 대결을 연상시킨다. 소크라테스는 배움의 순간을 영원의 상기로 사라지게 하여 영원한 과거의 자기를 회복하는 시나리오를 주장하는 반면, 안티클리마쿠스는 순간이 결정적 의미를 가지고 있다는 하나의 가정을 세웠다. 그 경우 각 순간마다 주체는 거듭나게 되는데, 무지의 심연이나 죽음의 단절처럼 순간은 결정적 의미를 가지게 된다.

152

전의 형태와 지평 사이에 있다. 그리하여 지평과 배경의 관계가 변화하여 이전의 지평이 형태가 되면, 그늘은 양지가 되어도 틈은 여전히 틈일 수밖에 없는 것이다. 정신분석적 장에서 유통되는 용어로 말하자면, 전자는 의식의 반정립적인 전의식이지만, 후자는 의식을 가능하게 하는 무의식이다. 무의식은 의식이 아니다. 결국 문제는, 앞에서 데카르트적 성찰의 반복을 통해서 유발되었던 불협화음이 현상학의 잠재적 지향성인지 틈인지를 결정해야 하는데, 이는 메를로-뽕띠가 동일하게 현상학자로 남아 있을지 그렇지 않을지를 결정하는 문제이기도 하다.154) 여기서 우리는 분명하게 소크라테스의 아이러니를 가능하게 했던 것이 지향성이 아니라 틈이었음을 주장하는 바이다. 후기 메를로-뽕띠는 그늘에서 지평과 틈을 구별하고 전의식과 무의식을 구별할 수 있게 되었다. 이는 구체적 논의를 통해 다루어질 것이지만, 체계 내에서의 체계 비판은 초월적인 이러한 틈으로 인해 가능하게 되기 때문이다.

우리에게도 일종의 단절의 심연이 필요할 것이다. 현상학의 경우, 데카르트의 사후 400년이라는 긴 단절의 심연이 후설과 메를로-뽕띠로 하여금 데카르트의 빈틈을 그렇게 형태 짓게 했다. 그러나 우리의 경우, 새로운 형태를 '수태'시키기 위해 그만한 물리적 시간이 필요한 것은 아니다. 단절의 시간은 400년이 될 수도 한 순간이 될 수도 있다. 그가 살았던 시대의 특성상, 그것은 후자 쪽에 가까운데, 그를 둘러싼 지배적인 지적 분위기는 현상학이었지만, 동시에 새롭게 구조주의라는 배경이 움트고 있었기 때문이다. 역사의 아이러니이지만, 구조주의자들

154) James Schmidt, *Maurice Merleau-Ponty*, 『메를로-뽕띠』, 홍경실 역, 지성의 샘, 1994, 142~145쪽 참조. 슈미트는 메를로-뽕띠가 프로이트와 라깡에 동조하고 있으면서도 그들의 무의식을 전의식과 혼동하고 무의식이 아닌 전의식에 가까운 주체 개념을 열고 있다는 점을 들어, 구조주의로의 이행 가능성을 가지고 있지만 여전히 현상학자에 머물 수밖에 없다고 생각하고 있다. 필자는 그러한 해석을 충분히 고려하면서도 그것을 전적으로 받아들이지 않는다.

은 현상학을 극렬히 비판하면서 자기의 세(勢)를 얻었으며, 현상학의 주관적인 자의식에 염증이 난 그들은 주체의 죽음을 선언하기까지 했다. 지성사의 이러한 적대적 관계야말로 단절의 심연을 가장 잘 상징해주는 것이다. 메를로-뽕띠는 이전의 거장들의 울타리 안에서 작업했지만, 그들의 틈을 발견하고 벌려놓는 일을 즐겼으며, 그의 이러한 작업 역시 또 다른 틈을 만들어 놓을 수밖에 없었다. 우리가 작업해야 할 틈 말이다. **여기서 우리는 하나의 가정을 세운다. 메를로-뽕띠의 성찰의 틈에서 숙성되어 '개열(開裂)'되는 또 다른 단절적 체계를 '구조주의'로 보자는 것이다.** 이는 그가 구조주의로 이행하기를 원했다고 말하는 것과는 다른 문제이다. 우리는 오히려 그의 무의식을 통해서 작업하고 있다고 말할 수 있다. 그렇기 때문에 우리는 이 틈이 구조주의 말고도 다른 체계로 윤곽지어질 수도 있는 가능성을 배제하지 않으며, 구조주의적 성격을 증명해줄 어떤 신빙성 있는 증거를 제시한다고 해도, 이 가능성이 폐지되지는 않는다.

우리는 차이를 응시하면서 그 틈(모순)을 지나가는 무수한 체계들을 상상해볼 수 있다. 그 가운데서 '어떤 하나'의 체계를—우리의 경우는 구조주의적 체계—선택한다는 것, 바로 그러한 체계를 통해서 틈을 포착한다는 것은 본질적으로 우연한 일이다. 프로이트처럼, 우리는 구조주의가 기존 현상학적 체계의 차이나 모순들을 통해서 "중층결정(surdéterminée)"[155] 되어 있다고 말해야 한다. "마주침(rencontre)은 원인들의 여러 계열—적어도 두 계열—의 결과로 나오는 존재들의 계열 사이에만 존재한다. 그러나 이 두 계열은 평행의 효과 또는 주의의 감염의 효과에 의해 즉각 증식한다."[156] 그에 따르면, 이러한 우연한 마주침을 문턱으로 해서 단

---

155) Louis Althusser, *Pour Marx*, Éditons La Découverte, 1986, p.105. 알 뛰세가 프로이트로부터 받아들여 발전시켰던 중층결정성은 기존 철학에서 문제가 많았던 인과관계 대신 앞뒤의 상관관계를 설명해주는 새로운 개념으로 채용되었다.

156) Louis Althusser, *Le courant souterrain du matérialisme de la rencontre*(1982),

154

절의 심연에 섬광(claté)을 던져주고 있는 우연한 빛을 이끌어 내는 일,
즉 증식시키는 일이야말로 엄밀한 의미의 과학적 사유이며, 구조주의적
사유인 것이다. 이처럼 우리는 이행의 연속성이 함축하고 있는 결정론이
나 목적론을 거부하면서, 두 질서 사이의 불연속적 관계를 강조하지 않
을 수 없는데, 바로 이것, 즉 두 질서 사이의 이행관계가 연속적이냐 불
연속적이냐 하는 문제야말로 현상학과 구조주의를 가르는 경계선이 되
기도 한다.157) 그러므로 이러한 단절과 우연한 마주침으로서 구조주의를
가정하는 것 자체가 구조주의적이라는 얘기가 된다. 그렇다고 해서 이러
한 중층결정성(surdétermination)이 우연한 마주침인 구조주의를 한층 분
명한 형태로 윤곽지어야 하는 우리의 의무와 모순되는 것은 아니다. 다
행히도 우리는 그 형체를 잘 알아볼 수 있을 정도로 메를로-뽕띠의 텍
스트의 틈을 크게 만들어 줄 수 있는 충분한 정도의 미래에 자리하고 있
다. 우리는 1940년대가 아니라 구조주의의 영고성쇠(榮枯盛衰)를 목격할
수 있는 2000년의 시작에 서 있다. 신탁의 의미는 미래에 실현되기 마련
이다. 1945년, 『지각의 현상학』에서 이미 나타난 현상학의 빈틈이 구현
하는 구조주의의 형상은 1970-80년대까지 활동했던 레비-스트로스나
라깡, 푸코, 들뢰즈에 의해서 구체적으로 드러나게 될 것이다.

『철학과 마르크스주의』, 서관모·백승욱 편역, 새길, 1996, 78쪽.
157) "현상학이 체험(vécu)과 실재(réel) 사이에서 연속성을 전제하는 한에서,
　　나와 부딪히지 않을 수 없었다. 실재가 체험을 둘러싸고 설명한다는 사실
　　을 재인식하기 위해서, 나는 두 질서들 사이의 이행이 불연속적임을 나의
　　세 스승들(지질학, 정신분석학, 마르크시즘)에게서 배웠다; 실재에 도달하
　　기 위해서 우선 체험을 포기해야만 하고 모든 감성적인 것에서 벗어난 객
　　관적인 종합 속에 연속해서 체험을 통합시키는 것을 그만두어야 한다는
　　것을 말이다."(C. LéVI-Strauss, *Tristes tropiques*, Plon, 1955, p.61).

2. 구조주의의 문턱: 신체 – 주체

1) 신체는 새로운 코기토인가?

일반적으로 구조주의는 현상학을 반대하면서 시작되었다.158) 이는 메를로–뽕띠와의 우정을 기리기 위해서 자신의 저서, 『야생의 사고』를 그에게 헌정했던 레비–스트로스의 경우도 그러했다. 그는 『슬픈 열대』에서 사람들이 메를로–뽕띠의 철학에 합당하다고 여겨졌던 이름들인 현상학과 실존주의에 대한 신랄한 비판을 감행했다.159) 레비–스트로스의 비판의 화살이 구체적으로 그를 향해 있는 것이 아니라 싸르트르에 향해져 있었다고 하더라도, 구조주의자가 절연하고자 하는 '그' 현상학의 진영에 그가 속해 있다면 레비–스트로스의 현상학 비판은 그의 머리에 떨어지지 않을 수 없지 않은가?160) 특히 푸코는 구

---

158) 특히 현상학과 구조주의의 대립은 레비–스트로스가 『야생의 사고』의 마지막 장에서 싸르트르의 『변증법적 이성 비판』(1960)에 대한 비판으로서 「역사와 변증법」의 문제를 거론하면서 절정에 달한다. 여기서 본질적인 문제는 '주체'의 문제였는데, 싸르트르의 현상학적 실존주의에서 능동적 실천의 주체가 있기 때문에 역사가 발전하고 역사가 변혁될 수 있다고 말하는 데 비해서 구조주의에서 주체는 결코 자립적 실체일 수 없으며, 그것은 역사의 근거가 될 수 없었다. 구조주의에서 주체는 구조의 결과일 뿐이며 각각의 구조의 담당자 이상이 될 수 없었다. 주체가 관계를 만드는 것이 아니라 관계가 주체를 구성하는 것이다(이광래, 『미셸 푸코: '광기의 역사'에서 '성의 역사'까지』, 민음사, 1989, 32~33쪽 참조).

159) LéVI-Strauss, *Tristes tropiques*, Plon, 1955, p.61 참조.

160) "레비–스트로스는 싸르트르의 『존재와 무』에 있어 모든 파토스 밑에 있는 인식론적 재료인 현상학적 주체를 본래 의식의 이해 범위를 초월한 정신 구조들에 대한 진지한 탐구 방식으로 얻어지는 반성을 애지중지하는 아이(enfant gâté)라고 부른다. 만일 우리가 싸르트르의 대자와 즉자라는 주체와 객체의 상호 관계에 대한 경직된 이분법을 메를로–뽕띠의 지

조주의적 입장에서 노골적으로 메를로-뽕띠를 현상학자로 규정하면서 비난했다.161) 그렇다면 우리가 지금까지 메를로-뽕띠를 현상학자로 그린 한에서, 동시에 그는 도저히 구조주의자가 될 수는 없지 않은가? 우리는 메를로-뽕띠가 그들의 비판에서 쉽게 빠져 나올 수 없음을 인정하지 않을 수 없다. Ⅱ장을 통해서 우리는 현상학이라고 하는 하나의 동일성을 담보하기 위해서 현상학적 체계로 불릴 수 있는 하나의 윤곽을 반복적으로 통과시켰다. 동일성의 측면에서 반복은 체계를 더욱 견고하게 만들어준다. 그러므로 현상학적 울타리 속에서 그가 현상학자로서 나타나는 것은 너무나 당연한 일인 것이다.

그러나 그럼에도 불구하고 중요한 사실은 우리는 이 체계 안에서 그것이 허용하는 만큼의 차이들을 충분히 거론했다는 것이다. 현상학이라는 일정한 체계 속에서 동일성과 차이는 서로 화해될 수 없는 개념들임에도 불구하고 묘하게 어울려 있었던 것이다. 이는 앞에서 거론되었던 수많은 역설들 가운데 하나이다. 역설은 논리를 충돌시키고 그로 인해 빈틈을 만들어 놓는다. 체계가 변별적인 체계로 순환하기 위해서 이러한 충돌이나 빈틈은 드러나서는 안 되는데, 그것이 드러나는 순간 체계는 무너지게 되어 있기 때문이다. 그러므로 체계는 '필연적으로' 차이를 내포하면서도 차이를 억압(부정)하게 되어 있다. 이처럼 무너지기 쉬운 동일성의 영역 안에 메를로-뽕띠의 『지각의 현상학』이 놓여 있었다. 그러므로 우리는 메를로-뽕띠의 구조주의를 드러내기 위해서 그 동안 그에게서 억압(부정)되었던 차이를 드러내는 일, 즉 우리가 얼마만큼 그를 '좀 더 다

각의 코기토처럼 세속적 주체로 대치시킨다 해도 별로 나아질 것이 없다. 왜냐하면 구조라는 것은 어떤 지각의 상태에 살 수 있는 것이 아니기 때문이다. 그것은 의식적인 정신을 위해 언제나 생성되는 객체들 없이도 경험되는 것이다. 그러므로 대자라는 유령 선장도 코기토를 구할 수는 없다."(이광래, 『미셀 푸코: '광기의 역사'에서 '성의 역사'까지』, 26쪽).
161) Michel Foucault, 「철학 극장(*Theatrum philosophicum*)」, 질 들뢰즈, 『들뢰즈의 푸코』, 권영숙, 조형근 역, 새길, 1995, 211, 218~219쪽 참조.

른 현상학자'로 만들었는지를 최대한 긍정적으로 언급하는 일부터 시작
해야 한다. 이러한 작업은 전기의(현상학적인) 메를로-뽕띠를 부정하는
일이 아니다. 근본적으로 우리의 작업은 전기의 메를로-뽕띠에게서 다
른 현상학자들과 두드러지게 다른 차이들을 발견해서 증식시키는 일
(prolifération)이며, 이런 차이들의 증식은 후기의 메를로-뽕띠에게서
비로소 분명하게 드러나기 시작한다.

　구조주의자들은 이런 차이를 문턱(seuil)이라고 부른다. 한 질서에서
다른 질서로 이행할 때, 반드시 그것을 거치게 되어 있다는 점에서 문
턱은 이행의 통로이지만, 그러한 이행을 통해서 한 질서가 다른 질서로
변형될 수 있다는 점에서 문턱은 두 질서들의 단절점이 된다. 문턱 속에
서는 연속성과 단절, 동일성과 차이가 공존한다. 예를 들어 메를로-뽕
띠가 데카르트와 후설의 체계들과 다른 원환들(cercles)을 순환시켰을
때, 그 때마다 이러한 문턱들이 있었는데,[162] 대표적으로 코기토가 그
러했다. 데카르트의 초월적 의식→후설의 선험 자아→메를로-뽕띠의
신체 주체에로의 이행은 주체라는 문턱을 통해서야 가능했다. 이 문턱
이 주는 단절이 데카르트, 후설, 메를로-뽕띠를 구별짓게 했지만, 구
별적인 세 가지 원환들은 모두 다 현상학적 체계의 동일성을 잃지 않
는 것이었다. 동시에 메를로-뽕띠를 '좀더 다른' 현상학자로 만들 수
있었던 이 문턱은 구조주의적 체계의 문턱으로도 작용한다. 그러나 메
를로-뽕띠의 신체 주체의 경우, 문턱의 단절성은 매우 심해서 이를
통해 데카르트적 주체를 부정하는 전복이 일어난다. 즉 그는 주체를
파편적으로 분열시킴으로써 더 이상 주체를 확실성의 토대로서 작용하
지 못하게 만드는 주체의 문턱을 열었던 것이다. 레비-스트로스가 현
상학 비판과 주체의 죽음을 연관시킨 이래로 이른바 '주체의 죽음'은
구조주의와 후기 구조주의로 불리는 진영의 공통된 견해가 되었다. 레

---

162) 문턱들은 무한히 많다. 그러나 앞에서 우리는 반성(성찰), 환원, 선험성,
　　지향성, 타자 등 등을 중요하게 거론했다.

158

비－스트로스는 『구조인류학』 2권에서 다음처럼 코기토를 비판했다.

"타인들로부터 자기 자신을 인정받기 위해서는－인류학자들이
부과한 인간에 관한 지식의 목적－먼저 그 자신 속에 있는 자기를
부인해야 한다. 이러한 원리는 우선 루소 덕분에 발견했는데, 인간
에 관한 제반 학문들이 입각해야할 유일한 원리가 바로 이것이다.
그러나 코기토를 그 출발점으로 취하면서 자아에 관한 가설적인
명증성에 구속되는 철학이 군림하는 범위에 접근하거나 이를 이해
하는 일은 불가능했다. 데카르트는 '인간이 자신의 내면성으로부터
세계의 내면성으로' 직접 나아갈 수 있다고 믿었으며, '사회나 여
러 문명, 다시 말해서 인간의 세계가 이러한 두 극단 사이에 위치
하고 있다는 사실을 망각했다."163)

일반적으로 현상학의 근본적인 특성이 초월적 주체의 확실성에 있다
면, 구조주의자들은 이 문턱의 단절성을 통해 주체의 절대적인 위치를 파
괴함으로써 현상학을 쉽게 무너뜨릴 수 있을 것이다. 실제로 레비－스트
로스와 같은 대부분의 구조주의자들은 현상학이 그토록 중요시했던 주
체에 관련된 개념들에 대해서 무시하거나 함구했다. 인문학에서의 주체
의 논의는 비교적 최근의 일－르네상스 이래로 생겨나고 데카르트의
철학과 관념론에서 절정에 이른－에 지나지 않으며, 인간의 형이상학적
인 위상과 관련되는 담론이다. 구조주의자들은 그러한 '위대한' 인간의
위상에 대한 믿음에 이의를 제기하면서, 그러한 믿음의 산물인 의식이
나 정신이라는 말 대신 다른 용어나 쟁점들을 통해서 인간을 표현하기
로 마음먹은 것이다. 즉 그들은 주체가 무엇인지를 이전과 다르게 얘기
하고자 했을 뿐이다. 마찬가지로 푸코도 메를로－뽕띠와 마찬가지로 여
기 지금 있는 '나'의 존재를 부인하고자 하지는 않았던 것이다.

---

163) Claude LéVI-Strauss, *Structural anthropology*, vol. Ⅱ, New York: Basic
Books, 1976, p.36.

"만일 내가 말하는 주체에로의 조회를 정지시켰다면, 그것은 모든 말하는 주체들에 의해 동일한 방식으로 적용될 수 있는 구성의 또는 형식들의 법칙들을 발견하기를 원하지 않기 때문이며, 한 시대의 모든 사람들에게 공통된 보편적인 거대 언설을 말하기를 원하지 않기 때문이다. 간단히 말해서 나는 주체의 문제를 배제하고자 한 것이 아니라, 주체가 언설들의 다양성 속에서 차지할 수 있는 위치들과 기능들을 정의하고자 한 것이다."164)

구조주의자들이 거부하고 있는 것은 과부하된 주체 개념, 절대화된 주체 개념이다. 다시 말하면 주체는 자기 동일적인 실체로 있지 않다는 것인데, 이를테면, 어제의 나와 오늘의 내가 같으란 법이 없으며, 순간순간 나는 다른 나일지도 모른다는 것이다. 실제로 우리는 이러한 의심에서 벗어날 수 없는데, Ⅱ장에서 보았듯이, 반성철학은 그러한 의심에서 출발했음에도 불구하고 교묘하게 그런 의심을 무화시키는 절대적 주체를 발명해냈던 것이다. 이러한 현상학적 이데올로기를 해체하고 주체를 다시 흔들리는 위치에 갖다 놓으려고 하는 것이 이른바 구조주의의 '주체의 죽음'인 셈이다. 그러므로 푸코가 말한 대로, 서로 다른 위치에서 서로 다른 기능들로 역할하는 주체들은 언제나 있다. 데카르트와 같은 반성철학자들이 그 '다름' 때문에 환영으로 의심할 수밖에 없었던 그런 주체의 자격으로 말이다. 주체는 구조주의자들에게서도 여전히 다루어져야만 하는 문제이다. 그리하여 레비-스트로스는 현상학적 주체성에 대한 비판이 곧 주체를 제거하는 것이 아님을 분명히 했다.

"구조주의는 인간을 자연 속으로 재통합한다. 만약 구조주의가 주체-너무 오랫동안 철학적 장면을 점령해왔던, 참을 수 없으리만치 응석받이로 자라온 아이, 배타적 주의를 끌어 모으면서 모든

---

164) Michel Foucault, *L'archéologie du savoir*, Gallimard, 1969, p.261.

160

진지한 일을 방해해온 아이-를 제거하려고 했다면, 사람들은 구
조주의가 종교적 믿음의 이름으로 언어학자들과 인류학자들을 비
난하는 사람들의 눈에서 볼 때, 그 암시들이 더 잘 비중 지워지고
평가되어져야만 했던 다른 결론들을 이끌어낸다는 사실을 충분히
견지하지 못했을 것이다.")165)

그런 점에서, 주체라는 문턱과 관련하여 현상학적 체계와 구조주의
적 체계 사이의 단절을 필요 이상으로 크게 생각할 필요는 없을 것
같다. 더욱이 메를로-뽕띠의 신체 주체의 '독창적 차이'를 무시하지
않으면서 그것을 현상학적 주체로 생각하고자 한다면, 단절은 거의 연
속성으로 바뀔 수 있다. 그의 현상학적 신체 개념은 구조주의자들의
주체의 해체와 다를 바가 없기 때문이다. 메를로-뽕띠에게서 신체는
익명적 힘(puissance)이다. 그리고 그것이 현상학자들이 말하는 인칭적
인 자기의식을 가능하게 한다. 더 이상 의식은 확실성의 토대가 아니
라 더욱 더 철저한 반성을 촉구하는 신기루에 불과하다. 그러나 이처
럼 익명적인 신체에 대한 고찰이 현상학적 영역에 가져다주는 효과는
적지 않다. 우선 절대화되고 상공비행적인 오만한 의식의 실재성을 무
효화시키고 인간의 유한성을 자각하도록 촉구한다. 세계 위에 있는 존
재가 아니라 세계에 속해 있는 존재, 즉 존재의 유한성과 사유의 유한
성을 뼈저리게 자각하게 됨으로써, 인간은 이 유한성에서 벗어나기 위
해서 끊임없이 사유하기를 선택할 수밖에 없다. 물론 무한한 사유 운
동은 해피엔딩을 보증하지는 못한다. 이런 상황 속에서 메를로-뽕띠
가 고수하는 현상학적 확실성이란 유한성을 극복하는 확실성이 아니라
이런 유한한 환영적 존재들이 존재하는 바탕, 즉 가시적 신체를 말하
는 것이다. 그런 점에서 그의 신체는 푸코의 고고학에서 다루어지는
주체와 결코 다르지 않은데, 푸코가 말하고 있듯이, 주체의 "형성은

165) Claude LéVI-Strauss, *L'homme nu*, Plon, 1971, pp.614~615.

말하는 주체들의 가능한 위치를 정의하는 익명적 장으로서 그런 영역을 기술한다. 더 이상 언표들을 어떤 지고한 주체성과 관련하여 위치되어서는 안 되며 말하는 주체성의 상이한 형식들 속에서 언표적 장에 고유한 결과들을 재인식해야 한다."166)

그러나 메를로-뽕띠가 현상학적 체계 속에서 작업했던 만큼, 신체는 세계의 가시적 확실성의 토대로서 거론되면서 선험적 의식이 점하고 있었던 절대적(선험적) 권좌를 다시 취하는 형세를 취하고 있음을 부인할 수 없을 것 같다. 그 자신도 그렇게 읽힐 법한, 봄의 분절을 가능하게 하는 신체의 선-논리적 역할을 강조해왔다. "공통적인 하나의 법칙", "무언의 의견의 심오한 기반"(Ⅵ. 17)으로서의 신체는 여전히 후설적 선험성을 떠올리게 하는 것이다. 그는 이러한 위험을 염두에 두면서도 신체의 근본성을 강조했다. "나의 이동과 내 눈의 이동은 세계를 진동하게 하는데 나는 '구성하는 주관' 또는 '신체적 기여'가 여기서 사물 그 자체들을 회복한다는 식의 썩 좋지 않은 표현을 할 수도 있다."(Ⅵ. 22). 푸코는 그의 이런 '썩 좋지 않은 표현'을 간과할 수 없었을 것이다. 그가 메를로-뽕띠에게서 보고자 했던 것은 현상학적 체계에서 삐져나오고 있는 신체 주체의 '차이'가 아니라 현상학적 체계를 순환시켜주는 명백한 '동일성'이었다. 그는 고고학자로서 '체계 안에서의 체계의 비판'이라는 소크라테스적인 변명을 믿지 않았던 것이다.

> "그러나 인간의 경험에 인간의 신체 인 바-모호한 공간의 파편-의 신체가 주어지는데, 그 신체의 고유하고 환원 불가능한 공간성은 사물들의 공간 위에 분절 된다; 그런 동일한 경험에, 모든 사물들이 그 가치, 상대적 가치를 가지는 원초적 욕구로서, 욕망이 주어진다; 그런 동일한 경험에, 모든 시대, 모든 연속, 모든 동시성에 대한 모든 언설들이 주어질 수 있는 맥락에서, 언어가 주어진다."167)

---

166) Michel Foucault, *L'archéologie du savoir*, p.160.
167) Michel Foucault, *Les mots et les choses*, Gallimard, 1966, p.325.

162

"그것(이 분석)은 신체를 향해 묘사되는 근원적 경험에 근거하
여 하나의 자연 인식에 대한 가능한 객관성을 분절하려 한다. 그
리고 체험된 경험 속에서 은폐된 동시에 드러난 의미론적 두께에
근거하여 하나의 문화에 대한 가능한 역사를 분절하려고 한다. 그
리하여 그것은 사람들이 인간에게서 선험적인 것을 위해 경험적인
것을 가치 있게 만들기를 원했을 때, 놓여졌던 긴급한 요구들을
주의 깊게 완수하려는 것에 불과하다."168)

푸코는 이렇게 신체를 잘 요약하고 있다. 그의 설명이 충분히 정당함에도
불구하고 그에게 신체는 코기토의 변종에 지나지 않을 뿐이다. 신체 주체
역시 선험적인 주체이다. 그러나 선험적인 주체가 의식이 아니라 신체가 됨
으로써 야기되는 효과는 그에게 중요하지 않았다. 혹시 그는 메를로-뽕띠
의 특이성을 가능하게 하는 '섬세한 차이들'을 인지하지 못했던 것은 아
닐까? 그러나 누구보다도 동일성의 철학과 목적론을 혐오하고 언설적 차
이에 민감한 고고학자가 그의 차이를 알아보지 못했을 리 없다. 그렇다
면 푸코는 신체가-우리가 데카르트나 후설의 주체와 관련하여 다른 면
모를 보여준다고 생각했던 신체-현상학자들의 그것과 근본적으로 다를
바 없으며, 기껏해야 무시 가능한 '사소한' 차이만을 유발시킬 뿐이라고
생각했다는 얘기가 된다. 동일성으로 흡수되는 차이. 물론 푸코와 관련
해서, 그러한 동일성은 목적론적인 총체성이 아니라 "상이한 형성들 사
이의 고고학적 동형성(isomorphismes archéologiques)"169)으로 이해해

---

168) 같은 책, p.332.
169) Michel Foucault, *L'archéologie du savoir*, p.210. 고고학의 구성 요소들
인 언표들은 유기적으로 하나의 형상을 이루기 위해 존재하는 것이 아
니라 개별적 기능으로 있다. 푸코에게는 목적론적인 편견이 남아 있는
'체계'라는 용어보다 '규칙'이라는 용어가 적확한데, 규칙은 언표들의 집
합을 특성화하는 것이다. 이 언표들의 집합은 논리적 동일성이나 등가성
이 아니라 언표적 등질성(homogénéité énonciative)에 근거해서 형성된
다. 이는 각각의 분산적 점들의 분포군과 같은 것이다. 이런 등질성의
장에서 고고학적 동형성이 마련된다(같은 책, pp.189~190 참조).

야 정확하다-그렇지 않으면 우리는 동일성과 차이가 동일한 평면에 공
존하는 역설을 이해하기 힘들며 푸코가 메를로-뽕띠의 차이를 알고 있
었다는 가정을 견지할 수도 없을 것이다-.

푸코가 말하고 있는 대로, 지식의 단절이 가능하기 위해서는 고고학
적 문턱이 존재해야 한다. 현상학적 체계의 경우, 그러한 동형성 안에
해소되는 차이와 그러한 동형성에서 벗어나는 차이의 경계는 무엇인
가? 이는 시원(initiation)의 문제들과 관련되는 중요한 언급이다. "문
제는 단절(rupture)의 점을 되찾아내는 것이다. 즉 **가능한 한의 정확
성**을 가지고서, 이미 거기의 암시적 두께, 기존의 의견에로의 아마도
비자발적인 충실성(fidélité), 언설적 운명들의 법칙과 창조의 생생함,
환원불가능 한 차이 속의 도약 사이에서 분배를 세우는 것이다."170)
그러한 단절의 지점(고고학적 문턱)을 찾을 수 있다면, 그것이 바로
결정적으로 현상학과 비현상학을 단절하도록 만드는 차이이며, 푸코가
보기에 이는 메를로-뽕띠가 넘지 못했던 문턱이다.

메를로-뽕띠의 익명적 '신체 주체'가 가져다주는 최대 장점은 자기
의식적이지 않은 비코기토에 대한 해명을 가능하게 한다는 것이다. 그
는 신체를 통해 데카르트가 어물쩍 넘어갔던 것, 정상인에게 감추어져
있는 어두운 측면, 즉 몽자와 병자, 정신분열증 환자들의 비반성적인
체험에 귀를 기울일 수 있었다. 감추어져 있는 것, 어두운 측면에 이성
의 빛을 비추는 일, 즉 반성되지 않은 것을 반성하는 것이 메를로-뽕
띠도 동의한 바 있는 현상학의 임무였다. 특히 신체는 그 자신의 익명
적인 운동(고유운동성)을 통해 사물과 세계에 연결되며, 이러한 연관은
신체의 내면적 투사를 통해서 의식될 수 있다. 즉 신체의 고유 운동적
힘이 안으로 향해져서 신체의 익명성이 코기토로 전화할 가능성은 언
제나 있는 셈이다. 그런 점에서 『지각의 현상학』, 즉 신체에 대한 기술

---

170) Michel Foucault, *L'archéologie du savoir*, pp.185~186. 강조는 필자.

은 그런 신체에 대한 의식, 즉 이러한 코기토를 통해서만 가능하다. 그러한 현상학적 기술과 관련하여 푸코가 말하길, "반성은 막무가내로 바깥의 경험을 의식의 편에 거두어들이려 하는데, '바깥'이 신체, 공간, 욕망의 한계들, 타자의 지울 수 없는 현전성에 대한 경험으로 묘사되는 체험의 기술 속에서 바깥의 경험을 둘러싸려고 한다."171) 이를테면, 데카르트적으로 말해서, 내가 지금 그것을 의식하지 못하는 상황, 즉 꿈을 꾸고 있다고 하더라도 나는 꿈에서 깨어나서 당시에 의식적이지 못했던 그 꿈을 상기해냄으로써 의식적인 것으로 만들 수 있다. 그렇게 무심결에 있었던 꿈속의 익명적인 '나'는 인칭적 의식의 전 단계로 밝혀진다. 그래서 푸코가 지적했다시피, "비사유(l'impensé)의 불활성적인 두께는 언제나 어떤 방식으로 코기토로 깃들여진다. 사유되지 않은 것 속에서 졸고 있는 이 사유를 새롭게 되살려서 '나는 생각 한다'의 지상권 속에 펴놓는다."172) 그렇게 되면, 익명적 신체성은 곧 의식이 될 수 있는, 의식 옆에 붙어 있는 의식의 그늘에 불과하다. "내가 생각함을 내가 생각함을 내가 생각함을 나는 생각 한다"(*VI.* 69)식의 무한한 포함관계를 통해서, 즉 주절이 다음 단계에서 종속절로 환원적으로 배치됨으로써 모든 것은 최종적 코기토 안에 차례대로 배열될 수 있다. 의식은 모든 것을 자기의 안으로 가져와서 선명한 빛으로 만들 수 있는 "잠재적 아궁이(foyer Virtuel)"(*VI.* 55)였던 것이다.

그러나 이토록 거창한 의식의 제국주의, 즉 현상학적 임무는 완수될 수 있는가? 데카르트적 예를 다시 들어본다면, 꿈에서 깨어나 내가 꿈을 조심스럽게 상기한다고 해서, 그것이 내가 꾼 꿈의 정확한 기술이 될 수 있고, 이러한 기술을 통해서 내가 꿈속에서 겪은 경험을 올바로 해명해줄 수 있을까? 꿈을 본격적으로 분석하기 시작했던 정신분석학자들조차도 이러한 물음에 확실하게 대답할 수는 없었다. 최대한 긍정

171) Michel Foucault, *La pensée du dehors*, fata morgana, 1986, p.21.
172) Michel Foucault, *Les mots et les choses*, p.347.

적으로 말해서 그것은 '어느 정도는' 가능할지 몰라도, '결코 완수될 수 없기' 때문이다. 그래서 현상학적 반성은 무한한 반복을 주문할 수밖에 없었고 유한한 인간에게 이 무한한 임무는 불가능하다는 자각이 불거져 나오면서 구조주의자들은 이 임무 자체를 하나의 픽션(fiction)으로 생각하고 비웃음거리로 만들었던 것이다.173) 그러나 현상학자들(반성철학자들)은 현상학자로 남기 위해서 이러한 임무가 완수될 수 있다고 믿어야 한다. 우리가 이미 보았듯이, 데카르트는 절대 주체를 찾음으로써 손쉽게 이러한 임무를 완수했다고 믿었고, 후설은 자신이 그것을 실천적으로 보여주지는 못했지만, 끝없는 반성을 주문하면서 이론적으로 그것을 완수할 수 있는 가능성을 열어놓았다. 문제는 과연 메를로-뽕띠가 그것을 믿을 수 있었느냐 하는 것에 있다. 만일 그가 그것을 믿지 않으면서도 '비반성적인 것의 반성'을 촉구했다면, 그는 소크라테스의 경우처럼 체계 안에서 체계를 배신하는 꼴이 될 것이다. 이는 그가 끝가지 현상학자로 남아있을 수 없는 이유가 될 것이다.

결론적으로 말하자면─우리가 부단히 암시했던 바이기도 하지만─, 메를로-뽕띠는 끝없는 반성을 주문했으면서도, 그것을 완수할 수 있으리라 기대하지 않았던 것 같다. 그에게 무한은 진짜 무한이었다. 『지각의 현상학』에서 보듯이, 그는 회의론과 싸워야 했고, 그가 회의론에서 벗어나는 방법은 신학적 목적론이 아니라 '지금 여기'에 대한 니이체적 긍정이었다. 그가 신체에 대해 집착한 이유도 거기에 있었다. 익명적 신체라는 바탕은 이와 같은 '완수할 수 없음'의 빈틈이 속해 있는 곳이기 때문이다. 그럼에도 불구하고 『지각의 현상학』의 그의 아이러니한 태도에서 푸코가 말하는 고고학적 문턱을 발견하기는 어렵다. 푸코에게는 이러한 불가능성을 정면으로 언급하는 표지가 필요한데, '주체의 종말'과 같이 현상학적 안의 사유에 종말을 고하는 일종의 '바깥

---

173) Michel Foucault, *La pensée du dehors*, p.21 참조.

166

의 사유'를 선언할 수 있는 하나의 문턱이 발견될 수 있어야 하기 때문이다. 의식적 주체가 참여하지 못하는 사건들, '비사유'는 안의 사유의 전 단계가 아니라 안의 사유의 틈이 되어야 한다. 푸코가 말하듯이, "비사유—사람들이 어떤 이름을 붙이건 간에—는 오그라든 자연이나 여러 층으로 된 역사처럼 인간에 머물러 있지 않는다. 그것은 인간과 관련하여 타자이다."174) 우리가 우리와 다른 '타자들'을 아무리 열심히 이해하려해도, 여전히 그들에게는 우리가 이해할 수 없는 것, 즉 우리 사유의 바깥, '비사유'가 남아 있다. 우리 자신에게는 그리고 사물과 세계에는 우리가 도저히 어쩌지 못하는 타자성(altérité)이 남아 있다. 우리가 그것을 인정하는 순간, 투명한 코기토의 오만함을 버리고 겸손해질 수밖에 없지 않은가? 마찬가지로 현상학적 과제가 그러하듯이, 근본적으로 우리가 언제나 비사유에 향해 있어야만 한다면, 이는 우리가 코기토임에도 불구하고 결국 그러한 코기토를 가능하게 하는 우리의 바깥, 타자성을 선험적으로 인정해야 함을 의미한다.

이제 새로운 철학은 반성을 통해서 자기 안을 확인함으로써 자기를 회복하는 일이 아니라 과감하게 자기 밖으로 나아가는 모험을 권유한다. 푸코가 제안하듯이, 우리는 바깥의 사유의 기본적인 형태와 범주들을 규정하고 그 사유 과정을 재발견하고, 그것이 어떻게 우리를 통과하는지를 탐구해야 할 것이다.175) 그래서 이러한 새로운 '어휘 사전' 속에는 '안(dedan)' 대신 '바깥(dehors)'이, '주관성(subjectivité)' 대신 '실증성(positivité)'이, '주체(sujet)' 대신 '타자(l'Autre)'가, '의식(conscience)' 대신 '무의식(inconscience)'이, '현상학적 기술의 충전성(adéquation)' 대신 '틈(écart)'이 채워 있어야 한다.

---

174) Michel Foucault, *Les mots et les choses*, p.337.
175) Michel Foucault, *La pensée du dehors*, p.16 참조.

"어떻게 이 낯선 관계에 접근할 수 있을까? 아마도 서구 문화가 가장자리에서 아직은 불확실한 그것의 가능성을 그렸던 하나의 사유 형식에 의해서? 그러한 사유는, 외부의 것처럼 주관성의 한계들을 드러나게 하기 위해, 주관성의 종말을 언표하기 위해, 주관성의 분산을 번득이게 하고 주관성의 어찌할 수 없는 부재만을 받아들이기 위해, 모든 종류의 주관성의 바깥에서 견지된다. 그리고 그러한 사유는 동시에 실증성의 토대와 정당화를 붙잡기 위해서가 아니라 실증성이 펼쳐지는 공간, 실증성에 여지를 줄 공백, 실증성 속에서 사유가 구성되고 사람들이 실증성을 응시하자마자 실증성의 직접적인 확실성들이 떠나가 버리는 거리를 재발견하기 위해서, 모든 종류의 실증성의 문턱에서 견지된다. 그러한 사유는 우리의 철학적 반성의 내면성과 관련하여 그리고 우리 지식의 실증성과 관련하여 '바깥의 사유'라는 말로 불리울 수 있는 것을 구성한다."176)

전기의 메를로-뽕띠의 경우, 안의 사유의 어휘들로 채워진 현상학적 체계로 작업하고 있었기 때문에, 설사 그가 바깥의 사유를 암시하는 표지를 가지고 있었다고 하더라도, 그러한 체계에 머물러 있는 한, 그 표지는 억압될 수밖에 없다. 이를테면 주체의 자리에 대신 들어선 신체는 주체의 죽음이라기보다, 주체의 변형으로 비추어질 수밖에 없었을 것이다. 익명적 신체는 의식의 안에 있지 않지만, 의식의 안과 관련하여 자주 언급되었다. 이러한 상황에서 익명적 신체가 바깥을 지칭하는 표지로 읽히기 힘든 것이 사실이다. 그러나 후기에 이르러 메를로-뽕띠는 이러한 안의 사유에 대해서 전기보다 더 신랄하게 비판하였는데,177) 이때 그는 몇몇 후설의 용어들을 계승하고 있기는 하지만, 이미 현상학적 체계를 벗어난 후였다. 명시적으로 그는 "모든 빛의 아궁이"는 '내'가 아니라 나의 바깥에 있는 세계라고 말한다(Ⅵ. 71). 『지각의 현상학』에서 꾸준히 견지되었던 것이기도 하지만, 세계

176) Michel Foucault, *La pensée du dehors*, pp.15~16.
177) 특히 Ⅵ. 67, 56~70 참조.

는 데카르트적 기원에서처럼 나의 사유와 타자의 사유가 정확히 일치하는 상호주관적 세계가 아니라 "나의 사유 너머, 타자의 사유 너머에 있는" 것이다(*VI.* 72). 세계와 나는 포함관계가 아니라 서로 외적인 관계에 있다.178) 이제 '나'는 나의 빛으로 세상의 어두움을 비추는 자가 아니라 바깥의 빛의 은총을 수동적으로 기다리는 자에 불과하다. 내가 아무리 해도 나의 것으로 만들 수 없었던 것, 비사유, 빈틈, 어두움 속에서 갑자기 섬광(clarté)이 나에게 나타날 뿐이다. 이성의 빛(lumière)의 아궁이인 세계는 우리의 사유로 감히 고갈될 수 없는 초월적 존재(Être)이지만, 우리가 언제나 향해 나아가야 하는 곳이다. 무게 중심은 더 이상 주체에 있지 않고 주체의 바깥인 세계에 있다. 그리고 이러한 시점 이동은 그가 더 이상 현상학이 아니라 존재론으로 이행할 수밖에 없도록 만들었다. 그의 후기 철학은 이른바 '바깥의 사유의 기본적인 형태와 범주들을 규정하고 그 사유 과정을 재발견하고, 그것이 어떻게 우리를 통과하는지를 탐구하는 것', 즉 푸코가 제안했던 바로 그러한 바깥의 사유였던 것이다.

> "만일 철학이 가능한 하나의 은폐를 배제하지 않는 세계에의 이러한 시원적 개시를 전유하고 이해해야 한다면, 철학은 그러한 개시를 기술하는데 만족할 수 없다. 철학은 그것 없이는 세계의 은폐가 배제될 그러한 개시가 어떻게 있을 수 있는지를, 철학은 어떻게 매순간 자연적으로 우리가 빛의 은총을 받는 것이 가능한지를 우리에게 말해주어야 한다."(*VI.* 49).

물론 메를로−뽕띠가 이러한 철학을 주문하면서 익명적 신체가 바깥을 의미한다고 명시적으로 언급하지는 않았다. 전기 철학에서 그러했듯이, 신체는 안과 밖이 교차하는 이중적인 교차 지점이 되고 있기

---

178) *VI.* 53 참조.

때문이다. 만일 푸코의 말대로 전기의 메를로-뽕띠의 신체 주체가 선험 주체의 변형에 불과하다면, 명백히 반성철학 일반을 비판하고 있는 후기의 메를로-뽕띠에게서 전기의 신체는 철회되어야 마땅했을 것이다. 그러나 메를로-뽕띠는 그러지 않았다. 오히려 신체는 『보이는 것과 보이지 않는 것』에서 더 강조된다. 애초부터 그의 신체는 현상학적인 반성적 주체와는 상관없었던 것이다. 신체는 후기 철학에서 전기 철학에서는 다소 미진했던, 반성 철학과의 완전한 결별을 선언하는 계기로 다루어진다.

2) 살의 키아즘

우리는 그 동안 메를로-뽕띠가 신체 개념을 기존의 해부학적 개념과 상당히 다른 의미로 사용하고 있음을 강조해 왔다. 전기 사유의 틀을 빌자면, 그것은 '현상학적' 신체인데, 후기의 그는 바깥의 사유를 위해서 이러한 체계 순환적인 수식어를 넘어서야 할 필요가 있었을 것이다. 그리하여 『보이는 것과 보이지 않는 것』에서 그는 정신과 반정립적 관계에 놓여 있는 것으로 오해될 소지가 있는 '신체(corps)' 대신 '살(chair)'이라는 표현을 자주 사용하고 있는데, 이러한 변화는 그가 현상학에서 존재론으로 철학의 환경을 교체했다는 가장 직접적인 암시가 될 수 있다. 그는 후기에 완전히 반데카르트적 입장에 서 있었고 이런 입장 변화는 데카르트와 근친 관계에 있는 현상학적 반성을 쇄신하는 일로 나타난다. 그런 점에서 '살'은 그러한 기계론적인 실체로 생각될 수 없도록 만드는 묘한 표현이다. 그가 직접 말하고 있듯이, 살은 전소크라테스 시기의 철학자들이 변화하는 존재자들을 설명하기 위해서 물, 불, 흙, 바람과 같은 불변의 요소(élément)를 거론했던 것과 동일한 근거에서 명명되었다.179)

그렇다고 해서 그의 신체 철학이나 살의 철학은 새로운 유물론이나 물

170

활론(hylozïsme)을 의미하지 않는다. 이는 존재자들을 가능하게 하는 존재(Être)로서 있지만 '지금, 여기'와 같은 현사실성(facticité)에 긴밀히 연결되어 있는 "보편적인 존재(Être)에 대한 구체적인 상징(emblème)"(VI. 194)이다. 전소크라테스기의 철학자들이 생각했던 요소들에 각각의 고유의 성질들이 있듯이, 살에도 고유한 성질이 있을 터인데, 이를테면, 물, 불, 흙, 바람이 그러하듯이 살은 유형적으로 존재하되, 어떤 결정된 형태로 존재하지 않기 때문에, 부단히 움직이는 것, 다른 것들과 합해지고 분리되는 어떤 익명적 생명을 상징한다. 이를테면, 살에는 정해진 형상 없이 물처럼 흐르는 성질, 불의 따스함, 흙이 주는 안정적 유형성과 점진적 변화 가능성, 멀리 이동할 수 있는 바람의 성질이 있는데, 살은 이러한 자연 철학적 요소들의 종합과 같다. 따스한 덩어리로서의 살, 율동하는 살의 파동, 다른 살들과 접촉하여 하나로 되는 살, 점점 더 커지는 움직이는 살, 동시에 분열되면서 점점 작아지는 살, 살의 증식과 분열...

살에 대한 우리의 상상을 가장 잘 상징화시킬 수 있는 것이 생물학적인 세포의 아메바 운동일 것이다.[180] 모든 존재(Être), 즉 모든 생명체뿐만 아니라, 모든 사건들과 현상들은 이런 세포들의 이합집산, 증식과 분열의 운동 속에 있다. 메를로-뽕띠가 『지각의 현상학』에서 신체를 통해서 환영일지도 모를 사물과 세계를 구조해내었듯이, 살은 우리가 생물학적으로 생명체로 인정하는 것에 한정되지 않고 무생물적이고 순수하게 사건적인 것, 심지어 환영마저도 살이 됨으로써 이 우주는 살들의 이합집산과 같은 생명의 논리 속에 있게 된다. 주체로부터 떨어져서 '멀리서 보는' 이러한 존재론의 시각에서 존재(Être)로서의 살은 한시도 쉬지 않는 것처럼 보이는데, 살의 우주는 어떤 땐 빠르게 움직이기도 하고 어떤 땐 보이지 않을 정도로 느리게 움직이기도 하는 끝없는 운동 속에 있다. 살이 자기 몸의 표면에 나 있는 촉수(pseudopodes)들을 통

---

179) *VI.* 184 참조.
180) *VI.* 176 참조.

해 다른 살들과 접합하여 하나의 살이 되는 융합의 운동, 그리고 하나의 살에서 다른 새끼 살들이 분산되는 분열적 운동을 통해서 말이다. 그래서 이런 아메바 운동을 하는 살은 하나의 형태로 고정될 수 없는 것이며, 각각의 살들에 한시적 이름을 붙이기 전에 이 모든 것들은 하나같이 일반적 살이 될 수밖에 없는 것이다.

> "세계의 살은 나의 살로서 느껴지는 것이 아니다—그것은 감각될 수 있지만 감각하는 것은 아니다—. 나는 그럼에도 불구하고 그것을 살이라고 부른다(예를 들어 양각, 깊이, 미쇼트(Michotte)의 경험에서의 '삶'). 그것이 가능적인 것의 프레냥스, 세계 가능성(Weltmöglichkeit)이라고 말하기 위해서 말이다(그런 세계의 다양한 가능적 세계들, 단수이건 복수이건 이편의 세계). 그리하여 그것은 절대적으로 대상이 아니며, 순수한 사태로 있는 양식은 단지 그러한 세계에 대한 편중되고 이차적인 표현에 지나지 않는다고 말하기 위해서 말이다. 그것은 물활론(hylozïsme)이 아니다. 거꾸로 물활론은 개념화이다.—설명적인—존재자의 질서, 육적 현전성에 대한 우리의 경험의 질서 속에 있는 거짓된 주제화—사람들이 생각 끝에 고유 신체를 이해할 수 있는 것은 세계의 살에 의해서이다."(*Ⅵ.* 304).

물론 신체가 사물과 세계를 분절하는 계기로 작용한다는 것은 사실이다. 『지각의 현상학』에서부터 그 자신이 강조했던 바대로, "공간은 공간의 영점, 혹은 영도로서, 나로부터 출발하고 있"지만, 이런 공간은 '나의' 것이 아니다. "나는 그 속에 잠겨있다. 결국 세계는 나를 둘러싸고 있지 내 앞에 놓여 있는 것이 아니다."(*OE.* 59). 더 분명하게 표현하자면, 존재의 요소인 살은 나의 살이 아니다. 나의 살이 있다 해도 나의 살은 다른 살들로 둘러싸이게 되고, 나의 살과 남의 살의 경계는 아메바 운동 속에서 새로운 의미 경계(나—타자의 경계)를 산출하면서 사라져 버릴 것이기 때문이다. 그런 점에서 살의 존재론은 의식의 감옥에서 벗어나 있다. 그러나 메를로—뽕띠가 현상학에서 이러

172

한 존재론으로 이행하기 위해서는 반드시 건너야 하는 다리(역설)가 있다. 그가 거기서 빠져나오지 못하면 다시 '현상학적 감옥'에 갇힐 수밖에 없는 막다른 길, 이것은 현상학적인 사유의 모순인 동시에 구조주의로의 이행의 통로이기도 하다. 이미 그는 여러 곳에서 '타자의 역설'의 진보적 통찰을 후퇴시키는 후설의 현상학적 구성을 비판한 바 있다.181) 다음 역설이 해결되기 전에는 메를로-뽕띠의 존재론은 바깥의 사유가 될 수 없다; 과연 내가 인식의 출발점으로서 나의 신체를 통해서만 세계를 지각할 수 있다면, 어떻게 그러한 출발점을 벗어나서 내가 나의 바깥을 볼 수 있다는 것인가? 이는 플라톤의 '배움의 역설' 이래로 꾸준히 거론되어 왔던 고질적 넌센스(불가지론)이기도 하다.182)

이는 그가 이미 『지각의 현상학』에서부터 논의했던 신체의 이중감각-깍지 끼기(allochirie)-과 관련된다. 이는 그 이전에 후설에게서 시작된 일이었는데, 그는 "촉각적 영역에 있어서 우리들은 촉각적으로 구성된 '외적 객체'를 가지고 있고 더욱이 제 2의 객체로서 촉각적으

---

181) *S*.117~118 참조.
182) 나(moi)를 통해서만 인식이 가능하다는 전제를 충실하게 지키면서, 가능한 하나의 해결을 생각해보자. 즉 현상학자들에게 내 바깥에 있다고 믿는 세계는 사실상 그 보다 상위의 '나'를 통해서 가능한 세계, 즉 상위의 '나'의 안에 있는 세계에 불과하다. 이 '바깥'은 진짜 바깥이 아니며, 나의 존재 위계를 통해서 안과 밖의 변증법적 운동에 있을 뿐이다. '나'의 존재 위계는 개인적 나에서 객관적인 나, 상호주관적인 나, 객관 정신 등으로 구성되어 있다. 소박한 유아론이라는 오명을 벗기 위해 후설이 취한 해결책은 바로 이런 식이었다. 의식의 지향성에 의해서 의식은 자기를 넘어서는 것을 탐내는 본성을 가지는데, 이 본성이 여전히 의식의 본성인 한에서 자기를 넘어서는 것 역시 의식의 것이다. 반성은 근본적으로 내재적인 것이다. 앞에서 보았듯이, 전기의 메를로-뽕띠는 세계 내존재를 이와 같은 지향성을 통해 설명했다. 그러나 그의 지향성은 정확히 말하면 의식의 지향성이 아니라 신체적 지향성이었다. 문제는 어떻게 신체적 지향성을 통해서 우리가 의식의 안에서 바깥으로 이행할 수 있다는 것인가 하는 점이다. 그것이 바로 메를로-뽕띠의 살의 키아즘의 핵심인 것이다.

로 자기 구성을 하는 어떤 '신체'를 가지고 있다. 예를 들어 만지고
있는 손가락이 그러한데, 그 경우 손가락을 만지고 있는 것은 손가락
이다."183)라고 말하면서도 이중감각을 촉각에만 한정함으로써 그 통찰
의 중요성을 크게 인지하지 못했다. "나는 내 자신을 만지듯이 내 자
신, 즉 내 신체를 볼 수 없다. 내가 보게 된 신체라고 부르고 있는 것
은 만져진 신체로서의 내 신체, 만져진 만지는 것으로 있는 경우와 다
르고 보여진 보는 것도 아니다."184)

그러나 메를로-뽕띠의 경우 이러한 현상은 확실히 봄에서도 성립
되는데, 그는 후설이 해결하지 못했던 타자의 역설을 이를 통해 해명
할 수 있었기 때문이다185); 나의 신체는 내 바깥의 타자를 '보는' 존
재인 동시에 바깥의 타자에 의해서 '보여 지는' 존재이다. 우리가 바
깥의 사유로 이행하기 위해서 해결해야 할 모순도 이와 유사한 것
이다; 어떻게 내가 보고 있는 이것이 꿈이 아니라고, 내 바깥에 있는
것이라고 말할 수 있는가? 마치 누군가가 내 바깥에 있어서 내가 바
깥을 바라보고 있다는 사실을 보고 있고, 또 그 사실을 내가 알고 있
는 듯이 말이다. 메를로-뽕띠는 이러한 기묘한 체험을 다음처럼 묘사
하고 있다.

"어떤 광경 속에서 나의 응시가 부딪혀서-다른 인간 신체, 확장
하자면 동물적 신체들 말이다-농락당한 적이 있다. 내가 그것들을
둘러싸고 있다고 믿었던 바로 그 때, 나는 그것들에 의해 둘러싸인
다. 나는 내 고유 신체의 가능성들을 일깨우고 부르는 형태가 마치
나의 제스처나 행동들인 것처럼 공간 속에서 그려지는 것을 본다.
모든 것은 마치 지향성과 지향적 대상의 기능들이 역설적으로 뒤바

183) E. Husserl, Husserliana Ⅳ, Den Haag u. Dordrecht, seit 1950, S.147.
184) E. Husserl, 앞의 책, S.158.
185) S.117~118. 참조. 물론 메를로-뽕띠의 완곡한 표현에 따르면, 후설은
후기 사상을 통해서 이러한 타자의 역설을 알아차리고 이런 의미로 상호
주관성의 문제를 해결했다고 말하면서 그 공을 후설에게 양보하고 있다.

꿔어진 것처럼 일어난다. 광경은 그것의 충분한 구경꾼이 되도록 나를 초대하는데, 마치 나의 정신과는 다른 또 다른 정신이 갑작스럽게 나의 신체에 머물게 되는 것처럼, 혹은 나의 정신이 저쪽으로 이끌려서 나의 정신이 주어지는 동안에 있을 광경 속으로 이주하는 것처럼 말이다. 나는 내 바깥에서 제 2의 내 자신에 의해 덥석 물리는데, 나는 타자를 지각하고 있는 것이다."(S.118).

명백히 타자를 내 바깥에 있는 존재로서 겪는, 심지어 내 자신도 내 바깥에 있는 것처럼 겪는 분열적 체험은 단순히 일회적 농락에 그치지 않는다. 우리가 그것을 무시하지 않고-정신병자가 된 것인 양-불안해하지 않고 받아들인다면, 그러한 역설이 바로 우리의 지각적 체험의 본질이라는 사실을 발견할 수 있다. 메를로-뽕띠는 그것을 후설처럼 주체의 구성으로 환원해버리지 않았다. 그는 이중화된 표상(représentation dédoublée) 자체를 받아들이고 타자의 역설을 해결하려는 하등의 노력도 하지 않았는데, 오히려 이처럼 우리가 농락당하게 되는 이처럼 진동하는 불안정한 순간이야말로 진정하게 타자를 발견하게 되는 순간이라고 말했던 것이다. 역설의 심연을 통해서 진정한 의미에서의 타자성(altérité)의 발견이 시작된다. 그는 이러한 발견을 후기 사상을 통해서 더욱 주목하고 발전시켰는데, 우리가 키아즘으로 부르는 것이 바로 그러했다.

"나의 신체가 보는 자인 동시에 보여 지는 것이라는 사실은 수수께끼이다. 모든 사물들을 응시하는 나의 신체는 또한 응시될 수 있으며 나의 신체가 응시하는 것 속에서 그리하여 나의 신체의 보는 힘(puissance)의 '또 다른 면'을 재인식할 수 있다. 보는 자로서 나의 신체는 보여 지며 만지는 자로서 나의 신체는 만져지는데, 신체는 자기 자신에 대해서 가시적이고 감각적이다....-혼연한 자기, 나르시즘적 자기, 보는 자로부터 그가 보는 것에로의, 만지는 자로부터 그가 만지는 것에로의, 지각하는 자로부터 지각되는 것에로의

고유한 자기―그리하여 사물들 가운데서 취해지는 자기, 정면과 뒷
면을 가지고 과거와 미래... 등을 가지는 자기이다."(*OE*. 18~19).

우리는 나의 시선이 타자의 시선과 마주할 때를 가정해볼 수 있을
것이다. 내가 타자를 보았을 때, 타자 역시 나를 보고 있었다면, 내가
보는 것은 나를 보는 타자의 시선이다. 즉 타자의 시선을 느끼면서 나
는 타자를 보는 동시에 타자의 시선이 닿는 내 자신을 간접적으로 보
게 된다. 이것이 바로 '나의 신체의 보는 힘의 또 다른 면'이다. 내가
우리 바깥의 사물들을 보고 있다는 사실을 알기 위해서는 내 시선이
나에게서 타자에게로, 타자에게서 나에게로 부메랑처럼 원을 그리며
돌아와야 한다. 이런 우회의 운동은 한 번으로 끝나지 않는데, 내가
타자가 될 수 없고 타자가 내가 될 수 없는 한에서, 타자의 시선과 나
의 시선 중 어느 하나로 고정되는 일은 일어나지 않기 때문이다. 내가
멀리 있는 타자를 볼 경우에, 나는 타자의 형체만으로도 그 역시 나를
멀리서 응시하고 있음을 알 수 있는데, 이를테면 나는 멀리서 내 자신
의 모습을 볼 수 있다. 그러나 그것이 과연 나의 진정한 모습인가? 누
구도 그것을 확신할 수 없다. 나는 그렇게 그것이 꿈이 아니라고 확신
할 수 없는 한에서, 나는 여전히 안에 있는 것이다. 그래서 데카르트
적 반성과 의심이 계속되듯이, 나―타자의 상호 응시는 나와 타자 사
이의 거리가 없어질 때까지, 즉 타자와 내가 일치할 때까지 계속 순환
될 수밖에 없는 것이다. 그러나 그렇게 나는 여전히 안에 있지만, 그
때의 나는 이미 바깥에 나갔다가 들어온 달라진 나이다. 즉, 반대로
그것을 꿈이라고 인정하는 것, 혹은 그것이 꿈일지도 모른다고 말하는
것 자체는 내가 꿈 바깥에 있다는 것을 의미하거나 최소한 그것과 다
르게 그 바깥이 존재한다는 사실을 인정하는 것이기 때문이다. 결국
내가 나―타자의 응시를 '계속'한다는 것은 이미 바깥이 있음을 깨닫
고 그것을 응시하기를 선택하는 것이다.

　매우 가까운 거리에서의 접촉의 교환, 즉 나의 손이 타자의 손을 잡을 때, '한편'으로는 내가 타자의 손을 감촉하고 '다른 편'으로는 타자에 의해서 나의 손의 감촉되는 것을 느끼는 이 묘한 '단절적인' 느낌을 생각해보라. 그것들이 신체로 있기 때문에, 나와 타자 사이의 단절적 원환(cercle)은 완결되지 않는다. 우리는 이런 우회의 원환들을 돌면서 무익한 공전을 하는 것이 아닌데, 매 회전마다 '신체의 보는 힘의 다른 면'을 부가적으로 증식시키기 때문이다. 그의 윤곽—나의 옷매무새—그의 걸음걸이—나의 걸음걸이—그의 바쁜 듯한 표정—나의 얼굴—그의 시선—나의 눈빛—그의 손—나의 손—그의 생각—나의 생각... 각각은 다르다. 그러나 그렇게 다른 면들은 계속해서 교환된다. 그렇다면 바깥은 타자의 시선이 오는 저기 저 곳이 아니라 나-타자의 시선의 단절적 교환을 가능하게 하는 것, 즉 그것을 계속해서 작동시키는 단절의 틈이 아니던가? 나-타자의 시선이 이러한 틈을 매번 통과하면서 '단절적으로' 증식되고 분열되는 한에서, 그리고 우리가 그러한 변형, 단절, 차이를 무시하지 않는 한에서, 우리는 매 순간 바깥에 나갔다가 다시 들어오는 것이 아닌가? 그것이 찰라라 하더라도 우리가 아닌 심연의 순간이 있었다면, 그것이 바로 바깥일 것이다. 그것은 어떤 의식적 의미도 형상도 부재하는, 말하자면 나와 타자를 구별시켜 주는 심연의 순간일 것이다. 그러한 틈(차이나 단절)에 의해서 우리의 응시와 반성이 계속되는 한에서, 우리의 사유가 미완성적이고 비결정적이고 개방적이라는 사실 자체가 바로 바깥의 사유의 증거인 것이다.

　그러나 이러한 바깥의 사유에 의해서 우리의 시선이 단절적이고 파편적이고 차이로 가득 차 있다면, 우리 자신과 타자 일반에 대한 (총체적) 인식은 불가능하다. 인식이 이러한 차이와 단편들을 하나의 전체로 연결할 수 있을 때 가능한 한에서, 나-타자의 응시를 통해서 이러한 차이들이 무시되지 않는 일종의 동일성이 마련되어야 한다. 메를로-뽕띠의 키아즘은 그것을 가능하게 한다. 나-타자 시선의 교환이 반복되면 반복될수록 나와 타자의 구분은 잊혀지게 되는데, 즉 "주체의 역할과 주체가 보는 것의 역할은 교환되고 전복된다."(*PM.* 187). 순환 속에서 나의 신체와 타자의 신체 사이에 "엉킴(entrelac)", "침식(empiétement)", "걸치기(enjambement)"(*VI.* 231~232)가 일어난다. 이는 우리에게 전혀 낯선 신체적 경험이 아닌데, 이는 흔히 심리학적으로 감정이입(Einfühlung)이나 동화 등으로 지칭되는 미묘한 동일성의 경험과 유사하다.186)

그러나 심리주의적 선입견에 빠지지 않으면서, 이러한 신체적 파토스에 대한 가장 그럴듯한 언급은 철학사에서 그 동안 배제되어 온 신체에 대해 정당한 위상을 부여했던 니이체의 그것일 것이다. 그는 이러한 교환 현상을 두고 신체의 힘(puissance)을 활성화시키는 신체의 감수성(sensibilité), 거기서 모든 느낌이 파생되는 '원초적인 감정적 형식(la forme affective primitive)'으로서 중요시했다. "힘에의 의지(Wille zur Macht, la volonté de puissance)가 명시되기 위해서는 힘에의 의지는 그것이 보는 사물들을 지각할 필요가 있고 그것에 동화 가능한 것의 접근을 느낀다."187) 우리는 신체의 이중감각(allochirie)이 야기 시키는 이러한 "재엇갈림(recroisement)"(*VI.* 176), "보는 것과 보이는 것의 이상한 교착(adhérence)"(*VI.* 183)을 통해서 하나의 전체처럼 느껴지는 일종의 동일성(identité)을 획득할 수 있는데, 바로 이것을 메를로-뽕띠

---

186) 후설이 타자를 설명하기 위해 이러한 감정이입(Einfühlung)을 끌어들였음을 기억하자. 메를로-뽕띠도 이러한 현상을 키아즘으로 언급하기 이전에 후설의 용어를 창조적으로 계승하는 차원에서 Einfühlung이라고 명칭하기도 했다. "나는 거짓도 아니고 절대적 의미에서 진리도 아닌 감각론적인 Einfühlung의 기술을 만든다. 나는 생각한다는 Einfühlung을 아는 것"(*VI.* 231~232).

187) Gilles Deleuze, *Nietzsche et la philosophie*, P.U.F., 1962, p.71에서 니이체의 『힘에의 의지』 89의 한 구절을 재인용.

가 '신체'나 '살'로 칭했던 것이다. "그래서 보는 것과 보이는 것은 상호적이 되고 누가 보고 누가 보여 지는지 더 이상 알 수 없게 된다. 우리가 언제나 살이라고 부르는 것은 그러한 가시성, 즉자적인 감각성의 그러한 일반성, 나-자신의 타고난 그러한 익명성이다."(VI. 183). 우리가 그 동안 언급했던 신체의 익명성, 존재(Être)로서의 살은 바로 이런 융합 운동 속에 있는 두 개, 혹은 다수의 부분들을 하나로 총칭하는 것이었다.

그러나 이러한 동일성은 주지주의자들의 그것과 전혀 다르다. 그는 그것을 구조주의적인 동일성, 혹은 동형성으로 생각했다. "그러나 어떤 의미로 보는 것과 보이는 것이 동일하다는 것인가? 동일하다는 것은 관념성의 의미도, 실재적 관념성의 의미도 아니다. 그것은 구조주의적인 의미에서의 동일성(le même)이다. 동일한 틀, 동일한 형태를 가진 (Gestalthafte), '동일한' 존재의 또 다른 차원의 열림이라는 의미에서 말이다."(VI. 315). 구조주의적인 동일성은 결코 그것을 이루는 부분들이 유기적으로 종합되어 있다는 의미는 아닌데, 각 부분들은 하나의 살 속에서도 여전히 대립적이고 역설적인 관계에 있기 때문이다. 신체의 "두 개의 패들은 보충되는 것이지 혼동되는 것이 아니다. 두 패들은 전체의 부분들이지만, 겹쳐지지 않는다."(VI. 177). 앞에서 보았듯이, 타자의 시선과 나의 시선은 결코 일치되는 법이 없다. 그가 말하길, "보는 것과 보이는 것의 일치는 없다. 그러나 각각은 다른 쪽에서 빌어오거나 취하거나 침식하며 다른 쪽과 교차되고 다른 쪽과 키아즘으로 있다. 어떻게 다수의 키아즘들이 유일한 의미로 되는가? 합의 의미, 근원적으로 종합적인 통일의 의미에서가 아니라 언제나 전이(Übertragung), 침식, 그리하여 존재의 빛의 의미에서."(VI. 314~315).

이처럼 그는 "묘한 교환의 체계"(VI. 293)를 지칭하기 위해, 서로 대립되는 두 항을 엇갈려 배치시키는 수사법의 기교인, 키아즈마(chiasma)라는 말을 사용했던 것이다.188) "우리는 자연인으로서, 일종의 키아즘마에 의해 우리가 다른 것들이 되고 우리가 세계가 되는 지점에서 우리에게 그리고 사물들에서, 우리에게 그리고 타자에게 놓여진다."(*Ⅵ.* 212). 그리고 그는 키아즘을 인간의 신체에만 한정하지 않았다. 이는 지각 일반에서 일어나는 사건이 된 것이다.

> "이러한 첫 번째 역설은 또 다른 역설을 낳지 않을 수 없다. 가시적인 동시에 가동적인(mobile) 나의 신체는 많은 사물들이며 사물들 가운데 사물이며 세계의 결(tissu)에 처해 있으며 나의 신체의 응결은 하나의 사물의 응결이다. 그러나 신체가 보고 움직여지는 한에서, 자기 주위에 원환을 그리며 사물들을 붙잡고 있다. 사물들은 신체의 부속이거나 연장이며, 신체의 살 속에 박혀 있고 신체의 충분한 정의의 부분이며 세계는 신체와 동일한 재료로 만들어진다. 그러한 전복, 그러한 이율배반들은 다양한 방식으로 말해질 수 있다. 봄은 처해지거나 사물들 가운데서 만들어진다고, 바로 거기서 가시적인 것은 보는 행위로 놓여지며 대자적으로 가시적이 된다고, 그리고 모든 사물들의 봄에 의해서 크리스탈 속의 모수(l'eau de mère)처럼 지각하는 자와 지각되는 것의 공유가 지지된다고 말이다."(*OE.* 19~20).

지각의 순간, 우리는 우리의 신체와 사물들의 가시적인 표면 사이에서 일어나는 꿈틀거리는 살의 융합·증식 작용에 들어가게 된다. 양자 사이를 진동하는 수많은 상호 교환의 원환들이 그려지면서 우리와 사

---

188) *Ⅵ.* 268 참조. 키아즘의 의미의 기원은 수사법으로 그것이 정착되기 이전에 두 선이 서로 얽혀 있는 희랍어의 철자 x(키)에서 기인한 것이다. 메를로-뽕띠는 키아즈마 현상을 전기 철학에서 그것의 초보적 언급으로서 손깍지 끼기(allochirie)와 타자의 역설을 통해서 이미 개진시킨 바 있지만, 이를 존재론의 근거로 발전시키면서 분명하게 키아즘이라고 언급하기 시작한 것은 그의 작업 노트에 따르면 1959년 11월 1일 이후이다 (*Ⅵ.* 224 참조). 그러나 우리는 이러한 시간적 구별점에 큰 의미를 두지 않을 것이다. 전기 철학에서 살의 키아즘이 명시적으로 표현되지 않았다 하더라도, 충분히 예견될 수 있기 때문이다.

물들 사이의 상호 내속적인 살이 형상을 드러내는데, 이것을 바로 우리가 여태까지 '세계내존재(être-au-mond)'로 불렀던 것이다. 이런 존재는 바로 우리인 바의 세계를 지칭했지만, 개별적인 우리 자신을 의미하거나 즉자적인 세계를 의미하지 않았다. 이런 세계는 우리와 사물들 '사이에' 있으며, 우리와 사물들의 '접촉을 통해서' 있을 뿐이다. 그렇게 융합된 살이 형상을 갖추게 되듯이 세계는 구조를 갖추게 되는데, 키아즘적 반복의 양상에 따라서 이러한 세계의 구조는 규모와 특성 면에서 다르게 나타날 것이다.

대표적 사례로서 메를로-뽕띠는 『지각의 현상학』에서 심맹환자의 세계와 정상인의 세계를 비교한 바 있다. 그는 환자의 의미 생산 공간이 정상인의 그것에 비해 현격히 단조롭고 비좁은 이유는 환자가 그러한 공간 범주를 투사시켜주는 의식의 근본적인 능력을 결핍했기 때문이 아님을 강조했다. 공간 생성을 가능하게 하는 근본적인 것은 의식이 아니라, 정상이건, 병자이건-혹은 동물이건-그들 모두에게 공통적인 신체 고유의 힘, 즉 고유운동성이다. 그들의 공간은 의식의 추상적 범주나 투사가 아니라 고유 운동성을 가진 유동적인 살 그 자체라고 할 수 있다. 그렇기 때문에 정상인의 유동적인 살이 소뇌가 손상된 환자의 덜 유동적인 살에 비해 더 많은 의미의 공간, 즉 상징적 공간을 파생시킬 수 있었던 것이다.189) 메를로-뽕띠는 이러한 살의 꿈틀거리는 힘을 신체의 고유운동성으로 부르기도 하고 현상학적으로 각색된 용어인 "근원적 지향성"(pp.160)으로 부르기도 했다. 이러한 '지향성'은 현상학적 체계에 등록되어 있으면서도 더 이상 의식의 내재성을 의미하지 않는다는 점에서 그의 아이러니한 조어(造語)인데, 그에게 현상학적 지향성(Je peux)을 의식의 본질이 아니라 신체의 본질이었다.

---

189) *R.* 17~19 참조.

"나의 탐험의 계기들, 사물의 측면들, 사물의 한 측면에서 다른 측면에로의 두 개의 계열들을 재연결하는 지향성은 정신적 주체의 연결의 활동성이 아니며 대상의 순수한 연관들도 아니다. 그것은 내가 신체로 불리어지는 지각과 운동을 하는 그런 동물이기 때문에 원칙적으로 나에게 언제나 가능한, 운동의 한 단계에서 다른 단계에로의 육적 주체로서 실제화 시키는 전이이다."(*S*.211).

정신분석학의 영향을 받은 라깡이나 들뢰즈와 같은 구조주의자들은 이러한 힘을 욕망(désir)이라고 부른다. 욕망은 일반적으로 생각되는 세속적 의미의 관능적 성욕이라거나 자기 안에 결핍된 것을 채우려는 자기 충족의 욕구, 그래서 그것이 충족되면 사라지는 그런 성질의 것이 아니다. 욕망, 또는 성욕의 실체는 없다. 그것은 살의 증식·분열과 같이 계속되는 생성·생산의 힘을 지칭할 뿐이다.190) 들뢰즈와 가따리가 자본주의적 공간을 드러내기 위해 살을 '욕망하는 기계'와 '기관 없는 신체'로 상징했던 경우도 마찬가지일 것이다. 살의 생성과 증식은 다른 신체들과의 관계를 통해 이루어지는데, 그러한 관계가 연결적(connective) 종합, 즉 절단적이고 분절적인 이항대립적인 생산의 분절일 경우, 이는 욕망하는 기계가 되며, 그러한 관계가 선언적(disjontive) 종합, 즉 분절점을 무화시키는 무한한 생산의 흐름일 경우, 기관 없는 신체가 된다. 신체가 욕망하는 기계에서 기관 없는 신체로 되면서 의미의 공간은 끝없이 분산되고 파생적으로 생성된다.191)

그러므로 신체나 살의 본질은─그것을 무어라고 부르건 간에─자기를 넘어서는 익명적 힘(puissance), 즉 변형·생성의 힘을 의미한다. 살의 변형적인 생성이 가능하기 위해서는 살의 익명적 힘이 동일한 것이어서는 안 된다. 즉 살의 융합과 분열은 그것이 다양한 벡터로 실현되는 다수의 신체적 힘들의 관계 속에 있기 때문에 일어나는 것이다. 살

---

190) G. Deleuze & F. Guattari, *L'anti-oedipe*, Minuit, 1972, pp.7~59 참조.
191) 같은 책, pp.7~21 참조.

의 운동은 (힘들의) 차이를 통해서 일어난다. 결국 힘 혹은 신체의 "운동이 형태들이나 성질들의 조직으로 각인되며 그런 형태들이나 성질들로 있게 하는 계시자(révélateur)로서 있는 것이다."(*R*. 15). 『지각의 현상학』에서 그는 그것을 "고유 운동성의 차별적 기능"(*pp*.166)이라고 표현한 바 있다.

이와 같은 계시적 힘, 혹은 운동의 차별적 기능을 더 잘 설명하기 위해서 우리는 들뢰즈가 그랬던 것처럼, puissance로서의 힘(니이체의 macht로 보통 권력이나 역능으로 번역되는 것)과 그와 또 다른 의미의 힘인 force(일반적 의미로 통용되는 물리적인 힘)를 구별해서 생각해보는 것 - 여태까지 우리는 구별해서 쓰지 않았지만 - 이 효과적이다. 후자로서의 힘(force)은 우리가 물리학적으로 생각하듯이 사물을 점령하고 이용하는 힘으로 그런 사물 안에서 표현된다.192) 그런데 이런 힘은 물리학에서처럼, 기계적으로 언제나 동일한 힘으로 존재하지 않는다. 즉 힘들이 서로 부딪힐 때, 이들은 동일한 성질로 양화되는 것에 그치지 않는다. 서로 만난 두 힘들은 관계를 맺는데, 이를테면 지배를 하는 힘과 지배를 받는 힘과 같이 질적으로 상이한 힘들로서 말이다. 이를테면 사물에는 '힘(force)'이 있는 것이 아니라 '힘들(forces)'이 있는 것이다.

이를 살들의 융합과 관련해서 생각해보자. 살이 움직이는 이상, 그것은 힘을 가지고 있다. 살들의 접촉을 통해 힘들은 서로 부딪힌다. 우리는 이미 살이라는 통일적 현상이 이루어지는 가운데도 살을 이루는 부분들은 각기 역설적이리 만치 이질적 성질을 고스란히 지닌 채, 서로 얽혀 있음을 알고 있었다. 그러므로 살의 융합과 함께 이 힘들 역시 키아즘적으로 얽혀 있다고 말할 수 있는데, 이러한 힘들의 얽힘, 힘들(forces)의 마주침, 작용(action) 대 작용의 관계를 의미하는 것이 바로 전자로서의 힘

---

192) Gilles Deleuze, *Nietzsche et la philosophie*, P.U.F., 1962, pp.3~4 참조.

(puissance), 즉 메를로-뽕띠가 말한 고유운동성이나 근원적 지향성으로 말하고 있는 신체의 익명적 힘이다. "힘(puissance)-나는 할 수 있음이 문제이다. 변화(Veränderung)와 무변화(Unveränderung)-그런 현상들에 대한 부정적인 교리를 만드는 것. 긍정적인 것과 부정적인 것은 존재(Être)의 두 개의 '측면'들이다; 수직적(vertical) 세계 속에서 모든 존재(être)는 그런 구조를 갖는다."(Ⅵ. 278). 메를로-뽕띠의 경우, 니이체에게서 긍정적·반동적인 힘의 관계로 표현되었던 것이 긍정적·부정적인 힘의 관계로 명명되지만, 그와 마찬가지로 긍정적인 것이 변화를 일으키는 반면 부정적인 것은 변화에 저항한다. 니이체와 메를로-뽕띠의 단편적 언급에 비해서, 들뢰즈는 니이체를 해석하면서 이를 잘 요약하고 있다.

> "모든 힘(force)은 복종하건 명령하건 간에 다른 것들과의 관계에 있다. 한 신체를 정의하는 것은 지배하는 힘들(forces)과 지배받는 힘들(forces) 사이의 그러한 관계를 이르는 것이다. 모든 힘들의 관계는 신체를 구성 한다: 화학적 신체, 생물학적 신체, 사회적 신체, 정치적 신체. 불균등하게 있는 어떠한 두 힘은 그것들이 관계 속에 들어가자마자 하나의 신체를 구성한다. 신체는 환원 불가능한 힘들의 복수성으로 구성되어 있는 다수적 현상이다. 그것의 통일은 다수적 현상의 통일, '지배의 통일'이다. 하나의 신체속에서는 우위에 있거나 지배적인 힘들은 능동적(active)으로 말해지고 열등하거나 지배되는 힘들은 반동적(réactive)인 것으로 말해진다. 능동적인 것과 반동적인 것은 정확히 말해서 힘과 힘의 관계를 표현하는 최초의 성질들이다."[193]

메를로-뽕띠는 신체의 고유운동성과 동일한 의미로 신체도식을 거론했는데, 결국 이것은 각기 개별적인 신체의 부분들이 서로 다르게 운동하면서도 조화롭게 역할하는 힘들의 통일성을 의미한다. 각 부분

---

193) 같은 책, p.45.

184

들의 상이한 힘들이 통일되어 있지 않다면 '신체'의 형상(forme)은 불가능하게 된다. "신체는 매순간 일주되는 도정(trajet)에서 총체적으로 (global) 계시된 것(relevé)이며 우리가 향하게 되는 위치 속에 미리 우리를 설치하도록 허용하는 것이다."(*R*. 16). 신체나 살(의 형태나 조직)은 이러한 힘들의 관계를 통해서, 이러한 힘들의 계시를 통해서, 이러한 힘들의 키아즘을 통해서 이루어진 것이다. 예를 들어 내가 손으로 매우 힘들게 물건을 들어올리는 경우를 생각해보자. 그 물건을 들기 위해 나는 등과 배에 힘을 주고 손을 통해 물건을 장악하려는 '능동적' 힘을 행사할 것이다. 이 때 등, 배, 손과 같은 신체의 부분들에 작용하는 힘은 서로 다른 방향으로 서로 다른 양으로 서로 다른 관계 속에서 화합하고 있다. 또한 이와 다른 신체의 부분인 '들어올려지는 물건'도 들어올리는 이러한 행위 전체의 힘의 관계에 참여하는 셈인데, 들어올리는 힘에 대해서 부정적·반동적으로 작용함으로써 말이다. 내 손이 그 물건을 들어올리는가 아니면 그 물건이 내 손에서 빠져나오려고 하는가? 이 두 역설적 부분들이 순환적으로 반복되면서 '물건 들어올리기'로 형태 지어진 살 전체가 형성(계시)될 것이다.

그러나 들뢰즈가 명시적으로 밝히고 있듯이, 힘들이 얽혀 있는 살의 철학은 본질적으로 니이체가 사용한 의미의 계보학이 되지 않을 수 없다. "힘(puissance)은 직접적으로 서로 마주치는 힘들(forces)의 요소 (element), 아니 차라리 이질적인 관계를 가리킨다. 이러한 관계는 '긍정'과 '부정'과 같은 유형들의 역동적인 특성들 속에서 그 자체를 표현한다.... ~인 바의 것은 하나의 명제나 혹은 현상에서의 그것들의 다양한 관계 속에 있는 힘들(forces)에 대한 언급이며, 이러한 힘들을 결정하는 발생적(genetic)인 관계에 대한 언급인 것이다."194) 메를로-뽕띠가 『지각의 현상학』에서 고유운동성, 즉 힘이 정상인의 행동과 병자의 행동의

---

194) Gilles Deleuze, *Nietzsche and philosophy*, Hugh Tomlinson trs. The Athlone Press London, 1983, pp. X ~ XI.

차이화의 내적 조건으로 작용함을 강조하면서 차별화의 기능을 거론했던 것도 이러한 맥락에서 해석 가능하다. 즉 그가 정상인의 행동과 병자의 행동의 비교를 통해 말하고자 했던 것은 그들의 행동을 결정짓는 신체(권력)의 발생학적인 관계, 즉 일종의 신체의 계보학(Généalogie)[195]을 기술하는 것이었다. 예를 들어 동물의 행동, 심맹증에 걸린 인간의 행동, 그리고 정상적 인간의 행동에 대한 발생론적 기술 말이다.[196]

이런 점에서 신체는 힘들의 관계가 계시되는 바탕인 동시에 그것이 형태나 조직으로 계시되는 실현체로서 메를로-뽕띠의 초기에서 후기 사상까지 일관되게 견지되고 있다. 현상학에서는 현상이 자리하는 바탕으로, 존재론에서는 존재가 계시되는 바탕으로서, 신체의 역할과 중요성은 조금도 변하지 않았던 것이다. 이렇게 그가 의식이 아니라 신체를 다루는 한에서 그가 다른 반성 철학자들처럼 의식의 내재성에

---

195) *Ⅵ. 9, 230* 참조. 메를로-뽕띠가 1959년 5월 이전에 존재와 의미의 기원을 추적하는 진리의 계보학(Généalogie)-거의 니이체, 푸코와 들뢰즈의 것으로 여겨지는 이러한 용어로 타이틀을 내건-을 기획하고 있었다는 것은 흥미로운 일이다. 물론 그의 후기 사상을 엿볼 수 있는 유고집은 '진리의 계보학'이 아니라 59년 5월 이후에 그가 새롭게 언급하는 이슈인 '보이는 것과 보이지 않는 것'으로 출판되었다. 그가 한 때 계보학을 생각하고 있었다는 사실은 용어 사용의 문제에만 국한되는 것이 아니다. 계보학이 스스로 파생되는 존재나 가치의 상이한 요소들을 기술하는 것인 만큼, 이는 상이한 의미들이 탄생하고 공존하는 수직적 세계와 야만적 세계를 다루는 그의 존재론과 직접적으로 관련되기 때문이다.

196) 이러한 기술의 태도는 특히 푸코의 계보학에서 현저한 힘의 미시물리학적 기술과 들뢰즈의 철학사의 해석, 즉 극화의 방법에서 본격적으로 실현되는데, 의미와 가치의 복수성, 이러한 파생적 관계들을 계열화하고 다양하게 배치함으로써 그러한 차이의 변별적 요소들을 꿰뚫어 보는 것이다. 전기의 메를로-뽕띠는 사물이나 세계 속에서 언제나 이러한 힘의 미분적 기능, 즉 차이화의 기능을 고려하는 현상학을 했고, 후기의 그는 이러한 힘들의 차이나 거리를 통해서 존재로 계시되는 "수직적 세계"나 차별적 가치나 의미가 탄생하는 시끄러운 "야만적(brut) 존재"를 다루는 존재론을 기획하였다(*Ⅵ.* 253~254, 277).

머물러 있지 않다는 사실은 분명하다. 그러나 의식이 현상학적 체계에서 차지하고 있는 비중을 고려해 보건데, 그가 현상학에서 존재론으로 이행했다는 사실을 통해서 우리가 명백하게 언급해야 할 것이 있다면, 그것은 의식이 신체에서 차지하는 위치와 관련되는 것이다. 의식은 신체의 키아즘 현상을 통해서 생산되는 것에 불과하다. 이를테면 정상인의 운동은 심맹환자의 그것에 비교하여 차별적으로 더 유연한 의식을 생산할 수 있었는데, 그 때문에 사람들은 의식이 정상인의 상징적 운동을 가능하게 하는 것으로 착각했던 것이다. 의식을 가능하게 하는 것은 신체이다. 그러나 어떻게 비가시적인 의식이 가시적인 신체에서 파생될 수 있는가?

메를로—뽕띠는 니이체나 푸코가 기획했던 것 같은 그러한 주체의 계보학은 아니라고 하더라도, 이미 『지각의 현상학』에서 신체에서 의식이 파생되는 과정을 검토했던 바 있다. 신체의 힘은 본능적으로 자기의 바깥을 향하고 있으며 이 때 신체는 익명적이다. 그러나 이러한 지향적 신체가 부메랑처럼 자기의 '안'으로 돌아오는 운동을 할 경우—이를테면 데카르트적 의심(반성)을 실행하는 경우—비로소 신체의 각 부분들의 위치, 즉 힘들의 관계를 느끼게 되면서 인칭적인 의식(데카르트적 코기토)을 확신하게 되는 것이다. 신체의 부분들의 통일에 대한 자각이 바로 심리학에서 말하는 신체도식이며 신체의 운동을 신체 속에 각인시키는 일이 바로 신체의 지향적 호였다. 알뛰세가 말한 대로, 바로 이 때가 내부 운동의 '실천'을 통해 주체의 이데올로기가 확인되는 순간인 것이다. 결국 데카르트적 성찰은 의식의 기원에 대한 심리학적 기술이 되는 동시에 그것을 고정시키는 의식(儀式)으로 작용했던 셈인데, 메를로—뽕띠는 이러한 의식의 기원을 신체의 기술을 통해 호의적으로 재해석하면서도 데카르트의 의식의 초월적 고정화는 반대했던 것이다. "정신(l'esprit)을 신체의 다른 측면으로서 정의하기 그런 다른 측면은 진정으로 신체의 다른 측면이고, 신체에서 벗어나 있으며 신체를 침식하고 신체에 숨겨져 있다. 동시에 신체를 필요로 하고 신체에서 결정되며 신체에 정박된다. 정신의 신체가 있고, 신체의 정신이 있고 그것들 사이에 키아즘이 있다."(*Ⅵ.* 312~313).

그러나 우리는 신체의 안으로의 운동, 신체적 각인과 같은 메를로-뽕띠의 언급을 니이체의 계보학을 통해서 좀 더 구체화시킬 수 있을 것이다. 단지 신체의 각 부분들의 위치를 아는 것만을 의식이라고 하기에 의식은 너무나 무겁고 번잡한 의미들의 총체이기 때문이다. 신체의 힘은 바깥으로 발산되어야 하지만, 이러한 발산이 차단될 경우, 그 본능은 안으로 향해지고 그 힘이 내부로 쌓이게 마련이다. 그러나 어떻게 바깥으로 향해 있는 신체의 힘이 안으로 축적될 수 있을까? 앞에서도 언급되었듯이, 이질적인 두 힘들이 충돌할 경우에는 더 이상 자신의 바깥으로 나아가지 못하고 다른 힘에 지배당하게 되는데, 이러한 반동적 힘이 바로 의식이라는 것이다. 충돌을 통해서 좌절된 힘들의 내적 축적. 내부에서 억압되고 있는 힘은 가시적으로 드러나 있지 않은 반동적 힘으로 작용하게 되는데, 이런 점에서 의식은 명석 판명한 초월적인 근거가 될 수 없다는 것이다. 니이체는 힘들의 충돌을 죄로 구체화시키고, 그 죄의 대가로 신체적 형벌이 가해지는 상황을 분석했다. 이러한 형벌을 통해서 죄인은 죄를 자기의 신체에 각인하고 기억하게 되는데, 이러한 기억이 의식인 셈이다. 바깥으로 향하는 충동을 느끼게 될 때마다 그는 이러한 신체의 기억을 떠올리면서 그 충동을 더 이상 밖으로 발산하지 못하고 내부에 축적시키는데, 그것이 바로 공포심과 다를 바 없는 도덕적 의식이라는 것이다. 메를로-뽕띠의 경우와 마찬가지로, 니이체의 경우도 신체는 의식보다 상위에 있다. 의식을 가능하게 한 것은 바로 신체이며, 신체의 능동적 힘에 비하면 의식을 이루는 힘은 반동적·부정적 힘에 불과하기 때문이다.197)

197) F. Nietzsche, *Zur Genealogie der Moral*, Ⅱ, 12-18, Kritische Gesamtausgabe, Bd. Ⅳ-2 참조.

  그러나 의식에 대한 신체나 살의 우위성은 데카르트적 성찰 전체를 무효화시키는 것이 아니라 창조적으로 계승하는 것이다. 성찰은 타자의 역설을 문제 삼는다. 세계와 타자를 응시하는 데카르트적 의심을 실행하는 순간, 우리는 세계와 타자의 존재 대신 인칭적 자의식(코기토)을 발견하게 되는데, 분명히 의심의 실행 전에 타자의 존재를 확신하고 있었는데도 말이다. "사람들은 어떻게 타자가 우리 앞에 나타나는지 결코 이해할 수 없다; 우리 앞에 있는 것은 대상이다. 타자가 있지 않다는 문제를 잘 이해해야 한다. 그 문제는 어떻게 나는 나를 이중화시키고 어떻게 내가 나를 탈중심화 하는지를 이해하는 것이다. 타자의 경험은 언제나 나의 복사(réplique), 나를 복사하는 경험이다. 해결은 언제나 타자에게서 나의 두 번째를 만드는 그런 낯선 친족 관계의 실마리를 찾는 것인데, 비록 내가 타자를 말하고 나를 타자에 희생시킬 때조차도 말이다. 타자와의 낯선 분절이 만들어지는 것은 나 자신의 가장 비밀스러운 것에 속해 있다."(*PM.* 188). 이처럼 비밀스러운 것은 데카르트의 코기토가 아니라 은폐된 신체의 힘을 의미한다. 지각된 신체는 의식이 되며 지각하는 신체는 타자를 발견한다. "만일 사람들이 은유를 원한다면, 지각된 신체와 지각하는 신체는 안과 밖으로서, 하나의 순환적인 일주의 두 부분들로서 있으며 이것은 높은 데에서는 왼쪽에서 오른 쪽으로 가고 낮은 데에서는 오른 쪽에서 왼 쪽으로 간다고 말하는 것이 좋을 것이다."(*VI.* 182). 결국 의식은 신체 옆에서 초월적으로 고정되는 것이 아니라 키아즘적 순환에 의해 신체 속에서 생성으로서 긍정된다. 신체의 힘들이 언제나 능동적 힘과 반동적 힘으로 얽혀 있는 한에서, 이러한 생성과 전이의 순간, 가시화되지 않은 반동적 힘은 기존의 능동적 힘을 전복시키고 스스로 가시화된 능동적 힘이 된다. 이렇게 코기토는 언제라도 생성될 수 있지만, 다시 타자 속으로 사라질 수 있는 것이다. 그러므로 우리는 키아즘적 신체를 통해서는 의식과 타자, 세계와 같이 서로 이질적인 것들 모두를 다

긍정할 수 있는데, 이를테면 살은 안과 바깥으로 이루어져 있는 이중
적인 것이기 때문이다. "세계는 우리의 살의 심장에 있다. 신체-세계
의 관계가 재인식된다면, 나의 신체라는 가지(ramification), 세계라는
가지가 있고, 세계의 안과 나의 바깥의 일치, 나의 안과 세계의 바깥
의 일치가 있다"(*Ⅵ*. 179 footnote).

   이러한 키아즘의 이중성을 이해하기 위해서 지형학적(topologique)
인 습곡(plissements)을 상상해보는 것이 좋을 것 같다. 살의 움직임을
동일한 높이를 따라 땅의 모양을 그리는 식으로 지형학적 선을 통해
살의 움직임을 그려본다고 생각해 보자. 살의 운동은 언제나 바깥으로
향하게 되어 있는데, 지향학적 선에 의해 바깥으로 돌출한 모양의 습
곡이 그려지고 나면, 일단 우리는 그러한 습곡의 주름 안을 주체로 그
러한 주름 바깥을 세계로 부를 수 있을 것이다. 그러나 이를 통해서
주체와 세계 자체가 그려진 것은 아닌데, 이러한 습곡을 통해서 안과
바깥의 경계만 획정되었을 뿐이다. 지형학적 실체는 오히려 살의 운동
을 따라 습곡으로 그려지는 선 자체, 즉 바깥을 드러내는 동시에 안을
드러내는 경계선이 될 것이다. 이러한 습곡이 바로 안과 바깥, 즉 의
식과 세계, 나와 타자를 만나게 하지만 결코 겹쳐질 수 없게 만드는
살의 키아즘이다. 이때 신체에 비해서 의식과 타자는 덩어리가 아니라
주름에 불과한데, 서로 화해 불가능한 반대 짝을 접촉하게 하는 짝패
(double)로서 말이다. 들뢰즈는 키아즘의 이중화(doublement)와 짝패에
대해서 다음처럼 언급하고 있다.

   "짝패(double)는 내부의 투사가 결코 아니며 반대로 바깥의 내
   재화이다. 그것은 일자의 나누기(dédoublement)가 아니라 타자의
   이중화(redoublement)이다. 그것은 동일자의 재생산이 아니라 차이
   의 반복이다. 그것은 나(Je)의 발산이 아니라 내재적으로 언제나
   타자, 나-아님(non-moi)을 놓는 것이다. 이중화 속에서 이중체는
   타자가 아니라 타자의 이중체로서 나를 겪는 나인 것이다. 나는

바깥에서 나를 만나지 않고, 내 안에서 타자를 발견한다."198)

메를로-뽕띠도 의식이나 타자에 대해서 주름(pli)이나 구덩이(creux)와 같은 지형학적인 비유를 한 바 있다. 주름들은 안과 바깥이 만나는 이중적인 것인데, 그래서 우리가 안으로서 의식이라고 칭했던 것, 그리고 바깥으로서 타자나 사물이라고 칭했던 것은 모두 신체의 주름들에 지나지 않는다. 결국 주체(나, 너, 우리, 그들)란 들뢰즈가 말하고 있듯이, "...오래된 내재성을 부활시키기는커녕 이러한 바깥의 새로운 안을 구성하는 깊은 습곡을 신체에 끌어들이는"199) 것이다. 메를로-뽕띠가 말했던 1인칭에서 3인칭으로, 3인칭에서 1인칭으로 전이하고 진동하는 객관적 사유의 역설200)은 동일한 살-신체, 말, 텍스트-속에서 이러한 안이 바깥으로 되고 바깥이 안이 되는 의사소통적 순환을 의미하는 것이다. 우리가 타자들을 이해하고 그들과 의사소통하는 한에서, 우리는 매번 이러한 역설을 겪고 있는 것이다.

그런 점에서 키아즘은 앞에서 우리가 해결해야만 했던 모순, 즉 안의 사유에서 바깥의 사유로 이행하기 위해 해결해야할 장애물을-해결이 아니라-그대로 반복하고 있을 따름임을 깨달아야 한다. 역설을 해결하는 유일한 길은 역설을 마주 대함으로써 그것을 무화시키는 것이다. "존재의 역설 우리 신체의 두 가지 측면, 감각할 수 있는 것으로서의 신체와 감각될 수 있는 것으로서의 신체 사이의 막다른 길"(*VI.* 180). 투명한 의식은 볼 수 있지만 보여질 수 없는데 반하여 신체는 이 두 조건을 동시에 충족시키면서 타자의 역설을 거리낌 없이 겪고 반복함으로써 역설을 해소시킨다. 푸코가 말했던 바깥의 사유는 결코 세계나 타자 자체-이를테면 즉자적인 것-에 설치되어 있는 하나의

198) Gilles Deleuze, *Foucault*, Minuit, 1986, p.105.
199) 같은 책, p.104.
200) *pp.*159, 400~401, 458 참조.

철학을 여는 것이 아니다. 이중체로 있지 않은 바깥에서 우리의 경험을 논리적 규준의 이름으로 재단하는 실증주의는 독단이지만, 이중체로 있지 않은 내부에서 우리의 경험을 내재적 초월성의 이름으로 반복하는 현상학적 사유는 답답한 자기의 감옥 속에 갇혀 있는 것이다. 그런 점에서 푸코가 말하는 바깥의 사유는 이처럼 안과 바깥의 이중화를 일으키는 습곡, 그러나 바깥을 향해 있는 지형학적 습곡들을 다루는 것이다. 자기 바깥으로 향하는 살의 운동은 살의 다양한 형태 변이들을 통해서 가능한 것이다.

3. 구조를 숙명으로 받아들이기

1) '무언의 코기토는 불가능하다'

메를로-뽕띠가 현상학적 체계에서 존재론적 체계로 전환하지 않을 수 없었던 그의 노트의 한 구절을 언급하면서 시작하고자 한다. "그런 첫 번째 기술 이후에 남아 있는 문제들: 그것들은 내가 '의식'의 철학을 부분적으로 지켰다는데 있다."(Ⅵ. 237). 그는 『지각의 현상학』을 통해서 그 제목이 의미하는 바대로, 자신이 그 동안 현상학적 의식을 옹호했다는 사실을 반성하고 있다. 실제로 그는 『지각의 현상학』(1945) 뿐만 아니라 그 이후에 출판된 강연인, 「지각의 일차성과 그 철학적 결론」(1947)을 통해서도 자신이 변형된 의미의 코기토 철학을 하고 있음을 분명히 했다. 거기서 그는 간단히 코기토를 세 가지 의미, 즉 데카르트적인 것, 후설적인 것, 그리고 자신의 것으로 나누어 차별화시

192

켜 설명하였다.201) 그때만 해도 그는 데카르트적 전통을 존중함으로
써, 즉 그것을 코기토라고 칭함으로써 지불해야 하는 위험을 의식하지
못했는데, 작업 노트에 따르면, 그가 죽기 2년 전인 1959년에야 비로
소 그는 그 위험을 알아차린 것이다. 그는 『지각의 현상학』에서 다루
어진 무언의 코기토에 대한 언급을 반성하면서 다음처럼 작업 노트에
쓰고 있다.

무언의 코기토

1959년 1월

데카르트의 코기토(반성)은 의미작용들(significations)에 근거한
작용이고 의미작용들 사이의 관계들의 언표(énoncé)이다.(그리고 표
현의 행위들 속에서 침적된 의미작용들 자체이다.) 그리하여 그것은
자기와의 자기의 선-반성적인 접촉을 전제한다.(자기의 비-정립적
의식, 사르트르) 혹은 무언의 코기토(자기와 가까운 존재)-내가 『지
각의 현상학』에서 추론했던 방법이 그러하다.

그것이 옳은가? 내가 무언의 코기토라고 부른 것은 불가능하다.
'사유'의 이념을 가지기 위해서(보고 지각하는 사유의 의미 속에
서), '환원'을 만들기 위해서, 내재성과 의식에 회귀하기 위해서...
(등등을 위해서) 필연적으로 단어들을 취해야 한다. 내가 선험적
태도를 취하고 구성적 의식을 구성하는 것은 단어들의 조합(단어
들과 함께 침전된, 그리고 원칙적으로 단어들을 형성하는데 복무
하는 관계들과는 다른 관계들 속에 들어올 수 있는 의미작용들을
수입하는)에 의해서이다. 단어는 실증적인 의미작용들 그래서 마침
내 자기소여(Selbstgegeben)로서의 체험(Erlebnisse)의 흐름에 되돌
아가지 않는다. '의식'이라는 단어가 되돌아가는 자기의식의 신화
학-단지 의미작용들의 차이들만이 있다.
그 동안 무언의 세계, 지각된 세계가 있다. 최소한 그것은 언어로

201) *Prp.*21~22 참조.

작용되지 않는(non langagière) 의미작용들이 있는 질서이다; 그렇
다. 언어로 작용되지 않는 의미작용들 말이다. 그러나 그것들은 긍
정적인 것(실증적인 것들, positives)을 위해서가 아니다. 예를 들어
특이한 체험들의 절대적 흐름은 없다; 스타일과 전형적인 것과 함
께 장들(champs)이 있고 장들의 장이 있다−선험적 장의 뼈대를
만드는 실존적인 것들(existentiaux)을 기술하라."(Ⅵ. 224~225).

메를로−뽕띠는 『지각의 현상학』에서 데카르트적 코기토가 파롤의
코기토라는 사실을 언급한 바 있는데, 거기서 그는 동시에 현상학적
반성이 향해야 하는 곳, 즉 비코기토, 비사유를 파롤이 포착할 수 없
다는 의미에서 무언의 코기토를 함께 언급한 바 있다. 응시의 시험에
의해서 사물 속에서 명증적으로−의식적으로−나타나는 가시성은 본질
적으로 침묵하고 있는 것이다. 그러한 가시성이 명증적인 것이라 하더
라도 그것은 침묵하고 있기 때문에 애매한 것이다. 그에게 명증성과
애매성은 양립 불가능한 것이 아니다. 애매한 의식, 가시성의 의식, 침
묵하는 의식, 그것이 바로 무언의 코기토였다. 그러나 이제(후기에) 그
는, 그것이 불가능하다고 말하고 있는 것이다. 언어란 이러한 애매한
가시성의 세계에 침입하여 그것을 강제적으로 질서 짓고 침전시키는
작업이기 때문에, 그리고 철학적 사유나 코기토는 필연적으로 이러한
언어적 침전 작용에 근거하기 때문에 철학자 데카르트에게 명증적이지
만 애매한 것, 침묵하는 명증성, 무언의 코기토는 불가능했다. 그렇다
면 메를로−뽕띠는 새삼스럽게 데카르트에게 찬성하고 있는 것인가?
적어도 우리는 이 짤막한 구절을 통해서 그가 『지각의 현상학』에서
데카르트가 인정하지 않았던 파롤 이전의 가시적인 지각의 세계, 선−
반성적인 세계−그것을 무언의 코기토라고 부를 수 있건 없건 간에−
를 파롤의 세계인 반성적 코기토와 구별했다는 사실을 부인해서는 안
될 것 같다. 우리의 언어 행위가 가시적인 지각 세계를 겨냥하고 그것
을 언어화하려고 노력한다 해도, 지각 작용을 언어 행위와 동일시할

194

수는 없다. 메를로-뽕띠가 강조했듯이, 그것들은 질적으로 다른 것이다. 반성은 반성 이전의 것, 비반성적인 것을 반성하려 하고 언어는 가시성을 표현하고자 시도하지만, 반성과 언어의 폭력 행위에 선반성적인 가시적 사물이 결코 완전히 복종하는 법은 없다. 사물은 언제나 언어의 그물을 빠져나가기 마련이다. 언어적 질서의 틈에는 언제나 그 질서를 피해가는 가시성의 질서가 있다. 메를로-뽕띠는 이처럼 뺀질뺀질하고 골치 아픈 가시성, 그래서 데카르트가 파롤의 코기토를 선언하면서 배제할 수밖에 없었던 그런 가시성, 파롤의 습격을 유혹하는 이런 무언의 가시성을 데카르트적 성찰 속에서 구출하려고 했다.

그러나 후기에 그는 그러한 구출이 무언의 코기토의 이름으로 행해져서는 안 된다는 사실을 깨달았다. 그가 가시성의 세계를 전-반성적인, 전-논리적인, 전-언어적인 것으로 말했다 하더라도, 이는 그것이 단순히 반성적이고 논리적이고 언어적인 파롤의 코기토로 환원될 수 있고 그래야만 하는 의식의 전 단계로서 다루어야 함을 의미하지 않는다. 그것은 명증적이지만, 의식적인 것이 아니기 때문에 코기토로 불러서는 안 된다. 그러한 가시성을 명증적으로 만드는 신체 주체는 결코 코기토가 아니기 때문이다.202) 그리하여 그는 그렇게 오해될 여지가 있는 '무언의 코기토는 불가능하다'고 말할 수밖에 없었던 것이다.

그러나 표현의 불가능성을 인정한다는 것, 그렇게 의식의 한계를 인정한다는 것은 무슨 의미가 있는가? 인간의 한계이기도 한 이러한 회의

---

202) 우리는 『지각의 현상학』의 무언의 코기토는 현상학적 환경에서 작업하는 그의 언어사용의 실수였다고 본다. 그러나 이러한 실수가 그의 전기 사상 전체를 일그러뜨리고 있는 것은 아니다. 그가 무언의 코기토가 불가능하다고 반성할 때, 그가 지칭하고 있는 것은 그의 전기 철학 전체, 즉 현상학 자체를 통째로 반성하고 있는 것이라기보다는 『지각의 현상학』에서 코기토를 다루고 있는 **pp.460~468**의 언급에 한정된다(Ⅵ. 224 footnote 참조). 그는 자신의 현상학을 통해서 결코 의식을 강조한 사실이 없으며, 신체를 무언의 코기토로 칭한 사실도 없다.

주의에 대해서 우리는 이미 Ⅱ장의 '무언의 코기토'에서 언급한 바 있다. 그것이 끝내 표현되지 못할 줄 알면서도 해야만 하는 끝없는 물음과 반성 자체가 어떻게 회의주의에 대한 응답이 될 수 있는가? **그토록 힘들게 밀고 온 바위가 산 아래로 굴러 떨어지리라는 것을 알면서도 평생토록 바위를 밀고 올라올 수밖에 없는 시지프의 저주받은 운명,** 그 자체가 어떻게 매번 아래로 굴러 떨어지는 자신의 헛된 노력을 보는 시지프의 절망감에 대한 해답이 될 수 있는가? 흔히, 우리가 힘들게 비극을 직시할 수 있을 때, 비극은 더 이상 슬프지 않게 된다. 인간의 저주받은 운명은 그것을 또 다시 시작할 수 있는 긍정의 힘이 될 수 있어야 한다. 인간의 숙명은 인간의 자유가 될 수 있어야 한다. **그러나 이 자유는 언어라는 아슬아슬한 바위를 굴리는, 근본적으로 그르치는 실천 행위 자체를 즐겁게 받아들이게 될 때 생겨난다.** 그리하여 메를로-뽕띠가 '스타일, 즉 전형적인 것으로 나타나는 실천의 장(champs)'을 강조했던 것은 그러한 실천이 비의미를 동반하지 않을 수 없는 불완전한 것이라 하더라도 우리는 그것을 기꺼이 받아들여야만 함을 의미한다. 물론 이러한 스타일, 실천의 장은 언어적 실천만이 아니라 그것의 틈으로서 존재하는 봄(가시성)의 실천도 의미한다. 보는 것을 다 말할 수 없는 것과 마찬가지로, 모든 것을 다 볼 수는 없다.203) 신체 주체의 실천은 여러 가지 층위에서 가능하다. 언어적 실천, 가시적 실천, 촉각적 실천, 후각적 실천 등 등. 각각의 실천은 서로 얽혀 있지만, 어느 하나로 환원될 수는 없다. 그는 이러한 신체의 실천(표현)을 제안하면서, 그러한 표현이 불가

---

203) 기호학은 주로 가시적 실천보다는 언어적 실천에 치중하기 때문에, 가시적 스타일은 언어적 스타일과 동일시되거나 망각되기 일쑤이다. 그런 점에서 메를로-뽕띠의 『지각의 현상학』은 파롤에 기반 하는 반성 이전의 이러한 가시성, 선반성적인 세계를 추적함으로써 파롤 이전의 가시성을 강조하는 역할을 수행했다. 그가 중요하게 다루었던 회화론도 이러한 가시적인 스타일을 다루는 것이다. 물론 그는 이러한 가시성의 질서뿐만 아니라 언어적 질서에서 관심을 둔 기호 철학자이기도 하다.

피하게 동반하게 되는 표현 불가능성의 틈도 즐겁게 받아들이기를 제안하고 있었던 것이다. 이를테면, 그는 무언의 코기토의 불가능성을 선언하면서 (표현 불가능한) 의식을 부인하는 동시에 (표현 불가능한) 침묵을 부인하는 이중의 부정을 감행하고 있었던 것이다. 그러나 그의 말대로, 이를 위해서는 비의미를 배제하지 않는 어떤 '선험적 장의 뼈대를 만드는 실존적인 것들'이 있어야만 하지 않은가?

> "무언의 코기토는 잘 알다시피 그런 문제들을 해결하지 않는다. 내가 『지각의 현상학』에서 그랬듯이, 그것을 드러내면서 나는 해결에 도달하지 못했다(코기토의 장(chapitre)은 파롤의 장에 연결되지 않는다): 반대로 나는 문제를 제기했다. 무언의 코기토는 어떻게 언어(langage)가 불가능한지를 이해하게 만들어야 한다. 그러나 어떻게 언어가 가능한지를 이해하게 만들 수 없다–지각적 의미로부터 언어적인 소리로의 이행의 문제, 행동에서 주제화로의 이행의 문제가 남아 있다. 주제화 자체는 더 고양된 단계의 행동으로 포함되어야 한다.–그러한 관계는 변증법적 관계이다: 언어는 침묵을 무너뜨리면서 침묵이 원하고 획득하지 않은 것을 현실화시킨다. 침묵은 계속해서 언어를 둘러 싼다; 절대적 언어의 침묵, 생각하는 언어의 침묵– 그러나 세계직관의 철학, 불행한 의식이 아니기 위해서 변증법적 관계에 근거한 습관적인 그러한 전개들은 야생적 정신의 이론에 다다라야 하는데, 즉 실천의 정신 말이다."(*VI.* 229~230).

우리가 스타일, 전형적인 것을 통하지 않을 수 없다면, 어떻게 그것들을 통하는 것이 가능한가? 『지각의 현상학』에서 그것은 모든 가시성의 근거이자 언어의 근거가 되고 있는 신체였다. (표현 불가능한) 표현의 가능성은 신체의 실천에 달려 있었던 것이다. **살과 신체에, 즉 바로 '지금 여기에' 우리가 찾으려는 진리가 있다.** 그러나 우리는 근본적으로 그것을 (파롤로) 소유할 수 없다. 모든 표현은 진리를 고정시키고 소유하는 일이 아니라 단지 진리를 (자유롭게) 살게 만드는 일인데, 우리가 그것을 소유하려고 하는 순간, 진리는 사라져 버리기 때문이다. 이는 메를로-뽕띠가 현상학에서 존재론으로, 즉 현상학적 기술의 불가능성이라는 자기 해체적 역설을 자기 내에 소화시킬 수 있는 존재론으로 이행하지 않을 수 없었던 이유가 될 것이다. 그는 역설을 껴안는 논리가 필요했으며 그러한 표현 불가능성이 가능한 근거를 묻고자 했던 것이다. 물론 메를로-뽕띠의 살의 존재론이 근본적으로 이러한 표현 '불가능성'을 '가능성'으로 바꾸어 놓은 것은 아니다. 그러나 살의 실천(운동)이 진리를 소유하는데 영원히 실패한다 하더라도 그것을 '계속해서' 말하려고 한다는 점에서, 그리고 그러한 계속되는 파롤을 위한 체계들을 채용하려고 한다는 점에서 그러한 실천의 가치를 말하고자 했던 것이다.

　메를로-뽕띠에게 존재론적 전환은 동시에 구조주의로의 전환이기도 했다. 그가 말하는 '일차적 존재', 즉 야생적 존재와 관련된 그러한 존재론적 전환은 레비-스트로스가 시작했던 것과 동일한 의미에서 구조주의를 껴안고 있었다. 레비-스트로스는 야생적 존재를 통해서 자신의 구조주의를 열지 않았던가? 「모스에서 끌로드 레비-스트로스까지」(1959)라는 메를로-뽕띠의 짧은 논문을 통해서 우리는 그가 구조주의를 상당히 우호적으로 기술하고 있을 뿐만 아니라 자신의 존재론이나 현상학과 충돌시키는 법도 없이 자연스럽게 자신의 철학 속에 화해시키고 있다는 사실을 알 수 있다. 그는 레비-스트로스의 구조주의에 정통했고 그 영향력을 누구보다 잘 인지하고 있었다. 그는 구조를 두 가지 얼굴을 가진 야누스에 비유하였다. **구조들의 구조, 즉 잠재적인 선험적 구조, 그리고 외관의 형태를 의미하는 현실화된 의미로서의 구조들이 그것이다.**204)

---

204) "야누스(Janus)처럼 구조는 두 가지 얼굴을 갖는다. 한편에서 구조는 내적 원리에 따라 그 속에 들어가는 요소들을 조직하는데, 구조가 의미인 셈이다. 그러나 구조가 운반하고 있는 의미는 말하자면 무거운 의미이다.

만일 현실에서 직접 인지할 수 있는 조직의 모든 구체적 형태를 지적하는 의미로만 구조라는 말을 사용하게 될 경우, 한 편으로 모든 사물은 구조를 가지고 있는 셈이기 때문에, 그것은 아무런 생산적인 논의도 불러일으키지 못한다. 구조주의자들은―메를로―뽕띠도 포함하여―, 이런 표층적 의미로 구조주의를 유통시키지 않지만, 그것을 배제하는 것만도 아니다. 구조주의적 논의의 핵심은 이런 현실적 형태를 분석하는 태도에서 발생하게 된다. 만일 기술적 형태학이나 생물학에서 그러하듯이, 구조를 관찰 가능한 관계들의 총체로 규정하게 된다면, 그것은 각각에 공통되는 요소를 비교하고 추상하고 일반화하는 전통적 의미의 귀납적 방법론과 다름이 없는 것이다. 그럼에도 불구하고 그러한 실증적 방법이 인문학에 수용됨으로써 새로운 방법론으로 둔갑한 것이 이른바 구조주의라는 것이 되고 만다. 더욱이 개별 사실을 설명하는 단순한 도구가 갑작스럽게 추상적인 구조의 존재로 되기 위해서는 그 배면에서 은밀하게 목적론적인 존재론이 그것을 뒷받침해주어야 하는데, 본래 이런 의미의 구조주의는 생물학적 개념에서 변형된 방법이기 때문이다. 그러나 이것은 정확한 의미에서―레비―스트로스가 말하길―구조주의가 아니라 기능주의(functionalisme)이다.205) '유행하는' 구조주

그리하여 학자는 개념적으로 구조들을 형식화하고 고정시키고 그 도움으로 실존하는 사회들을 이해하는 것이 중요한 그런 모형들을 구성할 때, 학자에게는 모형을 실재로 대체하는 것이 중요한 것이 아니다. 원칙적으로 구조는 플라톤적 이념이 아니다. 가능한 모든 사회들의 삶을 지배할 불변의 원형을 상상하는 것은 오랜 언어학적 오류인데, 그것은 어떤 음성학적인 질료 속에서 그런 의미로 자연적인 유대를 가정했을 때 일어나는 것이다. 그것은 용모학의 동일한 특성들이, 그것들이 취해지는 체계에 의해 상이한 사회들 속에서 상이한 의미를 가질 수 있다는 것을 잊은 것이다. 구조는 사회에서 사회의 두께나 사회의 무게의 어떤 것도 제거하지 않는다. 구조 자체는 구조들의 구조이다."(S.147).

205) 기능주의는 꽁트, 스펜서에서부터 시작하여 뒤르껭, 베버를 거쳐 레비―스트로스가 특히 비판적으로 거론하고 있는 말리노브스키(Malinowski)와 래드클리프―브라운(Radcliffe-Brown)을 거쳐서 파슨스(Parsons)와 머튼

는 이러한 기능주의와 혼동되는 경우가 적지 않았는데, 그 때문에 레비
−스트로스는 구조적 방법론을 본격적으로 다루었던 『구조 인류학』에
서 자신의 구조주의와 기능주의와의 차별성을 강조하지 않을 수 없었
을 것이다.206) 의미의 혼란을 피하기 위해서 파아즈(Fage)는 구조주의
적(structural)인 것과 구조적(structurel)인 것을 구별하고 있는데, 구조
주의적인 것이란 인류학과 언어학에서처럼 의미를 산출시키는 모든 배
열, 즉 그것을 기술하기 위해서 인위적인 가설적 시험을 통과하지 않고
서는 표시될 수도 설명될 수도 없는 잠재적 구조를 지칭하는 반면, 구
조적인 것은 구체적으로 드러난 형태나 체계, 의미를 지칭한다.207) 후
자는 기능주의와 부합될 수 있지만 전자는 그것과 화해 불가능하다. 그
렇기 때문에 레비−스트로스는 일견 모순적으로 보이는 이 두 가지 구
조 사이의 변증법적 관계를 강조하면서도 후자의 의미에 맞서서 전자
의 의미, 즉 구조의 선험성을 구조주의의 이념으로서 배타적으로 주장
하였던 것이다.

　　그러나 메를로−뽕띠의 신체나 살의 개념 속에서 이러한 구별들은
날카롭게 견지되지 않는다. 물론 『지각의 현상학』의 도입 부분에서 소
박한 경험주의와 주지주의의 오류에 대한 그의 엄중한 비판은 구조주
의에 대한 기능주의적 해석에 그가 동의할 수 없음을 분명하게 암시
해준다. 그러므로 그는 기능주의적 입장에 반대하면서, 신체나 살을
통해서 전자가 후자에 의해서만 기능하는 것으로 전제하는 한에서, 구
조주의의 두 가지 얼굴을 받아들였던 셈이다. "나의 신체는 하나의 형

　　　(Merton)에 이르는 방법론을 의미한다. 이는 본래 자연과학, 특히 생물
　　　학적 개념이었으며, 꽁트와 스펜서에 의해 사회학에 도입되면서 당시의
　　　생물학적 진화론도 사회학적 진화론으로 변형되어 수용되었다(『구조주의
　　　의 이론』, 김태수 역, 인간사랑, 1990, 235-6쪽 참조).
206) Claude LéⅥ-Strauss, *Anthropologie structurale* , pp.304~347 참조.
207) J.B. Fages, *Comprendre le structuralisme*, 『구조주의란 무엇인가』, 김현
　　　역, 문예출판사, 1972, 13쪽 참조.

태이고, 나의 신체는 모든 형태 속에서 상호현전(co-Présent)한다. 나의 신체는 하나의 형태이다; 그것은 또한 특출나게 무거운 의미작용이며 살이다; 그것이 구성하는 체계는 중심적인 신체 주위에, 혹은 ~에 열려진 추축, 자유로운 가능성이 아니라 연결된 가능성으로 있는 추축 주위에 배열되어 있다—동시에 그것은 모든 형태를 구성하는 것이다. 형태를 가진 살은(...) 그 불활성적인 것에, '세계' 속에 그 끼어듬에, 장의 그 편견에 응답하는 것이다."(*VI*. 259). 이미 그는 『지각의 현상학』을 통해서 신체의 실천으로서의 구조화를 빈번히 거론하였다. 신체는 일정한 외관이나 형태를 띠지 않을 수 없고 따라서 체계나 구조와 관련된 모든 과학적 절차와 논의가 그의 신체 개념과 화해하지 못할 이유가 없다. 다만 그에게서 신체 개념은 정확히 선험적인 의미에서 명명된 것이기 때문에, 과학적 절차를 뒷받침하고 있는 기능주의적 편견—이른바 경험주의적이고 주지주의적인 편견—은 배척되지 않을 수 없다. 우리가 신체로 있기 때문에, 세계내존재의 일정한 구조나 형태가 변화하는 것이다. 이미 우리가 다루었듯이, 살은 형태나 체계를 이루는데, 살의 키아즘적 운동은 기존의 형태나 체계를 변형시킨다. "가시적인 신체는 신체 자체에 대한 작업을 통해서 거기서부터 하나의 봄이 만들어질 구덩이를 메우고 그 끝에서 갑자기 신체가 볼, 말하자면 신체 자체를 위해 가시적인 긴 성숙을 일으킨다. 신체는 끝없는 중력작용, 보는 것과 보이는 것의 지칠 줄 모르는 변형(métamorphose)을 설립하는데, 그 원리는 첫 번째 봄과 함께 놓여지고 형성된다."(*VI*. 193).

그리하여 우리가 우선적으로 신체를 통하여 구체적으로 체험하는 의미는 "동시적이고 연속적인 씨실 속에서의 어떤 매듭", "시계의 응결(concrétion)", "하나의 별자리"(*VI*. 174)로 비유되는 두 번째 얼굴의 구조이다. 반면에 첫 번째 얼굴의 구조, 선험적인 가시성으로서의 신체는 형태들과 체계들을 통해서 특정 의미로 고정될 수 없는 것으로서, 모든 형태들과 체계들 이중화하고 지지하고 양육하는 살의 결

(tissu) 그 자체이다.208) 신체 속에서만 구조주의의 두 얼굴이 공존할
수 있다. 의식이 아닌 신체야말로 이 세상의 모든 가시적인 형태를 수
태할 수 있는 "봄의 잠재적인 아궁이"(Ⅵ. 192)이다. 의식이 아닌 신
체야말로 이 세상의 모든 구조 변환을 일으키는 진정하게 선험적인
것이다. 이처럼 신체에 (선험적으로) 진리가 있다면 그러한 살의 실천
을 통해서 형성되는 수많은 형태들과 별자리들을 우리가 거부할 이유
가 있겠는가? 시지프(살)는 기꺼이 또 다시 반복해서 지금도 돌을 굴
릴 것이다. 언제나 우리가 빗가고 있는 이런 실천, 즉 바로 여기에 진
리가 있다는 확신, 이것이 바로 니이체적 긍정의 힘이다.

2) 구조주의의 두 얼굴

① 구조주의: 선험적 구조

메를로-뽕띠를 위시하여 구조주의자들은 선험적 존재를 추구한다.
명실상부한 구조주의 시대를 열었던 레비-스트로스가 생각하고 있는
구조는 잠재적인 구조에 국한되며 그와 동시대인으로서 프로이트의 정
신분석학을 새롭게 계승하면서 구조주의적 작업을 하고 있었던 라깡
(Lacan)의 구조 개념 역시 마찬가지였다.209) 그러므로 이러한 구조는
레비-스트로스의 말처럼, 체험적(vécu) 질서보다는 생각의(concu) 질
서에 속해 있다고 말할 수 있을 것이다.210) 체험적 질서로부터 초월함

---

208) *Ⅵ.* 175 참조.
209) "우리는 구조라는 용어를 레비-스트로스와 같은 방식으로 사용하고자
한다. 내가 다른 곳에서 지적한 바 있듯이 구조란 형태(forme)가 아니다.
문제는 바로 구조만이 사유를 하나의 지형학에 익숙하게 한다는 점이다.
구조는 이론적인 모델이 아니라 주체를 무대 위로 올려놓는 독특한 장
치로서 작용하기 때문이다."(Jaques Lacan, *Remarque sur la rapport de
D. Lagache: psychanalyse et structure de la personnalité*, en *Écrits*,
Seuil, 1966, pp.648-9).

202

으로써 구조주의는 사회학적 방법론(사회인류학적 기능주의)으로서가 아니라 새로운 철학적 사유의 방식으로 인식될 수 있었던 것이다. 이처럼 구조주의를 더욱 센세이션하게 만들었던 것은 구조주의와 정신분석학파의 결합이었다. 체험과 단절하고 있다는 점에서 구조는 종종-구조주의자들에 의해서-무의식과 관련되었는데, 같은 시대에 라깡이 프랑스에서 언어를 무의식의 조건으로서 다루면서 새로운 정신분석학파를 일으켰다는 사실은 잘 알려져 있는 사실이다. 일찍부터 프로이트의 영향을 받았던 레비-스트로스는 자신의 인류학에 무의식을 끌어들였고 라깡은 이러한 무의식 개념을 본격적으로 받아들여, 레비-스트로스보다 더 냉정하게 그것을 체험적 내용이 부재하는 지적 조작물로 만들어 버렸던 것이다.

메를로-뽕띠도 당대의 이러한 첨예한 논쟁에 무관할 수 없었다. 『지각의 현상학』에서 그는 「성적 존재로서의 신체」와 「표현과 파롤의 존재로서의 신체」를 다루면서 정신분석학적인 쟁점들을 적극적으로 끌어들이고 있으며 그의 강의록과 작업 노트 속에서 그는 상상적인 것과 무의식에 대한 몇 가지 아이디어들과 깊이 있는 논의들을 전개시키고 있다. 그러나 그는 정신분석학에 대해 애매한(중간적인) 태도를 취하고 있는데, 이는 본격적으로 프로이트의 개념을 계승했다고 자부했던 라깡과 같은 구조주의자들의 경우도 그러했다. 대체로 구조주의자들의 무의식 개념은 프로이트의 것과는 상당히 거리가 있는 것으로 받아들여졌다. 프로이트적 무의식은 승화되거나 억압될 수 있는 표상을 일으키는 1차적 과정의 영토로 알려져 있었는데, 1차적 과정이란 이른바 성애(sexualité)의 내용을 전면에 투명하게 드러날 수 없도록 억압함으로써 그러한 억압적 잠재면이 놓여 있는 장소로 설정된 무의식이 성애의 내용을 실수나 병, 그리고 꿈이나 환각과 같은 비유적(figuré) 사건을 통

---

210) Claude LéⅥ-Strauss, *Anthropologie structurale*, pp.347~348 참조.

해 왜곡된 표상으로 나타나게 만드는 우회의 과정이다. 이러한 무의식의 개념을 통해서 프로이트는 데카르트적 의식을 통해서 설명하기 힘들었던 실수, 꿈, 병리적 현상을 담론의 장에 끌어들였던 셈이다. 그러나 여기에서는 의식과 무의식과 같은 구별적인 장소나 영토가 가정되고 있는데, 프로이트주의가 수용하는 과정에서 사람들은 그것을 의식에 대한 기능주의적인 지형학적 교리로 도식화시키고 그것을 아무런 의심도 없이 열광적으로 받아들였던 셈이다.

메를로−뽕띠가 보기에, 이러한 지형학적 교리는 그 병리학적 효용성에도 불구하고 비판의 여지가 많았다. 투명한 의식을 가능하게 하는 의식의 하위 영역으로서의 무의식은 상공비행적인 초월적 의식과 함께 또 하나의 초월적 실재를 가정하는 꼴이 되기 때문이다. 그가 볼 때, 프로이트주의는 무의식이라고 하는 "두 번째 주체를 끌어들이는", "귀신 연구"가 되어서는 안 된다. 그럼에도 불구하고 정신 분석 진영에서 일어난 무의식의 논쟁은 우리가 의식하지 못하는 심리 현상들을 결국 "의식의 전매"로 만들어 버리는 결과, 즉 무의식이라는 용어를 통해서 "가정하지 않기로 결정한 것에 다시 환원시키는" 결과를 낳았다는 것이다. 결국 데카르트의 성찰과 마찬가지로 정신 분석학자는 억압된 것에 다시 접촉하고 바로 잡음으로써 무의식을 "나쁜 믿음"이거나 "상상하는 자유의 머뭇거림" 이상으로는 취급할 수 없었던 것이다(R. 69).

정신분석학에서의 일종의 데카르트적 교리는 Ⅱ장에서 직접 다루어지지 않았을지언정 메를로−뽕띠가 줄곧 비판적으로 반성해왔던 것이기도 하다. 『지각의 현상학』에서 그가 정신분석학에 반대하고 있다면, 그것은 초월적 리비도와 리비도의 내용을 가능하게 하는 초월적 영역으로 무의식을 가정하는 의식의 지형학(topologie), 즉 "인식의 수준에로의 영토화"에 대한 반대이며, 그가 정신분석학에 찬성하고 있다면, 그것은 근본적으로 실존의 의미를 가능하게 하는 익명적 신체의 구조화 작용으로서 무의식을 해석하고 있을 때였다(pp.195~198). 그가 보

204

기에 "프로이트주의의 본질은 외관적으로 전혀 다른 현실이 있다는 것을 보여주는 데 있는 것이 아니라 어떤 행위의 분석이 그런 현실에서 언제나 다수의 의미작용의 기반들을 발견한다는 것, 그리고 그 기반들이 자신들의 진리를 가지고 있다는 것, 그리고 가능한 해석들의 다수성이 혼합된 삶의 언설적인 표현이라는 것을 보여주는 데 있다. 바로 거기서 각각의 선택은 언제나 다수의 의미를 가지게 되는데, 그런 의미들 중 하나만이 진실하다고 말하지 않는다면 말이다."(*R.* 71). 그에 의하면 정신분석학은 애매한 병리학적 실존의 의미를 무의식이나 성애(sexualité)라고 하는 특권화된 관계를 통해서 풀어내려고 할 것이 아니라, 어떤 특권성도 배제한 채 그것을 가능하게 하는 신체나 살의 조직화나 배치들을 통해서 설명해야 한다. 이를테면 살의 구조화를 가능하게 하는 힘 자체가 바로 그들이 무의식이라고 부를 수 있는 것이다. 무의식이란 애매한 병리학적인 체험의 의미를 발생시키는, 의식 아래에서 조직되는 살의 구조적 운동을 지칭한다. 살은 만져지고 보여 질 수 있지만, 살의 운동을 가능하게 하는 힘은 만져질 수도 보여 질 수도 없다. 우리는 의식을 가능하게 하는 신체나 살의 운동이 결코 긍정적으로 확증될 수 있는 유사 코기토가 아님을 이미 언급한 바 있다. 표상을 가능하게 하는 신체의 힘 자체는 표상될 수 없는데, 특정 실존의 의미를 지칭하지 않고 수많은 실존의 의미를 가능하게 하는 어떤 근원적인 것이기 때문이다.

"무의식, 그것은 접근 불가능한 사실로 있는 하나의 표상화가 아니다. 여기서 부정적인 것은 한편으로는 존재하는(초월적인 것으로) 하나의 긍정적인 것이 아니다—그것은 진정한 부정성인데, 다시 말해서 은폐성(Verborgenheit)의 비은폐성(Unverborgenheit), 아무 것도 현전하지 않는 것(Nichtürpräsentiierbar)의 근본현전성(Urpräsentation)이며 다르게 말하면 다르게 있음(l'ailleurs)의 근원성이며, 타자, 구덩이들(Creux)인 바의 하나의 자기(Selbst)이다."(*VI.* 308).

레비-스트로스와 라깡은 메를로-뽕띠의 이러한 무의식 개념에 부응한다. 특히 라깡의 정신분석학은 한창 기승을 부리던 이러한 프로이트주의에 대한 반대 운동이었다. 라깡은 의식에 대한 이러한 위상학적 영역 분할과 역할을 부인하고 무의식을 표상이나 체험과 단절된 어떤 접근할 수 없는 영역, 그래서 차라리 텅 빈 영역과 같은 것이라고 생각했다. 그리고 그것이 기능주의적으로 변질되기 이전의 프로이트의 진짜 의중이라고 주장했다. 그가 기능주의적으로 변색된 프로이트주의를 새롭게 복구하려는 모토를 내걸었음에도 불구하고, 그의 쇄신은 어떤 점에서는 프로이트주의에 대한 반역으로 비쳐졌는데, 왜냐하면 무의식이 체험과 단절되어 있고 어떤 암시적 의미도 줄 수 없는 텅빈 것이라면, 그것이 가정되어야 할 이유가 없으며 무의식이 가정될 수 없다면 정신분석학 고유의 학문적 정체성도 흔들리기 때문이다. 그렇게 무의식은 정신분석이라는 고유 영역에 국한될 수 없는 자유로운 기표가 되는 셈인데, 구조주의가 바로 이 길을 향해 나아가기로 자원하고 나섰던 것이다. 이런 연유로 구조주의는 레비-스트로스의 사회인류학뿐만 아니라 라깡의 정신분석학, 구조주의적 언어학을 위시한 여타 인문과학에까지 확장되었던 것이다. 레비-스트로스가 말하고 있듯이, 그것은 "당연히 충분히 멀리 분석을 밀고 나간다는 조건으로 다른 제도들과 습관들에게도 타당한 해석의 원리를 획득하기 위해서 각각의 제도나 관습의 심층에 있는 무의식적 구조에 이르는데 족하다."211)

구조주의자들이 체험과 사고의 적당한 타협을 거부하는 완고한 태도를 견지하고 있는 만큼, 무의식은 메를로-뽕띠의 살 개념이 그러하듯이, 현실에 보이는 형태로 드러나 있지 않은 잠재적 형식을 이르는 더없이 좋은 명칭임에 틀림없다. 의식과 무의식은 전혀 다른 질서에 속해 있다. 레비-스트로스는 프로이트주의를 의식하면서, 무의식이

211) Claude LéVI-Strauss, *Anthropologie structurale*, p.28.

206

무언의 코기토, 즉 잠재의식(subconscient)과 다름을 분명히 했다. 그
가 말하길, "왜냐하면 잠재의식은 모든 삶의 과정에서 회상과 집적된
상들(images)의 저장소로서, 기억의 단순한 측면이 되기 때문이다. 잠
재의식은 자기의 영속성을 확신하는 동시에 자기의 한계들을 포함하는
데, 잠재의식이라는 용어는 보존된 것으로서의 기억이 언제나 이용 가
능한 것은 아니라는 사실과 관계되기 때문이다. 반대로 무의식은 언제
나 비어있다."212) 무의식이 잠재의식이 아닌 이상, 우리가 이러한 무
의식을 어떤 의식적 형식으로도 실현시킬 수 없다 함은 라깡에게서나
레비-스트로스에게서나 피할 수 없는 귀결이었다. 이는 명백히 현상
학과의 결별을 선언하는 것이다. '잠재구조'가 의식이 아니라 의식과
단절되어 있는 무의식이 되면서, 주체는 더 이상 실체가 아니라 무의
식이 작동시키는 지상의 체계들의 한 효과나 표상에 불과하게 된다.
이는 현상학의 경계에서 메를로-뽕띠 자신도 인정할 수밖에 없었던
사실이었는데, "키아즘, 지향적인 '침식'은 비환원적이며, 주체의 개념
을 거부하도록 이끄는 것, 장으로서, 하나의 개회(inaugural)가 있음에
의해 열린 구조들의 위계적인 체계로서 주체를 정의하도록 이끄는 것.
그런 '의식'의 개혁은 곧장 객관화하지 않은 지향성들이 종속절로 있
거나 주절로 있거나 하는 식의 양자택일 속에 더 이상 있지 않도록
만든다."(VI. 292).

　그렇다면 구조주의에서 핵심적인 문제는 무의식을 통해서 선험적 의
식을 살해함으로써 체험과 근원적 본질을 잇는 중요한 통로를 절단한
채로, 어떻게 우리가 우리의 체험적인 파롤을 통해서 무의식의 근원적
구조에 도달할 수 있는가 하는 점이다.213) 분명히 모든 이론이나 법칙

---

212) 같은 책, p.224.
213) 이런 점에서 뽈 리꾀르(Paul Ricoeur)는 구조주의를 '선험적 주체가 없는
　　칸트주의'라고 불렀다. Paul Rico-eur, *Stru-cture et herméneutique*, en
　　L'esprit, 1963, 11, p.618 참조, 김형효, 『구조주의의 사유체계와 사상』, 인
　　간사랑, 1989, 24쪽에서 재인용.

들은 의식적이기 때문에 무의식에 이르는 이론이나 법칙은 없다. 그러므로 구조주의적 작업이 의식과 무의식 사이의 심연을 건너는 길, 즉 '선험적 구조'를 찾는 탐색의 과정에 그 초점을 맞추고 있는 한에서, 그것은 애초부터 불가능한 기획이라는 인상을 주지 않을 수 없다. 메를로-뽕띠는 레비-스트로스처럼 '구조들의 구조'를 찾는 대신, 구조들을 가능하게 하는 살의 선험성을 언급함으로써 이러한 회의론을 빠져나갈 수 있었다. 그러나 레비-스트로스는 어떻게 이런 회의론을 빠져나갈 수 있을까? 그는 자신 있게 (언어적) 가설이나 모형(modèle)-그것이 '구조들의 구조'가 아닌 것이 확실하지만-을 세울 것을 권고했다.214)

> "그런 가정을 받아들이면서 구조주의는 인문과학에 그것이 이전에 놓았던 것과 비교도 안 되는 힘을 가진 인식론적 모형을 제안하고 있다. 구조주의는 실제로 사물들 배후에서, 인식의 눈에 질서 없이 산재되어 있고, 어떤 점에서 펑퍼짐하게 놓여진 사실들의 단순한 기술이 드러낼 수 없었던 통일성과 정합성을 발견하고 있다. 관찰의 수준을 바꾸면서, 그리고 경험적 사실들 이면에서 그런 사실들을 통일하는 관계들을 고려하면서 구조주의는 사물들 사이에서 관계들이 확립되고 그 궁극적 본성이 불가해하게 남아 있을 수밖에 없는 사물들보다 그 관계들이 더 단순하고 더 지적이라는 것을 확인하고 검증한다. 그런 일시적이거나 한정적인 불투명성이 이전처럼 그것들의 해석에 장애로 있지 않다면 말이다."215)

이런 가설 자체는 의식적일 수밖에 없고 그렇기 때문에 그것은 그가 찾고 있는 '구조들의 구조', '근원적 구조'가 아니다. 그럼에도 불구하고 그는 이런 가설들을 검증하는 절차를 통해서 많은 사실들을 설명해 줄 수 있는 최선의 이론으로 다듬고 변형시키기를 요청하고

214) 같은 책, p.9, 306, 313 참조, C. LéVI-Strauss, *La pensée sauvage*, Plon, 1962, p.49 참조.
215) Claude LéVI-Strauss, *L'homme nu*, p.614.

있는 것이다. 그러한 이론이 무의식에 도달하는 일은 언제나 요원한 일임에도 말이다. 이는 과학 이론의 형성 절차에도 동일하게 적용되는 과정이었다. 이는 문제의 해결이라기보다는 일단 저질러보는 하나의 (신체의) 실천을 의미하는 것이었다. 구조주의자들은 자신들의 현실적 삶과는 거리가 있는 야만적 세계, 신화, 꿈, 상상적인 것, 정신분석을 통해 이러한 노름에 참여하지만, 그것은 우리의 혼돈스러운 삶 전체를 노리고 있다. 이는 다른 것이 될 수도 있었던 어느 하나를 선택할 수밖에 없는, 즉 다양한 구조들 가운데 어느 하나를 받아들이지 않고서는 어떤 인식도, 어떤 표현도 가능할 수 없는 우리의 버거운 숙명을 얘기한다. 그래서 메를로-뽕띠가 말하고 있듯이, 그것은 무거운 구조인 것이다. 분명히 우리는 구조들의 파편 속에서 영원한 방랑자 신세로 있지만 이러한 다수의 불연속적인 구조들의 변환 관계를 수학적으로 계량할 수 있다면, 우리의 혼란스런 운명은 '반쯤은' 질서지어질지도 모른다. 즉, 구조주의는 그것이 불완전할지라도, 표현의 가능성을 노리고 있었던 것이다. 그들은 시지프처럼 곧 굴러 떨어지게 될 돌을 즐겁게 굴리기로 마음먹었다.

레비-스트로스가 모형을 확립하는 구체적인 방법으로서 우선적으로 제안한 것은 "의미작용적 수준을 고립시키는 일"이었는데, 이는 체험의 흐름과 연속성을 통해서 선험적 주체를 확립한 현상학과 정반대로 "현상들의 절단(découpage)을 암시하는 것"이다. "그런 관점에서 구조주의적 연구의 각 유형(type)은 자율성을 주장하고 다른 모든 유형과 관련되고, 동일한 사실들의 연구와 관련되지만, 다른 방법들에 근거되어 있는 연구와 관련되는 독립성을 주장한다."216) 어떤 개별적이고 우연적인 체험적 사실들과 직접적으로 관련되지 않는 모형은 반대로 그러한 거리감으로 인하여 그것과 다른 체험적 사실에도 적용될 수 있는 탄력성을 가진다.

---

216) Claude LéVI-Strauss, *Anthropologie structurale*, pp.312~313.

레비-스트로스의 구조주의도 현상학이 노렸던 '엄밀한 학적 기반'을 모색했던 셈이지만, 현상학과 전혀 다른 방식을 통해서이다. 일단, '현상들의 절단'을 통해 그는 체험들의 내재성으로부터 선험적 구조들을 만들려는 현상학적 시도들을 비판하고 현상학에서 과도한 체험(vécu)의 특권, 초월적 내재성으로서의 선험적 주체를 거부하고자 했다.217) 그런 점에서, 메를로-뽕띠가 현상학자로서 체험을 강조하고 있다고 하더라도, 그것은 "직접적인 것으로의 회귀, 실존하는 것과의 실제적 일치나 혼용, 근원적 총체성의 연구, 상실되어 되찾아야 할 비밀의 연구가 아니다."(*VI*. 162). 그가 구조주의를 옹호하면서 말하기를, "그런 반성은 체험(Erlebniss)의 현상학의 한계에 그치는 것이 아니며 그칠 수도 없다. 체험을 불신하는 것이야말로 철학적이다. 철학자가 추구하는 내재성은 상호주관성, '체험' 너머에 있는 근본적 일반정립(Urgemeinstiftung)이다-체험에 반대하는 의미부여"(*VI*. 235)라고 했다.

그러나 메를로-뽕띠가 말하는 체험의 불신, 즉 구조주의자가 말하는 단절은 결코 체험에서 완전히 동떨어져 작업하는 것을 의미하지 않는다. 레비-스트로스가 아무리 모형과 체험을 별개의 질서로 언급했다고 하더라도, 사실들을 설명해 줄 수 있는 규칙이나 법칙이 어떤 이론적 선입견 없이 사실들을 응시하는 우리의 순수한 관찰에서부터 시작됨을 부인할 수 없기 때문이다. 메를로-뽕띠가 옳게 지적하고 있듯이, 구조주의자들이 사고의 모형을 통해서 구체적인 사실에서 거리를 두고 작업했다 하더라도 "체험(vécu)에 객관적인 분석을 연결(raccordement)하는 것이야말로 아마 인류학의 가장 고유한 과제"(*S*.150)라는 사실은 분명하다. 그가 단절하고 싶었던 것은 기능주의자들이 자리하고 있었던 "귀납적 신화"(*VI*. 155)와 그것을 관장하는 내재적인 선험적 의식이지 구체적 사실들 자체가 아니다. 원칙적으로 체험(vécu)에 대한 꼼꼼한 관찰 없이는 불

---

217) C. LéVI-Strauss, *Tristes tropiques*, p.61 참조.

210

가능한 인류학이나 언어학과 정신분석학에서 이러한 구조주의가 꽃피었다는 사실을 생각해 보라.

구조주의적 가설은 체험과 단절하는 동시에 체험과 연결되어야만 한다는 점에서 역설적이고 이중적이다. 그렇다면 구체적 체험 속에서 살고 있는 우리가 그것과 단절하고 있는 무의식에 도달하기 위해서 하나의 가설을 세운다는 것은 어쩌면 망망대해에 돌멩이 하나 던져 보는 것처럼 무의미한 일로 느껴질지 모른다. 우리는 여전히 확실한 봄을 알 수 없는 막막한 처지에 있고 우리의 모험은 전적으로 우연에 내맡겨져 있다. 그것은 일종의 도박이나 게임과 같은 것이다. 실제로 구조주의자들이 그렇게 비유했는데, 소쉬르는 장기 게임에, 레비-스트로스는 카드놀이에, 니이체나 들뢰즈는 주사위놀이에 비유하곤 했다. 메를로-뽕띠는 "아무 것도 아닌 것보다는 차라리 어떤 것, 다른 것보다는 차라리 이것, 사람들은 그리하여 실증적인 것의 도래에 참석한다. 다른 것보다는 차라리 이것"이라고 말했다(*VI. 259*). 던져진 돌멩이가 야기시키는 일파만파를 추적함으로써 무의식적 구조로 이르는 대장정을 떠나보는 것도 나쁠 것이 없다. 그것은 다양한 체험들을 겨냥하고 있다는 점에서 체험과 관련되는 동시에 그러한 각각의 체험들 자체는 아니라는 점에서 그것을 초월하고 있다. 메를로-뽕띠는 구조주의적 모형이 일종의 연구의 실증성(긍정성)을 위해서 도구적으로 채택된 것임을 분명히 했다.

"시도는 실증주의적이다. 내적 세계성(l'innerweltlich)과 함께, 세계의 특징과 함께, 세계의 조직성을(architectonique) 제조하는 것 말이다. 그것은 마치 실증적인 모든 세계가 주어져 있는 것처럼 만들고, 마치 우선적으로 비실존하는 것으로 고려되는 실증적인 모든 세계의 지각이 나타나도록 하는 것이 중요한 일인 것처럼 만드는 하나의 사유이다."(*VI. 285*).

체험을 절단시키면서 가설적 모형을 발견한다는 것을 가장 근접하게 이해하기 위해서 우리는 메를로-뽕띠의 '본질직관'218)을 예로 들수 있을 것이다. 그에게서 본질은 구조주의적 모형과 동일한 위상을 가지고 있기 때문에, 그것은 더 이상 변하지 않는 어떤 형상이나 진리를 의미하지 않는다. 현상학자들에 의하면 본질은 그러한 현상 자체가 아니라 그러한 현상들을 가능하게 하는 것이고 어떤 선입견도 개입되어 있지 않은 순수한 응시를 통해서 획득되는 것이었다. 그러나 최소한 그에게 분명한 것은 본질 존재는 결코 플라톤주의자들이 말하는 의미의 일차적이고 자기 본질적인 존재가 아니라는 것이다. 그는 현상학적 본질직관에 대해서 우리가 가질 수 있는 이러한 오해를 불식시키려고 노력했는데, 그는 본질과 현상의 구별을 두지 않았을 뿐 아니라 심지어 환영과 본질의 구별을 반대하기조차 했다.219) 본질은 불변하는 어떤 형상이 아니라, 지금은 현전적으로 명증적이어도 언제고 의심가능하고 교체될 수 있는, 가변적 존재일 뿐이다. "우리는 우리가 찾는 본질들에 대해서, 본질들이 존재(Être)의 원시적 의미를 부여해주고, 즉자적인 가능성이며 모든 가능성이라고 말할 권리, 그리고 모든 것이 본질들의 법칙들에 복종하지 않을 수 없다고 여길 권리, 본질들의 결론으로서 존재(Être)와 세계를 다루는 권리를 가지고 있지 않다: 본질들은 단지 존재(Être)와 세계의 방식이나 스타일일 뿐이며 Sosein 이지 Sein이 아니다."(Ⅵ. 147~148).

그가 본질을 설명하는 방식은 전형적으로 구조주의적인 것이다.220) 순수직관이란 "세계가 세계이도록 만드는 것에, 존재(Être)의 강제적 문법에, 해체 불가능한 의미의 핵심들에, 분리할 수 없는 고유성들의 그물들에

---

218) 우리는 이러한 현상학적인 '본질직관'의 개념을 Ⅱ장에서 후설의 성찰에서의 응시의 시험, 즉 '형상적 환원'을 통해서 다룬 바 있다.

219) Ⅵ. 153~154 참조.

220) PM. 172 참조.

적용된다. 본질들은 순수한 구경꾼의 응시에 가능한 모든 것의 체계이며, 모든 수준에서 어떤 것인 바의 그림(épure)이나 데생(dessin)이기 때문이다."(VI. 145). 본질들은 앞에서 우리가 언급했던 구체적 형태들, 외관들과 다름없어 보이지만, 그는 개별적인 형태들 자체가 아니라 변할 수 있는 형태들을 가리키고 있는 것이다. 본질직관(형상적 환원)이 자유 변경에 의해서 획득된다고 했던 후설의 말 역시 이러한 의미에서 해석되어야 한다. 그래서 메를로-뽕띠는 차라리 "본질직관은 외관들의 위에도 아래도 있지 않지만, 외관들의 마디(jointure)에서 은밀하게 하나의 경험을 외관들의 변이들에 다시 연결시키는 매임(attache)"이라고 말했던 것이다. 정신분석에서 무의식이 "시적인 생산성으로 죽음의 힘들에서 과거와 환상들을 변형시키는데 운명지어져"(VI. 155) 있는 것과 마찬가지로, 본질직관이란 것은 우리 앞에 있는 사물이 그것 이상으로, 즉 또 다른 것들로 될 수 있다는 것을 보여주는 변형의 힘을 이르는 것이다.

이러한 본질 개념을 통해 구조주의자들의 모형을 이해하는 한에서, 우리는 구조주의적 모형을 찾는 작업을 전혀 낯설게 생각할 필요가 없다. 그러나 어떤 본질을 하나의 구조주의적 모형으로 채택한다는 것, 즉 구조주의의 실증성 자체는 다른 것으로 변형될 수 있는 능력을 시험하는 것이므로 고정된 실증성이 아니다. 이는 두 가지 의미로 이해될 수 있다. 첫째, 그 본질이나 모형은 하나의 스타일이나 형태에 지나지 않는 것이므로 언제고 다른 것으로 변할 수 있다는 것이다. 그것은 절대 절대적으로 실재하는 것이 아니다. 둘째, 이처럼 본질이나 모형은 변형되는 운명을 적극적으로 받아들이고 있다는 점에서 다른 모든 형태들을 암시하는 보편성을 가지고 있다. 이러한 보편성이 일차적으로 전통적인 본질 개념에 가해졌던 것이다.

"본질은 그런 시험에서 나타난다―그리하여 본질은 실증적 존재(être)가 아니다. 본질은 불변식이다. 정확하게 말해서 어떤 사물이

변화하거나 부재한다고 하는 것은 그 사물을 변경시키거나 파괴시
키는 것이다. 그리고 연대성, 본질의 본질성은 정확히 우리가 사물
을 변화시키려고 가지고 있는 능력에 의해 측정된다. 사실들에 의
해 결코 오염되고 뒤섞이지 않을 순수한 본질은 단지 총체적 변화
의 시도만을 유발할 수 있을 것이다."(*Ⅵ*. 149).

모든 지적 작업이 그러하듯이, 구조주의는 가변적인 본질들, 즉 각
각의 다양한 사실들 사이의 관계에 대해서 몰두한다. 메를로-뽕띠가
한사코 거부했던 것은 다양한 개체들 사이에서 그러한 다양함을 포괄
하는 그보다 앞선 존재를 상정하는 전통적인 해결(동일자의 철학)이었
는데, 그것을 분명한 형태로(체계적으로) 단절시켰던 것은 현상학자들
이라기보다는 구조주의자들이었다. 레비-스트로스는 동일성의 철학을
전제하는 한 형태에서 다른 형태에로의 유비의 방법이 얼마나 불합리
하고 독단적인지를 경고했고, 그래서 그것들 사이의 불연속성을 주장
했던 것이다. 그는 그것들의 공통의 기원으로서 앞선 존재, 동일자
(même)가 끼어들 여지를 애초부터 차단했다. "유사한(identiques) 두
개의 도구 사이에서, 혹은 두 개의 다른 도구 사이에서 그러나 사람들
이 원하는 만큼 근접한 형식으로 있는 도구 사이에서는 언제나 근본
적인 비연속성이 있으며, 또 있을 것이다. 그러한 비연속성은 하나가
다른 것에서 불러일으켜진 것이라기보다는 그것들 각각이 동일한 체계
의 표상들이라는 사실에서 기인한 것이다."221) 그러므로 일반적으로
모형이나 가설에서 요구되는 보편성은 본질의 보편성이 그러하듯이,
이렇게 단절적이고 전혀 다르게 보이는 것들을 연결시키는 지성의 힘
이다. 말하자면 각각의 파편들은 한편으로 유사성 없이 단절되어 있으
면서도 다른 한편으로는 일종의 유사성을 통해 서로 관련되어 있어야
한다. 이런 역설적인 지성의 힘이야말로 메를로-뽕띠의 살의 키아즘

---

221) Claude LéⅥ-Strauss, *Anthropologie structurale*, pp.6~7.

의 근간인 동시에 구조주의자들의 '구조들의 구조'인 것이다.222) 결국 레비-스트로스가 구조주의의 본질로 말하고 있는 다양한 '질서들의 질서'는 일차적으로 모형의 보편성, 불연속적인 상이한 형태들 사이의 근본적 관련을 모색하고자 하는 선험적인 것에 대한 열망의 표현이었던 셈이다. 그가 말하고 있듯이, "무의식은 상징기능이며 분명히 인간 특유의 것이지만, 만인에게 있어서 동일한 법칙에 따라 작용하며 실제로 이러한 법칙 전체에 지나지 않는다."223)

② 후기-구조주의: 차이들의 체계

대체로 구조주의와 후기-구조주의의 경계는 명확하게 규정되어 있지 않다. 다만 후기-구조주의가 구조주의의 영향을 받지 않을 수 없었음에도 불구하고 그러한 구조주의적 작업을 근거 짓는 '형이상학'에 대한 해체를 단행함으로써 총체적인 체계의 근거를 비판하는 이른바 '열려진 구조'를 표방하고 있음은 분명했다. "구조주의가 인간과학에 있어 일종의 과학적 혁명이거나 실천이었다면 후기-구조주의는 구조주의가

---

222) 레비-스트로스는 이런 열망을 만족시킬 수 있는 최고의 보편적 구조인 '구조들의 구조'를 획득하기 위해 몇가지 조건을 명시하기도 했는데, 이는 근본적으로 살의 분열·접합 운동이 그러하듯이, 각각의 분열적 살들의 단절적이고 독립적인 성격을 규정하는 동시에 그것들 전체가 이루는 동일성을 담보하려는 노력의 일환이었다. 그에 따르면, 첫째로 구조는 체계의 성격을 가지는데, 체계를 이루는 한 요소가 조정(modification)되면 그 체계의 다른 모든 요소들도 조정되는 성격을 가지고 있어야 한다. 둘째로 모든 모형들은 하나의 변환군(un groupe de transformations)에 속해 있어야 하는데, 각각의 모형들은 동일한 족(famille)으로서 묶여질 수 있는 하나의 상위의 모형에 속해 있어야 한다. 셋째로 위의 두 조건을 통해 우리는 모형을 이루는 요소들이 조정될 경우, 모형 전체가 어떻게 영향을 받는지를 예견할 수 있어야 한다. 넷째로 그러한 모형의 기능은 모든 관찰된 사실들을 고려해 넣을 수 있는 측면에서 구성되어야 한다(같은 책, p.306 참조).
223) 같은 책, p.224.

제기해 온 철학적 제반 문제들을 비판적으로 취급하면서 출발한 동반자
였다.”224) 만일 구조주의자들의 ‘구조’와 마찬가지로 메를로-뽕띠의
살의 키아즘이 일종의 형이상학이라면, 그것은 전통적인 형이상학을 비
판하고 있는 형이상학이라는 측면에서 그러할 것이다. 그런 살의 키아
즘이 과연 형이상학인가? 이는 메를로-뽕띠의 신체-주체가 더 이상
전통적인 주체 개념을 답습하고 있지 않다는 측면에서 그를 신체-주체
의 철학자로 부를 수 있는 것과 동일한 견지에서의 ‘소크라테스적’ 아
이러니일 것이다.

　후기-구조주의자들은 자신들을 모호함과 오해 속에 머무르게 만들
수 있는 이러한 아이러니에서 벗어나려고 했고, 이를 위해서 그들은
자신들의 철학을 가능하게 만들었던 구조주의의 모순을 비판하고 전통
적 형이상학의 잔재가 묻어 있는 구조주의적 용어들을 쇄신하려고 노
력했다. 과연 그들은 아이러니에서 벗어날 수 있을까? 근본적으로 후
기-구조주의자들의 작업은 구조주의자들의 작업을 급진적으로 발전시
킨 것에 불과한데, 이를테면 그것은 구조주의자들의 명시적 주장 속에
억압되어 있는 암시적 주장을 전면화 시킨 것이다. 구조주의자들이 자
신들의 명시적 주장을 가능하게 하였던 (현상학적) 의식에 대한 집착
에서 벗어나기를 선언했을 때, 그들은 이미 이러한 무의식적이거나 암
시적인 의미들에도 명시적 의미 못지않은 가치를 부여하기를 선택했기
때문이다. 구조주의와 효과적으로 결합되었던 정신분석학이 특히 그러
한데, 후기-구조주의자들은 정신분석학적 통찰의 적극적 도움을 받으
면서 구조주의의 긍정적 성과 위에 이러한 은폐의 가면을 구명하는
입체적인 기술을 실천하였던 것이다. 푸코나 들뢰즈의 계보학이나 원
근법주의, 데리다의 해체 작업은 텍스트의 의미 층들의 두께를 평면에
펼쳐 보이는 일, 이른바 은폐와 기만을 통해서 그늘로 숨어버린 비의

---

224) 이광래, 『미셸 푸코-‘광기의 역사’에서 ‘성의 역사’까지-』, 41쪽.

미들의 수직적 층, 즉 억압적 함축들과 암시들을 두께 없이 평면적으로 구조주의적 변환의 체계나 차이의 체계를 통해서 분절적으로 기술하는 일이었다. 그러므로 그들은 어느 정도 구조주의의 경계 내에서 작업하게 되는 아이러니를 저지를 수밖에 없다. 인문과학의 진보는 현상학과 구조주의를 포함하여 작금의 인문과학들이 끊임없이 스스로를 비판적으로 검토함으로써 이루어지는데, 그런 점에서 후기-구조주의자들도 구조주의가 자신이 비판하고자 하는 것을 은연중에 다시 끌어들이고 있다는 사실을 날카롭게 비판하였던 셈이다. 이 자체가 해명과 비판의 형태를 띠고 있는 선험적 과정이다. 선험성이란 경험적 원리들이 그것들 자신의 바깥에 그것들의 기초를 이루는 요소들을 남겨 놓기 때문에, 그래서 그것들의 함축적인 조건이나 전제에 대한 메타적 분석을 요구하기 때문에 선험적인 것이다.225) 인문과학의 역사를 통해서 볼 때, 선험성이란 스스로를 일반화하거나 보다 엄밀하게 하려고 노력하는 것이라기보다는 스스로를 끊임없이 탈신비화하기 위해 노력하는 것을 의미한다.226) 후기-구조주의 역시 이러한 선험성을 추구하고 있다는 점에서 예외가 아니었는데, 선험적 사유는 그런 의미에서 필연적으로 바깥의 사유를 지향하는 것이기 때문이다.

우리는 메를로-뽕띠의 살의 선험성을 통해서 현상학적 주체의 선험성을 비판하는 구조주의의 구조의 선험성을 효과적으로 드러낼 수 있었다. 여기서 살의 선험성이란 살이 윤곽지우는 구조들이 다양할 수밖에 없다는 사실을-그러한 다양성을 가능하게 한 단일한 원형적 살을 지칭하지 않으면서-이르는 것에 지나지 않는다. 즉 이런 다수의 현실적 구조들을 언급하는 메타적 언급이 바로 구조들의 구조, 즉 선험적 구조였던 셈이다. 구조주의에서 가정되고 있는 초-구조, 즉 다

---

225) Ronald Bogue, *Deleuze and Guattare*, Routledge, 1989, 이정우 역, 새길, 1995, 99쪽 참조.
226) Michel Foucault, *Les mots et les choses*, p.375 참조.

수의 현실적 구조들을 가능하게 하는 삶이라는 매트리스는 하나의 체계로 구축될 수 없는 것이다. 그렇다면 후기-구조주의자들이 체계를 가능하게 하는 체계의 무근거성을 주장하고 있는 한에서, 그들의 주장이 구조주의자들과 결코 다를 것이 없지 않은가? 그러므로 구조주의자들에 대한 후기-구조주의자들의 비판이 해당되는 곳은 선험적 구조를 이분법적인 체계와 같은 보편적 형식률로 구축해보려는 한정된 일군의 '제국주의적' 구조주의였다.227)

  그러나 실제 작업의 방향이 그렇게 보여 졌다 하더라도, 구조주의가

---

227) 종종 레비-스트로스와 라깡은 보편적인 구조, 즉 구조의 변환 관계를 명석하게 드러내기 위해 대수(algèbre)의 연산을 빌어 추상화시키는 방법을 즐겨 썼는데, 바로 이것이 우리가 구조주의에 대해서 일차적으로 떠올리게 되는 기계적인 이분법적 모형이다. 그러나 분명히 이분법은 구조주의적 효용성을 위해 강점으로 작용함에도 불구하고, 그것은 결코 전능화되어서는 안되는 것이었다(Claude LéⅥ-Strauss, *La pensée sauvage*, p.89 참조). 현실의 불투명한 두께는 이러한 이분법적인 체계의 기계적 전개로다 설명될 수 없는 깊이를 지니고 있는데, 명시적으로 레비-스트로스는 이분법적 조직이 수많은 변형을 가능하게 하는 모형으로서 채용된 것에 불과하며 이처럼 탄력적인 모형조차도 개별 사실들 모두를 다 설명해 줄 수 있을 만큼, 절대적인 것이 아니라고 솔직하게 인정하고 있다. "나는 그러한 논문 속에서 이분법적인 것으로 말해진 조직들의 연구가 현행 이론과 관련하여 비적합성과 모순들을 드러낸다는 사실, 사람들은 그러한 최종적인 것을 포기하고 실제 본성이 또 다른 구조인 구조들의 피상적인 일그러짐으로서 이분법의 명백하고 한 층 더 복잡한 형식들을 다루는데 관심을 가져야 한다는 사실을 보여주려고 노력했다."(Claude LéⅥ-Strauss, *Anthropologie structurale*, pp.178～179). 이분법적 모형이 초-구조로 유통되는 오해를 불식시키면서 레비-스트로스는 다음처럼 분명히 밝히고 있는데, "따라서 나는 질서들의 질서(ordre des ordres)에 대해서, 그 각각이 주어진 구조주의적 수준에 일치하는 하위의 집합(sous-ensembles)으로 구성된 집합의 형식적 특성들로 이해할 뿐이다."(같은 책, p.365). 그러나 실제로 레비-스트로스, 라깡이나 구조주의 언어학자들의 작업을 보면, 이런 변환능력이 기계적으로 극단으로까지 확장될 수 있는 이분법적 구조에 그들이 매료되었던 것이 사실이었으며, 일군의 제국주의적 구조주의자들에 의해서 이러한 태도가 계승되었던 것도 사실이다.

내건 명분은 절대 이런 것이 아니었다. 구조주의자들은 어떤 특정 도식을 절대적인 선험적 실재로 선언하지 않았다. 절대적 체계를 찾는다는 의미의 구조주의적 기획은 성립될 수 없으며, 만일 그것이 성립된다고 해도 '학적'으로 결코 성공할 수 없기 때문이다. 우리가 누차 강조했듯이, 그들이 그것을 무의식이라고 칭하는 순간, 선험적 구조라는 것은 의식과 명시적 언어를 통해서는 포착될 수 없는데, 그들은 그것을 분명하게 인식하고 있었다. 그렇게 볼 때, 구조주의는 다양한 의식의 심층에 있는 어떤 불변의 하부구조를 표현하고자(언어로 포착하고자) 하는 노력을 포기할 수 없음을 보여주는 무익한 시도처럼 보인다. 그것이 인간 지성의 가장 오랜 숙원인 것은 분명하지만, 구조주의는 그러한 숙원이 이루어질 수 있는 장치(선험적 의식)를 거세함으로써 현상학보다 더 멀리 떨어져 있었다. 구조주의자들은 빈 몸으로 그러한 망망대해에 뛰어들고 있다는 점에서 그들의 선조보다 더 무익한 수고를 자처하고 있는 것이다. 그런 점에서 그들에게 형이상학은 더욱 더 무익한 것처럼 여겨지게 되었던 것이다. 그러나 '철학적' 구조주의가 구조를 언어적 형식으로 고착시키려는 학적 목표를 가지고 있는 이상, 그들이 이러한 딜레마에서 벗어날 수 없는 것이 사실이다. 그리고 이러한 딜레마가 구조주의자들을 두 얼굴을 가진 야누스로 만들었던 것이다.

그러나 메를로−뽕띠의 살은 이러한 구조주의의 두 얼굴을 모두 껴안고 있기 때문에 구조주의와 후기−구조주의의 문턱으로 작용한다. 후기−구조주의적인 측면에서 볼 때, 살의 선험성이란 "근본적인 다형론(polymorphisme)"(*VI.* 274)에 지나지 않기 때문이다. 살은 각각의 현실적 구조들을 언급하면서 더불어 이 구조들의 변환 가능성을 암시하고 있다는 점에서 이중적이다. 현실화된 구조로서의 살은 바로 그것으로 실현되었다는 의미에서 필연적이지만, 다른 것으로의 변환 가능성을 가지고 있다는 점에서 우연적이다. 실제로 현실화된 살로서의 구조주의적 모형은 여러 가지 변환의 가능성을 실현시키는 우연적이고 필연

적인 구조이다. 살의 구조를 현실화시키는 살의 키아즘적 힘은 필연적
으로 작용하지만, 근본적으로 비결정적이고 익명적 힘이 아니던가? 구
조주의자들은 이런 모형을 통해 삶과 내기하기를 선택했다. 들뢰즈는
니이체를 계승하면서 '주사위 던지기'라는 비유를 들었는데, 이를테면
구조주의적 모형은 구조주의자들이 신의 탁자 위에서 신의 주사위를
가지고 던지기 놀이를 하는 것과 같다는 것이다. 그것은 주사위를 던
짐으로써 특정한 숫자들의 조합을 실현시키는 본질적으로 우연적인 것
인데, 반복된 던지기를 통해 이 조합은 변환될 것이다. 그러나 이러한
던짐을 통해 매번 확정된 숫자들의 조합은 내기가 그러하듯이, 우연을
긍정하면서 필연적으로 작용된 것이다.

　　"주사위 던지기란 던지는 회수에 비례하여 동일한 조합을 재생
　산하게 되는 여러 번의 주사위 던지기를 의미하는 것이 아니다.
　그것은 생산된 조합의 수에 비례하여 그러한 것으로서 재생산되는
　단 한 번의 주사위 던지기가 문제이다. 그것은 하나의 조합의 반
　복을 생산하는 수차례의 던지기가 아니라 주사위 던지기의 반복을
　생산하는 조합의 수이다. 한 번 던져진 주사위는 우연(hasard)의
　긍정이며, 주사위가 떨어지면서 만드는 조합은 필연(nécessité)의
　긍정이다. 필연은 존재가 생성을 긍정하며 일자가 다자를 긍정한
　다는 바로 그런 의미에서 우연을 긍정한다."228)

　구조주의자들은 각 요소들의 배열들로 이루어진 어떤 대수적인 지적
모형(modèle)을 생각해냈고(concevoir), 이러한 모형의 상이한 배열을
통해서 체험(vécu)을 설명하고자 했다. 물론 이러한 "형식률(formules)
은 상이하게 구조화된 수준들 사이에서 이상적인 상사성(homologie)의
관계를 되찾기 위해서"229) 채택되는 것이다. 말하자면 주사위의 조합을

228) Gilles Deleuze, *Nietzsche et la philosophie*, p.29.
229) Claude LéⅥ-Strauss, *Anthropologie structurale*, p.366.

220

형식률로 나타낼 수 있다면, 그것은 뿌이용(Pouillon)이 말한 대로, 그것은 "차이들의 체계이며 단순히 차이들이 병치되지도 않고 인위적으로 지워지지도 않는 그러한 체계"230)에 불과할 것이다. 주사위의 조합의 형식률이 세워질 수 있다고 해도, 주사위 내기를 하는 사람에게 첫 번째 주사위 던지기와 두 번째 주사위 던지기는 서로 무관하다. 위험천만한 내기가 그러하듯이, 그것은 우리의 운명을 변경시킬 수도 있는 각각의 독립적인 하나의 중요한 사건이기 때문이다. 그러므로 구조주의자들에게 정작 중요한 것은 구조의 선험적인 이념－주사위의 조합 법칙과 같은－이 아니라 구조적 변환을 가능하게 하는 요소들의 차별적 '배열'－매번 주사위를 던지는 행위 자체－인데, 말하자면 "관계(liasion)가 존재한다는 사실이 관계들의 본성보다 본질적"231)이기 때문이다.

구조주의가 실체나 내용이 아니라 형식이나 관계에 관심을 기울이고 있다는 사실은 기존 형이상학과의 분명한 단절 속에 있는 것이다. 변환적 구조는 더 이상 기존의 형이상학을 빌어서 필연적으로 그것을 전제할 수밖에 없었던 구조적 총체성이나 동일성에 근거해 있지 않다. 주사위 던지기에 앞서 전제된 그런 동일성(주사위의 조합)은 우리가 주사위를 던지면서 우리의 운명을 거는 행위에 아무런 영향도 끼치지 못한다. 여기서 주사위의 조합은 매번 주사위를 던지는 행위에 영향을 미치는 구조적 동일성이 아니라 주사위 던지기라는 수없이 반복적인 실천들 전체를 통해서 실현되어야만 하는, 차이를 억압하지 않는 상사성(homologie)으로 역할한다. 일찍이 소쉬르가 말한 대로, "전체가 변한 것도 아니고 한 체계가 또 다른 한 체계를 낳은 것도 아니다. 처음 체계의 한 요소가 변했던 것인데, 바로 이것만으로도 새로운 체계가 나타날 수 있었던 것이다."232) 변환하는 체계에서는 그러한 체계의 무

---

230) 같은 책, p.365.
231) Claude LéVI-Strauss, *La pensée sauvage*, p.88.
232) Ferdinand de Saussure, *Cours de linguistique générale*, édition critique

시될 만큼의 작은 '한' 요소의 차이가 전체 의미 변화를 초래함으로써
그처럼 존중되고 있지 않은가? 레비-스트로스도 말하고 있는 것처럼,
"구조주의적 연구의 최종적 대상은 그러한 틈들에 연결된 상수들
(constantes)로 존재하는 것"233)이다. 틈이란 반복해서 주사위를 던지
는 단절의 순간을 의미하는데, 그처럼 짧은 순간에 우리의 전체 운명
을 바꿀 수 있는 변화가 일어난다면, 그러한 침묵의 심연이 바로 가능
한 무궁무진한 사건들을 예견하는 선험성이 될 것이다. 그러므로 구
조주의는 동일적 구조가 아니라 차이의 체계를 드러내는 일이다.
이를 위해서 카멜레온처럼 자기의 모습을 바꿀 수 있는 구조주의의
문턱(단절의 순간)이 정립될 수 있다면, 그것이 구조주의적 작업의 핵
심이 될 것이다. 그렇게 푸코, 들뢰즈, 데리다와 같은 후기-구조주의
자들은 체계 변환의 변곡점을 강조하고 다양한 체계의 평면에서 그것
을 드러내는 일을 수행하였던 것이다.

레비-스트로스는 그것을 효과적으로 드러내는 적확하면서도 재미있
는 비유들을 끌어들이고 있다. 브리꼴라쥬(bricolage)는 아무 것이나
주어진 도구를 써서 자기 손으로 무엇을 만드는 일종의 지적인 손재
주를 의미하는데, 이는 레비-스트로스의 『야생의 사고』에서 서구 유
럽의 과학과 대응되는 원시과학으로서 거론되었던 것이다. 서구 유럽
의 과학과 공학은 계량화될 수 있는 엄밀한 수학적 체계로 구성되어
있기 때문에 단순히 손재주 차원에 머무르는 원시인의 브리꼴라쥬에
비해 월등한 과학성을 갖춘 것으로 생각되기 쉽지만, 그에 따르면 엔
지니어와 손 재주꾼의 차이가 그처럼 대단한 것은 아니다. 하나의 요
소에 야기되는 조정이 자동적으로 다른 모든 요소에 영향을 미치는
체계를 형성한다는 점에서 양자는 다를 것이 없기 때문이다. 특히 브
리꼴라쥬는 일정한 재료들을 가지고 작업함에도 불구하고 그것들을 각

prépurée par Tullio de Mauro, payot, 1983, p.121.
233) Claude LéⅥ-Strauss, *Anthropologie sructurale*, p.325.

각 다르게 배열하기만 함으로써 상이한 목적과 상이한 형태를 가진 생산물로 변환시킨다는 점에서 구조주의적 작업의 전형을 보여준 다.234) 그렇다면 브리꼴라쥬와 같은 테크닉에서 핵심적인 사안은 각각 의 생산물들을 파생시키는 배열의 특이성들을 아는 일이 될 것이다. 이와 함께 레비-스트로스가 들고 있는 또 다른 비유는 만화경 (kaléïdoscope)이다. 그것은 그 속에 있는 여러 가지 파편들(morceaux) 을 다양하게 배열시킴으로써 다양한 봄들을 현실화시키는 전체를 가리 킨다. 파편들은 만화경 자체 안의 우연적인 해체와 균열의 과정에서 생겨난다. 만화경 속에서 파편들의 또 다른 관계에 의해 새로운 유형 의 존재 형성(formation)을 목격할 수 있는 것은 그러한 균열들 가운 데서 상사성이 역할 한 것이다. 상사성은 형이상학적인 동일성처럼 단 순하고 한결같지(univoque) 않지만, 변환의 일군을 특성화하는 의미 질서와 미적 질서의 상수를 존재하게 만든다.235)

결론적으로 우리는 레비-스트로스가 변환 규칙을 언급했던 것은 상이한 변환체들의 총체적 원인(동일자)을 지목하기 위해서가 아니라 오히려 각각의 단절적인 파편들을 말하고 그 파편들이 이루는 배열과 존재의 단절적인 형성과 해체를 말하기 위해서라고 보아야 마땅하다. 총체성과 연속성의 철학에 맞서서 이러한 단절과 상사성을 주장하기 위해서는 더 이상 전체를 이루는 부분들의 조직을 말할 것이 아니라 전체와 유기적 관련을 가지고 있지 않은 파편들이 이루는 배열을 언 급하면서, 그 배열이 관점의 변화에 따라서, 혹은 시간적 변화에 의해 서 해체되어 다른 배열을 이룰 수 있다는 사실을 몸소 보여주는 것이 가장 효과적이기 때문이다. 메를로-뽕띠의 구조주의에 대한 이해, 레 비-스트로스에 대한 이해가 바로 그러했다. 이미 그는 후기-구조주 의자들의 주장들을 선취하고 있었던 것이다.

---

234) Claude LéVI-Strauss, *La pensée sauvage*, pp.26~31.
235) 같은 책, p.49 참조.

"그것들은 단지 나의 사유의 생성(devenir) 속에서 열려지고 참
여된 체계로서 구조 속에 미리 그려져 있었을 뿐이다. 내가 그 고
유의 벡터들을 따라서 그런 구조를 다시 다루게 될 때, 그것은 차
라리 이전의 것을 재 취급하고 구원하는, 혹은 이전의 것을 잘 포
함하는, 그것과 동일시되거나 그것을 자기와 식별할 수 없는 것으
로서 재인식하는 새로운 배치이다."(*PM.* 178).

후기-구조주의는 버겁게 영원한 법칙을 찾으려고 노력하는 것이
아니라 인간의 유한성에 기인하는 분산적 파편들 속에서 차라리 놀이
함으로써 차이의 무한한 심연을 정직하게 받아들이는 쪽을 선택했다고
말할 수 있을 것이다. 후기-구조주의란 어떤 특정 방법론을 설파하고
실천하는 것이 아니라 오히려 우리의 인식의 한계를 기꺼이 받아들이
는 삶의 태도에서 비롯되는 것이다. 대표적인 후기-구조주의자로 일
컬어지는 푸코는 구조주의의 불연속과 단절, 반복적 재배치를 자신의
고고학을 통해서 실천했다. "문제는 더 이상 전통과 흔적이 아니라 절
단과 한계인 것이다. 즉 더 이상 항구적인 토대의 문제가 아니라 토대
로서 또는 토대의 쇄신으로서 기능하는 변환의 문제인 것이다."236) 푸
코는 몇 가지 전제 조건을 내세우고 있지만, "원한다면 이러한 문제들
에 '구조주의'라는 이름을 부여할 수도 있을 것"이라는 사실을 인정했
다.237) 그럼에도 불구하고 자신의 작업을 구조주의적 작업과 동일시하
지 않았던 이유는 이러한 변환을 가능하게 하는 총체적 법칙을 모색
하는 듯한 구조주의자들의 모순적 태도를 경계했기 때문이다. 구조주
의의 이중적 태도는 형이상학적 총체성이라는 근대성의 거인을 감히
살해하기를 주저했던 과도기적 나약함에서 기인하는데, 푸코는 그들의
이러한 머뭇거림을 질타하고 더 강한 어조로 형이상학적인 총체성을
비판하고, 그것에서 벗어날 수 있는 분석 방법을 실천하려고 했다.238)

---

236) Michel Foucault, *L'archéologie du savoir*, p.12.
237) 같은 책, p.20 참조.

그것이 그의 고고학과 계보학을 통해서 구체화된 것이다.

푸코와 마찬가지로 들뢰즈도 고전 형이상학적 용어들을 쇄신하면서 잠재구조를 초월적이고 보편적인 법칙으로 말하기보다는 특이점들 (points singuliers)의 분배로 표현한다. 수학적으로 특이점이란 다른 요소들의 위치를 가능하게 하는 결정적인 값을 의미한다. 체계(système) 의 한 요소가 조정되면 다른 모든 요소가 그 영향을 받는 것처럼, 특이 점은 그것이 변하면 그것이 속해 있는 전체 형태도 변하게 되는 그런 위치에 있는 것이다. 따라서 특이점들의 분배란 그것과 함께 움직이는 관련 요소들의 전체 집합들을 암시하는 것이다. 잠재구조와 대비적으로 현실구조는 이러한 특이점을 둘러싸고 있는 가능한 현실화로서의 근사 치의 실선, 즉 성좌처럼 윤곽 지어지는 형태를 지칭하는 것이다. 그에 따르면 질문이 잠재구조라면 그에 대한 응답은 현실구조이다. 즉, 우리 가 질문을 하는 순간 가능한 수많은 응답들이 그 질문을 감싸고 있다는 것이다. 질문에 대한 답을 얻기 위해서 우리는 수많은 실천적 노력을 경주하고, 가능한 응답들 가운데 하나를 선택하게 된다. 그는 구조주의 자들처럼 오해의 여지가 있는 어떤 동일적 함수로 표현하기를 거부하고 다양한 구현 형태를 지닌 잠재태로서 특이점을 다루면서 지형학적인 (topologique) 기술을 실천했던 것이다. 잠재에서 현실에로의 이행은 반 복적 실천에 의해서 이루어진다. 이는 구조주의자들이 구조적 모형을 기획하고 그것을 변환시킴으로써―반복적으로 실천하고 변환시킴으로 써―구체적 현실을 설명하려고 했던 것과 동일한 과정이다. 그가 볼 때, 현실이 어떤 의미를 가지게 되는 것은 그러한 문제틀(problématique)로 순환되는 특이점을 가진 잠재 구조가 반복적으로 실천되면서 그렇게 응 답되고 해석되기 때문이다.239)

그런 점에서 후기―구조주의적 작업은 "과정의 한계들, 곡선의 변곡

---

238) 같은 책, pp.25~26 참조.
239) G. Deleuze, *Logique du sens*, Minuit, 1969, pp.65~72 참조.

점, 조절 운동의 전복, 진동의 경계, 기능 작용의 문턱, 순환적 인과의 변조의 순간"240)인 잠재적 구조의 특이점들을 찾아내는 일이다. 후기－구조주의에서 '구조를 찾는 탐색의 과정'은 변환을 가능하게 하는 통일적인 형식을 찾는 것이 아니라 변환이 일어나는 점을 발견하고 기술하는데 초점을 맞추는 것이다. 차이를 일으키는 특이점을 지표화하고 그러한 특이점, 문턱이 형성시키는 체계나 질서를 순환시키는 일, 그것이 구조주의를 계승하면서 후기－구조주의가 견지해온 입장이라고 할 수 있다. 그러나 이는 메를로－뽕띠의 철학적 실천 그 자체이기도 했다.

"세계는 구조주의적인 어떤 법칙의 지배 하에 만들어 진다: 사건들은 동일시되는 스타일에 의해서, '만일－그렇다면'의 관계에 의해서, 작용 중인 논리에 의해서 작용되는 응시와 파롤, 그리고 만일 우리가 사유의 기존 개념들, 주체와 대상의 개념을 내던지면서 겪게 되는 혼란스러움(embarras)에서 빠져나오기를 바란다면, 마침내 세계인 바의 것과 존재인 바의 것을 인식하기를 바란다면, 그 철학적 위상을 정의해야만 하는 응시나 파롤과 같은 매우 일반적인 힘들을 투명하게 남겨놓는다. 철학은 실제의 요소들 속에서, 혹은 심지어 세계에서 하나의 이상적 대상을 만들 이상적인 조회들 속에서 우리와 세계의 관계를 해체하지는 않지만, 철학은 거기서 분절들을 식별하고, 철학은 거기서, 전소유, 되풀이, 걸치기의 규칙적인 관계들을 일깨운다. 그것은 우리의 존재론적 풍경 속에서 잠자는 사람처럼 있으며, 그것은 흔적들의 형식으로 그렇게 지지될 수밖에 없지만, 계속해서 그렇게 기능하고 그렇게 새롭게 제도화된다."(Ⅵ. 136~137).

메를로－뽕띠의 구조주의 또는 후기－구조주의는 현상학적인 작업을 했던 전기철학에서 이미 그가 게쉬탈트 심리학을 다루었을 때부터 시작되었다고 말할 수 있다.241) 물론 그는 그것을 심리학적인 연구가 아

240) Michel Foucault, *L'archéologie du savoir*, p.17.

226

니라 '철학적 해석'을 통해 지지했기 때문에, 실제로 전개되었던 게쉬탈트 심리학 진영의 연구가 그가 말하는 그러한 태도 속에서 이루어졌는지에 대해서는 이견이 있을 수 있다. 봄이 한 요소를 어떻게 보느냐에 따라서 전체가 형태가 되기도 하고 배경이 될 수 있다는 형태·배경의 상관구조가 구조주의적인 체계(système)의 성격과 유사하기 때문에 일부의 학자들은 그것을 구조주의적인 것으로 편입시켰지만, 이것은 실제 게쉬탈트 심리학 서클 내부의 연구 방향과는 다른 맥락 속에 있을 수 있기 때문이다. 메를로-뽕띠는 게쉬탈트 심리학이 자신의 통찰을 다시 경험주의적 어두운 편견 속으로 내몰면서 생리학주의적인 관점에서 개진되는 일군의 심리학적 경향에 대해 매우 애석해했다. 바로 이런 이유에서 레비-스트로스는 구조주의와 게쉬탈트 심리학 사이에, -몇몇 사람들이 그 유사성을 인식하고 있음에도 불구하고-아무런 연관관계가 없음을 강조하였던 것이다.242) 그들이 비판하는 게쉬탈트 심리학은 전체와 부분의 총체적 관계를 지향하고 있는 목적론적 실재론을 뒷받침하는 경향을 띠었는데, 이는 구조주의가 한사코 배척하는 것이기 때문이다. 그러나 게쉬탈트 심리학자들의 활동이 실제로 어찌했든, 메를로-뽕띠가 의미하는 '철학적인' 게쉬탈트는 전혀 그렇지 않으며 초기의 그의 이러한 구조주의적 해석은 그의 철학 전체를 관통하는 것이었다.

게쉬탈트란 전체가 부분들의 총계로 환원될 수 없음을 의미하는 이름이다. "그것은 분배의 원리이고 등가 체계의 축(pivot)이며 세분된 현상들이 그것의 표명일 어떤 것이다. 게쉬탈트는 시·공간적인 개체가 아

241) 지각에서 형태는 전체와의 관계를 통해서 드러나게 되는데, 이는 보는 자에 따라서 형태가 되기도 하고 배경이 되기도 한다. 그들은 여기서 주체와 대상이 분리되기 힘들다는 사실을 발견했는데, 메를로-뽕띠는 이러한 통찰을 주목하고 『지각의 현상학』에서 형태·배경 구조, 혹은 점·지평 구조를 통해 신체와 세계의 관계를 알리는데 적극적으로 끌어들였다. 형태와 배경이 가역 겠을 것이다.
242) Claude Lé VI-Strauss, *Anthropologie structurale*, pp.354~355 참조.

니라 공간과 시간에 걸쳐 있는 하나의 별자리에 통합되기 위해 취해진
다."(*VI.* 258). 게쉬탈트는 또 다른 형태로 바뀌어 질 수도 있는 그런
형태이다. 말하자면 그것은 "한 관계에서 다른 관계에로의 불러일으킴
(engendrement)"이다(*VI.* 123). 그리하여 메를로-뽕띠에게 그러한 변
환을 가능하게 하는 "게쉬탈트는 선험성(transcendence)이다."(*VI.* 258).
구체화된 형태가 다른 형태로 바뀌기 위해서는 그것을 가능하게 하는
문턱이 있어야 하는데, 또 다른 형태·배경 구조를 가능하게 하는, 즉
분배의 원리나 등가 체계의 중심이 되고 있는 특이점 말이다. 그것은
게쉬탈트에서 형태와 배경을 가르는 틈, 혹은 전체로 결코 환원될 수
없도록 만드는 부분적 파편들의 균열적 틈일 것이다. 심지어 그는 이러
한 인식 방식을 필연적 진리로 믿어지는 알고리듬(algorithme), 즉 수학
적 사유에도 동일하게 적용시키려고 했다. 그에 따르면, 수학적 사유는
그 자체로 불변하는 구조이기 때문에 필연적인 진리가 될 수 있는 것
이 아니다. 오히려 수학적 사유는 게쉬탈트와 마찬가지로 구조주의적인
변환을 개방하는 열려진 구조로 되어 있고, 그런 한에서 그것이 필연적
진리라는 것이다.243) "수학적 사유의 본질은 하나의 구조가 탈중심되는
그런 순간, 하나의 물음에 열려지는 그런 순간, 그러나 그런 동일한 구
조의 의미인 새로운 의미에 의해 재조직되는 그런 순간에 나타난
다."(*PM.* 178). 그가 보기에 이처럼 변환을 일으킬 수 있는 것, "그런
비일치, 그런 차이화를 동반"(*VI.* 165)하는 것들이야말로 진리로서, 진
정한 철학의 대상이며, 진정한 철학함 자체였던 것이다.

3) 구조주의는 비역사적인가?

구조주의에 대한 어처구니없는 하나의 오해는 그것이 비역사적이라
는 사실에 있다. 이는 레비-스트로스가 현상학을 비판하면서 시간 의

---

243) *PM.* 175~180 참조.

228

식에 근거되어 있는 체험(vécu)과 '단절된' 생각(concu), 즉 어떤 객관적 실재와도 대응되지 않는 형식률을 조작하는 구조주의적 작업을 내걸었을 때, 반대 진영으로부터 충분히 제기될 수 있는 비난이었다. 그 동안 의식은 본질적으로 단절적이지 않고 지속적인 체험의 선험적 근거로서 가정되어왔기 때문에 그것은 계속되고 축적되는 시간과 역사의 선험적 근거로서 지목될 수 있었다. 그렇게 시간성과 역사성의 문제는 그야말로 현상학에서 절정을 구가할 수 있었던 것이다. 그래서 메를로-뽕띠가 『지각의 현상학』에서 보여준 시간과 역사에 대한 깊이 있는 문제의식은 과연 현상학자 다운 관심으로 해석될 수 있었다. 그런 의미에서 선험적 의식을 폐기하는 구조주의는 동시에 시간과 역사에 대한 무관심을 선언한 것으로 생각될 수도 있었다. 푸코가 말하고 있듯이, 구조주의는 "의식의 진보(progrès)에 의해 구성된 긴 계열이나 이성의 목적론, 또는 인간 사유의 진화에 의해 구성된 긴 계열을 해체시킨다."244) 그러나 의식의 전개와 이성의 목적론에 기초해있는 역사관을 반대한다는 의미에서 구조주의의 '비역사성'은 오히려 그들의 체계가 노리는 단절의 문턱, 즉 그들의 기획의 일부였던 것이다. 반면에 구조주의가 단지 무시간적인 정태적(statique) 영역에서 놀이하는 관념론에 불과하다는 비판에 대해서는 구조주의자들은 동의할 수 없었다. 메를로-뽕띠가 후기 철학에서까지 지속적으로 견지되고 있는 시간과 역사에 대한 집요한 문제의식은 더 이상 현상학자의 그것을 증명하는 것이 될 수 없다.245) 다만 구조주의자들은 이전의 방식과 다르게 시간과 역사를 다루고 있었을

---

244) Michel Foucault, *L'archéologie du savoir*, p.16.
245) 메를로-뽕띠의 시간관과 역사관에 대한 자세한 소개와 기술은 또 하나의 긴장을 필요로 하기 때문에, 본 논문에서 다루어지지 않을 것이다. 다만 그가 본 논문에서 제기된 여러 가지 문제들 못지않게 깊이 있게 그러한 문제들을 다루고 있었다는 사실을 분명히 하고자 한다. 본 논문에서 그의 시간성과 역사성의 언급은 구조주의의 비역사성에 대한 부당한 오해를 벗겨내는 정도에서만 간략하게 언급될 것이다.

뿐이다. 그들은 시간과 역사의 문제를 전면에 내세우면서 정면적으로 다룰 수도 있었지만, 반대로 그것을 전혀 거론하지 않으면서 간접적으로 다룰 수도 있었기 때문이다.

구조주의가 현실의 실재에 대한 기술이 아니라 그러한 현실을 넘어 있는 일종의 추상적 사유를 그 대상으로 한다는―레비―스트로스의―주장에 대해서 동일하게 소쉬르는 언어학이 '가치 개념'과 관련된다고 표현한 바 있다. 그가 의미하는 "상이한 질서에 속하는 두 사물 사이의 등가 체계"246)로서의 가치 개념이란 앞에서 우리가 언급했듯이, 서로 다른 사물들 사이의 일종의 교환을 가능하게 하는 상사성(homologie), 혹은 서로 다른 질서로 이행할 수 있는 공통의 문턱이나 특이점을 의미한다. 그래서 레비―스트로스는 가치에 의해서 교환되거나 순환되는 일종의 추상적인 질서의 서로 다른 평면들, 즉 여성을 매개로 한 커뮤니케이션인 친족 체계 연구, 재화와 노동의 커뮤니케이션인 경제학, 메시지(message)의 커뮤니케이션인 언어학 각각은 서로 다른 질서를 형성하지만 구조주의라고 하는 동일한 근거를 가지고 있다고 말할 수 있었다.247) 그리하여 일정한 시간 흐름을 가진 동일한 현실은 이를테면, 친족 체계의 평면, 경제학적 평면, 언어학적 평면이라고 부를 수 있는 다수의 단절적 질서들로 얽혀 있는 셈이다. 즉 친족 체계나 경제 체계나 언어 체계 모두는 실재하는 어떤 사물을 지시하는 것이 아니라 그 사물들을 이루는 여러 가지 측면들을 가치 교환하는 질서들의 추상적인 명칭들에 지나지 않는다. **그것들은 시간적 순차에 의해서 차례대로 배열할 수 없는 그런 이질적인 질서들, 혹은 구조주의적 모형들이다.** 그러므로 구조주의는 직선적이고 연속적인 시간관에 근거하여 사물들을 기술하는 태도―현상학이 지향하는 태도―를 벗어나 있을 수밖에 없는데, 이는 레비―스트로스가 시간이 멈춰져 있는 듯한

---

246) F. Saussure, *Cours de linguistique générale*, p.115.
247) Claude Lévi-Strauss, *Anthropologie structurale*, p.326 참조.

230

신화시대로 눈을 돌이고, 소쉬르가 통시적 파롤보다는 공시적 랑그에 자신의 작업을 한정하는 이유가 될 것이다. 그런 점에서 구조주의는 유물론적인(그것의 관심 영역이 선이나 형이상학적인 가치가 아니라 돈이나 여자, 언어와 같은 것이라는 측면에서) 관념론(그것이 다루고 있는 것이 현실의 구체적 사물을 초월하고 있다는 측면에서)으로 생각되어졌던 것이다. 그러나 그들의 현실에서 벗어난 단절적 질서들에 대한 연구는 현실에서 벗어나 비상하기 위해서라기보다는 현실에 더욱 진지하고 집요하게 참여하기 위해서였다. 즉 현실의 다양한 의미들을 이해하기 위한 다양한 모색이다. 다만 현실에서 발견되는 모든 다양한 의미들을 떠오르는 대로 나열적으로 기술하지 않는다는 의미에서 경제적인 기술방식을 취하고자 했을 뿐이다.

그러므로 구조주의가 경제적 기술을 위해서 직접적 체험과 단절함으로써 체험의 연속적인 시간 의식에서 벗어나게 되는 것은 너무도 당연한 일이었다. 소쉬르는 이러한 사유의 세계에 들어가기 위해서 현실의 시간을 이중적으로 나누었는데, "그 자체로 고려되는 가치 체계와 시간의 기능에서 고려되는 그러한 동일한 가치들"248)을 구별할 수밖에 없었다는 것이다. 그러나 이 구별은 어느 한 쪽의 배제를 의미하는가? 소쉬르가 이런 대립의 불가피성을 주장하면서249) 언어의 학적 연구를 위해서 공시적인 것만을 연구 대상으로 삼겠노라고 선언했을 때, 그는 마치 초시간적인 사유의 공간 속에서 놀이하기를 선택한 것처럼 보였을지 모른다.

소쉬르는 '체계 자체'를 설명하기 위해서 체스놀이에 비유하곤 했다. 그러나 이 놀이는 그가 생각하듯이, 단순히 공시적 체계가 아니라는데 문제가 있다. "우선 놀이의 어떤 상태는 언어의 어떤 상태에 잘 부합된다. 말들(pièces)이 지니는 각각의 가치는 장기판(échiquier) 위에서 이

248) F. Saussure, *Cours de linguistique générale*, p.116.
249) 같은 책, pp.135~140 참조.

들이 갖는 위치에 의존하며, 마찬가지로 언어에 있어서 각 사항(terme)
은 다른 모든 사항들과의 대립에 의해 그 가치를 지니게 된다."250) 그
는 이러한 체계적 성격을 가지고 있는 장기판에서의 놀이의 규칙은 일
종의 공시태로 생각한 것 같다. 그러나 이처럼 실제로 장기판에서 실현
될 보이지 않는 규칙이 공시태라면, 장기를 두는 사람에 의해서 판 위
에 놓여지는 말의 위치에 따라 가시화되는 장기판의 판세는 무엇인가?
전자가 랑그라면 후자는 파롤이다. 그러나 파롤은 통시태인가? 말의 위
치 하나 하나에 따라 장기판의 판세 전체가 변화하는데, 그의 말대로
"체계란 단지 순간적일 뿐이다; 체계는 말의 위치가 바뀜에 따라 다른
체계로 변화한다."251) 체계가 이처럼 전체의 변화를 유발하는 요소의
바뀜을 통해서 규정되는 한에서, 우리가 이 순간을 축으로 절단하여 공
시태를 고정할 수 있다 해도, 이러한 고정은 의미가 없다. 장기의 규칙
은 장기를 두는 그 순간에 발현되는 것이지, 변화하는 장기판의 판세와
별도로 존재하는 것이 아니다. 소쉬르가 자신의 언어학을 이러한 불변
의 규칙, 즉 랑그에 두고 있었다고 하더라도, 그것은 후자인 파롤을 전
제로 하지 않으면 안 된다. 불변의 규칙은 각각의 놀이가 실행되는 양
태를 통해서 실험되며, 이처럼 놀이가 실행될 때만 존재하는 것이다. 그
렇다면 "소쉬르에서 공시성과 통시성은 더 이상 단순히 병행적인 것이
아니다."(*CAL*. 100). 소쉬르의 기념비적인 이러한 구분은 시간을 축으로
하는 추상적인 영역을 논리적인 지형학 속에서 명확히 구획하는 데에만
의의를 지닌 것으로 해석해야 한다. 그래서 기욤(G. Guillaume)과 같은
소쉬르주의자들은 이런 구별을 받아들이면서도 그것을 하부 언어학적인
도식(sublinguistic scheme)의 존재로 수정할 수밖에 없었다.252) 메를로
－뽕띠가 말하고 있듯이,

---

250) 같은 책, pp.125～126.
251) 같은 책, p.126.
252) *CAL*. 100 참조.

232

"변화는 언어의 모든 재구조화의 기초에 있다. 이런 의미에서 사람들은 언어는 상대적으로 계기화 되어 있는 영역이라고 말할 수 있다. 어떤 이성적인 것도, 그것이 말하는 주체들의 공동체에 의해서 체계적인 표현의 수단으로서 취해지고 조직되었던 변화의 일정한 양태로부터 파생되지 않는다면, 결코 (언어에서) 발견될 수 없다."(*CAL*. 100).

통시태가 계기적(순간적)인 체계들 사이의 관계를 의미하는 것인 한에서, 공시태는 이러한 통시태가 없이는 존재할 수 없다. 구조주의자들은 비역사적이라는 오해를 유발시킬 수 있었던 소쉬르의 이원론을 수정하거나 언어 하부적인 도식으로 다시 읽음으로써 그러한 오해를 불식시켜야 했다. 철학자로서는 누구보다 먼저 소쉬르의 언어학에 익숙해 있었던 메를로-뽕띠의 경우도 예외가 아니었는데, 그는 이 허구적 대립을 무화시키기 위해서 공시태가 통시태를 감싸고 있는 동시에 통시태가 공시태를 감싸고 있다고 교차 배어적으로(키아즘적으로) 말했다. 모든 공시적 체계가 발전 과정 중에 있는 한에서, 공시태가 통시태를 둘러싸고 있으며, 공시적 체계가 '야만적 사건들이 개입될 수 있는 (시간적) 틈-틈은 언제나 시간적이다.-을 매순간 허용한다'는 점에서 통시태가 공시태를 감싸고 있다는 것이다. 양자는 변증법적인 관계에 있다.253) **한 마디로 말해서 체계는 변화와 변환을 겪지 않을 수 없는데, 이를테면 변화와 변환을 겪지 않는 체계는 체계가 아니다.** 물론 소쉬르가 말하고 있듯이, "변화(altérations)는 결코 체계 전체에서 일어나는 것이 아니라 체계의 요소 중 어느 하나에서 일어나므로, 체계 밖에서만 연구될 수 있다"함은 올바른 지적인데, 그래서 그는 공시태와 통시태를 분리시킬 수밖에 없었을 것이다. 그리고 구조주의는 후에 푸코에 의해서 '바깥의 사유'이기를 정식으로 이름 받았던

---

253) *S*.108 참조.

것이다. 그러나 안이 바깥을 향해 접혀 들어가는 동시에 바깥은 안으로 접혀 들어오게 마련이다. 즉 체계는 가변적 결합을 이루게 될 형태적 요소들로 구성되어 있어서, 체계를 이루는 한 요소가 변하면 다른 요소들도 변하게 된다. 소쉬르도 언급하고 있듯이, "물론 모든 변화는 체계에 영향을 미친다; 그러나 시초의 사실(fait)은 단지 한 점에만 작용한다."254) 다시 말하자면, 통시태를 가능하게 하는 변화의 요소는 공시태를 이루는 체계의 한 요소로 작용하는데, 공시태와 통시태는 이러한 문턱을 두고 서로 변증법적으로 결합되어 있는 셈이다. 사소한 변화라도 그 여파는 체계 전체에 미치게 되어 있다. 공시적 구조의 의존과 연대성이 바로 통시성을 가능하게 하는 것이다. 그러므로 그는 소쉬르가 체계로 말하고자 했던 것은 우연과 질서의 만남을 가장한 것에 불과하며 이성적인 것과 우연적인 것의 만남으로 회귀한 것으로 보아야 한다고 말했다. 언어의 역사, 즉 랑그에 대한 소쉬르의 개념은 전체로서의 역사에 적용해야 한다는 것이다. 언어를 이끄는 힘, 즉 역사는 의사소통하려는 의지인데, 역사적 전개를 움직이는 것은 인간들의 공통적인 상황이며 서로 공존하고 재인식하려는 그들의 의지이기 때문이라는 것이다.255)

이와 동일한 견지에서 레비-스트로스는 구조주의가 비역사적이라는 비난에 예민하게 반응하면서 구조주의적 모형은 변환가능성을 구조의 충족 요건들로 삼고 있다는 사실, 즉 통시태와 공시태 모두를 연구 대상으로 삼고 있다는 사실을 명백히 함으로써 그러한 비난을 무화시키려고 했다. 그는 소쉬르가 구별했던 공시태와 통시태 중 "어느 하나를 선택할 것이 아니라 구조의 관점과 실제 사건의 관점 모두를 통합할 수 있는 하나의 도식을 만들어 내면서 양자를 평등하게 받아들이기를"256) 제안했는데, 이러한 체계의 조직망은 피드백(feed-back) 기구를

---

254) F. Saussure, *Cours de linguistique générale*, p.124.
255) *CAL.* 102 참조.

가진 기계(machine)처럼 그러한 부분들에 영향을 주는 모든 변화에 잘 반응하여 변조가 일어난 기구를 평형(équilibre)의 방향으로 이끌 것이다. 결국 새로운 평형은 어떠한 악조건에도 불구하고 먼저의 상태와 외부로부터 온 혼란과의 타협점이다.257) 그에 따르면 이러한 체계의 평형 운동 자체가 바로 역사성이라는 것이다. 레비-스트로스와 야콥슨(Jacobson)은 정태성이 이러한 공시태와 통시태의 구별과 무관하게 시간의 멈춤을 가정하는 한에서, 공시태를 정태성(la statique)과 혼동하는 비판자들을 비웃었다.258) 과연 장기 놀이의 규칙과 같은 이러한 공시적 체계가 플라톤주의의 형상계 처럼 비시간적이고 비역사적이라고 할 수 있겠는가? 플라톤주의의 형상은 변할 수 없는 것인데 반해서, 체계는 변화해야만 한다. 그는, "이 공시적 구조의 분석조차 역사에로의 부단한 의존을 함축한다. 변환되는 제도들을 보여주면서 역사는 다수의 형식(formulations)들, 사건들의 연속을 관통하는 영속적인 형식들의 심층에 있는 구조를 끄집어내는 일을 가능하게 한다."259)고 말했다.

변환하지 않는 구조는 구조가 아니다. 구조에서 변환이 허용될 수 없다면, 구조는 정적인 것이 되어 설명적 의미를 상실하기 때문에 변화와 변환은 구조주의에서 중심적인 문제가 아닐 수 없다. 이처럼 구조주의가 변화를 적극적으로 구조 안에 끌어들이고 있는 한에서, 구조주의가 비시간적이라거나 비역사적이란 비난은 성립될 수 없다. **구조, 즉 차이들의 체계는 바로 시간 그 자체**인데, 메를로-뽕띠의 말대로 "시간은 모든 것을 껴안는 체계로서 이해되어야 한다."(*VI*. 244). "시간은 중심적이고 지배적인 지역에 의해, 비결정된 윤곽으로 정의되는 순환이다…. 시간은

---

256) Claude LéVI-Strauss, *La pensée sauvage*, p.95.
257) 같은 책, p.92 참조.
258) Claude LéVI-Strauss, *Anthropologie structurale*, p.102.
259) 같은 책, pp.28~29.

일련의 절대적 사건, tempo가 아니다－의식의 tempo도 아니다.－그것은 제도이며 등가들의 체계이다."(Ⅵ. 237~238). 메를로－뽕띠는 구조주의적 역사관에 동의하면서 기존의 역사관과 현격히 다른 그것을 당당하게 진정한 의미의 역사라고 주장하였다.

　　"역사가 아니라면 우연의 짐을 진 한 형식이 갑자기 미래의 회로를 여는 그러한 환경을 무어라고 부르고 제도화된 것의 권위와 함께 그것을 무어라고 주문하는가? 분명히 역사는 계열적인 시간들 속에서 위치되고 날짜 꼽아진 사건들과, 동시적인 결심들의 인간적인 모든 장을 구성하려고 하는 것이 아니다. 그러한 역사는 신화, 전설적인 시간이 또 다른 형식들로 인간적인 기획들로 언제나 채워져 있다는 것을 잘 알고 있고 세분된 사건들을 넘어서, 혹은 그러한 사건들 저편에서 연구하고, 정당하게 구조주의적 역사로 불리는 것이다."(S.154~155).

　그러나 이러한 시간은 어떤 모습인가? 이제 특이한 개인의 체험과 역사적 사건들로 채워져 끊임없이 흐르고 있는 인간적이고 통일적인 직선적인 시간관은 더 이상 사라지고 없다. 구조주의에서 "시간의 발생은 선행적인 모든 계열을 과거에 밀어 넣는 시간의 보충(supplément)의 창조(création)로서 이해될 수 없다. 그런 수동성은 생각될 수 없다."(Ⅵ. 237). 흐르는 시간에 대한 직관적 파악은 데카르트적인 주체가 분열된 주체들로 분산되면서 이제 불가능한 얘기가 된 것이다. 역사의 기술을 가능하게 했던 의식의 흐름이라는 모델, 파롤의 선형적 모델은 구조주의의 기계적인 변환 절차를 통해서 "균일하게 그리고 같은 방식으로, 시간의 모든 점들에서 타당한 일반적인 규칙을 찾아서" 각 시간적 계기마다 "어떤 공시성의 강제적인 모습이 부과"260)됨으로써 단절적 모델로 해체되었다. 선형적인 시간과 역사는 해체되어 툭 툭 끊어지는

---

260) Michel Foucault, *L'archéologie du savoir*, p.216.

분산적인 파편들의 연결들이 되어버렸다. 그 연결 고리가 드러나 있지 않았던 매끄럽고 연속적이었던 유기적 시간은 그 마디마디 연결 고리가 드러나고 각 단계가 단절적으로 이어져서 불연속적인 울퉁불퉁한 마디마디로 얽혀 있는 못생긴 괴물로 변해버렸다. 결국 구조주의는 통시태를 전제로 하면서 공시태를 언급함으로써, 본질적인 순간들에 구조주의의 중요한 특징이기도 한, 불연속적인 특징을 부여하게 된다. 이러한 불연속적인 단면을 모든 역사를 가능하게 하는 무한한 시간의 심연(틈)을 동반하기 때문에 비시간적이고 비역사적인 것이 아니라 오히려 철저히 시간적이고 역사적이다. 그러나 구조주의적 시간은 우리의 전통적인 시간관과 너무나 다른 것이다. 고고학이 그러하듯이, 역사의 기술은 "다수의 과거들, 다수의 연쇄 형식들, 다수의 중요성의 위계들, 다수의 규정의 그물들, 다수의 목적론을 나타나게 만드는 반복적 재배치(redistributions récurrentes)"[261]로 변해버렸다. 이를 받아들이기란 얼마나 힘든 것인가?

> "시간이란 단절(rupture)의 텅 빈 순간 속에서만, 하나의 형성이 또 다른 형성을 갑작스럽게 대치하는 이 하얗고 역설적인 비시간적인 균열(faille) 속에서만 존재하는 듯이. 실증성들의 공시성, 치환의 순간성, 시간은 빠져나가 버리고, 그와 함께 역사적 기술의 가능성도 사라진다. 언설은 생성의 법칙으로부터 뽑혀지며 불연속적인 비시간성 속에서 수립된다. 그것은 파편으로 움직인다. 영원성의 잠정적인 섬광."[262]

이런 시간관은 일견 충격적일지 모르겠으나, Ⅱ장에서 다루어졌던 '데카르트적 성찰'의 시간이 바로 그러했다. 우리는 종종 꿈과 현실을 혼동하는데, 즉 꿈이나 상상, 환각과 같은 이질적이고 단절적인 시간

---

261) 같은 책, p.11.
262) 같은 책, p.217.

회로가 우리의 삶에 끼어 들어가 연속적인 시간 체험을 혼란스럽게
했던 적지 않은 경험들을 가지고 있다.263) 이를테면, 우리가 꿈에서
깨어나는 순간, 꿈이 아닌가 의심하는 순간, 우리가 실재라고 믿어왔
던 체험의 흐름은 단절된다. 그리고 매순간 우리가 체험을 그렇게 의
심하는 것에서 벗어날 수 없는 한에서, 우리의 시간은 순간적으로 단
절된 시간적 평면들로 얽혀 있는 것이다. 이에 대해서 메를로-뽕띠는
데카르트적인 의식의 흐름을 분열적이며 단절적인 신체 주체들의 파편
들로 만들어 버린 바 있다. 우리가 정상적인 시간의 흐름 사이로 종종
끼여드는 비정상적인 상상이나 졸음, 꿈을 무시하지 않는 '성찰'을 단
행한다면, 더 이상 시간은 연속적인 순수한 실체의 흐름(운동)이 될
수 없다. 기껏해야 시간은 조각난 파편들의 집합의 전체적 윤곽에 지
나지 않을 뿐이다.

---

263) 메를로-뽕띠가 분명하게 말하길, "실재와 꿈의 구별은 감각들에 의해서
채워진, 그것의 고유한 공백에 되돌아가는 하나의 의식과의 단순한 구별
일 수는 없다. 두 가지 양태들은 서로서로 침식된다. 사물들과의 우리들
의 각성적인 관계들, 특히 타자들과의 우리의 각성적 관계들은 원칙적으
로 하나의 꿈적인 특성을 가진다. 타자들은 우리에게 꿈들처럼, 신화들
처럼 현전하는데, 이는 실재적인 것과 상상적인 것의 분열을 부인하는데
족하다."(*R.* 68~69). 과거와 현재의 파편들로 가득 차 있어서 우리가 그
런 파편들과 놀이하게 되는 상상적인 것 일반은 의식철학에 의해서 진
정한 세계의 부재로 인식되어왔지만, 이제 우리는 더 이상 그것이 "부재
하는 것이 아니라 말하는 것"(*R.* 67~68)임을 안다.

4. 구조를 해체하는 구조

1) 어쩔 수 없는 구조의 틈

구조주의에서-구조주의건 후기-구조주의건 통칭해서-무엇보다도 중요한 것은 어떤 한 구조가 초월적으로 고정되어서는 안 된다는 사실 이다. 모든 체계들, 제도들, 사회들은 필연적으로 변하지 않을 수 없는 데, 구조들에는 필연적으로 '어쩔 수 없는 틈'이 존재하고 있기 때문이 다. 구조들을 해체하고 새로운 구조들을 가능하게 하는 긍정적 힘이 수 태되는 단절점으로서 말이다. 게쉬탈트로부터 자신의 구조주의를 시작 했던 메를로-뽕띠는 구조주의 자체가 바로 이러한 틈을 허용하고 있 다는 점을 분명히 했다. "형태-바탕의 구별은 주체와 대상 사이에 제 3항을 도입한다. 그것은 지각적 의미인 바의 우선적으로 그러한 저기의 틈(écart-là)이다."(*VI*. 250). 그러므로 어떤 주체나 사물들에 대한 정의 는 '여기 지금'의 주체나 사물의 명증적인 의미뿐만 아니라 그것이 꿈 일 수도 있는 의심의 틈까지 포함되어야 한다. 즉 우리는 우리가 확신 하는 사물과 세계는 코기토와 마찬가지로 언제든지 해체될 수 있다는 개방적인 태도를 가지고 있지 않으면 안 된다. 이로써 현상학적인 주체 를 분열시키고 사물과 세계에 대한 분산적이고 단절적 인식을 야기 시 키는 '데카르트적 전복'이 일어나는데, 의심의 틈이야말로 메를로-뽕 띠의 성찰을 가능하게 하는 원리로서 제시되었던 셈이다.

"만일 일치가 부분적인 것에 지나지 않는다면 진리를 전체적이거나 실제적인 일치에 의해 정의해서는 안 된다. 그리고 만일 우리가 사 물 자체와 과거 자체의 이념을 가진다면 그것은 사실 속에서 어떤 보증인을 가져야만 한다. 그리하여 사물 자체나 과거 자체에 개방

된다면, 그것 없이는 사물이나 과거의 경험이 영도에 떨어지고 말
그런 틈이 그것들에 대한 정의 속에 들어가야 한다."(*VI.* 166).

각성시의 경험과 꿈 사이처럼 한 질서와 다른 질서 사이에는 심연
이라고 표현할 수밖에 없는 단절이 있다. 정신분석학에서 이러한 단절
적 심연은 무의식으로 표현되는데, 메를로-뽕띠는 정신분석학에서 무
의식에 대한 기능주의적 해석이 여과 없이 그대로 유통되는 것을 경
계하기 위해서 무의식이라는 표현보다는 구조의 틈(écart)이라는 표현
을 더 선호했다. 틈은 의식(구조)을 이루는 요소들의 절단의 표면에
붙어 있는 무(無)의 심연이다. 그러나 레비-스트로스가 무의식을 무
(無)나 비어있다고 말했다고 해서, 말 그대로 그 속에서는 무엇이건
무의미해지는 공백(Vide)이나 구멍(trou)을 의미하지는 않는다. 예를
들어 우리는 종종 문득 상상에 빠지기도 하고 깜박 졸면서 꿈을 꾸기
도 한다. 그러나 잠이 들거나 일시적으로 현실의 질서에서 벗어나서
상상적인 세계의 꿈이나 환영 속에 빠져들기 위해서는 순간적으로 칠
흑과도 같은 비분절적인 어둠의 심연을 통과해야 한다.264) 이는 깍지
끼기(allochirie)와 같은 신체적인 감각의 경우도 마찬가지다. 왼 손과
오른 손이 서로 맞잡았을 경우, 우리는 왼 손이 오른 손을 만지고 있
는 감각과 오른 손이 왼 손을 만지고 있는 감각을 가역적으로 변환시
킬 수 있지만, 이 두 가지 감각들은 결코 동시에 느껴지지 않는다. 이
중 감각 사이에는 단절이라고 표현할 수밖에 없는 팽팽한 힘의 긴장
이 있다. 마찬가지로 나와 타자 사이의 키아즘적 응시에서도 동일한

---

264) *pp.*191 참조, 여기서 메를로-뽕띠는 신체의 특정한 위치나 상태를 통해
서 잠이나 꿈으로 이행하는 과정을 섬세하게 묘사하고 있다. 이행이 이
루어지는 순간이란 여기서 비인칭적인 감각의 기능으로 묘사되고 있는
데, 신체의 이러한 익명적인 기능이 바로 이러한 이행들의 문턱이나 통
로로 역할하고 있는 셈이다. 물론 여기서 신체란 대상들과 구별적인 실
체로서가 아니라 지각하는 신체로서, 언어이건 사물이건 살의 키아즘적
작용에 들어 있는 모든 것을 의미한다.

단절이 요구되는데, 내가 타자를 보는 것과 타자가 나를 보는 것(을 내가 본다는 것)은 동시에 일어날 수 없다. 나의 시선과 타자의 시선은 이처럼 서로 어긋나는 가운데 키아즘적으로 교차되고 있다.

이러한 가역적 키아즘을 위해서 그 순간에 그 속에 들어갈 수도 있고 나올 수도 있는, 이른바 안과 바깥의 교환의 이루어지는 어떤 계기가 있어야 하는데, 메를로-뽕띠가 말하길, 그것은 "그것들 서로 서로가 밀착하도록 만드는 두 개의 견고한 것 사이의 긴장(pression)의 영점"이다. 그는 이것을 지칭하기 위해서 특별히 발음 규칙상의 용어인 히아투스(hiatus)라는 말을 끌어들였다. 이는 단어의 발음 상 모음과 모음이 중복되는 경우, 발음이 힘들어지기 때문에, 이러한 모음 충돌을 피하기 위해 그 모음들 사이에 자음이 끼어드는 현상을 의미한다. 이렇게 끼어든 자음이 본래의 말을 이루는 공식적인 구성요소가 아닌 한에서, 이것은 가짜음이다. 그러나 두 모음 사이의 자음은 이러한 팽팽한 단절의 긴장을 지탱하는 문턱의 역할을 하는데, 그것은 충돌적인 소리(질서)들 사이의 연결점이기 때문에, 그 자체는 독립적인 하나의 의미의(의식적이고 오성적인) 요소가 될 수 없으며 그래서 그것은 차라리 아무 의미도 없는 비어 있는 '주름'이나 '구덩이'라고 말할 수 있을 것이다. 그러나 "히아투스는 존재론적인 공백이 아니라 어떤 비존재이다."(*VI*. 195). 주름이나 구덩이는 공백이 아니다. 그것은 전체 단어를 매끄럽고 연결시키고 의미 있게 만들지 무화시키는 것이 아니기 때문이다. 그것은 존재를 가능하게 만드는 비존재이다. 그것은 두 가지 다른 질서인 안과 바깥이 교차적으로 얽혀 있게 만들고 그래서 그 이질성의 견고한 경계가 뭉개지고 새로운 의미가 파생하도록 만드는 생성의 지점이다. 정신분석학에 의해 꿈과 현실을 구분 짓던 견고한 경계가 무너지면서 꿈이 현실에 섞여 들어가고 현실이 꿈에 섞여 들어가면서 현실(혹은 꿈)이 새로운 의미를 발견하게 되는 곳. 그리고 깍지 끼기를 통해서 오른 손과 왼 손, 만지는 손과 만져지는 손의 구별적인 신체의 감각은 무디어지고 신체는 갑자기 낯선 살의 덩어리처럼 느껴지게 되는 곳. 그리고 시선의 키아즘에 의해서 나와 타자, 보는 자와 보이는 자의 구별이 혼동되면서 우리라는 공동체, 세계내존재의 다양한 구조가 형성되는 곳 말이다.

> "나의 봄인 바의 가시적인 것에서 중심적인 그러한 주름, 그러한 우묵한 웅덩이(cavité), 보고 있는 것과 보이는 것, 그리고 만지는 것과 만져지는 것의 거울상으로 정렬된 그러한 두 가지는 내가 기대를 걸고 있는 잘 연결된 어떤 체계를 형성하고, 봄 일반과 내가 벗어날 수 없는 가시성의 항구적인 어떤 스타일을 정의한다."(Ⅵ. 192).

그런 점에서 틈은 새로운 구조가 출현할 수 있는 특이점이며, 한 체계가 파괴되고 아직 결정되지 않는 또 다른 체계가 생성될 수 있는 이른바 카타스트로프(catastrope)의 지점, 수태·프레냥스(pregnance)의 지점이다. 그래서 전형적으로 새로운 형태를 수태시키는 시적 몽상가들은 이러한 단절이나 틈을 통해서 작업하는데, 그들은 한결같이 자신의 예술적 영감(inspiration)이 자신들의 것이 아니라 이러한 틈(혹은 절대적 타자인 신)이 그들에게 준 선물이라고 말했던 것이다. 메를로-뽕띠가 말하고 있듯이, 능동적 의식의 작용과 대조적으로 상상적인 것들의 수동성(passivité)은 "이미 제도화된 실존의 한 장(champ) 속에서 어떤 틈, 어떤 변이를 현실화시키는 것인데, 이것은 언제나 우리 배후에 있고 그것의 무게는 깃털공의 그것처럼 우리가 어떤 작용을 통해 그 무게를 변환시키는 그런 작용 속에 참여하게 된다."(R. 67). 아직은 무형적이고 카오스적인 심연의 틈을 일정한 형태로 구현시키는 것은 천재적인 개인의 창조적 노력이라기보다는 다산적인 틈에서 새로운 구조를 이끌어내는 구조주의적 반복의 힘이다. 그런 점에서 원시인이나 정신분열증 환자들의 생산물을 통해서 이루어졌던 레비-스트로스나 라깡의 구조주의적 작업들은 인간의 의식이 아니라 어쩔 수 없는 구조의

242

틈이 기존의 제도나 체계를 해체시키는 동시에 또 다른 변화를 허용할 새로운 제도나 체계를 형성시킨다는 사실을 증명하려고 했던 셈이다. 메를로─뽕띠는 그러한 틈의 생성을 신화적 의미작용, 상징기능이라고 불렀다.265) 그는 이러한 틈의 작업이 가장 예시적으로 드러나는 것이 신화나 정신분석적인 언어, 그리고 예술이라는 점에서 그것을 '미적 로고스'로 부르기도 했지만, 단지 그것이 정신분석학과 인류학이나 예술과 같은 한정된 분야에만 허용된다는 의미는 아니었다. **그것은 바로 지각과 사유의 근원적인 작용으로서의 살의 키아즘적 운동의 본질인 셈이다.**

후기─구조주의자들은 메를로─뽕띠가 그러했듯이, 이전의 인문과학의 고유 경계를 해체하고 인류학적이고 정신분석학적인 통찰을 역사나 철학의 분야에 끌어들이고 융합시키는 적극적인 구조변환을 시도했다. 즉 어쩔 수 없는 틈의 존재가 라깡과 레비─스트로스의 작업들을 통해서 이념적으로 개화했다고 하더라도, '어쩔 수 없이' 그들은 자신들의 '구조주의'가 이념적으로 주장되고 유지되는 한에서, 그들의 구조를 해체시키고 말, 구조주의의 틈을 억압할 수밖에 없었는데, 후기─구조주의자들에 의해 비판되었던 동시에 급진적으로 계승되었던 것은 이러한 구조주의의 '틈'이었던 것이다. 그러므로 우리는 살의 키아즘을 가능하게 하는 구조주의의 틈이 '철학적'으로 어떻게 메를로─뽕띠의 텍스트에서 다루어졌는지 살펴보기 이전에, 먼저 이 틈이 '인류학'이나 '정신분석학'을 통해서 어떻게 작용되었는지, 그리고 후기─구조주의자들에 의해서 그것이 어떻게 계승되었는지를 예비적으로 간략하게 살펴볼 것이다. 메를로─뽕띠의 구조주의적인 '틈'에 대한 논의가 선명하게 부각되기 위해서는 구체적으로 (인류) 사회학적인 논의들을 통해서 접근하는 것이 보다 효과적이라고 판단되기 때문이다.

---

265) *Ⅵ.* 241 참조.

2) 교환 원리와 증여론

체계는 고립적이고 교체 가능한 둘 이상의 요소들의 관계로 이루어져 있고 이러한 요소들 중 하나라도 변하게 되면 전체 다른 요소들도 변화하게 된다. 이를 달리 표현해보자. 이러한 연결 관계 속에 있는 하나의 고립적 요소는 그 옆에 다른 요소들을 지시하고 있고, 지시된 그 요소는 자기를 지시하고 있는 바로 그 요소를 다시 지시하고 있다. 즉, 체계의 요소들이 상호 의존적으로 서로가 서로를 지시하고 있다는 점에서 그것들은 서로를 이중적으로 표상하고 있는 것이다. 이는 기호의 요건과 일치한다. 특히 레비-스트로스는 구조의 이중적 지시를 의미하는 소쉬르의 기호에 대한 정의를 받아들여 신화적 사고를 이루는 여러 요소들이 기호의 역할을 한다고 말했다.266) 소쉬르는 개념과 이미지를 연결짓는 기호를 기의와 기표의 관계로 구체화시켰다.267) 기호에서 기표는 기의를 지시하고, 기의는 기표를 지시한다. 즉 기호는 다른 어떤 것을 지시하는 동시에 그러한 지시 관계가 육화된 대상이다. 한정된 학과를 넘어서 발견되는 이와 같은 상호성이야말로 구조의 요건이었던 셈이다.

특히 단절적인 요소의 단위들이 개인들이나 집단들이 되고 그것들의 충돌과 관계가 문제가 될 경우,―비교적 인간적 척도에 근접한 층위에서―사회학이 형성된다.268) 구조주의에서 사회적 관계는 개인이나

---

266) Claude LéVI-Strauss, *La pensée sauvage*, p.28 참조.

267) F. Saussure, *Cours de linguistique générale*, p.99 참조.

268) 레비-스트로스가 분석하고 있는 체계의 구성 요소들이란 개인들이나 집단들이다. 물론 이러한 대응은 사회 인류학적 층위에서만 가능하다. 즉, 어떤 개인이나 집단은 좀 더 세분된 층위의 측면에서 하위의 다수의 구성 요소들이 조직된 하나의 상위의 구조적 전체가 될 수 있는 반면, 그와 유사한 스케일의 다른 개인이나 집단들과 관련되어서는 상위의 층위의 전체 조직의 일부분이 될 수 있기 때문이다. 예를 들어, 개인의 의식은 꿈이나 상상과 같은 전혀 다른 질서의 시간적 파편들이 매순간 개입

집단간의 교환이나 의사소통(communication)을 중심으로 드러난다. 교환이나 의사소통은 이중화된 표상, 즉 상호성(réciprocité)이라는 구조의 요건이 인간의 행동을 통해서 구현되는 전형적인 형식이다. 정신분석학적 가르침을 빌자면, 무의식적 보편적 구조는 인간이 의식하고 있지 않다 하더라도 인간의 행동을 통해서 암시되기 마련인데, 교환이 바로 그런 무의식적 현실이라는 것이다. 그런 측면에서 교환의 원리가 사회라는 구조를 가능하게 하는 근본 원리로 지목되었으며, 메를로-뽕띠가 말하는 대로, 교환이 조직되는 방식이 바로 레비-스트로스의 구조 개념이었던 것이다.269) 레비-스트로스는 가장 기본적인 사회 조직을 연구하기 위해서 우선 상호성의 모형을 제시하면서 혈연관계에 근거되어 있는 종래의 친족 구조를 뒤엎는 구조주의적 분석의 길을 열었다. 종래의 친족 체계는 직계 가족을 중심으로 하는 개체들 사이의 혈연적 유대라는 막연한 유사성을 통해서 조직되었던 반면, 그의 친족 체계는 두 개체나 집단 사이의 교환을 통해서 형성되기 때문에, 그와 같은 공통점이나 유사성을 상정할 필요가 없다는 이점이 있었다. 어느 한 집단이 다른 집단과 친족이라는 동맹(alliance)을 맺기 위해서는 단지 여자를 주고받으면 된다. 이 경우, 교환되는 것 자체가 중요한 것

되어 이루어지며, 그러한 파편적 구성요소들을 통해서 이루어진 개인의 하루는 상위의 층위에서는 개인의 한 평생을 이루는 수많은 단절적인 구성요소들 중 하나가 된다. 마찬가지로 수많은 파편인 수많은 인생들이 모여서 이루어진 전체인, 집단이나 사회도 더 큰 층위에서 하나의 전체의 수많은 구성 요소들 중 하나가 될 것이다. 거시적 전체로 느껴지는 사회는 그보다 더 큰 스케일의 우주적 단위에서 보면 하나의 단절적인 구성 요소에 불과하다. 그런 의미에서 어떤 총체성을 가진 구조적 전체라는 것은 한정된 층위에서 가정된 개념에 불과하고 실제 구조주의적 분석에서는 언제나 상이한 각각의 층위에서 체계의 파편적인 요소들만이 존재한다고 말할 수 있을 것이다. 그리하여 구조주의에서 중요한 모티브는 구조적 총체성이라기보다는 이러한 단절적 요소들의 연결 관계, 즉 변환 관계였던 것이다.

269) *S*.146 참조.

이 아니라 그것을 주고받는다는 행위 자체(형식)가 중요하다.270)

> "규칙으로서의 규칙의 요구, 상호성의 개념은 나나 타자의 대립
> 이 포괄될 수 있는 가장 직접적인 형식으로 생각된다. 요컨데 증
> 여의 종합적 성격, 즉 한 개인에서 다른 개인에로 가치의 동의된
> 이전은 이 두 개인들을 동반자로 변화시키고 이전의 가치에 새로
> 운 질을 첨가시킨다."271)

인류학에서 나타나는 동일한 집단 내의 결혼을 금지하는 족외혼의
풍습은 상호적 교환이라는 무의식적 구조가 작용한 것이다. 이는 분석
의 수준이 좀 다르긴 하지만, 수많은 신화적 사고 속에서 등장하는 근
친혼의 금지, 혹은 외디푸스 컴플렉스와 맥을 같이 한다. 레비-스트
로스에게 족외혼의 풍습이 한 집단이 이질적인 집단과 유대를 갖고
확장하는 계기가 되듯이, 정신분석학자들에게 근친상간의 금지는 어린
아이가 자기중심적인 철없는 유년기를 벗어나서 타자와의 관계를 배워
나가고 자기 확장하게 되는 계기가 된다. 아들의 어머니인 동시에 아
버지의 아내라고 하는 '여자'의 이중적·상호적 역할은 아들에게 아버
지라는 최초의 타자와의 관계를 학습할 수 있게 함으로써 사회성 형
성에 중요한 역할을 담당한다. 타자들과의 관계를 형성하는 것, 즉 사
회성이 한 개인이나 집단의 주체성과 정체성의 핵심인 것이다.

---

270) 친족 구조의 경우, 교환되는 것은 여자이다. 즉, 여자는 이질적인 두 집
단을 관련시키고 일종의 동일성을 형성시키는 매개로 작용한다. 실증적
으로도 이러한 친족 구조를 뒷받침하는 인류학적 사례들을 통해서 보더
라도,-그렇지 않은 반증 사례 때문에 모든 인류학자가 이에 찬성하는
것은 아니지만-이질적인 두 집단 사이에 동맹 관계가 성립되는 것은
결혼 제도를 통해서이다. A는 B에게 여자를 증여하면서 자기가 여자를
증여했다는 사실을 B에게 인식시키는데, 그런 사실에 대한 동의의 표시
로 B는 자신의 집단의 여자를 A에게 다시 증여하게 되고 이로써 유대
가 형성된다는 것이다.

271) LéVI-Strauss, *Les structures élémentaires de la parenté*, Mouton &
Co, 1947, p.98.

그러나 레비-스트로스가 말하고 있듯이, 인류가 근친혼의 금지를 통해 자연에서 문화로 이행하게 되었다는 말이나 라깡이 말하고 있듯이, 유아가 외디푸스 단계를 통해 상상적 단계에서 상징적 단계로 이행하게 되었다는 말을 어떻게 이해해야 하는가? 전자는 개인으로서의 인간의 역사라고 하는 개체 발생을, 후자는 보편적인 인류의 역사라고 하는 계통 발생을 재현해주는 셈이지만, 근친상간의 금지라고 하는 동일한 문턱을 경유하고 있다. 이 문턱 이전의 질서로서 상상적 단계나 자연은 우리의 상상에서처럼 무엇이든 이룰 수 있고 무엇이든 가능한, 어떤 금지나 억압도 존재하지 않는 행복의 영토이며, 어머니와의 사랑 즉, 근친혼마저도 허용되는 야만적인 무질서의 질서이다. 그러므로 여자를 교환하는 것과 같이 어떤 매개를 순환시킨다는 것은 개인이나 인류가 이러한 무한 가능성의 상태나 야만의 상태에서 벗어나서 일정한 체계나 제도로 질서 지어진 세계로 들어간다는 것을 의미한다. 이러한 세계는 사회나 문화로 불리는데, 그것이 형성되는 과정을 '상징적으로' 드러내기 위해서 레비-스트로스는 특별히 친족 체계를 언급하고, 라깡은 유아가 처음으로 속하게 되는 가족 체계를 언급하게 되었던 것이다. 근친혼의 금지는 상호적 교환을 통해서 형성되는 구조의 사회·인류학적 모델인 문화를 설명하기 위한 하나의—그러나 매우 중요하게 작용했던—문턱에 불과하다. 물론 사회·문화적 구조를 형성시키는 문턱은 이 이외에도 많이 있을 것이다.

그러나 우리는 레비-스트로스가 라깡이 말하는 구조의 문턱이 왜 근친혼 금지와 같은 억압의 형태로 나타나는지에 대해서 생각해보아야 할 필요가 있다. 일단 교환에 의해서 한 사회나 문화가 형성되고 지탱되는 만큼, 그러한 사회의 동질성이 유지되기 위해서 그러한 교환은 정확히 준수되어야 한다. 이를테면, 한 집단이 다른 집단에 어떤 것을 준다는 것은 필연적으로 그것을 돌려받을 것을 전제로 하는 것이며 이러한 상호성의 합의가 체계의 자기보존의 힘, 체계의 자기장을 이루고 있는 것이다. 즉 체계가 유지되기 위해서 반드시 바로 그것이 교환되도록 강요되어야 하는데, 그것이 교환되지 않으면 체계는 해체되고 말 것이기 때문이다. 그러므로 친족 체계를 지키기 위해서는 여자가 교환되지 않는 가능성 즉, 근친혼은 억압되거나 금지될 수밖에 없으며, 사회나 문화는 그 존속을 위해서 금지된 것을 그 표층에 드러내지 못하고 배면에 가라앉히게 된다. 금지된 것에 대한 욕망은 체계 밑에서 존재하는, 체계를 위협하는 배반과 의심의 힘이다. 그것은 구조에 보이지 않게 나 있는 틈처럼 존재하는데, 그 틈이 크게 벌어지면 어쩌면 현재 작동되는 구조를 와해시킬 수도 있는 그런 위험한 틈 말이다. 그것은 무규정적인 타자성(altérité)의 심연이다.

인류가 사회나 문화와 같은 구조를 형성시켰다는 것은 그것과 함께 이면에 그러한 구조를 해체하고 또 다른 구조를 형성시킬 수 있는 전복의 틈도 함께 형성시켰다는 사실을 의미한다. 그렇기 때문에 레비-스트로스와 라깡은 우리가 구조를 '의식'함으로써 그것을 더 잘 지탱시킬 수 있음에도 불구하고 구조를 가능하게 하는 것은 의식이 아니라 바로 무의식이라고 말할 수 있었다. 그들은-외디푸스 단계와 언어적 기호의 이중적 기능을 야만에서 문화로의 이행을 위한 동일한 문턱으로 생각하면서-원시인과 아이가 근친상간의 금지를 문턱으로 하여 상징적 단계, 즉 사회·문화적 체계나 언어적 체계에 돌입하는 동시에 그것을 부인하는 무의식을 형성시킨다고 말했던 것이다.

구조주의적으로 말해서 현실은 상이한 수준들로 분할가능하고, 각각의 수준들에서 다양한 체계들이 순환된다. 현실은 이러한 수많은 체계들이 복잡하게 얽혀 있는 그물망인 셈이다. 그러나 그러한 그물망이 존속되는 대가로서 그 때문에 배제되고 금지된 무한한 가능성들과 욕망이 꿈틀거리는 무의식의 심연이 생겨나게 되었다. 어떤 것의 긍정은 동시에 그것의 부정과 억압을 통해서만 가능하기 때문이다. 메를로-뽕띠도 동의하고 있듯이, "무의식은 대상들과 존재들을 '그것들의 이름으

248

로' 명명함으로써 부정적인 것을 취하지 않은, 그것들의 모습들을 질서 짓는데 그치지 않는 그러한 대상들과 존재들을 목표로 삼고 있다."(R. 71). 앞에서 언급되었듯이, 무의식은 다형적으로 존재하는데, 일정한 형태, 즉 체계나 질서를 고집하고 있지 않기 때문에 차라리 텅 비어 있다고 말하거나 알아들을 수 없는 시끄러운 소음으로 가득 차 있다고 말해야 할지 모르겠다. 그러나 그것은 모든 사회나 문화가 그것에 대한 노스텔지어를 가지고 있는, 최초의 말이나 사회가 생겨나기 이전의 잃어버린 낙원이나 유토피아가 아닌가? 무의식은 상상적인 것으로 가득 찬 무한한 가능성의 대지이며, "인간 경험 속에 발견할 수 없는 모든 것, 즉 그것이 그것을 제조하고 변형시키는 한에서 인간의 경험에 대해서 어디에서나 있으며 어디에도 없는" 자연이기도 하다. 물론 이는 순수 대상이나 즉자 존재를 의미하는 객관주의적인 의미의 자연 개념과는 전혀 다른 것이다(R. 92~93). 메를로-뽕띠는 레비-스트로스의 어법을 따라서, "존재의 그런 일관적인 구조가 있게 만드는 것", "존재론적인 순수한 이행"(R. 131)을 의미하는 이런 자연(대지)의 개념을 두고 특별히 야생적·야만적 존재라고 칭하였던 것이다. 이런 명칭들은 최초의 금지 이전의 것에 대한 신화적 역사의 기술이라기보다는 '지금 여기'의 문화나 상징적 단계 속에 내재하는 비결정적인 반동적 힘을 이르는 것이다. 결국, 무의식, 상상적인 것, 자연, 야만적 세계는 현행 체계를 위협하고 새로운 체계의 수태를 준비하는 현 체계의 틈으로 작용한다. 이는 우리의 성찰을 가능하게 하는 신체 주체의 '의심의 힘'으로서 현행 체계를 전복할 수 있는 '바깥의 사유의 힘'이며, 동시에 새로운 봄, 새로운 형태, 새로운 체계를 수태시키는 긍정적 카오스의 익명적인 살의 힘이다.

Ⅲ장의 2-2)에서 언급되었듯이, 반동적 힘은 긍정적 힘과 얽혀 있다. 체계의 순환을 명령하는 긍정적 힘과 그 체계의 전복을 꾀하는 반동적 힘은 상호적으로 있다. 즉, 의식과 무의식, 나와 타자, 문화와 자연,

문명사회와 야만 사회는 보이는 것과 보이지 않는 것의 얽힘으로서
서로 공존하고 있다는 것이다.272) 이는 니이체가 디오니소스와 아폴론
적 충동을 통해 비극의 탄생을 말했을 때, 가장 극적으로 표현된 통찰
이기도 하다. 모든 사회, 문화, 예술은 그러한 질서를 와해시키는 카오
스와 공존하며 그러한 카오스로부터 새로운 질서가 탄생한다. 무한한
욕망이 허용되는 상상적인 자연 상태는 우리가 소유할 수 없는 이상
에 불과하지만, 우리는 숙명적으로 구조를 받아들이면서 동시에 그런
구조에 나 있는 어쩔 수 없는 틈(écart)도 받아들이지 않을 수 없다.
즉, 변화하는 구조, 구조와 동시에 그 구조를 가능하게 했던 틈이 바
로 우리가 '숙명적으로', '어쩔 수 없이' 받아들일 수밖에 없는 구조,
즉 구조를 해체하는 구조인 것이다. 구조란 형성적인 긍정적인 힘과
해체적인 반동적인 힘, 아폴론적 힘과 디오니소스적 힘, 의식과 무의
식, 문화와 자연, 즉 메를로-뽕띠가 주로 사용하고 있는 표현대로, 보
이는 것과 보이지 않는 것의 얽힘 모두를 지칭하는 것이고 그렇기 때
문에 우리는 앞에서 그것을 다형론, 차이의 체계, 변환의 체계로 칭했
던 것이다. 그리고 이러한 얽힘과 공존의 미시적 메카니즘을 드러내기
위해서 우리는 구조주의에서 이질적인 두 세계가 얽혀 있는 주름, 그
이질적인 심연을 연결하는 문턱을 거론하였던 것이다. 다형론으로서의
구조가 가능한 것은 수많은 무의식적 문턱들이 존재하기 때문이다. 근

272) 메를로-뽕띠는 구조주의의 교환의 원리가 점점 나아가게 되는 이러한 얽
힘의 관계를 다음처럼 말하고 있다. "인간과 사회는 정확하게 자연과 생
물적인 것 바깥에 있지 않다. 인간과 사회는 차라리 자연의 '설치들'을
닮으면서 그렇게 구별되고 전체 모두를 위태롭게 한다. 그러한 전복은 어
마어마한 이익들을 의미하며 전체적으로 새로운 가능성들을 의미하는데,
한편으로 우리가 확인하기 시작하는 위험들을 측정할 줄 알아야만 하는
손해로서 말이다. 교환과 상징기능은 자신의 엄격성을 상실하지만 자신의
엄숙한 아름다움도 상실한다. 이성과 방법뿐만 아니라 삶에 대한 신성모
독적인 모든 사용, 즉 한편으로 깊이 없이 보상적인 작은 신화를 동반하
고 있는 그런 사용도 신화학과 제식적인 것으로 대체된다."(S.157).

친혼의 금지나 외디푸스 콤플렉스는 레비-스트로스와 라깡이 이 수많은 문턱들 가운데 하나를 상세히 다룬 것에 불과하다.

그러나 여기서 우리는 레비-스트로스의 상호적 교환의 원리에서 형성의 힘을 견제하는 혼란의 힘은 체계가 유지되고 있는 한, 억압되고 금지되어야 한다는 것, 즉 그것은 보이지 않는 틈이라는 사실을 다시 상기해야 할 필요가 있을 것 같다. 체계를 위협하는 이 위험한 힘이 억압되지 않고 형성의 힘보다 우세하게 된다면, 아예 체계는 형성될 수도 없기 때문이다. 물론 어떤 것을 억압한다는 것은 그것을 소멸시키는 것이 아닌데, 변증법적으로 그것의 억압은 그것의 존재를 전제로 하기 때문이다. 그것이 소멸되지 않았다면, 억압된 혼란의 힘, 보이지 않는 틈은 어떤 식으로 존재하게 되는가? 프로이트의 경우, 이것은 무의식의 메카니즘을 통해 꿈이나 말실수, 신경증과 같은 병리적인 증상으로 제시되는 것이 고작이었는데, 정신 의학적으로 그것은 정상적인 상태로 다시 복구되거나 치료되어야 하는 부정적이고 병적인 증상이었다. 레비-스트로스의 경우, 교환 행위는 체계를 형성하고 유지하려는 입장에서 제시되고 있는데, 당연한 일이겠지만, 교환 원리는 교환이 일어나지 않을 가능성을 배제시키고서, 평등한 교환으로서 논의되었다. 메를로-뽕띠의 표현대로라면, "자연에 대한 직접적이고 비매개적인 부정으로서 교환은 타자성(altérité)이라는 매우 일반적인 관계를 제한하는 사례로 나타날 것이다."(S.156). 상호적 교환의 원리는 권력적인 의미의 정상성 즉, 체제 수호적인 지배자의 입장만을 대변하고 있는 셈이다.

그런 점에서 레비-스트로스가 친족 구조를 다루면서 그러한 체계를 무너뜨릴 수도 있는 이 위험한 힘을 억압하고 있었다면, 과연 그가 교환의 원리를 통해서 구조주의를 정당하게 인식했다고 말할 수 있는가? 그의 구조주의의 교환은 어쩌면 잘못된 것은 아닌가? 이는 명백히 딜레마인데, 애초부터 이러한 교환 행위가 없었다면, 그에 대한 반역의 힘도 존재하지 않았을 것이기 때문이다. 족외혼의 원칙이 없었다면, 근친혼의 위반은 존재하지도 않았으며 문화적 세계에 들어가지 않는다면, 어머니에 대한 외디푸스적 욕망을 억누를 필요가 없었을 것이다. 그리하여 체계의 반동적 힘을 잘 알고 있었던 후기 구조주의자들은 딜레마에 빠진 교환의 원리를 그대로 채용할 수 없었다. 억압이라는 말 자체의 부정적인 뉘앙스는 이미 교환이라는 원리가 지배적 원리로 채용되고 있음을 암시하며 억압하는 초월적 주체가 설정되어야 한다. 후기-구조주의자들은 위반의 힘, 즉 다른 체계로의 변혁의 힘을 은폐시키는 모순적인 이런 용어들을 쇄신하기를 바랐다.

그러나 이러한 딜레마를 구조주의자들, 특히 레비-스트로스가 몰랐을 것 같지는 않다. 그가 친족 구조를 다루면서 집단들 사이의 여자들의 교환이 언제나 바로 그 세대에서 완성되지는 않는다고 언급한 사실부터 고려해보자. 그는 교환을 크게 제한적 교환(échange restreint)과 일반적 교환(échange généralisé)으로 나누어 설명했는데, 상호성의 가장 단순한 형식인 전자는 두 집단사이나 2의 배수 집단 사이의 직접적 교환을 의미하며, 상호성의 복잡한 형식인 후자는 제 3자를 통한 순환의 형식을 띠고 있다. 그에 의하면, 교환은 단순한 제한적 교환에서 복잡한 일반적 교환으로 나아가려는 경향이 있기 때문에 그 동안 쉽게 밝혀지지 못했다는 것이다. 집단 A로부터 여자를 증여받은 집단 B는 A에게 다시 여자를 갚는 것이 아니라 또 다른 집단 C에게 자신의 여자를 증여하게 되고, C는 다른 집단 D에게 증여함으로써 증여의 긴 순환적 반복을 형성하게 된다. 물론 A는 이 순환의 사슬 속에서 언젠가 여자를 돌려받을 것이라고 기대하면서 이러한 증여의 사슬을 시작했을 것이고 이렇게 기다리는 동안에도 A가 그것을 믿는 한, 교환의 원리는 여전히 유효하다고 볼 수 있다. 이것이 레비-스트로스가 말했던 증여-반증여를 총괄하는 교환의 원리인데, 바로 이러한 "교환의 매우 복잡한 변수"(S.156) 때문에 그 동안 인류학자들은 이 상호성의 원리를 인지하지 못했다는 것이다.

"그런데 최초의 가설은 다음의 사실－순수하게 연역적인 면으로 획득된－을 확인하였다. 그것은 고전 인류학에서 알려져 있던 상호성의 메카니즘(이른바, 이분법적 조직이나, 2내지 2의 배수 개의 개체 사이의 교환에 의한 혼인)은 임의 수의 개체들 사이에서 더욱 일반적인 상호성의 형식의 개별적인 사례를 구성한다. 개체들은 서로가 서로에게 주거나 받고 있기 때문에 이러한 일반적인 상호성의 형식은 아직 밝혀지지 않고 있다: 줄 사람에게서 받는 것이 아니며 받을 사람에게 주는 것도 아니다. 유일한 의미 속에서 기능하는 상호성의 순환의 중심에서 각자는 어느 한 개체에게 주고 또 다른 개체로부터 받는다."[273]

그가 말한 대로, 인류학적 사실들은 상호적 교환 원리를 직접 증명해주고 있기보다는 불균등한 증여와 반증여를 통해서 우회적으로 그것을 암시하고 있을 뿐이다. 그는 그것을 상호적 교환 원리의 변환형으로 생각했다. 사실 이러한 변환의 사슬을 이루는 각각의 부분적 요소들은 공평한 교환 관계에 있기는커녕 부등한 끝없는 증여의 관계 속에 있다. 마치 구조가 무의식에 의해서 끝없이 변환되듯이, 불균등한 증여 관계는 균등한 교환을 성취하기 위해서 계속되어야할 것처럼 말이다. 그렇다면 교환의 원리란 이러한 순환의 전체 사슬을 지배하고 있는 어떤 이념 즉, 그가 말한 그대로, "전체가 부분들보다 먼저 주어지는" 순전히 "규제적인 원리(le principe régulateur)"인 것이다.[274] 교환의 원리는 언제 끝날지 모를 구조적 사슬 전체를 포착했음을 가정하는 원리에 불과하다. 그러므로 그것이 실제 인류학적 사실을 통해서 실현된다고 생각하는 것은 그러한 전체 순환에서 불균등한 증여 사슬을 이루는 각각의 요소들의 변별적 개체성을 인정하지 않는 무차별한 계산법이 될 것이며, 교환을 전체적 순환에서의 매개의 물리적인 주고

273) Claude LéVI-Strauss, *Anthropologie structurale*, pp.68~69.
274) LéVI-Strauss, *Les structures élémentaires de la parenté*, p.117.

받음만 생각함으로써 증여와 반증여의 우회의 사슬이 야기 시키는 잉여 가치나 그러한 시간적 지연이 야기 시키는 손해와 같이 파생 과정의 가감을 고려하지 않는 추상적인 계산법에 불과한 것이다. 말하자면, 그것은 사회나 문화를 가능하게 하는 이상적이고 유토피아적인 이념에 불과하지, 현실적인 원리는 아니다. 일견 레비-스트로스는 플라톤이 이상 국가를 믿듯이, 상호적 교환 원리, 즉 구조주의적 총체성을 '믿고 있었다'는 점에서 후기-구조주의자들이 비난할 만한 여지가 있을 것이다. 그는 교환의 원리를 통해 사회에서 "외견적으로 나타나는 객관적 운동"을 드러내줄 수 있었다고 하더라도, 이 운동을 가능하게 하는 "경제적이고 정치적 힘(forces)은 고려하지 못하고 있다."275) 바로 이러한 레비-스트로스의 틈을 후기 구조주의자들이 공격하고 자신들의 논리적 착안점으로 발전시켰던 것이다.

그들이 볼 때, 상호성의 원리의 문제점은 교환의 불균형이 레비-스트로스가 말하고 있듯이, 병리적이고 우연적이거나 부수적인 결과가 아니라 오히려 본질적인 현상이라는데 있다. 그렇다면 우리는 구조의 순환을 이루는 원리를 상호적 교환이 아니라 그가 교환의 전체 순환에서 이차적인 현상으로 치부했던 불균등한 증여와 반증여의 현상, 그 자체로 대체시켜야 할 것이다. A가 B에게 여자를 증여한다는 것은 빚을 증여함으로써 관련을 맺는 것이다. B역시 C에게 그러하고 C 역시 D에게 그러하다. 그렇다면 이런 증여 행위를 통해 이루어지는 구조의 순환이란 어떤 것(여자)을 끊임없이 결핍함으로써 유지되고 있지 않은가? 외디푸스적 원리에 근거되어 있는 라깡의 구조주의를 추동시키는 욕망이 그러한데, 언어적 구조의 사슬을 형성하는 동인인 결핍된 욕망은 아버지로 인해 좌절된 어머니에 대한 아들의 사랑이었다. 아들은 아버지를 인정함에 따라 어머니를 돌려받을 수 있는 가능성에서 점 점 더 멀어지게 되는데,

---

275) G. Deleuze & F. Guattari, *L'anti-oedipe*, p.222.

254

그는 다른 대상을 통해서 이러한 욕망의 결핍을 면해보려 하지만 근본적
으로 이런 우회는 욕망을 더욱 결핍하게 만들 것이다. 충족되지 못한 욕
망은 그러한 결핍을 메우기 위해 또 다른 불균등한 교환의 고리에 들어
가서 또 다시 결핍될 수밖에 없을 것이다. 이런 증여론은 라깡의 「도둑
맞은 편지」를 통해서 잘 드러나는데, 그는 레비-스트로스의 휴머니즘에
입각한 교환 원리를 "도둑질과 희생"이라는 요소에 기초한 모델로 바꿔
치기 했던 것이다.276)

증여론에서 들뢰즈와 가따리가 부각시키고 있는 것은 이러한 구조
적 순환에서 욕망은 끊임없이 어떤 것을 결핍하는 동시에 끊임없이
새로운 것을 재생산하게 된다는 사실에 있다. A가 B에게 여자를 증여
함으로써 단순히 A는 여자를 잃고(희생하고) B는 여자를 얻게 되는
것(도둑질)이 아니다. A는 여자를 빌려줌으로써 소기의 잉여적 효과인
채권자의 권리를 얻게 되고 B는 채무자의 의무를 입게 되는데, 이와
같은 채권·채무 관계는 동시에 그것과 등가인 다른 것을 요구하거나
제공해야할 권리와 의무를 지게 됨을 의미한다. 애초에 여자를 교환함
으로써 유지되는 체계는 그것이 부정되는 문턱을 통해서 그것과 무관
한 전혀 다른 가치가 순환될 수 있는 새로운 체계를 파생시킬 수 있
는 여지를 허용하는 것이다. 근본적으로 체계는 열려있기 때문에, 교
환은 또 다른 교환을 파생시킬 수 있다. 들뢰즈와 가따리는 레비-스
트로스가 놓친 이러한 현대 인류학의 놀라운 통찰이 모스(M. Mauss)
의 『증여에 관한 시론』에서가 아니라 이미 니이체의 『도덕의 계보학』
에서 처음으로 등장했다고 말하고 있다.277) 니이체에 의하면 공동체는
개인에게 필요한 것을 주고 개인은 공동체에게서 필요한 것을 받는다.
이러한 계약관계란 일종의 채권·채무 관계인데, 그는 이를 '값을 매기

276) Stuart Schneiderman, *Jacques Lacan: the death of an intellectual hero*, 허
　　경 역, 인간사랑, 1997, 123쪽 참조.
277) G. Deleuze & F. Guattari, *L'anti-oedipe*, p.224 참조.

고 가치를 결정하고 등가물을 생각해내서 교환하는' 인류의 가장 원초적인 사고라고 말했다. 구체적으로 그는 이런 계약 관계가 채무자에 의해 이행되지 않았을 경우, 즉 기만당한 채권자인 공동체가 채무자를 상대로 변상을 요구하고 받아내는 시나리오를 생각해냈다. 일단, 채권자는 채무자에게서 그들 사이의 계약 관계를 통해 얻을 수 있는 모든 혜택과 이익을 박탈하는데, 채무자는 법률적 보호 바깥의 야만적 세계로 추방당하게 된다. 그러나 공동체의 권력이 더 커지게 되면 채권자는 채무자를 상대로 이처럼 야만적 세계에 내버려두는 것에 그치는 것이 아니라 자신의 체계를 보존하기 위해 다른 구성원들 사이에 일게 될 동요를 예방하려는 차원에서 다른 등가물을 찾아내어 이러한 사건을 해결하려는 노력을 하게 된다는 것이다. 형벌이 바로 그러한 등가물이다.278)

형벌 체계는 애초에 공동체와 개인 사이의 맺어진 계약과는 다른 것으로, 기존 체계를 유지하기 위해서 그것에서 파생된 체계인 것이다. 즉, 채권자는 계약을 보존하기 위해서 새로운 계약을 만들어내야 한다. 즉 형벌 체계와 같은 이질적인 다른 체계가 만들어지게 된 이유는 공동체가 애초에 개인에게 어떤 것을 증여했고 개인은 그것을 갚을 의무를 방기했기 때문이다. 하나의 체계는 이러한 체계를 위반하는 야만적 상태를 경유함으로써 단절적으로 다른 체계로 이행할 수 있다. 그러므로 채권·채무 관계가 구조주의적 변환을 통해서 형벌 체계로 이행하는 데 있어서 반드시 필요한 계기는 바로 이러한 단절적 변환의 문턱으로서 교환의 지연이나 위반인 것이다. 만일 공동체와 개인 사이에 체결되었던 계약 관계가 어떤 위반이나 방기도 없이 유지될 수 있었다면, 새로운 계약은 생겨나지 않았을 것이다. 그러므로 체계들은 균등한 상호적 교환에 의해서 생겨나는 것이 아니라 불균등한 증여, 즉 상호적

278) F. Nietzsche, *Zur Genealogie der Moral*, Ⅱ, 8~10 참조.

계약의 지연이나 위반을 통해서 파생적으로 증식되는 것이다.

　니이체는 이와 같은 잉여가치의 일반 경제학을 일찌감치 통찰하고 있었다. 특히 그는 형벌을 채무자의 불이행에 대한 채권자의 원한이 담긴 보복으로 보아서는 안 된다고 말했는데, 등가물로 대체하려는 것은 정확히 그것에 대한 복수는 아니기 때문이다. 그것은 처음의 상태로 되돌아가서 균형을 되찾는 복수와는 하등 관계가 없다. 그는 형벌을 죄의 각인(inscription)으로 표현했는데, 이는 그가 위반을 했음을 기억하게 만드는 것이지 이를 통해 죄가 없었던 상태로 되돌리는 것이 아니다.279) 죄인은 형벌을 통해서 자기의 신체에 상처를 새김으로써 애초에 계약을 했었고, 그것을 위반한 결과 또 다른 파생적 계약에 들어가야 한다는 사실들과 같은 아픈 기억들을 가지게 된다. 의식이 이러한 구조화라면 망각은 이러한 구조의 해체이다. 문명이란 모름지기 이처럼 계약과 위반으로 얼룩진 수많은 증식적 체계들을 기억하는 죄인과 다르지 않다. 죄인이 이러한 기억을 망각하게 된다면, 즉 또다시 그 자신을 옥죄는 체계를 벗어나서 자신의 욕망이 이끄는 야만의 세계로 들어가게 된다면, 그러한 망각과 위반의 대가로 그는 형벌이라는 또 다른 체계를 자신의 몸에 각인시켜야할 것이다. 니이체의 통찰을 받아들여 들뢰즈와 가따리는 신체를 통해서 구조적 변환이 실현되는 각인의 과정을 묘사하였다. 이는 우리가 메를로-뽕띠의 살의 존재론을 통해서 예시했던 바이기도 하다. 그들은 우리와 사물과 세계와의 관계는 일정한 체계나 형태들의 변환을 매 순간 실현하는 살의 분열과 증식을 통해서 이루어진다고 말했는데, 그렇게 니이체나 메를로-뽕띠의 교훈인 신체라는 기반을 결코 잊지 않았던 것이다. 그러나 여기서 레비-스트로스의 교환의 원리가 부인되고 있다는 사실은 분명한 것 같다. 그들은 원한이나 보복을 통해 보상이 가능하다고 생각하

279) F. Nietzsche, *Zur Genealogie der Moral*, Ⅱ, 11~14 참조.

는 교환의 원리가 아니라 원초적인 비평형의 원리 즉, 체계를 해체하고 또 다른 체계를 가능하게 하는 이러한 빛의 각인, 즉 살의 문턱을 언급하였던 것이다.

> "그런 의미에서 우리가 보기에, 본질적인 것은 각인(inscription)의 요구들에 엄밀하게 의존하는 교환과 순환이 아니라 신체 속의 불줄기, 알파벳, 빛 덩어리를 지닌 각인 자체이다. 각인을 주재하는 단단한 기계적 요소가 없으면, 무기력한 구조는 결코 작동하지 않으며 순환하게 만들지도 않는다."280)

이런 상황에서 구조주의자들이 계속해서 이러한 교환의 원리를 주장한다면, 그것은 교환 원리가 실현된 천년왕국을 꿈꾸면서, 지금 이렇게 순환되고 있는 체계가 무너질 수도 있다는 가능성을 억압하려는 것이나 다름없다. 그들은 그러한 억압이 반동적으로 형성시키는 것, 이를테면 체계의 틈, 금지된 다른 욕망들, 무의식, 잃어버린 자연, 야만적 세계를 알지 못했거나 애써 외면하고 있는 것이다. 아니 그들은 자신들이 억압하고 있다는 사실 자체도 부인함으로써 그것들이 모두 현실화될 수 있다고 믿는다. 이는 명백히 위선이며 독선이다. 틈이 없는 구조는 없으며 채워질 수 있는 욕망이나 무의식은 없다. 우리가 야만적 세계나 잃어버린 자연으로 돌아갈 수 있겠는가? 이는 레비-스트로스가 『슬픈 열대』에서 뼈저리게 느끼고 있었던 것이다. 필연적으로 구조에 틈이 존재하는 한, 폐쇄적인 회로로서의 구조는 불가능한데, 이는 변환과 변화를 통해 구조를 언급했던 구조주의자들에게는 너무나 당연한 사실이었다. 구조들의 변방(frontière)에서 다른 파생적인 구조들을 생산할 수 있는 개방적인 구조, 그것이 바로 그들이 노리고 있었던 '구조들의 구조'이며 선험적인 구조이다.281)

---

280) G. Deleuze & F. Guattari, *L'anti-oedipe*, p.222.
281) 그럼에도 불구하고 그들은 일정한 변환 절차를 특권적으로 구조들의 구

258

운명적으로 인간 시지프는 그의 모든 노력에도 불구하고 신의 용서를 받지 못하는 신과 비교하여 불평등하고 역설적인 관계 속에 있다. 그 때문에 그는 정상의 문턱에서 다시 굴러 떨어질 돌을 반복해서 굴려 올려야 했던 것이다. 그러므로 교환 원리가 아니라 교환 원리에 환원될 것이라고 여겨졌던 빚의 증여나 각인이 오히려 현실적인 체계들의 변환과 체계들의 분절들을 제대로 설명해낼 수 있다. 빚의 증여 자체가 계약의 틈, 금지된 욕망, 위반의 심연을 은폐시키지 않는 구조의 원리라고 말해야 한다. 여기서 틈이나 욕망은 결코 채워지지도 않고 만족할 줄도 모른다. 신이 만족하지 않는다 하더라도, 아니 그렇기 때문에 시지프는 반복해서 돌을 굴려야 하지 않는가? 라깡과 들뢰즈의 말대로, 욕망은 지칠 줄 모르는 탐욕이며, 이러한 욕망의 흐름들은 빚의 증여를 통해 분절되고 코드화된다. "욕망은 교환을 모른다. 욕망은 도둑질과 증여만을 알 뿐이다."282) 그런 점에서 레비-스트로스의 교환 원리는 끝내 완성될 수 없는데, 교환의 원리에서 억압되고 금지되었던 틈이나 다른 욕망들은 변환적 반복을 통해 끝없이 재생산되고 있기 때문이다.

그렇다면 우리는 구조주의의 교환 원리를 폐기하고 후기 구조주의의 증여론을 배타적으로 수용해야만 하는가? 그러나 인간이-예수가 아닌-어떤 식으로건 돌려받을 것을 전제하지 않고서 타자에게 무조건적으로 증여할 수 있는 그런 무구한 존재이던가? 니이체가 통찰했듯이, 잉여 가치는 어찌되었든 교환 원리를 통해서 파생되지 않았던가? 우리는 레비-스트로스의 교환 원리의 한계를 지적했지만 교환원리

조로서 지목하면서 교환 원리를 증명하려는 무익한 시도를 하기도 했는데, 이는 교환 원리의 메카니즘이 그러하듯이, 하나의 특권적 체계를 내세움으로써 그것과 다른 구조들이 파생되는 가능성을 억압하는 것이다. 이렇게 그들은 그들 자신도 모르는 사이에 개방적 구조의 개념에서 멀어질 수도 있었다.

282) G. Deleuze & F. Guattari, *L'anti-oedipe*, p.219.

가 증여론의 전제가 되고 있다는 사실도 함께 언급하지 않을 수 없다. 증여는 교환 원리가 위반되거나 무효화될 때 일어나기 때문에 교환 원리를 전제한다. 근본적으로 우리가 신이 아닌 이상, 우리에게 순수한 증여 자체는 불가능할지도 모르겠다. 증여자가 그것이 증여임을 주장한다고 해서 그것이 증여가 되는 것이 아니다. 데리다가 이러한 역설을 강조하였는데, A가 B에게 무엇인가를 증여할 때, 증여자 A가 대가를 바라지 않고 순수하게 B에게 증여했다 하더라도, B에게 A가 현전하는 이상, B는 A가 증여했다는 사실을 인식하지 않을 수 없다는 것이다. B는 어떤 식으로건 A에게 그것과 상응하는 상징적인 등가물을 돌려주려고 할 것이므로, 결국 증여는 레비-스트로스의 말대로, 교환 원리에 환원될 것이다.283)

결국 교환 원리와 증여론 그 자체가 서로가 서로를 필요로 하는 이중적 관계에 있었고 구조주의와 후기-구조주의 역시 그러했던 것이다. 이런 역설적 상황에서 데리다, 들뢰즈와 가따리가 취한 선택은 구조를 가능하게 하는 교환이나 증여를 거부하는, 그래서 구조의 성립 자체를 인정하지 않는 매우 극단적인 방향으로 진행되었다. 일단 데리다는 교환 원리에 환원되지 않는 진짜 증여론을 주장하려 했고, 그는 이를 위해서 증여가 부정되는—그럼으로써 교환 원리를 폐지시키는—

---

283) 데리다는 이를 잘 통찰했는데, 증여가 근본적으로 양 집단 사이에서 일어나는 관계인만큼, 교환 원리에서 벗어날 수 없음을 분명히 했다. "증여가 있기 위해서는 받은 자는 돌려주지 않으며 상환하지 않으며 반납하지 않으며 계약에 들어가지 않는다. 궁극적으로는 받은 자가 증여를 증여로서 인지해서는 안 된다. 만일 그가 그것을 증여로서 인지한다면, 그것이 그에게 그러한 것으로서 나타난다면, 그 선물이 선물로서 현전한다면, 그 단순한 인지만으로 증여를 폐기하기에 충분하다. 왜일까? 그것은 그 인지가 이를테면 사물 자체 대신에 상징적인 등가물을 돌려주기 때문이다.... 상징적인 것은 교환과 부채의 질서를, 그리고 거기에서 증여가 폐기되어 버리는 순환의 법과 질서를 열고 구성한다."(Jacque Derrida, *Donner le temps*, Galilée, 1991, p.26).

증여를 주장하였다. 그가 보기에 증여가 진짜 증여가 되기 위해서는 "궁극적으로 증여로서의 증여는 증여로서 나타나서는 안 된다: 받는 자에게나 주는 자에게나. 증여는 증여로서 현전하지 않음으로써만 증여로서의 증여인 것이다."284) 그리고 이는 '후기–자본주의'라는 극단적인 사회상과 교묘하게 부합되는 것이었다. 우리는 A가 B에게 어떤 것을 주되, A가 그것을 줌과 동시에 '당장' 소진되어 버리는 경우를 생각해볼 수 있을 것이다. 증여가 증여로서 나타나지 않는, 그래서 교환 원리에 환원되지 않는 불균등한 증여가 되기 위해서, 무언의 교환 관계 속에서 증여자는 죽거나 부재해야 한다. 증여와 동시에 A가 소멸한다면, 자연스럽게 교환은 무효화될 것이고 B는 그것을 언젠가 돌려주어야 한다는 A에 대한 의무감에서 자유롭게 된다. 이처럼 의무감이 부재하는 상태에서는 어떤 억압이나 금지도, 그리고 그것을 깨뜨리는 배반이나 저항도 일어나지 않는다. 이러한 증여론에서, 체계나 제도의 변환은 평화적이고 자연스럽게 이루어지게 될 뿐 아니라 그와 같은 체계의 변환이나 잉여적 체계의 생성을 도리어 권장하는 상황을 맞이하게 될 것이다. 그러므로 이처럼 빠르고 역동적으로 변화하는 사회에서 순환되는 체계는 구조주의자들이 생각했던 것 같은 견고한 체계나 제도를 넘어서게 되어 있다. 후기–자본주의는 막강한 금지의 힘을 행사하는 거대 체계의 통제 하에 놓이기보다는 체계를 이루지 못한 채로, 계속해서 분열되고 소멸하고 증식하는 낱낱의 원자들의 집합처럼 보여 진다. 더 이상 쪼개질 수도 파괴될 수도 없는 원자들에는 억압된 틈도, 무의식도 없다. 그 자체가 다른 수많은 원자들의 흐름을 파생시키는 문턱들로 작용하며 그것들의 끊임없는 흐름 자체가 바로 틈의 생성이고 무의식의 표출인 것이다.

---

284) Jacque Derrida, *Donner le temps*, pp.26~27.

이렇게 들뢰즈나 가따리, 데리다의 증여론을 통해서 묘사되는 후기-자본주의의 사회는 어떤 면에서 우리가 태초에 잃어버렸던 그리하여 태초의 구조적 틈에서 억압되었던 유토피아나 잃어버린 자연이나 야만적 세계가 무한한 반복의 흐름을 통해서 실현되고 있는 것처럼 보인다. 그러나 이는 어떤 억압도 없이 무한하게 생산을 반복하는 풍요롭고 자유로운 시대를 의미하기보다는, 그런 파생된 생산들, 즉 수많은 문턱들이 어떤 구축적 기제를 작동시키지 못하고 소비되기만 할 뿐인 해체의 시대를 의미하는 것이다. 분명히 여기서는 파열적이고 원자적인 욕망의 흐름이 있지만 견고하게 순환되는 구조는 부재한다. 물론 우리가 앞에서 언급했듯이, 구조들이 없으면 어떤 인식도 불가능하다는 점에서 교환 원리에 근거하는 구조들이 아니라 증여론에 근거하는 구조, 즉 차이들과 흔적들의 부서지기 쉬운 개방적 구조들, 분산적인 별자리들로서 생겼다가 사라지기를 반복하는 다형적인 구조들은 현전한다. 형성되는 순간, 곧장 와해되는 듯한 이러한 구조들은 차라리 구조가 아니라 유동적인 욕망의 흐름이라거나 데리다처럼 그저 차연(différance)이라고 말해야할지 모르겠다.

3) 키아즘의 가역성을 위한 불가역성

우리는 교환 원리와 증여론 사이에서, 또는 구조주의와 후기-구조주의의 사이에서 메를로-뽕띠를 어디에 줄 세워야 할지 망설일 수밖에 없다. 그가 활동하는 지적 분위기나 그가 사용했던 용어들로 보자면, 가역적인 교환 원리에 근거하는 구조주의자에 가깝지만, 그의 살의 키아즘에 따라서 구조의 총체성이 구조적 상사성에 지나지 않는 한에서, 그는 지속적으로 변증법적 총체성을 부인하는 입장에 서 있기 때문이다. 레비-스트로스의 교환 원리에 근거한 구조 개념은 그것의 창발성에도 불구하고 그 자체가 모순을 범하고 있으며 후기 구조주의자들은 이 모순을 지적하고 그것을 비판하는 입장에서 증여론에 근거

한 구조 개념으로 대체했다. 이런 상황에서 메를로-뽕띠의 구조주의
는 구조주의와 후기 구조주의의 경향을 모두 가지고 있는 것처럼 보
이거나, 그렇게 양자택일에서 벗어나 있는 애매한 철학으로 비추어질
수 있다. 이는 그의 살의 키아즘에 대한 언급 속에서도 마찬가지이다.
일견 그의 현상학적 지향성과 살의 키아즘은 근본적으로 구조주의의
교환의 원리를 의미하는 것처럼 보인다.285) 특히 그가 키아즘의 가역
성을 언급하는 구절은 전형적으로 교환의 원리를 암시하는 것이었다.

> 가역성(réversibilité): 뒤집혀지는 손장갑-두 개의 측면을 보는
> 하나의 구경꾼은 필요하지 않다. 한 편에서 나는 겉면 위에 기대
> 고 있는 장갑의 안쪽을 보고, 나는 다른 쪽에 의해 어느 하나를
> 만지는 것이다(한점, 혹은 장의 면의 이중적인 표상). 키아즘이 그
> 러하다: 가역성 단지 가역성에 의해서만이 대자성(Pour Soi)에서
> 대타성(Pour Autrui)에로의 이행이 있다-실제로 긍정적인 것으로
> 서 나도, 타자도, 긍정적인 주관성도 없다. 그것은 두 개의 소굴,
> 두 개의 개시, 어떤 사물을 통과하는 두 개의 장면들이다-그리고
> 그 두 개 모두는 동일한 세계에, 존재(Être)의 장면에 속해 있다.
> 대자성도 대타성도 없다. 그것들은 서로 서로의 다른 측면이다."
> (VI. 317).

그가 가역성의 예로 든 손 장갑은 두 측면으로 이루어진 하나의 사
물이다. 한 측면은 다른 측면과 뗄레야 뗄 수 없는 관계에 있다. 우리
가 한 번에 두 측면 모두를 볼 수 없다하여도, 그것은 엄연히 하나의
형태를 견지하고 있는 것이다. 대칭적이고 서로 다른 것들의 마주함,
짝패로 이루어진 하나, 그래서 이 중 어느 하나를 지시하면 다른 하나
도 지시될 수밖에 없는 이중적 구조, 이것이 바로 가역성이다. 이는

---

285) VI. 293에서 메를로-뽕띠는 키아즘 현상을 '묘한 교환 체계'라고 말한
　　　바 있다.

'그것들 중 하나라도 변하게 되면 전체 다른 요소들이 변화를 겪게 되는 고립적이고 교체 가능한 둘 이상의 요소들의 관계'로서 구조주의적 체계의 상호성과 동일하다. 체계 속의 한 요소는 그 옆의 다른 요소들을 생각하지 않고서는 생각될 수 없다는 점에서 가역적 관계에 놓여 있다. 그러한 요소들이 상호적으로 서로가 서로를 지시하는 이중 지시의 관계, 그것은 손 장갑이나 동전과 같은 특정 사물만이 아니라 모든 사물에 해당되는데―기표와 기의의 상호적 관계에 근거하고 있는 소쉬르의 기호 정의만 해도 그러하다―, 구조주의적으로 말한다면 모든 사물들이란 이러한 체계를 통하지 않고서는 포착될 수 없기 때문이다.

그러나 메를로―뽕띠의 가역성에 대한 언급이 레비―스트로스의 구조에 대한 다른 표현에 지나지 않는다면, 그 역시 레비―스트로스가 안고 있는 구조의 모순, 즉 구조의 구조불가능성이라는 역설에 빠져 있는 것은 아닌가? 만일 그가 키아즘을 통해 교환 원리를 주장한 것이라면, 레비―스트로스와 마찬가지로 그는 폐쇄적이고 자기 완결적인 구조를 주장하는 구조주의자에 지나지 않게 될 것이고 여기서 구조의 틈이란 도대체 있을 수가 없으며, 이러한 틈(문턱)을 통해 이루어지는 구조들의 변환이라는 것도 설명 불가능하게 된다. 그의 모호한 태도는 단지 그가 근대성의 한계에 갇혀 있는 '구조주의자'인지 아니면 근대성 비판에 맥을 같이하는 선구적인 형태의 '후기 구조주의자'인지에 관련된 논쟁을 일으키기에 충분한 것이다.286)

---

286) *Ontologie and alterity in Merleau-Ponty*, Evanston/Illinois, 1990., *Merleau-Ponty in contemporary perspectives*, in *Phaenomenologica 129*, Dordrecht, 1993. 이러한 지면들을 통해서 F. Dastur, M. C. Dillon, G. A. Johnson, C. Lefort, G. B. Madison 등과 같은 메를로―뽕띠 연구자들은 그의 철학의 후기―모더니티의 측면들을 논쟁했다. 특히 다음의 논문은 이 문제에 대해서 첨예한 논쟁을 담고 있다. 水野和久, 「可逆性과 不可逆性」, 『思想』, 1998, 11, 참조. 그러나 여기서 水野和久는 메를로―뽕띠가 후기―모더니스트라기보다는 모더니스트에 가깝다는 결론을 내리고 있다.

264

"우리는 시작부터 총괄적으로 보는 것과 보이는 것, 만지는 것과 만져지는 것의 가역성을 말했다. 언제나 절박하지만, 사실상 결코 현실화되지 않는 가역성이 문제라는 것을 강조하지 않을 수 없다. 나의 왼손은 사물들을 만지는 지점에 있으면서도 나의 오른손을 만지는 그런 지점에 언제나 있다. 그러나 나는 결코 일치에 도달하지 않는다; 일치는 생산되는 순간에 이지러지는데, 즉 언제나 그것은 두 가지 것을 가진 하나이다."(*VI.* 194).

메를로-뽕띠의 키아즘 역시 역설에 빠져 있는 것은 분명하다. 그는 가역성을 언급하면서도, 그러한 가역성은 현실화되지 않는다고 말함으로써 역설에 빠져 있다. 왜 가역성은 현실화될 수 없는가? 우리는 깍지 끼기의 기묘한 교환에서의 상호성이 명백히 가역성을 의미하지만, 동시에 그는 하나를 이루는 두 짝패(double)가 '언제나' 서로 동일하지 않다는 사실을 강조해왔다.287) 예를 들어 손 장갑의 겉면과 속 면은 서로 다르고, 동전의 앞뒷면은 서로 다르다. 그리고 오른 손으로 왼 손을 만지는 느낌과 왼 손으로 오른 손을 만지는 느낌은 서로 다르며, 노에시스와 노에마는 서로 다르다. 이를 부각시키기 위해 우리는 짝패 사이의 틈이나 단절을 부각시켜왔고 짝패들을 파편들이나 요소들로 칭해왔다. 가역성은 그 사이에 놓여 있는 단절의 심연을 가로지르는 문턱을 통과할 수 있음을 이르는 것이다. 그러나 문턱은 이질적인 두 질서 사이의 단절을 메우는 것이 아니라 단순히 통과하는 것이리라. 즉, 둘 사이의 상호적 교환이 아무리 반복된다고 해도, 이런 단절은 극복되지 않으며 둘은 어느 하나로 환원될 수 없으며, '언제나' 분열적인 각각의 파편으로 있을 것이라는 사실이다. 이와 같은 단절의 심연, 분열의 틈, 교환의 문턱을 변증법적 종합, 총체성을 생산하는 의식의 전 단계, 즉 전의식으로 설명해서는 안 된다. 틈은 '지금은'

---

287) *VI.* 24 참조.

접근할 수 없지만, 언젠가는 만질 수 있는 그런 가시적인 사실이 아니다. 그것은 절대 만질 수 없는 것이며 절대 부정성이며, 절대 타자인 무의식이다. 그것은 메워져서 총체적 전체로 종합될 수 없기 때문에 언제나 빈틈으로 남아 있다. 메를로−뽕띠가 확실히 이러한 틈을 말하고 있는 한에서, 후기−구조주의자들이 오해하고 있는 것처럼, 그는 더 이상 의식 철학자나 현상학자로 여겨질 수 없다. 그의 작업 노트의 한 구절을 보자.

"만지는 것과 만져지는 것, 그것들은 신체 속에서 일치되지 않는다. 만지는 것은 결코 정확히 만져지는 것이 아니다. 이 말은 그것들이 '정신 속에서' 혹은 '의식'의 층위에서 일치된다는 것을 말하고자 하지 않는다. 연결(jonction)이 만들어지기 위해 신체와 다른 어떤 것이 필요하다. 그것은 만질 수 없는 것(l'intouchable)에서 만들어진다. 내가 결코 만지지 못할 그러한 타자. 그러나 내가 결코 만지지 못할 그것은 더 이상 만지지 못한다는 것이 아니며 여기 타자에 대한 자기의 특권이 없다는 것이며 그리하여 그것은 만질 수 없는 어떤 의식이 아니다.−'의식', 그것은 긍정적인 것으로 있으며 의식에 관하여 반성하는 자와 반성되는 것의 이중성을 다시 시작할 것이고 다시 시작한다. 만질 수 없는 것, 그것은 접근 불가능한 사실로 있는 하나의 만질 수 있는 것이 아니다."(*Ⅵ*. 307~308).

어쩔 수 없는 이러한 틈이 존재하는 한, 두 짝패가 이루는 구조는 견고한 유기적 통일이나 총체성을 구현하지 못한다. 서로 서로를 지시하지 않고 앞면과 겉면이 모두 보이는 손 장갑이나 앞면과 뒷면이 모두 보이는 동전이 존재할 수 있는가? 또 서로 서로를 지시하지 않고 오른 손으로 왼 손을 만지는 느낌과 왼 손으로 오른 손을 만지는 느낌이 동시에 일어날 수 있으며 서로 서로를 지시하지 않고 노에시스와 노에마가 동시에 현전할 수 있는가? 우리가 손 장갑이나 동전, 손깍지 끼기, 의식과 같은 것이 존재한다고 생각하게 된 것은 이러한 총체적 통일을 가정하면서 명칭을 부여했기 때문이지 그것들이 그런 통일체로 실재하기 때문이 아니다. 유기적 통일이나 총체성은 이러한 틈이나 단절을 메우고 모순이나 대립을 지양(止揚)하는 '신기한' 변증법적 종합에 의해서 발명되는 것에 지나지 않는 것이다. **그렇다면 키아즘이나 교환이 진짜로 구현하게 되는 구조는 무엇인가? 키아즘은 서로 마주 보고 있는 이러한 짝패들이 어느 하나에 고정되지 않고 서로가 서로를 지칭하면서 진동하는 현상을 일컫는다.** 이는 모두 둘이나 그 이상의 요소들이 하나처럼 붙어서 새로운 형태를 이루는 구조주의적인 상사성을 지칭하고 있는 것이다.288) 그러므로 가역성이나 상호성이란 변증법적 통일이 아니라 바로 이러한 이중적 현상을 지칭하는 것에 지나지 않는다. 각각의 짝패는 화해 불가능한 대립과 모순의 형식으로 고스란히 남아 있다. 그럼에도 불구하고 키아즘이 구현하는 형태가 뭉개지지 않고 유지되는 이유는 거기서 짝패 사이의 틈이나 단절이 억압되고 있기 때문이다. 틈은 억압될 수는 있어도 메울 수는 없는 어쩔 수 없는 것이다. 우리가 이 틈이나 단절을 완벽하게 억압한다 하더라도, 그것은 무의식의 형식이나 반동적 힘으로 존재하게 될 것이다. 라깡의 말대로, 틈이나 무의식은 오히려 이러한 억압을 통해서 가능한 것이기 때문이다. 그러므로 우리가 총체적 통일로서의 구조를 운위하는 그 순간, 우리는 그런 구조를 순환시키기 위해 자행했던 억압들과 금지들을 의식하지 못하거나 부정하고 있는 것이며, 프로이트가 말했던 틈이나 무의식을 아예 무시하거나 잊어버리고 있는 것이다.

틈이 없거나 틈이 실현된 구조, 그것은 태초에 우리가 잃어버렸던 신화적인 지상의 낙원을 연상 시키리 만치 현실화될 수 없는 것이다. 가역성이나 교환의 원리에서 틈이나 무의식은 무시될 수 없으며 무시

---

288) *VI.* 315 참조.

되어서도 안 되는데, 그것은 지금 당장은 억압되어 보이지 않는다 하여도 결국에는 불거져 나올 수밖에 없는 것이기 때문이다. 이러한 불안정성의 상징인 틈이야말로 구조를 가능하게 하는 진짜 원인이었던 것이다. 우리의 일그러진 현실을 받아들이기를 주저하지 않았던 정신분석학이 준 교훈이 바로 그것이었다. 교환이나 가역성을 가능하게 하는 틈이나 단절이 메워질 수없는 한에서, 가역성은 메를로−뽕띠의 말대로 결코 현실화될 수 없다. 틈과 무의식은 수없는 반복을 통해서 끝없이 재생산되는 우리의 실락원인 셈이며, 우리는 이러한 실락원을 찾아 끝없이 반복해서 모험을 해야만 하는 운명에 있다. 이렇게 우리는 구조를 통해서 운명과 내기를 하고 있는 한에서, 숙명적으로 구조의 본질인 바의 틈에 부딪혀 실패를 맛보게 되어 있는 것이다. 반복, 그것은 이러한 실패와 좌절에도 불구하고 다시 그것을 긍정하는 일이다. 이렇게 우리의 교환의 원리는 끝없는 교환의 반복된 고리들을 생산해낸다. 그것이 끝나지 않는 한, 교환 원리 자체는 절대 교환되지 않으며 가역성 자체는 불가역적으로 될 것이다. 결국 메를로−뽕띠에게서 구조주의란−다음과 같은 역설이 허용된다면−이처럼 교환 불가능한 교환 원리이며 불가역적인 가역성이며, 구조 불가능한 구조 등으로 표현할 수밖에 없는 역설적이고 야누스적인 것이다.

그런 의미에서 메를로−뽕띠가 끌어들인 살이나 신체 개념은 키아즘의 불가역적인 가역성, 즉 증여론을 가시화하기에 더없이 좋은 개념적 도구임에 틀림없다. 살은 형태를 취하지 않을 수 없지만, 하나의 고정된 형태를 고수하지는 않는다. 살의 운동을 아메바 운동의 분열과 증식에 비유한 그에 따르면 살의 키아즘은 하나의 형태를 취하고 해체하는 과정을 잘 드러내 줄 수 있기 때문이다. "일종의 개열이 두 개로 된 나의 신체를 열기 때문에, 응시되는 짝패와 응시하는 짝패 사이에서 만져지는 짝패와 만지는 짝패 사이에서 다시 덮기와 침식이 있기 때문에, 우리가 사물들 속에서 만큼이나 사물들이 우리 속에서 통과한다고 말하게 되도록 일이 진행된다."(*VI*. 165). 그러므로 거기서 가역적인 구조들이 수없이 통과하고 변환하고 있는 한에서, 나의 신체뿐만 아니라 타자들, 사물들, 세계, 사건들, 사유들, 파롤들처럼 변환적 구조를 가지고 있는 이 모두가 다 살이라고 말해야 한다. "나의 신체는 프레냥스(prégnance)에 복종하고 프레냥스에 응답하고 프레냥스에 매달려 있는 것이며 살에 응답하고 있는 살이다. 좋은 형식이 나타날 때, 혹은 그런 형식이 광휘에 의해서 자기 둘레를 수정할 때, 혹은 그런 형식이 나의 신체로부터 운동을 얻어낼 때 말이다."(*VI*. 262). 살이야말로 어떤 까다로운 논리적 조작 없이 그것을 직관적으로 잘 이해할 수 있게 해주는 효과적인 상징이 될 수 있다. 살이야말로 수많은 의미작용을 가능하게 하는 자유롭게 움직이는 형식이며 구조를 해체하는 구조이며 불가역적인 가역성이며 증여의 전형인 것이다. 여기에는 이분법과 같은 어떤 일정한 법칙은 없다. 그가 말하길, "형태는 하나의 선이 하나의 벡터이며 하나의 점이 힘들의 하나의 중심이라는 것을 내가 이해하게 만든다.─사물 안에는 절대적인 선도 절대적인 점도 절대적인 색깔도 없다."(*VI*. 248). 형태를 이루는 수많은 점들과 선들이 저마다 또 다른 형태들의 중심이 될 수 있다는 것은 형태를 이루는 살이 얼마나 다양한 변환들을 파생시키며 얼마나 많은 개열들을 촉발시킬 수 있는지를 암시해주는 것이다. 이는 들뢰즈와 가따리가 비유했던 후기 자본주의 사회의 이른바 '기관 없는 신체'를 연상시킨다.

> "기관 없는 신체는 하나의 알(oeuf)이다: 거기에는 중심선들(axes)과 문턱들(seuils), 가로선들(latitudes), 세로선들(longitudes), 측지선들(géodésiques)이 지나가고 있다. 또 생성들과 이행들, 거기서 전개되는 것의 이정표들을 표시하는 요소들이 지나가고 있다. 여기에는 표상적인 것이라고는 하나도 없고, 모든 것은 삶이며 겪어진 것이다."289)

기관 없는 신체는 살의 개념과 근접한데, 여기서 우리는 뼈가 없는 동물, 무수하게 분절되어 자유자재로 움직이는 절지동물, 아메바와 같은 신체의 분열과 증식 운동 등을 떠올리게 된다. 여기서 특히 들뢰즈가 이러한 무한 변환을 드러내기 위해서 끌어들인 상징은 바로 알이었다. 거기에 수없이 다양한 선들이 관통하고 그 선들 각각에서 새로운 형상이 수태될 수 있는 무한한 가능성을 가진 모나드가 있다면, 그것은 아직 부화되지 않은 알이 아닌가? 알과 마찬가지로 살 자체는 기관이 없다. 살에는 무한하게 다양한 힘들의 선들과 벡터들이 지나가고 있으며, 이러한 수많은 문턱들을 통해 살들은 개열한다. 이렇게 들뢰즈나 푸코가 그것을 의식적으로 인정하고 있지는 않았다고 하더라도,290) 후기-구조주의자로서의 메를로-뽕띠는 어쩌면 그들의 무의식에서 존재하고 있었던 것은 아닌가?

---

289) G. Deleuze & F. Guattari, *L'anti-oedipe*, p.26.

290) 들뢰즈는 『푸코』에서 메를로-뽕띠의 키아즘과 푸코의 주름 개념을 비교하면서 푸코에 대한 그의 영향을 언급하고 있지만, 여기서는 둘 사이의 공통점보다는 차별성이 공공연하게 부각되고 있는 것이 사실이다(Gilles Deleuze, *Foucault*, 1986, pp.117~120, 118 footnote 참조). 이보다 앞서 푸코는 들뢰즈의 『의미의 논리』와 『차이와 반복』에 대한 서평에서 메를로-뽕띠의 『지각의 현상학』과 비교하여 들뢰즈의 시도를 우호적으로 평가하고 있는데, 그는 들뢰즈보다 훨씬 더 그를 부당하게 오해하고 평가절하했다. 아마 그들은 메를로-뽕띠가 후기 구조주의의 철학에 선구적 역할을 했으리라는 가능성을 닫아 놓았던 것 같다(M. Foucault, *Theatrum philosophicum*, en *Dits et écrits 1954~1988*, ed. D.Defert & F.Ewald, Gallimard, 권영숙, 조형근 역, 새길, 1995, 211, 218쪽 참조).

5. 존재론과 구조주의의 키아즘

1) 존재론적 컴플렉스: 죽음에로의 초대

후기 작업 속에서 메를로-뽕띠는 『지각의 현상학』에서보다 더 급진적이고 직접적인 어조로 데카르트적 존재론을 비판하면서 자신의 존재론을 열고자 했다. "만일 우리가 사람들이 그리로 귀착하게 될지 모를 그런 첫 번째 허구(mensonge)를 회피하길 원한다면, 우리가 새롭게 생각해야만 하는 것은 반성과 더불어, 반성을 넘어서고 있는 존재(Être)-주체와 존재(Être) 자체이다."(Ⅵ. 76). 우리는 이러한 존재론적 이행의 회절점을 구조주의로의 이행의 문턱으로 기술해왔던 것이 사실이다. "무언의 세계를 소유하기, 인간 신체의 기술(description)이 그것을 실행하는 바의 그러한 소유는 더 이상 그런 무언의 세계가 아니라 분절된, 있음(wesen)에 일으켜진, 말해진(parlé) 세계"(Ⅵ. 233)인 한에서 있음과 말의 세계는 분명 구조주의적 세계이기 때문이다. 존재론과 구조주의는 이중화된 관계로 있다. 즉, '존재'는 분절되어 있는 구조로 있으며 그런 한에서 '존재'와 '구조'는 비존재와 그늘을 동반한다. 그리고 말하는 세계와 얽혀 있는 침묵의 세계에 무와 틈이 자리 잡고 있다. 그러나 구조주의뿐만 아니라 그의 존재론도 성숙한 자율적인 순환 체계들로 태어나지 못했는데, 그의 존재론적 이행이라는 것도 그가 데카르트의 존재론을 위시해서 싸르트르의 존재론이 봉착하게 되는 한계들을 비판적으로 소개하는 것에 그치고 정작 하이데거와 같은 본격적인 존재론을 열지 못하고 있다는 점에서 본질적으로 미완성적인 존재론이라고 할 수 있을 것이다. 그러나 이러한 의미의 미완성은 그의 갑작스런 죽음이 원인이 아니라 어쩌면 그 자신의 본래 의도일지 모른다. 그가 말하길, "직접적인 존재론을 만들 수는 없다. 나의 간접적 방법(존재자 속의 존재)이 존재―'부정신학'으로서 '부정적 철학'―에 유일하게 적합하다."(*VI.* 233) 즉, 존재자(l'étant)를 그 대상으로 삼았던 이제까지의 직접적 존재론은 존재자의 분절에 나있는 틈을 무시함으로써 이 틈에서 개열하는 진짜 존재(l'être)를 파악할 수 없었다. 존재자를 존재하게 하는 것은 바로 이러한 존재임에도 불구하고 한 번도 이것이 밝혀지지 못했는데, 그도 그럴 것이 이러한 동사적(verbal) 존재는 언어로 고정되거나 포착될 수 없다는 의미에서 부정적이기 때문이다.291) 바로 이런 이유 때문에 그는 간접적인 방식을 통해서 존재론적 철학을 하기를 선택한 것 같다. "나는 마침내 서문에서 말한 것 같은 존재론의 입장을 취할 수 없으며 책을 전개시키고 첫 부분에서 모든 것이지만 진짜로 마지막 부분에서만 성취될 뿐인 환원의 계열 이후에서나 그 정립들을 정확하게 설명할 수 있을 것이다. 그러한 전복 자체는 머뭇거림, 나쁜 믿음, 나쁜 변증법이 아니라 심연으로의 회귀이다."(*VI.* 233). 비록 그가 생전에 이러한 간접적 존재론을 완성시켰다 하더라도, 그것은 현상학의 그것과 마찬가지로 존재론적 아이러니를 드러내고 있었을 것이다. 아이러니한 웃음을 통해 우리는 번번이 그가 안내하는 대로 죽음의 심연으로 내몰리고 있는 것이다. 결국 그가 기획했던 존재론은 현상학에서 존재론으로 이행하는 필요성을 역설할 수밖에 없었던 처음과 마찬가지로 그러한 체계의 틈으로 있다. 그러나 이렇게 의심의 심연으로 인도하는 그의 의심의 심연(끝)은 어디에 있는가? 마지막으로 우리는 메를로―뽕띠에게 '존재론적으로' 이러한 순환이 가능한 근거를 물어야 할 차례이다.

---

291) 이는 하이데거의 주장과 동일하다. 다만 메를로―뽕띠와 달리 그는 번번이 언어의 그물을 빠져나가는 존재를 포착하기 위해서 자신의 고유한 조어들을 등장시키면서 이러한 존재를 위한 존재론적 체계를 열었다는 사실이 다를 뿐이다. 그 결과 메를로―뽕띠의 후기 철학은 하이데거와 전혀 다른 기술 태도 속에 있음에도 불구하고 하이데거의 존재론 속에 흡수되어 사라져 버렸다.

"의심은 단지 비통함과 애매함의 상태일 뿐이며 그리하여 의심은 나에게 아무 것도 가르쳐주지 못한다ー혹은 만일 의심이 나에게 어떤 것을 가르쳐준다면, 그것은 의심이 숙고적이며 전투적이고 체계적이라는 사실이며, 그리하여 의심은 하나의 작용이며 그리하여 비록 연속해서 의심의 고유한 실존이 나에게 의심에로의 한계로서, 아무 것도 아닌 어떤 것으로서 부과된다 할지라도, 그러한 어떤 것은 내가 그때부터 둘러싸이게 되는 작용들의 질서로 있다."(*VI.* 59).

『지각의 현상학』의 결론이 그러하듯이, 의심 그 자체는 그것이 의심이라는 것 외에 우리에게 아무 것도 가르쳐주지 않는다. 이는 데카르트가 처음으로 통찰해낸 것이기도 한데, 말하자면 의심은 아무 것도 가지고 있지 않으며 아무 것도 전제하지 않는 의심하는 작용, 즉 무에로 통과시키는 것이다.292) 싸르트르의 말대로라면, 이처럼 의심하는 작용은 무의 의식일 것이다. 즉 우리가 사물의 존재를 의심하게 되었을 때, 바로 그 순간 의식은 죽음의 심연 속에 들어가게 된다는 것인데, 이는 한편으로 메를로ー뽕띠의 주장과 동일한 것이었다. 그래서 이러한 의심의 심연 앞에서 메를로ー뽕띠는 데카르트적 반성에 대한 비판에 뒤이어서 『보이는 것과 보이지 않는 것』의 상당 부분을 싸르트르의 존재론에 할애하였던 것이다.293) 이처럼 데카르트적인 반성 철학의 극한에서 머뭇거리는 의식의 심연을 강조하면서 부정적 존재론을 본격적으로 열었던 사람은 메를로ー뽕띠가 아니라 싸르트르였다. 그는 의식을 무라고 말함으로써 의식의 죽음을 선언한 공식적인 유물론자이기도 했다.

그러나 메를로ー뽕띠가 그의 부정주의적 존재론을 언급했던 것은 그에게 동의하기 위해서가 아니라 비판하기 위해서였다. 그가 싸르트

---

292) *VI.* 250 참조.
293) 메를로ー뽕띠는 싸르트르의 『존재와 무』를 염두에 두면서 *VI.* 77～119에서 그의 부정성의 철학을 간략하게 비판적으로 정리하고 있다.

르의 절친한 지적 동료이자 그와 첨예하게 대립하고 있는 지적 반대자로서 그에게 제기하고 있는 비판은 결론적으로 그의 부정성의 철학에서 은폐되어 있는 '너무나' 친데카르트적인 면모이다. 표면적으로 볼 때, 침묵이 파롤로 환원되어 있는 데카르트의 초월적 존재론과 싸르트르의 무의 존재론은 유사하기는커녕 정반대의 관계에 있는 것으로 보인다. 그러나 우리가 무에 대해 잘 생각해본다면 무의 운명과 존재의 운명은 동일한 것이라는 사실을 알게 되는데,294) 싸르트르가 무로서의 의식을 언급함으로써 역으로 그러한 무로서의 의식의 존재를 말하게 된다는 사실을 깨닫기란 그리 어렵지 않다. "여기서 존재에 대해 말하는 것과 무에 대해 말하는 것은 다르지 않으며 동일한 사유의 안과 밖이다."(*Ⅵ.* 78). 변증법적으로 잘 알려져 있다시피, "실제적이고 본래적인 부정(négation)은 그 자체 안에 그것이 부정하는 것을 지니고 있어야만 하고 능동적으로 그 자체의 부정이어야 한다."(*Ⅵ.* 80). 그러니까 그가 의식을 무라고 규정하는 바로 그 순간, 그는 의식의 절대적 존재를 규정하고 말았던 것이다. 부정의 존재론을 통해서 싸르트르는 말 그대로 무나 부정을 말했던 것이 아니라 부정의 부정, 즉 존재와 긍정을 말했던 셈이다.

이처럼 의심의 심연이나 틈을 통해서 의식의 죽음을 말하고 있다는 점에서만 볼 때, 메를로-뽕띠는 싸르트르와 동일한 의견을 가지고 있었다고 말할 수도 있다. 그러나 그렇다고 해도 메를로-뽕띠는 싸르트르처럼 의식을 무라고 '못 박지'는 않았는데, 오히려 그는 의식을(대문자적) 존재(Être)로 말했다. "진정으로 무를 생각하는 철학, 말하자면 부분적으로는 그렇지 않은 것으로서 무를 사유하는 철학은 역시 존재(Être)의 철학이다."(*Ⅵ.* 80). 그가 볼 때, 파롤을 통한 이러한 무의 고정이야말로 위험천만한 것이었는데, 그가 무와 죽음을 언급하면서도

294) *Ⅵ.* 80 footnote 참조.

역설적으로 존재(Être)를 말할 수밖에 없었던 그러한 동일한 변증법적 관계에 의해서 싸르트르는 의식의 죽음을 의식의 절대적 존재를 의미하는 것으로 둔갑시킬 수 있기 때문이다. 메를로-뽕띠는 사유하고 언어를 사용하는 우리가 빠지기 쉬운 이러한 역설을 존재론적 콤플렉스, 존재론적 사팔뜨기라고 불렀다.295)

의식의 죽음을 말하는 바로 그 순간에 의식의 존재를 확인받을 수 있다는 것, 무를 말하는 바로 그 순간에 존재를 깨닫게 된다는 것, 이러한 존재론적 콤플렉스는 메를로-뽕띠가 싸르트르의 존재론을 비판할 수 있었던 근거인 동시에 메를로-뽕띠의 존재론 그 자체가 되기도 한다. 그는 이중의 작업을 수행하고 있었던 셈인데, 싸르트르의 존재론을 비판함으로써 변형된 상태로 건재하는 데카르트주의를 청산하려고 했던 동시에 이러한 비판을 통해서 자신의 존재론의 중요한 개념인 존재론적 콤플렉스를 드러내려고 했던 것이다. 이러한 작업 태도로 인하여 그의 존재론은 간접적이고 부정적으로 나타나는데, 이는 그 자신이 강조하고 있다시피, 싸르트르의 부정주의적 존재론과는 전혀 다른 것이다. 그는 부정주의적 존재론이 아니라 오히려 틈을 통해 작업하는 해체적 존재론을 하고 있었던 셈이다. 그의 해체적 존재론이 싸르트르의 존재론을 통해 가장 잘 암시되고 있다고 하더라도, 이는 비단 그의 경우에만 한정되는 것은 아니다. 그는 필연적으로 존재론을 포함하고 있는 데카르트를 위시해서 근대 철학사를 비판하는 긴 우회로를 통하여 자신의 장대한 간접적 존재론을 기획했는데, 끝내 완성되지 못했지

---

295) *R.* 98, 126. 127 참조. 이것은 '모든 크레타인은 거짓말쟁이 이다'라고 말하는 크레타인에 대해서 제기될 수 있는 딜레마와 유사한 것이다. 우리는 이러한 딜레마에 대해서 이미 '데카르트적 성찰'을 통해서 언급한 바 있다. 알뛰세는 담론의 이러한 역설을 이데올로기와 연관시켜 잘 지적하고 있는데, 그는 이데올로기에서 벗어났다고 자부하는 모든 담론, 과학적인 모든 담론은 그 순간, 언제나 이데올로기적이고 비과학적이라고 말하고 있다(Louis Althusser, *Lenin and philosophy and other essays*, 165쪽 참조).

만 말이다.296) 메를로─뽕띠는 철학의 정신분석가로서 철학적 로고스
에서 은폐되어 있는 이러한 상호 회귀와 순환을 지적했다.297)

    "우리의 모든 철학 속에는(그리고 우리의 모든 신학론 속에는)
'실증주의'로 부를 수 있는 사유(만일 어떤 것이 존재하게 된다면,
존재가 있다는 것, 정의 상 신이 실존한다는 것은 단지 그런 세계,
그런 자연이 있다는 것에 불과하며 무는 고유성을 가지지 못한다)
와 '부정주의'로 부를 수 있는 사유(일차적 진리는 의심이 진리라
는 것이며 우선 확실한 것은 존재와 무 사이의 중간이며 무한의
모델은 나의 자유이며 이 세계는 순수한 사실이다) 사이에 상호

---

296) 특히 이러한 존재론을 위해 그는 근세철학을 통해 자연에 대한 개념에 몰
두했다. 그는 이에 대한 체계적인 저작을 기획했던 것으로 보이지만, 실제
로 완성시키지는 못했다. 우리는 이러한 기획을 그의 강의록을 통해서 엿
볼 수 있다. 만일 이것이 제대로 완성되었더라면 구조주의자들의 해체적
독법(들뢰즈나 데리다의 철학사의 틈 읽기나 마샬 게루의 철학사의 구조
주의와 같은)의 선구적 형식을 보여주었을지도 모른다. R. 91~111 참조.
297) 그러나 그가 작업 노트에서 '죽은 신의 철학자들'로 언급했던 경우는 존
재론적 콤플렉스에 대한 가장 대표적인 사례로서 추정될 수 있는 것이
다. "그것은 단지 고전철학뿐만 아니라 죽은 신의 철학들(키에르케고어
─니이체─싸르트르)도 사실은 그 반대로 있다는 사실을 통해서 문제시
될 수 있음을 보여라. (잘 알다시피 '조작(manoevre)'으로서의 변증법)"
(VI. 236). 이른바 '주일날 나들이 복을 입고 있는 부르주아지'와 같은
키에르케고어는 역설적으로 오성의 한계(오성의 죽음)를 통해서만 신의
존재에 귀의할 수 있다고 말한 신앙의 기사였다. 그의 학문 활동 자체가
자신(오성)의 파멸과 죽음을 통해서 신의 삶에 도달하려는 자살 행위인
셈인데, 여기서 죽음과 삶은 맞닿아 있다. 니이체의 경우는 좀더 직접적
인데, 그는 이른바 망치를 들고 신의 형상을 두들겨 팼다. 광야에서 신
의 죽음을 노래하는 초인을 그리면서 그는 그리스도와 대결에서의 승리
를 자축했지만, 이 모든 살해 행위 자체에서 신의 존재는 그림자처럼 계
속 따라다녔던 것이다. 가장 역설적인 것은 물론 싸르트르인데, 그는 신
에 대한 어떤 언급도 피했던 공공연한 무신론자였고 그렇게 알려져 있
었지만 무한한 자유를 구가하는 투명한 의식은 신의 그것과 다를 바가
없었다. 변증법적 조작에 따라서 역설적이게도 그는 무신론자였던 만큼
유신론자로 비춰질 수 있다.

회귀와 원환이 있지 않은가? 부정주의는 실증주의적 사유을 제거
하지도 그것과 일치하지도 못한 채, 그것의 기호들과 전망들을 뒤
집어 놓은 것에 불과하다."(*R*. 126~127).

존재론적 콤플렉스는 그것이 역설적으로 상호 교환한다는 사실을
인정하지 못하는 순간 진짜 출구 없는 역설이 되어 버리는데, 싸르트
르야말로 이러한 존재론적 콤플렉스의 전형적 피해자인 셈이다. 즉,
그는 구조주의자들이 선언하는 것과 같은 의미로 의식의 죽음을 선언
한 것이 아니라 데카르트적인 내재적 의식의 절대성을 강조했던 것이
며 그렇게 메를로-뽕띠가 구조주의적인 단절을 통해서 탈출하려고 했
던 의식의 감옥을 더욱 더 견고하게 확립시켜 놓았던 것이다. 이런 점
에서 그의 존재론은 메를로-뽕띠의 그것과 화해될 여지가 없다. 더욱
이 그의 부정적 존재론에 따르면 의식은 아무 것도 아니기 때문에 사물
의 존재에 어떤 기여도 할 수 없는데, 결국 의식과 상관적으로 사물의
초월적 존재가 따로 정립될 수밖에 없다. 그는 의식의 존재와 "정의상
초월적이며 바깥에 있으며 모든 내재성에 절대적으로 낯선"(*VI*. 77) 사
물의 존재를 나란히 정립함으로써 데카르트가 처해있었던 주관과 객
관, 나와 타자, 정신과 육체의 이원론을 고스란히 답습했던 것이다.
더욱이 그는 이러한 무와 유, 삶과 죽음을 분리시키는 이원론을 설
정해놓고 이들의 변증법적 통일을 데카르트주의자 답게 의식의 의지의
힘을 통해서 설명했다. 무와 유, 즉 나와 타자, 의식과 대상, 죽음과
삶은 서로 완전히 대립적이기 때문에 서로 완벽히 대립해 있거나 아
니면 완벽히 일치될 수 있다. 그에게서 죽느냐 사느냐와 같은 햄릿의
존재론적 콤플렉스는 실존의 문제가 아니라 (의지의) 선택의 문제가
되고 있다. 그에 따르면 급기야 우리는 의지를 통해 죽음을 극복할 수
있다. 그는 무한한 의지의 힘이라고 하는 신의 속성을 우리 자신에게
심어놓았기 때문에 무신론자로서의 그의 종교적 확신은 역설적으로 유

신론자로서의 그것과 결코 다르지 않다. 나와 세계, 나와 타자, 의식과 신체는 완전히 적대적이거나 완전히 일치하는데, 무와 존재는 완전하게 적대적이어서 양자가 만났을 때는 어떤 충돌도 존재하지 않는다. 결국 메를로-뽕띠의 지적대로 "그것들 사이에는 더 이상 작은 틈(écart)도"(*Ⅵ*. 94) 허용되지 않는데, 그에게는 데카르트의 성찰에서와 마찬가지로 시끄러운(brut) 존재는 없고 명증적 존재만 있다. 즉, 절대적으로 불투명한 즉자 존재인 사물은 절대적으로 투명한 의식과의 만남을 통해서 대자적 존재로 된다. 여기서 투명한 의식은 얼마나 명증적이고 이러한 투명한 의식이 비추는 사물은 또 얼마나 명증적일 것인가? 그는 명백히 데카르트주의를 극복했던 것이 아니라 데카르트주의를 철저히 계승했던 것이다.

틈이 없는 명증적인 데카르트주의에서 꿈이나 상상적인 것은 불가해한 사건이 될 수밖에 없다는 사실은 이미 우리가 강조했던 바이다. 메를로-뽕띠가 보기에, 실제로 존재의 틈(écart)으로 치부될 수밖에 없는 상상적인 것(imaginaire)을 다루는데 있어서 싸르트르는 많은 문제점을 드러내고 있다.298) 의식이 투명하고 아무 것도 아니라면 전적으로 무도 아니고 즉자적 사물도 아닌 꿈이나 환영과 같은 의식 작용은 어떻게 가능한가? 최소한 그에게서 상상적인 것은 "절대적으로 존재와 등가가 되지는 않"는다고 하더라도 "무화가 그 자체에 적용되는 하나의 질서", 존재의 부스러기, "부정의 부정"으로서 존재의 위치(position)를 점하게 된다는 사실만은 분명했다(*Ⅵ*. 320). 즉, 그의 이원론에 환원될 수 없는, 나타났다가 사라지는 미묘한 존재가 '존재'하게 된다는 것이다. 이러한 비-존재는 무도 아니고 존재도 아니기에 싸르트르의 이원론을 해체하는 틈으로 역할할 것이다. 메를로-뽕띠가 말하길, "절대적으로 대립해있는 만큼, 존재와 무는 식별될 수 없다. 존재를

298) *Prp.* 59~63, 73~74 참조.

278

필요로 하게 만드는 것, 그리하여 보이지 않게 만드는 것은 무의 절대적 비실존이다. 비-존재의 올가미, 상대적이고 국부적인 비-존재들, 세계 속의 양각들이나 빈틈들의 모습이 아니라면 말이다"(*VI*. 94). 그의 말 대로라면 무와 존재, 의식과 무의식, 죽음과 삶 사이를 진동하고 있는 이러한 비존재들이야말로 오히려 존재를 더 절실하게 깨닫게 만드는 것이다.

> "사유의 대상 속에서 그것을 다루는 것, 그것이 있는 대로 그것을 말하려고 노력하는 것, 그것은 그것을 부정적인 것으로서 생각하는 것이 아니다: 그것은 더 미묘하고 더 예민한 존재의 종(espèce)을 만드는 것이며 존재에로 그것을 재통합하는 것이다."(*VI*. 79).

메를로-뽕띠는 이처럼 예민한 동사적 존재(être)의 종(espèce)을 이 제까지의 존재자(étant)의 존재(être)와 구별시켜 특별히 대문자로 쓴 존재(Être)로 표기하고 자신의 간접적 존재론의 주인공으로 만들었다. 비-존재나 유사-존재로 여겨졌던 상상적인 것을 적극적으로 받아들 이는 이러한 존재론은 이제까지의 존재론을 전복하는 것이다. 존재 (Être)는 죽음이나 무와 대립적으로 있지 않다. 존재(Être)는 수많은 틈 과 단절과 심연을 통해서 개열한다. 이는 이미 우리가 살의 존재론을 통해서 살의 아메바 운동의 증식과 분열의 운동을 통해서 비유한 것 과 일치하는데, 살의 분열과 증식은 개개의 단세포 생물의 측면에서 보면 하나의 개체의 짧은 삶과 죽음을 의미하지만 존재의 측면에서 보면 그러한 삶과 죽음의 반복을 통해 살이라는 종(espèce)의 긴 생명 의 논리를 의미하기 때문이다. 예를 들어 우리 몸의 수많은 세포들이 이러한 탄생과 죽음을 반복함으로써 우리의 생명이 유지되며, 마찬가 지로 개체로서의 우리들이 이러한 탄생과 죽음을 반복함으로써 인류의 삶이 유지되는 것이다. 탄생과 죽음이라고 하는 삶의 분절이 바로 나 를 넘어서는 존재를 가능하게 한다.

그러므로 메를로-뽕띠가 이러한 탄생과 죽음이라는 마디와 분절을
은폐시키고 무화시켜 매끈한 존재(être)로 환원시킴으로써 영생하는 데
카르트적인 의식, 즉 싸르트르에게서 세련되게 반복되고 있었던 허구
적인 인간주의에 찬성할 수 없었음은 너무나 당연한 일이다. 특히 하
나의 정신적 개체들로서 우리는 어쩌면 매순간 죽음을 겪음으로써만
지탱되는지도 모른다. 의식의 흐름을 중단시키는 잠과 꿈, 상상과 환
영, 망각은 일종의 (명증적) 의식의 죽음이기 때문이다. 의식은, 우리
가 성찰을 통해서 끊임없이 그것을 상기하고 그것에로 회귀한다고 하
더라도, 순간순간 단절되고 파괴될 수밖에 없다. 이런 단절과 파괴는
변증법적으로 종합되거나 극복될 수 없다. 의식은 전적으로 무(néant)
로 있지도, 전적으로 존재(être)로 있지도 않는 키아즘적 존재(Être)로
진동한다. 우리는 죽음 이전의 그것과 이후의 그것이 동일하지 않다는
사실, 즉 죽음을 극복할 수 없다는 사실을 잘 알고 있음에도 불구하고
이러한 단절과 틈을 연결하면서 분절적인 하나의 의식을 정립할 수
있는데, 결국 의식이란 데카르트적인 명석 판명한 존재가 아니라 이러
한 분절적 구조들을 기술하는 것, "존재(Sein) 속에서의 구조들의 통
합(intégration), 포위(investissement)의 의미로서의 의미"(VI. 290)이다.
의식이 이처럼 구조화되어 있고 이러한 분절을 가능하게 하는 틈을
가지고 있는 한, 의식은 이 비분절적이고 무의식적인 무한한 심연 속
에서 망각되어 꿈이나 상상적인 것에 언제라도 들어갈 수 있다. 이를
테면 의식은 초현실주의자들이 말하듯이, 죽음에의 욕망을 가지고 있
는 것이다.299)

299) 우리는 이 말이 야기 시킬 수 있는 오해에 대해서 Stuart Schneiderman,
    Jacques Lacan: the death of an intellectual hero, 허경 역, 인간사랑,
    1997, 50~51쪽을 참고하여 변호하고자 한다. 죽음에 대한 욕망이 곧
    자살을 의미하는 것은 아니다. 자살은 죽음에의 욕망이 아니라 오히려
    죽음에의 사랑을 표상하는 것이다. 사랑은 욕망보다 참을성이 없어서 무
    조건적이며 즉각적으로 그것을 요구하기 때문이다. 욕망은 라깡이 말하

280

　　"만일 사람들이 사유 속에 있는 모든 의식들을 폐지할 수 있다면, 단지 순간적인 존재, 나타나는 순간 무화되는 존재의 솟아오름만이 남아 있을 것이다. 환상적인 실존과 과거의 협박은 하나의 놓여진-존재(être-posé) 속에서 전환(convertie)되어 있는 것이며, 그것은 분명하거나 혼란스러운 것으로, 가득 차거나 빈틈이 있는(lacunaire) 것으로 있을 수 있지만, 어찌되었든 우리의 인식작용들의 정확한 상관관계이다."(*R.* 95).

　　이렇게 그가 이러한 존재(Être)를 의미하는 존재론으로의 이행을 결심했을 때, 그는 분명히 거짓된 연속성을 가정하고 있는 절대적 존재자(étant)인 의식 존재(être)와 인간주의에서 벗어나 있었다. "존재는 인간을 소유하지만 인간은 존재에 주어지기 때문이다."(*VI.* 120). 물론 이러한 전환은 구조주의로의 전환과 병행적으로 모색되는데, 우리는 쉽게 그가 존재(Être)라는 말만큼이나 구조(structure)라는 말을 빈번히 사용하고 있음을 알 수 있다. 문제는 모호한 별자리로 윤곽지어 있는 희미한 그의 체계일 것이다. 이처럼 그의 체계 아닌 체계는 죽음의 협박에 언제나 노출되어 있는 셈이다. 그러나 이러한 단점은 오히려 그의 강점이 될 수 있다. 그의 구조주의나 존재론이 우리를 기꺼이 이러한 "죽음에로 초대"300)하는 일이었던 만큼 그가 그것들의 기술(description)의 측면에서

──────────

고 있듯이, 우리가 언제나 그것을 가지고 살아가야 한다면, 그것을 만족시켜서 욕망의 대상을 없애버려서는 안될 것이다. 그러므로 우리가 죽음을 피할 수 없다면, 그에 대한 최선의 대응책은 역으로 죽음에 대한 욕망을 가짐으로써 그것을 피하는 것이다.

300) 메를로-뽕띠는 드 끌로델(de Claudel)의 『시적 기술(*Art poétique*)』, p.57의 다음과 같은 구절을 염두에 두고 있었다. "시간은 더 이상 그렇지 않기 위해 존재할 모든 것에 제공된 수단이다. 그것은 설명적이고 총체적인 일치 속에서 해체되는 심연의 귀에로의 경배의 파롤을 소비하는 모든 구절들에로, 죽음에로의 초대(l'invitation à mourir)이다."(*VI.* 233 footnote). 우리는 존재론적 콤플렉스를 드러내기 위해 그가 각주로 인용했던 "죽음에로의 초대"라는 드 끌로델의 표현을 부각시키고자 한다.

도 몸소 그 가르침을 실천하면서 우리를 자신의 체계 속에 지나가는 이러한 죽음의 파티에 초대했다면 말이다. 희미하다할지라도 그는 자신의 체계에 단절과 틈을 적극적으로 끌어들였던 구조주의자였던 동시에 대부분의 실존철학자가 그러하듯이, 자신의 존재론에 무와 죽음을 적극적으로 끌어들였던 존재론자였다. 틈과 죽음을 통해서 존재론과 구조주의는 이중화된다. 구조주의자들은 존재(Être)의 깊이에 대해서 예민하게 사유함으로써 틈, 무의식, 침묵, 죽음을 통하지 않고서는 생과 파롤의 개열(déhiscence)을 목격할 수 없다는 사실을 잘 알고 있었던 존재론자들이었다. 이를테면 라깡의 구조주의의 경우, 문학적 취향을 가진 그의 제자들에 의해 그의 정신분석학은 의식 안에 깊숙이 패여 있는 죽음을 불러내는 의식(儀式)으로 해석되기도 했는데,301) 분명히 라깡의 정신분석학은 치료의 개념과 무관했다. 더 이상 그것은 어떻게 삶을 살아야 하는가나 어떻게 행동해야 하는 가와 같은 문제에 대한 해답을 주는 일이 아니었다. 어쩌면 "정신분석의 가장 중요한 과제는 사람들이 죽은 자들과 맺는 관계를 회복시키는 일"이라고 할 수 있는데,302) 어쩔 수 없는 무의식이나 틈은 의식 너머의 사자(死者)의 세계라고 말할 수 있기 때문이다. 우리의 실존에 움푹 패인 이런 죽음이라는 구덩이를 직접 직면하게 만드는 일, 그것이 우리가 고뇌에서 빠져나올 수 있는 방법을 스스로 찾을 수 있게 해주는 일일 것이다. 실제로 후기-구조주의자들은 실존주의자 못지 않게 죽음에 대해서 언급했으며 그들의 바깥의 사유는 죽음을 찬미하고 있다는 인상까지 주는데, 자살을 방불케 하는 그들의 미심쩍은 종말도 그러하다.303)

---

301) Stuart Schneiderman, *Jacques Lacan: the death of an intellectual hero*, 허경 역, 인간사랑, 1997, 참고.
302) 같은 책, 118쪽.
303) Stuart Schneiderman의 라깡만이 아니라 푸코도 그 대표적 사례라고 하겠다. 초현실주의 작가에 대한 그의 문학 비평에서 죽음에 대한 기술은 그의 사적인 관심에 머무르는 것이 아니라 그의 바깥의 사유의 전형적

존재론적 콤플렉스에 의하면 무와 유, 죽음과 삶의 이러한 교환은
가역적인 순환 관계, 키아즘적 관계에 있다. 우리가 관념적으로 삶과
죽음을 전혀 다른 것으로 따로 떼어서 생각한다고 하더라도 이것들은
동전의 앞뒷면과 같은 것이다. 삶을 전제로 하지 않은 죽음은 없으며
죽음을 전제로 하지 않는 삶은 없다. 우리는 간절히 살기를 원할 때
더욱 더 심한 죽음의 공포를 느끼며, 죽음을 욕망하는 그 순간 우리는
생생하게 살아 있음을 느낀다. 우리는 죽음을 욕망함으로써만 비로소
죽음을 피하고 다시 삶을 살 수 있는데, 죽은 자는 두 번 죽지 않기
때문이다. 그러나 앞에서 우리가 보았듯이, 이러한 가역성은 불가역성
에 의해 가능한데, 즉 삶이 매순간 우리에게 죽음을 초대한다하더라
도, 우리는 우리의 삶을 죽음과 맞바꿈으로써 가역적 교환을 완성하지
는 않기 때문이다. 우리는 매순간 삶에 죽음을 끌어들이면서도 살아
있다. 아니 그럴 경우에만 살 수 있다. 구조주의적 교환을 계속하게
만드는 힘, 불가역적인 가역성은 바로 구조의 틈이었다. 이 틈이란 바
로 삶과 죽음의 교차점, 산 자와 죽은 자가 만나는 '납골당'304)이 아
니던가? 납골당에서 햄릿이 되뇌었던 독백처럼 '죽느냐 사느냐 그것이
문제(to be or not to be, that is the question)'가 되고 있다. 거기서는
더 이상 나의 의식이 아니라 나와 타자들 사이를 진동하고 있는 하나
의 존재(Être)가 개열되고 있다.305) 의식에서 존재에로의 이행, 이것은

표상이었다. 이러한 구조주의적 심연의 이론을 실천했던 구조주의자들의
미심쩍은 종말은 스캔달처럼 공공연히 언급된다. 미셸 푸코는 충분히 그
럴 수 있다는 가능성을 잘 인식했음에도 불구하고 엽기적인 동성애 행
각으로 인한 에이즈의 간접 자살을 선택했으며, 롤랑 바르트는 충분히
회복할 수도 있었던 가벼운 교통사고의 치료를 일부러 방치함으로써 간
접 자살을 선택했으며, 들뢰즈는 자신의 아파트에서 투신하는 자살을 선
택했으며, 알뛰세는 어떤 알려진 그럴듯한 이유 없이 자신의 헌신적인
아내를 교살했다.

304) *VI.* 277, 287 참조.
305) *R.* 60 참조.

하이데거뿐만 아니라 메를로-뽕띠가 나아가고 있는 길이었던 것이다. 우리는 신학자들이 말하듯이, 존재를 절대 타자인 신의 말씀이나 신의 빛이라고 말할 수도 있을 것이다. 그러므로 메를로-뽕띠가 우리를 죽음에로 초대하는 것은 무신론자 싸르트르처럼 죽음이나 무를 선언하면서 허무주의를 설파하는 것이 아니다. 우리는 그가 보낸 죽음에로의 초대장을 통해서 바로 이렇게 개열하는 존재, 이렇게 윤곽 지어지는 그의 별자리를 볼 수 있었던 것이 아닌가? 이는 니이체가 그러했듯이, 허무를 전파시키는 것이 아니라 생성을 긍정하게 만드는 것이다.

2) 종합 없는 변증법: 영원회귀

변증법에 대한 메를로-뽕띠의 관심은 후기 작업에 한정되지 않는다. 이미 그는 『변증법의 모험』(1955)을 통해서 주로 정치와 사회의 측면에서 공산당을 적극적으로 지지하는 싸르트르의 철학과 고전 마르크시즘과 같은 이른바 변증법적 철학에 대한 신랄한 비판을 행했다. 그가 볼 때, 이러한 변증법적 철학은 이데올로기적이며 오히려 비변증법적이라는 것이다. 이런 비판은 정-반-합에 기초한 세속적 의미의 변증법 일반에 향해져 있었는데, 우리는 그의 변증법 비판을 위한 철학적인 근거를-그의 죽음으로 중단되어 충분히 논의되지는 않았다 하더라도-꼴레쥬 드 프랑스의 강의록이나 『보이는 것과 보이지 않는 것』에서 다루어지는 존재 철학과의 상관관계를 통해서 엿볼 수 있다. 변증법은 존재와 밀접하게 관련되어 있다. 그의 존재론이 이전의 존재론을 해체하는 부정적인 것인 한에서, 그것은 이전의 존재론과 상관적인 변증법을 대면하지 않고서는 들어설 수 없다. "변증법은 보여진 존재(Être)에 대한 사유이며, 단순한 실증성이나 즉자가 아닌 존재(Être)에 대한 사유이지만 하나의 사유로 놓여진-존재(Être)가 아니라 자기(Soi)의 표명이며 과정 중에 있는 폭로이다."(Ⅵ. 125). 그러므로 변증법에 대한 그의 정의는 존재(Être)에 대한 그의 수많은 수사적 기술 (description)들 가운데 하나가 될 터인데, 가장 전통에 가까이 있으면 서도 가장 멀리 있는 그런 것으로서 말이다.

> "더 심오한 의미의 변증법적 사유는 상호작용들이나 교류를 허 용하는 사유이다.―그리하여 변증법적 사유는 A항과 B항 사이의 총체적 관계는 유일한 하나의 가정으로 표현될 수 없다는 것인데, 변증법적 사유는 그러한 관계가, 겹쳐지지 않고 그처럼 대립적이 며, 논리적으로는 허용되지 않는 관점이지만 실제적으로는 그 안 에서 재통합되는 것으로 정의되는 또 다른 다수의 가정들을 재발 견하게 된다는 것을 인정하는 것이다."(*VI*. 123).

이는 전혀 새로울 것이 없는 변증법에 대한 정의처럼 보이지만, 사 실상 그의 철학적 작업이 모두 그러하듯이, 세속적 변증법의 틈을 드 러내는 아이러니한 것이다. 그는 '대립적인 두 항의 총체적 종합을 하 나의 가정으로 정립시키는', 대립자의 차이를 억압(지양)하는 변증법 일반을 "나쁜 변증법"이나 "냄새나는 변증법"(*VI*. 219)이라고 칭하면 서 비웃었다. 그러나 자신의 것에 헌정될 수사인 '좋은 변증법'은 어 떤 것인가? 최소한 좋은 변증법이 대립과 모순을 동일하게 만들지 않 을 그런 것이라면, 과연 우리는 그것을 변증법이라고 부를 수가 있는 가? 아이러니는 언제나 그러하듯이 자기 파괴적이지만, 그는 이번만은 이를 인정하지 않았다. 그는 자신의 변증법이야말로 "변증법적 사유의 원초적인 권한(ressort)"(*R*. 79)이라고 말하기를 주저하지 않았다. 즉, 자신이 말하는 변증법이 본래적인 것임에도 불구하고 철학사를 통해 변질되어 왔다는 것이다. 그가 좀더 살았더라면, 이러한 변질의 역사 를 기술함으로써 간접적이고 부정적이나마 자신의 변증법을 더 자세히 드러낼 수 있었을지도 모르겠다. 실제로 이러한 기획은 단지 후기 작 업의 파편적 언급들과 암시를 통해서 추측될 수 있을 뿐이다. 그는

'변증법에 대한 텍스트들과 주석'이라는 테마를 붙인 강의를 통해 제
논의 논증에서부터 플라톤, 몽테뉴, 데카르트, 파스칼, 칸트, 헤겔 그리
고 마르크스, 키에르케고어, 싸르트르에 이르는 방대한 변증법의 역사
에 대한 본래적 기술을 기획하고 있음을 언급했다.306) 아마도 이는 끝
내 완성되지 못했던 그의 간접적 존재론의 기획 속에 포함되어 있었
을 것이다. 그래도 우리가 이 가운데서 직접 확인할 수 있는 것은 헤
겔, 싸르트르나 마르크스의 그것에 한정되는데, 이마저도 몇 구절 되
지 않는 체계적이지 않은 파편적인 언급을 통해서이다.

이런 제한적 상황에서도 우리가 분명하게 알 수 있는 것은 그가 변증
법적 사유의 원초적인 권한을 철학의 아버지인 플라톤의 사유에서 찾고
있었다는 사실이다.307) 그가 생각하기에, 흔히 생각되듯이, 플라톤은 동
일자를 합리화시키는 종합의 변증법을 시작하지 않았다는 것이다. 그가
플라톤의 "아버지 살해"(R. 81)라고 부르는 이러한 사건은 어떻게 진행
되는가?308) 그가 특히 문제 삼았던 것은 『파르메니데스(Parménide)』, 『

---

306) *R.* 82~85 참조.
307) "또한 사람들은 플라톤이 '동일자'를 '다른 것보다 다른 것'이라고 불렀
을 때, 플라톤 속에서 그것(변증법적 사유)이 지칭되고 있음을 발견하게
되는데 놀라지 않는다."(*R.* 79)
308) 이 역시 그 전모가 낱낱이 밝혀지지 않은 암시에 그칠 뿐이지만, 우리는
그가 말하는 이 권한을 얻기 위해서 이러한 암시가 아주 희미하게 윤곽
짓는 형태를 직접 그려보는 무리와 수고를 마다하지 않을 작정이다. 우리
는 이것이 그가 직접 실천하지는 않았지만 데리다에 의해 적극적으로 활
성화될 철학적 텍스트의 해체 작업과 일치한다고 보는데, 센세이션을 일
으켰던 데리다의 이런 방법은 아이러니와 틈의 철학자인 메를로-뽕띠가
적극적으로 찬성했을 법한 방식이기 때문이다. 데리다 이전에 메를로-뽕
띠가 먼저 '틈의 작업'을 제안했던 셈이지만, 그는 자신 이전으로 훨씬
거슬러 올라가서 플라톤이야말로 이러한 작업을 실천했던 최초의 철학자
라고 말하고 있는 것이다. 그러나 이 역시도 철학사의 틈으로 있다는 것
이 문제인데, 플라톤 텍스트에 대한 틈의 작업은 데리다의 해체나 들뢰즈
의 계보학이나 극화의 방법 이전에 이미 메를로-뽕띠의 '아이러니'를 통
해서 제기되고 암시되었다.

286

테아테토스(Théétète)』,『소피스트(Sophiste)』와 같은 플라톤의 후기 대화록들이다.309) 특히『파르메니데스』는 노 철학자 파르메니데스가 젊은 소크라테스에게 훈수를 주는 형식으로 진행되는데, 이러한 극적 형식 자체가 아이러니하고 자기 파괴적이다. 이를테면 그가 이제 이데아론을 표방했던 자신의 젊은 시절의 호기를 반성할 줄 아는 현명한 노 철학자가 되어, 존경하는 스승인 파르메니데스라는 등장인물을 통해서 이데아론을 주장하는 자기의 분신인 소크라테스라는 등장인물을 논리적으로 압도하는 형식으로 기획했기 때문이다. 일반적으로 대화란 서로 반대되는 입장들이 충돌하고 이것이 해소되는 쪽으로 진행된다고 생각하기 마련이다. 이 대화록에서 일어나는 충돌은 메를로-뽕띠가 최초의 변증법으로 거론했던 제논의 역설로 집약된다. 그러나 이 대화록은 그러한 충돌을 해소하여 일정한 결론을 맺기는커녕 수많은 제논의 역설들을 양산하는 일종의 지적 게임을 벌이는 이상한 스토리로 이루어져 있다. 이는 나머지 두 편의 대화록에서도 마찬가지인데, 그것들은 더 이상 플라톤의 주인공이 대화를 주도하여 교훈을 주거나 플라토니즘을 증명하는 쪽으로 진행되지 않는다. 그것들은 일정한 독트린을 전달하는 형식에서 벗어나서 결코 순탄치 않은 그러한 형식들이나 대화 과정 자체를 노리고 있는 것 같다. 이런 점에서 플라톤의 이러한 대화록들은 메를로-뽕띠의 지적대로, "상승적이지도 하강적이지도 않으며, 그렇게 말하기 위해 장소를 차지하는 하나의 변증법의 예들로서 연구되었던 것이다."(R. 86).

파르메니데스의 동일률은 존재는 있고 무는 없다는 것이다. 그러나 너무나 당연하게 보이는 이러한 동어반복은 실은 싸르트르의 존재론과 마찬가지로 죽음이나 무를 몰아내고 절대 존재로 환원시켜 버리는 것이다. 그것은 메를로-뽕띠가 지적하고 있다시피, "충분한 긍정성으로 있는 존재와 '있지 않은' 무 사이에서 그야말로 변증법이 있을 수 없

309) R. 86 참조.

다는 것이다. 그럴 수 있다면, 그것은 일종의 무의 희생인데, 그것은 전체 모두가 존재를 표현하는데 헌신하고 절대적으로 그러한 바의 절대적인 부정을 부인한다. 그것(존재와 무의 관계)은 전체이거나 아무 것도 아닌데, 무가 있지 않기 때문에 그것이 전체이고, 그것이 모든 것을 요구하기 때문에 그것은 아무 것도 아닌 것이 아니다."(*R*. 84). 그렇기 때문에 최초의 변증법자 플라톤은 이데아론을 통해서 변증법을 무시하는 파르메니데스의 동일률을 거스를 수밖에 없었다. 그러나 그가 단순히 이데아론을 주장했다는 사실 자체는 그의 '아버지 살해'의 전모가 아니다. 그는 자신의 스승에 대한 존경과 예우를 포기하지 않으면서 이 사건을 더 교묘하고 은밀하게 진행시키고 있다.310) 바로 이 과정에서 철학사의 틈으로 은폐되어 있었던 그의 변증법에 대한 사유가 윤곽을 띠기 시작한다.

본래 제논의 역설은, 파르메니데스의 존재론이 생성과 운동을 설명할 수 없기 때문에 그것을 비웃었던 사람들을 향해 제논이 그들이 처해 있는 반대 입장도 '마찬가지로' 우스꽝스런 결론에 빠진다는 사실을 보여줌으로써 그 비웃음을 되돌려 보내는 전형적으로 상호 파괴적인 논증이다. 제논은 자신의 논증 과정에서 오류가 없었음에도 불구하고 이러한 역설이 파생되었다면, 그 '잘못'의 책임은 논증에서 채용된 전제(다수의 존재)에 있을 수밖에 없다고 암시한다. 그러나 그것은 그의 반대자들에게도 마찬가지로 해당될 것이다. 즉, 플라톤의 소크라테스가 지적한 바와 같이, 제논이 반대 진영의 독트린을 파괴했다고 해서 그것이 곧 자기 진영의 정당성을 증명하는 일이 될 수 없다. 제논의 논증은 다만 다수의 존재가 빠지게 되는 역설을 보여주는 것에 지나지 않기 때문이

---

310) 메를로-뽕띠는 이 사건을 두고 다음처럼 언급하고 있다. "이미 플라톤의 경우, 『파르메니데스』의 유명한 '아버지 살해'가 보여주듯이, 역사적 발생이나 부자 관계가 내재화되고 보존되는 그러한 부정들을 이루게 되고 변증법적 관계의 저명한 경우로서 생각된다."(*R*. 81).

288

다.311) 그러나 바로 여기서 그 특유의 '소크라테스의 아이러니'를 발생시키는 교묘한 장치가 작동되기 시작한다. "제논, 당신은 그 자체로 유사성(likeness)의 형상과 그와 다른 형상인 비유사성 자체가 존재한다는 사실, 그리고 우리가 '다수'라고 말하는 당신과 나, 그리고 모든 사물들이 이 두 가지 형상들을 분유(partake)하게 된다는 것은 인정하지 않습니까?"312) 그것이 역설적이라고 하더라도 다수의 존재, 즉 나, 당신, 사물들이 존재한다는 엄연한 사실을 부인할 수는 없지 않느냐는 그의 당연한 반문인 셈이다. 그의 이데아론은 이 엄연한 사실에 근거하고 있다는 것이다. 이처럼 문제는 그가 제논의 역설 자체를 자신의 이데아론의 근거로 채용하고 있다는 사실인데, 즉 그는 파르메니데스의 진영이 비웃음거리로 만들었던 그것을 거꾸로 자신의 신성한 독트린으로 삼았던 것이다.313) 그는 이데아론의 근거를 제논이라는 꼭두각시를 통해서 대신 말하게 하는 그의 대화록 특유의 "복화술적 사유"(*VI.* 125, *R.* 86)를 실행하고 있었던 것이다. 이제 역설은 배척되어야할 논리의 오류가 아니라 오히려 진리를 위한 긍정적인 계기가 된다는 점에서 이러한 전복은 메를로-뽕띠의 말대로, 그야말로 변증법의 시작이 되고 있다.

확실히 이데아론은 제논이 언급한 것과 같은 수많은 역설들을 품고 있다. 그러나 문제는 그가 전격적으로 이런 역설을 받아들임으로써 스스로 자신을 의심하는 자기 파괴의 길을 선택했다는 사실이다. 도대체

---

311) *Parmenides*, 128 b~e 참조. 플라톤은 '소크라테스'를 통해서 제논의 역설이 보여주고 있는 다수성에 대한 비판과 파르메니데스의 일자의 존재론은 별개의 것이라는 사실을 암시적으로 언급하고 있다. 즉 여기서 그는 제논이 노리고 있었던 투쟁적인 목적과 별개로 제논의 논증은 단지 다수의 존재가 빠지게 되는 역설을 보여주고 있을 뿐이라는 사실을 상기시키고 있다.
312) *Parmenides*, 129 a.
313) *Parmenides*, 128 e~130 a, 젊은 소크라테스가 이러한 논리를 폈을 때, 그의 스승인 파르메니데스를 비롯한 참석자들이 경탄의 눈으로 그를 경청했다는 대목이 이러한 해석을 암시하고 있다.

그는 무엇을 말하고자 하는가? 그의 복화술은 제논에서 파르메니데스로 옮겨져 실행되는데, 그러나 여기서 첫 번째보다 더 지독한 두 번째 '소크라테스의 아이러니'가 작동되기 시작한다. 존경하는 스승인 파르메니데스는 젊은 소크라테스를 리드하면서 세속적인 이데아론을 비판하게 된다. 그러나 2라운드의 '파르메니데스'의 산파술이 노리고 있었던 것은 이미 젊은 소크라테스가 제논의 역설을 통해서 인정했던 사실, 즉 이데아론이 역설을 가득 품고 있다는 사실에 지나지 않았던 것이다. 이 얼마나 우스꽝스러운 아이러니인가? 플라톤의 스승인 파르메니데스는 자신의 존재론을 주장하기는커녕 오히려 자신의 제자인 플라톤의 교리를 도와주는 역할을 하고 있다. 그가 자신의 스승을 자신의 논리를 (간접적으로) 증명하기 위해 등장시키고 있다는 점에서 이는 가장 악랄한 '아버지 살해'인 셈이다. 이런 극적 구성은 이중적인 효과를 노리고 있는데, 그는 자신의 스승의 권위를 빌어 자신의 주장을 정당화시키는 동시에 자신의 주장을 통해 스승의 권위를 짓밟는 것이다.

그러나 계속되는 이러한 기묘한 반전을 통해 그가 그토록 옹호하고자 했던 이데아론은 무엇인가? 그것은 자기 해체적인 역설을 받아들인다는 것이고 그것은 자기 파괴와 죽음을 적극적으로 끌어들이는 일이 아닌가? 결국 플라톤은 역설을 받아들이는 반복되는 역설을 통해, 혹은 혹독한 자기반성을 통해서 이데아론이 더 이상 하나의 독트린이 아니라고 말하기에 이른다. 이런 의미에서 독트린으로서의 이데아론은 사망 선고를 받고 있으며 확실히 그는 이런 통속적인 이데아론의 저작권자인 젊은 소크라테스를 자살하도록 몰아가고 있는 셈이다. 플라톤의 파르메니데스가 말하길, 이데아는 하나의 독트린에 국한되지 않고 그것과 대립되는 다른 모든 독트린들을 받아들일 줄 아는—어떤 결과가 나온다고 하더라도 그 모든 것들을 면밀히 고찰하는—공정한 사유의 훈련을 거쳐야 한다는 것이다.314) 여기서 이데아란 변증법 그 자체와 다를 바가 없어 보인다. 그런 점에서 『파르메니데스』는 내용과 형식 모두에서 동일한 주제를 이중적으로 잘 구현하고 있는 셈이다.

이데아는 수많은 가능성들 사이에서 진동하는 혹독한 사유의 훈련을 통해서만 겨우 우리에게 모습을 드러낼 수 있는 것이지 쉽게 파롤로 고정할 수 있는 독트린이 아니다. 이데아론이 피할 수 없었던 형상의 딜레마란 결국 파롤의 딜레마, 즉 구조의 틈인데, 문제는 우리가 파롤을 통해 사유하는 한에서, 이러한 딜레마는 피할 수 없다는 것이다. 플라톤의 파르메니데스도 말하기를, "이런 난점들과 이와 유사한 문제들 때문에 혹자가 사물들의 형상들이 존재한다는 사실을 거절하거나 각각의 경우 한정적인 형상을 식별하기를 거절한다면, 그는 각각의 사물이 언제나 동일한 것인 하나의 특성을 가지고 있다는 사실을 인정하지 않는 한에서, 자신의 생각을 고정시킬 어떤 것도 가지지 못할 것이며, 그런 한에서, 그는 모든 담론의 의미를 파괴하고 말 것이네."315) 그러므로 피할 수 없다면, 이 딜레마를 적극적으로 받아들이는 수밖에는 없다. 이를 받아들인다는 것은 곧 이데아와 변증법을 받아들인다는 얘기이기도 하다.

우리는 이와 동일한 언급을 『소피스트』에서도 찾아볼 수 있다. "이런 점에서 단지 하나의 과정만이 앎과 그 밖의 것들을 가치 있게 여기는 철학자에게 열려 있을 것입니다. 그런 철학자는 일자냐 다수의 형상이냐 와 같은 논쟁의 승리자로부터 모든 실재가 변하지 않는다는 독트린을 받아들이기를 거절해야만 하며 그리고 그는 어디에서나 변화하는 것으로서 실재를 표상하는 다른 진영에 대해서도 귀를 막아야만 합니다. 그러나 그는 마치 양쪽 모두를 구걸하는 아이처럼, 실재 또는 사물들의 총계가 양자이며 하나라고 선언해야만 합니다.─변하지 않는 동시에 변하는 것이라고"316) 이러한 태도는 플라톤 자신에 의해 곧바로 대화록의 아이러니한 형식들로 실천되는데, 이는 『파르메니데스』에

---

314) *Parmenides*, 136 a~c 참조.
315) *Parmenides*, 135 b~c.
316) *Sophist*, 249 c~d.

서뿐만 아니라 『소피스트』에서도 동일하게 일어나고 있는 전복이다. 일련의 분할법을 통과한 결과, 소피스트들은 없는 것을 존재하게 만드는 사람들로 정의된다. 즉, 그들의 작업은 바로 파르메니데스의 존재론을 부정하고 존재에 무와 죽음을 초대하는 일인데, 그들의 존재 자체가 그것의 증거이다. 그들은 완전한 존재도 완전한 무도 아닌 역설적인 비존재들이다.317) 그러나 이렇게 소피스트를 정의하였던 현자들 사이의 변증법, 즉 분할법에서 아이러니가 작동되고 있다. 소피스트에 대해서 정의로운 소크라테스가 행하는 올바른 분할법이란 사실 나쁜 소피스트가 행하는 나쁜 선택의 계열을 따라감으로써 가능한 것이다. 즉, 분할의 선택에 관여하는 정의로운 주체는 바로 나쁜 소피스트라는 역설적인 결론을 피할 수 없다.318) 분할의 과정으로 지칭되는 『소피스트』의 변증법의 틈은 좋은 계열과 나쁜 계열, 존재와 비존재가 서로 섞이면서 경계가 모호하게 된다는 것인데, 들뢰즈도 말하고 있듯이, "소피스트에 대한 궁극적 정의는 소크라테스와 소피스트를 더 이상 구별할 수 없게 만드는 지점에 우리를 데려다 놓는 것이다."319) 여기서도 그는 서로 역설적인 이중의 효과를 달성하고 있다. 즉 소크라테스와 대립관계에 있는 소피스트를 비존재로 비웃었지만, 역으로 이렇게 비웃음거리밖에 안되는 소피스트를 통해서야 그는 자신의 위대한 '아버지 살해'의 과업을 성취할 수 있었기 때문이다. 소피스트는 무시되는 동시에 존중되고 있다.

이들 대화록은 공통적으로 자기 파괴적인 죽음에 직면하면서 서로 대립적인 두 항이 교차로 배치되는 형식을 취하고 있다. 소크라테스와 파르메니데스, 소크라테스와 소피스트, 이 상반되는 두 진영 사이에

---

317) *Sophist*, 257 b, 258 c.
318) 이는 필자의 논문, 「시원 신화의 해체」, 大同哲學, 제2집, 1998. 11, 338~345 쪽에서 다루어진 바 있다.
319) Gilles Deleuze, *Logique du sens*, Minuit, 1969, p.295.

292

교차와 침식과 자리바꿈, 즉 키아즘이 있다. 이러한 가역적인 주고받음은 멈추지 않는데, 두 항 사이의 이러한 가역성은 언제까지나 한 항에 다른 항이 환원되거나 흡수되지 않는 불가역적인 관계에 근거하고 있기 때문이다. 결국 변증법이란 아무런 무늬도 아무런 분절도 없는 파르메니데스의 존재론에 양각을 주는 의식(儀式)이라고 말할 수 있다. 이 작업은 구조주의의 작업과 결코 다르지 않은데, 변증법 역시 구조주의와 마찬가지로 파롤과 존재에 관련되는 한에서, 그리고 변증법이 역설을 껴안고 그것을 통해 진동하고 있다는 점에서 그것은 총체성을 거부하면서 비가역적인 가역성에 의해 작동되는 구조주의에 대한 또 다른 이름에 지나지 않는 것이다. "파란곡절(波瀾曲折)을 통해서 변증법은 어찌되었든 관계들의 전복, 전복에 의한 관계들의 연대성이며, 존재는 있고 무는 있지 않다는 그런 입장들이나 언표들의 총계가 아니라 여러 면에서 그런 관계들을 분배시키고 그것들을 깊이 있게 존재에 통합시키는 지적인 운동이 아닌가?"(Ⅵ. 125).

　이러한 키아즘의 형식과 상관적으로 플라톤이 우리에게 가르치려고 했던 이 대화록들의 교훈적 주제는 대화를 통해서 파생되는 역설들 모두를 받아들이고 잘 조사해야 한다는 당부였다. 바로 이런 점에서 메를로-뽕띠는 자신의 '종합 없는 변증법'의 근거를 그에게 돌렸던 것 같다. 그가 말하길, 변증법적 사유란 "이중적 의미에서 양립 불가능한 관계들의 우글거림을, 그러나 서로에 필연적인 관계들의 우글거림을 재발견하게 된다는 사실을 보여주는"(Ⅵ. 124~125) 것이다. 그리하여 그는 이러한 변증법을 플라톤주의의 진정한 계승자의 권한으로 헤겔 변증법으로 유통되었던 '나쁜 변증법'을 초월한다는 의미에서 '초-변증법(hyper-dialectique)'이나 '좋은 변증법'으로 칭했다.320) 좋은 변증법

---

320) Ⅵ. 129 참조. 여기서 '변증법'이라고 칭한 것은 철학적으로 엄밀한 의미에서의 헤겔의 변증법을 의미하는 것이 아니다. 그의 시대적 정황으로 볼 때, 그것은 그야말로 마르크스나 싸르트르의 사상을 통해서 유통되

은 플라톤이 보여준 수많은 제논의 역설이 그러하듯이, 모순을 받아들여서 오히려 그것을 더 많이 양산해내는 것이지 모순을 부정하거나 제거하는 것이 아니다. 이런 점에서 모순이 가지고 있는 부정적 의미는 고스란히 유지되는데, 그것이 "그 한계들을 넘어서 긍정적인 것을 다시 구성하고 그것을 파괴하고 그것을 구출하는 부정의 이념"(*R*. 79)이라는 점에서 이런 의미의 부정은 또한 생성하는 부정이기도 하다.

> "만일 우리가 존재를 아무 것도 존재하지 않는 순수한 긍정성의 그런 한계 속으로 억압하고 있음을, 그리고 우리 경험의 모든 내용을 만들고 있는 어떤 것을 대자성으로 생각하고 있음을 반성하지 못한다면, 부정성의 운동 자체에 의해 마침내 부정성이 부정성 자체의 자기 부정에 가게 될 때, 사람들은 부정적인 속성들, 즉 이행들과 생성과 가능적인 것을 양화된 존재로 통합시킬 수밖에 없을 것이다. 언제나 처럼 그 같은 부정주의적인 사유는 두 개의 이미지들 사이에서 그것들 중 어느 하나도 희생시키지도 않고 그것들을 통일시키지도 않은 채, 진동하고 있다. 부정주의적 사유는 양가성 자체인데, 말하자면 절대적 모순이며 존재와 무의 동일성이며 플라톤이 말하는 '복화술적' 사유이다. 또한 부정주의적 사유는 정립적으로 부인하거나 긍정하는 것을 언제나 가설적으로 긍정하거나 부인하는 것이며 상공비행의 사유처럼 무에로의 존재의 내재성과 존재에로의 무의 내재성을 반대하는 것이다."(*Ⅵ*. 103~104).

는 세속적 의미의 변증법일 것이다. 그의 작업 노트를 보면, 그는 플라톤의 '좋은' 변증법과 같은 식으로—플라톤 연구자들이 결코 찬성하지 않을 플라톤의 왜곡으로 보이는 독해법을 통해서—'좋은 변증법'이 될 헤겔 변증법의 독해를 기획했던 것으로 보인다. 그러므로 그가 헤겔의 변증법을 비판하고 있다 하더라도 실제로 그가 헤겔의 '철학적' 변증법을 그렇게 '나쁘게' 해석하고 있었다는 사실을 의미하는 것은 아니다. 어찌되었든 그의 익명적인 삶의 키아즘에 따르면 비록 변증법을 헤겔이 만들었다 하더라도, 변증법은 헤겔의 것도 마르크스의 것도, 혹은 메를로-뽕띠의 것도 아니다. 그것은 절대적으로 그 누구의 것도 아니지만, 반대로 그 누구의 것도 될 수 있기 때문이다.

　그러나 이와 같은 부정적인 사유로서의 ‘좋은 변증법’은 어쩌면 회의주의나 상대주의를 강요하는 것처럼 느껴질 수도 있다. 우리가 부정적으로 상상하게 되듯이, 변증법이 단지 대립적이고 모순적인 주장들이 시끄럽게 난립하여 엉망진창이 되는 무질서의 장을 의미한다면, 우리가 왜 대화를 해야 하는지를 자문할 수밖에 없을 것이다. 해결이나 합의를 기대할 수 없고 분란과 무질서를 조장하고 자기 파괴와 죽음을 부르기 위해서 대화를 해야 한단 말인가? 이에 대해서 우리가 굳이 대답을 해야 한다면, 분명 그러하다고 말할 것이다. 그러나 그에 못지않게 분명한 것은 우리의 이러한 ‘무에의 의지’는 절대적인 죽음도, 죽음의 죽음도 의미하지 않는다는 것이다. 즉, 우리가 죽음을 생각한다고 해서 진짜 죽음을 맞이하는 것도, 죽음을 극복하고 영생을 얻을 수 있는 것도 아닌 것처럼 말이다. ‘그 자신의 몰락을 의욕’하고 ‘그 자신을 보존하기를 원치 않음’[321]을 권유하는 최고의 니힐리즘의 철학자인 니이체는 이런 의미로 몰락과 죽음을 권유한 것이 아니다. 오히려 그의 죽음에로의 초대는 ‘디오니소스적 긍정’을 이끌기 위한 것이었다.

　이미 우리가 언급했듯이, 존재(Être)(또는 삶)가 긍정적 힘(force)과 부정적·반동적 힘(force)이 서로 키아즘적으로 얽혀 있는 한에서, 우리가 존재(être)에 죽음을 초대한다는 것, 혹은 무에의 의지(puissance)를 갖는다는 것은 이러한 힘들의 얽힘이 반동적인 힘의 ‘벡터’로 구현된다는 것을 의미한다. 즉, 그때까지 형태와 구조를 지탱해주는 긍정의 힘은 몰락하고 그 몰락의 틈(피안)에서 반동적 힘이 발현되기 시작한다. 그렇기 때문에 몰락은 변증법적으로 생성을 부르게 되어 있다. 들뢰즈도 니이체의 열광적 제자로서 말하길, “우리가 지금까지 다루었던 것, 우리에게 언제나 반동적 힘들과의 동맹 속에서 나타났던 것은 무

---

321) F. Nietzsche, Also sprach *Zarathustra*, Kritische Gesantausgabe, Vorrede 4 참조.

(néant)에의 의지이다. 그것의 본질은 능동적 힘을 부정하는 것이었고 부정되는 능동적 힘, 자기에 반해서 재발견되는 능동적 힘을 가져오는 것이었다. 그러나 동시에 이렇게 그것의 본질은 반동적 힘들의 보존과 승리, 전염을 토대 지었다. 무에의 의지 그것은 보편적인 반동적 생성이며, 힘들의 반동적 생성이다. 바로 이러한 의미에서 니힐리즘은 언제나 그 자체로 불완전한 것이다."322)

   최초의 변증법자 플라톤도『파르메니데스』에서 이러한 회의를 관통하면서도 희망적인 암시를 남겨놓았는데, "만일 이러한 사물의 특성들이 실제로 존재한다면, 혹자가 각각의 형상을 그 자체로 하나의 사물로서 식별하게 된다면, 이런 난점들과 그 외의 더 많은 난점들이 불가피하게 형상들에 연루될 것이네. 그 결과, 당황한 경청자는 그러한 형상들의 존재에 의문을 제기하거나 형상들이 존재한다면 그것들은 분명히 우리 인간 본성에 의해 알려질 수 없을 것이라고 말하게 될 걸세. 더욱이 이러한 반론이 그럴듯해 보이는 만큼, 우리가 말했다시피, 반대자를 개종시키는 것은 아주 어려운 일일세. **단지 예외적 재능을 가진 사람만이 형상이나 본질이 그 자체로 각각의 경우에 존재한다는 사실을 알 수 있을 것이기 때문에,** 그것을 발견하고 철저히 이런 모든 난점들을 조사했던 또 다른 이에게 가르쳐주는 것은 무척 힘든 일이네."323) 그는 '예외적 재능을 가진 사람'에 의해 형상들의 파롤을 넘어서는 초월적인 피안의 존재가 개열하고 있음을 암시하고 있다. 이는 과연 니이체가 말하듯이, 무에의 의지를 통해 생성되는 반동적 힘인가? 이것을 반동적 힘이라고 말하는 것과 상승의 힘이라고 말하는 것은 메를로-뽕띠의 변증법과 헤겔의 그것 사이의 간격만큼이나 큰 차이가 있다. 만일 그렇게 알려져 있듯이, 이것이 희미하게나마 헤겔에 의해서 완성될, 그 유명한 상승의 변증법을 예시하는 것이라면,『파르메니데스』와 같은 후기 작품들은 난

---

322) Gilles Deleuze, *Nietzsche et la philosophie*, p.79.
323) *Parmenides*, 135 a~b, 강조는 필자.

립하는 주장들이 일정한 결론으로 지양되는 합의된 종합의 과정을 보여
주었어야 할 것이다. 그러나 실제로 이 대화록이 수많은 제논의 역설들
을 파생시키면서 막을 내렸음을 상기한다면, 우리는 그가 시작했던 상승
의 방법이 흔히 합리주의자들이 말하는 종합의 변증법이 아닐지도 모른
다고 의심해야 할 것이다.

그렇다면 아마도 플라톤이 철인을 염두에 두고 말했을 '예외적 재능
을 가진 사람'은 한편으로는 중세 신학자들의 어법대로, 신의 계시를
받은 자이거나 키에르케고어의 어법대로, 실존의 변증법을 통해 신앙
의 단계에 이른 자를 지칭한다고 생각할 수도 있다. 그러나 이러한 계
시와 신앙의 단계란 결국 무엇을 의미하는가? 이는 이를테면 파롤의
한계와 틈이 이성적 파롤이나 종합으로 해결될 수 없음을 인정하는
순간, 파롤의 틈에서 존재(Être)가 계시된다는 것이 아닌가? 합리적으
로 설명할 수 없다는 의미에서 그것은 비약인데, 기독교의 시대에서
그러한 비약은 무한한 생성과 변전을 의미하는 신으로의 회귀로 표현
되고 있을 뿐이다. 어찌되었든 절대적 타자이며 절대적 틈으로서 신에
게 회귀한다는 것은 우리가 죽음을 피할 수 없는 유한적 존재로서, 틈
이 우리에게 계시할 존재(Être), 즉 신의 무한성(무한한 개방성)을 겸
허하게 받아들여야 함을 의미한다. 특히 키에르케고어는—메를로—뽕
띠가 구체적으로 언급되지는 않았지만,—헤겔의 변증법에 정면으로 맞
서면서 이성적으로 역설을 지양하는 것이 아니라 그것을 실존적으로
적극적으로 껴안는 비약의 변증법을 통해서 플라톤의 이른바 '종합 없
는 변증법'을 가장 극적으로 구현시켰다고 말할 수 있을 것이다. 그는
메를로—뽕띠와 마찬가지로 실존의 변증법을 통해서 언표나 독트린의
형식화를 통해 부정을 부정의 부정으로 만들고 존재를 절대적 긍정성
으로 만들면서324) 우리의 삶에서 죽음을 몰아내고 거짓된 영생과 절

---

324) *VI.* 127 참조.

대 행복을 설파하는 통속 신학, 즉 파르메니데스-헤겔-마르크스-싸르트르로 이어지는 종합의 변증법을 비판하고 있었던 것이다.

> "그리하여 잘 알고 있다시피, 변증법적 사유는 하나의 까다로운 평형이다. 부정적 사유처럼 변증법적 사유는 선험성의 요소를 품고 있고 다수의 관계들에 한정될 수 없으며 열려 있고 플라톤이 말했듯이 변증법적 사유는 ἐπέκεινα τῆ 『οὐσία』에 열려 있다. 그러나 한편으로 그 장소가 표시된 그러한 존재의 저편은 『파르메니데스』의 첫 번째 가정의 일자처럼 사유일 수도 존재일 수도 없으며 언제나 분유들의 다수성을 관통하여 그것이 나타날 뿐이다."(R. 82).

이처럼 메를로-뽕띠의 말에 따르면, 플라톤이 암시했던 다수의 존재들 저편의 존재, 존재들의 존재, 형상들의 형상이라는 것도 소위 역설의 지양(dépassement)을 통한 총체적인 종합이라기보다는-앞에서 우리가 언급한 '구조들의 구조'와 마찬가지로-존재(형상)의 개방성을 의미한다는 것이다. 즉, 플라톤이 파롤의 딜레마를 언급한 것은 전적으로 파롤을 초월하는 저편의 무언의 존재자를 의미하기 위해서가 아니라 파롤의 고정을 불만족스럽게 만드는 파롤의 틈을 말하기 위해서라는 것이다. 이 틈은 파롤의 한계를 고발하면서도, 그 한계 너머의 초월적 존재(Être)를 암시하고 있다. 즉 저편에 있는 이데아는 우리가 그것을 파롤로 정립하려고 하자마자 그 때마다 역설의 심연으로 도망쳐버리는, "화학자들이 사용하는 의미 그대로 불안정"(VI. 126)한 것이다. 화학자들이 생성을 설명해주는 하나의 논리로서 불안정성이란 개념을 착안했듯이, 마찬가지로 플라톤은 이데아(틈, 역설, 죽음)를 수많은 존재(Être)의 생성을 가능하게 하는 근거로 삼았다. 결핍된 욕망이 또 다른 (결핍될) 욕망을 유발시키고 교환의 지연이 또 다른 (지연될) 교환을 불러일으키듯이 말이다. 그것이 플라톤이 진짜 말하고 싶었던 분유론이었던 것이다.

 문제는 이 분유론은 처음의 분유론—비록 젊은 소크라테스가 그것을 지형학(topologie)을 통해서 기술했다하더라도—과 논리적으로 전혀 다를 바가 없다는 사실이다. 이를테면 젊은 소크라테스의 이데아론은 한바탕 부정과 파괴의 과정을 거쳐서 늙은 파르메니데스에 의해서 그대로 반복됨으로써 긍정되고 있는 셈이다. 만일, 이 대화록의 2부가 기획되었다 하더라도, 이와 같은 파르메니데스의 이데아론은 다시 부정되고 또 다른 의외의 인물에 의해서 역설적으로 또 다시 긍정되는 반복적인 과정이 되었을 것이다. 도대체 아무런 소득도 없는 이 긴 논쟁의 의미는 무엇인가? 이 텍스트는 메를로—뽕띠가 언급한대로, 변증법적 구조를 설명하는데 그 목적이 있었지만, 그것은 결국 무한한 순환, 영원회귀를 의미하는 것이었다. 우리는 결코 똑같은 것에서 헤어나올 수 없고 그것을 영원히 반복해야만 하는 시지프의 저주받은 운명을 타고 태어났다. 플라톤이 '그럼에도 불구하고' 이 대화록을 집필하고 키에르케고어가 '그럼에도 불구하고' 결국 역설에 불과할 자신의 학문적 인생을 죽을 때까지 꾸려 나갔듯이, 우리는 '그럼에도 불구하고' 사유하고 대화하고 말해야만 한다. 우리는 무한히 절망을 희망하는 자에 불과한 것이다. 정설로 알려져 있지 않은 프로이트의 '죽음에의 본능'은 이렇게 긍정된다. "당신이 의욕하는 것은 당신이 의욕하는 그런 방식으로 또한 영원회귀(l'éternel retour)를 의욕하는 것이다."325) 이 얼마나 끔찍한 니힐리즘인가?

 "오직 영원회귀만이 니힐리즘을 완전한 니힐리즘으로 만드는데, 왜냐하면 영원회귀는 부정을 반동적 힘들 자체에 대한 부정으로 만들기 때문이다. 영원회귀에 의해서 그리고 그 안에서 니힐리즘은 더 이상 약자들의 보존과 승리로서 표현되는 것이 아니라 약자들의 파괴, 약자들의 자기 파괴(auto—destruction)로서 표현된다."326)

---

325) Gilles Deleuze, *Nietzsche et la philosophie*, p.77.

영원회귀는 그것이 어떤 우화로 각색되건 간에, 우리가 아무리 발버 둥 쳐 보았자, '또 다시' 이러한 역설에 빠지고 말 것이라는 사실을 받아들이는 의연한 태도에서 출발한다. 니이체의 초인(Übermensch)은 이와 같이 계속되는 죽음에 대한 공포에도 불구하고 그것을 부정하거 나 제거하려는 어떤 노력도 하지 않고 오히려 그 공포를 받아들임으 로써 그 공포에서 벗어난다. 그 해탈의 경지가 바로 영원회귀였던 것 이다. 니이체는 이렇게 자기의 학문 인생을 걸고 부정의 부정의 변증 법(부정의 변증법이 아닌)을 비판했는데, 그것은 죽음에 대한 공포를 잊기 위해서 절대로 죽지 않는 절대적 존재자를 자기 앞에 세움으로 써 거짓된 계약에 스스로를 던지는 나약한 자들의 논리이기 때문이다. 그는 절대적 존재자로서의 신의 죽음을 선언했다. 절대적 존재자는 절 대로 죽을 수가 없는 것이기 때문에, 이런 살해 행위 자체는 매우 역 설적인 것이다. 신이 죽었다고 말함으로써 그는 절대적 존재자로서의 신을 부인하고 있는 셈이다. 그러나 역설적으로 들리겠지만, 신은 결 코 죽을 수 없기 때문에 그는 결코 신을 죽이지 않았다. 결국 그는 죽 을 수 있는 신의 '영원한' 존재를 말하고 있었던 것인데, '부정의 부정 의 변증법'에 의해서가 아니라 '부정의 변증법'에 의해서 말이다. 영원 히 죽는 존재는 영원히 살아나는 존재일 것이다. 삶과 죽음의 영원한 순환. 니이체의 신이 그러하듯이, 신은 진정 우리에게 이렇게 존재하 지 않던가? 마찬가지로 이는 결코 죽지 않는 절대적 존재로서 의식을 정립시켰던 데카르트적 주체와 근대 철학에 대한 죽음을 선언하는 것 이기도 했다. 부정의 변증법에 의해 니이체가 힘(puissence)의 의지를 통해 초인적 주체를 강하게 긍정했던 것은 근대적 주체에로의 회귀가 아니라 반복적으로 생성되는 분열적 주체에 대한 긍정이었던 것이다. 힘에의 의지는 무한한 자기 생성을 의지한다는 점에서 지극한 자기애

---

326) 같은 책, p.79.

300

이며 최고의 자기 긍정이기 때문이다.

메를로-뽕띠의 경우에서도 키아즘의 존재론적 진동이 초래할 결론은 니이체의 그것일 수밖에 없을 것이다. 우리가 보았듯이, 그의 존재론적 업적은 가깝게는 여러 면에서 니이체의 그것을 반복적으로 계승하고 있는 것이나 다름없는데, 특히 변증법적 존재론에 대해서 그가 암시하고 있는 반복의 역사는 니이체와 키에르케고어의 텍스트에 회귀되는 것으로 그치지 않고 심지어 파르메니데스의 존재론으로 침식당하기 쉬운 플라톤주의에까지 소급하여 회귀되는 것이었다. 메를로-뽕띠의 존재론적 기획이 완성되었더라면, 그가 암시하는 플라톤주의의 틈은 헤겔과 마르크스의 변증법의 틈으로 반복되어 실천될 수도 있었을 것이다. 다만 변증법적 존재론에 대해서 그나 우리가 한정적으로 확인할 수 있는 영원회귀의 역사는 헤라클레이토스의 존재론327)까지 소급해 올라가는 것이 고작일 것이다. 이러한 우리의 한계가 아니라면 텍스트 독해의 측면에서도 니이체가 말한 영원회귀는 타당한 것이다.

그러나 니이체가 아니라면 누가 감히 이처럼 무서운 고백을 할 수 있었겠는가? 메를로-뽕띠는 영원회귀와 같은 세기말의 무서운 예언을 그렇게 당당히 선언할 수 없었는지도 모르겠다. 그러나 종합의 변증법이 예시하는 행복할 결말과는 달리 자신의 종합 없는 변증법이 도달하게 될 부정적 결론을 그가 회피했던 것은 아니었다. "그리하여 변증법자는 언제나 시작하는 자이다. 말하자면 변증법적 사유의 순환성은 모든 것의 순서를 매겼던 사유의 순환성이 아니며 더 이상 새롭게 사유해야할 어떤 것도 찾지 않는 것이다."(*R.* 81). 세기말의 니힐리즘 속에서 비장하게 나타났던 니이체의 영원회귀는 아이러니한 생성을 자연스럽게 긍정하는 그의 온화하고 모호한 글쓰기에서 반복적으로 실천되고 있음이 분명한 것이다.

---

327) *VI.* 125 참조.

변증법 역시 이러한 영원회귀를 피할 수 없을 것이다. 그렇기 때문에 이러한 파괴를 막기 위해서 이 파롤에 영원한 존재를 부여하려는 시도는 오히려 비변증법적인 일이다. 변증법을 정립하는 시도는 부정의 변증법에 의해서 역설과 자기 파괴에 빠지게 되어 있다. 그가 경고하고 있듯이, "변증법은 그것이 동일한 의미작용을 가진 정립들로 언표되자마자, 그것이 선술어적인 그것의 문맥에서 떼 내어지자마자, 생성(le devenir)의 위험 속에 있게 된다는 것이다. 자기 비판적으로 있다는 것은 변증법에서 필연적이다.─또한 변증법이 철학으로 불리어지게 되자마자 변증법을 망각하게 된다는 것도 변증법에서 필연적이다. 그리하여 존재의 운동을 기술하는 변증법의 정식 자체는 그것을 날조할 위험이 있다."(*Ⅵ*. 126). 그러므로 우리가 '그럼에도 불구하고' 변증법을 정의해야 한다면, 죽음의 심연, 틈, 유한성과 같은 부정을 부정하지 않고 기꺼이 받아들이는 한에서, 이러한 영원회귀를 의욕하는 한에서이다. 이제까지 변증법에 대한 우리의 정의 또한 그러한 것이었다.

Ⅳ. 말과 사물의 키아즘

1. 세계의 산문

　우리에게 1961년 메를로-뽕띠의 죽음은 그의 철학의 총체적 내용을 결정하는 절대적 죽음이 아니다. 구조주의적인 '영원 회귀'에 의거하여, 우리는 그의 죽음에 직면하면서도 이 '죽음'을 회기점으로 하는 그에 대한 또 다른 구조주의적인 반복을 시도할 수 있다. 이러한 반복은 이제까지 우리가 전개시켜온 구조주의적 반복의 불완전성과 비결정성을 인정하는 것이며 그렇게 형성된 성긴 구조주의의 별자리를 좀 더 촘촘하게 형태 짓는 하나의 실천이 될 것이다. 우리는 Ⅲ장에서 구조주의를 다루면서도 그가 중요하게 다루고 비교적 상세하게 언급했던 언어와 표현에 대한 구체적 논의를 의도적으로 배제하면서 논의를 진행시켰는데, 구조주의가 레비-스트로스의 인류학이나 라깡의 정신분석학의 생성 원리일 뿐만 아니라 언어학을 본격적으로 활성화시킨 계기로 작용했다는 사실을 생각해 볼 때, 구조주의적 언어학을 다루는 것이 우리의 기획에 필수적이었음에도 말이다. 20세기 후반기의 서구의 지성계를 풍미했던 구조주의는 또 하나의 확연하게 두드러진 학과를 출범시키면서 전개되는데, 그것은 소쉬르의 언어학에서부터 시작된 기호학이었다. 그리고 메를로-뽕띠는 소쉬르의 언어학을 통해서 이미 그를 잘 알고 있었던 당시의 얼마 되지 않은 철학자들 가운데 한 사람이었다.328) 메를로-뽕띠는 분명히 소쉬르적인 기호학적 영토 바깥에 서 있지만, 소쉬르를 계승한 기호학자들이 그러한 개념들의 섬세하고 날카로운 인도를 받아서 도달한 곳은 그가 서 있었던 곳과 결코 다르지 않다. 이는 우연의 일치가 아닌데, 그는 소쉬르의 주요 용어들에 매우 익숙했고 그의 통찰의 가치를 그의 후계자들보다 앞서서 읽을 줄 알았다.329)

그러나 메를로-뽕띠의 구조주의적 철학에서 현저하게 나타나는 소쉬르적인 언어학의 영향을 추적한다는 실증적 사실과 별도로, 굳이 우리가 왜 언어에 대해 사유해야 하는지를 생각해보아야 한다. 철학적 사유에 환원되지 않는 언어에 대한 사유가 시작된 것은 비교적 최근의 일이다. 우리의 논의가 시작되었던 데카르트의 성찰의 경우, 아직 말과 사물이 구별적으로 논의되고 있지 않았음을 상기해 보라. 데카르트는 자신의 성찰을 드러내기 위해 언어에 의존하지 않을 수 없음에도 불구하고 그러한 언어에 대해서 전혀 관심을 두지 않았던 것이다. 그의 성찰은 사물의 가시성과 관련되어 응시(regard)의 문제에 집중하고 있는 것처럼 보인다.330) 그러나 이러한 응시의 편향은 그들이 아직 말에 대

328) 기호학적 계열은 소쉬르의 영향권 속에 있는데, 이는 프랑스의 기호학적 체계 내에서 이견의 여지가 없는 사실이다. 그러나 프랑스의 기호학이 메를로-뽕띠 사후에야 본격적으로 활성화되었다는 점을 생각해본다면, 그의 기호학적 계열은 그가 실제로 기호학의 영향을 받았을지도 모른다는 사실적 연관성에 근거해 있지 않다. 그가 제 기호학자들보다 선행적으로 활동했던 학자였기 때문에 그가 직접적으로 언급하고 있는 '기호학자'는 그보다 한 세대 위인 소쉬르와 그와 동시대인인 야콥슨, 트루베츠코이 등에 그치며, 그들에 대한 언급도 1945년 『지각의 현상학』의 집필 이후에야 나타난다.

329) 기호학적 계열을 위해서 우리가 다루게 되는 그의 텍스트들은 특정 시기의 것들에 한정되지 않는데, 우리는 『지각의 현상학』뿐만 아니라 그 이후에 그가 발표했던 논문들을 묶어 낸 『시이뉴(Signes)』와 그의 최후의 논문인 『눈과 마음(L'oeil et l'esprit)』, 그리고 이 기간 동안의 꼴레쥬 드 프랑스의 강의록들인 『강의 요약록(Résumé de cours)』, 『지각의 일차성(The primacy of perception)』, 『의식과 언어 획득(Consciousness and the acquisition of language)』, 그리고 사후 출판된 『보이는 것과 보이지 않는 것』과 『세계의 산문(La prose du monde)』의 각 구절들을 넘나들어야 한다.

한 의식을 가지지 못했거나 우연히 누락시켰기 때문이 아니다. 데카르트는 가시성을 곧 바로 말로 동일시할 수 있다고 믿었기 때문에 따로 말에 대해 말해야할 필요를 느끼지 못했을 것이다. 메를로-뽕띠는 데카르트의 성찰에서 전제되어 있는, 사물과 정확하게 일치하는 말의 위상에 대해서 파롤의 코기토라고 칭한 바 있는데,331) 이는 비단 데카르트에게만 해당되는 것이 아니며, 그 시대-푸코가 고전주의 시대라고 말하는-의 모든 사유나 지식에서 암묵적으로 전제되었던 것이다.

푸코가 『말과 사물』에서 고전주의 시대의 에피스테메(épistémè)를 다루면서 언급하기를, 말이 사물을 표상하는 동시에 그렇게 표상하고 있음을 현시하고 있다는 점에서 말은 '이중화된 표상'332)으로 있다는 것이다. 즉 말은 그것이 지시하는 사물뿐만 아니라 그것이 사물을 지시한다고 하는 관계 자체도 표상한다는 것이다. 흔히 우리는 말의 존재에 대해서 그 자체로 받아들이기보다는 어떤 사물을 '대신'하는 존재로 받아들이는데, 이러한 지시 이론 속에서 말은 사물의 표면 속에서 사라져 버리게 마련이다. 그러나 메를로-뽕띠가 데카르트의 코기토를 파롤의 코기토라고 말했을 때, 그는 이미 성찰에서 은폐되었던 말의 존재를 끄집어내기 시작했으며 동시에 그것을 '무언의 코기토'라

---

330) 필자는 이러한 견해, 즉 메를로-뽕띠가 가시성에 편중되어 있다고 보는 것은 일종의 오해라고 생각한다. 그가 현상학적 체계의 형식을 취하고 있기 때문에 그렇게 보일 뿐이지, 사실 그는 『지각의 현상학』 내에서도 계속적으로 보는 것과 기술되는 것이 동일시되는 것에 대해 회의적인 입장을 견지하고 있기 때문이다. 문제는 그가 언어나 기호에 대해서 이처럼 자주 언급했던 만큼, 그것을 체계적으로 다루는데 관심을 쏟지 않았다는 데 있다. 푸코와 들뢰즈는 이 문제와 관련하여 메를로-뽕띠가 현상학적 지향성을 극복하지 못하고 말과 사물을 구별하지 못했다고 비판하고 있는데(Gilles Deleuze, *Foucault*, pp.55~58, 115~120 참조), 여기서 필자는 이러한 비판에 대해 방어적으로 그를 옹호하는 입장에 서 있을 수밖에 없겠다.
331) *pp.*459 참조.
332) Michel Foucault, *Les mots et les choses*, p.78.

는 표현으로 대체함으로써 지각의 현상은 자신의 성찰을 통해 온전히 기술될 수 없는 모호한 것임을 고백했던 것이다.

우선 우리가 말과 사물이 얽혀 있는 변환적 구조를 주장하고자 한다면, 먼저 말과 사물의 분리가 전제되어야 한다. 푸코에 따르면, 애초부터 말과 사물은 같은 것이 될 수 없는 것임에도 불구하고 고전주의 시대는 이러한 말과 사물 사이의 간극을 모르는 체하면서 그것들의 동형성을 꿈꾸고 있었다는 것이다. 이러한 천진한 꿈은 고전주의 시대를 지나고 19세기에 접어들면서 깨지게 된다. 즉 고전주의적인 표상 이론에 따라서 우리는 사물을 있는 그대로 투명하게 표상할 수 있기를 기대하면서 말을 채용하게 되지만, 결국 우리는 말이 그러한 표상 작용을 제대로 해낼 수 없다는 사실을 깨닫게 되었다는 것이다. 표상 가능성은 결코 표상 가능하지 않다는데 문제가 있다. 이러한 통렬한 깨달음은 극단적으로 19세기 예술을 통해서 선언되었던 언어와 문학의 '자율성'을 가능하게 했다. 언어의 고유 기능은 '거짓말 기능'333)에 불과하며 예술이나 문학은 외부의 어떤 현실을 지시하지 않고 그 자체로 자신의 독자적인 허구적 세계를 구축할 수 있음을 도리어 자신 있게 선언하는 지경에 이르게 되었다. 그렇지만 이러한 언어의 독립적 위상은 역사적 상대성에 의해서 우연히 그렇게 파생된 것이 아니다. 푸코가 선험적 조건들의 배치들과 그러한 배치들의 변환을 통해 각 시대의 에피스테메들을 형성하는 고고학을 열 수 있었던 것은 일종의 "역사적 아프리오리(a priori)"334)에 의해서라는 사실을 상기할 필요가 있다. 이를테면 표상의 구조는 고전주의 시대를 지나면서 바뀌거나 다른 것으로 대체된 것이 아니라 애초부터 표상의 구조 자체가 그러한 불가능성(역설이나 틈)에 근거되어 있었기 때문에 일어난 변환이라는 것이다. 그가 『말과 사물』의 첫 부분에서 벨라스케스의 그림, 「시녀들」을 분석하면서 자신의 고고학의 포문을 열었던 것은 표상 가능

333) Umbeto Eco, *A theory of semiotics*, Indiana Univ. 1976, pp.58~59 참조.
334) Michel Foucault, *Les mots et les choses*, p.13.

성을 드러내주는 바로 그 공간이 바로 표상 불가능성을 가능하게 한다는 사실을 암시하기 위해서였다.

다음 그림은 왼 편에 커다란 캔버스를 앞에 두고 정면을 응시하고 있는-그가 캔버스 앞에 있고 붓과 팔레트를 들고 있다는 사실로 볼 때 그 사람은 화가임에 틀림없다-화가, 그 옆에서 정면을 응시하고 있는 어린 소녀, 그리고 그 옆에서 그 소녀를 바라보고 있는 여자들과 남자들이 차례대로 배치되어 있는 형식을 취하고 있다. 우리는 오른 편에 배치되어 있는 창문을 통해 이러한 각 인물들의 얼굴과 시선을 선명하게 볼 수 있다. 반면에 그림의 정면에 있지만 인물들의 뒤편의 벽면에 걸려 있는 여러 개의 그림들은 이러한 빛의 사정권에서 벗어나서 어둠 속에서 희미하게 비춰진다. 그러나 어둠 속에서 희미하게 있는 여러 그림들 중 단지 두 개의 그림만은 환하게 빛나고 있는데, 자세히 보니 그것은 그림이 아니라 화가가 그리고 있는 (그리고 어린 소녀가 바라보고 있는) 모델을 비추는 거울상이며 그러한 모델을 바라보면서 한 남자가 안으로 들어오고 있는 출입구이다. 거울상의 경우, 동일한 벽면에 있는 다른 그림들보다 환하게 보이는 이유는 모델들이 위치해 있는 곳이 결국 그 그림을 보게 될 관람자가 위치해 있는 밝은 곳이기 때문이며 출입구의 경우, 출입구 바깥쪽이 본래 밝은 실외이기 때문이다. 이렇게 그림 속에서 빛과 등장인물들의 시선의 방향을 따라 가다보면 우리는 그러한 순환을 통해서 표상된 입체적 공간을 겪게 된다. 벨라스케스의 그림은 평면으로 존재하지만, 그림 속에 그려진 표상적 장치들을 통해서 입체적인 공간으로 부활하게 된 것이다. 이를테면 왼 편에 비스듬하게 위치하고 있는 큰 캔버스, 화가의 동작과 시선, 팔레트와 붓, 어린 소녀와 여자들과 남자들의 위치, 오른 편의 창문과 액자들의 각도들과 정면에 있는 액자들, 거울상과 출입구와 같은 기호들의 연결이 표상적 공간을 가능하게 한다. 즉 이것들은 그 자체로 독립적인 사물들의 의미를 가지고 있는 동시에 다른 사물들을 지시하는 기호들로 작용함으로써 전체적으로 하나의 통일적인 공간을 표상할 수 있었던 것이다.

특히 이 그림의 공간이 그것을 바라보는 비가시적인 관람자까지 포함하여 형성된다는 점에서 이례적인데, 정면을 바라봄으로써 그림 바깥쪽에까지 그 표상 공간을 확장시키는 화가의 시선이 그러하다. 화가—어린 소녀나 다소 멀리서 정면을 바라보고 있는 방문객도—와 관람자는 서로 마주 보고 있다. 이를테면 화가의 시선이 어떤 사물을 지시하는 하나의 기호라고 한다면, 여기서 그림 바깥에서 비가시적으로 존재하는 관람자는 지시되는 사물이다. 그러나 역으로 그러한 관람자는 이번에는 그림 속의 화가를 바라봄으로써 자신을 지시했던 것을 다시 지시할 수 있다. 만일 이 그림 속에서 그러한 관람자가 보이는 형식으로 표상될 수만 있다면, 그림 속에서 예전에 사물이었던 그것은 이번에는 기호가 될 수 있다. 이를테면 이렇게 시선들이 서로 교차되면서 사물과 기호의 관계가 가역적으로 순환하는 것이다. 이것은 우리가 이미 메를로—뽕띠가 보는 것과 보이는 것의 키아즘을 통해서 주목했던 봄의 역설이며 이중성이기도 하다. 이러한 상호 지시 속에서 사물들은 더 이상 사물들이 아니라 기호들이다.

그렇게 벨라스케스가 이러한 가시적인 순환을 표상하기 위해 이 그림 속에 끌어들였던 기호들은 거울상과 큰 캔버스이다. 거울상이 비추고 있는 것은 그림의 모델이다. 즉 거울상이 지시해주는 바에 따르면, 그림의 모델은 바로 이러한 관람자의 자리에 위치하면서 관람자를 대신하고 있다. 그림의 모델이 바로 관람자이다. 본래 관람자는 그림에 드러나 있지 않게 마련이지만, 여기서는 특이하게도 비가시적인 관람자가 화가의 시선 속에서 그림의 모델이 되어 왼편의 커다란 캔버스의 표면 위에 가시적 형식으로 그려졌던 것이다(비록 관람자 자신은 자신의 모습일 그것을 볼 수 없다 하더라도). 동시에 그것은 그 위치로 보아 모델을 비추고 있음에 틀림없는 거울상에서 가시적으로(비록 그것이 어둠 속에서 희미하게 나타난다고 하더라도) 비춰진다.

푸코가 말하는 바대로, 이 그림이 고전주의 시대의 에피스테메를 잘 드러내주고 있다면, 그것은 캔버스나 거울처럼 사물을 표상하는 기호들의 표상 작용을 그리고 있다는 점에서이다. 결국 벨라스케스의 「시녀들」은 화가가―거울상에 따르면―잘 차려입은 관람자이자 모델인 한 남자와 한 여자를 그리는 광경을 표상하고 있다는 점에서, 즉 사물을 표상하는 기호들의 표상 체계를 표상하고 있다는 점에서, 고전주의 시대의 에피스테메인 표상의 구조를 잘 보여주었던 것이다. 이를테면 우리는 화가의 시선, 어린 소녀나 방문객의 시선에서 모델로, 모델에서 거울상으로 이동하면서 그들이 보는 것이 거울상에서 비추는 한 남자와 여자임에 틀림없다고 하는 폐쇄된 원환의 세계, 즉 '말의 공간'을 형성시켜 왔다. 더욱이 우리는 역사적 사실에 의거하여, 이 그림 외부에까지 그 표상 공간을 확장시킴으로써 고유명사의 질서 속에서 "벨라스케스(Vélasquez)가 자신의 화실, 혹은 에스퀴리알(l'Escurial)의 방에서 두 인물을 그리고 있는 자기 자신과 그 두 인물을 보러 온 어린 마그릿(Marguerite) 공주와 그녀를 에워싸고 있는 시녀들과 시종들, 난쟁이들을 표현했다"고 말할 수 있으며, 모델이 되었던 이 두 인물은 "국왕인 필립 4세(Philippe iv)와 왕비인 마리아나(Marianna)"335)라고 말할 수 있을 것이다. 말의 질서에서는 이 그림이 표상하고 있는 것은 이처럼 명확하게 결정되어 있었다. 기호들의 순환적 체계는 서로가 서로를 지시함으로써 하나의 통일된 표상 공간을 실현시킴으로써 이른바 지시이론을 보증해주고 있는 것처럼 보인다.

그러나 그것이 벨라스케스가 실제로 이 그림을 통해 의도했던 감상 포인트라고 하더라도 그것이 이 그림의 전부는 아니다. 푸코는 이렇게 감상하도록 우리를 강제하는 가운데, 그 동안 생략되어 온 것이 있음을 지적해 냈다. 우리는 고전주의적 에피스테메가 지배하는 가운데 그 동안 질서정연한 말의 질서를 위협하기에 그 속에서 억압될 수밖에

---

335) Michel Foucault, *Les mots et les choses*, p.25.

없었던 어긋난 가시성을 발견할 수 있다. 우선 이 그림 전체를 보는 비가시적인 주체(관람자들)를 차례대로 (상상을 통해) 가시화시켜 보자. 이 그림을 마주하고 있을 첫 번째 관람자는 벨라스케스가 왕과 왕비를 그리는 자신의 모습을 그렸다는 점에서, 벨라스케스 자신이 될 것이다. 즉 그림 속의 화가는 자신인 바의 관람자를 보고 있으며, 역으로 관람자로서의 벨라스케스는 그림 속에서 자기 자신을 보고 있다는 얘기가 된다. 정상적인 상황에서라면 자기는 자기 자신을 볼 수 없기 때문에, 이는 명백히 일상적인 말의 질서를 무너뜨리는 빛과 시선의 분열이다.

이 그림의 두 번째 관람자로서 우리 자신을 가정해보아도 상황은 마찬가지로 꼬이기 시작한다. 우리는 화가의 시선과 만난다. 아마도 화가가 나를 그리고 있는 한에서 그림 속에 있는 큰 캔버스의 앞면에는 내 모습이 그려져 있을 것이다. 그러나 안타깝게도 관람자인 우리는 그 그림을 볼 수 없는데, 「시녀들」에서는 큰 캔버스의 뒤편만이 나타나 있기 때문이다. 이 그림 속에서 화가의 시선이 향해 있는 표상의 공간은 현실적으로 불가능한 것이거나 불완전한 것이다. 여기서 이중화된 표상의 장치는 제대로 작동되지 못하기 있기 때문이다. 더욱이 화가의 시선이 향하고 있을, 모델이자 관람자로서 벨라스케스 자신이나 우리 자신을 비추어야 하는 거울상은 어떠한가? 그것은 우리 자신도 벨라스케스 자신도 아닌 전혀 다른 두 인물을 비추고 있는데, 그들은 도대체 어디서 나타났단 말인가? 만일 이 그림의 표상 기호가 지시하는 바대로, 관람자이자 모델이 왕과 왕비 – 말의 질서에 의해 – 라고 한다면, 시선의 질서에 의해서, 벨라스케스나 우리는 그 순간 왕과 왕비(타자)가 되어야 할 것이다. 이는 메를로 – 뽕띠가 말한 바 있는 나와 타자의 역설이 아니던가? 말의 질서에서는 허용될 수 없는 역설이 빛이나 시선의 질서 속에서는 이처럼 보편적이다. 게다가 거울상은 이 그림 전체의 표상 공간을 미루어 볼 때, 그림 바깥쪽의 밝은 쪽에

312

서 포즈를 취하고 있을 모델들(왕과 왕비)이라고 하기에는 전혀 그림직하지 않은 크기로 있는데, 이러한 어긋남과 불확실함을 변명이라고 하듯이, 거울상은 희미하게 비추어져 있고, 그것이 비추고 있는 것도 비가시적인 표상 공간의 작은 일부에 불과하다.

그러므로 시선의 질서를 따라갔을 때, 이 그림 속에 표상되어 있는 것들은 도대체 앞뒤가 맞지 않다. 심지어 공주들을 둘러싸고 있는 각 등장인물들의 시선들을 따라갔을 때조차도 각각의 시선들이 표상시키는 공간들은 제 각각이고 그 제 각각의 공간들은 단일한 공간으로 화해될 수 없을 것 같다. 그러고 보니, 우리는 이 그림에서는 이러한 분산된 시선들을 통일시키는 어떤 주인공도 없다는 사실을 깨닫게 된다. 그림 속의 화가도 정면에 위치하고 있지 않을 뿐만 아니라 누구에게도 시선을 받지 못함으로써 그 역시 시녀들과 동일한 위상으로 많은 등장인물 가운데 한 사람으로 격하되어 있다. 이 그림은 다수의 등장인물들이 지시하는 서로 일치하지 않는 어긋난 표상 공간들과 불확실한 웅성거림으로 가득 차 있다. 특정한 시공간에 고정되어 질서 있는 단일한 공간을 표상하는 말의 공간과 달리 이 낯설고 이상한 가시성의 세계는 비가시적인 것(예를 들면 관람자)이 얽혀 있는 불확실한 세계—그래서 뭐라 말할 수 없는—이며 분산적이고 파생적으로 나타났다 사라지는 다수의 환영들이다. 바로 이것이 19세기에 들면서 회화의 표상적 기능과 별도로 흔히 회화 고유의 미적 세계로 불리어지는 가시적 세계인 것이다.

결국 여기서는 통일적인 표상을 가능하게 하는 순환적인 기호들의 연결은 불가능한데, 각 기호들 사이에는 단절의 심연이 놓여 있어서 말의 질서가 표상하고 있는 공간을 일그러뜨리고 역설적으로 만든다. 명백히 이 그림 속에는 기호들의 질서 있는 순환을 불가능하게 하는 공백이 있다. 그것은 바로 화가의 시선이 향하고 있는 그림의 바깥, 관람자이자 모델이 자리하고 있는 그림의 바깥이다. 그러나 이 바깥의 공백을 보이게 만들어 줄 기호들, 즉 거울이나 큰 캔버스는 희미하게 있거나 보이지 않는 그 뒤편만을 보여주고 있다는 점에서 여전히 공백으로 남아 있는 셈이다. 즉 거울이나 캔버스는 표상해야 할 것을 표상하는데 실패하였던 것이다. 푸코의 말대로, 말은 결코 사물을 표상하지 못하며, 표상 가능한 기호는 결국 표상 불가능하다. 그러므로 봄의 세계가 비가시적인 공백의 존재(주체 혹은 관람자)를 허용하는 한에서, 가시성의 질서는 말의 질서처럼 단일한 의미를 내뿜는 닫힌 기호들의 순환을 불가능하게 만든다. 아마도 우리는 그 불확실한 공백을 상상(imagination)으로 메움으로써 가시성의 질서를 순환시킬 수 있겠지만, 본질적으로 그러한 상상은 말의 질서에서 멀리 떨어져서 비가시적인 것을 끌어들이는 것이 아닌가? 캔버스의 뒤편이나 거울의 희미함이 요구하는 상상이 그러하듯이, 가시성은 비가시성과 같이 있다. 그러므로 가시성의 질서는 말의 질서에서 은폐되었던 말의 틈(단절과 역설)에서 작동되기 시작하며, 여기서 작동되는 가시성의 질서는 비가시적인 것과 얽혀 있다.

　푸코가 『말과 사물』 첫 부분에서 벨라스케스의 그림을 길게 분석했던 이유는 거기서 말의 질서와 사물의 질서가 얽혀 있다는 사실에 있을 것이다. 그 그림은 벨라스케스가 왕과 왕비를 그렸다는 객관적 사실의 진리를 표상하는 명석판명한 말의 질서와 이러한 명석 판명함을 뒤엎는 시선들의 얽힘을 동시에 보여주는데, 이는 우리에게 거기서 하나의 결정된 의미를 이끌어내는 것을 방해하는 이중적인 독해를 제안한다. 그러나 고전적 에피스테메를 드러내주는 동시에 그것을 해체하는 그러한 이중성은 특수하게 그 그림만이 가지고 있는 한계가 아니다. 표상의 표상 불가능성은 언어, 문학이나 예술과 같은 모든 표상체계가 처해 있는 한계인데, 우리가 사물을 있는 그대로 표상한다고 믿고 있는 사진마저도 사실 이러한 표상의 한계에서 벗어날 수 없기 때문이다. 현대의 사진 예술을 가능하게 만들었던 것도 이러한 한계인 셈이다. 그와 동일한 근거로 메를로-뽕띠는 『눈과 마음』에서, 르네상

스 시대 이래로 사물을 충실하게 표상한다고 생각되었던 원근법적 봄
조차도 사실은 한 사물의 측면만을 표상하는 기호체계의 양식에 불과
하다고 지적하였던 것이다. 즉 원근법적 표상은 우리의 실제 가시성의
질서와 일치하지 않는데, 기하학적 원근법이건 사진술의 원근법이건
그것은 그렇게 표상되도록 훈련되고 관습화되어 온 말의 질서에 불과
하기 때문이다. 그는 광학론을 통해서 말의 질서와 이질적으로 작동하
는 가시성의 질서를 중요하게 다루었는데, 특히 세잔이 시도했던 새로
운 광학(optique)은 종래의 원근법을 고의로 일그러뜨리면서 원근법이
라는 말의 질서 속에서 침묵했던 가시성을 본격적으로-새로운 구조
(말의 질서)를 통해336)-일깨우려고 했다는 점에서 회화의 진정한 의
미를 보여주었다는 것이다.

> "마찬가지로 세잔(Cézanne)의 천재성은 우리가 그림 전체의 배치
> 를 통해 총체적으로 보게 될 때, 원근법적(perspecives) 일그러짐들
> 을 그것들 자체로 보여지지 않게 만들고 자연적 봄(vision naturelle)
> 속에서처럼 그런 일그러짐들을 내 눈앞에 나타나 응집되고 있는 하
> 나의 대상이라는 인상(impression), 즉 막 태어나고 있는 하나의 질
> 서라는 인상을 주는데 기여하게 만든다는 데 있다."(SNS. 25).

그러나 이는 회화의 진정한 의미가 말의 질서를 배제한 채, 오로지
침묵하는 사물의 질서에만 관련된다는 의미가 아니다. 반대로 언어 예
술, 즉 문학의 진정한 의미는 오로지 말의 질서에만 관련될 뿐, 침묵하
는-침묵이건 소음이건 다 알아들을 수 없다는 점에서는 동일하다-사
물의 질서를 배제한다는 의미가 아니다. 메를로-뽕띠는 구조를 언급

---

336) 세잔의 새로운 광학은 미술사에서 큐비즘(cubisme)이라는 새로운 구조를
    이끌었다. 즉 세잔은 큐비즘이라는 새로운(낯선) 말의 질서를 유통시킴으
    로써 오히려 기존의 말의 질서가 드러낼 수 없었던 낯익은 가시성의 질
    서를 드러낼 수 있었던 것이다.

하는데 있어서, 언제나 응시와 파롤을 함께 거론했다.337) 그는 벨라스
케스의 「시녀들」처럼 말과 사물이 얽혀 있다는 점에서 문학과 회화를
동등하게 다루었는데, 이를테면 말이 없다면 침묵(또는 소음)도 존재
하지 않기 때문이다. 니이체가 말하고 있듯이 예술은 아폴론적 충동과
디오니소스적 충동의 얽힘이어야 한다. 그럼에도 불구하고 메를로-뽕
띠가 자신의 광학론을 통해서 말의 체계보다는 가시성이나 침묵(소음)
의 세계를 더 강조하고 있는 것처럼 보이는 이유는 고전주의 시대에
서 통용되었던 표상의 구조가 그러하듯이, 말과 사물의 동형성에 근거
하고 있는 지시 이론을 비판하기 위해서였다. 이러한 지시이론이 폐기
될 때, 비로소 이러한 말이나 구조에 얽혀 있는 틈으로서 가시적인 웅
성거림이 보이게 될 것이기 때문이다. 푸코가 말하고 있듯이, "지시가
사라질 때, 사물들은 말과 교차적으로 배열된다(s'imbriquer). 그 때 닫
혀지는 것은 입이다. 의미에 의한 구절들의 의사소통이 중단될 때, 그
때 눈은 차이의 무한 앞에서 팽창된다. 마침내 코드가 폐기될 때, 그
때 귀에는 반복적인 소음이 울려 퍼진다."338)

푸코는 말과 사물의 분리를 더 극명하게 드러내기 위해 「이것은 파
이프가 아니다」라는 마그리트의 그림을 소개했다.339) 이것은 누구도
부정할 수 없으리 만치 정확하게 그려진 파이프 형상 밑에 '그것은 파
이프가 아니다(ceci n'est pas une pipe)'라는 글씨가 쓰여 있는 그림이
다. 우리가 파이프 형상을 실제 파이프의 표상으로 생각하는 한에서,
이 형상은 말의 질서를 따르고 있다. 그리고 우리가 ceci n'est pas
une pipe라는 글씨를 '이것이 파이프가 아니다'라는 의미로 번역할 수
있는 한에서, 이 글씨는 말의 질서를 따르고 있다. 비록 표상의 표상

---

337) *VI.* 136~137 참조.
338) Michel Foucault, *Sept propos sur le septième ange*, fata morgana, 1986,
    p.50.
339) Michel Foucault, *Ceci n'est pas une pipe*, Fata Morgana, 1986.

316

불가능성에 의해 파이프 형상에서는 그것이 파이프를 표상하는데 실패할 가능성이 있으며, ceci n'est pas une pipe라는 글씨에서도 '이것이 파이프가 아니다'라는 의미를 표상하는데 실패할 가능성이 있음에도, 각각의 표상 체계 내에서 그 가능성은 잘 드러나지 않는다. 그러나 이 두 가지 상이한 표상 체계가 만나면서 상황은 역전되는데, 그처럼 명료했던 각각의 말의 질서는 뒤틀리면서 마치 꿈속과 같은 낯설고 이질적인 사물의 질서가 나타난다. 이질적이고 뒤틀린 마그리트의 가시성은 앞에서 언급했던 말의 질서가 작동되고 있지 않다면 불가능한 일이었다. 세잔의 그림이 그러하듯이, 이러한 얽힘과 일그러짐의 공간은 새삼스럽게 우리에게 말과 사물의 세계가 구별적으로 공존한다는 사실을 분명하게 깨닫게 만들 것이다. 푸코는 근대적 에피스테메가 될 이러한 주제를 구현시키는 방식(mode)[340]을 언급하는데 있어서, 말과 사물의 분리를 우선적으로 내세웠는데, 이는 고전주의 시대의 에피스테메처럼 말의 순수한 지시 능력을 복구하는 것이 아니라 말의 질서 속에 환원된 창백한 의미들로부터 "사물을 정화시키고 멸균시키고 유해한 힘으로 채워진 모든 것들로부터 떼어내고 '병든 나쁜 물질'을 쫓아내는 것이다." 그러나 그는 이처럼 말의 의미를 순수하게 무한까지 팽창시킨 후에 그것을 다시 말의 창백하고 병든 의미에 교차시키는 "불순한 병합(l'impure absorption)"을 주문했다.[341]

우리는 벨라스케스의 그림, 그리고 세잔, 마그리트의 그림에서 일어나고 있는 이 사건(événement)의 방식을 일컬어 말과 사물의 키아즘이라고 부를 것이며 이것을 바로 메를로-뽕띠의 기호학의 핵심 사안으로 설정할 것이다. 들뢰즈가 키아즘에 대해서 말하길,

"그러나 하나의 관계는 두 형상들(formes, 말과 사물) 사이에서

---

340) 미술사에서 이러한 시도들은 초현실주의라는 구조(말의 질서)로 정착되었다.
341) Michel Foucault, *Sept propos sur le septième ange*, pp.46~47.

가능해야 하고 일종의 두 형상들의 '비관계'로 있어야 한다. 지식
은 존재이고 존재의 첫 번째 형태(figure)이지만, 두 형상들 사이
에 있다. 이것은 정확히 하이데거가 '둘의 사이(l'entre-deux)'라고
불렀던 것, 또는 메를로-뽕띠가 얽힘이나 키아즘이라고 말했던
것이 아닌가? 이러한 얽힘은 환원 불가능한 두 적들 사이의 강제
이며 싸움이고 지식-존재(l'Être-savoir)의 두 형상들이다. 원한다
면, 그것은 지향성이지만 가역적이며 두 가지 의미로 다수화되어
있고 극소하거나 미시적으로 된다. 그것은 존재의 주름이 아니라
오히려 두 존재 형상들의 얽힘이다."342)

그런 점에서 우리가 언어나 기호, 혹은 구조라고 부르는 것은 흔히
그렇게 오해하듯이, 사물의 질서와 구별되는 말의 질서만을 의미하지
않는다. 말과 사물이 얽혀 있는 기호학적 평면에서는 말과 사물의 구
별이 더 이상 그것들의 일치를 전제로 하는 그것들의 형식적인 분리
가 아니라 그것들의 이질적인 얽힘을 이끌어내는 실질적인 분리라는

---

342) Gilles Deleuze, *Foucault*, p.119, 여기서 생략된 부분은 들뢰즈가 메를
로-뽕띠를 오해했다고 생각되는 부분이다. 그는 메를로-뽕띠를 말과
사물의 동형성을 주장하는 현상학자로 한정시켰다(Gilles Deleuze,
Foucault, pp.118~119 참조). 이는 메를로-뽕띠가 현상학자로서 현상
학적 지향성이나 주름을 자주 거론했다는 사실을 통해서 예단했던 선입
견에 불과하다. 메를로-뽕띠는 푸코가 언급했던 것과 동일한 문제 의식
을 가지고 있었음에 확실하다(*Ⅵ. 267*). 그러나 푸코가 지식의 에피스테
메뿐만 아니라 '감옥의 탄생'과 '병원의 탄생'을 통해서 언표의 질서와
사물의 질서를 구별적으로 다루고 그것들의 교차와 얽힘을 보여줌으로써
자신의 고고학을 전개시켰던 반면 메를로-뽕띠는 말의 질서와 사물의
질서의 키아즘을 이처럼 명시적으로(구조적으로) 기획하지 않았다. 그는
말과 사물, 파롤과 가시성의 얽힘 관계를 자주 언급했지만, 키아즘은 결
코 동일시되거나 일치될 수 있는 것이 아니다. 그럼에도 불구하고 키아
즘의 애매성으로 인해서 그는 자신의 입장이 모순적으로 보이고 그렇게
혼동할 수 있다는 사실을 알고 있었다(*Ⅵ. 300*). 그러나 그가 푸코와 같
은 독창적인 실천을 하지 않았다는 이유로, 그가 말과 사물의 일치를 믿
고 있었다고 논증하는 것은 부당하다.

318

점에서 우리는 그 둘을 함께 거론해야 한다. 우리가 Ⅲ장에서 다루어
온 구조주의는, 비록 우리가 거기서 말의 질서와 사물의 질서를 구별
해서 언급하지 않았다 하더라도, 이른바 말과 사물이 얽혀 있는 전체
였다. 그러므로 우리가 구조라고 말할 때는 일정한 총체성을 순환시키
는 비가시적인 말의 질서뿐만 아니라 가시적인 사물의 형태를 의미하
기도 했던 것이다.343) 그 동안 우리가 구조라고 말했던 것은 이처럼

---

343) 메를로-뽕띠는 작업 노트에서 지각하는 주체와 말하는 주체를 구별하여
정의했는데, 이를테면 "지각하는 주체는 조용한 침묵에로의 저 존재
(Être-là), 그것은 맹목적으로 동일시되는 사물 자체에 되돌아가고, 단지
사물과의 관계에 의한 틈일 뿐이며 세계 속에 파묻힌 익명으로서 지각
의 자기이며, 거기서는 그것의 고랑을 쫓을 수 없다. 비지각으로서의 지
각, 비소유의 명증성"(Ⅵ. 254)인 반면, "말하는 주체, 그것은 하나의 실
천(praxis)의 주체이다. 말하는 주체는 그 앞에서 사유나 이념들의 대상
들로 말해지고 포함된 파롤들을 붙잡지 않는다. 그것은 단지 나의 신체
에 의해 장소를 가지는 기획(Vorhabe)의 유형으로 있는 하나의 기획
(Vorhabe)에 의해서만 파롤들을 소유할 뿐이다. 말하자면 그것은 이러
저러하게 의미하고 있는 ~의 결핍이다. 그것은 결핍한 것의 상(Bild)을
구성하지 않는다."(Ⅵ. 255). 그에게서 사물과 말은 동일한 질서에 속해
있는 다른 영역이 아니라 전혀 다른 차원에 있으면서, 서로는 필연적으
로 얽혀 있는 것들이다. 그는 푸코처럼 일련의 철학적 기획들을 통해서
말과 사물의 이질성과 키아즘을 부각시키지 못했지만, 작업 노트에서 그
이질성을 다음처럼 적고 있다. "나는 지각을 변별적인 체계로서, 상대적
이고 대립적인 체계로서 기술한다-지형학적인 원초적인 공간(말하자면
나를 둘러싸고 있는, 내가 있는, 내 앞에 있을 뿐만 아니라 내 배후에
있는 전체 용적성 속에서 재단된). 그렇다. 그러나 내가 지각된 사물들을
본다는 것과 반대로 의미작용들이 비가시적이라는 것과 동일하게 지각과
언어 사이에는 그러한 차이들이 있다. 자연적 존재는 자기 자신에게서
멈추어 있고 나의 응시는 그런 존재에 머물러 있다. 언어가 그것의 집이
되는 그런 존재(Être)는 고정될 수도 응시될 수도 없으며 단지 멀리 있
다. 그리하여 지각된 것의 그러한 상대적인 긍정성을 고려해야 하는데
(그런 긍정성이 단지 비-부정성에 지나지 않는다 해도, 그런 긍정성이
관찰에 저항하지 않는다 해도, 모든 결정화가 어떤 점에서는 환영적이라
고 해도), 비가시적인 것의 긍정성이 근거하는 것이 바로 그처럼 지각된
것의 상대적인 긍정성인 것처럼 말이다. 가지적인 세계가 있는 것이 아

말과 사물이 키아즘으로 얽혀 있는 전체로서 변환하는 역동적인 것이
다. 결국 구조주의는 가시성, 언표, 그리고 비가시성이라는 세 가지 층
위로 이루어져 있으며 기호학적 계열도—특별히 우리가 그것들을 거론
하지 않는다고 하더라도—이러한 세 가지 층위의 얽힘을 전제하는 것
이다. 들뢰즈의 말처럼 "바로 이런 의미에서 가시성과 언표는 하나의
지층(strate)을 형성하지만 그러한 지층은 언제나 중심의 고고학적 균
열(fissure)에 의해 횡단되고 구성된다."344)

이는 보편적인 표현 이론을 모색했음에 틀림없는 그의 기호학적 시
기에 『지각의 현상학』의 속편으로 기획되어 포기되었던 저술의 제목이
기도 한 '세계의 산문'이라는 그의 표제에서 잘 드러난다. 사실 이것은
헤겔이 전통과 새로움을 잘 조화시키는 로마 문명을 가리켜 세계의 산
문이라고 칭했던 데서 기인한다.345) 우리가 이미 사용했던 용어들을

니라 감각적인 세계가 있다."(*VI.* 267). 그는 선—언어학적인 존재, 즉
사물과 비가시적인 말, 즉 파롤을 구별하고, 이 두 질서가 얽히면서 형
성되는 구조를 통해서 말과 사물을 설명하려고 했다. 말은 지각된 세계
의 가시성에 근거하지 순수하게 지적이고 비가시적인 어떤 세계를 지칭
하는 것이 아니다. 그래서 말도 지각과 마찬가지로 감각적인 것이며 신
체이며 살이다. 그러나 그는 후기에 무언의 코기토가 불가능함을 역설함
으로써 푸코와 마찬가지로(Gilles Deleuze, *Foucault*, pp.67~68 참조)
사물의 질서가 말의 질서에 절대 환원되지 않는 한에서, 사물에 대한 말
의 우위성을 주장할 수밖에 없었다. "파롤은 우선 존재(Être)를 수정하지
않으며 파롤 자체가 '자기중심적인(égocentrique) 언어' 자체이다. 그러나
파롤은 의미작용을 작동시켜 줄 변환의 배아를 지닌다."(*VI.* 255). 말은
존재를 적극적으로 '단언적으로' 포착하고 결정하려는 특징을 가지고 있
지만, 가시성은 결코 그것으로 결정되고 환원될 수 없다는 점에서 유보
적으로 결정가능하며 근본적으로 애매한 것이다.
344) Gilles Deleuze, *Michel Foucault*, p.72. 메를로-뽕띠는 봄과 만짐의 키
아즘과 틈을 다음처럼 말하고 있다. "봄—만짐의 틈(겹쳐지는 것이 아닌,
다른 것 위에 돌출되어 있는 하나의 보편), 즉 각각의 의미의 내부에 존
재하는, 그리고 그것으로 '반성의 한 종류'를 만드는 돌출부분을 두드리
는 경우로서 이해하기 위한 것."(*VI.* 309).
345) *PM.* iv 참조, 그러나 특기하게도 푸코 역시 16세기 르네상스의 에피스

통해서 다시 말하자면, 세계는 우리가 다루었던 바의 사물의 질서를 총칭하는 반면, 산문은—세계라는 표현과 비교하여 거칠게 구분한다면—말의 질서에 속한다. 그러나 곰곰이 생각해보면, 세계는 일정한 구조나 형태를 통해서 드러난다는 점에서 말과 사물이 얽혀 있는 전체이며, 산문도 일정한 언어체계를 통해 세계를 표상하는 동시에 그 체계의 틈에서 생겨나는 미적인 의미작용을 노리고 있다는 점에서 말과 사물이 얽혀 있는 전체이다. 그가 하필 시가 아니라 산문이라고 말한 이유는 시에 비해 산문이 말과 사물의 구별을 넘어서서 사물의 질서에 편중된 자신의 자율성(autonomie)을 주장할 위험이 비교적 적기 때문일 것이다. 어떤 의미이건, 심지어 시적이고 미적인 의미라고 하더라도, 그것은 의미의 유통이 불가능한 주관적인 것이 아니라 사회적 가치를 가지고 있게 마련이다. 그런 점에서 산문은 시보다 기존의 말의 체계에 의존하여 기존 가치를 재생산하고 보존하는 역할을 더 우호적으로 수행하는 것처럼 보인다. 그러나 위대한 산문은 이처럼 전통을 수호하는 역할에만 머무르지 않는데—사실 언어의 본질적 기능이 그러하기 때문에, 어떤 산문도 이 역할에 머무르지 않는다—, 세잔의 시도처럼 그것은 침묵하고 있는 새로운 의미(사물)를 발견하고 그것을 말의 표면에 교차시키는 혁신의 작업에 기여하고 있기 때문이다. 이처럼 산문은 전통의 수호와 혁신이라는 두 가지 사회적 가치를 실현시켜 준다.

테메를 지칭하기 위해 '세계의 산문'이라는 동일한 표현을 사용했다. 그에 따르면 이 시기는 말과 사물의 질서가 아직 분리되기 이전이지만, 고전주의 시대처럼 말과 사물이 일치한다고 믿었던 시대는 아니다. 말과 사물의 관계는 일치의 관계가 아니라 유사성의 관계이다. 정확히 말하면 말과 사물은 유사성을 매개로 서로 혼동되고 서로 침투되어 있다. 이 또한 말과 사물의 키아즘임에는 틀림없다. 이런 점에서 푸코의 근대적 에피스테메는 16세기의 그것과 닮아 있다(Michel Foucault, *Les mots et les choses*, pp.49~57 참조).

"모든 위대한 산문은 또한 기표적인 도구의 재창조이며 더욱이 새로운 구문론에 의거해서 만들어진 재창조이다. 산문적인 것은 문화 속에서 이미 설치된 의미작용들을 포함하고 있는 기호들로 접촉하는 것이다. 위대한 산문은 그 때까지 결코 관찰되지 않았던 의미를 포착하는 기술이며 동일한 랑그를 말하는 모든 사람들이 그 의미에 접근할 수 있게 만드는 기술이다."(*PM*. ⅳ).

그리하여 그가 지향했던 바가 분명하게 드러난다. 그의 말대로 "이런 작업은 산문의 범주를 만들어내면서, 문학을 넘어서 그것에로의 사회적 의미작용을 부여하는 것이다."(*PM*. ⅳ ~ ⅴ). 그의 관심은 산문을 위시하여 문학이나 예술에 대한 미적인 분석에 머무르는 것이 아니다. 그는 말과 사물이 얽혀 있는 사회적 의미작용, 즉 의사소통의 구조를 드러내기 위해 '산문'을 거론하였던 것이다. 그는 문학을 통한 연구가 기존의 언어학적 연구보다 이러한 의사소통의 구조를 더 잘 드러내줄 수 있다고 생각했던 것 같다. "문학적 경험에서 언어에 대한 객관적 연구를 하며 언어학적 절차와의 관련성을 주고자 한다."(*PM*. 23). 그는 이러한 자신의 기획을 "표현 과학"(*PM*. 23)이나 "언어의 현상학"(*S*.116)이라고 칭하곤 했다. 그리하여 그가 미학자나 비평가라면 그와 동일한 근거에서 그는 기호학자가 될 수 있다. 이러한 그의 지향이 구체적인 기호학적 작업들로 드러나지는 못했다 하더라도, 그것은 기호학자들의 지향과 다를 바가 없을 것이다.

322

2. 기호학의 문턱: 언어 - 존재

1) '기호학적' 환원

메를로-뽕띠의 언어(language)에 대한 관심은 이미 『지각의 현상학』에서부터 본격적으로 나타나게 된다. 현상학이 언어적 기술을 낙관적으로 동반하는 한에서, 현상학 바깥에서 현상학을 바라보고 있었던 그에게 현상학의 기술 가능성이 문제가 되지 않을 수 없었을 것이다. 그러나 결국 그 문제는 그에게 비관적으로 비춰졌고 데카르트적인 파롤의 코기토는 폐기될 수밖에 없었다. 이 과정에서 그는 데카르트 시대 이래로 통용되었던, 언어를 둘러싸고 있는 세 가지 편견들을 지적해냈는데, 이것은 후에 들뢰즈의 표현을 빌리자면, 지시작용(désignation), 의미작용(signification), 현시작용(manifestation)으로 구별될 수 있는 것들이다.346) 이 세 가지 편견들은 서로가 서로를 의존적으로 지시하는 순환적 구조로 있다. 메를로-뽕띠가 생각할 때, 언어란 이러한 원환 속에서 언뜻 언뜻 드러나는, 그러나 은폐된 어떤 것이다. 그 동안 사람들은 언어에 대해서 이와 같은 관계들의 순환 속으로 우회하는데 그쳤기 때문에, 언어-존재는 끝내 미궁에 빠지게 되었다는 것이다.

그가 자주 지적하고 있듯이, 언어는 의미를 생성하는 이러한 관계들 속에서 잊혀지기 마련이다.347) 즉 데카르트의 사유를 가능하게 했던

---

346) G. Deleuze, *Logique du sens*, pp.22~25 참조. 들뢰즈는 세 가지 관계가 서로 순환적으로 관련되어 있다는 사실을 가리켜 '명제의 순환'이라고 불렀다.
347) 메를로-뽕띠의 강연에 따르면, 이에 대한 암시는 Jean Paulhan(*Jacob Cou le pirate, ou Si les mots sont des signes*, 1919~1921, in *Oeuvres complètes*, Cercle du Livre Précieux, 1966, II, p.128)이 준 것으로 되어 있다(*CAL.* 6 참조).

것은 데카르트가 채용했던 감각적 언어들임에도 불구하고, 우리가 데카르트의 텍스트를 읽는 순간, 그러한 감각적 미장센(mis-en-scene)은 데카르트의 이념을 표상시키면서 망각된다.348) 언어는 없고 이념만이 있다. 꿈이 그러하듯이, 철학사에서 지배적이었던 언어에 대한 불신은 언어가 이처럼 있다가도 사라질 수 있는 허무한 존재라는 사실, 그러므로 부재하는 것을 현전하는 것으로 만들어 놓을 수도 있는 '거짓말 기능'에 기인하는 것이다. 성찰이 현전하는 것을 꿈으로 의심함으로써 작동되고 있다는 사실을 상기해 보라. 언어는 우리의 일상에서 분명하게 현전한다. 그럼에도 불구하고 언어는 성찰이 시작되는 순간 꿈처럼 믿을 수 없는 것이 되고 만다. 이런 점에서 메를로−뽕띠의 기호학적 계열은 언어에 대한 또 하나의 데카르트적 성찰이 될 수 있다. 그는 자신의 성찰에서 지각을 선험적 주체에 환원하지 않고도 그것의 명증성을 획득하였듯이, 언어를 이러한 세 가지 관계들로 환원시키지 않으면서 그것의 명증성을 획득할 수 있기를 바랐을 것이다. 상호 긴밀히 연결되어 있는 이 세 가지 편견들을 넘어서 언어−존재를 발견하는 일, 이것은 그의 기호학적 계열의 문턱으로 작용한다.

대표적으로 이 세 가지 편견들을 데카르트의 성찰에서 관찰할 수 있지만, 그것들이 파생된 계기는 다르다. 다시 말하면 메를로−뽕띠가 비판하고자 했던 것은 데카르트주의 전체가 아니라 데카르트주의에서 나타나는 경험주의적이고 주지주의적인 심리학적 메커니즘의 잔재였다.349) 우선 **경험주의 심리학에서 언어는 실제 사물에 대한 한정된 정보만 주는 언어적(verbal) 이미지나 파편적 흔적에 불과한 것으로 설정**되었던 것부터가 문제였다. 이를테면 '아버지'라는 말은 실제 육체를 지닌 아버지가 아니라는 의미에서 이미지라는 것이다. 거울의

---

348) 우리는 이것을 경험주의 심리학의 회상의 투사이론을 통해서 언급했으며, '무언의 코기토'를 통해서 다시 다룬 바 있다. *pp.*459, *PM.* 16 참조.
349) *pp.*203∼206 참조.

324

이미지가 그것과 닮아 있는 어떤 사물을 표상하듯이, 말은 실제 사물을 흐릿하게나마 '지시'하고 있다. 그러므로 우리가 이러한 흐릿한 이미지로부터 기대할 수 있는 것은 관습적 약속을 통해서 실제 사물을 대신할 수 있다는 기능적 측면에 불과하다. 그러나 파롤은 이렇게 사물들을 지시하는 개개의 단어들만으로 이루어지는 것은 아닌데, 실제 파롤이 파편적 이미지들에 불과한 낱개의 단어들을 단순하게 나열하는 것이 아니라 일정한 규칙으로 서로 연결되어 있다는 사실을 주목해야한다. 파롤은 시각적인 흔적에 머무르고 있는 경험주의적 이미지의 사정권에서 벗어나는 능력을 가지고 있다. 그러므로 경험주의 심리학은 파편적 이미지들 배후에서 그것들을 조건화하는 제 3자를 필요로 하는데,350) 이렇게 그들은 이미지들 사이의 유사성에 근거하여 그것들을 연결시키는 연상(association)을 도입할 필요가 있었다.

그러나 문제는 기계적인 메카니즘에 의해 생산된 낱낱의 이미지 자체내에서 이 연상 법칙을 토대 지을 수가 없다는 데 있다. 이를테면 이미지로서의 말은 다른 말들과 연결될 수 있는 근거를 가지고 있지 않은데, '아버지'라는 말에서는 아버지를 가리키는 지시 작용 외에 어버지와 다른 말―예를 들어 조사인 '가'와 동사인 '들어온다'와 같은―과의 연결을 가능하게 하는 어떤 것도 나타나 있지 않다. 연상과 같은 제 3자는 말 그대로 이미지의 능력을 벗어나 있는 초월적인 것이기 때문에, 경험주의는 이러한 기계주의적인 메카니즘 외에 또 다른 메카니즘을 끌어들일 수밖에 없다. 자연스럽게 경험주의 심리학은 주지주의 심리학과 공모관계에 들어가게 된다.351) 그러므로 경험주의 심리학의 한계이기도 한, 이러한 딜레마에서 벗어나기 위해, 궁색하지만 우리는 그것을 가시적으로 볼 수는 없다고 하더라도 '아버지'라는 말 안에 연상법칙이 함축적으로 내재해있다고 가정하는 수밖에 없다. 그러나 어떻게 말 안에

---

350) *pp.*203 참조.
351) *pp.*205 참조.

그것이 내재해 있을 수 있는가? 이는 필연적으로 그것을 가능하게 하는 선험적인 정신능력을 암시하는 것이다. 그것은 칸트가 그러했듯이, 연상될 수 있는 요소들을 조직하여 일종의 선험적인 표상의 가설로 정립되기도 한다. 이렇게 연상이 인과 관계나 연역적 추론의 형식으로 고정되면서, 보편 개념은 논리적 함축을 지니게 된다. 이를테면, '아버지'라는 개념은 필연적으로 수많은 속성을 파생시키는 실체로서, 그리고 수많은 빈사를 파생시키는 주어로서 존재하기 때문에 그것은 다른 말들과 결합(연상)될 수 있다는 것이다. 그러나 '아버지'라는 이미지에 '들어온다'라는 이미지가 결합되었을 경우는 참인데 반해서, '나른다.(fly)'라는 이미지가 결합되었을 경우는 거짓인데, 각 이미지에 따라서 전체 이미지들은 다르게(예를 들어 참이나 거짓으로) 구성된다. 이렇게 하나의 말이 그것과 연결될 수 있는 수많은 다른 말들을 암시하고 지시함으로써 부분으로서의 말은 전체로서의 말을 표상하게 된다. 이러한 총체적 의존성은 주지주의적 세계관과도 일치하는 것이다.

　그렇다면 언어학은 개개의 언어에 은폐되어 있는 이러한 논리적 함축을 드러내는 일과 다르지 않을 것이다. 논리학은 통사론과 동일할 것이다. 즉 사유의 법칙은 의미작용(signification)의 법칙과 동일하다. 아리스토텔레스 이래로 사유의 법칙, 즉 논리학이 확고하게 정립되어 있었기 때문에, 의미작용의 법칙은 굳이 탐구될 필요가 없었다. 철학은 곧 언어학이다. 이것은 데카르트가 사유의 법칙을 탐구하는 자신의 성찰에서 언어의 문제를 배제시킨 이유가 된다. 그리고 이러한 언어관은 최근까지도 우리의 사고를 지배해 왔다. 일부 구조주의자들의 경우도 그러한데, 비록 그들이 철학보다는 언어학을 통해서 사유했다고 하더라도, 그것은 오히려 물질적인 언어의 법칙을 통해서 비가시적인 사유의 법칙을 모색하려는 방편에 불과했다. "보편적 랑그(langue)의 형식은 단어들과 구문이 근본적인 가능한 것들을 반영하고 그러한 것들의 분절들을 반영하기 때문에 보편 언어가 필요로 할 수 있는 모든 것을 미리 둘러싼다."(*PM.* 12). 메를로-뽕띠는 연상 이론에서 발전된 이러한 의미작용의 함축을 알고리듬(algorithme)이라고 칭하곤 했다.352) 수와 알고리듬은 그것 자체가 아니라 그것이 이루는 전체를 지시하며, 그러한 전체가 필연적인 다양한 법칙을 통해 구현되고 변형된다는 점에서, 그리고 그것을 우리가 사유를 통해서 투명하게 알 수 있다는 점에서 주지주의의 표상 이론과 유사하다. "알고리듬은 언어의 성인적 형식"이며 "일정 수의 투명한 관계를 고정"시키는 역할을 한다.(*PM.* 9). 또한 이것 자체는 진위는 아니지만 진위를 드러내주는 조건들이다. 그러므로 우리가 알고리듬을 정복할 수만 있다면, 거짓 없이 명석하고 판명한 사유를 가능하게 하는 보편 언어의 이상을 실현시킬 수 있을 것이다. 우리는 혼란스럽고 제한적인 지식을 허용할 뿐인 '역사의 파롤'의 한계를 극복하고 신의 사유에 도달할 수 있는 바벨탑을 다시 쌓아야만 한다. 수학적 사유에 대한 이상, 그것은 언표를 가능하게 하는 '종규에 맞는 형식들'(*PM.* 8)인 랑그를 구성하기 위해서도 적극적으로 채용되었다. 이러한 구조주의 언어학자들의 이상은 바로 데카르트의 『성찰』의 기획과 별반 다를 바 없는 것이었다.

그러나 무엇보다도 『성찰』의 획기적인 공헌은 그러한 투명한 사유와 알고리듬을 관장하는 초월적인 주체를 명시적(정립적)으로 발견했다는 데 있다. 경험주의에서 이미지로서의 말은 그것을 말하는 주체를 배제하는 것이었다. 그도 그럴 것이 꿈꾸는 주체가 꿈을 초월해 있듯이 말하는 주체는 말을 초월해 있기 때문이다. 그러나 또 다시 제3자의 아포리아에 의해서 말은 말하는 주체를 필요로 하고 경험주의는 주지주의와 공모하지 않을 수 없게 된다. 즉 하나의 이미지가 함축하고 있는 전체 표상이나 의미작용의 총체적 형식률은 그것 전체를 표상할 수 있는 단일한 지시자인 '나'에 의해 표상된다. 모든 지시작용(désignation)과 의미작용

---

352) *PM.* 9~10 참조.

(signification)은 나에 의해 현시(manifestation)된 것이다. 즉 나의 존재야말로 그러한 사유의 질서나 총체성을 가능하게 한다. 『성찰』의 추론이 그러하듯이, 우리는 우리로 하여금 지각하고 욕구하고 판단하게 만드는 말하는 주체를 인과적으로 추론할 수 있었으며 거꾸로 우리는 이러한 말하는 주체를 통해서만 외부의 사물을 지시하고 그 사물의 질서를 표상할 수 있었다. 그러나 여기서 말과 사유는 동일한 것이기 때문에, 말하는 주체는 곧 생각하는 주체이다.353)

결국 이러한 데카르트적인 파롤이 작동되는 전체 과정에서 세 가지 언어 작용이 구별될 수 있다. 첫 번째는 언어가 이미지처럼 사물을 표상한다는 지시작용이며, 두 번째는 그러한 언어가 다른 언어 요소들과의 결합을 가능하게 하는 논리적 함축을 포함한다는 의미작용이며, 세 번째는 언어로부터 그것을 말하는 주체를 추론할 수 있다는 현시작용이다. 그러나 우리가 이미 경험주의와 주지주의 심리학의 공모 관계를 목격했듯이, 이 세 가지 관계들은 서로가 서로를 의존적으로 지시하고 있다는 점에서 따로 떨어져서는 존재할 수 없는 것들이다. 말하자면 데카르트의 성찰과 파롤은 이 세 가지 작용들의 존재론적 순환을 통해서만 가능하였던 것이다. 그러나 이러한 순환이 작동되는 가운데에도 언어의 존재는 언제나 이미지나 흔적과 같은 비존재에 머물러 있다는 사실을 주목해야 한다. 메를로-뽕띠가 말하는 대로, 그렇게 "말은 자기의 의미를 지니지 못하고, 어떤 내적 가능성도 가지고 있지 않다." 그야말로 언어는 "어떤 내적 인식의 외적 기호"이며 "텅 빈 봉투"에 불과한 것이다. 그렇게 데카르트주의자들은 말의 이편(deça)이나 저편(delà)에서 의미작용을 찾고, 그런 의미작용의 주체, 즉 생각하는 주체의 존재를 추론하여 가정하는 데만 관심을 쏟고 있었던 것이다(pp.206). 결국 이러한 세 가지 관계들의 순환은 언어를 꿈에 지나지 않는 것으로 불신하고, 그 불

---

353) pp.207 참조.

만을 해소시키기 위해 초월적 주체를 가정하고 그 주체의 보편적인 언어 범주를 가정하는 '존재론적 시나리오'를 구성하면서 한편으로는 언어-존재를 지우는 역할을 했던 것이다. 그런 점에서 구조주의자들이 철학이 아니라 언어학을 통해서 이러한 순환을 동일하게 반복하고 있다면, 그들의 언어학은 산술적인 작동 절차가 동반하는 지적인 쾌락을 강조했다는 사실 외에는 아무 것도 달라진 것이 없을 것이다. 그들은 언어에 대해서 얘기하기로 해놓고선 정작 언어보다는 사유나 생각하는 주체에 대해서 얘기하고 있는 셈이다.

그러므로 우리가 어쩔 수 없이 주체와 주체의 의미작용을 생각해야 한다면, 그것은 말하는 주체와 말하는 주체의 그것이어야 한다. 생각하는 주체와 달리 말하는 주체는 언어의 세계 바깥에 있는 것이 아니라 언어의 세계 안에 있다. 경험주의자와 주지주의자들이 이미지와 같은 비존재로 다룰 수밖에 없었던 그것, '여기 지금' 환영처럼 있다가도 사라지는 그것, 우리를 타자의 사유에 곧장 인도하고 자신은 사그라져 버리는 그것, 바로 그렇게 미혹적으로 존재하는 언어 속에 말이다. 메를로-뽕띠는 이처럼 뿌리 없이 부유(浮遊)하기 때문에 데카르트주의자들로 하여금 그 이편에서 그것을 존재하게 만드는 확고하고 불변적인 존재자로 나아갈 수밖에 없게 만들었던 바로 그러한 언어로 '다시 돌아가야 한다'고 말했다. 그러나 과연 그렇게 잡힐 듯, 잡혀지지 않는 불안정한 것을 (언어)학적 연구 대상으로 삼는다는 것이 가능한 일일까? 차라리 주지주의자들처럼 그것을 가능하게 한 필연적이고 불변적인 토대를 문제 삼는 편이 온당한 일이 아닌가?

이러한 '환원'의 권유는 이번이 처음이 아니다. 우리는 여기서 메를로-뽕띠가 데카르트적 성찰에서 경험주의·주지주의 심리학적 잔재를 떨어내기 위해 작동시켰던 현상학적 환원을 떠올릴 수 있을 것이다. 의심의 시험, 즉 현상학적 퍼스펙티브에서 우리는 현전의 경험이 꿈이라고 가정한다 하더라도, 그러한 꿈 자체는 명증적으로 존재한다는 사실을 인정하지 않을 수 없었다. 마찬가지로 말이 실제로 존재하지 않는 것을 존재하는 것처럼 만들어 놓았을 경우를 생각해보자. 이 말은 분명히 거짓말이다. 즉 그 말이 지시하는 것은 존재하지 않는다. 그러나 거짓말 그 자체는 분명히 우리를 기만할 수 있을 정도로 그렇게 명증적으로 존재하지 않은가? 꿈이 그러하듯이, 거짓말이야말로 그 말 배후의 어떤 실재와 연관되지 않은 채, 자신의 존재를 명증적으로 계시하는 전형적인 사례인 것이다. 그런 점에서 메를로-뽕띠가 언어의 덕목은 오히려 그것이 우리의 눈앞에서 은폐되고 사라져 버린다는 사실에 있다고 말할 수 있었던 것이다.354)

지각적 현상이 꿈이 될 수 있는 가능성에서 벗어날 수 없는 것처럼, 말은 그것이 거짓말이 될 수 있는 가능성에서 벗어날 수 없다. 그러나 이 의심의 가능성은 거꾸로 존재의 가능성을 토대 짓는다. 존재의 원인이 바깥의 실재가 아니라 자기 안에 있다는 사실. 언어 바깥에서 언어는 사라질 수 있지만, 언어 안에서 그것은 확실하게 존재한다. 꿈이란 깨어난 후에만 꿈이지, 꿈꾸는 동안에는 꿈이 아니라 현실이기 때문이다. 이것은 기호학적으로 말해서 지시적 오류(referential fallacy)를 범하지 않는 것인데, 언어 바깥의 지시물의 실존은 엄밀히 말해서 언어의 기호학적 기능작용에 영향을 미치지 못하기 때문이다.355) 에코 (Umberto Eco)는 "하나의 약호(code)(또는 수많은 약호들)의 기능작용 (functioning)의 관점에서, 지시물(referent)은 이론의 이론적 순수성을 더럽히는 강제적이고 위협적인 현전성으로서 배제되어야만 한다"356)고 말했다. 학적 엄밀성을 마련하기 위해 후설이 창안했던 현상학적 의식 (儀式)은 기호학적 엄밀성을 마련하기 위해서도 다시 동원되어야 할 필요가 있다.

---

354) *P.M.* 16 참조.
355) Umberto Eco, *A theory of semiotics*, Indiana Univ. 1976, p.58 참조.
356) 같은 책, pp.60~61.

"기호학(semiotics)은 거짓말에 관련되는 모든 것의 과학이라고 말할 수 있을 뿐만 아니라 희극적이거나 비극적인 왜곡에 관련되는 모든 것의 과학이라고 말할 수 있을 것이다. 이 정의는 자연 언어의 전 범위에 해당된다. 외연적 의미론(extensional semantics)은 그것이 거짓말이나 웃음을 다루지 않는다면 기호학에 도움이 되지 않는다. 거짓말의 기호학적 의미를 설명하는 것은 왜 그리고 어떻게 거짓말(거짓 진술이)이 그 진술(statement)의 참이나 거짓에 상관없이 기호학적으로 관련되는지를 이해하는 것을 뜻한다."357)

이렇게 현상학적 환원은 언어를 언어 바깥의 실재와 관련시키지 않는 다는 점에서-왜냐하면 우리의 언어적 실천은 결코 언어 바깥을 나갈 수 없기 때문에-'존재 정립'의 억제이며, 데카르트주의가 정립했던 '불합리한 선험적 실재론'을 떨쳐내는 일, 즉 언어 바깥의 의식의 범주작용으로서의 의미작용과 의식 존재를 끌어들이지 않음을 의미한다. 이 환원 장치를 통해 언어-존재는 꿈이나 환영이 사라져버리듯이, 그렇게 증발해버리지 않는다. 더불어 꿈이나 환영이 어떤 결정된 의미에서 벗어나듯이, **언어-존재는 무궁무진한 의미의 배아로서 존재한다. 의미의 근거는 사유 주체가 아니라 언어 그 자체이다.**358) 그리하여 데카르트주의적인 언어의 순환은 효과적으로 비판될 수 있다. 메를로-뽕띠가 경험주의와 주지주의 심리학의 잔재를 비판하면서 우리를 인도하는 것은 바로 이러한 기호학적 계열이다. 그는 공전하고 있었던 데카르트주의적인 순환 속에서 우리로 하여금 언어-존재를 발견하도록 종용했는데, 무한한 의미들의 배아로서 언어-존재는 기호학적 계열에 들어가기 위한 문턱이었기 때문이다. 기호학적 혁명, 즉 소쉬르의 기호학(sémiologie)와 퍼어스의 기호론(semiotics)의 새로움은 이처럼 데카르트적인 논리학을 거부하고 있다는 사실에 있었다.359) 기호학은 기호(언

---

357) 같은 책, pp.64~65.
358) 메를로-뽕띠가 언어-존재와 언어의 힘을 특히 강조한 구절은 다음과 같다. *PM.* 58~59, *S.*54, 110 참조.

어)―존재와 기호의 삶을 연구하는 과학으로 정의되었다.360) 이처럼 사라
지는 언어를 진짜 사라지지 않게 만드는 일종의 의식(儀式), 우리는 그것
을 '기호학적' 환원이라고 부를 수 있을 것이다. 이러한 의식을 거치고서
야 우리는 메를로―뽕띠가 말하고 있는 언어―존재를 새롭게 발견할 수
있기 때문이다.

2) 언어의 구조와 그 틈

우리는 기호학적 문턱을 경유하여 언어―존재들 앞에 서 있게 되었
다. 여기서는 더 이상 언어를 가능하게 하는 초월적 주체나 그것의 선
험적 범주들이 문제되지 않는다. 이러한 의식(儀式)을 거치면서 우리가
만나게 되는 세계, 즉 기호학적 세계는 환원 이전의 세계와 비교해서 '내
용적으로는' 하등 다를 것이 없다 해도 선험적 주체가 아니라 언어가 주
도적으로 역할해서 만들어 낸 세계라는 점에서 완연히 다르다. **그것은
언어들이 만들어낸 언어들의 자율적 세계이다.** 메를로―뽕띠는 의식이
아니라 "말이 사물을 거주하게 만들고 의미작용을 운반한다"(*pp.*207)고
말했다. 파롤은 결코 사유를 전제하지 않는다. 즉 우리의 의식이나 사유
가 있고서야 표현(실천)이 가능한 것이 아니라 표현이 있고서야 우리의
의식과 사유, 즉 인식이 가능한 것이다. 데카르트적 성찰은 반전되었다.
그처럼 보잘 것 없는 언어가 그처럼 굉장한 우리의 인식을 구성해내고
심지어 우리의 의식까지 만들어 낼 수 있었다! 이는 그가 말하고 있듯
이, 표현의 기적이며 언어의 마술이다.

---

359) 소쉬르의 경우, 유명한 기호의 자의성 선언이 그러하며, 퍼어스의 경우,
상정 논법(Abduction)이 그러하다. 그는 논리학과 기호학을 동일시하면
서, 이러한 논리적 절차가 알려져 있듯이, 필연적인 과정이 아니라고 말
했다(Peirce, *Collected papers*, Cambridge: Harvard Univ., 1931~1958,
2. 227 참조).

360) F. Saussure, *Cours de linguistique générale*, p.33 참조.

그러므로 환원을 거친 한에서, 이러한 언어의 기적을 인정하면서, 우리는 우리의 의식과 사유를 기호학적 세계에서 배제시키지 않을 것이다. 주체는-구조주의가 그러했듯이-여전히 존재한다. 다만 그것은 선험적으로 존재하는 것이 아니라 기호학적으로 존재하는 것, 즉 문화적이며 사회적으로-현상학적 용어를 빌자면 상호 주관적으로-존재하는 것이다. 세계내존재로서 우리는 이러한 사회적·문화적 세계 속에 살고 있으며, 기호학은 바로 이러한 세계를 다루고자 한다. 그런 점에서 기호학의 세계, 즉 사회·문화적 세계는 현상학적으로 말하자면 상호주관적인 세계인데, 그럼에도 불구하고 우리는 기호학적 세계를 현상학적 용어들로 환언하지 않을 것이다. 메를로-뽕띠가 이러한 상호주관적 의식으로서 신체 주체를 내세웠을 때, 그가 현상학적 주체 개념을 사용했다는 이유로 여전히 데카르트적 전통에 있는 현상학자로 오해되고 있는 상황을 생각한다면 말이다. '상호 주관적 의식'은 메를로-뽕띠의 노력에도 불구하고 데카르트적 선험적 실재와 혼동되기 쉬운 용어이다. 그러므로 우리는 기호학적 세계, 즉 문화적·사회적 세계를 이루는 근본 요소들이 인간들(의식)이 아니라 기호들(언어기호까지 포함하여)361)이라고 말하였던 것이다. 이는 결코 궤변이 아니다. 인간과 인간의 삶이 기호와 기호들의 관계를 통해 구명된다고 해서 인간이 사라지거나 멸종되는 것은 아닌데, 구조주의의 '인간의 죽음'은 다른 모든 것들에 대해서 초월적으로 군림하는 인간의 죽음을 의미하고

---

361) 앞에서 우리는 언어와 기호에 대해서 구별한 적이 있다. 언어는 인간의 언어(language)를 지칭하는 것이었던 반면, 기호는 그것이 반드시 언어가 아니라 하더라도 지시기능을 하는 모든 것을 지칭하는 것이다. 그러므로 언어가 지시기능을 가지고 있는 한에서, 언어 역시 기호임에 틀림없다. 메를로-뽕띠의 경우, 소쉬르를 언급할 경우를 제외하고는 특별히 기호라는 용어를 사용하지 않았지만, 그의 언어론은 사실 기호론이기도 했다. 그런 점에서 우리는 언어라는 말과 기호라는 말을 같이 쓰기로 하겠다.

있기 때문이다. 그런 점에서 '기호학적 환원'이 인간의 죽음을 암시한
다면, 그것은 이러한 상호 관련 속에 있는 우리의 존재 환경들을 드러
내는 일을 제안하고 있는 것이다. 이제 기호학적 계열에서 선험적 실
재로서의 의식은 더 이상 등장하지 않는 대신, 상호주관적인 의식, 즉,
사회·문화적 주체가 꾸준히 암시될 터인데, 그래서 메를로-뽕띠는 이
러한 주체를 드러내기 위해 언어-존재를 기호학적 계열의 문턱으로
다루었던 것이다. '말이 사물을 거주하게 만들고 의미작용을 운반한
다.' 그 자신의 존재를 위해 다른 것을 필요로 하지 않는 선험적 실재
와 대조적으로 기호나 언어의 경우, 그것의 존재 자체가 다른 것과의
관련 속에 있기 때문이다.

　기호학자들이 정의한 기호 개념은 바로 그런 의미로 해석되어야 한
다. 고대로부터 사람들은 잠재적인 어떤 것에 대해서 명백한 지시를
통해 추론할 수 있을 때, 그러한 지시(indication)를 시그눔(signum)이
라고 불렀다.362) 퍼어스(Peirce)가 말하고 있듯이, "사람들은 자신들이
가지고 있는 현전하는 수단을 넘어서 어떤 것을 원하는 보편적 경험"
을 가지고 있는데,363) 현상학에서 지향성이라고 불렀던 것이 바로 이
러한 보편적 경험을 의미하는 것이 아니겠는가? 그러나 이처럼 지향
적인 '현전하는 수단'은 바로 (의식이 아니라) 기호이다. 우리는 대표
적으로 퍼어스의 기호 개념을 예로 들 수 있을 것이다. 그는 기호를
"어떤 사물(body)을 어떤 것을 위해 능력의 어떤 측면에서 대신하는
어떤 것"364)이라고 했는데, 기호(sign) 또는 표상체(Representamen)는
대상(Object)과 해석체(Interpretant)와 함께 삼원적 지시 관계 속에서

362) Umberto Eco, *Semiotics and the philosophy of language*, Macmillan, 1984, p.15.
363) Peirce, *Philosophical writings of Peirce* (selected and edited with an introduction by Justus Buchler), Dover Publications. ENC. New York, 1955, p.98, *Collected papers*, 2. 228.
364) Peirce, *Philosophical writings of Peirce*, pp.98~99. *Collected papers*, 2. 228.

334

도식화되었다.365) 여기서 퍼어스는 기호학적 세계 바깥에서 실존하는
사물을 의미하는 대상(O)을 '지향적' 기호(R)가 대신하고 있는 것으로
말함으로써 그는 여전히 경험주의적 심리학의 전통 속에 있다고 말할
수 있을지 모르겠다. 그러나 해석체란 무엇인가? 이것은 대상(O)에 의
해서 규제되는 기호(R)의 지향적 의미이다. 즉 이는 앞에서 말했듯이,
표현(R)과 동시에 이루어지는 사유(I)를 의미한다. 그런데 퍼어스의
삼각형의 도식이 암시하듯이, 해석체(I)는 대상(O)을 지시하지만 대
상 그 자체(O)는 아니다. 이는 동일한 대상(O)을 지시하는 또 다른
해석체들(I', I"...)이 (파생적으로) 존재할 수 있음을 암시하는 것이
다. 물론 그러기 위해서 그렇게 파생된 해석체들(I',I"...)를 정립하는
또 다른 기호들(R',R"...)이 더불어 파생적으로 존재해야 할 것이다. 이
과정에서 첫 번째 해석체(I)는 동일한 대상(O)을 지시하는 두 번째 해
석체(I')의 기호(R')로 작용하거나 두 번째 해석체(I')와 두번째 해석체
의 기호(R')를 파생(추론)시키는 역할을 한다.366) 이런 식으로 동일한
대상(O)을 지시하는 수많은 기호들과 해석체들의 연쇄가 가능해지는
데, 이 수많은 기호들의 연쇄, 수많은 사유(해석체)들의 추론은 세미오
시스(semiosis)로 불리어진다.367)

우리는 해석체들(사유들) 사이의 이러한 파생(추론)관계를 지칭하기
위해 경험주의자들이 말하는 연상(association)을 끌어들일 수 있겠지
만, 퍼어스의 세미오시스에서는 경험주의가 처하게 되는 고질적인 딜
레마(제 3자의 아포리아)가 없다. 기호와 관계하는 해석체의 존재는
이러한 딜레마를 야기시킬 수 없는 효과적인 기호학적 장치인 셈이다.
또한 해석체가 기호 바깥에서 기호를 생산해내는 제 3자적인 해석자

---

365) Peirce, *Collected papers*, 2. 303 참조.
366) Peirce, *Philosophical writings of Peirce*, pp.99~100, *Collected papers*,
    1. 339 참조.
367) 메를로-뽕띠는 이런 일련의 세미오시스의 과정을 소쉬르를 통해서 언급
    한 바 있다. *S*.50 참조.

(Interpreter)가 아니라는 점에서, 해석체들 사이의 추론 관계는 결코 선험적인 연역적 추론이 될 수 없다.368)(비록 퍼어스가 해석자의 마음에서 일어나는 것을 해석체로 명명했다 하더라도, 어찌되었든 해석체는 해석자가 아니다.) 이런 점에서 그의 기호학은 기호 바깥으로 나가서 '사유하는 주체'를 통해 기호를 설명하려고 했던 데카르트적인 전통과 결별하는 것이다. 이것은 대상(Object)의 경우에도 마찬가지이다. 대상은 기호 바깥에서 실존하는 사물과의 일치를 의미한다기보다는 그것으로 인해 해석체가 연쇄적으로 파생(추론)될 수 있도록 하는 규제적인(regulative) 역할에 머물러 있다. "표상작용(representation)의 대상은 첫 번째 표상작용이 그것의 해석체인 하나의 표상작용에 지나지 않는다. 그러나 끝없이 연결되어 있는 표상작용들, 즉 각각이 그 뒤에서 그것을 표상하는 것은 그것의 한계로서 절대적 대상을 가지는 것이라고 생각할 수 있다."369) 즉 대상은 실존하는 사물이라기보다는 최종적(final) 해석체로서 이해될 수 있는 습관(habit)과 같은 것으로 기호들의 연쇄들을 유도하기 위해 설정된 것에 불과하다는 것이다.370) 이렇게 대상의 총체성은 해체되어 무한한 세미오시스의 과정으로 대체된다.

결국 우리가 그의 기호 개념을 통해서 확인하게 되는 것은 기호는 다른 기호들과의 관계를 통해서만 그 존재를 드러낸다는 사실일 것이다. "기호학은 주로 사회적인 힘들(forces)로서 기호들과 관련된다."371) 에코가 이처럼 암시하고 있듯이, 기호들은 어떤 실체가 아니라 관계 속에 있는 (사회적인) 힘들에 불과하다. 기호는 언제나 기호의 세계 전체를 암시하면서 자기 옆의 기호들을 지시하고 있기 때문이다.

---

368) 이는 퍼어스의 상정논법(abduction)을 이루는 기초가 된다.
369) C. S. Peirce, *Collected papers*, 1. 339.
370) C. S. Peirce, *Collected papers*, 4. 536, 5. 473~492, Umberto Eco, *A theory of semiotics*, p.69 참조.
371) Umberto Eco, *A theory of semiotics*, p.65.

336

"이런 식으로 무한한 세미오시스(unlimited semiosis)의 과정이 시작된다. 그것은 역설적이지만 전적으로 그 자신의 수단에 의해서 자신을 점검할 수 있는 기호학적 체계의 기초를 위한 유일한 보장 이다. 그래서 언어는 자가-해명적 체계(auto-clarificatory system) 일 수 있으며, 또는 서로가 서로를 설명하는 관습의 연속적 체계에 의해서 해명된다."372)

그런데 기호들이 서로를 지시하고 상호 관련되어 있다는 것은 기호들 이 일정한 체계를 이룰 수 있다는 사실을 의미하는 것이다. Ⅲ장에서 말했듯이, 체계를 이루는 요소들의 변화가 체계 전체에 영향을 줄 정도 로 체계의 요소들은 상호 의존적으로 서로가 서로를 지시하고 있다. 결 국 **기호란 이러한 체계의 요소들을 일컫는 말에 지나지 않는데, 그 러한 체계가 신화이건, 텍스트이건, 언어이건, 일상 세계이건 말이 다.**373) 기호들은 일종의 연상이나 추론을 통해서 연쇄되면서 일정한 구 조를 형성하게 된다. 메를로-뽕띠가 이에 대해서 말하기를, "여기서 말 들의 의미는 마침내 말들 자체에 의해 이끌어져야만 하고, 더 정확히 말 해서 말들의 개념적 의미작용은 파롤에 내재적인 몸짓의 의미작용에 의 거해서 공제(控除, prélèvement)되어 형성되어야 한다."(pp.208~209). 이는 단어들의 연쇄, 즉 개념의 의미작용, 또는 사유의 추론작용은 일종 의 벡터처럼 그러한 연쇄 전체에 내재적인 어떤 순환적인 체계나 스타

---

372) 같은 책, pp.68~69.
373) Claude Lévi-Strauss, *La pensée sauvage*, p.28 참조. 에코는 퍼어스의 이러한 기호들의 연쇄가 사실은 기호들의 체계, 혹은 구조로서의 전체 의미론적 장(field)이라는 사실을 강조했다(Umberto Eco, *A theory of semiotics*, p.69 참조). 그러나 다음에서 다루게 되겠지만, 에코가 세미오 시스를 통해서 의미했던 구조나 체계는 경직된 '구조주의자들'이 말하는 그러한 폐쇄적 구조가 아니다. 그의 구조 개념은 앞에서 우리가 언급했 던, '구조를 해체하는 구조', 즉 역동적 구조를 의미한다. 이런 점에서 여기서 우리가 사용하고 있는 '구조'는 에코가 말하는 구조 개념과 동일 하며, 후기 구조주의자들의 동의를 얻어낼 수 있는 그런 개념이다.

일에 의해 결정된다는 사실을 의미하는데, 이처럼 기호들이 서로 다른
기호들을 지시함으로써 순환되는 의미작용의 체계나 스타일을 우리는
그동안 말의 질서로 칭했던 것이다.374) 이를테면 이것은 작게는 몸짓
(geste), 말하는 스타일, 벨라스케스의『시녀들』의 표상적 독해에서부터
크게는 텍스트의 양식, 신화의 구조, 사회·문화적 질서에 이르기까지 실
로 다양하다. 세계내존재로서의 우리의 실존의 의미 역시 이러한 말의
질서에 '의거해서 공제되어(par prélèvement sur)' 있다. 즉 우리는 이러
한 사회·문화적 질서 속에서 그 의미가 드러나는 사회적인 존재이다.
우리가 나와 타자들이 얽혀 형성하는 사회·문화적 질서에 속해 있는 한
에서, 우리(주체)는 하나의 기호(또는 해석체)이거나 기호들의 연쇄 속
에서 그렇게 윤곽 지어지는 것이 아닌가?

이와 같은 기호에 대한 정의를 좀 더 자세히 살펴보자. 기호는 필연적
으로 체계나 전체 구조를 동반하게 되어 있다. 이렇게 기호가 전체 체계
를 표상하는 한에서, 기호학적 환원을 통과한 기호 개념은 그동안 언어
철학자들이 주장해왔던 전통적인 언어에 대한 세 가지 관계들로 설명될
수 있다. 즉 기호들의 순환적 체계(구조)를 통해서 첫 번째로 각 기호들
이 서로 다른 기호들을 지시한다고 하는 지시작용(désignation)이 성립되
며, 두 번째로 이렇게 관련된 기호들의 상호 연관성이 일종의 체계를 형
성하는 의미작용(signification)이 성립되며, 세 번째로 이러한 의미작용
의 표상적(지시적) 총체성으로서 말하는 주체의 현시작용(manifestation)
이 성립되고 있다. 이러한 작용들 자체는 데카르트적 언어를 둘러싸고

---

374) 우리가 '말과 사물의 키아즘'에서 사용한 '말'의 질서는 반드시 기호의
하부 영역인 언어 기호만이 아니라 넓은 의미의 기호 전반을 이르는 것
이다. 그렇기 때문에 회화에서도 이러한 말의 질서가 순환될 수 있었던
것이다. 언어 기호는 기원부터가 의사소통을 떠나서는 존재할 수 없다는
점에서 언제라도 즉자적 사물로 돌아갈 수 있는 사물 기호와 다르긴 하
지만, 기호학적 계열에서 근본적으로 양자는 동일한 작용을 하고 있기
때문에 우리는 특별히 구별하지 않을 것이다.

338

있었던 그것들과 동일한 것이다. 그렇다면 이는 우리가 다시 기호학적 환원 이전으로 되돌아감을 의미하는 것인가? 우리는 후설이 그러했듯이, 환원 후에 변한 것은 우리의 태도이지 내용이 아니라는 사실을 상기해야 할 필요가 있다. 메를로－뽕띠를 비롯한 많은 철학자들과 기호학자들이 시도한 '환원'의 일차적 의미는 언어를 형이상학적 사유로부터 해방시킴으로써 우리에게 언어 자체에 대한 관심을 불러일으키고 우리 자신과 우리가 속해 있는 세계에 대한 새로운 이해 방식을 제시한다는 사실에 있다. 그러므로 기호학은 새로운 언어 이론을 제시하기 보다는 기존 언어 이론을 계승하여 새롭게 다시 쓰고 세분화시키는 일을 기도한다. 그리하여 기호학은 다음과 같은 세 가지 관계를 중심으로 전개되었다.

첫 번째 관계로서, 지시작용은 말(mot)에 대한 우리의 일상적인 기대를 만족시키고 있음에 분명하다. 이것은 기호학 내에서도 가장 중요하게 통용되는 기호의 원리인데, 퍼어스(Peirce)는 어떤 대상을 등가적으로 대신하는 것으로서 기호를 정의하고 있으며, 야콥슨도 자신이 제시한 6가지 언어 기능들 가운데서 지시 기능이 가장 지배적이라고 말했다.375) 심지어 소쉬르가 기호를 기표와 기의의 결합으로만 다룸으로써 기호가 기호 바깥의 사물이나 현실을 지시하고 있다는 사실을 배제시키려고 했다 하더라도, 결국 기호의 자의성을 통해서 이 사물이나 현실에로의 지시를 우회적으로 도입한 꼴이 되었다고 방브니스트(E. Benveniste)는 분석한 바 있다.376) 이견의 여지가 없이 말은 말 바깥의 사물을 지향한다. 그러나 문제의 관건은 과연 이러한 말이 사물을

375) Roman Jakobson, *Essais de linguistique générale*, trs. Nicolas Ruwet, Minuit, 1963, p.214 참조.
376) Émile Benveniste, *Problèmes de linguistique générale*, I, Gallimard, 1966, pp.49-50 참조. 우리는 플라톤의 『크라틸로스』에서 제기된 언어의 관습성을 이러한 지시 기능으로 해석했는데, 언어의 관습성은 소쉬르의 기호의 자의성과 일치되는 면이 있다. 소쉬르의 이러한 측면은 다음 항인 '의미작용의 기호학'에서 자세히 다루게 될 것이다.

완료적으로 지시할 수 있는지, 즉 말이 완전하게 사물을 기술할 수 있
는지에 있다. 그러므로 기호학자들의 지시작용은 경험주의자들이 말하
고 있는 기호 체계 바깥의 실존하는 사물과의 일치로 혼동되어서는
안되는데, 우리는 결코 이 사물에 도달할 수 없기 때문이다. 그런 점
에서 퍼어스와 야콥슨은 이러한 지시기능이 기호들의 연쇄 자체, 즉
'문맥(contexte)'을 가능하게 한다고 인정했다.377) 이는 지시작용을 명
시적으로 드러내고 있지 않는 일반 명사 뿐만 아니라 명시적으로 지
시를 전제하는 (지시)대명사의 경우에도 해당되는데, 이를테면 방브니
스트가 지시사(indicateurs)라고 칭했던 말들, 즉 '이것', '저것', '그',
'여기', '저기', '어제', '지금'과 같은 대명사들은 실존하는 지시물을
가리키고 있다기보다는 그러한 대명사가 속해 있는 담론이 표상하는
전체 상황, 즉 화자와 청자 모두가 동의할 수 있는 공통적 상황을 전
제하고 있다는 점에서 일정한 문맥을 지시하고 있다.378)

경험주의적인 이러한 혼동을 막기 위해서 일찍이 프레게(Frege)는 자
신의 언어철학을 통해서 어떤 말의 지시적 의미에 대해서 Bedeutung과
Sinn으로 구별한 바 있다. 전자의 의미는 전제된 지시물(nomitatum)과
의 대응을 통해서 진리치를 판별할 수 있는 것인데 반해서, 후자의 의
미는 지시물이 아니라 문맥에 의존적이기 때문에 진리치를 가질 수 없
는 것이다.379) 그런데 에코가 말하고 있듯이, 기호학적 세계는 이렇게
진리치를 판별하기를 보류하고 있는 '꿈일지도 모르는 세계', 또는 '거
짓말이 될 수도 있는 세계'라는 점에서, 후자의 세계에 속해 있다. 기호
학적 세계에서 Bedeutung이 갖는 의미는 퍼어스가 말했던 대상과 해석
체의 관계와 동일하다. 즉 대상이나 Bedeutung과 같은 지시물은 기호
학적 세계에서 −화용론적으로− 전제된 것이거나 규제적인 것에 불과하

---

377) Roman Jakobson, *Essais de linguistique générale*, p.214 참조.
378) Émile Benveniste, pp.255-256 참조.
379) Stephen C. Levinson, *Pragmatics*, Cambridge, 1983, pp.169~70 참조.

다.380) 그것은 우리가 어떤 기호학적 세계를 진리로 결정하는 것을 막고 그것이 거짓일지도 모른다고 의심할 수 있게 해주는 근거 — 끝없는 성찰과 반성을 이끌어주는 계기 — 로 작용할 것이다.

이처럼 기호학적 지시 기능이 문맥을 지시하고 있다는 사실과 관련하여 우리는 두 번째 관계로서 의미작용을 거론할 수 있다. 문맥이란 기호들 사이의 관계, 혹은 기호들의 전체적 의미를 의미하기 때문이다. 일찍부터 경험주의 심리학자들은 말이 사물뿐만 아니라 이러한 사물들이 연결되어 있는 복합체, 사물들의 관계나 양, 질과 같은 사태(datum)를 지시하고 있다는 사실에 대해서 고민한 끝에 이러한 사태를 설명하기 위해서 연상 이론을 끌어들였다. 앞에서 보았듯이, 연상은 주지주의에서 필연적인 이미지들의 결합(추론)으로서 인과관계를 근거짓는 심리학적 기제로 작용하면서 논증이나 추론을 이끌게 된다. 그들이 그것을 정신의 힘으로 설명하든, 단순히 이미지에 내재하는 법칙으로 설명하든지 간에, 어찌되었든 그것은 기호들의 결합을 설명하기 위한 것이다. 그러므로 우리는 그러한 결합 원리가 정신의 선험적 구조에 대한 해명으로 비화되지 않는 한에서, 즉 기호학적 환원을 통과하는 한에서, 기호들을 결합하게 만드는 것을 의미작용이라고 총칭할 수 있을 것이다. 기호학적으로 이러한 의미작용(연상이나 추론)은 주지주의적 인과관계를 근거 짓는 동시에 그러한 인과관계를 해체하는 이중적 역할을 한다. 이를테면 야콥슨이나 라깡과 같은 구조주의적 언

---

380) 그리하여 에코가 말하고 있듯이, "Bedeutung의 측면에서 알기 위해서 우리는 또 다른 표현을 통해서 그것(Bedeutung)을 지시해야만 하고 반복해서 그래야만 한다는 사실을 곧 알 수 있다. 퍼어스가 말하고 있듯이, 기호는 또 다른 기호를 통해서만 설명될 수 있다. 그래서 Bedeutung은 일련의 Sinn들을 통해서 포착되는 것인데, 이런 의미에서 Sinn이 동일한 Bedeutung에 적합한 것으로서 인식될 수 있다고 가정하는 것은 옳지 않다. Sinn에 의해 Bedeutung이 정의되는 것이지 그 반대가 아니기 때문이다."(Umberto Eco, *A theory of semiotics*, p.61).

어학자들은 프로이트의 연상을 받아들여서 은유와 환유라고 하는 기본
적인 추론, 의미작용의 원리를 정립하면서 보편적인 알고리듬에 근거
하고 있는 기존의 주지주의적 논리학을 해체하였던 것이다. 어찌되었
든 기호가 지시하고 있는 문맥, 즉 기호들의 결합이 일정한 의미나 일
정한 총체성 ─ 그것이 엄밀한 논리학적 추론에 의해서이건 정신분석학
적으로 중층결정적인 연상에 의해서이건 ─ 을 생산한다는 점에서, 기호
들의 의미작용은 하나의 구조를 순환시키고 있다. 바꿔 말하면 총체적
인 구조를 가능하게 하는 원리가 바로 의미작용인 것이다. 소쉬르는
체계의 원리를 최초로 정립함으로써 이러한 의미작용의 필연성을 추적
하는 기호학적 전통을 열었다. 그리고 그는 그것을 랑그(langue)라고
불렀다. 메를로 ─ 뽕띠도 이러한 랑그에 대해서 "처분 가능한 의미작용
들의 이미 공통적인 영토"(*PM.* 18)라고 말한 바 있다. 통상 이것은
언어학에서 문법으로 불리기도 하는데, 기호가 지시하는 문맥의 의미
는 문법을 통해서 독해되기 때문이다. 그러한 문법을 통해 기호들이
지시하는 문맥의 의미가 결정될 때, 그 문법이 올바른 것이라면, 기호
는 진리치를 가질 수 있을 것이다. 즉 보편적인 기호들의 연쇄 법칙,
보편 문법이 진리의 조건이 되는 것이다. 그리고 수많은 언어철학자들
과 기호학자들이 추구하였던 것은 바로 이러한 보편 문법이었다.

그러나 우리는 이러한 총체적 의미작용들 가운데 어떤 고유한 의미
작용을 주목할 수 있다. 그것은 세 번째 관계로서, 이러한 문법(의미작
용)들 속에 함축(지시)되어 있는 말하는 주체이다. 말하는 주체는 파롤
을 통해서 자신의 욕망과 신념을 드러내기 마련이다. 그렇다면 의미작
용은 주체의 현시작용을 통해서 가능하며 반대로 주체의 현시작용은
의미작용을 동반하지 않을 수 없다. 바로 이러한 점 때문에 데카르트
나 현상학자들은 모든 의미작용(사유)과 동시적으로 작용하는 선험적
주체를 정립할 수 있었을 텐데, 성찰의 긴 과정이 그러하듯이, 이러한
주체는 그것을 지시하는 하나의 기호에 의해서 표상될 수 있는 것이

아니라 기호들이 지시하는 의미작용 전체를 통해서 직관적으로 추론된 것이다. 즉 주체란 총체적 의미작용이다. 이를테면 우리는 '나는 무엇인가?'와 같은 주체의 물음에 대해서 선뜻 대답할 수 없는데, 현실적인 육체를 가진 내가 이렇게 실존한다고 해도, 그것은 주체가 아니다. 이제까지의 행동들, 경험들, 즉 의미작용들 전체뿐만 아니라 미래의 가능한 완결된 의미작용들을 통해서 추론하지 않는다면, 이것은 해명되지 않는 그야말로 '총체적'인 것이기 때문이다. 그러므로 우리는 주체란 기껏해야 어떠한 의미작용도 수용하지만 결코 채워지지 않는 '빈칸'이라고 말하는 것이 고작이다. 데카르트가 참을 수 없었던 것은 이러한 빈칸으로서의 주체 개념이었을 것이다. 그는 신의 보증으로 이 빈칸을 단숨에 메우면서 의미로 충만한 완결된 주체 개념을 설파했는데, 그것은 무한히 계속될 세미오시스, 의미작용의 연쇄를 '넘어서' 있는 어떤 절대적 실재를 의미하는 것이었다.381) 이제 기호학적 환원을 통해서 현시작용은 무한한 세미오시스에 내재하는 (무한히 계속될) 주체 작용이 되었다. 즉 기호학적 지시작용이 기호 바깥의 사물이 아니라 문맥에 향해 있듯이, 말하는 주체는 말 바깥의 '인간'을 지시하는 것이 아니라 그러한 말이 속해 있는 문맥 전체, 즉 파롤 자체를 지시하는 것이다.

방브니스트는 파롤 행위 자체를 지시하게 되는, 이러한 현시작용을 설명하기 위해서 '나', '너'와 같은 전이사(shifter)를 예로 들었다. 담론에서 이 말들이 사용되었을 경우, 일차적으로 '나'는 화자를, '너'는 청자를 지칭할 것이다. 그러나 그 말을 받아서 청자가 화답할 경우, 동일한 말인 '나'가 지시하는 것은 이번에는 청자가 되고, '너'가 지시

381) 주체는 언제나 파롤에 내재한다. 그러나 그러한 주체는 빈 칸으로서 내재한다. 만일 데카르트처럼 파롤 속에서 이러한 주체가 언제나 채워져 있는 절대적 실재라면, 그것은 메를로-뽕띠의 말대로 파롤의 코기토라고 부를 수 있을 것이다. 그러나 메를로-뽕띠가 말하고 있듯이, 그것은 불가능하다. 그 이유는 방브니스트가 잘 말해주고 있는 셈이다.

하는 것은 화자가 된다. 즉, 이 말들이 지시하는 것은 발화 상황이 변할 때마다 변하고 있는 것이다. "Je라는 형태(form)는 이 형태를 발화하는 파롤 행위 속에서만 언어적 존재를 가진다."382) 그렇다면 이 말들이 지시하는 것은 어떤 특정한 사람이 아니라 발화 상황 그 자체를 주관(主管)하는 말하는 주체라는 얘기가 될 것이다. "이 부류의 표현들 전체에 함축되어 있는 **말하는 주체**에 대한 지시는 너무나 가볍게 그리고 당연한 것처럼 취급되어 왔다. 이 지시가 다른 언어기호들과 구별되는 특징을 식별하지 못한다면, 그의 고유한 의미작용을 박탈하는 것이 된다. 그렇지만, 이 대명사적 형태들이 실재나 공간이나 시간 속에서의 객관적 위치를 가리키는 것이 아니다. 그 형태들을 내포하고 있는 매번 유일한 발화 행위를 가리키고 있고 또 그렇게 함으로써 그들 자체의 사용을 반영하고 있다는 것은 독창적인 동시에 기본적인 사실이다."383) 그는 말하는 주체가 단순히 인칭 대명사에 한정되지 않고 이에 따라서 변화하는 수, 격이나 동사 변화와 관련되면서 문법 전체에 반영된다는 사실을 지적했는데, "언어의 체계성으로 인해서 이 지시사들이 나타내주는 이 사유 행위는 담화 현실태 속에서 이 지시사들에 형태적으로 일치될 수 있는 모든 요소에 파급되는데, 무엇보다 먼저 개별 언어의 유형에 따라 다양한 수법에 의해 동사에 파급된다. 동사 굴절표의 모든 변화들, 상, 시제, 성, 인칭등은 담화 현실태에 대한 이러한 현동화와 종속에서 결과하는데, 특히 동사 형태가 나타나는 현실태에 항상 관계되는 동사의 시제가 그러하다."384) 결국 파롤 자체가 의미하는 것은 파롤을 구성하는 문법들을 통해 추론할 수 있는 말하는 주체일 것이다.385) 파롤은 그 안에 내재하는 말하는 주체를 생각

---

382) Émile Benveniste, p.252.
383) 같은 책, p.254.
384) 같은 책, p.255.
385) 우리는 절묘하게 다시 데카르트적 성찰의 테마로 되돌아왔다. 후설이 '불합리한 선험적 실재론'이라고 부른 것을 제외하면 기호학적 환원을 통해

344

하지 않을 수 없다. 반면에 우리가 랑그라고 불렀던 것은 이 말하는 주체의 욕구와 신념이 현시되어 있는 의미작용, 즉 구체적 발화 상황 자체가 아니라 말하는 주체가 비어있는 보편적인 문법을 의미한다. 랑 그는 이 빈칸에 말하는 주체가 채워지고 전이되는 구체적 상황 속에서만 파롤로 화하게 되는 것이다.

이렇게 해서 위에서 열거된 세 가지 관계들은 데카르트적 언어를 둘러싸고 있었던 원환과 마찬가지로 서로가 서로를 필요로 하면서 동일한 기호 세계를 순환시키게 된다. 그러나 그것은 기호학적 원환이다. 즉 그러한 원환은 언어-존재를 배제시키기는커녕 그러한 말이나 기호들로 이루어진 자기 독립적인 세계이다. 기호학자들은 이러한 세 가지 변별적인 관계들을 재인식하고 세분화시키는 데 노력해왔는데, 결국 우리가 말의 질서라고 칭해왔던 것도 바로 이러한 영역이었던 것이다. 기호학자들은 이러한 말의 질서를 보증해주는 것을 해명해야 할 필요가 있었다. 즉, 그들은 기호 바깥의 대상의 세계와 기호 바깥의 주체와 그 주체의 범주작용으로서의 문법을 배제시키고 논의를 시작했기 때문에, 이러한 자율적 말의 질서를 순환시키기 위해 그러한 원환을 가능하게 하는-세 가지 관계를 만족시키는-보편적 구조나 문법을 기호의 세계 속에서 정립시켜야할 필요가 있었다. 초월적 주체나 초월적 대상을 언급하지 않으면서 초월적 문법(구조)을 거론하기. 그러나 본질적으로 엄밀한 학의 기초를 모색하는 데카르트적 시도와 다를 바가 없는 기호학자들의 이러한 작업은 성공할 수 있는가?386) 이

서도 데카르트적 통찰의 빛은 여전하지 않은가?
386) 그렇다면 기호학(언어학)은 이러한 말의 질서를 순환시키는 근본 구조를 구명하는 일이 되어야 할 것이다. 일부 구조주의적 언어학자들은 그 기호 바깥에서 선험적 실재를 가정하지 않으면서 기호학적 환원을 통해서 되찾은 기호(언어)들의 세계가 어떻게 가능한 지, 즉 그 엄밀한 (기호·언어)학적 토대를 물으려고 했다. 이는 현상학의 기획과 동일한 기호학의 기획이었던 셈이다. 그러나 이 물음에 대해서 대체로 현상학은 현상학적

에 대한 대답을 위해서 여기서 우리를 언어-존재로 인도했던 환원의 의미를 '또 다시' 상기해야 할 필요가 있다. 기호학적 환원은 어쩌면 한 번으로 완성되지 않는다. 그것은 들뢰즈가 이제까지의 세 가지 관계를 보충하는 네 번째 차원으로서 언급하였던 것이기도 하다.

> "지시작용에서 현시작용으로, 그 다음에 의미작용으로, 그러나 또한 의미작용에서 현시작용으로, 그리고 지시작용으로 그렇게 우리는 명제(proposition)의 원환인 바의 하나의 원환 속으로 이끌린다. 이 세 차원들로 충분한가, 아니면 **의미(sens)가 될 네 번째 차원**을 덧붙여야 하는가를 아는 문제는 경제적이거나 전략적인 문제이다. 앞의 차원들에 상응하는 후천적인 모델을 우리가 구성하기보다는 모델 그 자체가 내적으로 선험적으로 기능할 수 있어야 하기 때문에, 그것(네번째 차원)의 소멸로 인해 경험적으로 바깥에서 인식할 수 없었던 하나의 보충적 차원을 도입해야 한다. 그리하여 그것은 권리의 문제이지 단순하게 사실의 문제가 아니다."[387]

세계에 내재하는 근본적인 토대인 선험적 주체를 발견하여 그것을 통해 세계를 구성하는 쪽으로 진행되었던 반면, 기호학은 기호학적 세계를 이루는 가장 근본적인 요소들을 발견하여 그것들이 순환시키는 체계를 구명하는 쪽으로 진행되었다. 이를 위해서 현상학이 환원을 통해서 그러한 세계를 가능하게 하는 근거를 직관적으로 포착했듯이, 기호학에서는 자신의 체계를 위해서 무엇보다 그 체계를 구성하는 요소를 올바르게 분할하는 것이 중요할 것이다. 기호학은 자신의 체계를 이루는 최소 분할로서 기호를 설정했지만, 기호는 하위 언어학적 층위에서 여러 가지 단위로 나뉘어질 수 있다. 이를테면 음운론(phonologie)은 의미 분화적 기능을 하는 최소의 음성 단위로서 음소(phomème)를 설정했고, 형태론(morphologie)은 음소들을 결합하여 만든 최소 언어 기호로서 형태소(morphème)를 설정했으며, 통사론(syntaxe)은 이러한 형태소들이 결합된 문장을 최소 단위로 설정했고, 의미론(semantique)은 최소의 의미 단위로서 의미소(monème)를 설정했다. 이러한 최소 분할 요소들이 이루는 구조를 구명하는 것이 기호학과 기호학의 하위 과학의 목적이 되어 왔던 셈이다. 그러나 그 세부적인 구조의 구명은 우리의 관심사가 아니다.

387) G. Deleuze, *Logique du sens*, pp.27~28.

346

그가 말하고 있듯이, 그러한 네 번째 차원은 그것이 없으면 세 가지 작용들 자체가 불가능하기 때문에, 이미 우리가 세 가지 차원을 설명하는 가운데서 끊임없이 전제되고 암시되어 왔던 것이다. 그러나 데카르트적 언어가 그러했듯이, 그것은 잊혀지기 쉬운데, 환원은 그렇기 때문에 말의 원환이 이루어지는 동시에 매번 실천되어야 한다. 특별히 들뢰즈는 그것을 의미(sens)라고 부르는데, 혹은-환원을 거쳤다는 의미에서-"순수 사건(événement pur)"이나 "표면 효과(effets de surface)"388)라고 부르기도 했다. 그것은 기호학적 환원을 거친 언어(기호)-존재 그자체를 의미한다. 들뢰즈가 말하듯이, 그것은 "사물들 속에 실존하는 것도 정신 속에 실존하는 것도, 또는 물리적 실존도, 정신적 실존도 아닌" 중성적(neutre)인 존재로서 "지각을 표현하는 명제, 지각적이거나 상상적인 명제, 회상이나 표상의 명제 바깥에서는 실존할 수 없는 전혀 다른 위상을 가지고"389)있다.

그런 점에서 푸코가 특별히 언표(énoncé)라고 칭했던 것은 이 모든 것을 고려하면서 비결정적인 언어-존재를 의미하기 위한 것이었다. 언어-존재를 감싸고 있는 것은 침묵의 세계이며, 그것이 바로 언어-존재를 가능하게 한다. 그는 언표 가능한 것을 가시적인 것과 구별할 줄 알았으며 언표 가능한 것이 가시적인 것과 서로 얽혀 있다는 사실을 누구보다 잘 알고 있었다. 그러한 언표가 구조주의적인 총체적 체계 일반이 아니라 불연속적인 체계들의 변환적 배치를 다루는 그의 고고학의 근본 요소가 되었다. 언표는 환원이 그러하듯이, -푸코에 따르면-기호를 (사라지지 않게) 존재하게 만드는 기능을 한다. "언표란 그러한 기호들의 집합을 존재하게 만드는 것, 그리고 그러한 규칙들이나 형식들(formes)이 현실화될 수 있도록 허용하는 것이다."390) 이를 위해서 우

388) G. Deleuze, *Logique du sens*, p.33.
389) 같은 책, pp.31~32.
390) M. Foucault, *L'archéologie du savoir*, p.116.

리가 세 가지 관계－환원까지 합하면 네 가지 관계－를 통해서 언어－
존재를 설명했듯이, 그는 언표의 네 가지 기능을 제시했다.391) 첫째, 언
표는 그것의 지시적 상관자로서 어떤 대상들의 집합인 좌표계
(référentiel)를 성립시키지만, 그러한 좌표계는 사물 자체가 아니라 개
인이나 대상, 사물의 상태나 관계들의 장소나 조건, 분화의 심급을 형성
시킨다는 점에서 우리는 이를 기호학적 지시작용이라고 말할 수 있으
며, 둘째, 언표는 그 바깥에 언표 행위에 앞서는 하나의 대상으로서 주
체를 성립시키지만, 그러한 주체는 부동의 자기 동일적인 중심이 아니
라 비어있는 자리(une place déterminée et Vide)라는 점에서 현시작용
이라고 말할 수 있으며 세 번째, 언표가 그와 연상되는(associé) 다른
영역의 존재로서 문맥이나 문법을 형성시키지만, 이 문법은 선험적인
범주 형식이 아니라 인접하는 모든 장과의 관계 하에서 형성되는 방계
공간(espace collatéral)이라는 점에서 의미작용이라고 말할 수 있다.

그러므로 네 번째는 아마도 환원의 의미에 해당하는 가장 중요한 기능
이 될 터인데, 푸코는 이에 대해서 언표는 물질적 실존(existence
matérielle)을 가져야 한다는 표현을 했다. 목소리, 문자, 그리고 기호가
되는 모든 것들은 모두 물질적이라고 할 수 있다. 여기서 물질성이 의미
하는 바는 이중적이다. 즉 "언표는 어떤 실체, 기반, 장소, 그리고 날짜를
가져야만 한다"392)는 점에서 반복 불가능한 하나의 순수한 사건이지만,
동시에 역설적이게도 언표는 반복을 생산하는 일종의 형식(forme)을 취
하고 있기 때문에 반복 가능한 물질이다. 이처럼 반복 불가능한 물질의
반복 가능성이 의미하는 것은 반복적 원환에서 그 틈이 의미하는 바－이
를테면 표상의 표상불가능성, 또는 불가역적인 가역성－와 동일하다.
"물질성의 낟알(grain)은 변화하는 것이다."라고 말한 푸코의 말은 전형
적으로 구조주의적(레비－스트로스)인 것이다. 결국 이것은 언표의 "결

---

391) 같은 책, pp.116~138.
392) 같은 책, p.133.

코 결정적이 아닌, 수정 가능하고 상대적인, 그리고 언제라도 다시금 의문에 부쳐질 수 있는 위상"을 의미한다.393) 메를로-뽕띠가 말하는 살의 물질성, 환원된 언어-존재가 바로 이런 것이 아니었던가? 기호의 다시쓰기와 옮겨쓰기의 가능성. 언표, 혹은 언어-존재 자체는 바로 고고학, 혹은 구조의 변환을 허용하는 장치인 것이다.

메를로-뽕띠가 언어의 두 가지 기능-말의 질서와 그 틈을 의미하는-을 자주 거론했던 것도 이와 동일한 의미로 해석되어야 한다. 그의 표현에 따르면, 언어(langage)는 말 되어지는 언어(langage parlé)와 말하는 언어(langage parlant)로 나뉘어 진다.394) 전자는 확정된(acquis) 언어, 랑그(langue), 즉 "실제로 그것 없이는 읽기 시작할 수 없는, 랑그와 그런 랑그의 글 전체를 구성하는, 처분 가능한 의미작용들로 확립된 기호들의 관계들의 덩어리"인 반면, 후자는 사라지는 언어, 파롤(parol), 즉 "기호들과 이미 처분 가능한 의미작용들의 어떤 배열이 그런 의미작용들을 변경시키고 의미작용들 각각을 변환시켜서 마침내 새로운 의미작용을 비밀스럽게 만들어서 이제부터 처분가능한 도구로서 독자의 정신 속에 확립시키게 되는"(*PM*. 20) 그런 작용이다. 서로 반대되는 이 두 작용은 동시에 일어난다. 다만, 말하는 언어는 말 되어지는 언어가 작용하는 가운데 사라지기 때문에, 그것이 나타나도록 하기 위해서는-들뢰즈가 말하고 있듯이-"뫼비우스(Moebius)의 띠(anneau)처럼, 길게 그것을 펼치면서, 그것을 풀면서 말의 원환을 찢어야만 한다."395) 기호학적 환원이야말로 이러한 파열이다. 환원이 행해질 때마다, 원환을 가능하게 했던 말의 질서는 깨어진다. 그리고 이러한 원환의 틈에서 그런 원환을 가능하게 한 구조의 본질과 기호의 본질이 나타난다. 이것이 바로 기호학의 진정한 영역

---

393) 같은 책, p.135.
394) *PM*. 17, 20 참조. 이것은 『지각의 현상학』에서는 이차 파롤과 일차 파롤, 혹은 관습 기호와 자연 기호, 혹은 제도와 자연이라고 명칭 되기도 한다(pp.207 f, 214, 218~221, 229 참조).
395) G. Deleuze, *Logique du sens*, p.31.

이며, 마침 에코가 말하고 있듯이, "기호학의 관점에서 보자면, 의미론적 장이 어떤 문화작용 안에서 기능을 발휘하고 그것이 또 다른 의미론적 장의 여지를 마련하기 위해서 어떤 지점에서 해체되기 시작되는지를 이 해하고, 문화의 상이한 유형들이 중첩될 경우, 같은 문화작용에서 둘 또 는 그 이상의 의미론적 장이 서로 적대적일지라도 어떻게 공존할 수 있 는지를 이해하는 것이 더 흥미롭다."396)

메를로-뽕띠의 기호학은 정확히 이런 원환의 틈, "갑자기 탈중심되 고 자기 평형에서 벗어난, 구성된 언어가 새롭게 조직될 때"(*PM*. 22) 를 포착하고 기술하는 것이다. 그래서 그의 기호학은 틈의 기호학이라 고 부를 수 있으며, 이러한 틈의 기호학은 지시작용, 의미작용, 현시작 용으로 부를 수 있는 세 가지 태도들을 통해서 기술될 수 있다. 첫 번 째는 후설의 지향성을 통해서 현상학적인 상호주관성, 즉 의사소통의 구조를 통해서 기술되며, 두 번째는 지시물이 배제된 소쉬르의 기호학 을 통해서 의미작용의 구조를 통해서 기술되며, 세 번째는 아동 심리 학이나 병리학적 사례들을 적극적으로 끌어들이면서 말과 사물을 통해 주체가 형성되는 과정을 기술하는 것이다. 그의 기호학은 기존의 기호 학이 배제시키고 있는 주체나 사물을 끌어들이면서 언어-존재를 말하 고 있다는 점에서 기존의 기호학의 안과 바깥 사이를 진동하는 기호 학의 틈·경계에 서 있다고 말할 수 있겠다.

---

396) Umberto Eco, *A theory of semiotics*, p.79.

3. 틈의 기호학: 랑그와 파롤의 키아즘

1) 의사소통의 구조: 후설의 틈

① 나 – 타자의 키아즘

타자는 나에게 말하고 나는 그 말을 이해한다. 혹은 나는 타자에게 말을 하고 타자는 그 말을 이해한다. 화자(발신자)에서 청자(수신자)로 향하는 이러한 성공적인 말의 순환을 기호학에서 특별히 의사소통(communication)으로 부른다.397) 그러나 일상 어법과 달리 여기서의 '이해'는 말하는 사람의 의도가 그대로 전달되는 것을 의미하는 것이 아니다. 사실 우리는 우리의 의도를 충실히 드러내기 위해서 말하는 경우도 있지만, 자의건 타의건 일정한 의도를 숨기고 거짓말하는 경우가 더 많다. 의사소통에서 중요한 것은 그가 거짓말을 하고 있는가, 하고 있지 않는가의 진위 판단의 문제라기보다는 그가 '어떤' 말을 했기에 '어떤' 점에서 그가 거짓말을 하고 있는가 하는 점에 있다. 그래서 에코는 심지어 "기호학은 원칙적으로 거짓말을 하기 위해 사용될 수 있는 모든 것을 연구해내는 학과다."398)라고 말하기까지 했는데, 의사소통은 실제로 말에 나타나 있는 의미가 순환되는 것이지 말에 나타나 있지 않은 어떤 의도가 순환되는 것이 아니기 때문이다. 그러므로 화자(청자)의 의도와 화자(청자)는 동일하지 않는데, 의사소통은 화자(청자)의 의도가 아니라 화자(청자)를 문제삼는 것이다. 기호학이 연구 대상으로 삼는 문화적 과정은 이러한 의사소통의 과정이다.399) 결국 말하는 사람의 의도가 배제된다는

---

397) 같은 책, p.8 참조.
398) 같은 책, p.7.
399) 같은 책, p.8 참조.

것은 말 이전에 존재하는 사유를 기호학에서 거론해서는 안된다는 것이다. 나의 말은 항상 나를 벗어나 있다. "내가 말들에만 관계한다는 느낌을 가질 때, 그 때는 표현이 잘 안된 것이고, 반대로 표현이 성공한다면, 나는 저 아래서 아득한 목소리로 내가 말하지 않았던 그런 말들 속에서 생각하는 것 같다."(*PM.* 164). 위대한 작가들조차도 인정하지 않을 수 없었던 이런 겸허한 고백은 이례적인 체험에 대한 것이 아니라 의사소통 일반에 대한 규정이 될 수 있다. 언어가 나의 통제권에서 벗어날 수밖에 없다는 '언어의 탈선'이야말로 기호학을 가능하게 하며, 의사소통의 과정을 가능하게 만든다.

그러나 **바꾸어 말한다면 의사소통은 나를 내 바깥으로 이끄는 것이며, 그렇게 나를 타자와 만나게 하는 계기가 되고 있다.** "내가 그 의미에 대해서 말하게 되는 범위 내에서, 내가 말하고 있을 때, 나는 나에게 또 하나의 '타자'이며 내가 이해하는 범위 내에서, 나는 더 이상 누가 말하고 누가 듣는지 알지 못한다."(*S.*121). 메를로-뽕띠는 언어의 이러한 탈선을 두고서 특별히 "지향적 탈선(transgression intentionnelle)"(*S.*120)이라고 불렀는데, 이는 본래 의식이 타자를 지각하는 방식을 칭하기 위해 후설이 채용한 용어였다. 후설은 의식과 사유내용의 상관관계를 지칭하기 위해서 지향성을 거론한 바 있다. 그러나 의식의 본질이 지향성인 한에서, 사유 내용(해석체), 즉 언어의 의미는 선험적 의식의 테두리 내에 있어야 한다. 즉, 언어란 의식이 구성한 대상들 가운데 하나라는 것이며 그렇기 때문에 언어는 사유의 대체물, 즉 이차적 전달의 수단에 지나지 않는다는 것이다.400) 그러나 Ⅱ장에서 보았듯이, 타아는 그처럼 간단히 의식의 구성물로 환원될 수 없는 명증적인 엄연한 현실이다. 그래서 그는 이를 지향적 탈선이라고 말할 수밖에 없었던 것이다. 그러나 메를로-뽕띠에 의해서 지향적 탈선은 타자의 지각에서 일어나는 사건만이 아니라 언어

---

400) *S.*106 참조.

일반을 규정짓는 사건이 되었던 것이다. 후설이 명시적으로 말하지 못했지만, **언어는 그 안에서 일어나는 지향적 탈선으로 인하여 전형적으로 타자인 것이다.** 결국 기호학이 언어를 통해 이 문제에 접근하기 전에, 현상학이 상호주관성을 통해서 먼저 여기에 접근했던 셈인데, 우리는 Ⅱ장에서 타자의 문제를 다루는 후설의 방식에 의문을 제기하고 신체를 통해 그것을 해결하려 했다. 기호학은 이런 의미에서 현상학과 겹쳐진다. 즉 기호학이 언어 기호만이 아니라 '대신해서 지시하는' 온갖 기호들을 다루는 한에서, 의사소통은 사회의 구성원으로서의 타자와의 언어적 대화만을 의미하는 것이 아니라 비언어적 기호, 즉 우리 바깥에 있기에 타자들인 사물들에 대한 가시적인 지각 작용도 포함되어야 한다. 말과 사물, 언표와 가시성의 키아즘, 기호학과 현상학의 키아즘. 메를로—뽕띠는 의사소통의 과정을 다음처럼 규정했다.

> "나, 저자 혹은 타자들과 등가적이지는 않지만, 사유를 디자인하기 위해서, 그리고 우리가 파롤 속에서 그것의 육체적인 현전의 모든 경험을 가지기 위해서, 사유를 의미하는 수렴된 파롤들이 수적으로 충분하고 충분히 유창할 때, 우리는 어떤 사유가 표현되었다고 말하게 된다. 의미작용의 음영들(Abschattungen)이 테마적으로 주어져 있다 해도, 담론의 어떤 지점이 지나가 버리게 되면, 담론 바깥에서는 아무 것도 아닌, 담론의 운동 속에서 취해진 음영들은 갑작스럽게 단일한 의미작용으로 수축되는 것이다. 우리가 하나의 사물을 지각한다는 것 즉, 그 사물의 설명이 감각적 전언들의 최소치를 넘어서 원칙적으로 무한으로 가게 된다 할지라도, 그러한 사물에 대한 지각과 마찬가지로 우리는 어떤 것이 말해졌다고 표현하게 되는 것이다. 또는 수많은 행동들을 바라보는 탐색자들이 반성을 통해서는 내 자신이 진정코 그 어떤 타자일 수 없으며 동일한 의미를 가진 자아가 될 수 없다 할지라도, 우리로 하여금 거기서 어떤 이를 지각하게 만드는 것처럼 말이다."(S.114).

그도 말하고 있듯이, 의사소통 속에서 나와 타자의 이해가 역설적으로 공존한다는 사실은 논리적으로 풀기 어려운 난제이다. 일찍이 플라톤이 배움의 역설을 통해서 고민했던 문제가 바로 이것이었는데,[401] 논리적(동일률)으로 말해서 내가 본래부터 타자를 알고 있지 못하다면, 나는 결코 타자를 이해할 수 없기 때문이다. 그러나 이것은 우리가 의식하고 있지 않다고 하더라도 매순간 우리에게 일어나고 있는 기적이며, 이렇게 매순간 행해지는 기적의 순환이 우리의 사회·문화적 삶 전체를 형성하고 있다고 해도 과언이 아니다. 그렇다면 기호학은 우리의 삶을 이해하기 위해, 즉 "문화 세계의 로고스"(*S.*121)[402]를 구명하기 위해, 우선 이러한 기적, 즉 의사소통의 가능성을 모색하지 않을 수 없을 것이다. 소쉬르의 기호학이 출범하게 된 동기가 바로 그러했다. "그러므로 사회생활 속에 있는 기호의 삶을 연구하는 과학을 생각해 볼 수 있다. 그것은 사회 심리학의 한 부문이 되며, 따라서 일반 심리학의 한 부문이 될 것이다. 우리는 그것을 기호학이라고 부르기로 한다."[403] 메를로-뽕띠가 현상학적 시절부터 집요하게 제기했던 물음도 바로 이것이었다. "문제가 되는 것은 어떻게 사람들이 미리 확립된 자연에 의존하지 않고서 의사소통할 수 있는지를 아는 것이며 어떤 바탕 위에서 우리의 의미들이 모든 것들에 열려있는지를 아는 것이며 어떻게 의사소통 이전에 하나의 의사소통을 가질 수 있으며 마침내 이성 이전에 하나의 이성을 가질 수 있는지를 아는 것이다."(*PM.* 79).

현상학을 통해서 그 문제에 처음으로 진지하게 접근했던 후설의 해결은 근본적으로 플라톤이 제시한 것과 다르지 않았다. 플라톤은 의사

---

401) *Meno* 80 e 참조. 우리가 이미 그것을 알고 있다면, 굳이 알려고 노력할 필요가 없고 모른다면 무엇을 알아야할지 조차도 모를 것이기 때문이다. 즉 어떤 것을 모른다는 것은 그것을 알고 있다는 것을 전제로 하는 것이다.

402) 이는 후설의 용어를 메를로-뽕띠가 차용한 것이다.

403) F. Saussure, *Cours de linguistique générale*, p. 33.

소통의 보편성을 위해서 불멸하는 영혼들이 기거하는 공통적인 불멸의 세계를 전제하지 않을 수 없었는데, 그에 따르면 나와 타자는 근본적으로 다른 것이 아니기 때문에 나와 타자는 서로를 이해할 수 있게 된다는 것이다. 말은 나 자체가 아니라는 점에서 불확실한 의사소통의 수단이지만, 이 열등한 나의 흔적을 계기로 순간적으로 나는 영원한 보편적 영혼을 불러일으킬 수 있다. 이는 나와 타자의 공통적인 절대적인 정신의 구조를 정립하거나, 나와 타자가 공통적으로 속해 있는 절대적인 세계를 정립하는 데카르트적 해결을 예견하고 있다. 우리는 플라톤의 이러한 신화적 상상을 단순히 웃어넘길 수만은 없는데, 우리의 의사소통 자체가 어쩌면 이런 신화적 해결에 의존하지 않을 수 없는 역설적이고 신비적인 사건이기 때문이다. 이는 심지어 가장 용의주도하게 엄밀한 사유를 전개시켰다고 스스로 자부하는 데카르트의 성찰에서도 일어나고 있는 사건이다. 그가 단언하고 있듯이, 내가 정신병자나 몽자가 아니라면, 나는 내가 모르는 말을 할 수는 없을 것이다. 즉 말은 나의 존재를 입증해주는 것이지 결코 타자가 아니라는 것이다. 그러나 그는 끝내 내가 정신병자나 몽자 일지도 모른다는 의심을 떨쳐버리는 엄밀한 논리적 실마리를 찾지 못함으로써—물론 그는 메를로-뽕띠와 달리 이것을 인정하고 있지 않고 있지만—정신병자나 몽자의 상태와 다를 바 없는 타자의 지각을 그대로 방치하게 되는 결과를 낳았다. 즉 그는 코기토에서 그의 성찰의 출발점이 되었던 지점, 즉 일상적 지각에서 빈번하게 일어나는 타자의 체험으로 자신도 모르는 사이에 은근슬쩍 다시 돌아오게 되었던 것이다.

물론 데카르트적으로 말해서, 내가 표현하는 순간, 그 표현이 분명히 나를 벗어나서 존재하는 일종의 타자라고 하더라도, 내가 그 표현을 스스로 이해함으로써 다시 타자를 내 것으로 만들 수 있다는 말은 옳다. 그러나 동시에 그러한 '나'의 이해가 타자에게 도착해서는 '타자'의 이해가 되고 있다는 사실을 무시할 수는 없다. 심지어 자신에게만 말을 한다고 생각되는 독백의 경우도 화자인 나는 동시에 청자인 타자, 즉 '대화상대자'가 되고 있지 않은가? 메를로-뽕띠는 이러한 이중성을 매우 중요하게 다루었다. "내가 보기에 타자는 항상 내가 보고 듣는 것의 경계에 있으며, 내 쪽으로 있거나 내 쪽을 바라보고 있거나 내 뒤에 있다. 타자는 나의 응시가 으스러뜨리는 그런 곳에 있지 않으며, 모든 '내재성'이라는 비어있는 곳에 있지 않다. 다른 모든 것은 또 다른 나-자신이다."(*PM*. 186). 의사소통에서 "나는 내가 하는 모든 것을 타자가 하게 만들며, 타자는 타자가 하는 모든 것을 내가 하게 만들기 때문에 타자는 바깥으로의 나의 싹트기, 나의 이중 짝(double), 나의 쌍둥이"(*PM*. 29 f)이라고 말할 수 있다. 결국 의사소통은 나와 타자, 화자와 청자를 공존시키고 있는데, 이러한 공존은 적대적 대립이나 환원을 촉발하지 않으면서 일종의 동일성을 형성한다. 우리는 이것을 그동안 키아즘이라고 불러왔다.-혹은, 나와 타자의 주름, 습곡이나 "거의 동중심적인(concentrique) 두 개의 원환들", "명분적 연합(apparentement)"으로 비유할 수도 있을 것이다(*PM*. 186)-결과적으로 나와 타자는 '동일한 것'의 서로 다른 형태들이기 때문에, 나를 통해서 타자를 이해하고 타자를 통해서 나를 이해할 수 있었던 것이다.

그런 점에서 플라톤이 불멸의 세계를 끌어들이듯이, 의사소통의 가능성을 해명하기 위해서 나와 타자를 가능하게 하는 어떤 공통적인 근거나 차원을 전제하는 것은 자연스러운 일이다. 다만 의사소통의 과정에서 이 '동일한 것'은 언어라고 말해야 한다. **언어가 '나'를 만들어냈고, '타자'를 만들어냈다. 언어가 '화자'를 만들어냈고 '청자'를 만들어냈다. 말하자면 이들은 언어의 의미나 언어적 사유에 불과한 것이다.** 그러므로 이들은 우리가 기호학이나 의사소통에서 배제시켰던 말 바깥에 있는 실존하는 나와 타자, 실존하는 화자와 청자가 아니다. 우리가 나와 타자, 안과 바깥의 이중성을 통해서 분명히 거부해야 할 것이 있다면, 그것은 타자를 나에게로, 바깥을 안으로 일방적으로-정

356

확히 말하면 타자를 그 바깥에 있는 나에게로, 바깥을 그 바깥에 있는
안으로 위계적으로−환원시키는 데카르트적인 성찰이다. 이러한 환원
의 유혹을 벗어버리기 위해서 말 바깥의 주체를 배제해야만 했던 것
이다. 메를로−뽕띠는 후설이 타자를 선험적 의식으로 환원시켰다는
사실에 대해서 비판하였다. 그러나 그는 후설이 언어를−선험적 의식
의 상관적 대체물로서 였다 하더라도−사회·문화적 대상으로 진지하게
다루고 있다는 사실에 대해서는 동의를 표시했다.

　앞에서 보았듯이, 언어(langage)는 이처럼 말하는 주체와 관련된다는
점에서 파롤로 불리어진다. 지극히 개인적이라고 생각되었던[404] 파롤
은 메를로−뽕띠에게서 그 고유한 나−타자의 이중적 관계로 인하여
보편적인 것으로 된다. 즉 나의 파롤이 순환시키는 사유는 주관적인
'나의' 사유에 그치는 것이 아니라 상호 주관적인 '우리의' 사유가 된
다. "파롤이 우리에게 관련되고 우리에게 비스듬하게 이르며, 우리를
꼬시고 우리를 이끌어내고 우리를 타자로 변환시키고, 타자를 우리로
변환시키기 때문에, 파롤이 나의 한계들과 내 것이 아닌 한계들을 폐
지하고 내게 의미를 가지고 있는 것과 내게 의미를 가지고 있지 않은
것의 양자택일, 즉 주체로서의 나와 대상으로서의 타자의 양자택일을
멈추게 하기 때문이다."(*PM*. 202). 그러므로 후설의 상호주관성은 우
리가 의식하지 못하고 있다 하더라도 우리의 파롤이 이루어지는 매순
간 성취되고 있었다고 말할 수 있다. 후설이 선험적 의식에서 상호 주
관성으로 이행하게 되는 과정을 보여주기라도 하듯이, "파롤은 개념과
명제의 자격으로 이제까지 하나의 주체에로의 내적인 형성에 지나지
않았던 것을 다시 객관화시키고 주체들의 다수성을 개방한다."(*S*.120).
그러므로 메를로−뽕띠가 후설의 상호 주관성을 적극적으로 받아들일
수 있었던 것도 이와 같은 파롤의 상호주관성을 통해서였다.

---

404) 특히 소쉬르가 그렇게 정의했다. F. Saussure, *Cours de linguistique
　　 générale*, pp. 37-38 참조.

"파롤의 현상학은 무엇보다도 그런 질서를 드러내기에 적합한 것이다. 내가 말하거나 들을 때, 나는 상호 주관성 이론의 뜻하지 않은 장애물이며, 시간 이론의 뜻하지 않은 장애물인 바의 표상성의 현전, 즉 내 안에서 타자의 현전을 경험하거나 타자 안에서 나의 현전을 경험하게 된다. 그래서 마침내 나는 후설의 수수께끼 같은 명제가 말하고자 하는 것을 이해한다. '선험적 주관성은 상호 주관성이다'"(S.121).

그러나 나의 것이 되기도 하고 타자의 것이 되기도 하는 파롤의 이러한 상호 주관성을 위해서 메를로-뽕띠가 고유하게 말하는 수식어가 있다면, 파롤이 바로 신체(corps)라는 사실일 것이다. "파롤의 경험이나 지각된 세계의 경험보다 더 분명한(그러나 다를 것도 없는) 타자의 경험 속에서, 나는 불가피하게 나의 신체를 내가 필연적으로 그렇게 인식할 수밖에 없는 하나의 자발성으로서 파악하기 때문이다. 타자를 실현시키는 것이 의식이라면, 실제로 또 다른 내 자신으로서 타자를 정립하는 것은 불가능하다."(S.117). 우리는 Ⅱ장과 Ⅲ장에서 나-사물, 나-세계, 나-타자의 이중적 지각의 바탕으로서 신체나 살을 중요하게 다루었는데, 이와 동일한 근거에서 파롤도 역시 신체나 살이라고 말할 수 있다. **언어의 신체성(corporéité)**, 바로 이것이 후설이 실제적으로 메를로-뽕띠에게 많은 암시를 주었음에도 불구하고 정작 그 자신은 말하지 못했던 '후설의 틈'이다. 신체로서의 언어는 하나의 독특한 수사에 그치는 것이 아니라 파롤의 본질을 효과적으로 드러내주는 존재로서 역할한다. 무엇보다 신체는 상호주관적(나-타자의 이중체)이지만 선험적 의식 자체가 아니다. 파롤의 상황이 마침 그러하지 않은가? 신체나 파롤의 본질은 의식과 달리 본질적으로 익명적인 자발성(spntanéité)에 있는데, 그 때문에 신체나 파롤은 내가 될 수도 있고 타자가 될 수도 있고 세계가 될 수도 있다. 이러한 신체의 전이 가능성을 칭하기 위해 메를로-뽕띠는 후설의 지향성을 신체의 본질로서

358

도용했던 것이다. 또는 이에 대해서 신체는 물질적이라고 말할 수도 있을 것이다. 물질로서의 신체, 즉 살은 일정한 형상(의미나 사유)을 가능하게 하는 반복을 가능하게 한다. 동시에 살의 유연함은 이러한 형상의 해체를 유도하는 반복 불가능성을 야기 시킨다. 파롤 역시 목소리나 문자, 혹은 가시성을 통해 구현된다는 점에서 물질적이거나 살이라고 말할 수 있다. 이는 푸코의 표현대로라면 언표가 물질적이라는 것, 들뢰즈의 표현대로라면 의미(사유)가 표면 효과(effets de surface)라는 것과 동일한 맥락에 있다.

> "말하는 것과 이해하는 것은 나−타자의 유일한 체계의 계기들이며 그런 체계의 운반자는 순수한 '나(Je)'가 아니다(순수한 '나'는 그 자신의 사유의 대상들 중 하나만을 거기서 보는 것이며, 앞에 놓여지는 것이다). 오히려 그것은 하나의 신체로 타고난 '나(Je)'이며, 계속적으로 그런 신체에 의해 이끌려진 '나(Je)'인데, 그것은 종종 사유들로 주장되거나 그런 사유들을 타자에게 돌리기 위해서 신체에서 신체의 사유들을 도용하기도 한다."(*PM*. 27).

그리하여 나와 타자는 동일한 파롤이 유통시키는 여러 의미들 중 하나에 불과하다. 마찬가지로 우리가 사물이라고 부르는 것도, 나와 타자가 거기서 이끌어져 나오게 될 상황(situation)이나 문화라고 부르는 것도 모두 다 동일한 파롤의 가능한 의미들 가운데 하나이다. 파롤의 실행이 바로 우리에게 이 모든 것을 열어주고 가능하게 해주었던 것이다. 물론 이러한 파롤의 실행이 가능한 것은 우리가 바로 신체로 되어 있기 때문이다. 결국 우리가 의식을 가지고 있어서가 아니라 신체를 가지고 있기 때문에, 즉 우리가 생각할 수 있어서가 아니라 파롤을 할 수 있기 때문에, 세계 속에서 살아갈 수 있었던 것이다. 우리는 파롤을 통해서, 즉 파롤 이후에 생각하는 것이지 파롤 이전에 생각하는 것이 아니다. 후기 후설이 더 이상 의식이 아니라 '삶의 세계'에로

회귀하게 되었던 것도 바로 이런 의미에서였다.405) 파롤은 언제나 나
와 타자, 화자와 청자가 공존하는 이러한 문화적 세계에 던져지게 마
련이다.

② 지시의 순환

기호학에서 언어의 지시작용으로 도식화되는 것이 바로 이것이다.
앞에서처럼 파롤의 실천을 통해서야 비로소 문화적 세계가 현전하게
된다는 것은 기호가 그 바깥에 있는 대상(세계)을 지시하거나 대신한
다는 지시작용과 다를 바가 없지 않은가? 다만 기호학적 지시작용에
서는 파롤이나 기호보다 대상이나 문화적 세계가 선행적으로 존재하는
것처럼 보인다는 것인데, 사실 이마저도 세미오시스의 순환 속에서는
무의미한 문제가 된다. 그러므로 세미오시스에서 '바깥'에 있다는 것
은 단지 이전 파롤들을 통해서 생겨난 문화적 세계를 현재의 파롤을
위해서 '가정'한다는 사실을 의미할 뿐이다. 가정한다는 것은 결정하
지 않는 것이며, 결정을 위해 또 다른 파롤을 부른다는 것이다. 현재
파롤의 실천은 이전(과거)의 파롤에 의해서 열려진(가정된) 세계를 현
전하는 것으로 확인하고 변형시킨다. 그러나 아직도 이러한 현전으로
증명이 되지는 않는다. 그것은 여전히 결정되지 않는 것이기 때문에
또 다른 파롤들을 부르게 된다. 말하자면, 파롤은 자기 바깥의 대상을
지시한다하더라도, 진정한 의미에서 결코 파롤 바깥을 나갈 수 없다는
것이다. 그런 식으로 의사소통적 고안으로서의 대상(object)이 기호학
의 영역에 들어오게 되었던 것이다.406)

결국 파롤과 가시적인 삶의 세계는 서로가 서로를 필요로 하면서
순환한다. 이처럼 지시작용이 지시불가능성에 근거한다는 사실, 그리
고 이러한 지시 불가능성이 바로 말과 사물의 순환을 가능하게 한다

---

405) S.116 참조.
406) Umberto Eco, A theory of semiotics, p.12 참조.

360

는 사실을 깨닫는 것이 바로 기호학적 환원이었던 것이다. 우리가 신체를 통해서 또 다른 신체들을 이해하게 되듯이, 이처럼 우리는 파롤을 통해서 또 다른 파롤을 이해하게 된다. 그리고 후기 후설이 지적했듯이, 우리의 의사소통을 가능하게 하는 문화적 세계, 즉 우리의 시간과 공간조차도 이러한 파롤들의 연쇄에 의해서 형성된다.407) 바로 나와 타자, 화자와 청자가 공통적으로 속해 있는 그런 의사소통적 세계 말이다. "우리는 하나의 동일한 선역사(préhistoire)에 속해 있는 것이 아니라 하나의 동일한 파롤에 속해 있다. 그런 파롤은 일반적으로 잡을 수 없고 테마화될 수 없는 타자로서 있고, 그런 한계 내에서 그런 파롤은 개별성이 아니라 일반성이다. 그러나 그것은 마치 감각의 개별성이 의사소통으로 승화되는 것과 같다."(PM. 195 f). 그러므로 현상학적 환원이 그러했듯이, 기호학적 환원은 기호를 가능하게 하는 대상이 사실은 도달 불가능한 기호 바깥에 있는 것이 아니라 기호들의 연쇄나 문맥에 근거되어 있다고 말함으로써, 기호로 이루어져 있는 문화적 세계의 객관성을 설명해줄 수 있다. 이러한 기호학적 지시작용, 즉말과 사물의 키아즘이 문화적 세계를 객관적으로 존재하게 만드는 한에서, 바로 그것은 의사소통의 근거가 되기 때문이다.408) 그러나 이처

---

407) S.120 참조.
408) 이러한 지시작용은 플라톤의 『크라틸로스』의 언어 모방론과 아리스토텔레스의 『범주론』(16a)의 언어의 삼분법(spoken sound[written mark], affection, thing) 이래로 퍼어스의 기호학에 이르기까지 인식의 보편성을 담보하기 위한 공통적인 틀이었다고 할 수 있다. 소쉬르주의자였던 방브니스트도 마찬가지였는데, 그는 소쉬르의 기호의 자의성에 대한 이해를 기호와 대상 간의 관계를 통해서 심화시켰다. 그는 소쉬르주의의 공헌과 가치를 십분 인정하면서도, 기표와 기의의 관계를 통해서보다는 기호와 대상 사이의 관계를 통해서 접근하는 일반 기호학을 주장했다. 이는 소쉬르의 공시 편향적인 기호학에 시간성을 적극적으로 끌어들인 것이다. 즉 그는 전자가 공시적인 랑그의 필연성을 담보해준다면, 후자는 변증법적인 필연성을 담보해준다고 말했다(Émile Benveniste, Problèmes de linguistique générale, I, Gallimard, 1966, pp.49-55 참조).

럼 세미오시스, 즉 말과 사물의 키아즘이 문화적 세계의 객관성을 담보해준다는 말이 정확히 무엇을 의미하는지 살펴보아야 한다. 왜냐하면 의사소통의 근거가 되는 문화적 세계는 현재의 파롤에 의해 끊임없이 변형될 수 있다는 것이므로, 그것은 문화적 세계의 객관성을 뒤흔들어 버리는 회의적인 말처럼 들릴 수도 있기 때문이다.

플라톤이 그러한 불멸의 세계를 의사소통의 근거로서 묘사하고 있듯이 흔히 세계의 객관성은 그것의 불변성과 동일시되는 경향이 있다. 퍼어스에 따르면, 기호가 지시하고 있는 기호 바깥의 대상의 존재가 바로 기호를 가능하게 한다. 즉 이러한 대상계의 존재가 바로 의사소통의 가능성을 마련해준다는 것이다. 그러나 그것은 실체적으로(긍정적으로) 존재하는 것이 아니라 죽음처럼 빈 자리로 존재한다. 그것은 파롤의 실천들을 이끌어내는 일종의 최종적 목적, 규제적인 것인데, 마치 죽음의 저승계가 삶의 이승계를 규제하기 위해 그 너머에서 존재하는 것처럼 말이다. 그것은 기호 바깥에 존재한다는 점에서 X라고 부를 수 있는데, 죽음은 되돌이킬 수 없는 절대적 사실이기 때문에 X는 불멸의 세계로 형상화되었던 것이다. 그러나 사실 그것은 우리에게 우리와 현재의 삶의 한계를 자각하게 하고 타자나 다른 삶을 불러일으키면서 우리와 삶을 '궁극적으로' 규제하는 '존재'일 뿐이다. 메를로-뽕띠가 의미심장하게 묻고 있듯이, "어떻게 신체와 파롤은 내가 그것들에 집어넣은 것 이상을 내게 줄 수 있단 말인가?"(S.118). 이는 나와 타자를 초월해 있는 힘, 파롤의 연쇄를 이끌어내는 힘, 현재의 세계를 변환시킬 수 있는 힘, 즉 X가 작용하기 때문이다. X는 원심적인 파롤들을 구심화하는 초월적인 힘이다. X는 그것이 유도하는 파롤들의 연쇄 전체가 표상하는 총체적이고 규제적인 이념들로 상징적으로 대체되기도 하는데, 이러한 이념을 포함한 모든 의미는 파롤을 이루는 요소들이 원심적으로 분산되었다가 구심화되는 일종의 힘의 중력장 속에서 일어나기 때문이다.409) 그러한 의미의 중력장은, 그 속에서 작용하고 있는 구

362

심적 힘이 어떻게 작용하느냐에 따라 다르게 변환하기 때문에 별자리 (constellation)처럼 다른 의미들을 파생시킬 수 있다. 즉 X의 이념은 모든 사람들로 하여금 강제적으로 동의하게 만드는 그런 결정된 것이 아니라는 사실인데, 그 때문에 우리는 이념을 다양한 파롤들(실천들)이 지나가는 빈자리라고 말했던 것이다. 우리는 바로 그 빈자리에 신, 주체(나, 타자), 사물, 문화적 세계와 같은 이념들을 대입할 수 있다. 바로 이러한 것들이 진리나 의사소통을 보증해주는 근거들로 그동안 내세워졌다. 그러나 이러한 이념의 빈자리를 지나가는 수많은 파롤의 실천들을 생각해보라. 결국 이러한 이념들은 무한한 파롤들의 연쇄 전체를 지칭하는 규제적인 다양한 이름들에 지나지 않으며, 기호학적으로 말해서 기호 바깥의 X는 무한한 세미오시스에 지나지 않는다. 결국 무한한 연쇄란 무한한 변환 가능성을 의미한다. 변환을 예시하는 기호들의 틈이야말로 바로 불변성이며, 그것이 플라톤의 말대로 진리이며 의사소통의 근거인 것이다.

"합리성, 즉 정신들의 일치는 우리 모두가 동일한 길에 의해 동일한 이념에 가기를, 혹은 의미작용들이 정의 속에 가둬질 수 있기를 요구하지 않으며, 그것은 단지 모든 경험이 모든 이념들을 위해서 기폭장치(amorçage)를 함축하기를 요구할 뿐이며, 이념들이 배치를 가지기를 요구할 뿐이다. 그런 이중적인 가정은 하나의 세계에 대한 가정이다. 그러나 더 이상 여기서는 감각의 보편성에 의해서 증명된 통일이 중요하지 않는 것처럼, 우리가 말하는 통일이 확인되기보다는 차라리 불러일으켜지는 것처럼, 그런 통일이 거의 비가시적이고 우리의 의미들의 건축물 위에 구성되는 것처럼, 우리는 그것을 '문화적 세계'라고 부른다."(*PM*. 198~199).

명실공히 그러한 의사소통의 보편성을 위해서, 문화적 세계와 상관

---

409) *S.*114 참조.

적으로410) 메를로-뽕띠는 "파롤들에 의당 공통적인 바탕을 부여하는 문화의 침적(sédimentation)"(*PM.* 195)으로서 랑그(langue)를 거론했는데, 이는 소쉬르가 언어의 사회성을 특별히 강조하면서 파롤과 구별적으로 개척한 용어이다.411) 의사소통을 가능하게 하는 이러한 공통적인 상호 주관적인 현상학적 세계가 상관적으로 파롤의 기호학적 순환에 있다는 사실은 우리로 하여금 그러한 파롤의 구조로서 랑그를 구명하지 않을 수 없게 만들 것이다. "말을 하고 있는 우리 자신도 필연적으로 우리말을 듣고 있는 사람들보다 우리가 표현하고 있는 것을 더 잘 알고 있는 것은 아니다. 일관적인 의미를 만드는 담론들의 개념을 둘러싸는 조직하는 힘이 내 안에 설치되어 있을 때, 그리고 이 힘 자체는 내편에서 그 힘을 소유하고 정면으로 그 힘을 관조한다는 점에서가 아니라 내가 사유의 어떤 스타일을 획득했다는 점에서, 내가 하나의 개념을 안다고 말하는 것이다."(*S.*114). 이러한 랑그의 체계는 한편으로 의미작용(signification)으로 불리기도 한다. 즉 기호학자들은 의사소통의 보편성을 마련하기 위해서는 처분가능한(disponible) 의미작용의 법칙이 확립되어야할 필요가 있다고 생각하는데, 대체적으로 언어학이나 기호학을 출범시켰던 동기가 바로 그러했다. 대체적으로 언어-존재가 화자에서 청자에로 이르는 전체적인 전달 과정이 의사소통인 반면, 의미작용은 이 과정에서 청자에게 해석적 반응을 일으키는 언어-존재 그 자체의 기능에 관련되기 때문이다.

---

410) 현상학이 문화적 세계의 구조를 다룬다면, 기호학은 그러한 세계를 지시하는 랑그의 체계를 다룬다. 그런 의미에서 현상학과 기호학은 상관적으로 서로를 지시한다. 메를로-뽕띠의 기호학적 계열은 의사소통의 문제를 둘러싸고 있는 이 두 영역을 자유롭게 넘나들고 있다는 점에서 현상학과 기호학의 키아즘이며 말과 사물의 키아즘인 것이다. 그는 명실공히 상이한 학문의 경계에서 그것들 사이에서 대화하고 의사소통하는 철학을 실천했다. 이러한 상이한 영역의 대화는 그의 신체 개념을 통해서 가장 잘 드러난다. 그는 너무나 당연하게 파롤을 신체와 동일시했다.

411) F. Saussure, pp.33-39 참조.

특히 소쉬르는 의사소통의 문제를 거론하면서 파롤이 아닌 랑그만을 기호학의 대상으로 삼았다. 이는 랑그가 보편적인 문화 세계와 동형적인 잠재적이고 사회적인 문법 체계인 반면, 파롤은 이러한 잠재적 체계의 개인적인 실현에 지나지 않는다는 언어에 대한 기능주의적인 이분법에 의거한 것이다. 물론 메를로-뽕띠에게도 이와 유사한 구별이 존재한다. 이를테면 그가 언어에 대해서 행했던 구별들, 즉 파롤/랑그, 말하는 언어/말되어지는 언어, 1차 파롤/2차 파롤, 자연 기호/관습 기호, 새로운 의미작용/처분가능한(진부한) 의미작용 등은 개인과 사회와 같은 유형적인 잣대를 가지고 형식적으로 언어를 분할하는 것이 아니었다. 또 둘 중에서 후자만이 기호학의 대상이 될 수 있다고 판정하기 위해서도 아니었다. 사실 우리가 의사소통을 할 수 있는 것은 기존의 확립된 언어들, 즉 소쉬르가 말하는 랑그임에도 불구하고 실제 의사소통의 과정에서 우리는 표현하려는 것에 신경을 쓰는 나머지, 이미 주어져 있는 이러한 토대를 망각하게 된다. 그러나 이러한 망각 속에서도 의사소통이 이루어지고 있다는 사실은 의심의 여지가 없다. 어쩌면 랑그에 의해서 우리의 의사소통이 이루어지는 것이 아닐지 모른다. 오히려 의사소통은 내 자신이나 타자를 향해서 기존의 것과 다른 '나만의' 새로운 의미작용을 던지는 순간에 성공했다고 말하게 된다. 그 '나만의' 파롤은 나를 고립시키기는커녕 나를 타자에게 인도한다.

그러므로 그 성공을 가능하게 하는 것은 내가 망각하고 있었던 '이미 소유한 언어'라기보다는 내가 지금 의식하고 있는 '어떤 미지의 힘(X)'에 의해서라고 생각하게 되는 것은 어쩌면 당연한 일이다. "언어의 힘은 소위 수법적인(de manière) 주요어들이 말했던 것 이상을 스스로 말하게 하도록 그것들(주요어)을 배치시키는데 성공할 때, 또한 실제로 우리가 주어진 모든 언어를 능가하기 때문에, 언어가 과거의 산물로서 능가되고 그럼으로써 우리에게 모든 파롤을 능가한다거나 사물 자체에 도달하게 된다는 환영을 주게 될 때, 언어의 힘 전체가 현전하게 되는 것이다."(*PM.* 58). 이런 의미에서 그는 언어가 둘로 나뉘어질 수 있다고 말한 것인데, 그는 의사소통을 가능하게 하는 언어의 힘을 1차 파롤이라고 말했고 그 가운데서 망각되는 언어를 2차 파롤이라고 말했다. 혹은 전자가 언어가 능동적으로 자신의 힘을 보여주는 것이라는 점에서 말하는 언어로, 후자가 그러한 힘을 통해 고착된 언어라는 점에서 말 되어지는 언어로 말하기도 하고, 전자가 우리에 의해 의도적으로 이루어진 것이 아니라는 점에서 자연 기호로, 후자가 이미 가지고 있는 수단들을 통해서 유통된다는 점에서 관습 기호로 말하기도 했다.

그러나 이러한 구별은 실질적 구별이 아니다. 즉 1차 파롤은 그것이 아무리 새로운 것이라고 하더라도 여러 주체들 사이를 순환하면서 진부하게 되고 관습적으로 되면서 2차 파롤, 즉 랑그와 본질적으로 전혀 다를 바가 없기 때문이다. 그리고 우리가 말하는 순간 그 사실을 망각하고 있다고 해도, 소쉬르의 말대로 실제로 1차 파롤은 2차 파롤이 없다면 소통될 수 없는 것이다. 메를로-뽕띠가 말하고 있듯이, "일차적 파롤은 이미 공통적이었던 행위들을 수면 위에 떠오르게 만들었고, 이미 사적인 세계이기를 멈추었던 감각적 세계 속에 뿌리를 두었기 때문에 1차 파롤은 의사소통의 무 속에 확립되어 있지 않다."(*PM.* 60). 결국 파롤과 랑그가 구별되는 것은 의사소통적 순환의 반복 정도에 있다고 말할 수 있겠다. 반복은 일정한 형태를 유지하면서 순환되는 것으로, 그러한 형태를 유지시키는 일정하게 구심적인 '언어의 힘(X)'이 작용해야 가능한 운동이다. 이러한 언어의 힘에 의해 원심적인 요소들이 구심적으로 수렴되는 것을 일컬어 우리는 그동안 구조라고 말했던 것이다. 그것은 랑그의 체계로서 기호학이 구명하려는 대상이 된다. 그러나 2차 파롤, 랑그의 본질인 바의 구조를 가능하게 하는 언어의 힘이라는 것은 1차 파롤 그 자체가 아니던가? 물론 1차 파롤은 소통의 반복이 거듭되면서 랑그로 고정되는 양태를 띨 것이고, 그래서 마치 그러한 공통적인 형식에 의해서 의사소통이 가능한 것처럼 느껴질 것이다. 그러나 앞에서 말했듯이 진정한 의사소통은 그렇게 반복되는 랑그의 순환 속에서, 랑그가 잊혀지면서 1차 파롤이 돌출될 수 있을 때 성립된다. 즉 구조가 일종의 중력장을 형성하고 있는 한에서, 그러한 중력장을 변환시킬 수 있는 새로운 언어의 힘(1차 파롤)이 작용함으로써 기존의 장은 변환되고 새로운 의미장으로 극화된다. 구조는 그 틈이 없으면 존재할 수 없으며 구조는 그 틈에 의해서 해체된다. 그가 말하고 있듯이 이것은 우리가 매순간 경험하고 있는 그야말로 표현의 역설인 것이다. "자신을 표현한다는 것, 그것은 역설적인 기획이다. 그런 기획이 명백한, 이미 확립된, 이견의 여지가 없는 표현들의 바탕을 전제하는 한에서, 그리고 그런 바탕 위에서 채용된 형태가 떼내어지고 주의를 일깨울 정도로 충분하게 새로운 것으로 존재하는 한에서 말이다."(*PM*. 51).

이처럼 랑그와 파롤이 키아즘적으로 얽혀 있는 상황에서 어떻게 우리가 그것들을 원리적으로 구별할 수 있겠는가? 파롤이 의미라면 랑그는 제도(instituition)이다.412) 의미 없는 제도가, 혹은 제도 없는 의미가 가능하겠는가? 기호학자들이 구명하려고 했던 것이 원심적인 것을 구심적으로 수렴하는 언어적 힘의 원리, 즉 구조인 한에서, 그것이 굳이 랑그에 국한될 필요가 있겠는가? 그가 말하고 있듯이, 오히려 파롤이 랑그를 수정하고 지지한다.413) 의사소통이란 랑그를 현실화시키는 동시에 랑그를 파괴시키는 것이다.414) 새로움은 곧 진부하게 되고

---

412) *pp*.220~221 참조.
413) *R*. 33 참조. 이러한 랑그와 파롤의 키아즘은 메를로-뽕띠만이 아니라 소쉬르의 충실한 계승자이기도 한 방브니스트에 의해서도 강조되고 있는 바이다. "어떤 대명사들은 랑그의 통사론에 속하고, 또 다른 것들은 우리가 '담화의 현실태들(instances)'이라고 부르게 될 것, 다시 말하면 랑그가 화자에 의해 파롤로 실현되는 불연속이고 매번 유일한 현실태의 특징을 나타낸다"(Benveniste, p.249)

그러한 진부함 속에서만 또 다른 새로움이 태어나는 법이다. 그러므로 일부 소쉬르의 계승자들이 그러했듯이, 구조의 변환성과 시간성을 해결하기 위해서 소쉬르의 공시적인 랑그 개념에 따로 파롤을 부가적으로 병행시키는 것은 언어의 연구를 엉망진창으로 만들어 버리는 것이다.415) 파롤과 랑그는 동일한 신체이기 때문이다.416)

> "한 유명한 구별을 다시 생각하면서 우리들은, 언어들, 말하자면 어휘체계와 구성적인 통사체계들, 경험적으로 실존하는 '표현의 수단들'이 그 안에서는 말로 표현되지 않은(informulé) 의미가 바깥으로 번역되는 수단을 발견할 뿐만 아니라 자기 자신에 대해서는 기존의 실존(existence)을 발견하게 되는 그러한 파롤의 활동들의 말김과 침적이라고, 그리고 진정하게 의미로서 창조되었다고 말할 수 있을 것이다. 또는 우리들은 말하는 파롤과 말 되어진 파롤을 구별할 수 있을 것이다. 전자는 그 안에서 의미작용적 지향이 태어나는 상태로 발견되는 그런 것이다. 여기서 실존은 어떤 자연적 대상에 의해서도 정의될 수 없는 어떤 '의미' 속에서 극화된다. 전자가 다시 연결되려고 하는 곳은 존재 저편이며 그런 연유로 전자는 파롤을 그 고유의 비-존재의 경험적 토대로서 생산한다. 파롤은 자연적 존재에 대한 우리의 실존의 초과이다. 그러나 표현 활동은 언어학적인 세계와 문화적인 세계를 구성하며 저 너머로 향해져 있는 것을 다시 존재로 되돌아오게 만든다. 거기에 바로 획득된 우연으로서 처분 가능한 의미작용들을 운영하는 말 되어진 파롤이 있다. 그러한 획득물로부터 또 다른 진짜 표현 활동들-작가나 예술가, 혹은 철학자의 표현 활동들-이 가능하게 된다."(pp.229).

이제 우리는 기호학의 본령인 의미작용의 구조로 나아가게 될 터인데, 그 전에 우리가 확실히 해야 할 것이 있다면, 일부 기호학자들이 생

---

414) *PM.* 140 참조.
415) *R.* 33~34, *PM.* 34 참조.
416) *PM.* 194~195 참조.

각하듯이, 그러한 구조는 나와 타자에게 공통적으로 깔려 있는 사유의 객관적인 범주작용들이 아니라는 사실이다. 그동안 우리가 메를로-뽕띠의 의사소통의 기호학을 통해서 강조했던 것이 바로 그것이다. 그가 말하길, "무엇보다 나는 '표상작용'이나 사유로 의사소통하는 것이 아니다. 오히려 나는 말하는 주체와, 존재의 어떤 스타일과, 그것이 의미하는 세계와 의사소통하는 것이다. 타자의 파롤을 움직이게 하는 의미작용적인 지향이 명시적인 사유가 아니라 채워지려고 하는 어떤 결핍인 것과 마찬가지로 나에 의한 그런 지향의 되풀이(reprise)는 나의 사유의 작용이 아니라 나의 고유의 실존의 동시적인 변조, 나의 존재의 변환이다."(*pp.*214). 만일 의미작용이 기존의 세계를 확인해주는 것에만 그친다면, 그러한 파롤이나 구조의 순환은 자기를 넘어서지 못하는 폐쇄적인 것이며 그것은 결국 의사소통되고 있는 것이 아니다. 무엇보다도 의미작용의 기호학은 데카르트주의적인 논리학, 즉 보편 문법을 모색하려는 유혹에 빠지지 않으려는 지적인 긴장을 유지해야 한다. 그런 점에서 그의 기호학은 이처럼 구별된 두 층위를 자유롭게 넘나들면서 그 구별을 무화시키는 특징을 보이는데, 랑그나 의미작용은 곧 의사소통의 근거이기도 했던 나-타자의 이중적 운동 속에 있는 파롤 그 자체이기 때문이다. 다만 다음에서 보겠지만, 후설을 통해서 드러나는 그의 의사소통의 기호학과 달리 그의 의미작용의 기호학은 소쉬르가 개척한 기호학의 전통 속에서 더 분명하게 드러난다고 말할 수 있겠다. 이는 후설이 말하지 못했던 후설의 틈을 섬세하게 드러내주는 소쉬르적인 반복이다.

2) 의미작용의 구조 : 소쉬르의 틈

① 기호의 신체성

의미작용은 기호-존재가 신체이기 때문에 일어나는 것이다. 이는 기호의 독립적인 존재를 강조하기 위한 하나의 비유에 그치지 않는다. 메를로-뽕띠의 이 말은 사실은 소쉬르의 기호에 대한 정의가 몰고 온 파장과 맞먹는 혁명적인 의미를 내포하고 있다. II장에서 충분히 보았듯이, 메를로-뽕띠는 신체를 이미 존재하는 정신의 그릇으로 만들어 버리는 데카르트적인 편견에 맞서서 그것을 의미가 파생(생산)되는 근원적인 실존 형식으로 이해해야 한다고 강조했다. 기호의 신체성이란 기호가 의미를 소유하고 있는 형식이 아니라, 그것을 파생하는 형식이라는 사실을 천명하는 것이다. 신체가 사유를 가능하게 하듯이, 기호가 의미를 가능하게 한다. 이는 소쉬르가 기호를 기표(signifiant)과 기의(signifié)의 결합으로 규정하면서, 그러한 결합이 자의적(arbitraire)이라고 선언한 것과 동일한 것이다. 일단 소쉬르의 정의는 기호를 기호 바깥의 사물과 연관시키지 않는다는 점에서 획기적인 것이었다. 그는 기호가 그 바깥의 사물과 연관됨으로써 기호가 그러한 사물에 환원되어 사라지게 될 위험으로부터 기호의 존재를 구출해야 했다. 실제로 우리는 의사소통에서 사유와 의미들을 파생시키는 기호의 존재를 잊어버린 채, 사물 그 자체에 대해서 말하고 있다고 생각하지 않는가?417)

> "놀라운 일은 소쉬르 이전에 우리는 그것(파롤)에 대해 아무 것도 알지 못했다는 것이며, 우리는 말할 때마다 번번이 그것을 잊어버린다는 사실이다. 놀라운 일은 의미작용을 차별화하는 단순한 힘에 불과한 파롤이 한 편으로 의미작용들을 포함하고 그것을 운반하는 것으로 보인다는 사실이다."(*PM*. 145).

---

417) *PM*. 58 참조.

만일 우리가 기호를 그렇게 내버려둔다면, 기호는 사물의 표면에 붙어 있는 하나의 환영에 지나지 않을 것이고, 그러한 환영에 우리가 그처럼 울고 웃고 하는 이유를 알지 못할 것이다. 기호가 그러한 비존재라면 그 속에서 살고 있는 우리는 영원한 기만자이거나 그처럼 허무한 비존재일 것이다. 이러한 상황에서 우리가 정신이기 이전에 신체라는 사실을 인정하는 것은 그처럼 열등하게 생각했던 신체가 바로 우리의 고매한 정신을 가능하게 한다는 사실을 받아들이는 것이고, 그렇게 비존재를 당당히 존재로 받아들이는 것이다. 이는 분명히 기존 권위에 대한 도전이며 전복이다. 이와 동일한 문맥으로 소쉬르는 기호의 존재 이유가 그 바깥의 사물을 지시함으로써 생겨나는 것이 아니라 기호 자체 안에서 발견되어야 한다고 주장했던 것이다. 이를테면 그는 일종의 태도 변화를 위해서 기호와 사물의 관련을 거부했던 것이지, 실제로 말과 사물이 무관하다고 말한 것은 아니었다. 이는 소쉬르의 계승자인 방브니스트가 소쉬르의 표현의 모호성을 지적하면서 말하려고 했던 것이기도 하다. 이는 기호학적인 연구 대상을 확실히 마련하지 않고서는 한 발자국도 나아갈 수 없었던 상황에서 소쉬르가 취하지 않을 수 없었던 당연한 출발이었다. 그리고 그는 사물(의 의미)에 해당하는 기의를 기호─존재의 하나의 항으로 설정함으로써 (사물의) 의미가 바깥에서 온 것이 아니라 기호 자체가 일으킨 것으로 만들었던 것이다.

그리하여 기의(개념)는 기표(소리)가 없이는 존재할 수가 없다. 동시에 기표 역시 기의가 없이는 존재할 수 없다. 종이의 앞뒤 면처럼, 기호는 반드시 기표와 기의의 결합을 통해서만 존재하게 된다. 그렇다면 기표와 기의의 결합은 필연적이지 않은가? 방브니스트는 확실히 그렇다고 말했지만, 이러한 필연성은 소쉬르가 말하는 자의성을 부인하는 것이 아니었다. 한국인인 우리가 '나무'라는 기표를 통해서 나무라는 기의를 '함께' 불러일으키게 되는 것은 기호─존재 안에 '반드시' 그래야만 하는 이유가 있어서가 아니다. 그렇기 때문에 프랑스인은 동일한 기의에 대해서 'arbre'라는 기표를 결합시키며, 미국인은 'tree'라는 기표를 결합시킬 수 있다. 이를테면 기표와 기의라는 두 항이 서로 결합해야 한다는 사실은 불변의 사실이지만, 두 항은 얼마든지 다르게 결합될 수 있다는 점에서 우연적이다. 기호의 의미작용은 그렇게 나타날 수도 있고 저렇게 나타날 수도 있다. 다르게 결합할 수 있다는 것, 그것은 구조의 변환 가능성을 인정하는 것이다. ─주사위 던지기처럼 필연적인 동시에 우연적인 결합, 그러한 변환 가능성이 바로 구조의 속성이다.418) 기호의 의미작용은 양자가 어떻게 결합하느냐에 따라 다르게 나타나기 때문에, 결국 결합의 자유, 즉 의미작용의 정해진 법칙이 없다는 점이 역설적으로 의미작용의 법칙이 되었다.

　물론 이것은 한 개인이 마음대로 그러한 결합을 바꿀 수 있다는 얘기는 아니다. 소쉬르는 기호의 정의에 화자와 청자의 마음을 끌어들이지 않았다 하더라도, 기표와 기의를 심리주의적이고 생리학적인 용어와 메카니즘을 통해서 설명했고 그 결합을 심리적인 연상(association)으로 말했다.419) 메를로─뽕띠는 소쉬르의 심리주의는 당대의 연구 상황에서 오히려 장점으로 역할한다 고 평가하기도 했는데, 그는 언어에서 일어나고 있는 모든 것이 심리적이라고 생각함으로써 "동시대의 단어는 순수하게, 그리고 단순하게 역사적으로 생겨났던 단어들의 그 자체 내의 결과가 아니"기 때문에 "실체적 동일성과 구조적 동일성을 구별"하도록 만들었다는 것이다. 물론 소쉬르에게서 심리적인 측면은

---

418) 이런 점에서 변환하지 않는 공시적인 체계라는 것은 존재하지 않는다. 체계나 구조라는 개념 자체가 무한한 체계의 변환 개념을 포함하고 있기 때문이다. 메를로─뽕띠가 소쉬르에 대해서 비판했던 것은 이처럼 차이로서의 체계 개념과 공시성/통시성 개념의 불일치였다. 공시적 체계에 통시성을 화해시키려는 인위적인 노력이 소쉬르 계승자들에게서 첨예한 문제가 되었고, 이 과정에서 구조주의에 대한 혼란이 야기되었던 것이다.

419) F. Saussure, *Cours de linguistique générale*, p.144.

개별자의 심리 자체를 의미하지 않는다(*CAL*. 97~98). 그것은 실체론적인 모든 사고방식으로부터의 단절을 의미한다. 소쉬르는 기호를 의사소통의 모형을 통해서 설명했는데, 기표와 기의의 자의적 결합이 하나의 기호로 받아들여지기 위해서는 그러한 일정한 순환을 통해서 '관습(convention)'적으로 그렇게 굳혀져야 한다.420) 그는 그러한 순환적 기호를 특별히 랑그로 칭했고, 파롤을 개인의 언어로, 랑그를 집단의 언어로 구별하고 자신의 연구를 랑그에만 한정시킴으로써 자의성에 대한 오해에서 벗어날 수 있었다.

그러나 소쉬르의 심리주의가 경험주의와 주지주의적 심리학의 편견과 제휴할 위험이 없는 것은 아니다. 즉, 랑그가 그처럼 임의적으로 변경될 수 없다는 점을 들어서, 사람들은 소쉬르의 심리주의적 측면을 해석하기를, 랑그의 연구는 개인의 마음을 지배하는 상위의 법칙, 즉 보편적 인간의 마음을 연구하는 것이라고 생각할지도 모르겠다. 이를테면, 의미작용은 인간의 뇌에서 일어나는 정신의 보편 법칙이라는 것이다. 이는 심리주의를 넘어서 선험적이고 주지주의적인 의미로 변조되고 있는 것이다. 이렇게 랑그가 인간의 사유의 법칙으로 와전되면서, 인간의 종적 본질이 결정되어 있는 한에서, 사유의 법칙은 결정되어 있고 언어학은 그러한 법칙을 추구한다고 말하게 될 것이다. 반면, 그와 다르게 사유하는 타자들의 의미작용은 결여적이고 열등하다고 말하게 될 것이다. 물론 본래 소쉬르의 랑그는 언어 공동체의 관습적 규약을 지칭하는 데 지나지 않기 때문에, 그의 의미작용이 그처럼 제국주의적인 경향을 띠고 있다고 비난할 수는 없다. 그러나 그를 제국주의적으로 계승한 일부 기호학자들에 의해서 그의 랑그 개념이 충분히

---

420) 소쉬르는 기호의 자의성이 결코 무연성을 의미하는 것이 아니라고 말했는데, 이를 설명하기 위해 그는 차이와 가치의 개념, 즉 체계의 본질을 끌어들이면서 자의성이 '상대적 유연성'임을 주장하게 된다(F. Saussure, *Cours de linguistique générale*, pp.180-181 참조).

데카르트적인 정신의 보편 문법으로 절대화될 수 있었다는 사실을 생각해본다면, 우리는 그의 심리주의를 문제 삼지 않을 수 없을 것이다. 메를로-뽕띠가 소쉬르의 공적을 인정하면서도 그를 비판했던 것은 바로 그런 이유에서인데,421) 심리주의적인 연상 이론은 현전하는 의미작용 이전에 그 바깥에서 어떤 초월적인 의미작용를 전제하기 때문에, 기호의 존재를 기호 바깥에서 찾지 않는 소쉬르의 자의성 선언이 개척한 놀라운 통찰을 무화시키기 때문이다. 즉 기호의 의미작용이 기존의 심리학적인 범주 작용으로 환원됨으로써 또 다시 기호-존재는 아무 것도 아닌 것으로 사라져 버린다. 그와 동시에 기호-존재가 가져다주는 생산적이고 창조적인 의미작용들도 사장되어 버릴 것이다.

이러한 메를로-뽕띠의 비판이 효과적으로 드러날 수 있는 곳은 실어증(aphasie) 분석이다. 실어증에 대한 연구는 심리학뿐만 아니라 언어학과 기호학의 발달에 상당히 중요한 영향을 끼쳤다. 주지주의적 심리학자들에게 실어증은 일정한 정신 능력이나 사유의 결여나 장애로 생각되었다. 이를테면 언어의 의미작용은 정신의 범주작용이기 때문에, 언어 장애를 겪는 실어증 환자들은 정신 능력의 장애자라는 것이다. 그들의 말이 사실이라면, 실어증 환자들은 어떤 의미작용도 하지 못하는 열등한 바보들이다. 그러나 실제 연구 결과는 그러한 편견과 일치하지 않았다. "실어증 환자는 더 이상 말하지 못하는 사람들이 아니라 잘 말하지 못하는 사람들이거나 다른 방식으로 말하는 사람들이다. 그는 하나의 상황에서만 말을 기억하고 다른 상황에서는 말을 기억하지 못한다."(*CAL*. 69). 그는 주로 골드쉬타인(Goldstein)의 분석에 근거하여 그것의 병리학적 의미를 통찰해냈다.422) 이를테면, 기억상실증적인 실어

---

421) *R*. 33, *S*.111~112 참조.
422) 메를로-뽕띠는 Gelb & Goldstein, "Uber Farbennamenamnesie" *Psychologische Forschung*, 1925.에 근거하여 실어증 연구를 끌어들이고 있다. 그는 골드쉬타인의 실어증 연구에서 주지주의적인 여러 가지 한계를 비판하고 있으면서도, 그의 분석의 중요성을 잘 기술하고 있다(*CAL*.. 69~77

374

증 환자들의 경우, 그들은 그 색깔의 정확한 이름을 말할 수 없었지만, 그러한 색과 연관이 있는 다양한 사물들의 이름을 반복적으로 말할 수 있었다. 분명히 그들은 색깔의 이름을 잃어버리긴 했지만, 그러한 색깔의 의미작용 자체를 잃어버린 것은 아니었다. 이를테면 그들은 개념을 연상하는 상당한 정도의 능력을 가지고 있었는데, 다만 그 사회에서 통용되지 않는 다른 의미작용, 즉 기표와 기의의 다른 결합을 가지고 있었을 뿐이다.423) 마찬가지로 그들에게 여러 가지 색깔들의 실타래가 제시되고 그것들을 일관적으로 배열해보라는 요구가 주어졌을 경우, 그들은 골드쉬타인이 "범주적 태도(categorial attitude)"(CAL. 74)라고 불렀던 것, 즉 붉은 색 실들은 붉은 색 계열에, 노란 색 실들은 노란 색 계열에 배열하도록 만드는 동일 색깔의 계열들(different shades of the same color)로 그것들을 배열하지 못했다. 반면에 그들은 밝은 색은 한 쪽 켠에, 붉은 색은 다른 한 켠에, 부드러운 색은 또 다른 한 켠에 놓으면서 정상인들이 알 수 없는 어떤 낯선 배열의 원칙을 탄생시키면서 그것들을 배열하였다.424) 그들은 합법적인 이름이 수여된 정상인의 분류 공간을 무시하면서, 이를테면 "이름 없는 유사성들이 사물들을 불연속적인 섬들로 응집시키는 듯한 응결적이고 파편적인 다수의 작은 영역들을 형성시킨다."425) 이것이 의미작용이 아니면 무엇인가?

그러므로 우리에게 중요한 것은 실어증 환자가 의미작용을 할 수 있느냐 할 수 없느냐가 아니며 그렇기 때문에 범주작용이나 표상작용을 관장하는 그들의 정신에 이상이 생겼느냐 아니냐는 더더군다나 아니다. 우리가 그들의 의미작용을 인정하지 못하고 그들을 언어의 결핍

참조).
423) pp.223~225 참조.
424) CAL 70 참조.
425) M. Foucault, Les mots et les choses, p.10. 푸코가 『말과 사물』의 서문에서 언급하고 있는 실어증 분석의 예는 메를로-뽕띠와 마찬가지로 골드쉬타인의 분석에 의존하고 있다.

자로 보게 되었던 것은 그들이 단지 우리와 다른 의미작용을 하고 있었기 때문이다. 실어증 연구의 관건은 우리가 그들의 '다른' 의미작용을 받아들이고 타자성을 인정하기 위해서 우리와 그들에게 공통적인 의미작용의 기반을 추적해야 한다는 사실에 있다. 그러므로 실어증 연구는 메를로-뽕띠의 말대로, 그들에게 분명하게 존재하는 의미작용이나 범주 활동이 그들이 겪고 있는 경험의 환경과 관련된다는 것, 즉 그들의 어떤 실존적 태도에 의해서 형성되었음을 받아들임으로써 새롭게 논의되어야 한다.[426] 이는 그들의 실존적인 삶의 태도를 통해서만 그들의 낯선 언어활동이나 의미작용의 정당성을 마련할 수 있다는 점에서 인간의 실존과 사유를 초월적으로 관장하는 어떤 결정된 범주 작용을 가정하고 그것을 증명하려고 했던 주지주의자들의 입장을 뒤엎는 것이었다. 메를로-뽕띠는 실제로 실어증 환자들을 연구했던 심리학자인 겔프(Gelb)와 골드쉬타인(Goldstein)의 말을 빌어 그러한 사실을 역설했다. "범주적 행동과 의미작용적 언어의 소유는 유일하고 동일한 근본적인 행동을 표현한다. 두 가지 중 어떤 것도 원인이나 결과가 될 수 없다"(*pp.*224).

실어증 환자의 연구는 그들이 여전히 신체적으로 실존하고 상당한 정도의 의미작용을 할 수 있는 한에서, 의식에 대한 주지주의적 편견에 우리를 빠뜨리지 않게 하면서 기호의 의미작용에 대한 생산적인 통찰을 가져다 줄 수 있다. 이를테면 골드쉬타인은 실어증 환자는 범주적 태도나 "파롤의 도구화(instrumentalities)"를 상실하고 있다고 말했는데, 메를로-뽕띠의 해석에 따르면, 골드쉬타인이 범주적 태도를 정신적으로 절대적인 것으로 전제하지 않은 한에서, 이는 "지각의 변환을 일으키는 능력의 상실"이라는 것이다. "정상적인 주체가 힘의 계열에 따라서 지각적 장의 즉각적인 조직화를 할 수 있는데 반해서 환

---

426) *pp.*224 참조.

자의 경우는 이러한 장이 분산(dispersal)되어 있다. 범주적 태도의 불능은 지각의 구조화에 변화(change)를 암시하게 된다.”(*CAL.* 72). 이러한 변화는 정상인에 비해서 어떤 의미작용의 퇴행이나 결핍으로 나타날 것이다.

그렇다면 실어증 환자가 최소한의 의미에서는(분산적으로) 가지고 있으면서도 동시에 최대한의 의미에서(범주적 형식으로) 결핍한 것은 무엇인가? 그것은 ‘변환이 용이한 구조’이다. 이를테면 골드쉬타인이 말하는 “범주적 기능은 단어에 그것의 용모학(physiognomy)을 부여하면서 단어 속에 육화되는”(*CAL.* 73) 것이기 때문에 골드쉬타인은 그러한 퇴행을 “단어를 구조화하고 단어의 분절적 용모학을 포착할 수 있는 능력의 결여”(*pp.*227)라고 말했다. 그는 이것을 구체적으로 표현하기 위해서 훔볼트(Humboldt)의 “내적 언어형식(innere Sprachform)”의 개념을 끌어들였는데, 이는—메를로-뽕띠에 따르면—다수의 언어적 이미지들의 단순한 상기를 의미하는 심리주의적인 개념이 아닌 한에서, “각각의 언어가 시간과 공간처럼 상이한 관계들을 표현하는 자기 나름의 방식을 가지고 있다”는 사실을 의미하는 용어이다(*CAL.* 75~76). 내적 언어 형식을 가진 언어는 변환을 통해서 다양한 의미 공간을 파생시킬 수 있다. 그러한 변환 능력을 결함으로써 병자들은 사회적인 장애자(생리적인 장애자라기보다는)가 되었던 것이다. “내적 언어형식은 언어적 공동체의 일원들 모두에게 공통적인 심적인 광경(landscape)”으로서, “문화적 환경을 통해서 사람들이 타자들과 공존할 수 있게 만드는 것이다.”(*CAL.* 77). 병자들은 상징적인 사회 활동을 할 수 없다. “실어증 환자는 형태-배경을 구별할 수 없어서 익숙한 고유운동적인 계열의 내부에 하나의 철자나 단어를 고립적으로 발음할 수 없으며 그러한 단어나 그러한 철자에 비유(figure)의 가치를 자유롭게 부여할 수 없다.”(*pp.*227). 메를로-뽕띠는 인간(정상적인 성인)을 동물이나 아이나 실어증 환자에 비해 우월한 존재로 만드는 것은 이처럼 극대화된 구조적 변환 능력, 즉 "스타일을 가능하게 하는 언어의 표현적 삶"이라고 말했다(*CAL.* 77). 이른바 예술적 표현에 고유한 것으로 여겨졌던 언어의 창조적 의미작용이 바로 내적 언어형식, 즉 언어의 근본적인 의미작용이 되었던 것이다. 이는 메를로-뽕띠가 문학적 언어를 통해서 표현 과학을 정립시키려고 했던 기호학적 동기를 설명해준다.427) 언어의 창조적이고 상징적인 기능, 혹은 위대한 작가의 탁월한 표현 능력은 타고난 것이라기보다는 수많은 언어적 변환, 즉 피나는 언어적 성숙과 훈련을 통해서만 획득되는 것이다. 물론 이러한 의미작용의 본질은 그것의 초기 단계에 있거나 퇴화되어 있다고 할 수 있는 아이, 동물들, 실어증 환자들의 의미작용과 질적으로 전혀 다른 기능이 아니다.428) 이를테면 야콥슨의 '시적 기능'은 언어학 이론의 큰 테두리에서 추구되었으며, 그것은 실어증 환자를 분석함으로써 가능했기 때문이다.

그는 실어증 환자에게서 일어나는 구조화의 변화를 기능적으로 유형화하여 의미작용의 법칙들로 채용했다.429) "실어증의 퇴행은 어린이의 언어 음성 획득에 대한 거울로 드러나며 그것은 우리에게 거꾸로 어린이

---

427) *PM.* 23.

428) 이를 입증하기 위해 동물들에게 언어 예술이 없다는 점을 들 수 있다. 혹은 예술 대신 동물에게는 과학 기술이 없다고 말해도 마찬가지이다. 과학 기술이란 예술과는 다른 측면에서 이처럼 언어 기호의 극대화된 구조적 변환 능력에서 기인된 의미작용의 파생적 결실에 지나지 않는다. 우리의 일상어와 표현어는 구별되지 않는다. 또 과학적인 언어와 예술적인 언어는 구별되지 않는다. 동물이 기호작용을 함에도 불구하고 인간과 같은 비약적인 발달을 이루지 못한 것은 동물의 기호가 과학이나 예술을 가능하게 하는 놀라운 변환적 반복을 하지 못하기 때문이다. 그러나 우리는 인간중심적인 입장에서 만물의 영장으로서의 인간의 지배적 위치를 정당화하기 위해서 기호의 본질과 별도의 언어의 고유한 본질이나 의미작용으로서 의식을 설정할 수는 없다. 의식은 기호의 변환적 의미작용의 전개를 통해서 파생되는 의미작용적 구조에 불과하다.

429) Roman Jakobson, *Essais de linguistique générale* Ⅰ, pp.43~67.

378

의 언어 발달을 보여준다. 더욱이 유아기의 언어와 실어증의 언어에 대한 비교는 우리로 하여금 몇 개의 함의 법칙(lois d'implication)을 확립할 수 있게 해준다. 획득과 상실의 질서와 함의의 일반적 법칙에 대한 그러한 연구는 음운론적 체계에 한정되는 것이 아니라 문법적 체계에 확장되어야 한다."430) 실어증 환자는 소뇌를 손상당함으로써 언어의 고정성(랑그)과 언어의 변환성(파롤)을 가능하게 하는 언어의 구조적 변환의 힘, 즉 일종의 언어 신체적 힘을 손상당했다. 야콥슨은 이러한 힘을 결합(combination)과 선택(selection)이라는 두 개의 함의 법칙으로 요약했는데, 전자는 언어 체계를 이루는 기호들 간의 횡적 결합을 지칭하는 반면 후자는 그렇게 결합되는 기호가 사실은 그것과 등가적인 다른 여러 기호들 가운데서 선택된 것이라는 사실을 지칭한다.431) 그것은 통합 관계(syntagme)와 계열·연상 관계(paradygme·association)를 통해 언어 체계를 설명하려고 했던 소쉬르에 기원을 두고 있다. 이를테면 통합관계는 우리의 시간적이고 선적인 파롤의 연쇄이며 연상관계는 기억 속의 어휘 저장고에서 등가적인 하나의 어휘를 순간적으로 선택하는 무의식적인 심리 과정이라는 것이다.432) 이 중 어느 하나라도 없으면 의미작용이 절대 일어날 수 없기 때문에, 이러한 이분법은 사실 공시성/통시성처럼, 의미작용에 대한 실체적 구별이 아니라 구조적 구별에 불과하다.433) 음운론에 치중했던 야콥

---

430) 같은 책, p.45.
431) 이는 대체적으로 우리가 언어를, 실제 상황에 일치해야만 하는 기능으로서의 '구체적 언어(a concrete language)'와 순수하게 추상적 실체로서 그 자체로 단어를 고려하고 가공적 상황이나 문제에 일치하는 '범주적 언어(a categorial language)'로 나눈 것과 유사한 구별이다(*CAL.* 70 참조).
432) F. Saussure, p.178 참조.
433) "언어 사항들 사이의 관계와 차이는 구별되는 두 개의 영역에서 이루어지는데, 이들 영역은 각각 어떤 가치 질서를 발생시킨다. 이 두 질서의 대립을 보면, 각 질서의 성격을 보다 잘 이해할 수 있다. 이 두 질서는 우리들 정신 활동이 두 형태에 상응하며, 이 두 형태는 모두 언어의 삶에 필요불가결하다."(같은 책, pp.170-171).

슨은 언어를 이와 같은 두 가지 음소적 기능들의 통합을 통해서 설명하려고 했다.

야콥슨은 실어증 환자들의 유형들을 관찰한 결과, 그들의 증상이 소쉬르의 구별들에 따라서 유형화할 수 있다는 사실을 발견했다. 이를테면 유사성의 장애를 겪는 환자는 문맥에 의존하여 기호들을 연결시킬 수는 있는 반면, 하나의 단어와 등가적인 관계에 있는 동의어나 반의어와 같은 단어들을 말하거나 그 말을 등가적으로 반복하는 메타적 표현을 할 수 없다는 것이다. 인접성 장애를 겪는 환자는 이와 반대로 등가적인 단어들을 나열할 수 있는 반면, 문맥이나 연결어를 구사하여 그런 개개의 단어들을 연결하는 능력이 없다는 것이다. 그리하여 야콥슨은 서로 다른 관계이면서도 상호의존적인 이 두 가지 관계를 대체와 선택, 인접성과 유사성, 교체관계(rapport d'alternation)와 병치관계(rapport de juxtaposition), 심지어 수사법상의 용어인 환유와 은유 등의 등가적인 이분법으로 반복하면서 의미작용의 법칙으로 정립시켰다.

메를로-뽕띠는 원칙적으로 소쉬르에 기원을 두고 있는 이러한 차이 체계에 동의한다. 그러나 그럼에도 불구하고 야콥슨의 구조주의에는 결코 동의할 수 없었는데, 이는 야콥슨의 체계가 "그 자체로 그리고 시작부터 어떤 필연성에 의해 규정되지 않는 어떤 음소적 '스타일'에 의해 생겨나는 음소적 발달이라기보다 객관적인 법칙들로 결정"되고 있다는 사실에 있다(*CAL.* 76, *R.* 35 참조). 야콥슨에 따르면, 정상인이나 일정한 단계(이를테면 첫 번째 단어의 발화)를 거친 어린 아이는 '갑자기' 결합과 선택의 통합을 이루어내면서 자율적이고 완성된 차이 체계를 성립시킨다는 것이다. 실어증은 이러한 통합 체계가 파괴된 것이기 때문에, 실어증 환자를 규정짓는 이런 체계의 규칙적인 비통합의 와중에서 종종 일시적인 재평형을 동반한다는 점에서 체계적 통합이 퇴화적으로 나타난다고 말했던 것이다. 문제는 야콥슨의 구조주의의 구도에서 볼 때, 퇴화적인 체계 내에서 그러한 재평형이 어떻게 가능한지가 설명될 수 없다는 것이다.434) 어떻게 실어증 환자는 결합의 능력이 지배적이 되는 재평형을 획득하거나 선택의 능력이 지배적이 되는 재평형을 획득할 수가 있는가? 이 두 관계들 가운데 하나를 결핍함으로써 언어 장애가 일어났다고 말할 수는 없다. 그것은 넌센스인데, 의미작용, 즉 그것이 재평형이라도 그것은 이 두 관계들이 통합될 경우에만 일어나는 것이기 때문이다. 실어증 환자는 정상인과 다른 통합 방식으로 의미작용을 한다는 점에서, 실어증 환자도 두 가지 관계가 상호 의존적으로 결합되어 있는 재평형의 상태에 있다. 그렇다면 실어증 환자가 상실한 것이 무엇인가? 야콥슨의 이러한 부조리함은 소쉬르적인 차이 체계 그 자체에 있는 것이 아니라 그것을 그가 받아들이고 있는 태도에 기인한다. 메를로-뽕띠가 그를 평가하기를, "야콥슨은 음소체계의 존재론적 위상을 정의하기보다는 그것의 특징들을 열거하는데 관심이 있다. 그의 연구는 철학자의 연구라기보다는 과학자의 그것이다."(CAL. 24).

확실히 야콥슨은 의미작용의 원리를 이처럼 이분적으로 유형화시킴으로써 의미작용의 원리를 인상적으로 부각시키는 효과를 거둘 수 있었다. 그러나 그는 그러한 효과가 동시에 의미작용을 해명하는데 상당한 제약으로 작용될 수도 있다는 사실을 깨닫지 못한 것 같다. 이는 의미작용이 파생시키는 수많은 유형들을 오로지 이 두 가지 유형에만 환원시키는 꼴이 될 수도 있기 때문이다. 실어증 환자가 이러한 이분법적 유형들로 발현되듯이, 의미작용은 결국 이 두 가지 유형의 양자택일로 귀착되어야 한다는 식으로 와전될 수도 있다. 구조주의에 대한 이러한 오해를 부추긴 계기는 야콥슨이 이러한 이분법을 단순히 실어증의 사례를 통해서 의미 작용의 원리를 확인하고 정립하는데 그치지 않고 그것을 실제 텍스트의 의미를 생산하는 유형적인 방법으로서 반

---

434) *CAL.* 24~25 참조.

복적으로 실천했다는데 있다. 즉 그는 "기호들의 유형학(typology)을 정립함으로써 기호 생산 모델의 유형학으로의 길을 열어주었다."435) 특히 그의 이분법(binarism)은 '유형적'인 의미를 생산하는 하나의 방법이라는 자격을 넘어서서 "절대적 결정성(판별성)(discretedness)의 개념과 연상"436)되기 시작하면서 의미 생산의 만능적인 도구로 채용되었다. 구조주의의 악명 높은 이분법은 러시아 형식주의와 교묘히 결합되면서 문학 텍스트나 신화적 텍스트에 대한 한정된 실천을 통해서 도그마화되었던 것이다.

만일 우리가 실제의 텍스트를 분석하는데 있어서 이분법적 체계와 같은 기계적인 절차를 형식적으로 차용하게 되면, 텍스트는 우리에게 '양자택일'이라는 하나의 유형적 이해만을 제공할 것이며, 동일한 요소들의 규칙적인 배열로만 나타날 것이다. 결국 그러한 형식주의적 분석 태도는 동일한 유형을 반복적으로 생산함으로써 구조적 동일성을 확인하는 일에 지나지 않는 것이다. 거기에는 어떤 낯선 의미, 새로운 의미도 없으며, 더불어 그러한 의미를 가능하게 하는 어떤 새로운 유형도 없다. 엄밀히 말하면, 거기서는 어떤 체계(유형)의 변화도 일어나지 않는다. 후기 구조주의자들이 형식적 구조주의를 비판했던 이유는 그들이 이처럼 구조를 언제나 동일한 것으로 보면서 동일성의 철학을 반복하고 있다는 사실이었다. 후기 구조주의자들이 볼 때, 구조는 이질적인 의미와 타자들을 생산해내는 '변환하는 구조'여야 하며, 언어적 의미작용 자체도 그처럼 투명한 이분법적 변환의 과정이 아니라 모호한 의미들을 생산해내는 역동적인 구조적 변환의 과정이어야 한다. 즉 그것은 기존의 유형을 해체하고 새로운 유형을 이끌어내기 위해 기존의 유형의 틈에서 진짜 새로운 의미작용을 생산하는 과정, 즉 이른바 랑그와 파롤의 키아즘적 과정이다. 그들은 다양한 언어 체계

435) Umberto Eco, *A theory of semiotics*, p.158.
436) 같은 책, p.176.

전체를 해명해줄 수 있는 절대적인 인간 사유의 법칙, 즉 시간성이 무시된 공시적인 불변의 랑그을 추구하는 일부 제국주의적 기호학자들[437]의 잘못된 구조주의적 태도에 반대하면서 인간을 둘러싼 환경을 다양하게 분절하는 실존적 방식으로서의 언어의 본질을 탐구하고 이질적인 의미 분절들을 유도하는 의미작용의 체계를 모색하는 또 다른 구조주의적 태도를 권장했던 것이다. 구조주의적 기호학은 두 가지 상반되는 얼굴을 가지고 있으며, 이는 앞에서 다루었듯이, 이미 레비-스트로스의 인류학적 구조주의에서부터 공존하였던 것이다.[438]

구조적 변환은 타자성을 개방적으로 껴안는 것이기 때문에, 우리로 하여금 언어와 문화의 상대성을 인정하지 않을 수 없게 만든다. 그렇다고 해서 그것은 언어나 기호의 연구가 인류학적이고 역사적인 개별 사실들에 대한 소박한 분석에 머물러야 함을 주장하는 것은 아니다. 진정한 의미의 의미작용의 구조란 절대적인 정신적 범주들을 구현하려는 주지주의적이고 제국주의적인 작업을 차이와 변환의 체계들로 해체시키면서도 그러한 체계들을 가능하게 하는 선험적 근거를 학적으로 (철학적으로) 해명하는 일이기 때문이다. 이는 메를로-뽕띠가 모색하고 있었던 바, "차별화되는 언어의 구체적인 보편성을 다시 발견"(*PM.* 50)하는 일이다. 이러한 태도는 또한 절대적인 보편 문법을 추구할 것인지 아니면 언어 상대성을 주장해야 할 것인가 그 사이에서 강요되었던 양자택일을 초월하는 것이다. 우리는 다시 소쉬르의 위대함에 되돌아오지 않을 수 없는데, 그가 랑그의 체계를 모색하였던 동기가 근본적으로 바로 그것이기 때문이다. 소쉬르 이전의 언어학은 말(mot)에 결정된 하나의 개념을 대응시키는 '자연적' 태도를 견지하면서 그러한

---

437) 프로프(Propp), 브레몽(Bremond), 그레마스(Greimas)와 같은 기호학자들이 속한다.

438) 20세기 초, 유럽인들의 제국주의적 문화 욕구를 통해서 활성화되었던 인류학적 탐구가 역으로 그들의 제국주의적 오만에 대한 자성을 불러일으켰다는 사실은 일종의 문화적 아이러니인 것이다.

말의 통시적 변천을 해명하는 접근 방식을 취해왔던 반면, 그는 무엇보다 이러한 접근 방식에 종지부를 찍으면서 자신의 새로운 언어학을 시작했다. 메를로-뽕띠가 말하고 있듯이, "어찌되었든 소쉬르는 역사주의의 역사에서 벗어나서 이성의 새로운 개념을 가능하게 하는 태도를 성취하는 엄청난 장점을 가지고 있었다."(*PM*. 34).

소쉬르의 주요한 이분법들은 변환적 구조주의에 대한 생산적 통찰을 주고 있음을 부인할 수 없다. 이를테면 실어증의 분석에 있어서 야콥슨은 소쉬르의 의미작용의 두 관계들을 채용하여 실어증을 '상징적으로' 구별함으로써 역설적으로 실어증 환자에게 (퇴행적으로) 존재하는 의미작용을 부각시킴으로써 극적인 방식으로 의미작용의 체계를 드러내려고 했다고 말해야 할 것이다. 결국 언어적 퇴행 현상이 거꾸로 언어적 의미작용의 발달을 설명해줄 수 있는 한에서, 우리의 온전한 언어적 의미작용은 실어증 환자에게서 '해체적으로' 존재하는 두 가지 관계들의 상호의존성이 고도로 반복되고 발전된 형태일 것이다. 사실 소쉬르의 이분법의 층위와 형식주의적 구조주의자들의 그것은 현격히 다른데, 전자가 의미작용의 원리 자체에 대한 일종의 상징적 유형화라면, 후자는 실제적인 적용의 측면에서 전자를 의미 생산의 도구적 유형화로 변전(와전)시킨 것이다. 어찌되었든 후자는 문학 텍스트의 분석을 통해 맹위를 떨쳤으며, 그러한 이분법 자체가 의미작용에 대한 상당한 정도의 통찰을 줄 수 있었기 때문에, 구조주의와 기호학을 통해 끊임없이 재생산되었던 것이다. 그러므로 이제 우리에게 중요한 것은 이분법을 의미 생산의 고정된 유형화의 절차로 만들지 않는 한에서, 과연 그것을 어떻게 받아들여야 할 것인가 하는 문제이다.

② 차이의 의미작용: 극성과 등가성

기호학적 세계에서는 수많은 개념쌍들이 존재한다. 대표적으로 선/악, 양/음, 유/무, 남/여, 화해/분열 등과 같은 대립적 유형들이 그러하다. 이

384

러한 대립을 가능하게 하는 환원적인 의미 층위 가운데 하나를 거론하
자면, 전자들이 획득적이거나 지배적인 것인 반면 후자들이 일탈적이고
파생적이고 분열적이고 감추어져 있다는 것이다. 우리는 이러한 의미
층위에서 이러한 이분법적 유형에 등가적으로 대응되는 수많은 대체
개념들을 나열해볼 수 있다. 이를테면 전자들은 구심적이고 고정적이고
폐쇄적이고 반면, 후자들은 원심적이며, 분열적이며, 개방적이다. 혹은
전자들은 포착가능하고 긍정적이고 수렴적이고 전체적이고 평화적이고
내용적인 반면, 후자들은 도피적이고 부정적이고 대체적이고 부분적이
고 전투적이고 표현적인 것이다.

　　구조주의자와 기호학자들은 수많은 이분법적 유형을 정립했고 그것을
통해 의미작용을 해명하려고 했다. 대체로 그들은 의미작용이 양국면적
인(biplanar) 두 기능소(functive) 사이의 교환 관계를 통해서 정의된다는
사실에 이견이 없었다.439) 그러한 기능소를 소쉬르처럼 기의/기표로 부
르건, 엘름슬레우(Hjelmslev)처럼 내용/표현(content/expression)으로 부
르건, 데노테이션/콘노테이션(dénotation/connotation)으로 부르건, 라깡
(Lacan)처럼 상상계/상징계, 은유/환유라고 부르건, 바르트(Barthes)처럼
랑그/신화(langue/mythe)로 부르건－혹은 푸코처럼 말/사물로 부르건, 우리
가 그러했듯이 구조/틈으로 부르건－이러한 이분법들은 그것이 적용되는
분석의 내용이 다를 뿐, 근본적인 기능은 다르지 않다. 이를테면 소쉬르는
심리적 층위에서 기의/기표, 공시/통시, 랑그/파롤, 계열/통합의 이분법을
유통시켰고 야콥슨이 그것을 유사성/인접성, 선택/결합, 은유/환유와 같
은 개념쌍으로 등가적으로 대체시켰던 반면, 엘름슬레우는 소쉬르의 기
의/기표 대신 부가적 분할이 용이한 내용/표현이나 데노테이션/콘노테이
션의 이분법으로 대체시켰다. 그러나 라깡은 무의식적 의미작용을 설명
하기 위해서 프로이트의 압축/전치와 유사한 은유/환유의 이분법으로 대

439) Umberto Eco, *A theory of semiotics*, p.89 참조.

체했던 반면 바르트는 신화나 이데올로기의 의미작용을 분석하기 위해서 옐름슬레우의 이분법들을 채용하여 로고스/뮈토스의 이분법을 발전시켰다.

　기호학의 역사에서 소쉬르의 위대함은 그러한 이분법을 그가 도구적 형식률로 정착시켰다는 사실에 있는 것이 아니라 도저히 실체적인 것으로 고정할 수 없게 만드는 개념 쌍의 상관관계를 모형화 함으로써 의미작용의 구조를 해명하려 했다는 사실에 있다.440) 그러므로 그가 행한 기호학적 실천은 이분법을 기계적으로 양산해내는 계기로 작용했다기보다는 오히려 수많은 실체적인 이분법을 해체하는 계기로 작용했다고 말해야 한다. 확실히 메를로-뽕띠는 그의 『강의』가 가지고 있었던 이러한 암시적 통찰을 소쉬르의 계승자들 중 누구보다도 가장 잘 이해하고 있었다. 특별히 그는 다른 기호학자들처럼 그런 통찰을 반복적으로 표현하는 이분법적 개념쌍을 창안하지는 않았지만, 우리는 그가 이러한 이분법을 아우르면서 의미작용을 해명하기 위해 극성(polarité)과 등가성(équivalence)이라는 표현을-그 역시-등가적으로 사용하고 있음을 발견할 수 있다.441) 즉 극성과 등가성은 위의 수많은

---

440) 소쉬르의 제자들이 이러한 이분법의 폐해를 염려하여 그의 이론을 상당히 변형시키면서 의미작용의 구조를 해명하려고 했다하더라도, 근본적으로 그의 그늘에서 벗어났다고 말할 수는 없다. 그렇기 때문에 우리는 소쉬르의 이분법을 건조하게 소개하는데에서 그치지 않고, 그것의 함축적 암시를 적극적으로 드러냄으로써 후계자들의 복잡한 개념적 장치들을 일일이 열거하지 않고서도 그들의 논의의 핵심을 드러낼 수 있다. 마찬가지로 메를로-뽕띠의 의미작용은 새로운 기호학적 개념틀을 창안하는 노력을 아끼면서 소쉬르의 작업을 재해석함으로써 구체화되는데, 그것이 이른바 소쉬르의 틈이라고 할 수 있다.
441) 다만 그런 표현들은 체계적이거나 테마적으로서가 아니라 언어의 의미작용을 해명하는 가운데서 간헐적으로 사용되고 있는데, 그의 기호학적 기획이 미완성에 그친 결과라고 할 수 있다. 실제로 그는 언어의 의미작용에 대한 강의를 통해서 야콥슨의 이분법적 의미작용을, '구별하는 태도(specifying attitude, esprit particulariste)'와 '통합하는 태도(unifying attitude, esprit

386

기호학적 이분법들의 또 다른 등가이면서도, 동시에 그러한 수많은 등가들을 수렴할 수 있는 개념 쌍으로서 채택될 수 있다. 이는 야콥슨이 소쉬르적 유산을 그렇게 환언한 바도 있거니와,[442] 우리에게는 동일한 문맥에 있는 상이한 개념 쌍들을 통해서 소쉬르와 그의 계승자들이 말하려 했던 것을 요약적으로 드러내주는 장점이 있다. 그러나 이는 얼마든지 다른 기호학자들의 이분법적 개념쌍들과 대체 가능하다는 사실이 지적되어야 한다. — 이를테면 계열/통합, 선택/결합, 유사성/인접성, 은유/환유, 상상계/상징계, 랑그/파롤, 공시/통시, 전체/부분 등 등 — 간단히 말하자면, 의미작용을 이루는 기호들의 체계에서 한 기호를 대체하는 다른 기호들이 등가적인 관계에 있다는 것이 등가성이며, 이러한 연쇄들을 통해서 파생되는 의미는 어떤 극점을 향해 유형적(총체적)으로 극화된다는 것이 극성이다.[443] 그리고 의미작용은 '반드시' 상호 의존적인 이 두 관계에 의해서 이루어진다.

이는 소쉬르가 기호를 자의적이라고 말했을 때, 이미 암시적으로 예견되었다. 그는 기표와 기의라는 등가적인 하부 분할을 통해서 기호가 형성된다고 말했다. "사상과 소리 사이의 중개 역할, 사상과 소리의 결합은 필연적으로 단위의 상호 구분으로 귀결된다. 사상의 물질화도 없고 소리의 정신화도 없다. 사상—소리가 구분을 내포하며, 언어가 형태 없는 두 덩어리 사이에서 구성되면서 그 단위를 만들어 낸다는 신비로운 사실만이 있다."[444] 즉 기표와 기의는 청각 인상과 개념과 같이 전혀 다른 내용을 가진 별개의 것이기 때문에 하나로 환원되거

---

unificateur)'로 공식적으로 칭한 바 있다. 전자는 등가성을 의미하며 후자는 극성을 의미한다(*CAL.* 22 참조).

442) Terence Hawkes, *Structuralism and Semiotics*, London, Methuen, 1977, 『구조주의와 기호학』, 오원교 역, 신아사, 1982, 105쪽 참조.

443) 등가성/극성은 야콥슨에 의해 결합적/선택적으로, 메를로—뽕띠에 의해 관계적/대립적으로 불리어지기도 했던 바로 그것이다.

444) Saussure, p.156, *CAL.* 99.

나 일치될 수 없는데, 그것은 종이의 앞뒤 면처럼 상호 의존적으로 존재할 뿐이다. **등가성이란 이러한 이중성 자체를 지칭한다.** 소쉬르는 그것을 교환 가능성, 비교 가능성, 혹은 가치라고 말하기도 했는데,[445] 이를테면 백 원짜리 동전 1개가 십 원짜리 동전 10개와 등가적이듯이, 이중적인 한 짝패가 다른 짝패에 의해 대체될 수 있다는 의미에서 기표는 기의에 의해서 대체되며 동시에 기의는 기표에 의해서 대체될 수 있다. 기호학에서 의미는 바로 이러한 가치이며 등가성에 지나지 않는다.

그러므로 기표와 기의는 실질적으로 존재하는 단위가 아니라 기호를 설명하기 위해 요청된 기능소(functive)에 불과하며 기호나 의미는 그 전체 속에서 일어나는 자기 분열적인 교환이나 순환, 즉 키아즘적 진동을 이르는 말이다. 돈이란 실체는 없고 오로지 교환만이 있을 뿐이다. 그렇기 때문에 이 교환은 끝이 나지 않는데, 끝은 어떤 실체에 도달하는 순간을 이르는 것이다. 기호의 분열 운동, 등가적 진동이 끝나지 않는 한에서, 그것은 또 다른 기호들에 무한하게 개방되어 있다는 의미가 된다. 그리하여 기호는 구조의 부분이기도 하고 동시에 구조 전체이기도 하다. 즉 기호는 단어를 의미하기도 하고 동시에 파롤을 의미하기도 한다. 거기서 기표와 기의와 같은 등가적인 요소들의 순환이 이루어지고 있다는 점에서 기호는 (가장 작은 단위의) 구조인 동시에, 기호는 또 다른 기호들과의 순환을 이루고 있는 구조의 구성 요소이다. 소쉬르가 말하길,

> "문제의 역설적 측면이 있다. 즉 한편으로는 기호의 내부에서 기의가 기표의 대칭물로 우리에게 나타나고 다른 한편으로는 이 기호 자체, 즉 기의와 기표의 연결 관계도 역시 그에 못지않게 랑 그 속의 다른 기호들의 대칭물이다."[446]

---

445) Saussure, p.158 참조.

그러므로 구조주의자들이나 기호학자들이 하나의 기호를 언급한다는 것은 파롤 전체를 의미하는 것이나 다름없는데, 기호가 기호학의 최소 단위로 다루어지는 한에서 부분으로서의 기호는 필연적으로 다른 기호들과의 상관관계, 즉 "기호와 기호의 측면적 연결(liaison latérale)"(S.51) 속에 있기 때문이다. 그리하여 파롤은 전체와 부분의 순환을 야기시킨다.447) 그러한 순환이나 진동이 완결되지 않고 무한히 계속되는 한에서, 기호가 또 다른 기호와 대체됨으로써 형성되는 순환은 기호의 연쇄나 구조를 형성시키고, 다시 이러한 구조는 또 다른 구조와 대체됨으로써 구조들의 변환을 야기시킨다.448) 우선 기표와 기의의 순환적 결합에 의해서 기호(적 층위의 의미)를 형성한다: 기호의 분열적 운동. 그러나 하나의 기호는 그 속의 결정된 틈에 의해서 또 다른 기호들과 대체될 수 있고, 이러한 기호들의 순환은 하나의 구조(적 층위의 의미)를 형성한다: 기호와 기호의 접합과 분열의 운동, 파롤의 키아즘과 새로운 파롤의 분열. 그러나 하나의 구조는 그 속의 결정된 틈에 의해서 또 다른 구조로 변환될 수 있고, 이러한 식으로 분열적 운동은 무한히 계속된다.

그런 점에서 신체야말로 이러한 등가적 운동을 가장 잘 드러내준다고 할 수 있다. 몸짓 기호가 나의 신체의 분절들의 연결을 통해 의미작용을 일으킨다는 점에서, 최초의 기호는 나의 신체의 각 분절들이다. 이 기호들은 내 고유의 신체를 넘어서 내 바깥의 신체에 지향됨으로써 내 신체가 바깥의 신체에 의해 등가적으로 대체되는 반복적인 운동이 일어

---

446) Saussure, p.159.
447) S.50 참조.
448) 안느 에노(Anne Hémault), *Les enjeux de la sémiotique, Introduction à la sémiotique générale*, PUF, 1979, 『기호학으로의 초대』, 홍정표 역, 어문학사, 1997, 37쪽 참조. 기호학에서 의미작용을 가능하게 하는 분절은 분석의 층위에 의해 좌우된다. "층위들은 그것들을 이루는 요소들이나 단위들의 질적인 교체(mutation qualitative)를 관찰하는 데서 생긴다."(같은 책, 42쪽). 이를테면, 이항대립의 분절이 구현하는 최소 층위가 바로 의소(séme)이다.

나고, 이는 기호-신체들의 재배열을 야기시킬 것이다. 그러한 기호들의 연쇄는 우리의 언어가 될 수도, 우리의 글이 될 수도, 우리의 문화적 세계 전체가 될 수도 있는 수많은 의미작용들을 수행한다. 이러한 의미작용 속에서 내 신체와 바깥의 신체가 키아즘적으로 혼용되어 있음을 가리켜 우리는 언어-존재나 세계-내-존재로 말했던 것이다. 그것은 구조들이고 제도들이다. "느낌들과 정서적인 행위들은 말들로 고안된다. 부성처럼 인간 신체 속에 각인되는 것으로 보이는 느낌들과 정서적인 행위들조차도 실은 제도들(instituitions)이다."(*pp*.220). 결국 기호들의 연쇄가 기호의 자의성에서 비롯되듯이, 이처럼 변화무쌍한 의미작용은 신체의 등가적인 운동에 의해서 비롯되었다고 말할 수 있을 것이다. 신체의 의미작용적 지향성은 신체의 고유 운동성, 신체의 익명적인 힘이다. 이처럼 끊임없이 연접하고 이접하는 신체들의 분절 작용이 없다면, 기호는 '형태 없고 불분명한 덩어리'에 지나지 않으며 어떤 의미작용도 불가능하기 때문이다.

　　"의미작용적 지향은 신체에 부여되고 내가 말하고 있는 언어와 내가 물려받은 글들과 문화 전체를 표상하는 처분 가능한 의미작용들의 체계 속에서 하나의 등가를 추구함으로써 자기 자신을 인식하게 된다. 의미작용적 지향인 바의 그러한 무언의 맹세에서 중요한 것은 이미 의미작용하는 도구들 혹은 이미 말하고 있는 의미작용들의 어떤 배열을 현실화하는 것이다.(형태론적, 통사론적, 어휘론적 도구들, 문학적 장르, 이야기의 유형, 사건 재현의 양식들, 등등)"(*S*.113).

결국 기표와 기의의 등가적 대체는 동시에 기호와 기호의 등가적 대체를 가능하게 하고 동시에 구조와 구조의 등가적 대체, 즉 구조적 변환을 가능하게 만들지 않았는가? 이런 의미에서 방브니스트는 구조가 "가변적 결합으로 이어지는 형태적 요소들로 구성되어" "어떤 층위의 단위들을 연결하는 관계의 특수 유형들을 뜻한다."고 말했던 것이다.449) 기호가 자기 분열적인 기능소들의 완결되지 않는 교환운동인 한에서, 그것은 또 다른 기호들, 혹은 또 다른 구조들과 등가적으로 결합할 수 있다. 이러한 등가성을 우리는 그동안 구조적 변환이라고 불렀던 것이다. 기호는 끝없이 이어질 개방된 구조를 상징한다. 구조란 단지 "자기 자신에서 분화되는 또 다른 방식을 발견하는 언어적 연쇄"(S.50)가 아니던가? 비록 소쉬르가 공시성과 통시성을 구별하고 언어학적 체계를 공시적인 것으로 한정했다 하더라도, 애초부터 그는 닫힌 총체성으로서의 공시적 체계가 아니라 변환하는 개방적 구조를 말하고 있었다고 말해야 한다.

그러나 그의 비일관성은 어디에서 연유되는가? 전체와 부분의 역설적 순환에 의해서, 기호가 하나의 실질적인 의미를 가질 수 없는 것은 분명하다. 소쉬르가 기호의 자연적 관계를 부정하고 자의성을 주장하는 것도 이런 이유에서이다. 메를로-뽕띠가 말하고 있듯이, "의미작용은 기호들을 넘어서 빛나지만 기호들의 진동일 뿐이다"(*PM*. 169). 의미는 그 과정에서 우리가 그것을 붙잡았다고 생각할 때마다, 매 번 내 손에서 빠져나간다. 의미는 기호들 사이로 미끄러진다. "의미란 단어들의 교차로 나타나는데, 또한 단어들 간의 간격 속에 있는 것처럼 나타난다."(S.53). 도망가는 의미, 진리는 언제나 도달할 수 없는 저 먼 곳에 있다. 그래서 그는 의미를 "결정된 틈"이라고 말했는데 (S.112), 결정된 틈은 결코 메워질 수 없는 한에서, 그 틈을 메우기 위해서 기표와 기의 사이의 끊임없는 진동이 시작되었던 것이다.

"여기서 실존은 어떤 자연적 대상에 의해서 정의될 수 없는 어떤 '의미' 속에서 극화되며 실존이 다시 연결되려는 곳은 존재의 이편이며 그런 이유로 실존은 자기 고유의 비존재의 경험적 기반

---

449) Émile Benveniste, p.21.

으로서 파롤을 창조한다. 파롤은 자연적 존재에로 우리의 실존을 초과하는 것이다."(*pp*.229).

여기에 소쉬르를 난감하고 혼란스럽게 만들었던 문제가 있었던 것 같다. 즉 등가성에 의하여 우리가 이처럼 도망가는 의미만을 영원히 뒤쫓을 수밖에 없다면, 어떻게 우리가 의미를 포착할 수 있다는 것이며, 어떻게 타인과 의사소통할 수 있다는 말인가? 이런 딜레마가 그로 하여금 기호들의 연쇄를 공시적 체계로 한정하는 실수를 저지르게 만들었을 것이다. 그러나 그는 기표나 기의 각각을 언급하는데 그쳤던 것이 아니라 기표와 기의의 순환적 전체로서 기호를 언급했고, 각각의 기호들을 개별적으로 언급했던 것이 아니라 기호들의 연쇄 전체로서 랑그를 언급했다는 사실을 주목해야 한다. 이를테면, 종이가 등가적인 앞뒤 면으로 존재하면서도 동시에 하나의 종이로 존재하듯이, 우리가 기호나 의미로 말하는 것은 기호를 이루는 두 기능소들의 등가적인 교환 과정 속에서 수렴된(방향지어지고 극화된) 일종의 총체성이라는 것이다. 이러한 총체성이 존재하는 한에서, 의사소통은 더 이상 장애를 받지 않을 것이고, 이로써 소쉬르는 랑그를 공시적 체계에 한정하는 억지 규정을 하지 않았더라도 딜레마에서 벗어날 수 있었던 것이다. 물론 그러한 총체성은 결정된 틈이 있는, 그러한 결정된 틈에 의해서 가능한 총체성이라는 점에서 폐쇄된 것이 아니라 개방적이고 변환적인 것이다. 그리고 이것은 파롤과 결코 다르지 않다. 메를로-뽕띠의 말대로, 소쉬르는 자신도 모르는 사이에 "실제 사용을 드러내게 될 랑그에 대한 언어학적인 측면에서 결국 사건들의 카오스로서 랑그 속에서 지시해야만 하는 파롤에 대한 언어학을 취임시키고 매순간 그것 없이는 의사소통과 언어적 공통성이 불가능하게 될 질서, 체계, 총체성을 취임시킨다."(*PM*. 33~34). 부분(기호)과 전체(체계)의 순환을 인정하면서도 유독 파롤과 랑그의 순환만은 받아들일 수 없었던 비일관성이 분명히 그에게 존재한다.450) 그러나 그에게 이러한 총체성이 필연적으로 등가적 순환을 전제로 하고 있음은 그에 못지않게 분명했다.

아마도 이러한 극성이나 수렴의 과정을 가장 순수하게 보여주는 사례는 어린아이가 첫 음소 대립을 통해서 의미를 형성시키는 순간일 것이다. "아이를 둘러싸고 있는 말 되어진 랑그 전체는 소용돌이처럼 그것을 덥석 물어서, 랑그의 내적 분절화에 의해서 그것을 이끌어서 거의 그 모든 소음이 어떤 것을 말하길 원하는 순간에까지 그것을 인도할 것이다. 랑그 자체에 의해서 언어적 연쇄의 지칠 줄 모르는 교차, 그것에 의해서 담론이 가시적으로 구성되는 어떤 음소계가 필연적으로 갑작스럽게 출현함으로써 마침내 아이는 말하는 사람들의 대열에 서 있게 된다."(S.51). 메를로-뽕띠는 아무 의미도 내포하지 않는 소리의 분절들에 지나지 않는 옹알이(babillage), 최초의 파롤을 통해서 어린아이가 언어활동을 시작하게 된다는 사실을 언급했다. 아이의 정신이 어떤 정립적인 보편 문법을 가지고 있기에는 너무나 미숙하고 아이의 소리가 기존의 확립된 의미들을 운반하기에는 너무나 조악하지 않은가? 그것은 무의미한 것이다. 그러므로 성서의 기적처럼 무의미한 잡음 속에서 최초의 의미가 생겨났다고 말해야 할 것이다. 그 탄생의 순간, 기호들의 연쇄 속에서 미끄러지듯 도망하여 도저히 포착될 수 없는 분산적이고 원심적인 각각의 소리들은 신기하게도 하나의 체계로 구심화되면서 하나의 의미로 응결된다. "이런 종류의 전체 속에서 랑그에 포함된 부분들은 단번에 전체로서 가치를 지니게 되며 그 과정들은 부가와 병렬에 의해서라기보다는 이미 그 나름대로 완성된 기능의 내적 분절화에 의해서 이루어진다."(S.50).

이러한 내적 분절화를 소쉬르가 체계라고 불렀던 것이다. 물론 이것은 "문법서나 사전이 기록하는 것과 같은 완성된 랑그의 명시적이고

---

450) F. Saussure, pp.27-32 참조, R. 33 참조.

분절적인 전체일 수 없다. 더더군다나 그것은 그 전체 요소들이 (원칙적으로) 유일한 이념에서 연역될 수 있는 철학적 체계의 총체성과 같은 논리적 총체성일 수도 없다. 그것이 정확하게 '구별적'이라는 사실 외에는 어떤 의미도 기호에 허용하지 않음으로써 그것은 랑그를 긍정적인 이념들의 체계에 근거시킬 수 없다."(S.50). 그러니까 단순히 "기호들의 상호적 구별"이 우리로 하여금 "단번에 기호의 의미를 획득하게"(S.50) 만드는 비약을 가능하게 한다는 것이다. 분산적이고 대체적인 등가적 연쇄 자체가 바로 의미의 수렴과 극화를 이끄는 체계를 가능하게 한다. 축약해서, 우리는 등가성이 극성을 가능하게 한다고 말해야 한다. 물론 우리는 체계가 카오스적 분산에서 비롯된 것이라 해도, 반복적 순환을 통해서 체계의 고정성이 마련될 수 있다는 사실을 부인하려는 것은 아니다. 다만 체계가 그러한 분산과 이탈에서 기인했던 만큼, 체계는 그러한 고정적 반복을 이루는 동시에 그러한 고정성에서 이탈하려 하는 역설적 것이라는 사실을 강조하고자 할 뿐이다. 에코의 말대로, "약호란 닫는 규칙일 뿐 아니라 여는 규칙이기도 하기"451) 때문이다. 파롤과 랑그의 키아즘. 파롤은 랑그를 가능하게 하고 동시에 랑그는 파롤을 가능하게 한다. 그리하여 소쉬르에서 비롯된 등가성과 극성은 더 이상 공시적 체계와 관련되지 않는다. 역사적인 파롤을 제외시킨 그의 공시 언어학은 기호학의 역사를 통해서 메를로-뽕띠를 비롯한 많은 그의 후계자들에 의해서 공시성 안에 통시성이, 랑그 안에 파롤이 섞여 들어가는 변형의 운명을 맞이하였던 것이다.

　"그리하여 분명히 언어의 내부, 언어학적인 우연들을 활성화시키고, 랑그로부터 매순간 재단될 수 있고 그 자체로 확인될 수 있는 체계를 만드는 의미작용하는 지향이 있다. 그러나 그런 지향은

---

451) Umberto Eco, *Semiotics and the philosophy of language*, Macmillan, 1984, p.187.

그것이 성취됨에 따라 완화된다. 그것의 맹세가 현실화되기 위해서, 그것은 완전히 현실화되어서는 안되며 어떤 사물이 말해지기 위해서는 그것은 절대적으로 말해져서는 안 된다."(*PM*. 51~52).

그런 점에서 한 기호의 의미는 다른 기호와 대체가능하며, 그렇게 파생된 전체 기호들의 의미와 유사하다. 체계 전체의 의미는 그것을 이루는 각각의 기호의 의미들의 합이 아니라 한 기호의 의미처럼 수렴되어 있다. 기호들의 등가적 순환은 '동시에' 극화된 전체로서 하나의 의미를 생산하는 과정이 된다. 순환하기, 반복하기, 처음으로 돌아가기가 바로 의미를 가능하게 만든다. 물론 이것은 결정이 아니라 수렴이나 극화이기 때문에 또 다른 순환이나 반복에 의해서 수정될 수 있는 열려진 의미이다. "의미란 파롤의 총체적인 운동"(*S*.54)이며, 바로 그런 한에서 파롤은 랑그가 될 수 있다. "기호들의 경계에서 발생하고 있는 그런 의미, 부분들 속의 전체(tout)의 그러한 내재성"(*S*.51). 메를로-뽕띠가 말하는 랑그 개념은 이처럼 결정된 틈을 허용하는 구조, 즉 벡터적인 힘, 극화된 힘, 구심화된 힘을 지칭한다. **결국 극성이란 등가적인 두 기능소나 수많은 기호들의 연쇄가 자기의 이중성과 차별성을 고스란히 견지하면서도 하나의 기호나 랑그로 통합되는 미묘한 동일성을 지칭한다.**452) 이러한 동일성이 결코 순수하고 부동적인 동일성이 아닌 한에서, 극성은 자기와 대립적인 등가성을 자기 안에 끌어들이는 것이다. 이는 등가성이 기호들의 연쇄나 결합을 유도함으로써 구조나 극성을 자기 안에 끌어들이는 것과 마찬가지로 역설적인 일이다. 등가성은 극성에 의존하며 극성은 등가성에 의존한다. 따라서 이처럼 적대적인 두 개념 쌍의 이상한 동거, 기호에서의 전체

452) 안느 에노, 앞의 책, 70~71쪽 참조. 기호의 층위에는 서로 유사하거나 양립 가능한 요소들의 반복으로 보장되는 담화의 일관성이 가능한데, 기호학에서 이는 동위성으로 불리어진다.

와 부분의 동시성, 대립적 요소들의 "공존의 통일성"(*S*.50) 속에서 분산에 초점이 놓여 있는 것이 등가성이라면, 통일에 초점이 놓여 있는 것이 극성일 뿐이다. 구조는 이처럼 등가적인 동시에 수렴적이며 해체적인 동시에 고정적이다. 구조는 파롤인 동시에 랑그이다.

우리는 이러한 상관성을 염두에 두고 의미작용을 해명하기 위해 대표적으로 라깡과 바르트가 채용한 두 가지 유형들을 검토해 보고자 한다. 그러나 그것은 많은 기호학자나 비평가들이 그러하듯이, 구체적 텍스트를 분석하는 비평 도구(critical tool)로서가 아니라 메타적이고 철학적인 논의를 생산해내는 것으로서 다루어질 것이다. 예를 들어 야콥슨이 문학 텍스트에서 새로운 해석을 발견해내기 위해서 이분법적 의미작용을 '시적 기능(poetic function)'으로서 채용한 것은 확실히 원론적으로 텍스트의 변환적 의미에 대한 관심을 불러일으키는 효과를 가져올 수 있었지만, 정작 그가 텍스트 비평에서 드러내야 할 문제, 즉 그러한 새로운 의미가 '어떤' 체계나 유형으로 수렴되고 분산되는지에 대한 분석을 도외시하는 결과를 낳았다. 조나단 컬러(Jonathan Culler)가 구조주의적 비평에 대해서 비판적이었던 것도 바로 이 때문이었는데, "야콥슨은 문법적 비유들과 그것들의 잠재적인 기능들의 다양성에 주의를 기울이게 만듦으로써 문학 연구에 중요한 공헌을 했지만, 언어학이 시학적 유형들을 위해 자율적인 발견 절차를 제공한다는 믿음 때문에 그리고 시적 구조들이 잠재적인 언어학적 구조들의 다수성에서 어떻게 나타나는지를 설명하는 중심적인 과제를 인식하지 못했기 때문에 그 자신의 분석에 오점을 남겼다."[453]

그런 점에서 라깡의 구조주의적 언어학의 경우, 거기서 채용된 이분법은 의미작용의 무의식성을 구명하고 있다는 점에서 비평 도구로서의 효용성보다는 메타적 논의로서의 가치가 더 크다. 등가성과 극화는 수

---

453) Jonathan Culler, *Structuralist poetics*, Cornell Univ. Press, Ithaca, New York, 1975, p.74.

396

사법상의 비유어인 환유와 은유로 등가적으로 대체되어 기술된다. 라깡은 프로이트를 계승하면서 기호들의 결합을 무의식에서 일어나고 있는 사건으로 기술했는데, 누차 언급한 바 있듯이, 의미작용 자체가 의식적 주체를 넘어서는 사건이기 때문이다. 그는 의미작용을 의식과 동일시하려는 오래된 편견을 불식시키려고 한다는 점에서 메를로-뽕띠와 동일한 문제의식을 가지고 있었지만, 이를 위해 무의식과 정신분석학을 논의의 전면에 끌어들인다는 점에서 다른 방법론을 취하고 있었다. 그는 기표와 기의의 자의적 관계에 대한 소쉬르의 언급에 동의하면서도 기의가 사실은 심리적인 이미지나 개념이 아니라 어떤 기표로도 드러낼 수 없는 비분절적인 직관적인 체험, 이른바 무의식적인 것(ça)이라는 사실을 강조했다. 그러므로 기표와 기의의 관계란 이처럼 살아 있는 저 아래의 체험을 표현하려는 인간의 이루어질 수 없는 (절망적인) 표현 욕망을 의미하는 것이며, 그런 점에서 인간의 언어활동이란 필연적으로 그러한 체험을 잘게 분절함으로써 그러한 분절의 틈, 즉 기표들의 연쇄를 통해 우회적으로 접근하는 것에 지나지 않는다는 것이다.

그리하여 환유작용은 기표와 기표의 연결 구조 속에서 발생하는데, 그것은 저항(−)에 부딪혀 자신을 구현하지 못하고 결핍을 메우기 위해 끝없이 부유하는 욕망과 같다. 라깡은 환유를 다음처럼 함수화했다. "f(S..S')S≅S(−)s"454) 즉 기표는 결코 기의에 환원될 수 없기 때문에 등가적인 다른 기표들로 대체하거나 우회하는 길을 택할 수밖에 없고, 이러한 환유적 욕망은 기표들의 연쇄로 나타날 수밖에 없다는 것이다. 그러나 하나의 기표가 등가적인 다른 기표로 대체(우회)됨으로써 끝없이 의미를 결핍하게 만들고 도망가게 만드는 환유의 과정은 소쉬르가 말하고 있는 것처럼 의미작용이란 어떤 식으로건 기표와 기

454) Jacque Lacan, *Écrits*, pp.515~516.

의의 결합을 통해서 이루어지는 것이기 때문에, 은유의 과정을 동반하지 않을 수 없다. 즉 기표들 사이에서 이러한 대체가 이루어질 때마다, 어떤 의미가 파생되는데, 비록 그것이 충족된 욕망이나 구현된 의미는 아니라 하더라도, 기표와 기의 사이에 놓였던 의미 저항선(−)을 뚫고 창조적이고 시적인 의미가 수렴되거나 극화된다는 것이다. 라깡은 은유를 다음처럼 함수화했다. "f(S/S')S ≅ S(+)s"[455] 즉 연쇄가 진행됨에 따라 대체된 기표가 대체하는 기표의 의미 저항선(−, /) 밑으로 들어가서 기의의 역할을 하게 됨으로써 의미가 축적된다는 것이다. 의미작용은 기표들의 연쇄 속에서 환유적이고 은유적인 기제에 의해서 가능하게 된다. 결국 소쉬르의 의미작용과 마찬가지로 환유는 의미의 이동을 가능하게 하는 기표들의 등가성을 의미하며, 은유는 기표들이 중첩되는 구조를 통해 의미의 극성을 의미한다.

또 하나의 반복으로 우리는 바르트—와 그가 시작한 개념을 다른 용어로 반복한 그레마스—의 신화 분석을 들 수 있다. 그의 반복은 신화의 의미작용을 해명하기 위해서였지만, 여기서 신화란 암시적이고 상징적 의미가 숨겨져 있는 어떤 특별한 텍스트를 지칭하지도, 레비—스트로스가 분석했던 것과 같은 인류학적이고 고고학적인 한정된 자료들을 지칭하지도 않는다. 신화는 메를로—뽕띠가 파롤이라고 말했던 것과 동일하며, 언어적 파롤뿐만 아니라 비언어적 파롤까지 포함하여 우리의 일상적인 의사소통 체계와 그러한 체계가 표상하는 총체적 의미를 지시한다. 그렇다면 다른 구조주의자들과 달리 그가 왜 그처럼 등가적이고 수렴적인 의미작용을 신화라고 특칭하는지 물을 수 있을 것이다. 흔히 일상적인 파롤과 달리 신화는 액면가 외에 또 다른 가치를 담보하고 있는 파롤을 칭한다. 그런데 일상적인 의미작용을 신화라고 말하는 것은 어떤 파롤이든지 일차적으로 유통시키는 의미 외에도 또 다

---

455) 같은 책, pp.515~516.

른 의미를 언제든지 파생시킬 수 있다는 혁명적인 통찰에서 비롯된 것이다. 즉 그는 구조주의적인 의미의 변형(déformation)을 강조하기 위해서 파롤을 신화라고 칭했던 것이다.456) 이러한 등가적 대체를 통해서 그는 어떤 파롤이건―예를 들자면 가장 보편적인 스타일을 실현하고 있다고 생각했던 부르주아 계급의 글쓰기나 그들의 과학적 담론조차도―데카르트가 말하고 있는 것과 같은 무구한(innocent) 명석한 의미작용을 실현시키는 것이 아니라 특정한 스타일을 통해 이데올로기적이며 본질적으로 애매한 의미작용을 하고 있다는 사실, 즉 기만적인 '글쓰기의 영도(degreé zéro de l'écriture)'를 폭로하고 있다는 점에서 메를로―뽕띠와 공통적인 문제의식을 가지고 있었던 셈이다.

그리하여 "신화에는 형식적인 한계들만 있을 뿐, 실질적인 한계들은 없다."457) 신화적 기호에 대한 형식적 규정을 위해서 그는 기표와 기의의 등가적인 상관관계로서 기호를 정의하는 소쉬르에 동의하면서, 신화를 세 가지 항으로 정의했는데, 기표가 제 1항이며 기의가 제 2항이며, 그리고 기표 항 편에 또 다른 기표와 기의의 상관관계로서 기호라는 제 3항을 위치시켰다. 흔히 신화의 기표가 애매하게 보이는 것은 그것이 의미를 나타내는 동시에 그 자체로 또 다른 의미의 형식이 될 수 있기 때문이다. 이와 동일한 공간화가 이미 옐름슬레우에 의해서 시도된 바 있는데, 이는 소쉬르의 기표와 기의 대신 그 자리에 표현면과 내용면을 위치시키고 표현면에 부가적인 약호로서 또 다른 표현면과 내용면을 위치시키는 식으로 더 진전된 약호들을 무한히 부가시킨다. 그러므로 두 개 이상의 의미작용적 체계가 작용하고 있을 때 우리가 그것을 신화라고 부르는 것이다. 하나는 제 1항과 제 2항의 상관관계로서의 기호 체계이며, 다른 하나는 제 3항으로서의 기호 체계이

---

456) Roland Barthes, *Mythologies*, Seuil, 1957, 『현대의 신화』, 동문선, 1997, 283쪽 참조.
457) 같은 책, 264쪽.

다. 첫 번째 체계는 신화가 자기 자신의 체계를 구축하기 위해서 근거하고 있는 언어라는 의미에서 대상-언어(langage-objet), 일차 언어(langage premier), 랑그, 데노테이션(dénotation)으로 불리며, 두 번째 체계는 신화 자체가 일차 언어를 통해서 이야기되는 이차적이고 파생적이고 부가적인 언어라는 점에서 메타-언어(méta-langage), 콘노테이션(connotation)으로 불린다.

당연한 일이겠지만, 이는 하나의 신화 속에서 일어나고 있는 두 개의 의미작용이라는 점에서 별개의 실체들로 존재할 수 없다. 극성과 등가성의 이분법과 마찬가지로 그것들은 상호 의존적으로 일어나는데, 파생적이고 부가적인 의미작용, 즉 신화는 메를로-뽕띠가 일차 파롤, 혹은 그냥 파롤이라고 부른 것과 일치하고 데노테이션과 같은 관습적인 의미작용, 즉 랑그는 메를로-뽕띠가 이차 파롤, 혹은 그냥 랑그로 부른 것과 일치한다. 어찌되었든 바르트의 경우건 메를로-뽕띠의 경우건, 랑그와 파롤로 불리는 이 두 가지 의미작용들은 모두 소쉬르가 파롤로 부르는 것에서 일어나고 있다는 사실을 주목해야 한다. 바르트에게서 신화의 이중적 의미작용은 소쉬르적인(공시적인) 랑그가 아니라 파롤과 관련되며, 메를로-뽕띠의 의미작용도 당연히 소쉬르적인 랑그가 아니라 파롤과 관련되고 있는 것이다. 그렇다면 랑그는 파롤 안에서만 가능한 것이며, 그 안에서만 또 다른 파롤과 랑그의 구별이 가능하다는 얘기가 된다.

그런 한에서 바르트는 의사소통의 보편성을 위해서, 즉 콘노테이션이 관습적으로 이전의 의미작용, 즉 데노테이션(dénotation)에 근거한다는 사실을 강조하기 위해서 랑그의 우선성(일차성)을 언급했던 반면, 메를로-뽕띠는 일차 파롤이 이미 공통적인 작용들의 문맥, 즉 랑그나 이차 파롤 속에서만 발견된다는 사실을 충분히 인정하면서도 그러한 원초적인 침묵의 의미작용이 새로운 체계를 취임시키고 기존 체계를 변형시키면서 '코페르니쿠스적인 전복'을 야기시킨다는 사실을 강조하기 위해서458) 파롤의 우선성(일차성)을 언급하였던 것이다. 대체로 대부분의 구조주의자들은 바르트가 말하는 랑그의 우선성에 동의하고 있다.459) 심지어 후기 구조주의자인 푸코나 들뢰즈도 말과 사물, 언표 가능성과 가시성 사이에서 말이나 언표에 우선권을 부여해왔다. 이는 메를로-뽕띠의 경우도 예외가 아닌데, Ⅲ장에서 보았듯이, 그는 침묵의 코기토가 불가능하다는 사실을 인정하면서 말이나 기호의 세계로 나아가는 구조주의적인 길을 선택했기 때문이다. 그러나 그가 여전히 침묵의 의미작용의 우선성, 즉 일차 파롤을 강조하고 있다면, 그것은 파롤에 내재하는 파롤의 틈을 지칭하기 위해서이지 파롤 바깥에 선험적 사유를 위치시키기 위해서가 아니다. 분명한 것은 이러한 틈이 없다면, 구조주의적 변환이나 신화적 의미작용은 불가능하다는 사실이다. 가시성이 없으면 언표는 불가능하며, 틈이 없으면 구조가 불가능하며, 불가역적이지 않으면 가역적일 수가 없으며, 표상이 가능하다면 표상할 수 없으며, 증여가 아니면 교환이 불가능하다. 대표적으로 예술가들의 창작 활동이 이러한 표현의 여분과 내용의 잔여 즉, 의미론적인 모호성과 다양한 해석 가능성을 열어놓음으로써 새로운 약호화의 가능성을 실현시키고 있지 않은가?460)

그런 점에서 바르트와 같은 기호학자들이나 구조주의자들이 이러한 틈이나 침묵을 무시하면서 랑그나 언표의 우선권을 주장했다고 말하기는 힘들다. 우선성의 문제는 시간적인 우선성이나 논리적인 우선성이 아니며, 더욱이 구조주의와 후기 구조주의의 해묵은 논쟁을 일으키는 양자택일의 문제도 아니다. 바르트는 신화의 이러한 이중 체계를 회전문에 비유한 바 있는데, "이 회전문은 기표의 의미와 그 형식을, 대상 언어활동과 메타 언어활동을, 순전히 의미하는 의식과 순전히 상상하

---

458) *P.M.* 60~61 참조.
459) Umberto Eco, *A theory of semiotics*, p.91 참조.
460) 같은 책, pp.269~273 참조.

는 의식을 교대로 나타낸다."461) 그러므로 그는 양자 사이의 키아즘적 관계를 전제하면서, 단순히 틈이나 침묵이 그 자체만으로는 존재할 수 없다는 사실, 즉 우리의 사회적·실존적 상황을 강조하고 있을 뿐이다. "세계의 모든 대상이 폐쇄된 무언의 실존에서 사회에 점유되도록 열려진 말의 상태로 이행할 수 있다."462) 그는 파롤에서 랑그로 이행하고 침묵에서 파롤로 이행하는 의식적 실천, 즉 새로운 기호 체계를 부가시킬 수 있는 창조적인 '작가스러운(scriptible)' 독해를 강조하고 있었다.463) 이는 그가 문학 비평가로서 문학적 신화를 분석하는 하나의 비평적 태도를 제안하는데 그치지 않고 현실적인 문화적 텍스트 속에서 신화적인 의미작용을 하는 사회적 이데올로기를 폭로하는 의식적인 실천을 제안하는 것이었다. 이처럼 의식적 실천과 기만의 폭로를 제안하고 있는 한에서, 그에게 언표의 우위성은 당연한 일이었다.

그리하여 신화나 파롤의 키아즘적 이중적 체계는 라깡이 말했던 은유와 환유의 과정과 유사하지만, 의식 아래에 억압되어 있는 무의식적 의미작용을 의미하지 않는다. 특히 바르트는 신화의 모든 재료들이 의미하는 의식(conscience signifiante)을 전제로 한다는 사실을 강조했는데,464) 그렇다고 해서 이것은 의미작용을 의식의 선험적 범주작용으로 환원하는 데카르트적인 편견으로 돌아가는 것은 아니었다. 그가 무의식을 거부했던 것은 의식 아래에 함축되어 있거나 숨겨져 있는 어떤 의미작용을 전제함으로써 또 다른 의미의 데카르트주의를 합리화하는 어떤 시도도 물리치기 위해서였다. 물론 라깡의 구조주의는 그런 의미의 데카르트주의가 아니라고 하더라도, 무의식이 그렇게 오해되는 경우가 적지 않았기 때문에 그는 신화를 무의식적인 의미작용이라기보다는 의

---

461) Roland Barthes, *Mythologies*, 284쪽.
462) 같은 책, 264쪽.
463) Roland Barthes, *S/Z*, Seuil, 1970 참조.
464) Roland Barthes, *Mythologies*, 266쪽 참조.

식의 실천적 의미작용으로 만들어야 할 필요가 있었다. 그리하여 신화적인 의미작용은 선험적 의식의 필연적인 자기 전개가 아니라 파롤의 역사적인 전개이다. 그리고 이러한 전개는 의식의 자기 분열적인 실천을 통해서만 가능하게 된다. 즉 이중적 기호 체계의 키아즘적 이행들은 파롤의 역사적 토대, 즉 시간적이고 역사적인 구조적 변환을 의미했던 것이다.

> "오늘날의 언어학은 단어들의 기원을—아마도 형식이나 스타일의 기원도—, 소쉬르가 내린 기호의 정의가 단어들 보다 훨씬 더 엄밀하게 적용되고 있는 대립적(oppositifs)이고 관계적인(relatifs) 원리들의 기원을 고립시키면서 더 정확하게 랑그의 통일을 생각한다. 거기서 중요한 것은 언어의 구성요소들이 어떤 할당된 의미도 갖지 않는다는 것이며, 그러한 구성 요소들은 기호들의 구별(discrimination)이 고유하게 말하는 것을 가능하게 만드는 기능만을 한다."(S.50).

소쉬르에서 바르트에 이르기까지 등가성과 극성으로 수렴되는 구조주의적인 두 가지 관계들의 대체의 역사는 구조적 변환, 역사적인 단절을 가능하게 하는 하나의 문턱을 묘사하는데 관련된다. 즉 역설적인 두 관계들의 교차가 바로 의미작용의 구조이며 랑그의 본질인 것이다. 결국 우리는 소쉬르의 말대로 기호에는 긍정적인 것은 없고 차이(différence)만이 존재한다고 단언할 수 있을 것이다.465) 확실히, 차이는 랑그의 총체적 통일을 가능하게 하면서 동시에 랑그의 실질적 본질을 부정하기 때문에 구조주의적 변환을 해명하는 유용한 개념 도구가 될 수 있다. 그러나 우리가 랑그의 통일을 가능하게 하는 원리로서 차이 개념을 내세우기 위해서는 구조와 탈구조라고 하는 역설적 개념을 모두 껴안는 신중함이 요구된다. "언어는 단어들 자체에 의해서만큼 단어들 사이에 있는 것에 의해서 표현한다고, 그리고 언어가 말하는 것에 의해서만큼 언어는 말하지

---

465) F. Saussure, p.166, *PM.* 46~47.

않는 것에 의해서 표현한다고 말하는 것"(*PM.* 61~62). 모든 기호의 의미가 차이에 의해서 결정되는 한에서, 차이라는 개념조차도 하나의 수렴적 의미로 고정되는 동시에 또 다른 등가적 가치에 의해 대체될 수 있다는 사실을 잊어서는 안되기 때문이다. 차이란 하나의 이념이라기보다는 오히려 이러한 이중성 자체라고 보는 것이 좋다.

바로 이런 점에서 데리다는 의미작용의 구조를 설명하기 위해 소쉬르의 차이(différence)를 그 수렴적 의미는 동일하지만, 철자 하나가 다른 차연(différance)이라는 기호로 대체시켰다. 이러한 실험은 그동안 소쉬르를 계승하는 기호학자들의 여러 가지 이분법적 대체들 가운데서 가장 난해하고 가장 선언적인 방법일 것이다. 그는 소쉬르의 '차이'를 충실하게 해명하기 위해서, 그것이 실질적이고 개념적으로 이해되는 것을 방해하는 교묘한 장치를 했다. 어떤 면에서 그가 차이(différence)를 동일한 발음이지만 다른 철자의 차연(différance)으로 변형시킨 이유는, 그의 말대로 별 의미가 없다. 즉 실질적인 의미의 차이가 아니라 철자 하나의 차이에 불과하다는 것이다. 그러나 그는 불어 발음상으로는 **차이가 없지만**, 가시적으로는 **차이가 있는** 철자 'e'와 'a'의 교체를 통해서 은밀히 말과 사물, 언표가능성과 가시성, 극성과 등가성의 이중성을 실천적으로 보여주었던 것이다. 더욱이 그는 구조적 변환을 가능하게 한다는 점에서 소쉬르의 차이가 애초부터 '역사적인' 것이라는 사실을 잘 알고 있었는데, "오직 차이들(différences)만이 놀이의 시작부터, 철저하게 '역사적'일 수 있다"[466) 그럼에도 불구하고 소쉬르의 차이가 공시적인 것으로 한정되는 오해를 불식시키기 위해서 지연의 의미가 포함되어 있는 différance로 대체한 것이다. différence의 동사형인 différer는 지연한다는 의미와 다르다는 의미 두 가지를 모두 가지고 있는 반면, 명사형인 différence는 시간적 의미를 가지고 있지 못하다. 그래서 데리다는 이 두

---

466) Jaque Derrida, *Marges de la philosophie*, Minuit, 1972, p.12.

가지 의미를 다 가지고 있는 **différance**라는 새로운 단어를 사전 등록함
으로써,467) 소쉬르의 틈을 드러내주었던 셈이다. 그는 차이를 구조에 대
한 실질적인 개념으로 오해하고 영원한 기호학적 제국을 꿈꾸는 자들로
부터 소쉬르를 구출해주었다.

> "소쉬르에 의해서 형식화된 요구의 내용이 아니라면 최소한으로
> 도식을 유지하면서 우리는 차연(différance)을 그에 따라 랑그, 혹
> 은 모든 코드, 일반적으로 회귀의 모든 체계가 차이들의 조직으로
> 서 '역사적'으로 구성되는 운동이라고 지칭할 것이다."468)

그러나 그는 기호학자나 구조주의자들처럼, 단지 역사적인 이중적
의미작용의 구조를 드러내기 위해서, 이러한 교체 실험을 고안한 것만
은 아니었다. 이처럼 음성적으로는 그 동일성이 견지되면서도 문자적
으로는 그 동일성이 해체되는 교체 실험은 데리다에게서 서구 사상사
의 허구성을 드러내는 일종의 상징으로 비화되고 있다. **différence**와
différance의 차이는 음성 기호의 측면에서 무화되는 반면, 문자 기호
의 측면에서는 부각될 수밖에 없다. 그렇기 때문에 그는 이러한 이중
성을 전제하는 한에서, 전략적으로 후자에 강세를 두고자 했던 것이
다. 말하자면 그는 구조에서 구조의 총체성보다는 구조의 틈에, 말과
사물의 순환에서 말보다는 사물에, 극성과 등가성의 순환에서 극성보
다는 등가성에 강세를 두고자 했던 것이다. 데리다의 전략은 사물보다
는 말에, 틈보다는 구조에, 가시성보다는 언표에 우위권을 부여했던
서구의 로고스 중심주의나 동일성 철학에 맞서서 망각되기 쉬운 차이
의 권리를 선언하는 것이었다. 특히 그는 기호학적인 측면에서 동일성
이 강조되는 가운데 차이가 무시되듯이, 음성 언어가 강조되는 가운데

---

467) 같은 책, pp.8~9 참조.
468) 같은 책, pp.12~13.

무시되고 천대받았던 문자 언어의 권리를 일깨우는 상징적인 시도를 기획했는데, 그것이 바로 그의 유명한 에크리튀르(écriture)나 그라마톨로지(grammatologie)의 개념이다.

만일 우리가 메를로-뽕띠를 가시성과 언표 중 어느 쪽에 더 강세를 두었는지에 따라 줄을 세우려 한다면, 그는 확실히 데리다와 같은 대열에 속해 있을 것이다. 그는 소쉬르가 말하는 기호의 자의성이나 의미작용의 차이가 말의 질서를 통해서 가시성의 권리를 강조하는 하나의 암시라고 말했다. "기표들 사이의 관계들, 기표에서 기의로의 관계들, 그리고 의미작용들(의미작용들의 차이로서)과 같은 소쉬르적인 분석은 한 층위와 관계하는 틈(écart)으로서 지각의 이념을 확증하고 재발견한다. 말하자면 원초적인 존재(Être)의 이념, 관습들 가운데 관습(Convention), 파롤 이전의 파롤의 이념 말이다."(Ⅵ. 255)[469] 앞에서도 언급되었듯이, 바르트의 '작가스러운(scriptible)' 에크리튀르의 실천이나 푸코의 고고학적 실천이 언표의 우위성에 근거하고 있었다는 사실과 비교해본다면 그가 구조적 총체성에서 타자나 우연성이 돌출하는 순간, 즉 언어적 구조의 틈, 가시성을 더 자주 기술하고 있다는 사실을 인정하지 않을 수 없다.[470]

> "그리하여 랑그는 그것의 명제들을 만들기 위해서 차있고 비어 있었던 단어들에서 포착된다. 일렁이는 파도가 지나간 후에 다음

---

469) 이러한 존재가 관습을 가능하게 하고, 파롤을 가능하게 한다는 의미에서 가시성은 언표보다 더 근본적이다.

470) 메를로-뽕띠의 가시성에 대한 강조는 미완성된 저작인 『보이는 것과 보이지 않는 것』이나 『눈과 정신』에서처럼 그의 저작들의 표제에서 드러날 정도이다. 이는 구조의 틈으로서, 구조를 가능하게 하는 가시성이지만, 그러한 가시성은 푸코의 벨라스케스의 '시녀들' 분석에서 그러했듯이, 비가시적인 것과 얽혀 있다. 이러한 빛과 가시성의 강조는 그의 회화 분석에서 잘 드러난다. 그러나 메를로-뽕띠의 광학론은 본 논문에서 구체적으로 다루어지지 않는다.

의 파도를 크게 만드는 바다의 물결처럼, 지워지고 갑자기 더 크고 분명하게 새로운 것을 만드는 말하기의 방식으로 이성 속에서 우연을 변형시키는 랑그의 그런 생산적인 순간을 어떻게 이해하는가?"(*PM*. 49).

그러나 이러한 그를 데리다와 마찬가지로 해체주의자로 부를 수 있다면, 그것은 그가 그만큼, 구조나 총체성을 강조하고 있는 한에서이다. 즉, 그가 총체성보다는 분산을, 이성보다는 우연을 강조했던 것은 구조의 역사성과 변환성을 끊임없이 환기시키기 위해서였다. 데리다와 다르게, 그는 서구 사상의 중심이 되어왔던 총체성이나 이성을 배척하기는커녕 오히려 권장하는 이른바 — 데리다의 표현을 빌자면 — 로고스 중심주의자인 것이 사실이다. "랑그는 모든 우연이고 모든 이성이다. 왜냐하면 랑그는 계획을 동반하고 자기의 기원을 우연적인 소여 속에 갖지 않는다는 식의 그런 선명한 체계가 아니기 때문이며, 마찬가지로 랑그는 전적으로 우연을 통해서 언어가 말하는 방식의 새로운 가치를 불러일으킨다는 식의 언어학적 도구로서의 그런 우연도 아니기 때문이다."(*PM*. 50). 이처럼 그의 종잡을 수 없는 태도, 말 그대로 키아즘적 태도는 어쩔 수 없이 그를 애매한 철학자로 규정하게 만들지 않는가? 그러나 동일자냐 타자냐의 양자택일로 줄을 세워야 할 때, 애매해지는 것은 메를로 — 뽕띠의 경우만이 아니다.471)

데리다와 푸코가 데카르트의 『성찰』에서 '광기'를 언급한 구절을 두고 벌인 논쟁은 근본적으로 언표의 우위성이냐 가시성의 우위성이냐에

---

471) 그리하여 우리는 구조냐 해체냐와 같은 이분법적 기준을 통해서 언표의 우선권을 주장하는 사람들을 구조주의자들로, 가시성의 우선권을 주장하는 사람들을 후기 구조주의자들로 분류할 수 있을지도 모르겠다. 이를테면 푸코나 들뢰즈, 바르트는 부당하게도 동일성 철학의 대열에 설 수밖에 없는 구조주의자들로 환원되는 반면, 데리다는 구조를 미워하는 비구조주의자나 해체주의자로 인식될 것이다.

대한 입장 차이에서 불거진 문제이다.472) 이를테면 데리다는 푸코의
고고학적 방법이 차이나 인식론적 단절을 내걸고 있음에도 불구하고
여전히 로고스 중심주의에서 벗어나고 있지 못하다고 비난했던 반면,
푸코는 데카르트의 텍스트를 심하게 일그러뜨리기를 몸소 실천하면서
구조주의의 분산과 차이만을 극단적으로 장려하는 데리다의 텍스트학
을 또 다른 형이상학에 지나지 않는다고 비난했다. 그러나 이들의 첨
예한 논쟁에도 불구하고 사실 이들의 철학적 입장들은 상당부분에서
공통점을 가지고 있다. 아마도 의미작용의 이중성을 확인하는 논리적
층위에서 그들의 논쟁이 제기되었더라면 그런 논쟁 자체도 성립되지도
않았을 정도로 그들은 유사한 철학적 배경-개방적 구조주의-을 가지
고 있다. 그러므로 우위성의 문제는 의미작용의 이중성을 무화시키고
그것을 양자택일로 만들어버리는 것이 아니라 오히려 그러한 이중성을
전제하면서, 기호학자 개인의 기호학적 실천과 관련되는 문제이다. 그

---

472) 데리다는 데카르트의 성찰에서 광기가 성찰에서 배제되었다는 푸코의 『광기
의 역사』의 언급을 거론하면서, 사실은 광기는 배제된 것이 아니라 꿈에
포함됨으로써 꿈과 함께 성찰에서 다루어진 것이라고 반박하고 있다. 데리
다의 요점은 꿈의 시험을 극복했다고 생각하는 데카르트이건, 데카르트가
배제시킨 광기를 성찰할 수 있다고 말하고 '광기의 역사'를 출간한 푸코이
건, 다 같이 로고스 중심주의에 빠져있다는 것이다. 고고학적 방법이란 푸
코 자신이 단절과 차이를 그 아무리 강조하고 있다하더라도, 여전히 서구
의 이성중심주의에 지나지 않는다는 것이다. 이를 입증하기 위해 데리다는
푸코의 '광기의 역사'의 전제이기도 한, 데카르트의 성찰에서 광기를 언급
하고 있는 부분을 논쟁의 도마에 올려놓았다(*Écriture et différance*, seuil,
1967, pp.52~79 참조). 이에 대해서 9년 동안의 긴 침묵 끝에 푸코는 『광
기의 역사』 재판 말미에서(*Histoire de la folie*, Gallimard, 1972) 입을 열
었다. 그는 데리다가 독해하고 있는 성찰의 구절을 어원론적 근거를 들어
일일이 반박하면서, 데리다식의 '성찰의 재구성'을 비웃었다. 그는 데카르
트의 성찰이 그에 의해서 얼마나 심하게 구조적 변환을 거쳤는지를 지적하
면서 그러한 구조적 변환을 극대화시키고 권장하는 그의 텍스트학, 즉 가
시성의 우위를 강조함으로써 거의 형이상학화된 그의 텍스트학을 비판했
던 것이다.

래서 그들이 서로 논쟁 상대자들의 입장들을 잘 알고 있는 한에서 그들의 논쟁은 데카르트의 텍스트의 엄밀한 독해를 둘러싼 자존심 대결처럼 보이게 되었던 것이다.

의미작용의 이분법의 폐해는 이미 우리가 형식주의적 구조주의를 통해서 언급했다시피, 구조주의의 동일성이 그것과 다른 관계, 즉 등가성을 배제하면서는 결코 견지될 수 없다는 사실, 반대로 해체주의의 차이가 그와 다른 관계, 즉 극성을 배제하면서는 결코 견지될 수 없다는 사실을 망각할 때 일어난다. 그러므로 구조주의와 해체주의의 대립은 철학적·기호학적으로는 상당 부분 허구적이다. 그런 점에서 에코가 의미작용에서 극성과 등가성을 모두 껴안으면서 구조적 변환의 무한성을 위해 고안한 기호학적인 백과사전의 개념은 이러한 이분법을 피해 갈 수 있다. "그 같은 백과사전의 개념은 구조화된 지식의 존재를 부정하지 않는다. 다만 그러한 지식이 전체적 체계로 인식되거나 조직화될 수 없음을 제안할 뿐이다. 그것은 다만 국부적(local)이고 일시적인 지식 체계들을 제공할 뿐인데, 대안적인 것에 의해서 그리고 똑같이 국부적인 문화적 조직화들에 의해서 모순될 수 있는 그런 체계들 말이다."473) 백과사전의 그물 조직은 "모든 점이 다른 모든 점과 연결될 수 있다는 것이고 연결들이 아직 설정되지 않은 곳에서조차도 그러한 연결들이 생각될 수 있고 설정될 수 있다는 것이다. 하나의 그물이란 무한한 영역이다."474) 심지어 동일성과 차이, 동일자와 타자, 현전과 부재의 이분법적 대립 속에서 자신의 철학적 입지를 다져나갔던 데리다 자신도 말하기를 "차연이 비구조적이지 않음은 자명한 사실이다. 그것은 어느 정도까지는 구조적 과학을 낳게 하는 체계적이고 규칙적인 변형을 생산한다. 차연의 개념은 심지어 '구조주의'의 가장 합법적인 원칙적 요구들을 개진하기까지 한다."475) 그는 이분법적 환원을 경

---

473) Umberto Eco, *Semiotics and the philosophy of language*, p.84.
474) 같은 책, p.81.

계하면서 그의 차연이나 그라마톨로지가 소쉬르의 차이에 근거하고 있
는 한에서, 어디까지나 구조주의를 벗어날 수 없음을 상기시켰다.

그런 점에서 메를로-뽕띠는 쉽게 자신을 이러한 이분법에 환원시
킬 수 없게 만드는 논리적 균형감을 지키고 있었는데, 그것은 한편으
로 그러한 논쟁에 휘말릴 수조차 없었던 파편적 글쓰기의 대가로 생
각할 수도 있다. 그는 소쉬르주의와 비소쉬르주의 사이를 진동하면서,
극성과 등가성의 키아즘을 통해서 소쉬르의 틈을 불거져 나오게 만드
는 차이의 의미작용을 주장했는데, 이는 소쉬르를 계승하는 많은 기호
학자들이나 후기 구조주의자들의 구조주의적인 토대, 즉 의미작용의
구조에 상응하는 것이다.

---

475) Jacque Derrida, *Positions*, Minuit, 1972, 박성창 편역, 솔, 1992, 51쪽.

_# 410

3) 말하는 주체의 구조: 라깡의 틈476)

① '나는 거짓말한다. 나는 말한다.'

앞에서 언급되었듯이, 종종 언어학자들은 인간의 언어활동을 구명하기 위해서 동물들, 병자들, 아이들의 의미작용이나 언어활동에 주의를 기울여왔다. 깡귀엠이 정상적인 것과 병리적인 것을 공통적으로 일종의 생명체의 독립적인 자기 규범들로 해명한 바 있듯이, 이러한 우회는 양자를 비교함으로써 병자의 존재론적 결여를 정상인에게서 확인하

---

476) 데카르트와 다른 측면에서 정신분석학은 주체에 대한 새로운 성찰을 시도한다. 우리는 분열적 주체에 대한 탐구를 라깡의 원전에 대한 직접적인 언급이 아니라 메를로-뽕띠가 암시적으로 언급하고 있는 아동 심리학자들의 임상적 사례들을 분석함으로써 이러한 시도를 실천할 것이다. 이는 메를로-뽕띠가 거울 단계를 다루면서 라깡을 언급하지 않을 수 없었다고 하더라도(CAL. 55 f), 대부분의 경우는 라깡 자신도 자주 참조했던 게쉬탈트 심리학이나 아동 심리학인 왈롱(Henri Wallon), 행동주의자들의 임상적이고 실험적 사례들을 조회함으로써 라깡의 언급을 전면에 드러내고 있지 않기 때문이다. 라깡과 메를로-뽕띠는 동시대의 지적 동료로서 서로 친밀한 관계를 유지했던 만큼, 서로에게 영향을 끼쳤을 것임에 틀림없다. 그러나 그의 주요한 통찰이 결코 라깡에게서 기인한 것은 아니었고, 라깡이 제시한 임상적 사례가 아니라도-라깡도 그러했듯이-그 이전에 학계에서 널리 받아들여지고 있었던 사례들을 통해서도 그는 충분히 새로운 통찰을 끌어낼 수 있었을 것이다. 그럼에도 불구하고 그가 명시적으로 그들에게 빚지고 있음을 밝히고 있었기에 그러한 분절이 가능했던 '후설의 틈'이나 '소쉬르의 틈'과 달리, 우리가 '라깡의 틈'을 기획한 것은 그의 주요 분야가 아니었던 정신분석학적인 어떤 태도들을 암시하기 위해서이다. 정신분석학이라는 문제틀을 인정했을 때, 우리가 노릴 수 있는 기술적 효율성을 놓치지 않기 위해서이다. 그렇다고 해서 이는 라깡과 메를로-뽕띠의 주장이 반드시 일치한다는 얘기는 아니다. 그들이 주력했던 관심 분야는 일치하지 않으며 다른 개념적 도구들을 사용했고 스타일도 다르다. 그러나 그들의 주장은 결코 충돌하는 법이 없으며 오히려 동일한 철학적 주장을 하고 있다고 보여진다. 실제로 그들이 그렇게 작업하지 않았다 하더라도, 상호보충적이라는 사실을 간과할 수 없었다.

는 경험주의적인 '차이의 방법'이 아니라 양자의 대화를 통해서 언어
의 변환적 구조를 모색하는 하나의 변증법적 접근이었다. 이는 프로이
트와 라깡과 같은 정신분석학자들이 자아의 구조나 언어의 구조를 정
상인이 아니라 정신병자들의 분석을 통해서 접근할 수 있었던 것이나
지극히 이성적인 철학자로서 푸코가 광기의 역사를 기술할 수 있었던
것이 정당화되는 근거이기도 하다.

데카르트가 보기에—그가 지각뿐만 아니라 언어의 문제를 성찰하게
되는 경우를 가정한다면—각성한 성인의 의미작용에 비해서 병자들,
아이들, 동물들의 그것은 열등하고 결핍적이고 완전하지 않을 것이다.
이를테면 그들의 기호들은 반성하는 자의 관점에서 거짓말에 불과하
다. 그러나 그런데도 정신분석학자들이나 언어 심리학자들은 그러한
거짓말에서 말의 어떤 진실을 얻으려고 한다. 본질적으로 언어는 거짓
말이나 환영에 지나지 않으므로 우리는 언어가 결국 데카르트적 의심의
시험을 통과하지 못하리라는 사실을 알고 있다. 그러므로 기호학적 환원
을 통과시킨 후에 얻게 되는 언어—존재는 그러한 비존재를 정당하게
인정하는 일에 지나지 않는다. 기호학적 계열은 이러한 언어—존재를
대상으로 한다. 메를로—뽕띠는『지각의 현상학』에서부터 광인을 배제
시키고 몽자를 각성인에 환원시키는 데카르트적 성찰을 배신하면서 줄
곧 이처럼 독자적인 자신의 성찰을 실천해왔다. 언어의 성찰은 크레타
인이었던 에피메니데스(Epiménide)가 '모든 크레타인은 거짓말장이
(menteur)이다'고 말했을 때, 야기되는 역설의 순환 속에 있다. '이 말
은 거짓이다'라는 말이 자기를 지시하는 순간, 그 말은 거짓인 동시에
진실이 되어버리는 본질적인 이중성에 빠진다. 논리실증주의자들은 의
미작용의 심급들(instances)을 구별함으로써 이러한 의미의 순환을 해
결했다고 믿었지만,477) 역설은 그러한 명제의 의미작용의 층위에서보

---

477) *Les notions philosophiques*, Encyclopédie philosophique universelle,
　　　Publiée sous la direction d'André Jacob, PUF, 1990, pp.2495~2496 참조.

다 그것을 말하는 주체의 층위에서 더 심각한 문제가 되고 있다. 하나의 파롤을 통해서 거짓말하는 동시에 진실을 말하는 주체는 동일하게 '말하는 주체'인 에피메니데스이기 때문이다. 주체는 동일한 의미로 존재하지 못하고 분열되어 있다.

'나는 (거짓이 아닐까) 의심한다. 고로 나는 존재한다'는 데카르트의 코기토와 마찬가지로, '나는 (거짓)말한다. 고로 나는 존재한다'와 같은 파롤의 코기토는 여전히 유효하다. 그것이 거짓말이라고 하더라도 그것은 그것을 말하는 주체를 암묵적으로 현시한다. 이는 내가 거짓을 말하건, 진실을 말하건, 내가 말하고 있다는 명증적인 사실에는 변함이 없다. 데카르트적 코기토는 지각하는 실천적 주체의 명증성뿐만 아니라 이처럼 말하는 실천적 주체의 명증성까지 함축하고 있었다. 즉 알튀세가 지적한 바대로, 말하는 주체는 매 실천을 통해서 재생산되고 확인될 수 있는 것이다. 메를로-뽕띠가 말하길, "말하는 주체, 그것은 하나의 실천(praxis)의 주체이다. 말하는 주체는 그 앞에서 사유나 이념들의 대상들로 말해지고 포함된 파롤들을 붙잡지 않는다. 그것은 단지 나의 신체에 의해 장소를 가지는 기획(Vorhabe)의 유형으로 있는 하나의 기획(Vorhabe)에 의해서만 파롤들을 소유할 뿐이다. 말하자면 그것은 이러 저러하게 의미하고 있는-의 결핍이다. 그것은 결핍한 것의 상(Bild)을 구성하지 않는다."(VI. 255). 그 때 그 때마다 파롤의 실천이 다르게 행해짐으로써 말하는 주체의 내용들은 동일할 수 없다. 그래서 말하는 주체는 차라리 하나의 빈칸과 같은 것이다.

이를테면 거짓말하는 주체와 진실을 말하는 주체는 말하는 주체에서 공존한다. 주체가 이처럼 자기 동일성을 상실한 결핍된 존재라는 점에서, 그것은 더 이상 주체가 아니라고 말해야 할지 모른다. 그렇기 때문에 데카르트라면 이러한 류의 회의를 기를 쓰고 해결하려고 했을 텐데, 이를테면 주체의 순수성을 위해서 몽자와 광인을 배제하듯이, 두 개의 에피메니데스를 하나로 일치시키기 위해서는 거짓말하는 에피메니데스를 배제해야 한다. 이러한 배제는 교묘히 그럴듯한 추론을 통해서 진행되어야 하는데, 논리실증주의자들의 분석과 동일한 형식으로 의미의 층위들을 계층화시키면서 거짓말하는 에피메니데스를 진실한 에피메니데스의 목적격으로 환원시켜야 한다. 그러나 그렇게 되면 그것은 더 이상 말하는 주체가 아니라 사유하는 주체이다. 말이란 본질적으로 거짓이고 환영이기 때문에 사유처럼 쉽게 그것이 거짓일지도 모른다는 가능성을 떨쳐버릴 수 없기 때문이다. 그것이 바로 데카르트가 언어를 성찰하지 않은 이유였다.

결국 말하는 주체는 거짓말을 하는 아이나 병자를 배제하지 않고, 오히려 에피메니데스와 같은 거짓말하는 주체를 적극적으로 끌어들이고 있음으로써 분열적이고 역설적인 다수의 주체들을 받아들여야 함을 의미한다. 이런 점에서 메를로-뽕띠 뿐만 아니라 아이나 비정상적인 정신분석학적 사례들을 통해서 주체의 구조에 접근하는 라깡과 이성의 역사에서 철저히 배제된 광기를 역사에 전면에 올려놓는 푸코 모두는 철저히 반데카르트적인 입장에 서 있다고 하겠다. 이처럼 사소하게 보이는 작은 배제가 데카르트적 코기토를 뒤흔들 수 있는 엄청난 주체의 변혁을 가능하게 했던 것이다. 이를테면 사유하는 주체는 어린아이가 아직 가지고 있지 않지만 곧 가지게 될, 혹은 병자가 잃어버린 어떤 성숙하고 완전한 형식으로서 전제되고 있다. 어린아이나 병자에게 부재하는 그것은 그들의 의미작용을 지배하는 초월적인 것으로서 존재한다. 반면 말하는 주체는 통일적이고 지배적인 어떤 형식이 아니라 나름의 수준에서 말하는 어린아이나 병자에게 허용되는 각각의 분열적인 형식들에 불과하다. 아이나 병자는 동일한 주체의 이름 아래 모일 수 없다. 주체의 개념이 일종의 극화된 의미라는 점에서 이처럼 총체적인 형식으로서 주체는 차라리 무엇이라도 대입될 수 있는 하나의 빈칸과 같은 것이다.478) 그리하여 푸코는 사유하는 주체를 무화시키는 말하는 주체에 대해서 다음처럼 말하게 되었다.

414

"나는 말한다'는 '나는 생각한다'와 반대로 기능한다. 후자는 실제로 나(Je)의 그리고 그것의 실존의 의심할 수 없는 확실성에 이끌었다. 전자는 반대로 그러한 실존을 후퇴시키고 분산시키고 지우며 그것을 비어 있는 자리로 나타나게 만들 뿐이다. 사유의 사유, 철학보다 더 긴 전통은 사유의 사유가 우리를 가장 깊은 내면성에 이끈다고 우리에게 가르쳐왔다. 파롤의 파롤은 문학에 의해서, 그러나 아마도 또 다른 길에 의해서, 말하는 주체가 사라지는 이 바깥으로 우리를 이끈다. 분명히 서구의 반성이 그처럼 오랫동안 언어의 존재를 사유하는 일을 망설였던 것은 이런 이유에서이다. 마치 적나라한 언어의 경험이 '나는 존재한다'의 명증성에 가져다 줄 위험에 시달렸던 것처럼."479)

주체가 명증적이고 확고하게 존재하기를 멈추고 유령처럼 빈틈으로 떠돌게 됨으로써 어쩌면 우리는 그것을 더 이상 언급해야 할 필요가 없을런지도 모르겠다. 사실 기호학에서 주체는 다루어지지 않는다.480) 그 이유는 이중적 의미로 설명될 수 있는데, 그 첫 번째 의미는 기호

---

478) 푸코는 이러한 빈칸에 대해서 다음처럼 말하고 있다. "'나는 말한다'고 하는 내용 없는 두께(minceur)가 현시되는 빈칸(Vide)이 그것을 통해 언어가 무한하게 흩어지는 절대적 계시가 아닌 한에서, 반면에 주체－말하는 '나'－는 그러한 발가벗겨진 공간에서 사라질 때까지 분절되고 흩어진다. 실제로 언어는 '나는 말한다'의 고독한 지상권 속에서만 자기의 자리를 가지고 있으며 어떤 것도 그것을 권리적으로 제한할 수 없다. 그 말하는 주체가 말 걸게 되는 것도, 그것이 말하는 것의 진리도, 그것이 사용하는 표상적인 가치들이나 체계들도 말이다. 간단히 말해서 그것은 더 이상 담론이나 하나의 의미의 의사소통이 아니라 그것의 시끄러운 존재로 있는, 전개된 순수한 외재성으로 있는 언어의 전개이다. 그리고 말하는 주체는 더 이상 담론의 책임을 지는 그런 것(담론을 유지하고 담론에서 긍정하고 판단하며 이따금 그런 효과 때문에 배치된 문법적인 형식으로 그 안에 표상되는 그런 것)이 아니라 언어의 무한한 유출이 끊임없이 모색되는 빈칸 속에서의 비실존(inexistence)이다."(Michel Foucault, *La pensée du dehors*, pp.11~12).
479) 같은 책, pp.13~14.
480) Umberto Eco, *A theory of semiotics*, p.314 참조.

학의 연구 대상이 기호-존재이지 기호 바깥의 존재가 아니라는 사실에 있는데, 반면 주체는 기호 바깥을 향해 있는 기호학적 지시물 가운데 하나이다. 에코가 말하고 있듯이, "발화(utterance) 행동의 주체는 (그것은 언표작용의 주체와 언표의 주체 사이에는 차이가 있기 때문에 반드시 진술의 '문법적' 주어와 같은 것일 필요는 없다.) 그것은 명시적이건 암시적이건 간에, 메시지나 텍스트의 가능한 지시물 중 하나로 생각되어야만 된다. 그러므로 그것은 메시지가 수행하는 가능한 언급들의 대상들의 하나이며 언어가 말하는 바의 여러 물리적 또는 심리적 대상들과 관련되는 학과들에 의해서 그처럼 연구되어야 한다."481) 이렇게 주체를 배제시킴으로써 얻게 되는 이점은 그것을 기호학적 텍스트 바깥에서 찾으려는 데카르트적 전통과 확실하게 단절할 수 있다는 것이다. 푸코의 계보학적 주체나 라깡의 정신분석학적인 주체는 기호학이라는 학과 바깥에서 시도된 반데카르트적인 주체에 대한 연구가 아니던가? 물론 전혀 다른 의미에서 일부 기호학이나 구조주의가 특별히 데카르트적 주체를 거론하지 않음으로써, 그러한 침묵이 그것을 부정하는 것이 아니라 오히려 암묵적으로 지지할 수 있다는 가능성을 무시할 수 없다. 그러나 두 번째 의미는 그러한 가능성을 일소하는데, 이는 기호학적 체계를 둘러싸는 안과 바깥의 순환과 관련된다. 기호의 본질이 기호 바깥의 사물을 지시하는 한에서, 말하는 주체는 세미오시스의 순환을 통해서 기호학적 영역에서 형성되는 특징적인 의미작용임에 틀림없다. 주체는 기호 바깥의 기호학적 지시물 가운데 하나임에 분명하지만, 기호학적으로 이 지시물은 기호들의 연쇄나 의미작용에 지나지 않는다. 그러므로 기호학이 주체를 다루지 않는다면, 그것은 기호들의 연쇄나 의미작용의 문제에 주체의 문제가 겹쳐질 수 있기 때문이다. 푸코의 말대로 말하는 주체는 파롤의 대기 중에서 사라지기

---

481) 같은 책, pp.314~315.

때문이다. 그런 점에서 우리는 확실히 주체가 죽었다고 말해야 할지 모른다.

> "'나는 생각한다', 그것은 다음을 의미한다. '나(je)'라고 불리어지는 어떤 장소가 있는데, 거기서 사람들이 하는 행위와 지식은 다르지 않다. 혹은 존재는 그 자체로 나타나는 자기의 계시와 혼동되며, 그리하여 거기서는 바깥의 침입은 생각될 수도 없을 뿐만 아니라 그런 거기-'나'는 말할 수 없다. 반면 말하는 나는 말하기를 가정하고 그것을 개방적이고 공략가능하게 만드는 '관계들의 체계 속에 들어간다. 어떤 병자는 누군가가 병자들의 머리 속에서, 혹은 병자들의 신체 속에서 말한다고 믿는다. 혹은 단어들을 표현하고 최소한 말들을 묘사하고 있는 자가 병자들 자신들임에도 불구하고, 그들은 타자가 그들에게 말한다고 믿는다. 병자와 정상인의 관계를 어떻게 생각하든, 정상적 실천 속에서 파롤은 병적인 변이들이 가지고 있는 그런 본성, 그리고 매순간 병적인 변이들이 가능하게 되는 그런 본성(nature)으로 있어야만 한다."(*PM*. 26).

병자들의 의미작용 속에서 현시되는 낯선 사람, 타자는 무엇이건 될 수 있는 전이적 인칭이며 다형적인 신체 주체이다. 그것은 의식이 될 수도 사물들이나 세계가 될 수도 있으며, 화자가 될 수도 청자가 될 수도 있으며, 전혀 낯선 타자가 될 수도 매우 익숙한 내 자신이 될 수도 있다. 그것은 거짓말하는 에피메니데스가 될 수도 진실을 말하는 에피메니데스가 될 수도 있다. 주체는 변이적이고 다형적이기 때문에 그것을 무어라고 규정하는 순간 그것은 그러한 규정에서 벗어나기 때문에 차라리 말하는 주체는 살아있는(불투명한) 파롤 그 자체라고 말해야 할지도 모르겠다. 주체가 현시되는 것은 파롤이며 파롤은 그렇게 말하는 주체를 떠나서는 생각될 수 없다. "기호들의 의미작용, 그것은 우선 사용 중에 있는 기호들의 배치이며, 그것에서 생기는 상호인간적인 관계들의 스타일이다. 그리고 지각된 사물들의 맹목적이고 비자발

적인 유일한 논리학, 우리 신체의 활동성에 걸려 있는 모든 것은 우리
에게 랑그의 중심에서 표현의 새로운 양식을 창안하는 익명의 정신을
엿보게 한다."(*PM.* 52). 이는 말하는 주체가 언어와 동일한 층위에서
그것의 파동과 동일한 변환의 운명을 맞이하게 됨으로써 더 이상 언
어를 운용하는 지배적인 위치에 놓일 수 없고 언어에 대해서 주인 행
세를 할 수 없다는 사실을 의미한다. 메를로-뽕띠가 강조하고 있다시
피, "우리는 언어의 우연 속에서 의식을 생각해야만 하며 언어의 필연
이 없이는 그렇게 의식을 생각하는 것도 불가능하다."(*PM.* 26). 구조
가 그러하듯이 언어는 우연적 필연에 의해서 주체를 생산한다.

　주체들이란 언어의 의미작용처럼 타자들과 이루는 사회적 관계의 파
도(vague) 속에서만 출몰한다. 우리는 태어나자마자 타자들 속에서 살
고 그들과 의미작용하는 한에서, 타자와의 경계 속에서 끝없이 유동하
고 명멸하는 주체로서 살아가게 된다. 우리는 유령처럼 언어의 대기 중
에서 분산되었다가 다시 합쳐져서 하나의 형태를 이루는 그런 주체화
의 운동 속에 있다. 라깡의 구조주의가 중심적으로 다루고 있는 부분이
바로 그것이었는데, 랑그 속에 말하는 주체를 숨겨놓은 소쉬르의 경우
와 달리, 그는 그것을 랑그와 양립적으로 전면에 드러내고자 했다. 정
신분석학이 병리적 측면에서 개인적인 자아를 문제 삼으면서 전개되었
던 만큼, 정신분석학자인 그가 주체의 문제를 거론하지 않을 수 없었을
것이다. 이러한 보편적 주체로의 회귀가 그를 명백하게 데카르트주의자
로 보이게 만들었다 하더라도,482) 그의 데카르트적 전통은 인간이 언어
적·문화적 상징의 원인이나 기원이 될 수 없다는 점을 강조하는 반데
카르트적 목적을 수행하기 위해 반어적으로 취해진 것에 불과했다. 주
체가 고정되고 초월적인 것이 아니라 어떤 것으로든지 전이될 수 있는

---

482) Sherry Turkle, *Psychoanalytic Politics*, *Freud's French Revolution*, Basic
　　 Books. Inc., 1978, 『라깡과 정신분석 혁명』, 여인석 역, 민음사, 1995, 69~
　　 70쪽 참조.

418

익명적이고 무의식적 것이라는 의미에서 그의 코기토는 '그것이 말한다 (ça parle)'로 변형되었다. 아니카 르메르(Anika Lemaire)의 말대로 "라 깡의 이론은 한편으로 인간의 존재 발생론 철학에 기초하고 있다. 이 존재 발생론 철학은 현대 언어학에서 직접 끌어낸 것이다."483) 여기서 라깡이 얻어낸 교훈은 담론이나 사회적 행위 속에서 주체는 그 자신이 만들어 내거나 다른 사람들이 만들어낸 상이한 형태로 나타나는 하나 의 모델에 자신을 동일시함으로써 자신을 소외시키는 과정을 반복하고 있다는 것이었다. 도식적으로 보이는 그의 언어학 이론은 데카르트적 주체란 애초부터 불가능한 것이었으며, 끊임없는 소외의 과정을 겪으면 서 인간은 죽을 때까지 사회적이고 역사적인 주체화 운동 속에 있을 수밖에 없다는 비극적 주제를 담고 있었다.

> "의미작용하는 연쇄의 그런 구조가 드러내주는 것은 그러한 랑 그가 나에게 다른 주체들과 공통적이라는 척도에서, 말하자면 거 기서 그러한 랑그가 실존하는, 랑그가 말하는 것과는 다른 모든 것을 의미하기 위해서 내게 다른 주체들을 제공하는 그런 척도에 서 내가 가지고 있는 가능성이다. 그것은 주체의 사유를 숨기는(거 의 정의할 수 없는) 기능이라기보다 의당 파롤 속에서 강조된 존 재의 기능이다. 즉 진리의 연구 속에서 그러한 주체의 위치를 지 시하는 기능 말이다."484)

랑그의 구조적 변환은 신체 주체의 그것과 동일시 될 수 있다. 메를 로-뽕띠가 말의 힘이라고 불렀던 것은 사실 의식적인 것으로 한정될 수 없었던 '말하는 주체'를 지시하는 것이었다. 더욱이 그가 언어나 주체 모두를 신체라고 말한 점에서 파롤이 바로 말하는 주체라는 사 실은 어쩌면 당연한 일이었다. 그렇다면 말하는 주체의 구조는 의미작

---

483) Anika Lemaire, *Jacques Lacan*, Pierre Mardaga, 1977, p.98.
484) Jacque Lacan, "L'instance de la lettre dans l'inconscient", *Écrits*, p.505.

용의 구조를 해명하는 기호학적 시도로 대체될 수 있고, 데카르트적 주체와 함께 성립되어 온 인문학이나 인간학의 역사는 기호학이나 언어학의 도래와 함께 끝나버리는 것이 아닌가?『말과 사물』에서 푸코가 선언한 대로, 인간학은 종말을 고했음에 틀림없다. 그럼에도 불구하고 인간학에 종말을 고하는 아이러니한 또 하나의 인간학이 가능한데, 인문학이나 철학이 자기비판의 역사를 통해 변환적으로 형성되어 왔다는 사실을 상기한다면 말이다.-인문학의 죽음이나 철학의 죽음이 운위되는 가운데서도 이런 의미의 인문학과 철학은 계속될 것이다.-그리고 이러한 인간학적-심리학적이고 현상학적인-접근이 기호학적 접근과 동일시되지 않기 위해 데카르트가 배제시켰던 병자들이나 어린 아이의 경험을 끌어들이면서 발생론적인 측면에서 '다시' 반성되어야 할 필요가 있었다.485)

② 유아의 주체 형성

메를로-뽕띠는 주체가 발생하는 순간을 구조적 변환이 일어나는 순간으로 묘사하였다. "표현의 새로운 체계의 창안을 지지하는 것은 이해되길 원하고, 또 다른 표현 방식으로 사용된 조각들을, 말하는 새로운 방식으로서 다시 취하는 말하는 주체들의 솟아오름이다."(*PM*. 50). 이처럼 기호학적으로 새로운 의미작용의 체계가 형성되는 과정이 바로 주체가 형성되는 과정이라면, 유아가 언어를 습득하거나 의미작용의 체계에 들어가는 첫 번째 그 순간을 묘사하는 것이야말로 주체에 대한 가장 선언적이고 효과적인 접근방법이 될 것이다. 즉 주체가 선험적으로 존재하는

---

485) "만일 한편으로 유아의 성장이 세계와의 구체적 연루를 위한 조건으로 여겨지는 세계의 인식적 파악의 자격으로 설명된다면,-만일 직접적으로 이론적으로 그럴듯하게 반성성으로 이행하게 만들기 위해서 아이를 배제하게 된다면-그 같은 관점은 아이의 실존뿐만 아니라 성인에 대한 중요한 사실들도 지나치게 될 것이다."(*Prp*.96 f).

것이 아니라 역사적이고 문화적으로 형성되는 것인 한에서, 비교적 성인에 비해서 단순하게 나타나는 유아의 언어의 발생이나 획득 과정을 추적함으로써 말하는 주체의 변환적 구조를 선명하게 드러낼 수 있기 때문이다.486) 앞에서 보았듯이, 실어증 환자의 언어 퇴행이나 어린 아이의 언어발달은 '정상적인' 성인의 퇴행적이고 예견적인 언어활동으로서 충분히 주목할 가치가 있었다. 특히 메를로-뽕띠는 데카르트적 의식을 전제하고 있었던 피아제나 캇시러와 같은 주지주의적 심리학자들의 견해들을 물리치기 위해 기욤(Paul Guillaume)과 왈롱(Henri Wallon)의 유아의 언어 심리학적 발달의 사례들은 조회하면서487) 언어의 획득과 주체의 올바른 상관관계를 추적해나가는 방식을 취했다.

그가 보기에 우선 말하는 주체와 관련된 문제의 출발점은 유아의

---

486) 메를로-뽕띠는 1949~50년에 '의식과 언어 획득'이라는 제목으로 파리 대학 강연을 열었고, 이 외에도 '유아의 의식이 구조와 갈등'이라는 제목의 강연과 '성인에게서 보여지는 유아'라는 제목의 강연을 열었는데, 이 세 과목들은 심리학 자격증을 따기 위한 과목이었다. 학생들에 의해서 기록된 이 강의록은 주기적으로 편집되어 메를로-뽕띠의 감수를 받아서 『파리 대학의 심리학 연구 그룹지』에 수록되었다. 이런 식으로 연말에는 학생들에 의해서 기록되고 메를로-뽕띠에 의해서 검토된 총 강의록집이 만들어졌는데, 그 중 하나가 우리가 자주 조회하게 되는 『의식과 언어의 획득(CAL)』이다. 동일한 절차가 1950~51년도 강의에서도 실행되었는데, 그 강의 제목은 '유아의 심리-사회학'과 '유아의 타자와의 관계', '인간학과 현상학'이었다. 뒤의 두 개의 강의록은 『지각의 일차성(PrP)』으로 출판되어 있다. 여기에서는 『의식과 언어 획득』과 『지각의 일차성』의 「유아의 타자와의 관계」를 주로 언급하게 될 것이다(CAL. xxxiii~iv).

487) 특히 앙리 왈롱(Henri Wallon, 1879~1962)의 『어린 아이의 성격의 기원』이라는 논문은 유아의 사회성에 대해서 피아제와 상충되는 주장을 전개해서 1930년대 격렬한 논쟁을 일으켰다. 피아제가 유아의 발달을 내폐적 시기-자기중심적 시기-애니미즘적 시기 등의 단계들을 설정해서 점진적이고 완만한 사회화의 단계를 주장한데 비해서 왈롱은 유아가 어른보다 더 사회적이며, 유합적 단계가 끝나는 3세 이후에 자기와 타자 사이의 거리를 설정하는 법을 배우게 된다고 말했다. 木田 元, 『현상학의 흐름』, 이수정 역, 以文 출판사, 1989, 127쪽.

언어 획득을 어떻게 보느냐하는 점이었고 그러한 획득이 의미하는 바가 무엇인가 하는 점이었다. 유아는 세상에 태어나자마자 어른의 언어로부터 끊임없이 자극받으면서 언어적 환경에 둘러싸이게 되고 생후 두 달 경부터 옹알이(babillage)를 시작하게 된다. 대부분의 학자들은 옹알이를 어른의 언어에 대한 유아의 모방으로 해석하면서도 대체로 그것을 언어로 보지는 않는데, 이를테면 아이가 아직은 말하는 사람의 입술 모양을 볼 수 없기 때문에 후음만을 모방하게 됨으로써 언어적 분절에 못 미친다는 것이다. 진정한 유아의 언어 획득은 옹알이의 단계를 지나면서 생후 한 살 반경이 된 아이의 첫 번째 단어를 꼽고 있다. 아이에게서 옹알이가 사라지고 첫 번째 단어를 이 세상에 내는 바로 그 순간에 아이는 말하는 주체로서 거듭난다. 주지주의자들은 이전의 긴 옹알이 단계를 가치절하고 첫 번째 말의 중요성을 과도하게 강조함으로써 의식이 출현한 것을 축하하고 있는데, 캇시러가 말하듯이, 의식이란 이전의 경험들을 종합하는 능력을 의미하며, 언어적 상징이란 이러한 의식을 통해서 파편적인 인상들과 사실들이 종합을 이루었을 때 가능한 것이므로 첫 번째 단어를 말하게 된 그 순간에 아이는 갑작스럽게 의식을 획득한 것이기 때문이다.488) 메를로-뽕띠에게 이러한 돌발적 의식의 출현과 언어의 단절적 획득은 믿기 힘든 가정이었다. 그는 『지각의 현상학』에서부터 이러한 우스꽝스러운 가정을 지속적으로 비판해왔는데, 이를테면 관찰에 의하면 첫 번째 단어 이후에도 아이는 계속해서 옹알이를 병행하면서 언어를 단계적으로 습득하게 되는데, 그렇다면 경험을 종합하고 단어들을 규합하는 의식이 퇴행적으로 의식이 결핍된 이전의 옹알이 단계를 반복한다는 것은 있을 수 없는 일이다.

이와 다른 의미에서 유사한 오류를 야콥슨에게도 물을 수 있다. 그

---

488) *CAL.* 15~16 참조.

422

는 언어적 분절을 설명하기 위해서 의미가 철저히 배제된 음소 대립을 제시했고 언어 획득의 결정적인 질서로 삼았다. 그가 실어증 환자를 형식적으로 두 유형으로 구별했듯이, 정상인의 언어적 능력은 언어의 이분법, 즉 환유적 능력(구별하는 측면)과 은유적 능력(통합하는 측면)이 '종합'되었을 경우에만 가능하다는 것이다. 말하자면 그가 볼 때, 언어의 두 가지 측면들은 키아즘적으로 얽히고 순환하면서 확장해 나가는 것이 아니라 한 번의 양자의 통합을 계기로 결정되어 있었다. "그의 음소체계는 환원 불가능한 실재로서 나타나고 언어획득이 개인을 자기의 언어의 구조에 통합시키는 것으로 나타난다."(*CAL.* 23)고 메를로-뽕띠는 비판하였다. 그의 말대로라면 어느 날 갑자기 아이는 음소적 대립체계로서 통합되는 디플레이션(deflation)을 겪게 됨으로써 환유적이고 분산적인 옹알이를 수렴적인 첫 번째 단어로 이행시키는 결정적이고 계기적인 언어 획득을 완수한다는 것이다.[489] 이는 첫 번째 단어를 계기로 한 순간 음소적 대립 체계로서 언어 능력을 획득한다는 점에서 한 순간에 의식을 획득한다고 말하는 주지주의자들의 견해와 동일한 형식을 취하고 있다. 물론 메를로-뽕띠가 음운론적 분석의 긍정적인 통찰을 무시하는 것은 아니었다. 야콥슨은 언어에 선행적인 것을 고려함으로써 의미작용에 관련되는 기호들의 체계를 통찰해냈다. 문제는 기표와 기의를 엄격하게 구별함으로써 획득적 의미를 배제시키고 관습이나 주어진 말에 주어진 의미를 부여했던 모든 역사적 사건들을 결핍하고 있다는 사실이었다.[490] 이는 소쉬르의 자의성이 관습적으로 주어진 획득적 의미를 무화시키는 데 있는 것이 아니라 오히려 관습적이고 획득적 의미를 존중하는 것이라는 사실을 깨닫지 못한 채, 그것을 형식적으로 수용한 결과였다.

실제로 유아의 첫 번째 단어 획득은 결정적인 것이 아니라 오히려

---

489) *CAL.* 22~23 참조.
490) *CAL.* 28~29 참조.

옹알이와 마찬가지로 비결정적이며 이러한 개방성으로 인해 또 다른 단어들의 연쇄, 즉 "의미의 집중과 재동화"를 파생시킴으로써 계속적인 언어의 획득을 가능하게 한다. "언어는 무한한 사물들을 표현하는 것으로 제공하는 한정된 통일들의 체계"(*CAL*. 29)일 뿐이다. 일견 결정적이고 통일적으로 보이는 하나의 기호 체계는 그러한 의미작용을 완수함과 동시에 또 다른 체계를 지향하는 초구조로서 작용하게 된다. 그가 최대한 야콥슨의 견해를 존중하면서 수정하기를, "음소 체계에 관해서 말하자면, 그것은 한편으로 모든 언어에 공통적인 보편적 체계(말하기 시작하는 아이에게 나타나는 첫 번째 말)로 구성되지만, 다른 한편으로는 한 언어를 또 다른 언어와 구별시키는 각각의 언어에 특수한 개별적 체계로 구성된다."(*CAL*. 27). 이를테면 유아가 '엄마'라는 말을 처음으로 했을 때, 그것이 야콥슨이 말하는 그러한 음소들 대립에 의해서 가능했다고 하더라도 이 말이 다시 '아빠'나 그 밖의 다른 단어들과의 대립적 체계 속에 통합되는 형식을 통해서만 다시 또 다른 말들을 말할 수 있기 때문에 언어는 다분히 획득적이고 역사적이고 시간적이라는 것이다. 그러나 이렇게 되면 야콥슨이 보편적이고 결정적으로 말한 "음소 체계는 언어의 한 스타일"(*CAL*. 31)에 불과하며, 유아의 언어 획득의 과정은 수많은 스타일을 파생시키는 무한한 구조적 변환을 통해서만 가능하다는 얘기가 된다.

결국 언어 획득을 유일한 하나의 계기를 통해서 한꺼번에 해명하려는 어떤 시도도 견지될 수 없으며 이를 위해서 가정된 결정적이고 완성적인 의식적 주체나 언어 능력은 허구에 지나지 않게 되었다. 메를로─뽕띠는 주지주의자들이나 야콥슨처럼 첫 번째 단어에 상징적 의미를 부여하지 않는데, 첫 말은 계속되는 의미작용적 체계의 변환적 획득 과정에서 필연적으로 맞이하게 되는 하나의 스타일이나 단계에 불과하기 때문이다. 그러므로 만일 첫 번째 말과 함께 아이에게 어떤 주체 개념이 나타났다고 하더라도, 그것은 두 번째 말에 의해 다시 수정될 그런 것인데, 이를테면 '엄마'라는 말을 통해서 아이가 어머니와 밀접한 관계에 있는 자신을 인식했다고 하더라도 '아빠'라는 말을 통해서 아이는 어머니와 아버지와의 삼각관계 속에 있는 자신을 인식하게 될 것이기 때문이다. 그렇다면 보다 근본적인 것은 첫 번째 말이 아니라 아이가 말을 습득하게 되는 심리적인 과정을 추적하는 일이 될 것이다. 메를로-뽕띠는 이를 위해서 태어난 이후로 "아이가 상황에 대한 유합적(syncretic) 관점을 소유하며 그러한 관점을 통해서 상이한 질서로 사물들에 동화하게 된다."(*CAL.* 18)는 사실을 주목했다.

대부분의 심리학자들은 언어 습득을 모방의 과정으로 설명했다. 그러나 문제는 그들이 옹알이의 모방을 설명할 때처럼, 실제로 아이는 순음과 후음을 구별하면서 모방을 행하지는 않는다는 사실이다. 주지주의자들이 생각하고 있었던 전통적 의미의 모방론은 두 사물들을 비교하고 구별할 수 있는 의식이나 주체를 전제하고 그것이 양자 사이의 일대일 대응 관계를 구성할 수 있을 때 성립되었다. 메를로-뽕띠가 보기에 "이것은 이중적 절차를 전제한다. 가시적 행동을 동적 언어에 번역하기 위해서 우선 타자들의 행동을 유발시키는 것을 이해해야 하고 그 다음에 그것을 재생산해야 한다. 실재로 이러한 이중 번역은 존재하지 않는다"(*CAL.* 32). 어린아이들의 모방을 관찰한 결과, 기욤은 전통적인 모방의 과정을 이루는 원인과 결과의 관계를 뒤집어서 그것을 다시 정의할 수 있었다. 이를테면 아이는 의식을 가지고 있어서 그러한 과정을 미리 안후에 따라하는 것이 아니라 우선 자기 나름의 방식을 구사하여 행동의 결과를 모방하고 난 뒤에 자신이 모델과 동일한 행동을 하고 있음을 알게 된다는 것이다.491) 이는 아이에게만 국한되는 것이 아니라 성숙한 어른에게도 해당된다. "모방이란 단지 동일한 대상을 둘러싸는 두 행위의 만남으로써 이해된다. 모방한다는

---

491) *CAL.* 33 참조.

것은 타자들이 하는 행동과 동일하게 행동하는 것이 아니라 타자들이 하는 행동과 동일한 결과를 획득하는 것이다."(*CAL*. 33). 모방은 총체적 결과를 노리는 것이지 제스처의 상세한 부분을 노리는 것이 아니라는 점에서 목적론적이고 내재적이다. 즉 모방은 하나의 지향적이고 수렴적인 의미를 생산하는 다양한 행동체계(기표들의 연쇄)를 지칭하며, 한정된 언어적 요소들이 변환적 배치를 통해서 다양한 의미작용을 파생시키듯이, 그것은 수많은 모방의 양태를 가능하게 한다. 언어와 마찬가지로 모방은 구조주의적으로 이해되어야 한다.

> "조금 씩 조금 씩 어른은 세계에서 가장 위압적인 요소가 되며 만물의 척도가 된다. 아이들이 보기에 어른은 그들의 가장 본질적인 자아(moi)를 표상하고 있다. 그리하여 편중적인 모방에 의해서 아이는 자기 나름의 방식으로 특수한 표상들을 일으킨다. 이런 편중된 모방들은 아이가 자기에게서 타자들을 재인식하는 하나의 기호이다. 타자들은 세계와 아이 사이의 보편적 매개이다."(*CAL*. 35).

기욤의 통찰을 받아들여 모방의 기제를 재구성해보면 주체와 타자의 변증법적 관계가 잘 드러나게 된다. 모방은 피아제가 자기중심적(egocentric)이라고 말하고 있는 18개월에서 3살까지의 어린 아이에게서 현저하게 나타난다. 여기서 자기중심적이라는 것은 아이가 타자와 구별되는 자기를 의식함으로써 타자를 자기 위주로 좌지우지한다는 의미가 아니다. 기욤이 그것을 무의식적 자기중심주의로 고쳐 부르고 있듯이, 이 시기에 아이는 타자와 구별되는 자기에 대한 의식을 가지고 있지 않다. 그리고 모방은 우선은 어린 아이가 욕망하고 있는 타자에로 무의식적으로 지향적으로 운동하면서 자기-타자의 동일성을 형성하고, 뒤늦게 자기와 타자를 구별하게 됨으로써 그것이 모방이었음을 알게 되는 것이다. 모방에서 자기 구별적인 의식이 관여하고 있지 않는 동일시의 역할은 원초적이며 매우 중요하다. 그러나 동시에 아이는 이러한 동일시 상태에서 빠져나와서 자기와 타자를 구별하게 되는, 모방을 의식하는 상태로 이행해야만 한다. 그렇지 않다면 그것은 모방이 아니라 고착일 것이다. 동일시 상태에 머물러 있는 아이는 타자와 구별되는 자기의식은 물론이고 타자들에 대한 어떤 탄력적인 반응도 할 수 없다는 점에서 병리적인 상태에 있다. 아이가 모방을 통해서 옹알이를 행한 후에 첫 번째 단어를 말하게 되는 한에서, 그리고 유아의 언어 획득이 하나의 단어에 그치지 않고 계속되는 한에서, 모방은 반복적으로 수행되어야 한다. 모방의 원초적인 동일시가 일어나기 위해서는 자기와 타자의 분리가 선행되어야 한다. 즉 아이는 모방의 동일시 상태에서 빠져나와서 자기와 타자를 구별하게 되는, 모방을 의식하는 상태로 이행해야만 또 다른 모방을 할 수 있게 된다. 그런 점에서 타자의 존재야말로 모방을 가능하게 하는 계기가 되고 있지 않은가? **그렇게 내가 타자를 의식하게 되는 순간, 이미 나는 타자와 구별되는 주체로 존재하는 것이다. 타자가 존재하지 않는다면 나도 존재하지 않는다. 주체는 모방이 지나간 자리에 생겨난다.** 결국 타자와의 동일시와 함께 나와 타자의 구별이 바로 모방의 기제였던 것이다. 모방은 신체의 연접과 이접의 운동을 동시에 칭하는 심리학적 기제이다. 나와 타자 사이의 모방의 순환적 반복이 주체화 운동이다.

아이에게 첫 번째로 모방하고 싶은 어른, 그리고 가장 일차적인 주체성의 모델은 아이가 가장 많이 접촉하게 되는 그의 어머니일 것이다. 아이는 자신의 어머니라는 타자에게 자신을 동일시했다가 이탈시킴으로써 어머니의 말을 포함해서 그녀의 수많은 행동들을 모방하게 된다. 이를테면 어머니의 존재야말로 아이의 성격 형성을 가능하게 하는 최초의 타자인 동시에 무한한 타자성의 보고인 셈이다. 이를 반증해주듯이, 어머니와 갑작스럽게 격리된 아이는 언어적 퇴행을 보이게 되는데,492) 타자의 존재와 타자와의 동일시의 경험이 모든 학습의 원천이 되는 한에서 어머니의 갑작스런 부재는 아이에게서 모방해야할 타자를 앗아감으로써 더 이상 모방을 불가능하게 하기 때문이다. 아이와 어머니의 이러한 밀접한 관계는 정신분석학자들에게 자아의 구조를 해명하는 예시적인 모델이 되었고, 이를 메를로-뽕띠는 충분히 공감하고 있었다.

> "언어의 획득은 어머니와의 관계와 동일한 현상일 것이다. 주체는 그 자신이 자기 어머니의 태도를 경험하고 동화하는 것을 자기의 어머니에게 투사시킴으로써 어머니와의 관계가 동일시의 관계인 것과 마찬가지로(정신분석학자들이 말하듯이), 언어 획득 자체는 동일시의 현상이다. 말하기를 배우는 것은 일련의 역할들을 수행하는 것을 배우는 것이고 일련의 행동들이나 언어적 몸짓들을 취하는 것이다."(*Prp.*109).

아이가 배가 고플 때, 어머니는 아이에게 젖을 물려준다. 배불리 젖을 먹음으로써 아이의 욕망은 일시적으로 충족되지만, 몇 시간 후에 아이는 다시 배고픔을 느끼게 된다. 욕망은 결코 완전히 충족될 수 없기 때문에, 필연적으로 아이는 자기에게 젖을 물려주는 타자인 어머니와의 동일시에서 이탈을 경험하게 된다. 반복되는 경험을 통해서 아이는 자기가 울지 않으면 어머니가 젖을 주지 않는다는 사실을 알게 되는데, 유아는 자신의 욕망을 충족시키기 위해서, 혹은 어머니와의 동일시를 위해서 울음이라는 기호를 습득하게 된다. 말하자면 유아는 이 기호에 자신의 욕망을 투사시키거나 동일시함으로써 최초의 의미 작용을 행하고 있는 셈이다. 정신분석학자들에 따르면, 여기서 울음이라는 하나의 매개를 통해서이긴 하지만, 대체로 아이는 어머니가 자기가 원하는 모든 것을 충족시켜주기 때문에 아이는 자신의 욕망을 어머니에게 투사시킴으로써 자신을 어머니와 동일시한다는 것이다. 그리고 어

---

492) *Prp.*109 참조.

428

머니와의 이러한 경험이 바로 언어의 습득을 가능하게 한다는 것이다. 그래서 세상에 태어나 살아가야하는 법을 배워야 할 유아는 어머니가 곁에 없는 상황을 몹시 싫어한다. 그러나 일시적이건 그렇지 않건 어머니의 부재는 아이가 필연적으로 겪어야할 이탈의 체험인 것은 사실인데, 반복되는 동일시와 이탈의 체험을 겪으면서 아이는 그것을 어쩔 수 없는 것으로서 받아들이게 된다. 즉 어머니의 부재라는 고통의 체험이야말로 아이에게 어머니를 자기와 다른 타자로서 인정할 수 있게 하는 계기가 된다. 사실 이러한 과정 자체는 모방의 과정과 다를 바가 없지 않은가? 아이와 어머니의 심리적인 동일시와 이탈의 기제는 아이의 언어 획득의 심리적인 기제와 일치한다. 아이가 어머니와의 관계에서 울음을 하나의 의미작용적 매개로서 다룰 수 있게 되었던 것처럼, 아이는 어머니와의 관계를 통해서 언어를 획득하게 된다. 이는 프로이트가 실패 던지기 놀이를 하는 아이들의 사례를 관찰하면서 말하려고 했던 것과 일치한다.[493]

18개월경이 된 유아는 몇 마디 말들을 할 수 있게 되는데, 프로이트가 보기에 이러한 언어의 획득은 어머니와 떨어져 있다가 저녁에 다시 만나게 되는 반복되는 경험을 통해서 이루어진다. 어머니의 부재를 극복하기 위해서 아이는 외부의 도움, 즉 언어적 매개를 통해서 그러한 사실을 객관화시키게 되는데, 이를테면 어머니가 외출한 후 얼마 안되어서, 아이는 장난감이나 실패를 보이지 않는 곳으로 집어던지면서 'o-o-o-o'나 'fort'라는 소리를 길게 내고, 다시 그것을 집거나 실패를 당기면서 즐겁게 'da'라고 소리치면서 놀이한다는 것이다. 실패나 장난감은 어머니로 동일시되었고 그것을 집어던짐으로써 어머니의 부재를 표현하거나 항의하고, 다시 그것을 취함으로써 어머니의 출현을 상징한

---

493) Sigmund Freud, *The complete psychological works of sigmund Freud*, XVIII, Beyond the pleasure principle, the Hogarth press limited, Toronto, 1955, pp.14~15 참조.

다. 이 과정에서 아이는 갔다(gone)는 것을 의미하는 fort와 여기(there)라는 것을 의미하는 da라는 말을 습득한다. 거꾸로 아이가 언어나 장난감과 같은 매개나 제 3자에 자신의 욕망을 '대신' 투사하지 않는다면, 아이는 어머니와의 동일시 상태에 머무르면서 그러한 좁은 한계 속에 갇혀 있어야만 할 것이고, 결국 어머니의 부재를 견디어낼 수 없을 것이다. 그런 의미에서 기호학자들의 말대로 극복이란 문제의 근본적 해결이라기보다는 끝없는 보류와 등가적 교환에 불과하다. 어찌되었든 아이는 어머니와의 관계에서 언어적 매개를 통해서 이러한 분리를 견디어냄으로써 자신을 어머니와 별개의 존재로서 받아들이는 연습을 하게 된다. 아이가 받아들이게 되는 타자들이 어머니에서 다른 사물들로 대체적으로 확장됨에 따라, 아이의 주체도 그러한 타자들과의 관계를 통해서 더 섬세하고 유연해진다. 주체란 타자와의 관계를 형성해나가는 과정에서 윤곽 지어지는 일종의 변환 가능한 구조이다. 분명히 어머니뿐만 아니라 언어도 일종의 타자이지만, 그것은 아이로 하여금 더 유연하게 다른 타자들과의 관계를 개척(파생)해나갈 수 있도록 해주는 그런 타자이다. 주체성의 획득이 언어의 획득을 통해서 현저하게 나타난다면, 그것은 아이의 주체화 운동, 즉 현전과 부재, 동일시와 이탈, 극성과 등가성, 연접과 이접적 운동을 활성화시키는 언어-존재의 변환적 구조에 의해서 가속화되었기 때문일 것이다. 라깡은 그것을 주체가 상상적 단계에서 상징적 단계로 이행함으로써 상징계에서 끝없이 순환하는 유랑의 과정으로 그렸다.

물론 아이가 사물들의 이름을 말할 수 있다는 것, 즉 어떤 사물과의 동일시와 이탈의 경험을 한다는 것 자체만으로 아이가 자신의 주체성을 '의식적으로' 획득했다고 말할 수는 없다. 타자의 의식이 곧 의식적인 자기의식은 아니다. 언어심리학자들이 관찰한 바대로, 대체로 아이는 일반명사보다는 인칭대명사를 더 늦게 습득하며, 타자의 이름보다는 자신의 이름을 더 늦게 습득하고, 3인칭대명사(il)보다는 일인칭

대명사(je)를 더 늦게 획득한다. 이러한 관찰 사례들은 자기의식을 가진 후에 타자를 의식하게 된다는 주지주의자들의 가정을 무효화시킨다. 분명히 사물의 이름을 부를 수 있다는 것은 그 사물을 자기와 별개의 타자로 인식한다는 사실을 의미하지만 그렇다고 해서 그것이 그가 바로 독립적인 자기의식을 가지고 있다는 증거가 될 수는 없다. 기욤에 따르면, 아이의 자아(self)는 세계의 중심이기 때문에 아이가 자신을 의식하지 못하는 것은 당연한 일이었다.494) 타자들과 쉽게 유합하고 떨어지는 단계에서 아이는 성인에게서 보이는 비교적 고정적이고 폐쇄적인 순환 체계로서 자기의식을 가지기 힘들다. 그는 언어뿐만 아니라 세계와 타자들을 부단히 배워나가는 매우 왕성한 사회화 과정에 있기 때문에 그에게 가능한 주체성도 그것을 무어라고 규정하기 힘들 정도로 다형적이고 전이적인 유동성을 띠게 된다. 그러므로 그러한 주체성은 일차적으로 자기에 향해 있다기보다는 타자에게로 향해 있기 때문에, 의식적이라기보다는 무의식적이고 익명적이다. "나의 의식은 일차적으로 세계에 향해 돌려져 있고 사물들에 돌려져 있다. 타자의 의식 또한 주로 자신을 세계로 향하는 행동의 어떤 방식이다. 그리하여 타자의 행동 속에서 타자가 세계를 다루는 방식에서 나는 그의 의식을 발견할 수 있다."(*Prp*.116～117).

방브니스트는 인칭 대명사들을 분석하면서, 유일성(unicié)과 전도성이 가능한 1인칭과 2인칭 대명사에 비해서 3인칭 대명사나 비인칭 대명사(on)는 엄밀히 말해서 특정한 인칭을 가리키기보다는 익명성과 비한계성, 즉 비인칭적인 존재들의 무한한 총체성을 표현하는 것이라고 말했다.495) 이는 아이가 이러한 3인칭이나 비인칭 대명사를 1,2인칭 대명사보다 빨리 배우게 되는 이유를 설명해줄 뿐만 아니라 유합적 단계의 아이에게서 관찰되는 사물 인식의 특징을 예시해 준다. 왈롱에 의하

---

494) *CAL.* 37 참조.
495) Émile Benveniste, pp.230-231 참조.

면 아이들의 인식 작용 자체는 파편적인데, 그들은 그러한 파편적인 경험들을 상상력을 동원하여 짜 맞춤으로써 어떤 사물의 의미를 설명하곤 한다. 이를테면 유아가 그것을 직접적으로 경험하지 않았다는 점에서 사물의 의미는—왈롱이 말하고 있듯이—일종의 초사물(ultra things)이다. 역동적인 변환이 가능한 파편적인 유아의 경험은—레비–스트로스가 말했던—원시인들의 브리꼴라쥬처럼 "배치와 평형을 부가하는 경험들의 조직화 기능"(*Prp*.99)에 의해 얼마든지 변환될 수 있는 상대적이고 비결정적인 사물의 경험으로 구조화되기 때문이다. 아이에게 사물이나 세계는 언제든지 다형적인 의미로 변환가능하다는 의미에서 불분명하고 모호하다. 그렇기 때문에 아이가 기울이게 되는 타자들이나 사물들에 대한 왕성한 호기심은 익명성과 비한계성을 넘어서 아직 타자나 사물들에 대한 비교적 고정적인 체계적인 인식을 생산해내는 성인적 단계에 이르지 못한다. 아이는 세계를 이루고 있는 수많은 사물들을 대략적으로 인지하고 난 후에 그러한 타자들과의 관계를 통해서 그 중심에 서 있는 비교적 견고한 하나의 구조를 형성하는데, 아이가 1인칭이나 2인칭 대명사를 사용하는데 꽤 많은 시간이 소요되듯이 말이다. 인칭대명사로 대표되는 자기의식은 상당한 숙성 기간이 요구되는 의미작용적 획득물이다. 나(Je)나 너(Tu)와 같은 인칭대명사는 화자와 청자에 따라서 지시의 의미가 달라지기 때문에 아이는 가변적이고 전이적인 모호한 이중화 관계 자체를 이해할 수 있을 때, 비로소 그러한 인칭대명사를 자유롭게 사용할 수 있다.—그리고 우리가 이러한 대명사를 자유롭게 사용할 수 있다고 하더라도, 어쩌면 우리는 데카르트가 말하는 자기 직관적 의식 없이 익명적 군중(Das Man)으로 죽을 때까지 살아갈 수도 있다.

데카르트가 말했던 의식이나 사유의 형성은 피아제가 발달 지체(décalage)라고 불렀던, "어떤 층위에서 획득된 모든 것을 더 높은 층위에서 다시 반복적으로 시작해야 하는" 지향적 회귀를 겪어야 한다. "다섯 살 이후에 언어 획득은 언어의 훈련과 공존하게 된다." 어린 아

432

이는 하나의 단어를 계속해서 놀이처럼 반복함으로써(Ecolalia) 그러한 단어의 사용을 습득하고 그것의 반복적 변형을 통해서 언어 사용의 범위를 확장한다(*CAL.* 52~53). 이러한 습득 과정은 전형적으로 구조적 반복·변환과 일치한다. 의식이란 이러한 반복에 의해서 비교적 견고하게 순환하는 하나의 총체적인 구조의 의미를 지칭하는데, 물론 이러한 구조적 반복 속에서 다른 주체를 분열시킬 수 있는 가능성은 언제나 열려있다. 어찌되었든 자기편에 존재하는 순환적인 구조는 주체나 의식으로 불리며, 우리가 데카르트처럼 그것을 명증적으로 의식한다는 사실은 주체를 다루는데 있어서 선결적 문제이며 주체를 확인하는 실천적 문제임에 분명하다. 그러나 메를로-뽕띠가 강조하고 있듯이, 주체의 본질은 익명적이고 전이 가능한 변환적인 것이기 때문에 주체는 곧 타자이다. 우리가 이러한 타자에게 향해 있는 주체를 문제삼는다는 것, 즉 이처럼 변환적인 관계 속에 있는 주체를 의식한다는 것, 구조주의적 반복에 의해서 윤곽지우는 주체-형태를 인식하는 일은 존재론적으로 중요한 반성이며 상당한 정도의 체험적 반복을 요구한다. 그러한 주체가 없다면 철학적 반성이 존재하지 않았을 것임에도 불구하고, 데카르트나 후설에 의해서 철학사적으로 비교적 뒤늦게 이러한 자기의식이 본격적으로 거론되기 시작했다는 사실을 상기해보라. 인칭적인 자기의식은 자기에게로 향하는 지향적 호를 통해서 생겨나는 일종의 총체성이지만, 그것 역시도 변환적 구조라는 점에서 그 실체는 -유령처럼-비어 있다. 우리는 사물의 의미가 사물 안에 내재한다고 느끼듯이, 그 빈칸을 신체로 채우면서 무의식중에 주체를 우리의 신체와 동일시하면서도 한편으로는 그러한 동일시에서 벗어나서 정신만을 주체로 생각해왔다. 정신과 육체 사이의 동일시와 이탈, 연접과 이접은 철학사에서도 반복되는 중요한 문제였다.

데카르트 이후 심리학적이고 정신분석학적으로 다루어진 주체의 문제는 주로 인격이나 성격을 통해서 구체화되었는데, 성격이란 주체가 상황이나 타자들에 반응하는 하나의 스타일을 이르는 것에 지나지 않으며 그것은 초월적으로 결정되어 있기보다는 부모의 훈육 태도와 주위 환경을 통해서 유아기의 성장 과정 속에서 형성된다는 암묵적인 전제를 가지게 된다. 결국 아동 심리학자나 정신분석학자들은 심리학적이고 병리학적 사례들을 분석함으로써 그러한 주체의 실체성 자체가 중요한 것이 아니라 행동이나 인식의 구조가 "아이가 겪는 인격과 상호 인격적인 관계에 의해 수정을 겪는다"(*Prp.*100)는 사실에 그 문제의 본질이 있음을 말하고자 하였다. 일례로 메를로-뽕띠가 심리학적인 일련의 강의를 통해서 다루었던 심리학적 고착성(rigidity)은 타자들과 관련을 맺는 주체의 구조적 성격을 잘 드러내준다. 그는 심리학적 고착성을 일종의 가면(mask)이라고 표현하기도 했는데, 일정한 주체가 일상적이지 않은 상황에 직면할 때, 그 가면 속에 억압되고 은폐되어 있는 또 다른 주체들이 돌발적으로 파생된다는 것이었다. 주체의 구조는 본질적으로 변환적인데, 그러한 변환성이 봉쇄되었을 때, 피상적으로 주체가 고정되어 있는 것처럼 보인다 하더라도 오히려 그러한 고정성의 틈을 통해서 억압된 주체를 병리적으로 드러낼 수밖에 없다는 것이다. 그는 일정한 고착성을 가진 성격의 소유자가 타자들과의 관계 속에서 반동적이고 돌발적인 측면을 동반하게 되는 구체적 사례를 예거했다.496)

　물론 유아기에 형성되는 성격 구조는 아이에게 직접적인 영향을 미치는 부모의 태도나 사회적 환경과 직결되어 있다. 아이의 부모의 태도나 사회적 분위기가 경직적이고 지나치게 권위적일 경우, 심리적 고착성이 현저하게 나타나며, 아이의 심리적 고착성이 완고하면 완고할수록, 그것의 반동적 측면도 더 강하게 나타난다. 이러한 성격적 불균형과 모호성은 전적으로 다른 것이다. 즉 아이의 성격 구조가 탄력적이고 유연하고 모호할수록, 이러한 반동적 측면은 줄어드는데, 어른의 성숙함이나

---

496) *Prp.*100~107 참조.

434

사회적 성숙함은 수많은 타자들과 접하면서 주체를 변환시킴으로써, 즉 이러한 모호성과 이중성의 여지를 자신의 주체의 구조에 열어놓음으로써 획득될 수 있는 것이다.497) 변환적 구조에서 타자란 자기 충족적인 어떤 형태나 체계에 어떤 자극이나 해체를 가져오고 수정이나 변환을 야기 시키는 어떤 계기나 위기를 총칭한다. 우리가 필연적으로 타자들과의 관계 속에 있는 한에서, 우리는 필연적으로 타자들과의 주체화의 운동 속에 들어간다. 성숙한 성인의 경우, 차이들이나 구조의 틈들이 억압되지 않고 가시적 구조의 형성에 편입됨으로써 타자와 공존적인 주체, 변환이 용이한 역동적인 주체 구조로 성립될 수 있겠지만, 권위적인 부모 밑에서 이러한 변환 가능성이 억압될 경우, 아이는 병리적인 주체로 고착될 것이다. "정상 주체는 타자들과의 접촉을 통해서만 자기가 되는 것을 실제로 동의하려는 사람일 것이다. 그는 토론에서 기인하는 확장을 인식한다. 비정상적 주체는 자기와의 이런 변증법을 거절하는 사람이다. 그는 언어를 단지 일종의 추상 논리로서 생각하려고만 한다. 그럼에도 불구하고 그는 이런 이중성을 의식하면서 상상적인 타자의 위치에, 모순적인 관계에 있는 항들을 놓는 것을 금기시한다."(CAL. 69).

③ 주체 형성의 모형: 거울 단계와 오디푸스 현상

우리는 세상에 태어나자마자 타자들에게 둘러싸여 수많은 의사소통을 겪으면서 주체를 확립하게 된다.498) 이는 비단 언어적 의사소통을

---

497) *Prp.*103 참조.
498) 피아제는 유합적 단계의 아이에게 의사소통이 불가능하다고 말했지만, 메를로-뽕띠는 반대로 아이가 어른보다 그러한 가능성을 훨씬 더 많이 가지고 있다고 말했다. 만일 아이들이 대화를 할 수 없다고 말한다면, 동일한 의미에서 어른의 의사소통 역시 제대로 이루어질 수 없는 것이다. 문제는 대화나 의사소통에 대해서 우리가 무엇을 기대할 수 있는가인데, 메를로-뽕띠가 보기에 완벽한 의견의 일치나 동화는 성숙한 어른에게서도 기대할 수 없는 한낱 이상에 불과하다는 것이다(*CAL.* 20~21, 55~62 참조).

의미할 뿐만 아니라 몸짓 기호들이나 옹알이와 같은 유사 언어활동까지 포함하는데, 지각이 이러한 언어활동을 둘러싸고 그것과 얽혀 있는 한에서, 지각 또한 의미작용이며 일종의 의사소통이다. 말하는 주체는 지각하는 무언의 주체와 얽혀 있다. 현상학적 통찰이 그러하듯이, 주체가 존재하지 않는다면, 지각이나 의사소통은 일어날 수 없다. 그럼에도 불구하고 의사소통하는 '말하는 주체'는 첫 번째 단어와 함께 탄생하여 그 후 언어들을 운용하고 관장하는 초월적 지배자의 위치에 서 있지 않으며 의미 작용적 체계의 변환 속에서 타자와의 관계를 통해 탄생(이탈)과 소멸(동일시)을 반복한다. 특히 이러한 주체화 운동은 유아기에 언어 체계를 습득하게 되면서 역동적 구조적 변환을 거치면서 왕성히 일어나고, 성인이 되어서는 비교적 안정적인 구조로 정착하게 된다. 주체가 구조적 활동인 한에서, 그것은－성숙한 어른의 의식이라고 하더라도－필연적으로 수많은 변환을 거칠 수밖에 없는데, 게쉬탈트 심리학자들이 말하는 지각적 형태의 형성 과정과 동일한 식으로 주체－형태(figure)는 변환한다. 라깡에 따르면, 구조주의는 주체를 설치하는 기원적인 기계로 작용한다.[499] 어린 아이의 주체 변환은 빈번하게 일어나고 그 간격이 빨라서 가시적으로 드러나는 반면, 어른의 주체 변환은 드물게 일어나고 그 간격이 길어서 잘 드러나지 않는다 해도, 그래서 아이는 (고정적인) 주체가 없는 반면 어른은 주체가 있는 것처럼 느껴진다 해도 말이다. 이때 정신분석학자들이 말하는 무의식은 이러한 형태 변환, 즉 주체의 분열을 가능하게 하는 주체의 틈이다.

　　"하나의 형태(예를 들면 공간 속에서 우리가 지각하는 것들)는 실제로 상이한 방향으로 된 힘들의 하나의 놀이에 들어가는 것이다. 일단 불균형은 무시될 정도로 작기 때문에 감지될만한 변화는

---

499) Jacque Lacan, "Remarque sur le rapport de Daniel Lagache", *Écrits*, p.649 참조.

일어나지 않는다. 어떤 한계가 지나갈 때, 변화가 일어난다. 동일한 방식으로 다음 단계를 예견하고 일련의 재구조화들에 생명을 주는 발달의 각 단계들의 중심에서 어떤 사건이 일어날 것이다. 형태의 개념은 본질적으로 역동적인 것이다."(*Prp*.121).

그런 점에서 최초로 주체나 의식이 발생되는 특정한 시점을 운위하는 것이 중요한 것은 아니다. 많은 심리학자와 정신분석학자들이 유아의 체험에 관심을 기울였던 것은 주체나 의식의 발생론적인 절대적 탄생의 지점을 찾기 위해서라기보다는 오히려 그것이 파생되거나 변환되는 계기나 문턱(한계)을 찾아내서 그것을 통해서 주체의 형성 기제를 상징적으로 드러내 밝히기 위해서였다. 성인기에 비해서 유아기는 대체적으로 일정한 발달 단계들을 거치면서 역동적으로 주체를 형성하는 시기이기 때문에, 그들은 가장 일반적인 유아의 체험을 선택하여 주체 형성의 모델로서 도식화할 수 있었다. 이러한 모형화 작업은—레비—스트로스의 작업이 그러했듯이—구조주의적인 학적 연구에 효율적인 역할을 담당한다. 그러나 이러한 모형은 절대화되어서는 안된다. 레비—스트로스가 경고했음에도 구조주의적 이분 모형이 초월적인 것으로 받아들여졌던 것처럼, 유아의 주체 형성의 모형이 주체가 형성되는 최초 지점으로 해석되어서는 안되기 때문이다. 라깡은 언어 모델을 통해서 주체의 형성 기제를 설명하면서도 아이가 사회, 문화적, 언어적 상징구조에 진입하기 전에 이미 형성된 상징적인 질서 체계 속에 놓여 있다고 말했다.500) 그는 이러한 이행에 대해서 첫 번째 언어의 획득뿐만 아니라 성적 욕망과 관련하여 외디푸스(OEdipe) 컴플렉스를 그 주요한 계기로 언급하였는데, 이마저도 어린 아이가 자아를 성립시키는 절대적인 사건으로서 라기보다는 상징적인 사례로서 다루어졌을 뿐이다. 아이의 행동 발달의 순서로 볼 때, 주체화 운동은 외디푸스

---

500) Anika Lemaire, *Jacques Lacan*, pp.35-36 참조.

현상 이전에 거울 단계를 통해서도 나타난다. 그러나 엄밀하게 말해서 6-8개월 된 아이에게 처음 나타나는 거울 단계 역시 주체가 탄생하는 첫 번째 계기로서 절대화될 수 없다. 다만 그것은 외디푸스 컴플렉스와 마찬가지로 주체 형성 과정의 분절적인 계기로서 다루어질 수 있을 뿐이다. 심리학에서 분명하게 관찰할 수 있는 계기, 혹은 정신분석학에서 섬세하게 다루는 계기들이 거울단계와 외디푸스 단계였던 것이다. 메를로-뽕띠는 이러한 분위기를 굳이 거부하지 않았다. 특히 그가 거울단계를 중요하게 언급했던 것은 그것이 주체 형성을 넘어서 타자에 대한 인식 전체를 예시해줄 수 있는 중요한 상징적 계기였기 때문이었다. 라깡은 거울 단계를 일으키는 유아의 신체 도식의 발달을 다음처럼 말하고 있다.

"게다가 나 자신은 그런 경우 속에 있는 아이가 심적 평면 속에서는 자기 고유의 신체의 기능적인 통일성을 쟁취했다고 기대하고 자발적인 고유운동성의 평면에서는 그러한 계기에는 미치지 못했음을 느끼고 있다는 사실을 강조할 수 있다고 믿었다. 거기에는 동일시의 변증법의 첫 번째 계기가 드러나는 이미지에 의한 첫 번째 기만(captation)이 있다. 그러나 주체성을 포함하고 있는 재인식의 현상을 증명하는 것은 6개월 된 아이가 맞이하게 되는 거울단계에 의해서 드러나는 승리에 들뜬 환희와 회복의 놀이의 기호들이다. 그러한 행동은 이미지를 지각하는 동물들에게서 나타나는 무감각과 분명하게 대조적이다. 내가 거울 단계로 불렀던 것은 주체가 원초적으로 자기 고유의 신체의 가시적인 게쉬탈트에 동일시되는 정감적인(affective) 역동성을 드러내주는데 관련 있다. 그것은 매우 깊은 자기 고유운동성의 비통합성과 관련하여 이상적인 통일, 유익한 이마고(imago)를 가지고 있는 것이다."[501]

주체의 소외 운동은 거울 단계 이전부터 있었다. 주체의 소외를 말

---

501) Jacques Lacan, "L'agressivité en psychanalyse", *Écits*, pp.112~113.

438

한다는 것은 주체의 존재를 전제하는 것이다. 우리가 움직이는 신체로 존재하는 그 순간부터 우리는 신체-주체로 존재하는데, 이는 갓 태어난 아기의 경우에도 예외가 아니다. 라깡도 말하고 있다시피, 유아에서의 주체의 소외를 이해하기 위해서 우리는 메를로-뽕띠가 『지각의 현상학』에서 언급한 바 있는 심리학적 개념들인 신체 도식이나 고유 운동성을 다시 상기해야 할 필요가 있겠다. 갓 태어난 아이는 말을 할 수 없을 뿐만 아니라 시각이나 청각과 같은 외적(extraceptive) 감각을 아직 발달시키지 못한 상태이기 때문에, 3개월까지의 아이의 지각은 이른바 신체의 내감각적(introceptive) 기능에 의존하기 마련이다. 갓 난 아기의 삶은 '구강 공간(buccal space)'과 호흡 기관을 통해서 느껴지는 공간 체험에서 시작된다. 이를테면 아기는 자기의 신체의 상태를 느낌으로써, 즉 입 속에 들어온 젖꼭지의 차이, 호흡의 상태, 어머니의 팔에 안겨질 때 느껴지는 압력이나 스타일을 통해서 타자를 느끼게 된다.502) 즉 아기의 내적 감각은 그의 고유의 신체 감각에 한정되지 않고 외부의 타자들의 신체와 함께 조직되고 아이는 그 때 그 때마다 다르게 조직되는 신체적 통합의 차이를 통해서 타자의 존재를 감지해 낸다는 것이다. 메를로-뽕띠가 강조하였다시피, 신체의 감각은 자기 안에 머무르지 않고 바깥을 향하는 본질(지향성)을 가지고 있다. 이에 따라 신체는 나-타자를 하나로 하는 신체적 통합이나 자동적 조직화를 이루는데, 심리학에서 신체 도식이나 고유운동성으로 설명하고 있는 것이 바로 그것이다. 파리 대학 강연에서도 그가 말하기를, "나의 신체에 대해서 가지는 의식은 고립된 덩어리에 대한 의식이 아니라 위치적 도식(postural schema)이다. 즉 수직선, 수평선, 그리고 그것의 환경과 주요하게 상관적인 다른 축들과의 관계에서 내 신체의 위치를 지각하는 것이다."(*Prp.*117).

---

502) *Prp.*122~124 참조.

그러므로 『지각의 현상학』에서 다루어진 대로, 이러한 신체 도식에 의해서 모든 운동이나 자극에 대한 반응이 가능할 것이다. 신체 도식은 변환이 가능한 일종의 신체의 구조적 총체성을 지칭하며 구조란 변환을 야기 시키는 타자에 열려 있기 마련이다. 이를테면 아기가 자신의 신체를 총체적으로 느끼는 신체 도식을 가지고 있기 때문에 어머니를 향해 손을 뻗거나 자극에 대해서 반응할 수 있는 것이다. 그러나 아기의 신체적 발달은 성인의 그것에 비해 아직 미숙하기 때문에 총체성을 지향하는 신체 도식도 상당히 단순하고 불완전하다. 즉 아기의 몸짓이나 반응은 팔 다리를 허우적대는 수준에서 이루어지며 아기가 노리는 목적에 도달하기에는 턱없이 부족하며 어눌하기 짝이 없다. 이처럼 "신생아의 고유 운동적 비통합성과 불편함의 기호들이 폭로하는 원초적 불일치"503)가 바로 라깡이 말하는 첫 번째 기만, 즉 원초적인 주체의 소외이다. 아기가 가지고 있는 신체 도식이 결코 의식적이지도 인칭적이지도 않지만,—그렇기 때문에 그것은 혼란스럽다고 말할 수 있겠지만—그것은 자기에 대한 일종의 잠재적인 통합을 견지하고 있다는 점에서 하나의 신체—주체임에는 분명하다. 즉 그것은 나의 신체뿐만 아니라 타자의 신체에 대해서 영향력을 행사하기를 의욕한다는 점에서 하나의 초월적(총체적) 주체이지만, 실제로 그것은 타자의 신체는 고사하고 나의 신체마저도 장악하기 힘든 그런 무력한 주체로 판명된다. 아기는 나—타자의 신체적 통일을 기대하며 타자에로 지향적 행동을 일으켜보지만, 이러한 신체 평형, 즉 신체—주체를 꿈꾸는 아기의 환상은 깨어지고 그 행동은 그르치게 된다. 라깡은 더 나아가서 이와 같은 주체의 소외 현상을 통해서 아이의 공격 성향을 설명하기를, 아이의 울음이나 공격적인 행동은 자기의 신체적 힘을 타인에게 과시하거나 행사할 목적이 있다기보다는 기대했던 신체적 통합을 현실

---

503) Jacques Lacan, "stade du miroir", *Écrits*, p.96.

적으로 관철시킬 수 없다는 절망에서 기인한다는 것이다.504) 신체적 미성숙에 기인한 것으로 보이는 이러한 주체의 소외 현상은 신체적 성숙이 끝난 어른에게도 일어난다. 주체화 운동은 근본적으로 신체적 기능의 문제가 아니라 신체적 지향의 문제이며 이러한 지향은 그것이 파생시킨 의식의 지향의 문제로 확장될 수 있다. 우리가 의식이라고 부르는 것은 주로 비전이나 말을 통해서 육성되는 경향이 있는데, 다른 감각들에 비해서 시각이 그리고 시각보다는 말이 총체성을 획득하는데 더 유리하다.

생후 2-3개월경부터 아기는 외적 지각을 본격적으로 발달시키는데, 첫 번째 외적 자극은 목소리이다. 아기는 타자의 목소리에 예민하게 반응하여 그것에 따라서 울기도 하고 웃기도 한다. 또한 이와 비슷한 시기에 아기는 타자에 대한 시각적 경험을 가지게 되는데, 그에 따라 아기는 자신의 신체의 각 부분에 대해 흥미를 보이고 시선을 고정시키게 된다. 이렇게 외감적 기능이 발달됨에 따라 아기의 신체 도식은 내감적 기능과 외감적 기능이 통일되는 식으로 정교하고 복잡하게 조직된다.505) 그러나 아기는 아직 자신의 신체 전체가 아니라 신체의 부분을 보며, 마찬가지로 타자 전체가 아니라 타자의 신체의 부분들만을 볼 수 있을 뿐이다. 그러므로 아기의 신체 의식이란 파편적인 수준에 머물 수밖에 없다. 그러나 이러한 한계는 오히려 파편적 지각의 상이한 배치들을 통해 다양한 구조적 변환을 활성화시키는 계기로 작용하는데, 유합적인 아이의 사회성의 획득은 이러한 계기를 통해서 왕성하게 이루어지기 때문이다. 구조적 변환이 일어날 때마다 주체는 소외된다. 그리고 이러한 체험들이 다양하게 반복되어야만 신체 도식은 여러 가지 상황적 변수에 대해서도 안정적인 구조(주체)로 정착될 수 있다. 성인의 행동이 아이의 행동에 비해서 비교적 실수가 덜하고 정확하게

---

504) Jacques Lacan, "L'agressivité en psychanalyse", *Écits*, pp.112~113 참조.
505) *Prp.*124~125 참조.

실행되는 이유가 바로 그것이다. "어린 아이의 자기 신체의 의식은 처음에는 파편적이지만 단계적으로 통합되어 나간다. 신체 도식은 정확하게 되고 재구조화되며 점점 더 성숙한다."(*Prp*.123). 성숙한 어른에게서 나타나는 것처럼, 구조가 복잡하고 정교하게 됨에 따라 구조적 반동, 즉 성격적 불균형은 적어지는 반면 타자와의 관계는 다양한 방향에서 탄력적으로 모색될 수 있다.

이처럼 다소 복잡한 신체적 통합, 즉 총체적 비전과 내감적 기능이 통일되는 어느 정도 성숙한 신체 도식이 조직되는 계기가 바로 6-8개월경의 아이에게서 시작되는 거울 단계이다. 메를로-뽕띠에 앞서서 라깡이 처음으로 쾰러(Elsa köhler), 기욤, 왈롱의 관찰들을 주목하기 시작했는데, 아기는 거울의 도움을 통해서 비로소 자기의 신체 전체의 모습을 볼 수 있게 되고 거울에 비치는 신체의 통일적 형태에 자기를 동일시하게 되는 중요한 체험을 겪기 때문이다. 그는 거울 단계를 상징적 단계의 주체, 즉 타자에 의해서 주체가 분열되기 이전의 주체, 즉 상상적 동일시를 가장 적나라하게 드러내주는 주체성 획득의 전주(prelude)로서 중요하게 다루었다. "아직 불완전한 고유 운동성 상태에 있고 양육에 의존할 수밖에 없는 거울 단계의 아기가 거울상에 빠져서 몹시 기뻐하는 것은 그것을 자기로 가정(assomtion)하기 때문이다. 우리가 보기에 이는 타자에로의 동일시의 변증법 속에서 객관화되기 이전에, 그리고 언어가 보편적으로 주체의 기능을 구조화하기 이전에, 전형적인 상황 속에서 내(je)가 하나의 원초적 형태(forme)로 침전되는 상징적 기반을 현시하는 것이다."506) 아이는 자기의 파편적인 신체의 부분들만을 보다가 어느 날 거울 속에서 이러한 파편적 신체들이 조직된 전체의 형태를 유심히 본 후, 매우 기뻐한다. 만일 아이가 그러한 거울상이 내 자신의 모습이 아니라 하나의 환영에 지나지 않는다

---

506) Jacques Lacan, "stade du miroir", *Écrits*, p.94, 이는 메를로-뽕띠가 *Prp*.136에서도 특별히 거론하고 있다.

고 생각했다면 그처럼 기뻐할 수 없었을 텐데, 이러한 동일시는 아이가 거울상과 자신의 신체의 내감이 함께 조직된, 무구별적인 일종의 나-거울상의 총체성을 형성시켰기 때문에 가능한 것이다. 그리하여 아이에게 거울 속의 형태는 내가 존재하는 것처럼 분명하게 존재한다. 거울 속에 있는 타자의 발견은 곧 자신의 발견인 셈이다.

내 신체의 이미지가 나타나는 거울상의 경우뿐만 아니라 타자의 이미지가 나타나는 거울상의 경우에도 마찬가지이다. 사실 아이는 자기의 거울상보다는 타자의 거울상을 먼저 알아보는데, 거울이 타자를 똑같이 비추고 있다는 사실을 이해한 후에야 자기의 거울상이 자기임을 이해할 수 있기 때문이다. 그는 자기의 거울상을 자기로 동일시하는 것과 마찬가지로 타자의 거울상을 타자 자체로 여겼다. 그렇다면 거울 단계의 아이는 실제 타자와 타자의 거울상을 동일한 것으로 여기고 있거나 혼동하고 있다는 것인가? 메를로-뽕띠는 이러한 거울 단계의 아이를 이해하기 위한 단서를 애니미즘과 같은 원시적 사유에서 찾았는데,507) 최소한 아이는 거울상과 실제를 동일한 것으로 여기지도 않지만 그렇다고 해서 그것을 허상으로 생각하지도 않는다. 아마도 그것을 실재의 여분의 존재이거나 유사 현전으로 생각했을 가능성이 높다. 원시인들과 어린아이는 신체 도식 속에서 거울상이나 모상(icône)이 가져다주는 묘한 공간성의 체험, 키아즘적 분열을 그대로 받아들이는데, 이를테면 타자가 여기에 있는 동시에 저기에 있으며 나 역시도 여기에 있는 동시에 저기에 있다. 나와 타자는 보는 자들인 동시에 보여질 수도 있는 자들이라는 점에서 이중적이고 분열적인 존재들이다. 공간이 분열되고 이중화되는 동시에 주체 역시 분열되고 이중화된다. 공간이 거울상과 같은 이미지에 근거하듯이, 주체 역시 이미지에 근거하여 편재적으로 존재하는 것이다.

---

507) *Prp.*132 참조.

성인은 이러한 거울상에 근거해서 자신의 모습을 가늠하면서도 그
것이 실제로 존재한다거나 실제 자신이라고 생각하지 않는다. 거울상
은 말 그대로 존재성을 가질 수 없는 허구적인 것이 되는데, 가장 성
숙한 성인을 자처하는 데카르트주의자의 비전이 전형적으로 그러했다.
"데카르트주의자는 거울 속에서 보여지지 않는다. 그는 타자들이 그럴
듯하게 그것을 보고 있다고 생각하는 충분한 근거가 있는 그러나 자
신이 보기에는 이성적으로는 더 이상 살로 되어 있지 않은 마네킹,
'바깥'을 보고 있다. 거울 속의 그 '이미지'는 실제로 사물들이라는 기
계로 되어 있다. 그가 다시 그것을 인정하고 '유사한 것'으로 알게 된
다면, 그의 생각이 바로 그런 관계를 짓는 것이며 거울상은 결코 그
자신이 아니다."(*OE*. 38〜39). 데카르트주의자는 어린 아이의 거울 단
계의 체험을 받아들이기보다는 부인하고 배제하는 방식을 택했는데,
그것은 다시 반복해서는 안 되는 아무런 의미도 없고 가치도 없는 거
짓된 경험일 뿐이다. 지성(intelligence)은 단번에 이러한 분열과 이중
성을 무시하면서 이상적인 공간성을 상정하고 나머지 분열적인 공간들
을 그것에 환원시킨다. 그렇게 주지주의적 편견에 의해서 거울상은 실
제 사물의 표상이라는 위치로 전락했던 것이다.508) 물론 주지주의적
편견과 다른 의미에서 우리가 더 이상 거울상을 우리 자신과 동일시
하지 않고 그것이 빛의 반사라는 사실을 자연스럽게 받아들임으로써
공간과 주체를 동일화하는 단계를 겪고 있는 것이 사실이다. 이러한
진화는 우리가 반복되는 거울 체험이나 모상 체험을 통해서 우리와
거울 사이의 거리를 재구조화하면서 이상적인 공간성이나 이상적인 주
체성을 발견하고 그것을 향해 지금의 분열적 공간이나 주체를 구조적
으로 변환시키는 변증법적 과정을 통해서 획득한 것이다. 그런 점에서
어린 아이의 거울 단계는 이런 진화를 가능하게 한 최초 지점을 예시

---

508) *Prp.*129〜130 참조.

444

한다고 할 수 있다. 그리고 라깡이 이러한 진화의 문턱, 즉 타자 인식의 문턱으로서 거울 단계를 모델화했던 것이다.

　그는 데카르트주의자처럼 거울상의 존재성을 거세하는 대신, 자기와 동일시되는 그 형태를 이마고(imago)로 부르거나 프로이트의 정신분석학적 용어를 빌어 이상적 자아(je-idéal, Ideal Ich)로 부르면서 오히려 그것의 지향적 기능을 부각시켰다. 그것은 아이가 끊임없이 점근선적으로(asymptotiquement) 모방하게 되는 일종의 모델로 역할하기 때문에 단순히 아이를 미혹하게 하고 그르치게 하는 한낱 허구에 그치지 않는다. 실제 아이의 신체는 부단히 움직이고 있는데 반해서 거울상은 통일적인 형태로 고정되어 있어서 실제보다 더 완전하고 통일적으로 보인다. 아이는 이러한 거울상에 자기를 동일시함으로써 상상적으로 주체를 구현시키게 되지만, 동시에 그것이 자기 자신이 아니기 때문에 자기 소외에 빠질 수밖에 없다.509) 메를로-뽕띠가 말하고 있는 것처럼, "자기의 이미지는 자기에 대한 지식을 가능하게 하는 동시에 일종의 소외를 가능하게 한다. 내가 내 자신으로 느끼는 것이 더 이상 아니게 되면 즉각적으로 나는 그렇게 되어야만 한다."(*Prp*.136). 상상적 주체의 구현은 본래의 자기의 실현이 아니라 오히려 자기 소외이다. 아기가 자기 소외에서 벗어나기 위해서는 거울상이 자기 자신이 될 수 없다는 사실을 받아들임으로써 상상적 주체를 분열시켜야 한다. 주체의 변증법은 주체의 역동적 변환, 즉 어린 아이의 성장, 사회성이나 인식의 획득을 가능하게 하는 중요한 기제이다. 메를로-뽕띠도 라깡에게 동의하면서 거울 단계를 다음처럼 요약하고 있다.

　"거울상이 일어날 때까지 아이의 신체는 강하게 느껴지지만 혼란스런 실재이다. 거울 이미지를 인식한다는 것은 아이가 그에게 취해진 하나의 관점이 있을 수 있다는 사실을 배우는 것이다. 그

---

509) Jacques Lacan, "stade du miroir", *Écrits*, pp.94-5 참조.

리하여 아이는 그 자신을 결코 볼 수 없다. 혹은 단지 그의 눈 바깥으로 그가 볼 수 있는 그 신체의 부분들을 보면서 살짝 보았다고 말할 수 있을 뿐이다. 거울 이미지를 통해서 아이는 자기의 구경꾼이 될 수 있다. 거울상의 획득을 통해서 아이는 자신이 자신에 대해서, 그리고 타자들에 대해서 가시적이라는 것을 안다. 내감적 자아(me)에서 시각적 자아(me)로, 내감각적 자아에서 '거울상의 나(I)'로의 이행(라깡이 말한 것처럼)은 하나의 형태, 혹은 하나의 인격의 상태에서 또 다른 형태나 인격의 상태로의 이행이다. 거울상 이전의 인격은 정신분석학자들이 성인에게서 자아(ego)라고 부르는 것이다. 이를테면 혼란스럽게 느껴지는 충동들의 집합 말이다. 거울상 자체는 자기의 관조를 가능하게 한다. 거울상과 함께 자기의 이상적 이미지의 가능성이 나타나는데, 정신분석학적 용어로 초자아(super-ego)의 가능성 말이다."(*Prp*.136).

나의 신체에 대한 총체적 비전은 나로부터 거울상으로 거울상에서 다시 나에게로 지향적으로 회귀함으로써 이루어진다. 즉 아기는 거울 속의 타자를 보고 거울 속의 아기는 거울 바깥의 아기를 바라본다. 이러한 안과 바깥의 순환을 거쳐서 의식이 발생되지만, 이처럼 순환적인 총체적 의미는 거울 앞에 앉아 있는 실제의 아기와 일치하지 않는 상상적인 자아이며 결코 현실화될 수 없는 초자아(super-ego)이다. 이러한 "거울상은 아이가 보고 그가 자신에 대해서 상상하는 곳으로 인도하기 위해서, 그의 실제 모습과 멀리 떨어진 것에 그를 인도한다는 의미에서, 탈−현실화하는 기능을 가지고 있다."(*Prp*.137). 우리는 불가역성에 의해서 나의 시선과 타자(혹은 거울상)의 시선이 동시에 일어나지 않으며 결코 일치할 수 없음을 언급했는데, 벨라스케즈의 그림을 통해서 이에 대한 푸코의 분석을 살펴본 바 있다; 표상은 근본적으로 표상 불가능하다는데 그 본질이 있다. 즉 나의 거울상은 나와 동일시될 수 없다. 그래서 라깡은 "의식의 유일한 동질적인 기능은 거울의 반사에 의한 나(moi)의 상상적인 포착(capture) 속에 그리고 그것에 그

446

렇게 부착되어있는 착오의 기능 속에 있다."510)고 말하였던 것이다. 데
카르트적인 의식의 신화는 여지없이 무너진다. 물론 이러한 식의 자기
소외가 6-8개월경의 아이에게 처음으로 나타나는 것은 아니지만, 거울
단계가 시각적인 신체의 총체성과 관련되어 비교적 분명한 자기 신체
의 의식, 즉 상상적 자아를 발생시키는 계기가 되었다는 점에서 이전
과 차별적이다.

  거울 단계는 타자들과 직접 마주하면서 주체의 분열을 맞이하고 새
로운 주체를 획득하게 되는 사회적 과정을 상징적으로 예시한다. 라깡
이 말하고 있듯이, 그것은 "거울의 나(je)에서 사회적인 나(je)로의 굴
절에서 시작되는 편집증적 소외에 예비적인 것"511)이다. 특히 상호주
관성의 문제에 관심을 기울여왔던 메를로-뽕띠는 직접적으로 타자들
을 나의 거울상과 동일한 자리에 대입시키면서, 타자에 의한 주체의
소외를 암시하였다.512) 이를테면 내가 거울 앞에서 내 신체의 상을 볼
때 일어나는 사건과 내가 타자를 마주할 때 일어나는 사건이 동일하
다는 것이다. 그리하여 거울 현상은 유아 발달의 한 계기를 이루는 특
정한 사건에 그치지 않고 타자 인식을 해명해주는 보편 기제로 된다.

  "거울 이미지는 빛, 그림자, 반사들보다 더욱 완전하게 사물들
  속에서 비전의 작업을 묘사한다. 도구들, 기호들과 같은 다른 모든
  기술적 대상들과 마찬가지로 거울은 보는 신체로부터 보여지는 신
  체에로의 열려진 순환에 근거해서 발생했다. 모든 테크닉은 '신체
  의 테크닉'이다. 그것은 우리의 살의 형이상학적 구조를 윤곽짓고
  확장한다. 내가 보고-보여지기 때문에 감각적인 것의 반사성이
  있기 때문에 거울이 나타나고 거울이 그것을 번역하고 이중화한
  다. 거울에 의해서 나의 바깥은 완성되고 내가 가장 은밀하게 가

---

510) Jacques Lacan, "Position de l'inconscient", *Écits*, p.832.
511) Jacques Lacan, "Le stade du miroir", *Écits*, p.98.
512) *Prp.*136 참조.

지고 있는 모든 것이 그러한 얼굴(visage) 속에, 즉 이미 나로 하여금 물속에서 나의 반사상을 의심하게 만들었던 편평하고 닫힌 그런 존재 속에 지나간다. 쉴더(Schilder)는 거울 앞에서 담배 피우면서 나는 나의 손가락이 있는 그곳만이 아니라 빛나고 있는 손가락에서도, 즉 단지 거울 면에 있는 단순히 가시적인 그런 손가락에서도 나무의 매끈하고 타오르는 표면을 느낀다고 관찰한 바 있다. 거울의 환영은 나의 살 바깥에 이끌고 동시에 나의 신체의 모든 비가시성은 내가 보는 다른 신체들을 둘러쌀 수 있다. 게다가 나의 신체는 다른 신체들에서 공제된 파편들을 내포할 수 있는데, 나의 실체가 그 파편들로 이행하듯이 말이다. 인간은 인간에 대해서 거울이다. 거울에 의해서 인간이 사물을 광경으로, 광경들을 사물들로, 나를 타자로, 타자를 나로 변화시키는 보편적인 마술의 도구이다."(*OE*. 32~34).

내가 나의 거울상을 보고 신체적 통합을 통해 그것을 나로 동일시하듯이, 신체적인 나는 타자를 보고 그것을 나로 동일시한다는 것이다. 물론 이러한 동일시는 타자에 대한 의식적 지배가 아니라 일종의 신체적 분열, 즉 편재적인 신체의 느낌을 의미한다. 이러한 식의 나－타자의 연속체(continuum)를 통해서 내 바깥의 타자들과 세계는 나를 둘러싸면서 살아있게 된다. 즉 내가 거울상을 바라봄으로써 거울의 이미지가 살아 있는 내가 되듯이, 나는 타자를 응시하여 타자의 신체를 나의 신체와 통합하여 함께 느낌으로써 타자를 나처럼 살과 영혼이 있는 사람으로 받아들일 수 있게 된다.513) 이러한 "타자와의 관계는 우리의

---

513) 나와 타자, 나와 세계 사이의 이러한 키아즘적 이행이 바로 메를로－뽕띠의 굴절광학(Dioptique), 즉 비전(vision)의 질서를 가능하게 한다. 거울 단계는 그의 굴절광학론의 근거가 된다. 나의 시선에 의해 내 바깥의 광경이 윤곽지어지고 의미 있게 된다. 그러나 동시에 내 바깥의 광경들에 의해서 내가 윤곽지어지고 의미 있게 된다. 가시성은 나의 시선에 의해서 질서지어지지만, 동시에 그것에 의해서 나의 시선이 점령당하면서 가시성은 변형되고 확장된다. 가시성이 비가시성과 얽혀 있기 때문에 가

448

경험의 내용들 중 하나일 뿐만 아니라 권리적으로 실제적 구조"이지만, 이러한 "현상은 필연적으로 타자나 세계와의 정서적 관계가 그러하듯이, 깨지기 쉽고 가변적이다."(*Prp*.140). 메를로-뽕띠가 지적한 대로, 이러한 연속체에 근거해 있는 주체는 또 다른 연속체의 구조로 변환됨으로써 근본적으로 이전의 연속체와 이후의 연속체는 단절적인 관계 속에 있게 된다.514) 라깡에게서 주체의 소외는 비극적이고 부정적인 의미만을 가지고 있는 것이 아니다. 그것은 구조적 변환을 가능하게 하고 또 다른 주체-이를테면 상징적 주체-로 발전하게 하는 긍정적인 계기로 작용한다. 이러한 소외, 즉 단절의 틈이 키아즘을 가능하게 하는데, 이 틈은 내가 거울상에 의해서 보여지게 만들고, 내가 타자에 의해서 보여지게 만든다. 보는 신체는 다시 보여지는 신체가 된다. 이러한 키아즘의 변환이 일어나는 순간 나는 낯선 이미지에 공격당한 채, 이전의 행복했던 상상적 주체를 상실하고 만다. 이 때, 나는 타자는 한 번도 나였던 적이 없었음을, 오히려 내가 타자에 지나지 않았음

시성이 변환될 수 있는 것이다. 신체의 테크닉, 살의 형이상학이 바로 비가시성과 얽혀 있는 가시성의 질서인 셈이다. 이러한 비전의 질서는 데카르트의 광학론과 동일한 문제의식을 담으면서도 그것과 대조되는 주장을 펴고 있는 것이다. 데카르트는 비전을 바깥에 있는 대상들이 우리의 눈 속에 그려진 망막 이미지들의 형성으로 설명했지만, 또 다시 어떻게 우리가 눈이나 뇌 속의 그런 이미지들을 보게 되는지를 설명하기 위해서는 우스꽝스럽게도 인간의 눈 안에서 망막의 이미지를 들여다보고 있는 또 다른 작은 인간을 상상해야 했다. 메를로-뽕띠는 『눈과 정신』에서, 데카르트의 『광학론』은 비전이 어떻게 일어나는지를 설명하기 위해 비전 자체를 받아들이기보다는 필요할 때마다 언제라도 그러한 비전을 수정하는 어떤 '인공적 기관들(organes artificiels)'을 고안하는 일에 바쳐졌다고 비판했다(*OE*. 36~37 참조).

514) "반대로 우리가 이미지의 공격이 단지 타자와 세계와의 모든 살아 있는 관계로 구성된 총체적 연속체(continuum) 속에 있는 한 측면이라고 가정한다면, 어떻게 이러한 연속체가 한 번 작용한 이후 자동적으로 기능하는지, 그리고 동시에 타자와의 우리의 관계의 모든 우연성들을 예견하면서 얼마나 좌천과 방해에 민감한지를 쉽게 이해하게 된다."(*Prp*.140~141).

을 깨닫게 된다. 라깡이라면 이러한 변환의 순간을 "상징적 환원"515) 이라고 표현할 것이다. 그리고 이러한 전이는 반복된다. 키아즘적 긴장 속에서, 혹은 나와 타자의 변증법 속에서 주체는 변환적인 구조, 즉 역 동적인 상징적 주체로 형성된다.

이러한 과정은 아이가 타자를 자기와 동일시함으로써 행하게 되는 모방 과정과 동일하다. 정감적(affective) 모방은 나-타자의 통합적 신 체적 조직을 가장 직접적으로 드러내주는데, "그것은 일종의 자기중심 적인 공감이며 아이가 타자들의 감정 속으로 참여하는 것이다. 그러나 그것은 결코 순탄한 참여일 수가 없다. 아이는 한 순간 완전히 몰두하 지만 성인을 놀라게 할 정도로 무관심하게 재빨리 이탈한다. 이러한 전염성은 진정한 공감이 아니다. 그것은 오히려 그 자신의 삶의 일시 적인 확장일 뿐이다. 즉 그것은 단지 그 자신의 편에서 타자들이 겪는 것과 동일한 것을 겪는다는 것뿐만 아니라, 한 순간 타자들 속에서 산 다는데 있다."(*CAL*. 39). 아이의 모방은 단계적으로 모델을 따라하는 것이 아니라 스타일이나 구조들을 통해서 어떤 총체적 결과(의미)를 가져다주는 것이기 때문에 의식의 차원이 아니라 오히려 무의식적이거 나 신체적 층위에서 일어난다고 말해야 할 것이다.516) 거울 단계의 상

---

515) Jacques Lacan, "Le stade du miroir", *Écits*, p.98.
516) "혹자가 타자들의 행동의 한 측면을 채용할 때, 의식의 총체성은 모방되 고 있는 사람의 '스타일'을 따라한다. 다르게 말하자면 진정한 모방은 의식적인 한계들을 넘어서 투과하고 총체적이 된다. 이런 종류의 능가가 새로운 구조들의 전유를 허용하는데, 예를 들어 언어의 획득과 같은 것 말이다."(*CAL*. 40). 모방의 통찰을 위해서 메를로-뽕띠는 아동 심리학 자인 기욤의 설명을 적극적으로 받아들였다. 그는 아이의 모방을 설명하 기 위해서 두 가지 개념들을 가정했는데, 그 하나는 타자 속에서 자기를 구별할 수 없기 때문에 자기 무지 속에 머물러 있는 전-자아(pre-self), 잠재적 자아(moi)의 개념이다. 이것은 의식이 발달되기 이전의 무차별적 인 단계를 의미하기 때문에 분석적으로 접근될 수 없다. 다른 하나는 아 이를 타자들에게로 이동시키고 아이를 행동들의 모방에서 인칭들의 모방 으로 전이시키는 운동의 개념이다(*CAL*. 40). 이처럼 모방은 나-타자의

450

상적 자아처럼 모방은 나−타자의 무구별적인 연속체를 형성하는 신체의 고유 운동성에 의해서 일어난다. 그러나 내가 타자의 행동을 모방하여 결과한 그것은 결코 타자의 그것과 일치하지 않는다. 그것이 하나의 모방에 지나지 않았다는 사실을 깨닫게 되는 순간 동일시의 환상이 깨어지고 나−타자의 구별이 생겨난다. 그렇게 타자와의 관계를 통해 상징적인 주체가 형성되는 것이다.

　왈롱은 거울 단계 이후 3살까지의 기간을 모방적 동일시가 왕성하게 일어나는 융합적 단계로 불렀다. 이 기간 동안 유아는 수많은 잦은 변환을 거쳐서 탄력적인 신체적 주체의 구조를 형성하는 과정에 있기 때문에 유아에게서 어른과 같은 주체의 고정성은 나타나지 않는다. 반면 아이가 세 살이 되었을 때, 나−타자의 미구별에 근거한 왕성한 사회성은 줄어드는 반면, 사물에 대한 일정한 관점이 생겨나며 자의식도 발생한다. 아이는 자기에 대한 일정한 스타일을 견지하고 일정한 기호를 가지면서 가족 내에서 자기의 역할, 즉 상징을 받아들이게 된다.517) 정신분석학에서 자주 거론되는 외디푸스 현상은 이 시기에 일어나는 주체의 발생을 잘 설명해줄 수 있는 또 하나의 모형이다. 메를로−뽕띠는 왈롱이나 엘자 퀼러가 말하는 세 살의 위기가 외디푸스 모형에 의해서 구체화될 수 있다는데 반대하지 않았다. "우리는 어떤

　　관계를 문제 삼기 때문에, 철학적으로 이러한 모방과 타자를 문제 삼았던 후설과 맑스 셸러를 다루지 않을 수 없었다. 후설은 우리가 자주 언급한 바 있듯이, 의식을 통해 타자를 구성하는 방식을 취했던 것에 반해서 셸러의 표현 이론은 메를로−뽕띠의 철학과 상당한 근친성을 나타낸다. 셸러는 자아의 의식을 최소화시켜서, 의식을 현시 배후에 있는 것으로서가 아니라 현시 그 자체로서 언급했다. 의식은 불투명하고 표현 속에 둘러싸여 있다. 그러나 후설과 마찬가지로 셸러에게도 그 양태는 서로 다르다하여도, 의식이 어떤 식으로건 전제되어 있다는 것에는 변함없었다. 그런 한에서 그들은 나−타자가 어떻게 하나의 켤레 쌍으로 연결되어 있는지 해명할 수 없었다(*CAL.* 41∼52). 메를로−뽕띠의 철학의 핵심은 바로 이러한 관계를 해명하는데 있다.
517) *Prp.*151∼152 참조.

종류의 관계가 왈롱에 의해서 언급된 3세의 위기와 어떤 정신분석학
자들이 동시에 위치시킨, 초자아의 발생과 진정한 '객관적' 관계와 나
르시즘의 극복을 동반하는 외디푸스 발달 단계 사이에서 확립되어야하
는지를 물어야 할지 모른다."518) 그는 피아제의 주지주의에 반대하면
서 주체가 자기를 둘러싸는 문화적 환경과의 관계에서 재구조화되는
계기로서 감정(emotion)을 매우 중요하게 다루었다.519) 이를테면 갑자
기 생겨난 동생을 받아들이게 되기까지 아이가 겪게 되는 질투의 감
정은 자기와 같이 살아가게 될 타자와의 관계를 받아들이고 재구조화
하는 하나의 문턱 역할을 한다. 아이는 동생과 자기를 동일시하는 위
기를 무사히 극복함으로써 형/누나/언니/오빠로서의 자신의 역할과 위
치를 습득하게 된다. 외디푸스 현상은 유아가 어머니의 사랑을 두고
벌이는 아버지에 대한 일종의 질투의 감정이다.

　라깡이 특히 외디푸스 단계를 중요하게 생각했던 이유는 자기 신체
의 통합성에 대한 경험이었던 거울 단계와 달리 그것이 아버지라는
타자와의 관계를 통해서 최초의 사회인 가족 내에서의 자기의 역할을
인지하게 되는 상징적(문화적) 주체의 형성 과정을 분명하게 예시해주
기 때문이다. 그러나 근본적으로 그 기제는 거울 단계나 모방의 과정
과 다르지 않다. 다만 이러한 모형을 지배하고 있는 것은 욕망이라는
점에서 다를 뿐이다. 외디푸스 드라마는 확실히 감정적이고 극적인 형
식을 취하고 있지만, 그러한 극적 형식을 이끌고 있는 욕망은 라깡에
의해서 인간적이고 감정적인 동인으로서보다는 차가운 기계적인 동인
으로 변모되고 있다.

　신체적으로 어머니와 밀접한 관계 속에서 양육된 아기는 어머니가
욕망하는 것을 그대로 욕망하면서 어머니의 모든 것이 되려고 하는
한없는 욕망 속에 있다. 아기는 신체 의식에 대해서 자기의 거울상을

---

518) *Prp*.155.
519) *Prp*.110~112 참조.

자기와 동일시하듯이, 욕망에 대해서 어머니를 자기와 동일시한다. 그러나 어머니와 아기의 이중적이고 상상적인 관계에서 아버지의 존재는 제 3자로서 약탈자나 간섭자로 나타나기 마련이다. 레비—스트로스가 친족 구조를 분석하듯이, 라깡은 이러한 삼각관계를 근친상간의 금기를 통해서 극화시켰다. 금기나 규제, 한계를 받아들일 때, 구조가 형성될 수 있는 것이다. 어머니에게 종속되어 그녀가 결여한 남근(pallus)이 되고자 하는 아이에게 아버지의 존재는 어머니에 대한 욕망을 금지하는 초월적인 법으로 군림한다. 아이가 아버지의 존재를 무시한다면, 아이는 상상적 주체에 고착됨으로써 자기 소외 속에 계속 머물러 있게 될 것이다. 반면에 아이가 어머니와의 상상적 관계에서 벗어나서 아버지의 존재를 받아들이게 된다는 것은 또 다시 아이가 아버지를 자기와 동일시하는 과정을 겪어야 함을, 즉 아버지를 이상적인 자기의 자아상으로서 정립해야 함을 의미한다. 아이는 더 이상 어머니가 결핍한 남근이라는 신체의 부분에 그치지 않고 아버지처럼 남근을 가진 자율적인 개체이고자 한다. 외디푸스는 극복된다. 이것이 바로 완전한 의미에서 상징적 주체의 탄생인 것이다. 그러나 이는 어머니와의 이중적인 관계를 청산하고 아버지의 금기를 받아들이는 것을 의미하기도 한다. 모든 법의 이면에는 위반이 존재하듯이, 아이는 아버지를 살해하고 어머니와 결합하고 싶어 하는 욕망을 무의식 속에 감추어 놓는다. 근친상간의 금기를 통해서 아이는 상징적 거세를 겪게 되고 이러한 희생을 대가로 아이는 언어적이고 문화적인 구조로 들어가게 된다.

라깡은 외디푸스 단계를 본격적인 언어적 세계로의 진입을 알리는 신호로 생각했다. 아이에게 아버지의 존재는 직접적인 신체적 관계에 있는 어머니의 경우와 달리 금지나 억압을 행사하는 말의 특권적인 기능에 의해서 각인된다. 그는 불어에서 동일하게 발음되는 아버지의 부정(non de père)을 아버지의 이름(nom de père)으로 대체함으로써 이를 암시하기도 했는데, 즉 아버지를 받아들인다는 것은 아버지를 가능하게 하는 말을 받아들인다는 것을 의미한다는 것이다.520) 그는 외디푸스의 단계를 기표와 기의의 의미작용을 통해서 설명함으로써 언어의 의미작용을 정신분석학적으로 극화시킴으로써 프로이트의 암시를 적극적으로 계승했다. 남근은 거울상이 그러하듯이 자기 소외를 야기시킬 하나의 (무한히 등가적인) 기표에 불과하다.521) 남근은 사랑의 성적 체험이 그러하듯이, 타자와의 일종의 총체성을 겨냥하지만, ─ 거울상이 내가 될 수 없듯이 ─ 그것은 존재할 수 없는 총체성일 뿐이다. 욕망은 그것이 절실하게 부르는 것과 다른 것을 대체적으로 소유하는 데 그치기 때문에 그 충족을 끝없이 유보시킬 수밖에 없다. 소쉬르에게서 기표와 기의의 결합이 자의적이기 때문에 그것의 완전한 결합은 끝없이 유보될 수밖에 없듯이 말이다. 기표와 기의의 결합, 즉 욕망은 구조적 변환, 주체의 분열을 가능하게 하는 영원히 결핍적인 것, 텅 빈 틈이며 기표와 기의 사이에 놓여 있는 영원한 저항선이다.

결국 외디푸스의 극복을 통한 주체의 분열이란 기의와 기표의 분리, 그리고 계속되는 기표들의 끝없는 등가적 대체에 불과하다. 이로써 메를로─뽕띠가 새로운 의미작용이 출현하는 파롤을 말하는 주체와 동일시한 이유도 해명된다. 새롭게 언어의 사용을 배운다는 것은 상징적이고 사회적인 주체의 역할을 새롭게 인지하는 것과 동일하다.522) 파롤이 변환할 때, 주체도 분열되어 나온다. 이를테면 오디푸스 단계의 아이는 어머니의 남근 결핍을 자신이 어머니의 남근이 됨으로써 충족시키려고 한다는 의미에서 기표와 기의의 천진스러운 일치를 욕망하는 셈이다. 그러나 상징적 주체로서 아이는 더 이상 어머니가 결여한 '남근으로서'가 아니라 아버지(혹은 아버지의 말)처럼 '남근을 가진 개체'가 됨으로써 어머니의 욕망, 그러한 기의와 무관하게 자유롭게 기표를

---

520) Anika Lemaire, *Jacques Lacan*, pp.141-142 참조.
521) Jacques Lacan, "La signification du phallus", *Écirts*, p.690 참조.
522) *Prp*.109 참조.

사용할 수 있게 된다. 그리하여 주체는 기표의 끝없는 유랑, 즉 상징적인 언어 체계에 들어가게 되지만, 그러한 기표의 방황을 종식시켜 줄 기의, 이를테면 어머니에로의 욕망은 억압된다. 억압을 통해서 욕망은 무의식 속으로 침잠하고 상징적 체계의 틈으로서만 존재하게 된다. 외디푸스 단계의 아이가 어머니에 대한 욕망(어머니에게 남근이고자 하는)을 상징적으로 거세함으로써만 문화적인 세계에 진입할 수 있듯이, 문화는 일정한 희생이나 금기들을 교환함으로써 유지되는 것이다. 니이체가 적절히 통찰했듯이, 문화적 세계는 이러한 금기와 억압을 통해서 일정한 도덕적 체계를 형성시킨다. 그러한 도덕적 상징, 금기의 상징이 바로 아버지의 부정(non de père)인 것이다.

정신분석학에서 어머니와의 욕망을 꿈꾸는 자아는 이드로 불리며, 그것을 상징적 체계로 이끄는 아버지의 이름(nom de père)은 초자아로 불린다. 주체는 이드와 초자아의 분열 속에 있다. 메를로-뽕띠가 말하고 있듯이, "주체는 더 이상 자기와 자기의 파롤이 일치하는데 있지 않다. 주체는 그에게 낯선 하나의 파롤의 환영의 배아일 뿐이다. 정신분석학 쪽에서 보면, 자기의 구성적인 요소들(이드와 초자아) 사이의 관계들은 동시에 불일치하는 관계들이다."(*CAL.* 67~68). 주체가 이드를 억압하고 초자아, 도덕적 체계를 받아들임으로써 작동되는 문화 세계에 존재할 수밖에 없는 한에서, 그의 이드는 문화적 체계의 표면에 부상하지 못하고 그 체계의 틈으로 존재함으로써 다른 기표들과 연결을 유인한다. 이처럼 주체란 이드와 초자아의 불일치 속에서 기표들의 연쇄를 통해 계속해서 자기를 분열시킬 때만 나타날 수 있다. 주체는 불안정한 기표들(파롤)로 치장하여 현시될 뿐이다. 종종 라깡은 말놀이(anagramme)를 통해서 세미나를 진행시키길 좋아했는데, 이를테면 주체가 기표를 통해서 치장하는(se parare) 동시에 분열한다(separare)는 것도 그런 말놀이 가운데 하나이다.

　　"분리시키다(separare), 치장하다(se parare): 그 아래로 주체가
굴복하는 기표로 치장하기 위해서 주체는 연쇄를 공격하는데, 그
러한 연쇄란 우리가 주체의 틈(point d'intérvalle) 속에서, 가장 정
당한 이항대립으로 환원시켰던 것이다. 반복되는 틈, 기표적 연쇄
의 가장 근본적인 구조는 환유, 매개물이 떠나지 않는 장소이며,
최소한 우리는 욕망으로부터 그것을 가르치게 된다."[523]

　　주체는 끝없이 분열하고 변환해야만 한다. 그러나 주체가 자신과 동
일시하려는 것이 거울상이건, 아버지이건 간에, 그가 그러한 동일시를
통해서 자기 소외에 빠지게 된다는 점에서, 모든 인간의 지식은 편집
증적(paranoïaque)이라고 말했다.[524] 그는 데카르트처럼 인간의 모든
지식을 회의하게 만들었다. 그러나 그의 성찰은 철저히 비극을 관철시
키는 회의를 이끌었다. "인간적인 지식(connaissance)을 편집증적으로
구조화시키는 사회적인 변증법 속에서 우리가 보았던 것은 욕망의 힘
들이라는 장(champ)에서 동물의 자율성보다 그런 지식을 더 자율적으
로 만드는 근거이며 거기서 초현실주의자들이 불만족스럽게 얘기하는
그런 '보잘 것 없는 실재(peu de réalité)' 속에서 그런 지식을 결정하
는 근거이다. 그리고 그런 반성은 우리로 하여금 거울 단계가 보여주
는 공간적 포착 속에서 인간에게서 실제(l'effet)를 재인식하도록 부추
기고 우리가 본성적으로 하나의 의미를 부여하려고 한다면, 그런 반성
은 그런 변증법과 동일하게 인간에게서 자연적인 실재의 조직적 불충
분성을 미리 다루는 것이다."[525] 주체가 선험적으로 지배적인 위치에
있지 못하고 결정되어 있지 않다는 사실은 동시에 인간적 지식의 결
정 불가능성을 의미한다. 메를로-뽕띠와 마찬가지로 라깡은 이러한
무나 죽음을 두려워하고 피하려 하기보다는 그것을 적극적으로 받아들

523) Jacques Lacan, "Position de l'inconscient", *Écits*, p.843.
524) Jacques Lacan, "Le stade du miroir", *Écits*, p.94 참조.
525) Jacques Lacan, "Le stade du miroir", *Écits*, p.96.

456

이는 선택을 함으로써 그것이 이끄는 삶의 기쁨, 기표들의 놀이들을 역설했다. 회의(죽음이나 무)를 몰아내고 어떤 것을 결정적이라고 단언하는 것, 그것의 변화 가능성을 인정하지 않는 것은 병자의 편집증적인 태도에 지나지 않는다. 데카르트주의의 전복은 데카르트의 성찰이 정신병자의 그것이 되면서 극적으로 완수된다. 메를로-뽕띠와 라깡이 병적인 것으로 말한 것은 정상적인 것이 되고 정상적인 것으로 말한 것은 병적인 것이 되었다. 아이러니하게도 데카르트적인 사유하는 주체는 편집증적인 주체, 상상적 주체가 되었다. 반면에 정상적인 주체, 즉 기표를 통해서 분열될 수밖에 없는 말하는 주체는 이러한 편집증적 현상을 극복하고 상징적이고 문화적인 역사를 받아들이고 그 속에서 즐겁게 살아가기를 선택하는 최선의 주체가 되었다.

V. 결론: 철학 예찬

메를로-뽕띠는 현상학, 구조주의, 존재론과 같은 철학적인 제 경향들의 경계만이 아니라 심리학, 생리학, 사회 인류학, 언어학과 기호학, 정신분석, 예술 비평 등과 같은 제 장르들을 넘나들면서 그 경계를 무디고 모호하게 만들었다. 그러면서도 이 모든 이질적인 영토들을 포괄할 수 있는 단일한 원리를 제시하려는 어떤 노력도 하지 않았다. 그는 잠시 머물다가 다시 방랑의 길을 떠나는 나그네처럼, 각각의 영토에서 그렇게 번번이 빈 몸으로 자유롭게 빠져나왔다. 그가 보여준 것은 사람들이 진리라고 믿고 있었던 것들을 헤쳐 놓으면서도 대안을 제시하지 않는 일견 무책임함과 연약함이었다. 마치 그러한 미끄러짐 자체가 유일한 대안이라는 듯이. 그러나 그는 그러한 연약함을 용기 있게 감내할 줄 아는 성실하고 진실한 사람이었다. 이는 소크라테스가 아주 오래 전에 아테네의 시민들에게 행했던 태도와 동일한 것이었다.526)

그는 니이체, 맑스나 싸르트르처럼 기존의 질서를 때려 부수기 위해 최전방에서 지적 망치를 들고 열정의 폭풍에 자신을 내맡기는 급진적인 비판가의 모습을 띠고 있지는 않다. 그는 어느 누구에게도 적의를 품지 않았으며, 어느 누구도 욕하지 않았다. 오히려 자신들의 경쟁자들이 주는 독배를 마다하지 않았던 소크라테스처럼 그들을 받아들이고 껴안으려고 했다. 그는 이중성을 즐겼고 그가 가진 해체의 무기는 그저 이러한 모호함을 감내하고 인정할 줄 아는 아이러니의 정신이었다. 그것이 그가 주장하지 않는 형식으로 주장하는 철학하기의 유일한 가르침인 셈이다. 결국 그가 개별 과학들 사이를 기웃거리고 그 사이를

---

526) *Ep.*42~49 참조.

미끄러지듯 사유함으로써 자기 고유의 영토를 확보하지 못하고 있는 것처럼 보인다 하더라도 이러한 그의 사유 자체가 바로 철학이었던 것이다. 애초부터 철학은 일정한 언어, 한계나 체계로 포착되는 '소유의 활동'이 아니기 때문에 본질적으로 비극적인 숙명을 가지고 있다. 아마도 메를로-뽕띠와 같은 철학자의 미덕은 그 자신을 유명하게 만들지도 모를 '진리의 소유'를 포기하면서 이러한 비극적 숙명을 받아들였다는데 있을 것이다. 그는 이런 비극적 철학을 예찬했다. 그것도 아이러니하게도 프랑스의 학자로서 최고로 영예로운 자리인 꼴레쥬 드 프랑스의 철학 교수로 취임하는 자리에서 말이다.527) 그러나 우리에게 그가 다른 철학자들보다 더 아이러니하고 비극적으로 여겨지는 이유는 그의 글쓰기의 태도에 기인한다. 그는 의도적으로 일정한 체계의 경계를 교란시키면서 명증적인 글쓰기를 거부하였으며, 자신에게 관심을 집중시킬 수 있는 다수의 체계적인 저작들을 생산해내지 못했다. 파편적이고 암시적인 그의 글들은 요긴한 지식 상품으로 유통되기 힘들며, 그러한 지식 시장에서 그의 이름은 침묵 속에 남아 있을 수밖에 없을 것이다.

소크라테스가 독배를 마심으로써 철학하기를 비극적으로 실천했다는 사실을 부인하는 사람은 없다. 그러나 그것은 철학에 대한 소크라테스의 영원한 가르침이라기보다는 경쟁자들과의 권력 다툼에서 기인된─근본적으로 우연적인─역사적 비극으로 생각되기 쉽다. 철학의 초심자에게 철학은 철학사의 두꺼운 책표지를 넘기자마자 일견 그 해답을 제시해주고 있는 듯한 독트린들의 집합으로 여겨질 때가 더 많다. 그 집합 속에는 소크라테스의 소유를 위시하여 끝나지 않을 수많은 철학적 인물들의 소유가 나열되어 있다. 철학은 가게에서 먹음직한 과일을 고르듯이, 진열된 상품들 하나하나를 먹어보면서 가장 먹음직한 것을 고르

---

527) 『철학 예찬 *EP.*』는 이 때의 취임 연설을 묶은 것이다.

는 구매 행위와 동일시될 수 없다. 그럼에도 불구하고 우리 시대에 철학은 이러한 시장 체계에서 먹음직한 지식 상품으로서 편입되기를 끊임없이 종용받는데, 철학적으로 이는 가장 위험한 삶의 선택, 즉 자살을 선택하는 것이 아닌가? 철학의 초심자에게 철학은 철학적 인물들을 탐방함으로써 시작될 것이다. 그러나 그러한 섭렵이 끝나고 우리가 다시 철학이 무엇인지를 자문하게 될 때, 우리 손 안에 남아 있는 것은 아무 것도 없다. 우리 머리 속에는 소크라테스나 칸트나 헤겔과 같은 철학적 인물들의 이름들과 현실적 존재에 정착할 수 없을 것 같은 모호한 개념들의 흔적들만이 남아 있다. 철학을 손 안에 포착하고 소유하기를 원하는 철학적 초심자는 이러한 철학의 무기력함에 고통 받을 수밖에 없는데, 철학은 우리의 욕망을 채워주기는커녕 더 심각한 결핍과 근원적인 허무함만을 야기 시키기 때문이다. 더욱이 철학이 세계를 지배하는 실제 권력의 중심이었던 종교와의 직접적인 관련에서 벗어나게 되면서 철학은 현실의 구체적인 사건을 벗어나서 보이지 않는 개념들과 유희하는 비경제적인 활동으로 낙인찍혔다. 그것이 잉여적으로 파생시키는 것조차도 우리의 현실적인 구조 위에서 둥둥 떠 있는 개념들에 지나지 않는다. 개념들을 창조한다는 것, 그것도 체계 바깥에서 서 있기를 고집하는 개념들을 만들어 낸다는 것이 도대체 무슨 가치가 있는가? 이제 그것은 우리의 생존을 유지시키는 경제적 실존을 비웃으면서 위선적으로 그것을 초월하여 여유를 구가할 수 있는 자만이 가질 수 있는 지적인 낭비로 느껴질 뿐이다. 철학이 상업적인 직업을 재생산하거나 창출할 수 있는 획득하고 소유하는 사유의 노동 활동이 아니라 그러한 상업적 경계들을 초월하여 그 위에서 대화하고 놀이하기를 실천하고 그것을 주장한다는 점에서 이러한 낭비를 극대화하고 있는 것처럼 보인다. 그것이 메를로-뽕띠가 그토록 예찬해마지 않는 철학의 본질이라면, 그것은 소크라테스가 독배를 마시고 죽음을 맞이하듯이, 자본주의 사회에서 불가피하게 일어날 철학의 죽음을 앞당기는 것이나 다름없는 것이다.

이렇게든 저렇게든 철학이 죽음을 피하기는 어려운 것 같다. 이미 개념의 창조로서의 철학은 사회학, 언어학, 정신분석학과 같은 인문 과학의 침투로 자신의 고유 정체성을 상실한지 오래이며, 심지어 정보학, 디자인, 마케팅, 광고학과 같은 상업적 직업에 자리를 빼앗긴 상태이다. 철학은 그동안 이질적인 시대적 조류들과의 연접과 이접, 다양한 아메바 운동을 통해서 신생 학문들을 분열시켰다. 그러나 정작 이러한 키아즘적 운동을 시작했던 철학 자신의 영역은 어디에 있는가? 라깡의 비유처럼, 바쁘게 돌아가는 우리 사회에서 이 시원은 아버지의 이름, 그리고 아버지의 부정의 형식으로 문화적 세계 속에서 유령처럼 강박적으로 존재하는 것이 고작이다. 게다가 이러한 시원, 아버지의 살해를 공공연하게 주장함으로써 죄의식과 강박증에서 벗어나려는 현대 사회에서 철학은 비웃음거리로 전락하거나 기껏해야 과거의 관념적 왕국을 회상하는 고리타분하고 시대착오적인 사명감을 가진 사람들에 의해서 명맥을 유지하는 것으로 생각될 뿐이다. 우리 시대는 반성할 여유를 주지 않는 것 같다. 지금 이 사건을 반성을 하는 순간, 전혀 다른 사건이 벌어진다. 그래서 현실로부터 일정한 거리를 두고 비판적 사유로서 참여하는 철학자의 모습은 시대에 뒤떨어진 하나의 상징처럼 느껴질 정도이다. 그나마 재고의 여지가 있었던 철학의 교육학적인(pédagogique) 가치는 이러한 자본주의의 거센 조류 앞에서 이렇게 서서히 힘을 잃어가고 있다.

니이체처럼 우리가 말할 수 있다면, 이제 철학은 죽었다고 선언해야 할 것이다. 그리고 이렇게 역설적인 방식으로 철학은 '비극적으로' 살아 있다.528) 특히 우리 시대의 철학은 더욱 더 절실히 자신의 죽음을

---

528) 혹자는 이렇게 철학의 죽음을 인정하는 우리의 '살아 있는' 입장이 어떠한 것인지 어리둥절할 수도 있겠다. 우리는 본문에서 주체나 인간의 죽음을 다루었다. 시장 사람들은 내가 여기 이렇게 버젓이 살아 있는데, 그처럼 나

받아들이고 겪어내야 함을 요구받는다. 철학은 애초부터 이런 비극을 간파했고 그것을 받아들임으로써 시작되었기 때문에, 역설적으로 철학만이 그렇게 할 수 있으며 그럼으로써 철학은 소크라테스와 함께 비극적으로 살아남게 되었던 것이다. 몽테뉴는 그렇게 아름답게 실존적 회의를 감내하면서 철학하는 것은 죽음을 배우는 일이라고 말했다.529) 그러나 문제는 철학이 전통적 철학의 울타리에서만 통용되는, 혹은 특화된 '일반 개념'들을 통해서 그렇게 시대착오적으로 버티고 있기 때문에 비극을 감내하면서 생존하게 되는 것은 아니라는 사실이다. 오히려 철학은 자신의 영역을 벗어나서 다른 영역들을 기웃거리면서 그러한 경계들에서 작업하고, 기존의 자신의 영역을 위태롭게 할 수도 있는 개념들을 새롭게 창조한다는데 있다. 창조는 죽음을 통해서 가능해진다. 메를로-뽕띠가 철학을 예찬한 이유는 바로 그것이었다. 그는 "진정한 철학이란 무의 이념에서 기인한 어지러움과 고통들을 쫓아버리지" 않으며, 철학이 그러한 비극적 색채를 띠고 있지 않다 해도, 그것은 "그것들을 내재화하고 존재에 통합하고 그렇게 만들어지는 존재의 진동 속에 보존하고 있기 때문"이라고 말했다(*Ep.*28). 그러나 그가 철학이 무와 죽음을 껴안는다고 말했던 것은 단지 이 시대 철학자의 비극적 위치를 의미한다기보다는 철학적인 개념적 활동 그 자체의 본

의 죽음을 강요받고 있다는 점에서, 혹은 인간은 어차피 죽을 수밖에 없는 존재인데, 새삼스럽게 그것을 선언하고 있다는 점에서 그것은 유난하고 호들갑스러운 논쟁에 지나지 않으며 무익한 지적 낭비를 일삼는 인문학의 전형을 보여주고 있다고 생각할지 모른다. 확실히 주체(인간)의 죽음은 넌센스이다. 니이체에서 그러했듯이, 그러한 죽음은 또 다른 삶을 위한 죽음이기 때문이다. 인간은 이러한 죽음의 심연, 틈을 통과하여 다른 인간으로 태어나야 하며, 그렇게 부활한 인간도 여전히 죽음과 틈을 안고 살아 갈 수밖에 없다는 점에서 인간은 죽음 속에서 살아야 하는지도 모른다. 그러나 그것이 바로 인간의 한계를 극복하는 초인의 삶이다. 철학은 이런 인간의 운명과 동일한 것이다.

529) 이광래, 『프랑스 철학사』, 24~25쪽 참조.

질을 의미하는 것이었다.

철학은 개념적 활동, 혹은 기호학적 구축물이다. 개념들은 철학사에서 뿐만 아니라 다양한 역사적·사회적인 삶에서 파생되어 상이한 기원들을 가지는데, 이러한 상이한 문맥들을 가진 개념들을 통해서 일관적이고 통일적인 의미나 체계를 생산해내는 것이 철학적 사유인 셈이다. 그러나 이러한 파편적이고 분산적인 이질성 속에서 어떻게 철학적 사유의 일관성이 가능한가? 이것은 기호학에서 서로 다른 개념을 가진 기호들 사이에서, 서로 다른 층위에 있는 기호들 사이에서 의미작용이 어떻게 가능한지를 묻는 것과 동일한 물음이다. 각각의 개념들 (기호들)은 다양한 층위에서 우리의 현실적 사건들과 관련을 맺고 있는데, 이는 현실의 어떤 단면들을 분절하고 절단하고 재단함으로써 만들어지는 것이다. 개념들은 부분적으로 서로 겹쳐지고 충돌하고 서로 다른 층위에서 무관하게 존재하고 있음에도 불구하고 그것들은 철학 속에서 그것들이 통합적으로 연결되어 있는 전체 철학 체계를 구성하는 부분적 조각이 되고 있다. 우리 삶에 대해 진지한 통찰을 주는 철학적 사유의 깊이는 상이한 생성의 기원들, 상이한 지시체들, 상이한 문맥을 가진 개념적 조각들의 충돌과 울림에서 기인하는 것이다.

철학자들이 사용하는 철학적 개념들이 일상적인 우리의 기호와 전혀 다를 바가 없음에도 불구하고 그러한 기호들이 엮어내는 이러한 이질적인 의미 효과는 어디에서 기인하는 것인가? 철학자들은 이러한 개념의 조각들을 다르게 배치하고 재조직했을 따름이다. 그럼에도 불구하고 철학은 개념들을 창조하고 확고히 세워서 사람들이 그것들을 이용하도록 설득하는 작업이다.530) 철학자들의 창조는 철학적인 어휘 목록들이 아니라 그러한 개념들이 통합되어 형성시키는 의미 효과들에 있는데, 실제로 철학자가 채용하고 있는 개념들이나 체계들이 순수하

---

530) G. Deleuze & F. Guattari, *Qu'est-ce que la philosophie?*, Minuit, 1991, 이정임·윤정임 역, 현대미학사, 1995, 13쪽 참조.

게 그가 창안한 것들이 아니기 때문이다. 개념들의 이행과 연결, 즉 이질적인 개념들의 충돌과 얽힘과 키아즘적 분열 속에서 새로운 개념들이 파생되기 때문에 철학적 사유가 창조적인 것이다. 수많은 개념들의 조각이 존재하는 한에서, 그리고 그것의 수많은 배열이 가능한 한에서, 창조되는 의미의 생성은 무한히 많다. 그것이 어떻게 일관적인 사유로 구축될 수 있는지가 매우 의심될 정도로 말이다. 그러므로 철학적 사유의 깊이는 새로운 개념을 형성할 수 있다는 가능성, 동일한 언표 속에서 상이한 의미들을 허용하는 이중성과 모호성에서 기인하는 것이다. 메를로-뽕띠는 다음처럼 얘기했다.

"철학은 역사와 삶에 거주하지만 그것들이 도래하는 지점, 그 도래의 중심에 놓이기를 원했다. 철학은 표현이 됨으로써 표현된 것과의 일치를 거부하면서만, 그리고 표현된 것의 의미를 보기 위해서 표현된 것에서 멀리 떨어짐으로써만 완수될 뿐이었다. 그리하여 철학은 비극적일 수밖에 없는데, 철학이 자기 안에 자기와 반대되는 것을 가지고 있는 한에서, 철학이 결코 진지한 몰두가 아닌 한에서 그러하다. 만일 진지한 사람이 존재한다면, 그는 그가 그렇다고 말하게 되는 하나의 것만을 가지고 있는 사람이다. 가장 단호한 철학자들일지라도 그들은 언제나 반대되는 것들을 원하기 마련이다. 파괴하면서만 현실화하며, 보존하면서만 억압한다. 철학자들은 언제나 딴 생각을 가지고 있다. 철학자는 진지한 사람에게―행동, 종교, 열정에―아마도 어떤 사람보다도 날카로운 관심을 기울임에도 불구하고 사람들이 그가 그렇지 않다고 느끼는 이유가 바로 거기에 있다. 철학자 고유의 행동들은 목격자의 행동들이다."(*Ep*.68).

그러나 철학의 양다리 걸치기는 현실에 대한 철학자의 침묵에 대한 비겁한 알리바이처럼 느껴질 수도 있다. 그는 언제나 현실에서 거리를 두고 떨어져 있으며, 또 그럴 수 있을 때라야 또 다른 의미의 생성을 목도할 수 있다.531) 그러나 메를로-뽕띠가 이런 식으로 침묵을 지켰

464

고 또 그러기를 권장했다고 하더라도 그가 현실에 무관심 했다던가 참여하지 않았다고 말할 수는 없다. 철학자도 세계내존재인 이상, 그가 현실과 세계에 참여하지 않을 수는 없으며, 적대적인 두 진영을 키아즘적으로 공존하게 만든다는 것은 무언가를 말하는 것과 마찬가지로 책임을 져야만 하는 일이기 때문이다. 세계에 대한 진리의 매듭을 짓거나 결정하는 사람, 그럼으로써 그러한 결정에 대한 책임을 지어야 하는 사람들이 있다. 반면 그러한 사람들에게 진리를 저축하는 방법을 제시하고 그처럼 공인된 진리와 대립적인 것을 소개해야만 하는 책임을 지고 있는 사람들도 있다. 그런 점에서 철학자는 "세계에 대한 변혁된 이미지, 그리고 타자들 가운데서 그러한 이미지로 심어져 있는 그 자신을 발견하는 사람"(*Ep.*73)으로, 급진적인 개혁가나 비판자로 비춰질 수 있었던 것이다.

그러나 메를로-뽕띠에게 철학자는 아이러니를 범하고 그것을 권유하는 사람에 가깝다. 철학자는 타자 앞에서 자기를 부인할 수 있는 용기를 가져야 하며, 자기 안에 타자를 안을 수 있는 넉넉함이 있어야 한다. 그러나 자신에게 올곧게 성실하고 충실하며 열정적으로 몰두하는 사람에게 이러한 아이러니는 얼마나 견디기 힘든 자기 분열인가? 그러므로 철학한다는 것은 사람들이 생각하는 것처럼 그처럼 진지하고 엄숙한 작업이라기보다는 친구나 연인과 대화하는 것과 근본적으로 동일한 것이다. "진정한 아이러니는 타자와 더불어 각자가 불가피하게 자기일 뿐이라는 그런 근본적인 사실을 표현하고, 그것을 타자 속에서 재인식하는 것이며, 자유롭게 서로가 서로를 구속하지 않으려고 노력하는 것이다. 비극 속에서 두 적대자들 모두가 정당화되면서 진정한 아이러니는 사물들 속에 토대지어 있는 이중적인 의미를 사용한다."(*Ep.*47). 우리가 친구나 연인과 대화하기 위해서는 그들을 존중하

531) *Ep.*70 참조.

고 그들의 의견을 들을 수 있는 넉넉함을 가지고 있어야 한다. 그의 의견과 나의 의견은 서로 다르지만, 그것들이 대화 속에서 충돌하고 서로에게 얽혀 들어가면서 또 다른 대화로 이어질 수 있다. 그들은 무언의 친밀함과 일관성을 가지고 서로를 대하지만 결코 의견의 일치를 요구하지는 않는다. 그래서 필로소피, 즉 지혜를 사랑한다는 것, 지혜의 친구가 된다는 것은 친구나 연인과 대화하는 것처럼 행복한 일이다. 실제로 우리의 행복한 삶은 이처럼 타자를 배려하고 그들을 존중할 수 있을 때에만 유지된다.

그러나 이러한 행복한 삶은 나와 타자 사이의 역설, 대립, 충돌, 무의 심연을 겪고 난 후에야 가능한 것이다. 자기의 주장을 관철시키는 것보다 더 어려운 것이 바로 자기와 다른 주장을 받아들이는 일인데, 나를 확장하기 위해 타자를 살해하려는 욕망을 억제하고 오히려 나를 무화시킬지도 모를 타자의 살해 위협에 나를 내맡길 수 있어야 하기 때문이다. 그런 점에서 철학은 그것을 이루는 개념들 사이의 갈등과 대립, 그것의 충돌의 틈을 견뎌내야 한다. 이는 개념들 사이의 그러한 틈을 메우고 개념들의 매끈한 통합적 관계를 완결한다는 의미가 아니라 "구성 요소들이 여전히 변별적인 것으로 남아 있긴 하지만, 둘 사이의 미결정 상태의 무언가가 한 쪽에서 다른 쪽으로 이행하는 것이다. 즉 a에도 속하며 b에도 속하는, 거기에서 a와 b는 서로 구별이 불가능하게 '되는' 바로 이러한 지대들, 문턱, 혹은 생성들, 이러한 구별 불가능성이다."532) 이러한 키아즘의 문턱은 상이한 개념들이 공존하게 되는 계기로 작용할 뿐만 아니라 새로운 개념들이 창조되는 계기가 되기도 한다. 친구나 연인과의 대화는 이처럼 수많은 문턱들을 허용하고 이러한 문턱들을 넘나들면서 다양한 의미들을 파생시킬 수 있을 때 가능한 것이다. 즉 철학적 사유, 즉 개념들의 재배치와 새로운 개

---

532) G. Deleuze & F. Guattari, *Qu'est-ce que la philosophie?*, 33쪽.

넘들의 창조는 개념들의 충돌의 지대, 틈의 지대인 문턱을 통해서만 가능한 것이다.

이런 유의 대화(철학)에서 우리에게 억압되거나 금기시되는 말, 주제, 장르는 없다. 우리는 무엇이든지 말할 수 있고 그래야 한다. 그리고 이러한 대화들에 동원되는 말이나 개념어들은 어떤 특정 영역에서만 배타적으로 유통되는 그런 전문적인 용어들이 아니라 전혀 다른 영역에 종사하는 상대방의 이해를 끌어낼 수 있는 그런 초월적인 것이고 그래야 한다. 이를 위해서 그들은 일상어를 좀더 섬세하게 분절하여 새로운 언어나 개념들을 창조할 수도 있을 것이다. 결국 철학적 대화는 근본적으로 누구나 이해할 수 있을 정도로 쉽다. 그러나 쉽다는 것과 일상적이라는 것을 혼동해서는 안 된다. 친구와 연인이 서로에게 더욱 가까이 다가와지면서 그들의 대화가 일상성을 뛰어넘어 그들의 친밀감을 가능하게 하는 깊은 대화의 바다로 침잠하듯이, 철학적 사유는 일상적인 범주를 벗어나 있어 현실과 이질적인 깊이에서 유영하고 있는 것처럼 여겨지기도 한다. 그러나 그러한 초월성은 더 많은 현실을 포함하기 위한 것이다. 그렇게 대화나 사유의 한계를 두지 않는 한에서, 그것은 끝나지 않는다. 철학이 이러한 개방적인 문턱을 가지고 있는 한에서 그것이 자신의 형태를 바꾼다 하더라도, 그것은 결코 사라지지는 않을 것이다. 소크라테스의 유명한 말처럼, 인간의 무지가 자각되는 곳에서, 즉 학문이나 사유의 경계와 틈이 존재하는 곳에서 언제나 처럼 철학이 다시 시작될 것이기 때문이다. "철학자를 만드는 것은 부단히 무지에로의 지식을, 지식에로의 무지를 데려다 주는 운동이며 그런 운동 속에서의 일종의 평온이다."(*Ep*.10~11). 죽음이 곧 또 다른 삶의 시작, 생성을 의미하는 만큼, 철학은 타자를 인정하는 이러한 분절들 속에서 무한히 계속될 수밖에 없는 것이다.

이는 이 시대 철학이 처해 있는 죽음의 위협과 관련해서도 동일하게 견지된다. 이를테면 "철학의 역할은 물리학자가 보는 것과 동일한 세계를 재구성하는 것이지만, 물리학자가 언급하지 않은, 질적인 세계와 접촉함으로써 제공되는 '가장 자리'를 가지고 재구성하는 것이다."(*CAL.* 10)533) 메를로-뽕띠 자신이 다양한 개념들의 연결을 통해 작업하는 동시에, 상이한 체계의 경계에서 작업함으로써 새로운 개념들을 생성할 수 있었다. 그는 현상학자이며 구조주의자이며 존재론자인 동시에 새로운 개념들을 유통시킨 창조자이기도 했다. 메를로-뽕띠라는 개념적 인물에 대해서 우리가 만들지 못했던 다양한 개념과 체계의 문턱들이 존재할 수 있으며 그래야만 한다. 그는 그 자신이 범할 수 있는 가능한 모든 경계를 넘고 개방적인 문턱들을 세울 수 있기를 희망했고 상당부분은 그렇게 실천했다. 그가 사랑하고 실천했던 철학은 과거에 소유했을지도 모를 자기의 영토를 버리고 자기와 전혀 다른 영토들을 침범할 수 있는 열정의 힘이기도 했다. 이 시대의 학문적 판도를 바꿔놓았던, 그리고 철학을 죽음으로 몰아넣고 있는 지식의 탈영토화와 재영토화가 일어날 수 있었던 것도 이와 같은 철학의 오만한 침범 때문이 아니던가? "진정한 아이러니는 사람들 사이의 행동들의 어떤 장르를 철학에 할당하는 이탈의 지대(**détachement**)이다."(*Ep.*71). 바로 여기에도 철학의 아이러니가 있다.

> "사람들은 오늘날 체계들의 파산을 언급하지만, 사실 변한 것이라곤 오로지 체계에 대한 개념들뿐이다. 개념들을 창조할 시간과 장소가 있는 한, 거기서 행해지는 작업은 언제나 철학이라 불리어질 것이며, 설사 그것에 다른 이름이 부여될지라도 달라지는 것은 없다."534)

들뢰즈의 말처럼, 그리고 그를 비롯한 현대 철학자들이 그러하듯이, 우리는 더 이상 철학이라는 이름에, 그리고 그동안 그것이 점하고 있

---

533) 이는 메를로-뽕띠가 앙리 베르그송이 『형이상학 서설』에서 한 말을 인용한 것이다.

534) G. Deleuze & F. Guattari, *Qu'est-ce que la philosophie?*, 18쪽.

었던 의미 영역에 집착해야할 필요가 없을지도 모른다. 먼 훗날 철학은 수많은 죽음을 견디면서 어떤 형태로 살아남아 있을 런지 알 수 없다. 그러나 이처럼 수많은 지식의 경계들을 넘나드는, 분열적으로 증식하는 아이러니한 사유는 계속될 것이라는 사실은 분명하다. 이미 메를로─뽕띠에게서 철학의 고유 영역은 온 데 간 데 없으며 각각의 개별 과학들의 사이, 틈에 놓여 있을 뿐이다. 그의 철학 예찬은 이러한 틈, 죽음에 대한 찬미이며 새로 시작하는 '변환하는 철학'에 대한 찬미이다. 물론 그가 이처럼 '죽어가는' 철학을 예찬할 수 있었던 것도 모든 체계가 하나의 살로서 유동적으로 변화할 수 있다는 사실에 근거할 것이다. 살은 서로 접촉하고 얽히면서 하나가 되고 분열함으로써 새로운 체계나 의미를 파생시킨다. 살이 계속해서 움직이는 만큼, 철학은 결코 정적인 것이 될 수 없다. 철학이야말로 대표적으로 살의 키아즘을 보여줄 것이다. 아니 보여주어야 할 것이다.

참고문헌

M. Merleau-Ponty, *La structure du comportement*, PUF, 1942.

M. Merleau-Ponty, *hénoménologie de la perception*, Gallimard, 1945.

M. Merleau-Ponty, *Sens et non sens*, Nagel, 1948.

M. Merleau-Ponty, *Éloge de la philosophie*, Gallimard, 1953.

M. Merleau-Ponty, *Signes*, Gallimard, 1960.

M. Merleau-Ponty, *L'oeil et l'esprit*, Gallimard, 1964.

M. Merleau-Ponty, *Le visible et l'invisible*, Gallimard, 1964.

M. Merleau-Ponty, *The Primacy of perception*, James M. Edie, Northwestern Univ. 1964.

M. Merleau-Ponty, *Résumés de cours*, collège de France, 1952-60, Gallimard, 1968.

M. Merleau-Ponty, *La prose du monde*, Gallimard, 1969.

M. Merleau-Ponty,*Consciousness and the acquisition of language*, James M. Edie,

M. Merleau-Ponty, Northwestern Univ. 1973.

Merleau-Ponty, Perception, structure, language, A Collection of Essays, edit. John Sallis, Humanities Press, Antlantic Highlands, 1980.

Louis Althusser, *Lenin and philosophy and other essays*, Monthly Re
VIew Press, 1971, 이진수 역, 백의, 1991.

Louis Althusser, *Pour Marx*, Éditons La Découverte, 1986.

Louis Althusser, *Le courant souterrain du matérialisme de la ren-
contre*(1982), 『철학과 마르크스주의』, 서관모·백승욱 편역, 새길,
1996.

Émile Benveniste, *Problèmes de linguistique générale*, Ⅰ, Gallimard,
1966, 『일반 언어학의 제문제 Ⅰ』, 황경자 역, 민음사, 1992.

Roland Barthes, *Mythologies*, Seuil, 1957, 『현대의 신화』, 동문선,
1997.

Roland Barthes *S/Z*, Seuil, 1970.

Ronald Bogue, *Deleuze and Guattare*, Routledge, 1989, 이정우 역,
새길, 1995.

Georges Canguilhem, *Le normal et le pathologique*, PUF, 1966, 여
인석 옮김, 인간사랑, 1996.

Jean-Louis Cabanès, *Crtique littéraire et sciences humaines*, Privat,
Toulouse, 1974, 『문학 비평과 인문과학』, 조광희 역, 이화여자
대학교 출판부, 1995.

Frederick Copleston, *A history of philosophy*, vol. 1, The Newman
press, 1960.

Jonathan Culler, *Structuralist poetics*, Cornell Univ. Press, Ithaca, New
York, 1975.

Gilles Deleuze, *Nietzsche et la philosophie*, P.U.F., 1962.

Gilles Deleuze, *Différence et répétition*, PUF, 1968.

Gilles Deleuze, *Logique du sens*, Minuit, 1969.

Gilles Deleuze, *Foucault*, Minuit, 1986.

Gilles Deleuze, *Pourparlers 1972~1990*, Minuit, 1990, 『대담 1972~90』, 김종호 역, 솔, 1993.

G. Deleuze & F. Guattari, *L'anti-oedipe*, Minuit, 1972.

G. Deleuze & F. *Qu'est-ce que la philosophie?*, Minuit, 1991, 이정임·윤정임 역, 현대미학사, 1995.

Jacque Derrida, *L'écriture et la différece*, Seuil, 1967.

Jacque Derrida, *De la grammatologie*, Minuit 1967.

Jacque Derrida, *Marges de la philosophie*, Minuit, 1972.

Jacque Derrida, *Donner le temps*, paris, 1991.

Jacque Derrida, *Positions*, Minuit, 1972.

René Descartes, *Méditations touchant la première philosophie, en Oevres philosophiques Tome II*, Édition de F. Alquié, dunod, Paris, 1996.

Francois Dosse, *Histoire du structuralisme I : le champ du signe, 1945~66*, Découverte, 1991, 동문선, 1998.

Umberto Eco, *A theory of semiotics*, Indiana Univ. 1976.

   Semiotics and the philosophy of language, Macmillan, 1984.

J. B. Fages, *Comprendre le structuralisme*, 『구조주의란 무엇인가』, 김현 역, 문예 출판사, 1972.

472

Michael Hardt, *Gilles Deleuze: an apprenticeship in philosophy*, Minnesota, 1993, 『들뢰즈의 철학사상』, 갈무리, 1996.

Michael Hardt, Michel Foucault, *Raymond Roussel*, Gallimard, 1963.

Michael Hardt, *Les mots et les choses*, Gallimard, 1966.

Michael Hardt, L'archéologie du savoir, Gallimard, 1969.

Michael Hardt, *Histoire de la folie*, gallimard, 1972.

Michael Hardt, *La pensée du dehors*, fata morgana, 1986.

Michael Hardt, *Ceci n'est pas une pipe*, Fata Morgana, 1986.

Michael Hardt, *Sept propos sur le septième ange*, fata morgana, 1986.

Michael Hardt, *Theatrum philosophicum*, en *Dits et écrits*, 1954~1988, ed. D. Defert & F. Ewald, Gallimard, 권영숙, 조형근 역, 새길, 1995.

Sigmund Freud, *Beyond the pleasure principle, in The complete psychological works of sigmund Freud, XVIII*, the Hogarth press limited, Toronto, 1955.

Richard Harland, *Superstructuralism: the philosophy of structuralism and post-structuralism*, 『초구조주의란 무엇인가』, 윤호병 역, 현대미학사, 1996.

Terence Hawkes, *Structuralism and semiotics*, London, Methuen, 1977, 『구조주의와 기호학』, 오원교 역, 신아사, 1982.

G. W. F. Hegel, *Vorlesungen über die Ästhetik I*, 두행숙 역, 나남, 1996.

Edmund Husserl, *Cartesianische Meditationen und Pariser Vorträge*, Haag Martinus Nijhoff, 1973, 『데카르트적 성찰』, 이종훈 역, 철

학과 현실사, 1993.

Edmund Husserl, *Husserliana IV*, Den Haag u. Dordrecht, seit 1950.

Roman Jakobson, *Essais de linguistique générale*, trs. Nicolas Ruwet, Minuit, 1963.

Remy C. Kwant, *The Phenomemological philosophy of Merleau-Ponty*, Duquensne Univ., 1963.

Søren Kierkegaard, *Philosophical fragments*, trs. V. Hong & H. Hong, Princeton Univ., 1985.

Jaques Lacan, *Écrits*, Seuil, 1966.

Monika M. Langer, *Merleau-Ponty's phenomenology of perception: a guide and commentary*, Macmillan, 1989, 『메를로-뽕띠의 지각의 현상학』, 서우석·임양혁 역, 청하, 1992.

Anika Lemaire, *Jaques Lacan*, Mardaga, 1977.

C. LéVI-Strauss, *Les structures élémentaires de la parenté*, Mouton & Co, 1947.

C. LéVI-Strauss, *Race et histoire*, Unesco, 1952.

C. LéVI-Strauss, *Tristes tropiques*, Plon, 1955.

C. LéVI-Strauss, *Anthropologie structurale*, Plon, 1958.

C. LéVI-Strauss, *La pensée sauvage*, Plon, 1962.

C. LéVI-Strauss, *L'homme nu*, Plon, 1971.

Edmund Leach, *Lé VI-Strauss*, Harper Collins Publishers Ltd, 1970, 『레비-스트로스』, 이종인 역, 시공사, 1998.

Stephen C. LeVInson, *Pragmatics*, Cambridge, 1983.

Jean-François Lyotard, *La phénoménologie*, PUF, 1954, 『현상학이란 무엇인가』, 김연숙, 김관오 역, 까치, 1988.

Samuel B. *Mallin, Merleau-Ponty's philosophy*, New Haren and London Yale Univ. Press, 1979.

Gary Brent Madison, *The phenominology of Merleau-Ponty*, A search for the limits of consciousness, Ohio Univ. Press, 1981.

F. Nietzsche, *Zur Genealogie der Moral*, Ⅱ, Kritische Gesamtausgabe, Bd. Ⅳ-2. *Nachgelassene Fragmente*, Kritische Gesamtausgabe, Bd. Ⅹ. *Also Sprach Zarathustra*, Kritische Gesantausgabe.

Christopher Norris, *Deconstruction: theory and practice*, Routledge, London, 1986, 『해체 비평』, 이기우 역, 한국문학사, 1996.

Jean Piaget, *Le structuralisme*, PUF, 1968, 『구조주의의 이론』, 김태수 역, 인간사랑, 1990.

Platon, *Meno/Parmenides/Sophist/Cratylus*, Edit., Edith Hamilton & Huntington Cairns, Princeton Univ., 1961.

Peirce, *Collected papers*, Cambridge: Harvard Univ., 1931~1958. *Philosophical writings of Peirce*, selected and edited with an introduction by Justus Buchler, Dover Publications. ENC. New York, 1955.

Ynhui Park, *Being and meaning in Merleau-Ponty*, Panakorea Book Coporation, Seoul, Korea, 1981.

F. de Saussure, *Cours de linguistique géenérale,* édition critique préparée par Tullio de Mauro, Payot, Paris, 1983.

James Schmidt, *Maurice Merleau-Ponty: between phenomenology and structuralism*, 홍경실 역, 지성의 샘, 1993.

Herbert Spiegelberg, *The phenomenological movement*, The Hague: Martinus Nijhoff, 1984. 『현상학적 운동1』, 최경호 역, 이론과 실천, 1992.

Pierre Thévenaz, *De Husserl à Merleau-Ponty: Qu'est-ce que la phéno-ménologie, Baconnère*, 1966, 『현상학이란 무엇인가』, 심민화 역, 문학과 지성사, 1989, 84쪽.

Ferdinand de Saussure, *Cours de linguistique* générale, Edit. Charles Bally & Albert Sechehaye, Payot, 1983.

Stuart Schneiderman, *Jacques Lacan: the death of an intellectual hero*, 『자끄 라깡, 지적 영웅의 죽음』, 허경 역, 인간사랑, 1997.

Edward Sapir, *Language*, New York: Harcourt, Brace & World, 1921.

Benjamin Lee Whorf, *Language, thought and reality*, ed. John B. Carrol, The MIT Press(Massachusetts Institute of Technology Cambridge, Massachusetts), 1956.

Les notions philosophiques, Encyclopédie philosophique universelle, Publiée sous la direction d'André Jacob, PUF, 1990.

김형효, 『구조주의의 사유 체계와 사상』, 인간 사랑, 1989.

알버트 라빌 주니어, 『메를로-뽕띠, 사회 철학과 예술 철학』, 김성동 역, 철학과 현실사, 1996.

木田 元, 『현상학의 흐름』, 이수정 역, 以文 출판사, 1989.

水野和久, 「可逆性과 不可逆性」, 『思想』, 1998, 11.

이광래, 『프랑스 철학사』, 문예출판사, 1992.

　　　　『미셀 푸코: '광기의 역사'에서 '성의 역사'까지』, 민음사, 1989.

장문정, 「시원 신화의 해체」, 大同哲學會, 제2집, 1998. 11.

장문정, 「메를로-뽕띠의 데카르트적 성찰」, 철학 연구 제21집, 고려대
　　　학교 철학 연구소, 1998.

장문정, 「후기 메를로-뽕띠 철학에서 살의 키아즘에 대하여」, 大同哲
　　　學會, 제6집, 1999, 12.

최재식, 「피아제의 발생적 인식론과 메를로-뽕띠의 현상학」, 한국현
　　　상학회 편, 『현상학의 근원과 유역』, 철학과 현실사, 1996.

홍은영, 『미셀 푸꼬의 고고학적 방법에 관한 연구: 전기 저작을 중심
　　　으로』, 고려대학교 박사논문, 1997, 7.

● **저자** ●

● 장문정(張文禎)　약 력
　　　　　　　　고려대학교 대학원 문학석사
　　　　　　　　고려대학교 대학원 철학박사
　　　　　　　　고려대학교 철학연구소 연구조교수

　　　　　　　　주요 논문
　　　　　　　　「현대 여성의 자화상, '나는 쇼핑한다. 고로 나는 존재한다'」
　　　　　　　　「공사영역과 페미니즘」, 「여성성, 그 타자성의 역사」
　　　　　　　　「성적 존재로서의 신체」, 「메를로-뽕띠의 철학 예찬」
　　　　　　　　「메를로-뽕띠의 데카르트적 성찰」, 「시원신화의 해체」
　　　　　　　　외 다수

메를로 뽕띠의 **살**의 기호학

● 초판 인쇄	2005년 4월 20일
● 초판 발행	2005년 4월 21일
● 지 은 이	장문정
● 펴 낸 이	채종준
● 펴 낸 곳	한국학술정보㈜
	경기도 파주시 교하읍 문발리
	파주출판문화정보산업단지 526-2
	전화 031) 908-3181(대표) · 팩스 031) 908-3189
	홈페이지 http://www.kstudy.com
	e-mail(e-Book사업부) ebook@kstudy.com
● 등　　록	제일산-115호(2000. 6. 19)
● 가　　격	28,000원

ISBN　89-534-2262-0 93160 (paper book)
　　　　89-534-2264-7 98160 (e-book)